# 「星地名」縄文紀行

森下年晃

無明舎出版

# 目次

# 「星地名」縄文紀行

# はしがき

遺伝子学、なかでもＤＮＡ（デオキシリボ核酸）の研究[1][2][3]によると、北海道から沖縄まで、日本列島の日本人の先祖は縄文人と考えられ、研究成果の一部は「分かってきた縄文人のＤＮＡ」と題して２０１５年５月２９日のＮＨＫニュース「おはよう日本」で放映された。そのなかで「私たちは中国や東アジアの人たちと少し違っている」とも述べられている。※ＤＮＡ（ｄｅｏｘｙｒｉｂｏｎｕｃｌｅｉｃ ａｃｉｄ）

この研究成果は縄文式土器が北海道から沖縄諸島を含む日本列島各地に共通して存在することと適合している。

日本人はお茶を飲んだり字を書いたりの日常茶飯事をいとも簡単に〝道〟にする。茶道・書道・華道・弓道・武士道・剣道・柔道など枚挙にいとまがない。

千利休《せんのりきゅう》の茶道や新渡戸稲造《にとべいなぞう》の武士道は、中国や東アジアの人たちと確かに少し違っていると言えようか。さらに、神道や仏道にいたっては、その奥の深さは想像もつかない。

本書は、縄文から脈々と続く営み、例えば漆塗《うるしぬ》りのように「なんどもなんども」くりかえすしぐさを表したいという願いもあり、図（イラスト）や写真も多く、くどいのが本音であろう。また各所に案内板のスケッチを掲載しているが、これは資料なので、読み過ごしていただいてもかまわない。

本書は縄文人の道標《みちしるべ》を訪ねもとめた記録で、２編からなり、「１　案内編」は縄文方位測量へ誘《いざな》う編、「２　応用編」はその活用編とお考えいただきたい。街道をゆく旅の〝みちづれ〟にしていただければありがたい。

仮に私たちの先祖が縄文人だったとすれば、彼らはどんな言葉を話していたのか。本書は縄文語の発掘も目的のひとつにしているので、記述にはなるべく漢音や呉音の文字を使わないようこころがけている。縄文時代から続いてきた本来の日本語を見失わないようにするための試みでもある。もちろん「縄文人の道案内」の科学的な調査をめざしている。思いもよらぬ真実に迫れるかもしれない。

漢字の意味で解釈すると本質を見誤ることがしばしば起きる。その簡単な例が細谷《ほそや》であろう。文字通り細《ほそ》い谷《たに》と解釈すると間違ってしまう。谷（や）と谷（たに）の音声の違いに気づかなければならない。筆者の調査では細谷（ほそや）は殆どが広い平坦地で、そこには谷（たに）はない。

漢音や呉音の表記しかない場合や、その言葉が広く使われ、一般的になっている場合は、やむを得ず漢音・呉音の文字で表すことになろう。例えば案内・地球・日本列島・地図・歴史・縄文時代・発掘・調査・記述・研究・漢字・簡単・文献・資料・茶道～仏道……などがそれにあたる。

漢字が日本に伝えられたのは四世紀中頃とも二世紀頃にまで遡《さかのぼ》るともいわれている。

日本の言葉を、漢字を借りて表そうとしたのは五世紀頃とされ、万葉仮名《まんようがな》の始まりと言えよう。それが広く使われるようになったのは少し後のことで、正倉院に遺された文書や木簡資料の発掘などにより万葉仮名は七世紀頃には成立したとされている。

万葉仮名は漢字で書かれているが、漢音読みの言葉づかいではなく、漢字の音声を借りて、昔から使われてきた日本の言葉を発音通りに表記したもので、万葉仮名で書かれた書には漢字伝来よりも前の、もしかすると縄文時代から使われていた言葉が残されている可能性があろう。

万葉仮名の例として下に749年(天平感寶元年《てんぴょうかんぽう》)5月12日、越中國守館《えっちゅうこくしゅかん》で大伴宿禰家持《おおとものすくねやかもち》が作った詔書歌(しょうしょを賀《ことほ》ぐうた)を示そう。

東大寺盧舎那《るしゃな》仏像(奈良の大仏)は聖武天皇の発願《ほつがん》で745年(天平17年)に制作が開始されたが、当時わが国では大仏に塗る金が不足し、大仏の完成が危ぶまれ、対策に苦慮していたさなかに、美《み》知能久《ちのく》(みちのく)の小田在山《おだなるやま》(小田なる山)に金《くがね》があり、大仏鍍金《ときん》のための金が献納され、聖武天皇は喜びの詔書《しょうしょ》(天皇が発給する最高の文書)を発給し、

万葉集第十八巻　賀陸奥國出金詔書歌一首並短歌

葦原能《あしはらの》　美豆保國乎《みずほのくにを》　安麻久太利《あまくだり》　之良志賣之家流《しらしめしける》　須賣呂伎能《すめろきの》
神乃美許等能《かみのみことの》　御代可佐禰《みよかさね》　天乃日嗣等《あまのひつぎと》　之良志久流《しらしくる》　伎美能御代《きみのみよ》
御代《みよ》　之伎麻世流《しきませる》　四方國爾波《よものくにには》　山河乎《やまかはを》　比呂美安都美等《ひろみあつみと》　多弖麻《たてま》
豆流《つる》　御調寶波《みつきたからは》　可蘇倍衣受《かぞへえず》　都久之毛可禰都《つくしもかねつ》　之加礼騰母《しかれども》　吾大《わがおほ》
王能《きみの》　毛呂比登乎《もろひとを》　伊射奈比多麻比《いざなひたまひ》　善事乎《よきことを》　波自米多麻比弖《はじめたまひて》　久《く》
我禰可毛《がねかも》　多能氣久安良牟登《たしけくあらむと》　於母保之弖《おもほして》　之多奈夜麻須爾《したなやますに》　鶏《とりが》
鳴《なく》　東國能《あづまのくにの》　美知能久乃《みちのくの》　小田在山爾《をだなるやまに》　金有等《くがねありと》　麻宇之多麻敝禮《まうしたまへれ》
御心乎《みこころを》　安吉良米多麻比《あきらめたまひ》　天地乃《あめつちの》　神安比宇豆奈比《かみあひうづなひ》　皇御祖乃《すめろきの》　御《み》
霊多須氣弖《たまたすけて》　遠代爾《とほきよに》　可可里之許登乎《かかりしことを》　朕御世爾《わがみよに》　安良波之弖安禮《あらはしてあれ》
婆《ば》　食國波《うすくには》　左可延牟物能等《さかえむものと》　可牟奈我良《かむながら》　於毛保之賣之弖《おもほしめして》　毛能《もの》
乃布能《のふの》　八十伴雄乎《やそとものをを》　麻都呂倍乃《まつろへの》　牟氣乃麻爾麻爾《むけのまにまに》　老人毛《おいひとも》　女童《をみなわら》
兒毛《はも》　之我願《しがねがふ》　心太良比爾《こころだらひに》　撫賜《なでたまひ》　治賜婆《をさめたまへば》　許己乎之母《ここをしも》　安夜爾多《あやにた》
敷刀美《ふとみ》　宇禮之家久《うれしけく》　伊余与於母比弖《いよよおもひて》　大伴能《おほともの》　遠都神祖乃《とほつかむおやの》　其名《そのな》
乎婆《をば》　大来目主登《おほくめぬしと》　於比母知弖《おひもちて》　都加倍之官《つかへしつかさ》　海行者《うみゆかば》　美都久屍《みづくかばね》
山行者《やまゆかば》　草牟須屍《くさむすかばね》　大皇乃《おほきみの》　敝爾許曽死米《へにこそしなめ》　可弊里見波《かへりみは》　勢自等許《せじとこ》
等太弖《とだて》　大夫乃《ますらをの》　伎欲吉彼名乎《きよきそのなを》　伊爾之敝欲《いにしへよ》　伊麻乃乎追通爾《いまのをつづに》　奈《な》
我佐敝流《がさへる》　於夜能子等毛曽《おやのこどもぞ》　大伴等《おほともと》　佐伯氏者《さへきのうじは》　人祖乃《ひとのおやの》　立流辞言《たつることだて》
人子者《ひとのこは》　祖名不絶《おやのなたたず》　大君爾《おほきみに》　麻都呂布物能等《まつろふものと》　伊比都雅流《いひつげる》　許等能《ことの》
都可左曾《つかさぞ》　梓弓《あづさゆみ》　手爾等里母知弖《てにとりもちて》　劔大刀《つるぎたち》　許之尓等里波伎《こしにとりはき》　安佐《あさ》
麻毛利《まもり》　由布能麻毛利爾《ゆふのまもりに》　大王能《おほきみの》　三門乃麻毛利《みかどのまもり》　和礼乎於吉弖《われをおきて》
且比等波安良自等《ひとはあらじと》　伊夜多弖《いやたて》　於毛比之麻左流《おもひしまさる》　大皇乃《おほきみの》　御言能左《みことのさ》
吉乃《きの》一云乎　聞者貴美《きけばたふとみ》一云貴久之安禮婆

1　『史跡黄金山産金遺跡跡―関係資料集』宮城県涌谷町 編集より
万葉集 巻十八・4094～7より抜粋

７５２年（天平勝宝４年）に開眼供養会《かいげんくようえ》（魂入れの儀式）が行われている。

詔書のなかで天皇が大伴氏の忠誠を讃えたことに感激し越中国守として高岡に赴任していた大伴家持は「陸奥国より金を出せる詔書」を賀《ことほ》ぐ長歌と反歌を詠んだのが賀陸奥国出金詔書歌である。その中に「海ゆかば」が歌われている。

海行者　美都久屍
山行者　草牟須屍
大皇乃　敝爾許曽死米
可弊里見波　勢自

## 2　海ゆかば

海行かば　水漬《みづ》く屍《かばね》
山行かば　草生《くさむ》す屍
大君《おほきみ》の　辺《へ》にこそ死なめ
かへり見はせじ

作曲　信時　潔

この歌は、太平洋戦争中には国民や軍人に愛唱され「準国歌」ともいわれたが、世代交代とともに今では旧日本海軍の歌と思われているブログがネット上にも多く見られる。しかし本来は天平年間（７２９年—７４９年）に、みちのくから大仏鍍金のための金が献上され発願が叶えられたことがもとになっている。万葉仮名で書かれた「海ゆかば」には、もちろん漢音読みの言葉は使われていない。

宮城県遠田郡《とおだぐん》涌谷町《わくやちょう》涌谷字黄金山《こがねやま》に設けられた「わくや万葉の里　天平ろまん館」では国史跡・黄金山産金遺跡《こがねやまさんきんいせき》の歴史が詳しく紹介されている。およそ１２６５年前に行われた大仏開眼の様子は、平山郁夫画伯による「大仏開眼供養記図」（陶版画）で知ることができ、大仏創造の歴史の一端を通して、みちのくの涌谷から遠く離れた奈良との縁《えにし》や遥かな天平時代の薫りを味わうことができよう。

本書では文字のなかった時代の言葉を音声で表すのにローマ字を用いることにしよう。

道〈ｍｉｔｉ〉の〈ｍｉ〉は恐ろしい・畏れ多い・尊いを表し（第10章参照）、〈ｔｉ〉は命・根源を表す。道とは尊い命・本質を悟ることになろうか。

那智〈ｎａｔｉ〉の〈ｎａ〉は魚を意味する[4]から那智は魚の命、つまり、この滝の水が〈ｎａｔｉ〉であって、命名者は那智川の水が魚の命・根源であることを知っていたに違いない。後述の「縄文語の天文学的年代考証」によると〈ｎａｔｉ〉は縄文語由来の日本語と考えられる。

広葉樹林は江戸時代には「魚つき林」といって「魚を寄せる林」として大切にされており、藩によっては伐採を禁止する等、水産資源の保全のために重要であると認識されていた。近年、広葉樹林と漁業の関連性は環境学や空間創造学でも採りあげられているが、縄文人は既に知っていたことになる。
沖縄の格言に「ぬちどぅたから」(命こそ宝)という素晴らしい言葉があるが、なち〈nati〉はぬち〈nuti〉と考えられるので、那智勝浦の人びとも沖縄の人びとも「なち・ぬち」は魚の命、つまり海に囲まれた島国の縄文人は山から流れこむ水流が魚の命であり、さらに魚が自分たちの命であることを悟っていたことになろう。

悟〈satoru〉の〈sa〉は、さなか〈sanaka〉の〈sa〉、さまよう〈samayou〉の〈sa〉で、真《まこと》を意味する。(※さなか=最中=真《ま》ん中)

前置きはさておき、本書の標題に関わる〝さ迷う〟に話をすすめよう。知らない土地で、しかも人里離れた山奥で、道に迷ったらさぞ困ってしまうに違いない。さ迷うしかない。

下の図3「態様別山岳遭難者数の比較」(警視庁生活安全局地域課調査より)をみると、平成26・27・28年ともに「道迷い」による遭難が圧倒的に多い。これは驚きだ。携帯、スマホ、ナビ、GPSなどの発達した今日、一体どうしてなのか……。

それに反して紙も地図もなかった縄文人はなぜ広い山野を迷わずに往来できたのか!!。

青森県の三内丸山遺跡から出土したヒスイは原石産地が新潟県糸魚《いとい》川周辺で、ここから全国(北海道〜沖

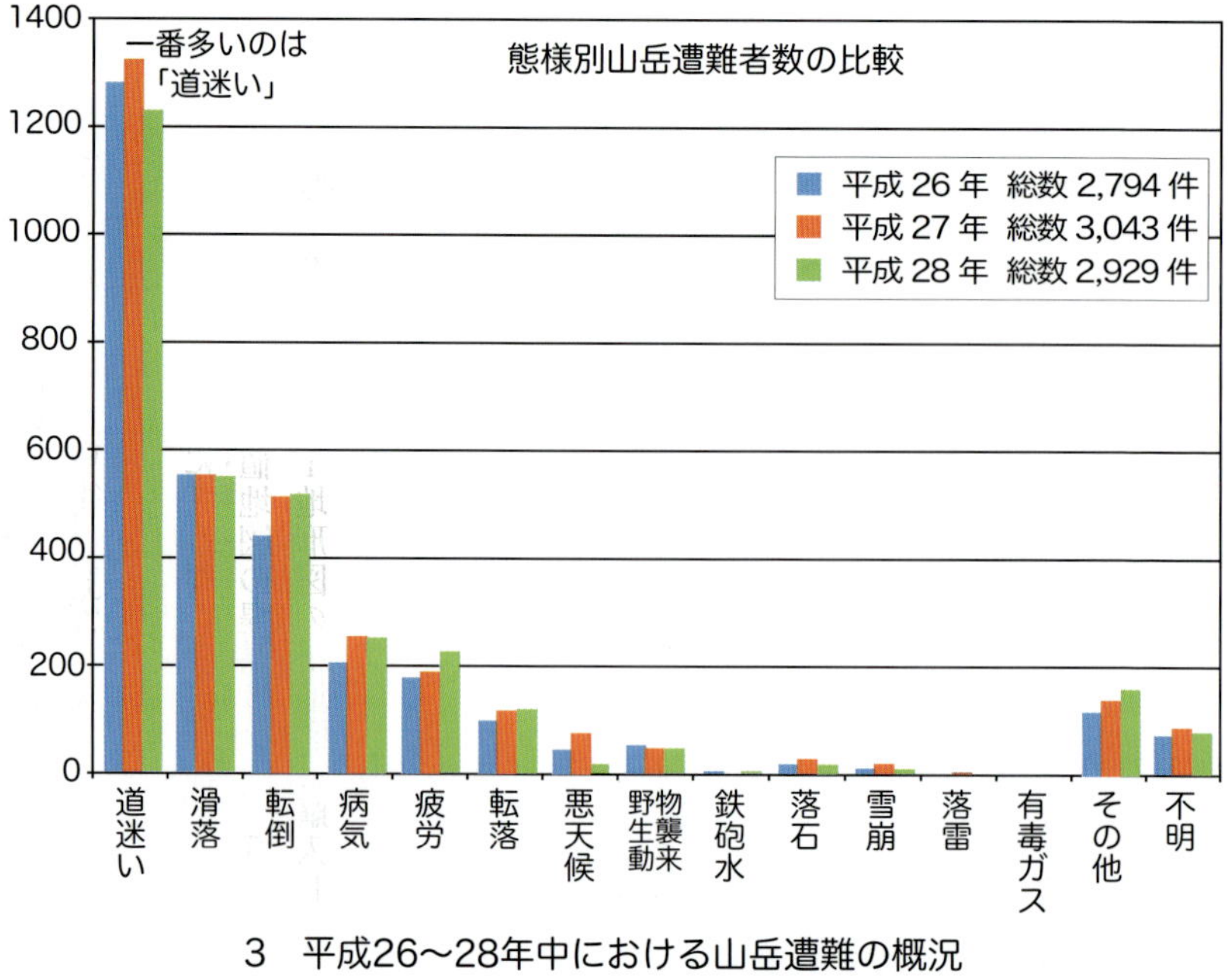


3 平成26〜28年中における山岳遭難の概況
警察庁生活安全局地域課の調査より

縄まで)の縄文集落に運ばれたといわれる。彼らは迷わず目的地に到達できる何か〝特別な能力〟を身につけていたのか。

縄文人が、相当長い時間をかけて何度も何度も試行錯誤を繰り返し、ついに習得した「道に迷わない知恵」だからこそ、そう易々と解明の扉を開いてはくれなかった。それも道理だ。30数年の長い年月をかけてやっと謎が解けそうになった。

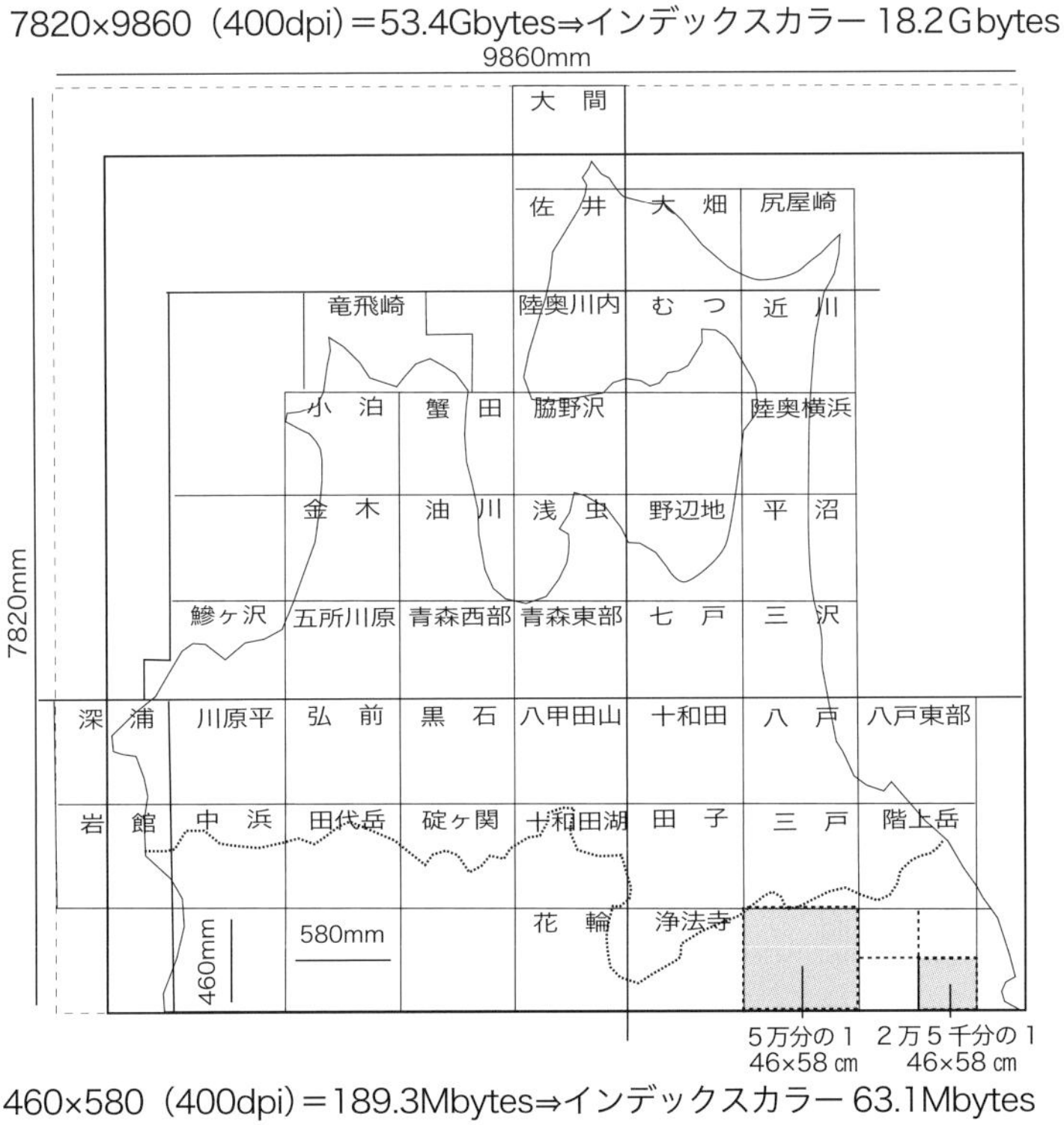


4　青森県　5万分1地形図名称

国土地理院地形図参照

この問題にとりついた当初は、まだ国土地理院から数値地図の提供はなく、5万分1〜2万5千分1地形図の紙地図を購入し、アグファ・ゲバルト社のスキャナ・アーカスⅡでスキャンしてコンピュータに取り込んでいた。

紙地図の柾判《まさばん》(460㎜×580㎜)はスキャナの最大取り込み面積(257㎜×364㎜)より大きく、紙地図一枚の取り込みに3〜4回のスキャンが必要で、さらにコンピュータの中で何枚もの紙地図を正確に繋ぎ合わせて大きな地図を作成した。

図4は青森県全体を5万分1地形図で表す場合に必要な地形図の配置図で、全県を表示しようとすると41枚の柾判地形図をコンピュータで貼り合わせることになる。仮に2万5千分1地形図で表すには5万分1地図の約4倍の枚数が必要となり、気の遠くなるような極めて根気の要る作業をこなさなければならない。

コンピュータも悲鳴をあげそのまま沈黙するるほどの大容量となる。そんな大容量の地図を基に「縄文人の道案内」の秘密を解くための試行錯誤をくりかえしてきた。

１９９５年（平成7年）1月の阪神・淡路大震災をきっかけに、政府では、地理情報システム（ＧＩＳ）に関する本格的な取組を開始し、紙地図は次第に電子的に処理可能な「数値地図」に移行。平成9年7月には国土地理院日本国勢地図（ＣＤ－ＲＯＭ）を刊行。近年は電子地形図２５０００（定形図郭版《ずかくばん》）ＤＶＤが提供され、電子国土基本図は「ウォッちず」で閲覧・利用可能となった。※ＧＳＩ：Ｇｅｏｇｒａｐｈｉｃ Ｉｎｆｏｒｍａｔｉｏｎ Ｓｙｓｔｅｍ

２０１１年（平成２３年）３月１１日に発生した東北地方太平洋沖地震による津波災害に際しては、国土地理院は発生直後に、浸水の痕跡が風雨などにより曖昧にならないうちに、空中撮影により浸水概況図をネット上に公開した。

この資料は今後の防災にとって極めて重要で、ウェブサイトで公開の情報は複製、変形等、自由に利用可能とされていることは研究者にとって誠にありがたい。国土地理院には敬意と感謝の意を記させていただきたい。

本書に掲載の略地図（イラスト）は国土地理院の「ウォッちず」、数値地図２０００００「日本－Ｉ」「日本－Ⅱ」「日本－Ⅲ」と電子地形図２５０００を参考に作成、出典は巻末に記した。また巻末資料「星地名の浸水状況」は拙著『星地名　縄文の知恵と東北大震災』より引用。

測地系も２００１年（平成１３年）より世界測地系に基づく日本測地系２０００へと移行し、緯度経度が地球上で同じ系列の表示を用いることが可能となった。もちろん緯度経度は地球の震動に伴い微動はするが、微動についての詳細は「第6章」の奥州市水沢緯度観測所のところでふれる。

数値地図により遺跡の位置や災害時の崩落や落盤や津波浸水の位置情報を正確にコンピュータで処理でき、複数の遺跡について共通する地理情報を分析することも可能となった。

本書で取り扱う「星地名」の概念は三対の山や丘や岬など目につきやすい目標《めじるし》を直線で結ぶと三本の直線が表示される。試行錯誤を繰りかえすと三本の直線が一点に交わる処がみられ、その地点は星の音声を含むことが圧倒的に多いので、総称して星地名と呼ぶことにした（凡例を参照）。しかし、縄文時代に彼らが道案内の目標にした山の高さは現代とは異なる。川の流れや海岸線も変化、むろん今のような道路もなかった。国土地理院でも地図が更新されると山の標高や川の流れが変動したり標高点が消えたりする。本書のイラストの川や道路は現代から見た位置関係を読者に理解していただくため筆者が概略を加筆したものである。

要するに旧い地図であっても目標の位置関係が相対的に正しく把握できれば道案内の解明が可能となる。

北極星はおよそ千年単位で移り変わり、こと座のα星ベガは紀元前１１５００年頃、りゅう座のα星は紀元前２７９０年頃、こぐま座のβ星は紀元前１１００年頃の北極星で、こぐま座のα星ポラリスは西暦２１００年頃に天の北極にもっとも近づく。要するに現在の北極星である。つまり、歴史的な事象のなかに北極星の方向を示すものがあれば、その時代の北極星をシミュレーションすることで正確に時代を推測することが可能となった。

　考えられる最も正確な位置情報により「縄文人の道案内」の解析が進むにしたがって筆者の心境は混迷の極みから驚嘆へと変わっていった。辞書にもない「縄文方位測量」と「星地名」の意味が北極星という〝時代を測る時計〟をもつことで一層明確になってきた。同時に日本語とアイヌ語の祖語・縄文語も解釈が可能となった（凡例参照）。

　彼らの道案内の方法は実に巧妙で、わが国のものづくり精神を具現するほどのこだわりの逸品と言っても過言ではなかろう。このことを言い表す、何か的を射た適切な文字がないかと考えぬいた末に「何度も何度もくりかえす人」を筆者は「巫《かんなぎ》〈ｋａｎｎａｇｉ〉」と呼ぶことにした。〈ｋａｎｎａ〉はアイヌ語でも何度も何度もを表す言葉、日本語とアイヌ語の祖語[5]、つまりは縄文語と考えたからだ。「またぎ」の「また」も「また会いしましょう」の何度もという意味と相通じる。さて、ともかく、皆様を未知の世界へとご案内したい。

　それでは数千年昔に逆戻ろう。

　あの丘や森、彼方の峰や海原に鋭く突き出た岬、富士山型の美しい頂《いただき》、夜空に輝く遙かな星たちを、見つめる視線は瞬く間に消える。消え去った視線を甦《よみがえ》らせるなんて、そんなことが出来ようものなら、それはそれで愉しいではないか。視線の先に何か新しい知見が眠っているかも知れない。それを目覚めさせたい。

　弥生から今日までのおよそ4倍、一万年以上も続いた縄文時代に何か学ぶことはないか。縄文時代はなぜそんなに長く続いたのか。文章を構成するような文字のなかった時代のことだから、土器や石器やその他の遺物や建造物の遺構などから縄文人の生活を深く推察するしかないが、遺物と文献だけに頼る考古学の探求は、もうその限界に迫っているのではなかろうか。もっと別な角度からの追求はないのか。それを探りたい。

　そんなささやかな願望を抱きながら、過去に執筆した三冊の記述を若干補足修正することにより本書が総まとめの役割を果せるよう念じてやまない。

註(1)『日本人になった祖先たち』(篠田謙一著)
(2)『ＤＮＡから見た日本人』(斎藤成也著)
(3)『日本列島人の歴史』(斎藤成也著)
(4)『街道をゆく三』(司馬遼太郎著)の鮫の宿を参照
(5)『日本語とアイヌ語』(片山龍峯著)

# 凡例

**星地名とは**

辞書にはない言葉。縄文人は集落の位置や山野を移動する際の重要な地点を星にまつわる言葉で表したと考えられる。地図で観察すると、大切な地点は山・丘・岬の突端・巨石など、目につきやすい３対の目標を線で結び、結んだ３本線が一点に交わるように巧妙な配置を行っていたことが分かってきた。全国に存在する膨大な交点の名称にはある共通する音声が含まれており、考察すると星ゆかりの言葉に行きつく。
３本線が一点に交わる現象と交点の名称が星を表している現象を総称して星地名と名づけた。詳しくは本文「星地名の条件」を参照。
文字のなかった時代の言葉をローマ字で表すと、星は天文学的年代測定から〈 buti・butu・potu 〉と呼ばれ、それが〈 uti・utu・otu 〉と変化し、淵・内・打・乙などを含む漢字で星ゆかりの地名が表記されたと考えられる。また星が夜空を移動する現象を〈 kusu・kusi・kosi 〉(渡る・越える)と呼び、楠見・串本・櫛田・石越・森越などの地名が生まれたと考えられる。詳しくは表 92・表 93 及び巻末資料を参照。

**袴腰〈hakamagosi〉**

津軽海峡を挟むように袴腰という山や岳が松前半島、亀田半島、津軽半島、下北半島に７つ分布している。袴腰が縄文語由来の言葉で測る〈hakaru 〉という意味を含むとすれば縄文人は袴腰から何を量ったのか。

**⛩(鳥居)**

祠や神社の記号。地図を眺めていると時々鳥居が一直線に並ぶ現象に気がつく。縄文人の道標が後に祠になったことを表していると考えられる。歴史ある神社の多くは星地名に一致、もしくは極めて近くに位置する。

**△ 三角点**
**• 標高点**
**-----------**

三角点をもつ山
標高点をもつ山や丘
点線(破線)は地図の三角点や標高点を結ぶ直線

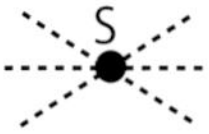


●は三本線の交点、S は Star (星)を意味する。どのような目的で三本線が一点に交わるように設定したのか。なぜ星なのか。

**交点の連携**

二つの交点が一つの三角点や標高点を介して繋がる。この現象は北海道や沖縄でも見られる。連携は二つの交点が往き来できることを意味している。交点 A とそれに連携する交点 B について A にもし星の音声がない場合でも B に星の音声があれば A は星地名である可能性が高いといえよう。この連携が果てしなく広がっていけば移動の範囲はそれだけ広くなると考えられる。交点には遺跡や神社がよく見られる。

**縄文語**

縄文時代の言葉。時系列(時の経過順)で考えると先に縄文語があり、後に北海道はアイヌ語、北海道を除く日本列島 ( 本州・四 国・九州・沖縄) は日本語に分かれたと考えられよう。
北海道以外の日本列島には未だ縄文語から完全に日本語に移行しないまま残されている言葉もあり、それが誤ってアイヌ語にされている例が多々見られる。いわゆる難読地名の多くはアイヌ語とされているが、北海道を除く日本列島にみられる難読地名は縄文語で解釈するとアイヌ語ではなく日本語であることが分かる。

| | |
|---|---|
| 日本語とアイヌ語の主な参考文献 | 『日本語とアイヌ語』(片山龍峯著)<br>『アイヌ語沙流方言辞典』(田村すず子著) |
| ≒(類似する) | アイヌ語の測る〈 paku 〉≒ 日本語のハカル〈 hakaru〉 |
| 日本語とアイヌ語の対応例（向かって左日本語右アイヌ語） | 越す〈 kosu〉≒ 通過する〈 kus〉<br>谷〈 ya〉≒ 陸〈 ya〉<br>突〈 tuku〉≒ 出る〈 tuk〉<br>室〈 muro〉≒ ふさがる〈 mu〉・道〈 ru〉<br>室戸の〈 to〉≒ 突起〈 tok〉　※室戸は道の閉ざされた突端<br>大間、富山、薩摩、串間の〈 ma〉≒ 湾〈 moy〉<br>茂〈 mo〉≒ 流れ〈 mom〉 |
| N 北緯 E 東経(経緯度とも言う) | 地点の位置を表す座標値。交点の位置が明確になる。<br>CP、iPad、スマホ、携帯などで交点の地図を表示可能。 |
| 北辰とは | 古代中国では北極星を北辰と呼んだが、仏教の妙見菩薩と結びつき北辰妙見と呼ばれるようになった。<br>千葉周作の北辰一刀流の北辰も北極星を表す。<br>北極星はネノホシ(子の星)、ホウガクボシ(方角星)とも呼ばれ移動するときの目標にされた。 |
| 移動する北極星( 地球の歳差運動 ) | 地球はコマのように自転し、太陽の周りを 1 年かけて公転している。<br>コマの回転軸は円を描くように首振り運動をしている。<br>周期は約 25800 年。北を指し示す回転軸が首を振るので北極方向に見える星(北極星)も移り変わる。 |
| 天文学的年代測定<br>縄文方位測量 | 本書独自の言葉。縄文人は集落の位置を定めたり、道に迷わないために山や丘や大きな石など目につきやすい目標で、極めて正確に方向を見定めていた。その方法は三対の目標を結ぶ三本の線が一点で交わるように設定することで目標地点を極めて正確に定めていた。この様式を縄文方位測量と名づけた。中には北極星を指し示す方位も見られる。北極星を示す方位から天文シミュレーションすると年代が特定出来る。 |
| 街道と星地名<br>奥州古三関 | いわゆる街道は元々は縄文人の通り道。縄文人の大切な星地名は街道筋にはたして存在するか。奥州古三関とは白河関、勿来関、念珠関を指す。古代の関所と星地名の関係は？ |
| 空白地帯 | 交点の星地名や目標の山や丘が、ある広い範囲にわたって、存在しない空白地帯が見られることがある。<br>そこには火山や、あるいは縄文人の近寄れない恐ろしい何かがあるのかもしれない。空白地帯の謎は解けるか。 |

# 1 案内編

## 第1章 きっかけ

### 琵琶湖疏水と哲学の道

5 琵琶湖疏水に沿って続く哲学の道 筆者撮影

京都・南禅寺の裏通りをぬけ永観堂《えいかんどう》の前をすぎて北へのぼると若王子《にゃくおうじ》橋という小さな橋にたどりつく。そこから琵《び》琶《わ》湖《こ》疏水《そすい》に沿って「哲学の道」がはじまる。

京都大学の西《にし》田《だ》幾多郎《きたろう》や田邊《たなべ》元《はじめ》らの哲学者が好んでこの道を散策したのがその名の由来とされ、今では人通りも絶えることがない京都の優美な散策コースになっている。

かつて、私は哲学の道に魅せられ京都市内に職を求めることになった。たまたま通りかかったこの小径に無性に惹かれたのは、若気のせいだけだったのだろうか。

南禅寺の境内を横ぎるアーチ型煉瓦造りの水路閣《すいろかく》が誕生した当時の京の人々には、疏水にしろ水路閣にしろ、また哲学の道にしても、あまり馴染《なじ》まないものだったらしい。

時をへて疏水の流れは東山の自然にとけこみ、これが人工の川だとは思えないくらいのどかだ。

京都は両極《りょうきょく》の街だ。レベルの高い都会かと思うと心やすまる田舎であったり、ものすごく古いかと思えば驚くほど革新的だ。その好例が先斗町《ぽんとちょう》であろうか。ここは１６６８年(寛文８年)鴨川改修が行われた際に造成された所とされているが、造成前に「御崎《みさき》」と呼ばれていたのをハイカラ風に先斗町と名づけたと聞く。「ポント」はポルトガル語の先端(さき)の意。命名者は、もしかすると前衛(アバンギャルド）の意も籠《こ》めて、この町の発展を願ったのか。
　琵琶湖疏水もまた先進であったといえようか。
東山と長等山《ながらやま》の二カ所に隧道を掘削し、琵琶湖湖畔から山科経由で鴨川に至る全長１１・１㎞に及ぶ水路を開くという奇抜な計画は、当時（明治）としては前例がなかったらしい。日本最初の水力発電を含め技術革新をも意図した工事そのものも先進であったが、それにもまして後世の心を揺さぶるのは、その測量・設計を２３歳の青年工学士・田辺朔郎《たなべさくろう》に担当させるという誠に思いきった人材起用が英断実行されたことであろう。

　極と極の間を精神と肉体が激しく振動する。そんな動的で不安定かと思われる営みから、この古都の調和・やすらぎ・静寂が生みだされているのかもしれない。不思議だ。

「京についてもっと知りたい」との思いとは別に、母校の要望で１９７７年（昭和５２年）３月、私は青森県十和田市

6　南禅寺境内の水路閣　　撮影　川村 健一郎

7　水路閣の上の琵琶湖疏水　　筆者撮影

に転居することになった。そこには思いがけない出合いが待っていた。

## 稲生川との遭遇

街の佇《たたず》まいが京都と同じ碁盤の目だ。一筋の川が市内を流れている。川の名は「稲生川《いなおいがわ》」、琵琶湖疏水と同じ人工の川だ。流れに沿って哲学の道かと思うほどにのどかな散策道がつづいている。

8 十和田市内を流れる稲生川　筆者撮影

誰が、いつ、何のためにこの川を造営したのか!!

有名な琵琶湖疏水は１８８５年(明治１８年)着工、１８９０年(明治２３年)完成。全長１１・１㎞。隧道《ずいどう》部分は約３・４㎞。特に滋賀県側の長等山隧道《ながらやまずいどう》は長さ２・４㎞で当時日本最長と事業の輝かしさを讃《たた》えている。

一方、稲生川は『十和田市・三本木原開拓と新渡戸三代の歴史ガイドブック』(新渡戸憲之・新渡戸明著)によると１８５５年(安政２年)着工、１８５９年(安政６年)完成。

水路延長約１０・３㎞におよぶ難工事で、総長４・１６㎞の二つの隧道を掘削。そのうちの一つは長さ２・４５㎞で長等山隧道より長い。工事は民間出資型のプロジェクトで行われ、しかも琵琶湖疏水より３１年も前に完成されている。しかし、稲生川は無名にちかい。川の掘削《くっさく》企画実行者は新渡戸《にとべ》傳《つとう》翁《おう》(１７９３年~１８７１年)とのこと。一体誰か。

十和田市は旧くは三本木原と呼ばれ、十和田商工会議所石川正憲会頭の言葉を借りると「迷い込むとなかなか抜け出せない〝魔の原野〟と怖れられた平原」であったらしい。そんな原野に目をつけた人物、それが新渡戸傳なのだ

## 三本木原開拓の歴史

開拓の歴史を知るためなにかよい書物はないかと模索す

ると、１９４５年（昭和２０年）５月３１日に発行された『三本木開拓誌』（積雪地方農村經済調査所編）（非売品）があるとの情報を得たが、残念ながらもう手に入らないとのことで、他を探すしかなかった。

そうこうするうちに、妻の友人で青森県野辺地町在住の野坂弘子様から「あの本の復刻版が三柏堂という出版社に行けばありますよ」という知らせが届いた。

探し求めていた書物は１９８０年（昭和５５年）４月１３日に発行された『三本木開拓誌復刻版』（「三本木開拓誌」復刻刊行会発行）で、上中下と三巻で構成され、新渡戸氏の開拓について膨大かつ詳細に記されていた。三巻合わせて２０４８頁にも及ぶこんな書物を復刻すること自体が驚きだ。発行者は苫米地繁雄・工藤栄造・柏村貞義・布施由郎と記されていた。この町にも凄い御仁《ごじん》たちがいるものだと感銘ぶかかった。

読みふけっていると、周りの人びとから「どうしてそんなに稲生川にこだわるのですか」とか「この小さな稲生川がそれほど大切な川なのですか」とよくたずねられた。

１９８５年（昭和６０年）５月発行の『十和田市立中央病院誌Ｖｏｌ／８のＮｏ・８３』に『住めば都』と題して稲生川と琵琶湖疎水について記したが、その記事がきっかけとなり、十和田市に所在する十和田文化新聞社のＢＵＮＫＡ新聞に『十和田再発見』を連載させていただくことになった。連載は２年間続いた。

１９９２年（平成４）年１１月１３日、十和田市では「稲生

9　十和田市の鞍出山中腹に潜む歴史的文化遺産「幻の穴堰」
新渡戸傳の長男十次郎が稲生川の水量増を目的に 1866 年に着工。十次郎の急逝により隧道は未完成に終わったが穴堰は残された。　平成 5 年 10 月 筆者撮影

川を考えるフォーラム」の協議会が発足、翌1993年(平成5年)1月30日に第2回実行委員会が開催された。委員長に北里大学の小林裕志教授が選任され、筆者は「歴史と科学の広場」を考えるグループの委員長を仰せつかることになった。

十和田市に遺された「幻の穴堰《あなぜき》」の見学も行われ、このフォーラム活動を通して稲生川に対する思い入れがますます強くなっていったのもまた自然のなりゆきであろう。

実は新渡戸傳は、明治・大正・昭和を通しての国際人で、1920年国際連盟事務次長に就任、1984年(昭和59年)11月に五千円札の肖像画にもなった新渡戸稲造《いなぞう》博士(1862年~1933年)の祖父で地元では有名だが、知る人ぞ知るだ。かつて、旅先で「五千円札の肖像画に描かれた新渡戸稲造博士をご存知ですか」と尋ねてみても、知らない人の方が多く、「欧米でベストセラーになった『武士道』を著わした人でしょう」との答えをいただけたのはごく少数であったと記憶している。ましてその祖父ともなれば知られていないのが当然であろう。

## 新渡戸氏と上杉氏

英語で書かれた『武士道』(1900年)は、米国第26代大統領セオドア・ルーズベルト(在任1901年~1909年)、第35代大統領ジョン・F・ケネディ(在任1961年~1963年)、第42代大統領ビル・クリントン(在任1993年~2001年)やエジソンに愛読され、また、翻訳されて各国で高評を得ている。

新渡戸氏は上杉氏と祖が同じで、新渡戸傳翁の父・新渡戸維民《これたみ》は上杉流兵法家、稲造博士の『武士道』とは無縁ではない。また『武士道』の中に上杉鷹山《ようざん》(1751年~1822年)の言葉「国家人民の立てたる君にして、君のために立てたる国家人民には之無候」が既に紹介されている。この言葉は「伝国之辞《でんこくのじ》」と呼ばれ、直筆《じきひつ》は上杉神社稽照殿《けいしょうでん》に保管されている。

「成せばなる　成さねばならぬ　何事も　成らぬは人の為さぬなりけり」で有名な上杉鷹山について、こんな逸話が残されている。

1961年、第35代米国大統領に就任したジョン・F・ケネディは、日本人記者団から「日本で最も尊敬する政治家は誰ですか」と問われると、「上杉鷹山です」と答えたが、質問した日本人記者は、上杉鷹山を知らなかったというが、こんなことがあるのだろうか。

ジョン・F・ケネディやビル・クリントンが日本の政治家の中で一番尊敬している人物として上杉鷹山を挙げたのは新渡戸稲造博士の『武士道』を通して既にその存在に注目していたからに違いなかろう。

内村鑑三の『代表的日本人』(1908年)を読んでいたからだという説もあるが『武士道』の方が8年早く出版されている。またエイブラハム・リンカーンの有名な言葉「人民の人民による人民のための政治」のおよそ78年も前に上杉鷹山はそれに極めて近い思想を後継者に伝承していることも『武士道』に記されている。

稲造博士の幼名は稲之助と呼ばれたが、これは祖父・傳翁の生涯を貫いた開拓精神の結晶ともいえる稲生川の通水によって、不毛の台地から、はじめて米が収穫されたことに因《ちな》んで命名された。

江戸時代にこのような偉業とも言える隧道(トンネル)掘削工事を成し得た新渡戸氏はどうしてこの東北の北端の地に関わりを持つことになったのか、この単純な疑問が本書の出発点となった。

平家物語にも平氏の先祖について詳しく述べられているが、新渡戸氏の開拓事業について記された『三本木原《さんぼんぎはら》開拓誌考』(新渡戸憲之著)によると「第五十代桓武天皇第五皇子葛原《かずらはら》親王が新渡戸氏の祖であり、爾来《じらい》現在の千葉市に居住し千葉姓を名乗りその守護職となった」と記されている。

葛原親王から数えて十五代の常秀が源頼朝の奥州征伐の際、軍功あり下野国新渡戸、高岡、青谷の三郷を賜り新渡戸氏と改めたとある。その葛原親王から派生した平氏の系譜をみると、平氏を名乗った高望王《たかもちのおう》の子孫が東国と深く関わることになったことが頷けよう。このなかで西国に留まったのは平清盛(1118年~1181年)だけで、他は山形県の羽黒山に見事な五重塔(国宝)を建立したと伝えられる平将門《たいらのまさかど》(903年~940年)を含め、すべて東国に関わりを持つことになったが、これは一体なぜか。

797年(延暦16年)蝦夷平定のため坂上田村麻呂(758年~811年)を征夷大将軍に任命したのは桓武天皇であり、その子孫・桓武平氏が東北に進出することになったのは当然の成り行きと考えられよう。

10　新渡戸氏・千葉氏　家紋と妙見信仰

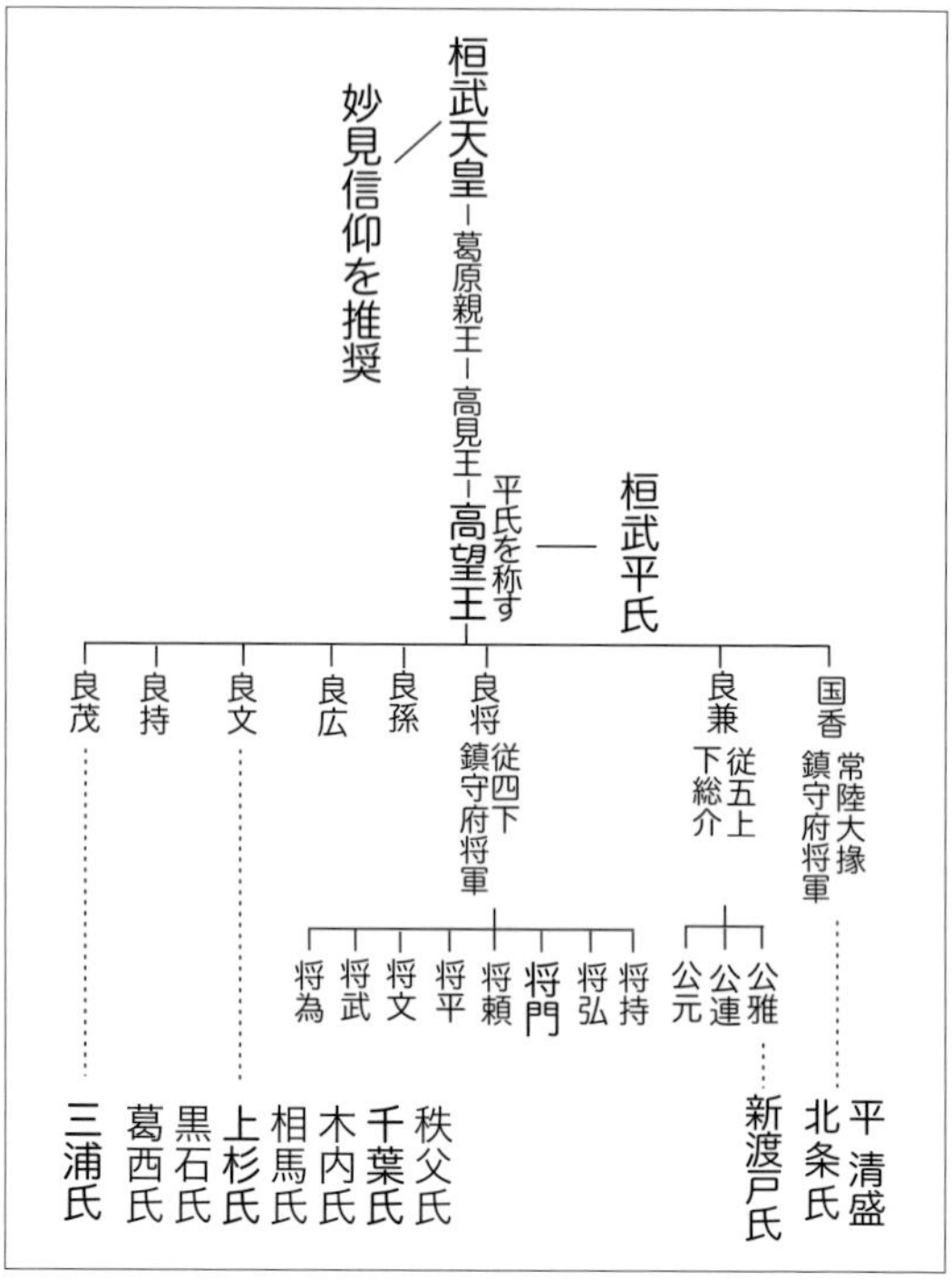


青森市の大星神社(妙見宮)の碑文の要点
延暦一一年(七九二)蝦夷鎮護の祈願所として草創。
延暦一六年(七九七)桓武天皇　坂上田村麻呂を征夷大将軍に任命。
大同二年(八〇七)坂上田村麻呂が本殿を再建。
桓武平氏一族は妙見信仰を携え東国に向かった。

※なぜ、妙見信仰の旗印が必要だったのか。
※縄文の子孫も星を大切にしていたからでは?

11　桓武平氏係累と青森市の大穂師神社の碑文

## 新渡戸氏の星信仰

彼らは武力だけで蝦夷を平定しようとは考えていなかったようだ。千葉氏をはじめ桓武平氏の多くは、星を信仰の対象とする妙見《みょうけん》信仰の推進者で、新渡戸氏も妙見信仰を行っていた。

　新渡戸氏の家紋は月星紋《つきほしもん》であり、千葉周作の北辰一刀流の紋も同じく月星紋で、岩手県九戸郡九戸村の九戸神社は千葉氏ゆかりの妙見宮で、その神紋の中央部には月星紋がみられる。

　星信仰について詳細に記されている『星の信仰』(佐野賢治編)によると、妙見信仰は妙見菩薩《ぼさつ》信仰であり、「妙見菩薩は北極星、北斗七星を神格化したもので、七星中の破軍星《はぐんせい》は特に武士の信仰を集める要素となっていた。また一方、北極星はネノホシ、ホーガクボシ、メジルシボシなどと呼ばれており、方向や時刻を示す星である。」と記されている。

　8世紀の子《ね》の星(ネノホシ)はこぐま座のポラリスで北の方角を指し示していた。

　なぜ桓武平氏一族は妙見信仰を携えて東国に進出したのだろうか。

## 青森市の大星神社

およそ30数年前になろうか、青森市に「星」のつく神社があると聞かされ、私は一瞬言葉につまった。探し求めていたものがこんな身近にあろうとは、まさに驚きだった。

青森市にある大星神社の記念碑には図11に示すように「桓武天皇延暦十一年、蝦夷鎮護の御祈願所として草創され、大同二年坂上田村麻呂将軍東夷征討の折、本社殿を再興して妙見宮と称し天之御中主神を祭った」と記されている。本州最北端の妙見宮といえる。

この大星神社の記念碑の文言《もんごん》〝蝦夷鎮護〟をすんなりと見過ごすわけにはいかなかった。征伐や平定ではなく〝鎮護〟なのだ。

## 蝦夷鎮護になぜ妙見信仰か

なぜ大星神社が蝦夷鎮護の祈願所なのか。確かに大星神社は妙見信仰が本州の北端まで浸透していたことを物語っている。

桓武天皇の子孫の多くが妙見信仰(星の信仰)を推し広めながら東国に進出したのはなぜだろうか。

なぜ妙見信仰の旗印が必要だったのか。もしかすると蝦夷と呼ばれた縄文の子孫らも星を大切にしていたからではないのか?この疑問が動機となった。しかし縄文の子孫らが仮に〝星〟を大切にしていたとして、この星とは何か。単に夜空の星を指しているとはとても思えない。何かもっと縄文人の生活にとって重要な星とは何か。ひょっとすると縄文人の移動にかかわるものではないか。

『星の信仰』に北極星が〝ホウガクボシ、メジルシボシ〟で方向や時刻を示す星と呼ばれていたとの記述も気がかりの一つだった。

やがてこの疑問は星のつく地名へと進展するが、それはもっと後のことである。

2000年(平成12年)2月10日株式会社文藝春秋・企画出版部の作成で『星の巫《かんなぎ》　縄文測量の視点で歴史をみる』を自費出版。これには縄文測量と記されていて、まだ方位測量とは記されていない。

しかしやがて縄文人がなぜ星を大切にしていたかという謎が次第に明らかとなってゆく。

京都との離別、稲生川との遭遇が「星地名」発掘の出発点になろうとは……。

# 第2章 はかる兆し・袴腰とは

## 袴腰岳(山)の謎

1979年(昭和54年)9月「袴腰《はかまごし》」という奇妙な名前の山を眺めたくて青森発函館行きの午後のフェリーに乗船した。しかし残念なことに濃霧に阻《はば》まれ、袴腰を目にすることはできなかった。

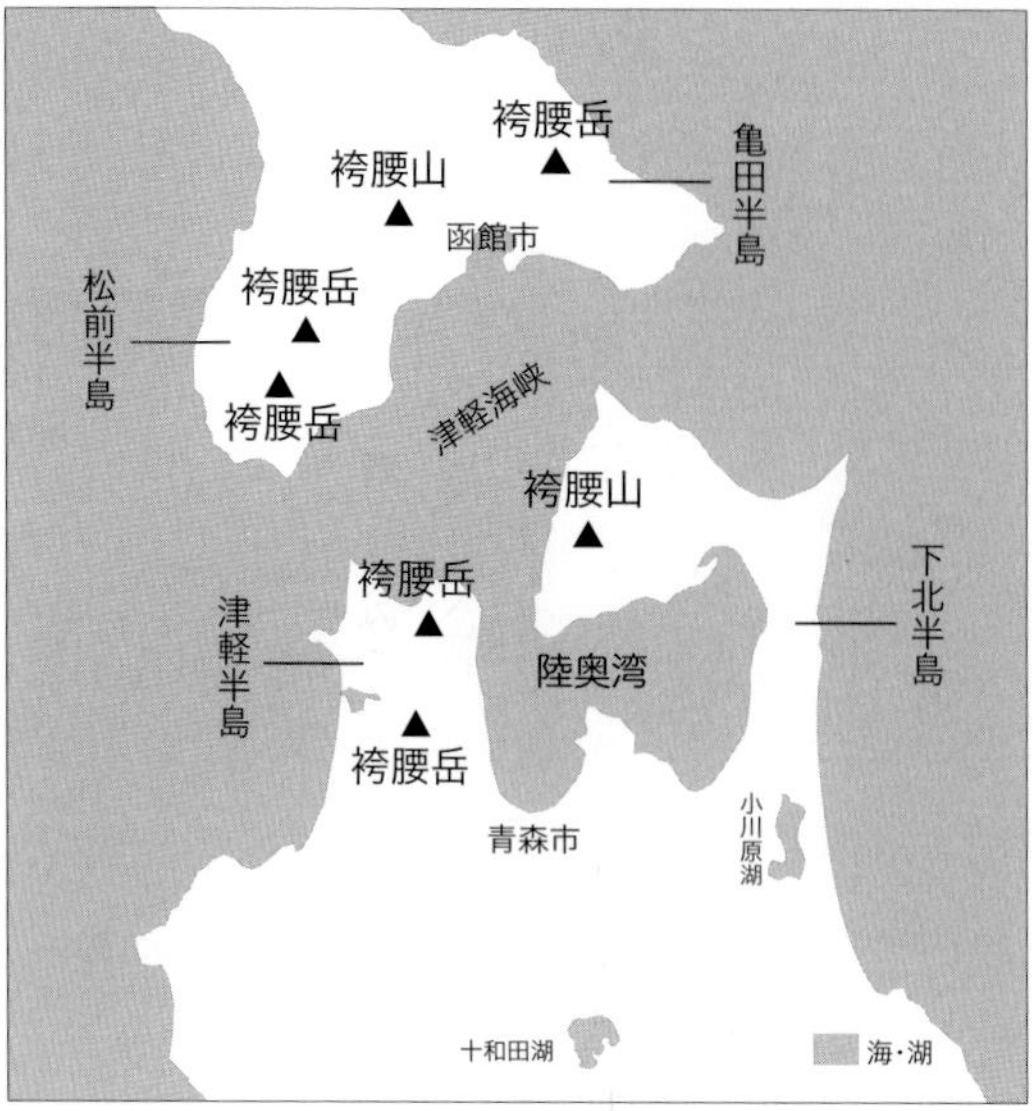

12 津軽海峡と袴腰

津軽海峡を挟むように袴腰という山々が松前半島、亀田半島、津軽半島、下北半島に分布している。

なぜ7個もの袴腰が分布しているのだろうか。まあ言ってみれば誰もそんなことは考えてもみない、少々馬鹿げた疑問と思われるだろうが、それが、ふとしたことからこの疑問に微かな光がさしてきた。

## アイヌ語pakuと日本語のhakaru

アイヌ語の「パク」と日本語の「ハカル」という言葉の類似性について記された『日本語とアイヌ語』(片山龍峯著)に出あったのがきっかけで、袴腰の謎が少しずつ解けはじめることになった。

この『日本語とアイヌ語』という書物には「日本語とアイヌ語の共通の祖語は縄文語と考えられる」という趣旨が述べられている。これは、はしがきの冒頭に記したDNAの研究「北海道から沖縄まで、われわれ日本人の先祖は縄文人」という研究成果と符合する。

## paku≒haku?

『日本語とアイヌ語』には〝アイヌ語のpakは量るという意味をもっており日本語の「はかる」によく似ている。〟と記されている。

古い日本語について考えてみると現代使われている「上げる」・「下げる」は「上《あ》ぐ」・「下《さ》ぐ」のように用いられていた。「はかる」は「はく」として使われていた時代があったかも知れない。もしそうだとすれば〈paku〉≒〈haku〉の対応はかなり明確に理解される。また「崇《あが》む」や「高む」のように用いられていれば「はかむ」〈hakamu〉→〈hakama〉となろう。

袴腰岳(山)と所在地

| | |
|---|---|
| 北海道函館市 | 袴腰岳 |
| 北海道北斗市 | 袴腰山 |
| 北海道松前郡福島町 | 袴腰岳 |
| 北海道上磯郡知内町 | 袴腰岳 |
| 北海道様似郡様似町 | 袴腰山 |
| 青森県五所川原市 | 袴腰岳 |
| 青森県むつ市 | 袴腰山 |
| 青森県東津軽郡外ヶ浜町 | 袴腰岳 |
| 秋田県秋田市 | 袴腰山 |
| 秋田県大館市 | 袴腰山 |
| 福島県南会津郡南会津町 | 袴腰山 |
| 群馬県利根郡片品村 | 袴腰山 |
| 新潟県三条市 | 袴腰山 |
| 新潟県東蒲原郡阿賀町 | 袴越山 |
| 新潟県東蒲原郡阿賀町 | 袴腰山 |
| 富山県南砺市 | 袴腰山 |
| 長野県松本市 | 袴越山 |
| 三重県伊勢市 | 袴腰山 |
| 滋賀県大津市 | 袴腰山 |

13　袴腰岳(山)の所在地

## 地名や山名の解明の鍵『日本語とアイヌ語』

『日本語とアイヌ語』は、これから述べる拙著にとっては地名や山名を解釈する際になくてはならない貴重な参考書といえよう。

「袴腰」が日本語とアイヌ語の祖語である「縄文語」由来の言葉であったとすれば、縄文人はこの山を用いて何かを測ったことになるのではないか。縄文人が袴腰山や袴腰岳を用いて測ったもの、それは一体何だろうか。

袴腰という岳や山の存在する所は図13のように北は北海道から南は滋賀県や三重県に渡ってみられ、これらの地域には縄文人が測ったと考えられる何かが遺されているかも知れない。しかしそれが何であるのかは全く見当もつかない。もちろん縄文人が何かを測ったという文献を探してもみつからない。

## 福地村の地図

こんな折に、福地村の大きな地図が手に入った。筆者が地図を集めているのを聞き青森県福地村(現・南部町)出身の福田竹男氏が届けてくださったのだ。

袴腰のことがあって以来、地図を眺める癖が身についてしまっていた。

## 直線上に並ぶ鳥居

実は意外なことが地図に記されていた。ただ眺めているだけでは全く気づかない。「はかる」という目でみなければならない。地図の中には鳥居のマークが所々に記されている。この鳥居がただ漠然と散在しているのではなく、極めて正確に一直線上に並んでいることが判明した。

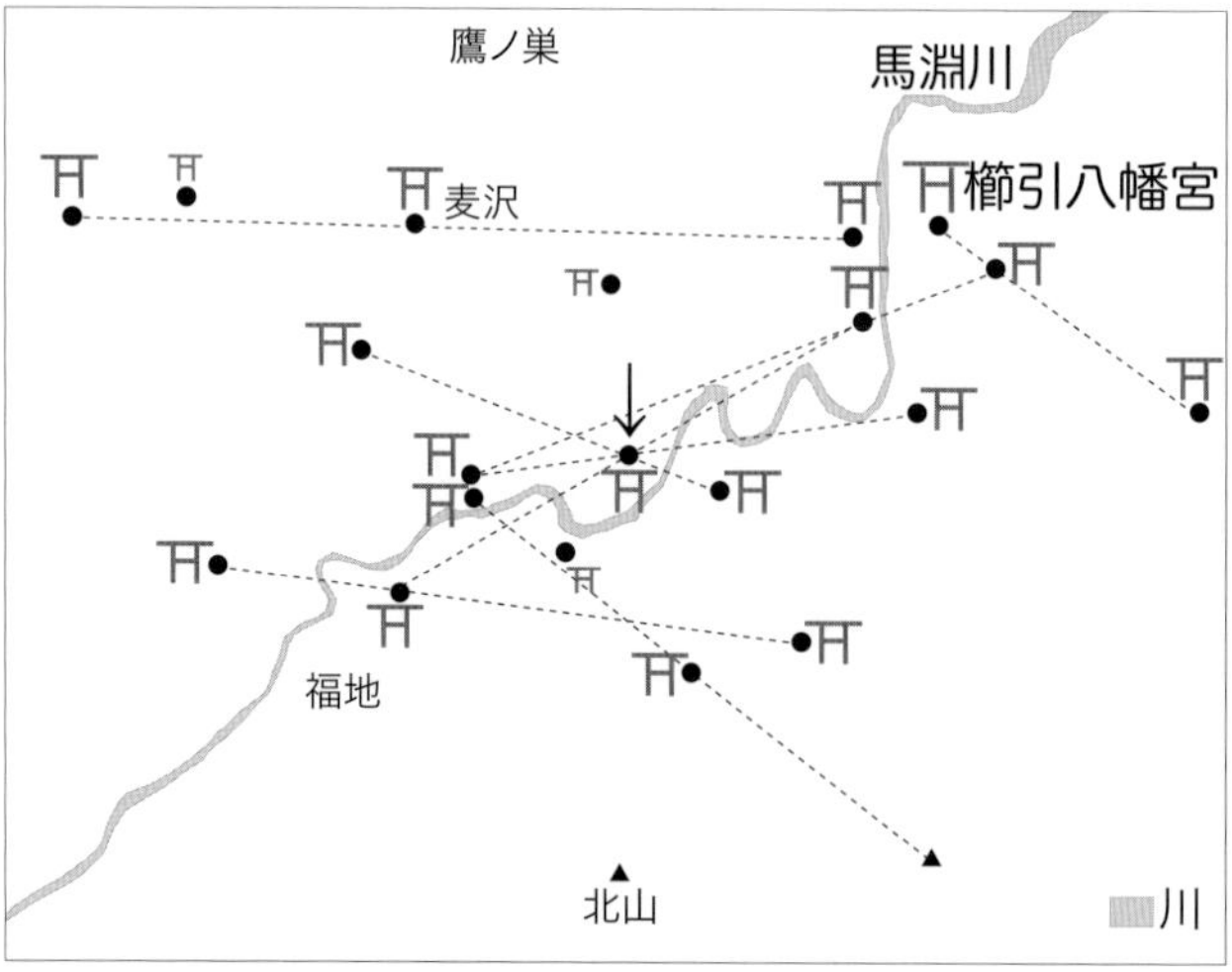


14　一直線に並ぶ神社・青森県福地村(現・南部町)

## 鳥居は道しるべ？

地図に記された鳥居の地点に実際に行ってみると、そこには小さな祠《ほこら》があるだけのことがままある。もちろん櫛引八幡宮のように大きな神社もあるが。

なぜ祠が一直線上に並ぶのか。祠はもしかすると元々は「道しるべ」であったのではないか。

古来、日本人は木の神様、水の神様……となんでも祀る習慣があり、つまり八百万《やおよろず》の神を祀る習慣というか習性が身についていたと考えられる。とすれば「道しるべ」も後に祠として祀られても不思議ではない。

図14の鳥居は極めて正確に一直線上に並んでいる。そしてこの中によくみると三本の点線が(↓で示す)ひとつの鳥居の地点で交わっているのが見られた。

しかし筆者はまだこの時点では三本線が一点に交わる事象を特に問題にしていなかった。その意味に気づかなかった。

神社が一直線に並ぶ現象は青森県天間林村(現・七戸町)でも見られた。

図15に石文と記された地点は「つぼのいしぶみ」といわれ

る「日本中央」と記された碑の発見地点に極めて近い。

15　一直線に並ぶ神社・青森県天間林村

福地村にしろ天間林村にしろ鳥居が一直線上に並ぶ現象については、いかなる文献にも一切ふれられていない。つまり過去の文献に記載されていない。これはなぜか。

それは、歴史の研究において、極めて正確な地図を用いて、またコンピュータで幾何学的かつ数量的に分析するという方法が用いられてこなかったからであろう。

この反省に基づき、筆者は当初は紙地図をスキャナで取りこみ、数値化してコンピュータで分析していた。

福地村の鳥居の配列を参考にして、コンピュータに取りこんである地図にＡｄｏｂｅ Ｐｈｏｔｏｓｈｏｐ(写真や地図を画像として取り扱える一般的なソフト・以降フォトショップという)のパスツール(直線や曲線を自由に描けるツール)を用いて山と山を直線で結ぶ作業を何度も何度もくりかえし、何ヶ月も試行錯誤を続けるうちに、福地村で見られた三本線が一点に交わる現象が各地で見られるようになった。もちろん紙地図と定規と鉛筆でも検索は可能である。

そして交点にひそむ共通点が次第に浮き彫りにされていった。フォトショップではパスツールで描いたパス(直線や曲線)をＡｄｏｂｅ Ｉｌｌｕｓｔｒａｔｏｒ(イラスト作成用の一般的なソフト・以降イラストレータという)に書き出す機能があり、本書の図(イラスト)はこのような手順で作成している。

その後、国土地理院から数値地図が提供されるようになり、またコンピュータの性能も向上し、取り扱うフォトショップやイラストレーターなどのソフトも機能が多彩で便利になり、数値地図２５０００や国土地理院ウェブサイトを用いて縄文時代の地形の推定が可能となった。

こうして縄文人が何を測ったのかを検証する作業は一歩ずつ歩き始めることになった。

# 第3章　一点に交わる三本線

どのような地域から調査をはじめるか。

「第1章」では新渡戸氏の星信仰に、「第2章」では縄文語のｐａｋｕ(はかる)について述べたが、星信仰(妙見信仰)と星にかかわるような地域や、縄文遺跡と星にまつわる地名などがあればそこから始めるのが賢明ではないか。

## 交野市星田

そんな訳で、まずは星のつく地名と妙見宮のある大阪府交野《かたの》市星田から始めよう。

この地域は星田妙見宮で知られている。

交野市星田の地図で山や丘をパスで結ぶ作業をくりかえし調べると図16のように、極めて正確に交わる三本線が発見された。地図には高さ１４３・５ｍの妙見山もみられる。そればかりではない。三本線の交点が二つもあり、交点の名称は二つとも〝星田〟で、しかも一つの標高点(標高７７・４ｍ)で両者は繋がっている。これは一体何を意味するのだろうか。

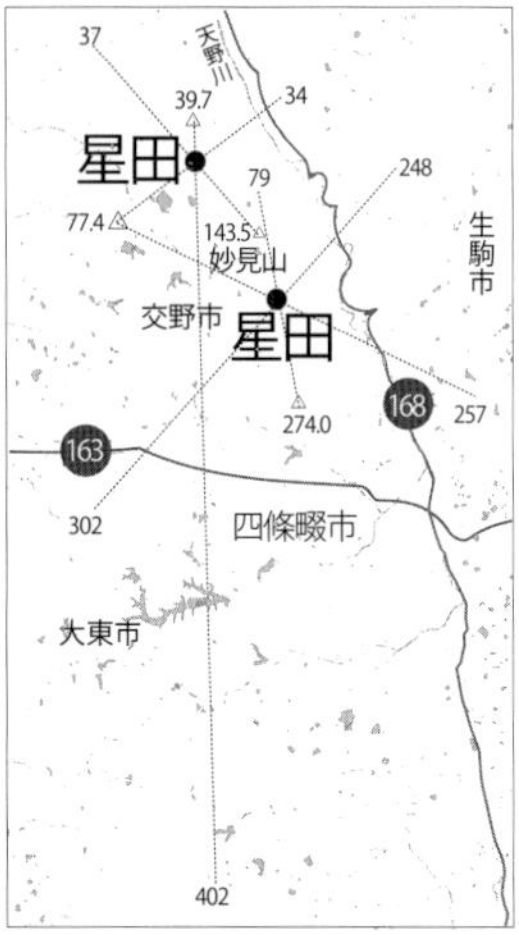


16　交野市の星田

福地村でみられた三本線の交点は一ヶ所で、交点の位置は鳥居だった。しかし交野市では二ヶ所もみられ、その名称は星のつく地名だ。なぜ星がつくのか。なぜ二つが繋がっているのか。

## 栃木県星野町の星野遺跡

つぎに着目したのは縄文時代の星野遺跡がみられる栃木市星野町で、そこには永野川沿いに縄文遺跡や貝塚などがみられる。発掘の歴史は古く１９６５年(昭和４０年)から１９７８年(昭和５３年)まで5次にわたって東北大学の芹沢長介教授らにより調査が行なわれ、その後、遺跡記念公園・遺跡記念館が作られている。

図17の三本線の交点の一つは星野遺跡に的中、もう一つ

の交点は何と星宮神社だ。星宮神社は本来は妙見宮であったが明治の廃仏毀釈《はいぶつきしゃく》により多くは星宮神社と名称を変えた。妙見信仰と星のつく地名が関わっていた。

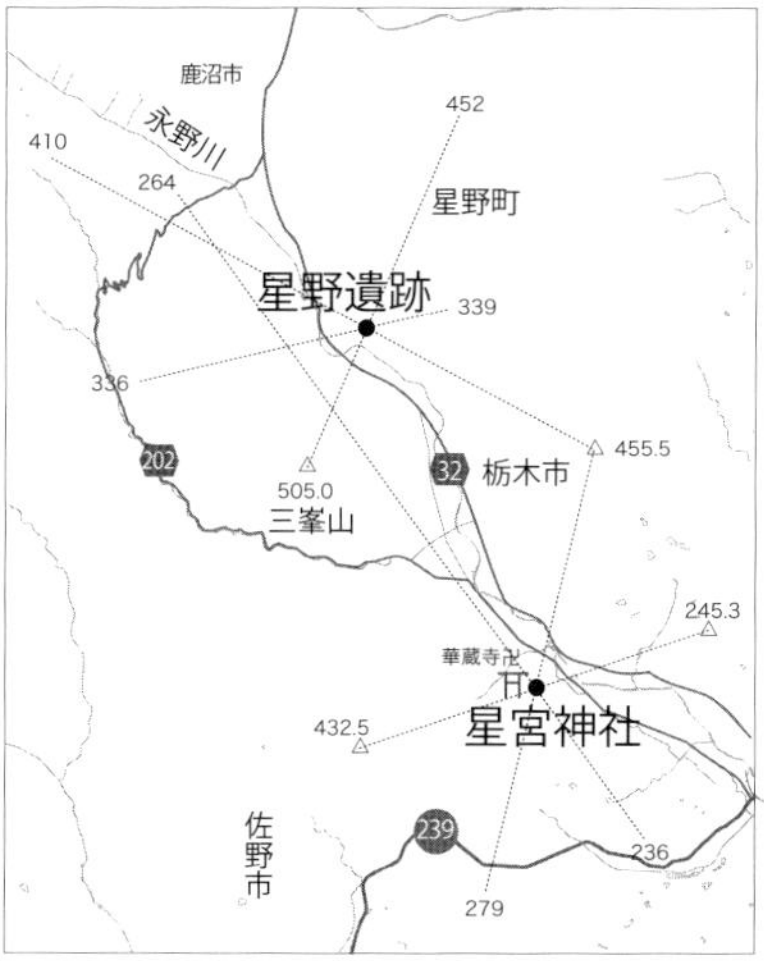


17　栃木市星野町の星野遺跡と星宮神社

## 福岡県八女市星野村

福岡県八女市《やめし》に星空で知られる星野村がある。村に沿って星野川が流れている。ここは茶畑や棚田もあり、星野玉露茶で有名。昭和63年には環境庁の「スターウォッチング星空コンテスト」に入賞。

図18の交点の一つ星野の付近には「星の文化館」「星の温泉館きらら」「池の山キャンプ場」などあり、村には日本の原風景が色濃く残されている。残念ながら明らかな縄文遺跡は発見されていない。

もう一つの交点は祇園神社で、二つの交点は標高603・0mの山を介して繋がっている。

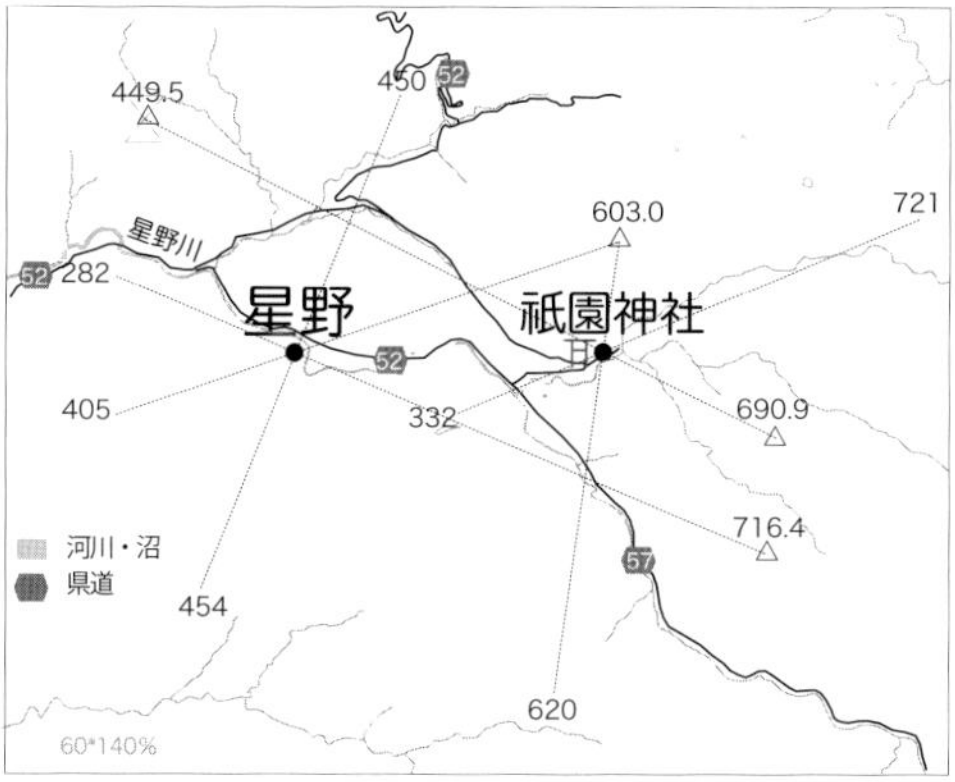


18　福岡県八女市星野村の星野と祇園神社

## 岩手県葛巻町の星野

葛巻町の星野にも星野川がみられる。春には福寿草の花がタンポポかと見まちがうほどむらがって咲きほこり、牧草地の緑が美しい。あちこちにサイロもみえる。

図19の一つの交点は星野で、783・4mの山を介してみられるもう一つの交点は横打と呼ばれ、この時点ではこれは星とは関わりのない地名かと思われた。

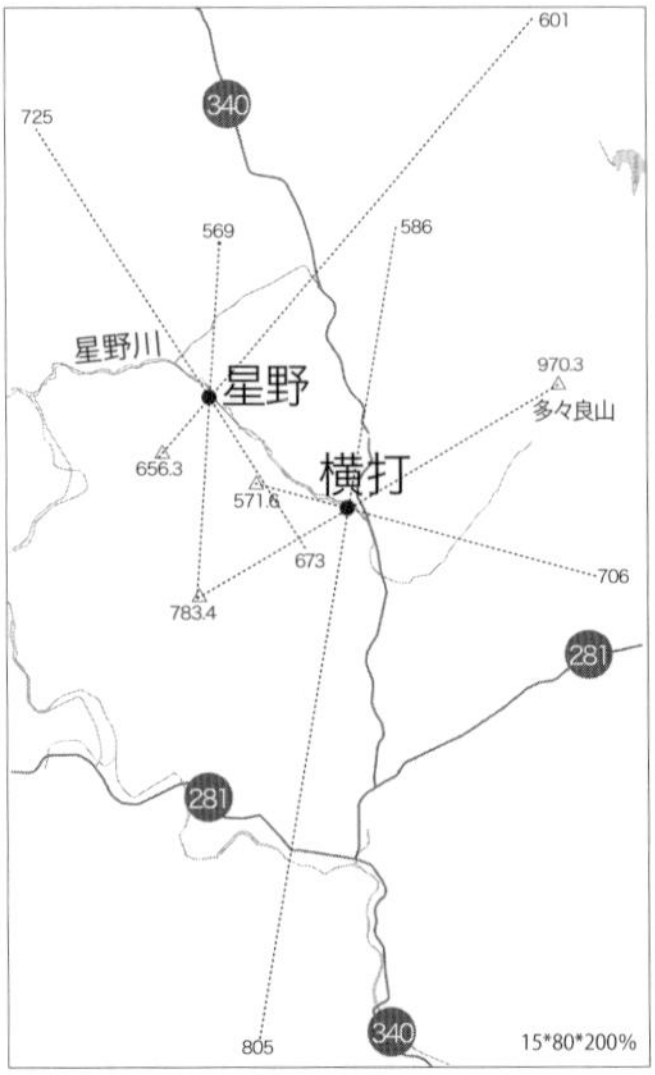


19 岩手県葛巻町の星野

## 袴腰と交点

「第2章」で「津軽海峡を取り囲む七つの袴腰から測ったのは何か。見当もつかない。」と述べたが、陸奥湾と津軽海峡の範囲を含むこの大きな地図で三本線の交点はみつかるのだろうか。

何度もなんども地図をよくみると、図20のように袴腰が三本線の交点に関わっていることが判明した。①~⑦と袴腰に番号をつけ、交点との関係を調べると③を除く全てが交点の目標の山に該当していた。

①の袴腰岳は津軽半島の藤島と函館よりの三ツ石という交点に関わり、②と⑥の袴腰岳は北海道北斗市の市渡《いちのわたり》という交点にかかわっていた。④⑤⑦についてもやはり交点との関係がみられた。袴腰岳(山)は交点を定める役割の一端を担っていたことが判明した。

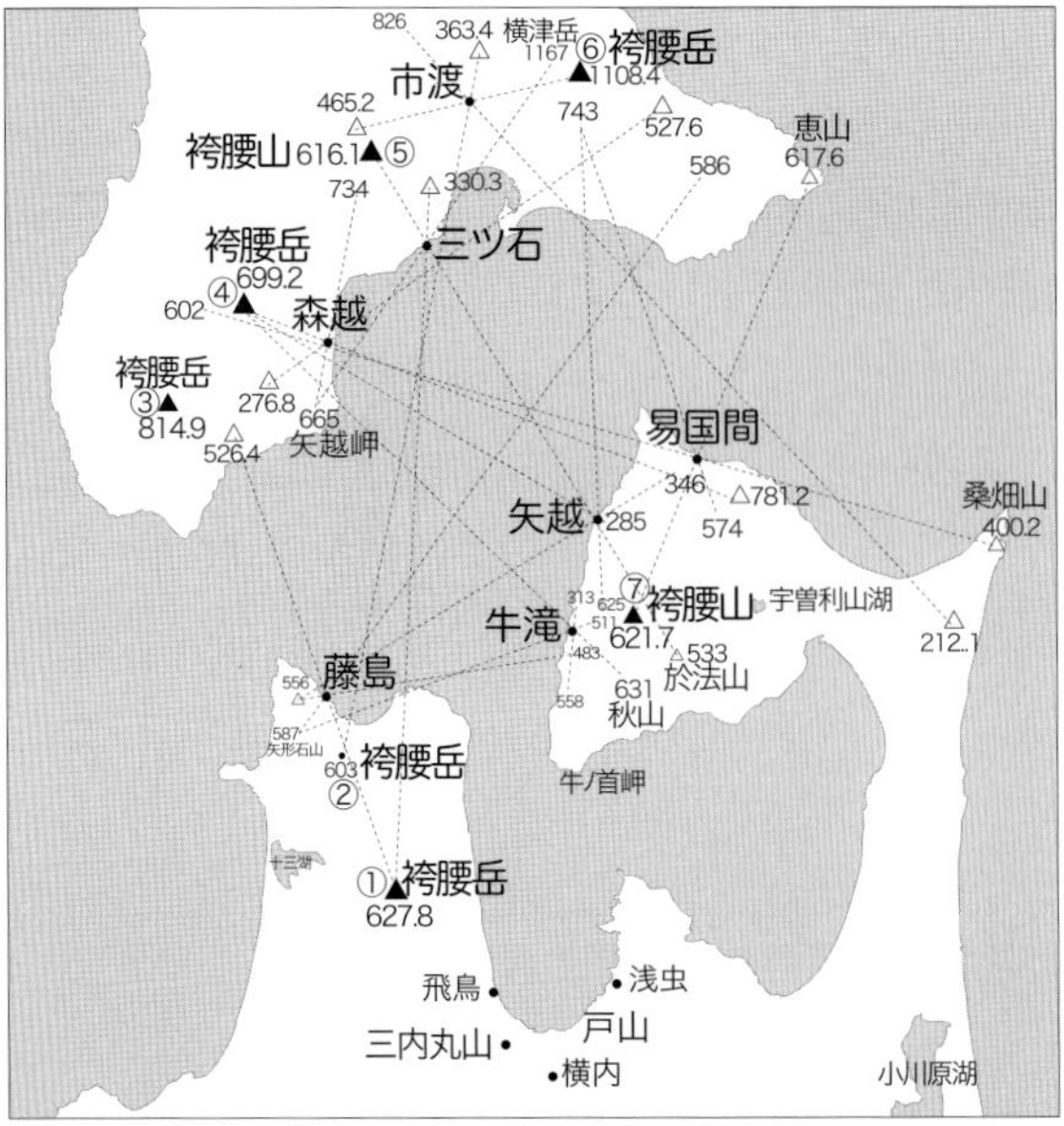


20 津軽海峡をとりまく袴腰と交点

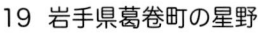

## 伊勢の袴腰

図21に伊勢の袴腰山を示したが、この山は鷲嶺《しゅうれい》と呼ばれているが、別名として袴腰山が残されている。袴腰山と二見の南寄りにある119・8mの山を結ぶ直線上に内宮が位置している。内宮は三本線の交点にあり鼓ヶ岳355・2mを介して朝熊《あさま》と繋がっている。

つまり津軽海峡周辺だけではなく、遠く離れた、しかも縄文とは縁のないと思われる伊勢でも袴腰があり、三本線が一点に交わるという奇妙な現象に関わっていた。

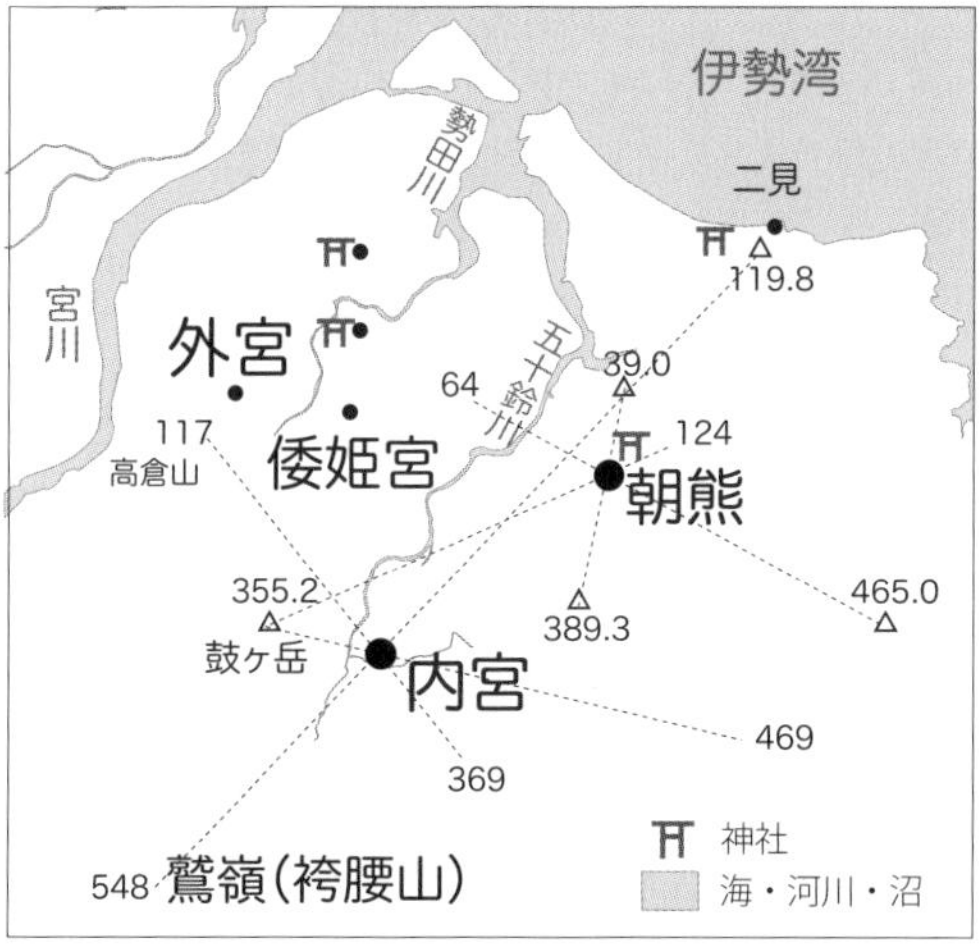

21　伊勢周辺の袴腰と交点

ただし、袴腰が測ることに関わっているとすれば、測るのはどうやら距離ではない。三本線のうちのどれかの方向を示しているのではないかと考えられた。

北斗市の市渡のように二つの袴腰が関わっている交点もみられるが、考え方を変えると②の袴腰岳は市渡という交点を通して⑥の袴腰岳と繋がりを持っているとも言える。

以上、交野市では二つの星田、栃木市星野町では星野と星宮神社、福岡県八女市では星野と祇園神社、葛巻町では星野と横打が交点の名称として浮上、また、袴腰関係では藤島・三ツ石・森越・市渡・易国間《いこくま》・矢越・牛滝などの名称が交点として浮上した。共通点はあるのだろうか。

コンピュータ画面で極めて正確に一点に交わる直線を眺めていると、これはただ事ではない。この精度は一体誰が測ったのであろうか。また何のためにこのようなことを行ったのであろうか。いつの時代のことかと限りなく疑問が湧いてくるのを禁じえない。

また冒頭で述べたDNAのなせる所業だとすると〝このような三本線は遠く離れた北海道や沖縄でもみられるのか〟という疑問はますます強くなっていった。

ただ北海道や沖縄は遠すぎる。地点の地形や写真などは現地の人びととの協力がなければ情報入手困難だ。はたしてこんな難題は解決できるのであろうか。

# 第4章 実験1 数字の向こうに

## 左上の数字の列はなに？

【ヒント】「航海士や登山家ならば一目で分かる。」「そう言われてもピント来ないよ……。」

答えは「緯度経度」です。

左側が北緯、右側が東経を六〇進法で示している。世界測地系(日本測地系2000)による座標値です。緯度経度は地球上の場所の地点を示す数字で、この数値を記入して遠隔地に調査を依頼するわけです。

A 430414.0 1442658.8
B 430407.2 1441942.6

22 この数字は？

Aは北緯43度04分14・0秒、東経144度26分58・8秒の地点を、Bは北緯43度04分07・2秒、東経144度19分42・6秒の地点を示している。※これらの地点は筆者が数値地図を用いて試行錯誤を重ね見いだした地点である。

## 数字を地図に

これを地図に表示してみよう。簡単です。慣れないお方はスマートフォンなど使用のお孫さんに手伝ってもらえばすぐ出来る。

インターネット(以降ネットという)に接続済みの携帯やスマホやiPadなどのタブレット型端末、簡単なコンピュータがあれば、地図表示が可能だ。

本書の作成に着手した頃は、国土地理院の「ウォッちず」で緯度経度を入力し比較的容易に地図を閲覧できた。この機能は緊急の場合や災害時などに位置を確認する上で大変便利で重宝だったが、その後廃止された。逆に「ウォッちず」を開き、地図表示画面の下の「〈」印をクリックすると地点の緯度経度は表示される。

緯度経度を入力して地図を表示するためには、次頁の図23に示すように「国土地理院Web版 TKY2JGD」というサイトが掲載されている。◉緯度・経度の空欄に【緯度・経度の値の入力例(度分秒)】に記された要領で入力し、右上の(地図で確認)をクリックすると下の地図にポインターが表示される。ネット上には他にも緯度経度から地図を表示できるソフトはいくつかあるようだ。

Google Mapsでも地図表示は可能だが、その場合は緯度経度を60進法から10進法に変換が必要。「緯度・経度の指定によるGoogle Earth/

Ｇｏｏｇｌｅ Ｍａｐｓ／地図の起動」を立ちあげると、このソフトには緯度経度を一〇進法に変換する機能も付随しており便利。

　また「地図サイトアドレス取得サービス（緯度経度測定・測地系変換付き）」を起動すると（度分秒単位）と記された下に緯度・経度の入力欄があるので、緯度欄に〔４３〕〔０４〕〔１４〕、経度欄に〔１４４〕〔２６〕〔５８・８〕と入力し、その右側の「他の地図サイトのアドレス（緯度経度は同じ）」には開きたい地図ソフトが示されている。そこには多くの地図サイトが掲げられている。〔指定先で地図表示する〕をチェック。下に示された一四個の地図表示ソフト、例えば〔Ｙａｈｏｏ！地図〕をチェックし、最後に〔上のアドレスで地図を開く〕をチェックすると大きな地図が表示される。Ｇｏｏｇｌｅ Ｅａｒｔｈには緯度経度をそのまま入力する欄が設けられており実用的。実際にｉＰａｄとコンピュータで実施してみたが、正確に地図表示が実行されることが確認できた。

国土地理院　Web 版　TKY2JGD

入力値

| 1 点毎の計算 | 一括計算 |
|---|---|

| | | |
|---|---|---|
| 座標値の入力方法 | ⊙数値入力　○地図上で選択 | |
| 変換方向 | ○日本測地系 → 世界測地系 | |
| | ○世界測地系 → 日本測地系 | |
| 座標値の入力 | | 地図上で確認 |
| ⊙緯度・経度 | 緯度 | |
| | 経度 | |
| | ○度分秒　⊙十進法度単位 | |
| ○平面直角座標 | 系番号 | |
| | X座標 | |
| | Y座標 | |

【緯度・経度の値に入力例（度分秒）】

緯度　36°6′13.58925″→　360613.58925
経度　140°5′16.27815″→　1400516.27815
ddd　mm　ss.s　→　dddmmss.s

計　算　実　行

23　国土地理院 Web 版 TKY2JGD 入力メニュー

## その地点はどこ?

Ａ・Ｂの表示地図を早く見たいと思いませんか。

　略地図で示すと、釧路湿原の近くにポインタ標《じるし》が表示され、Ａ地点には岩保木（トリトウシ）、Ｂ地点の近くには北斗遺跡が表示された（図40）。もしプリント可能ならＡ・Ｂをプリントして各々の地点に●標を記入しよう。

　●標を記入した数値地図を用いて山と山とを線で結び、位置関係を調べると、試行錯誤を繰り返すうちに、AとBの地点には奇妙な関係が存在していることに気づかれるでしょう。

## 釧路湿原の不思議・AとBの関係は？

図25のようにAもBも山や丘を結ぶ三本線の交点に位置している。それだけではない。三角点(△)をもつ119・3mの山、108m、102mの山を介してA・Bの地点は三重に繋がっている。

A　北緯 43°04′14.0″東経 144°26′58.8″
B　北緯 43°04′07.2″東経 144°19′42.6″

24　A･B 地点＋マークと緯度経度

## 誰がこんな配置を考えたのか

この配置は自然にこのようになっていたとはとうてい考えられない。誰かが意図的に配置を行ったことは明白だ。

25　A・B地点の関係

## 交点Aは岩保木6遺跡に一致・偶然か？

そしてA地点、B地点は一体どんなところか？

A地点の存在する釧路町にA地点の緯度経度を記して問い合わせた。驚いたことに釧路町教育委員会・教育部社会教育課・社会教育係長の貴志淳一様から「その地点は遺物包含地の岩保木《いわぼっき》6遺跡と推測しました。この遺跡は昭和57年に一般分布調査のみ実施し、現在は現状保存しているため、出土遺物はありません。」との貴重なメールと、現地の写真を頂戴した。一方、『釧路市立博物館紀要第12樹1987』に掲載されている「北海道釧路町岩保木及び釧路市武佐の沖積層貝化石について（予報）」（山代淳一著）によれば「貝化石群は釧路湿原周辺の縄文期の貝塚と深く関係し、その時代は、東釧路貝塚及び細岡貝塚の築成と同じ縄文早末期から前期の所産と思われる」と記されている。

26　A 地点：岩保木 6 遺跡　釧路町教育委員会 提供

27　B 地点：北斗遺跡近景
釧路市埋蔵文化財調査センター所蔵

## 交点Bは北斗遺跡に一致

釧路市埋蔵文化財調査センター高橋勇人様からはB地点について「北斗遺跡近景」と題する写真が送られてきた。北斗遺跡は、旧石器時代から縄文・

続縄文時代を経て擦文時代に至る重複遺跡で、釧路湿原を望む標高２０ｍ前後の台地上の東西２、５００ｍ・南北５００ｍの範囲に、縄文・続縄文時代の浅い円形・楕円形竪穴１０２軒、擦文時代の四角形竪穴２３２軒がくぼんだ状態で残されているとのこと。Ａ・Ｂ地点が縄文遺跡に関わっていて、しかも両地点とも三本線の交点にあり、さらに二つの地点が三つの山を介して三重に連なっていることが判明した。遠隔地でも調査はできた。

## 蘭越町では神社に一致

こんな現象があるなんて一度だけではとても信じられない。もう一度別の場所でやってみてはどうか。

「国土地理院Ｗｅｂ版　ＴＫＹ２ＪＧＤ」にＣ・Ｄを入れよう。地図に北海道磯谷郡蘭越町蘭越町の地点Ｃ・Ｄが表示された。Ｃは蘭越、Ｄは三和《みつわ》という地名であった。数値地図で両地点の関係を調べると、共に三本線の交点に一致し、しかも三角点をもつ３３３・８ｍの山を介して繋がっていた。この様式はＡ・Ｂと極めてよく似ている。やはり、これは誰かが意図的に配置を行ったに違いない。とすれば一

C　424832.0　1403142.5
D　424948.7　1402858.8

28　C・Dの数字

C　北緯 42°48′32.0″東経 140°31′42.5″
D　北緯 42°49′48.7″東経 140°28′58.8″

29　C・D地点＋マークと緯度経度

30　C・D地点の関係

体何のために、またどのようにして、このような配置を設定できたのであろうか。そしてこれは何時の時代なのか。

筆者が蘭越町・町長・宮谷内留雄様にC・D地点の写真の提供をお願いしたのは平成２７年１月７日、真冬のこと。全く無謀なことをしてしまった。自分ならば「北海道のことを全く理解していない」と怒って手紙を捨ててしまったかも知れない。しかし、実状は違っていた。

しばらくして蘭越町役場・総務課・広報担当の金子国昭様からお電話を頂戴した。「C・Dの地点が特定できました。今は雪が積もっていて写真が撮れません。雪が解けてからでよいですか？」と身にしみてありがたいお電話だった。

平成２７年６月３日、地点の写真が送られてきた。

C地点は蘭越八幡神社の前の広場、D地点は三和神社に隣接する蘭越町立旧三和小学校のグラウンドの境界地点と特定された。共に神社の位置付近に該当したことには多少の驚きを感じた。

31　C地点　蘭越八幡神社の前　　蘭越町 提供

32　D地点　三和神社と隣接する町立旧三和小学校グラウンド　　蘭越町 提供

## 言わぬが花

「この数字はどこからきたの？」緯度経度の数字の出所について読者の皆様は不審に思われるだろう。実は謎解きはしないつもりだったが、原稿をご覧いただいた皆様から「ここが分からない」と異口同音の質問責めにあった。

やむを得ないので話そう。何も難しい理屈はない。長年地図を見ていると、気になる地点の組み合わせから、そこが縄文人の大切な場所だと気づくようになる。

# 第5章　実験2　日本列島に同じ現象が

## 沖縄でも遺跡に一致

北海道でみられた三本線が一点で交わる現象は沖縄でもみられた。名護市・本部町・今帰仁村・大宣村の広範囲にわたって三本線が美事に張り巡らされていた。

厚かましくも北海道の釧路町、釧路市、蘭越町に指定地点の写真提供や調査をお願いしたのと同様に、沖縄の名護市にもA・B地点の写真提供と調査をお願いした。

## 屋我地島

しばらくして名護市教育委員会文化課（文化課長・社会教育課長・名護博物館館長）の比嘉久様からA・B地点の貴重な写真が送られてきた。さらにネット上では尾我地と記されている例もあり、雄勝峠に類似する地名かと考えていた地名が「屋我地」であることが記されていた。温かいお力添えを賜った上に、何と言っても地元で実際に呼ばれている地名が大切であることを教えていただき実にありがたかった。驚いたことに屋我地島のA地点が「大堂原《うふどうばる》貝塚」に該当することが判明した。

## 大堂原遺跡

大堂原の原〈ｂａｒｕ〉はアイヌ語の〈ｐａｒａ〉（ひろい）と対応している。また大堂〈ｕｈｕｄｏｕ〉は保土ヶ谷や程野の〈ｈｏｄｏ〉と類似していると考えられないか。

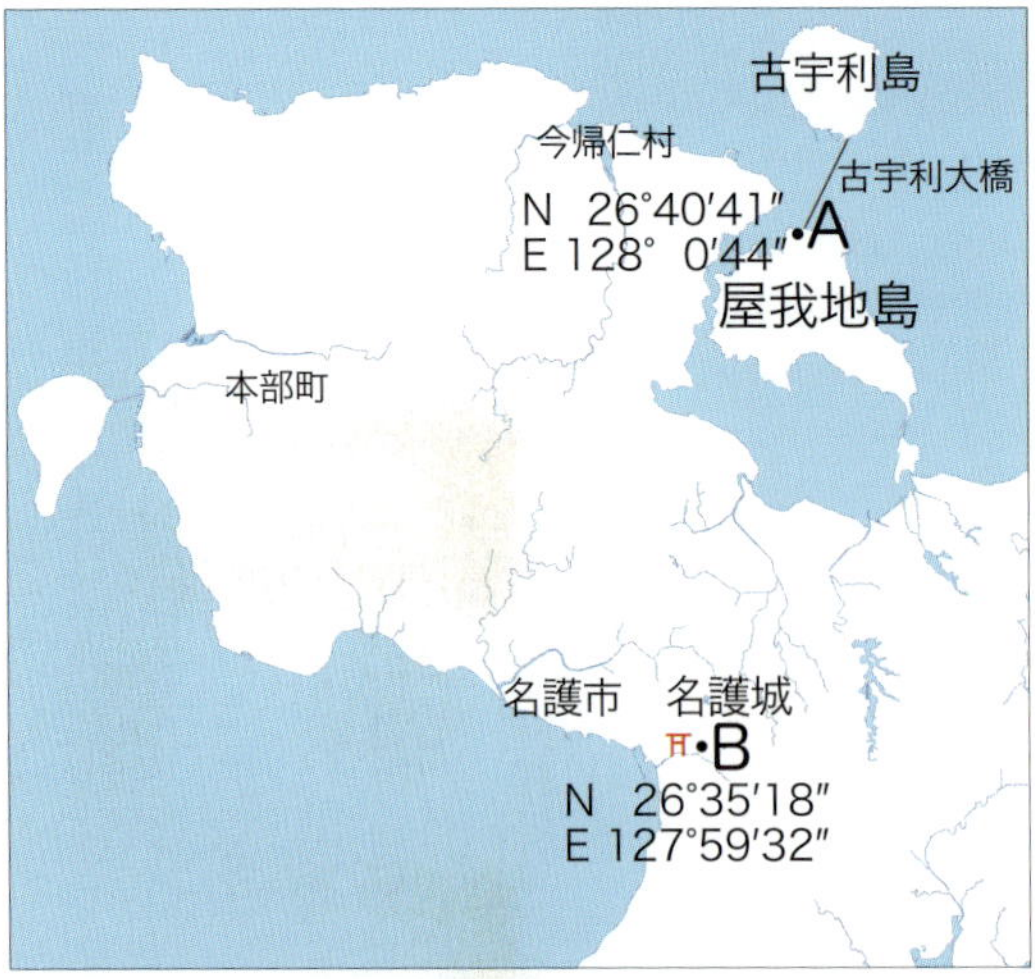


33　沖縄　屋我地島A・名護城B地点

34 屋我地島 大堂原貝塚付近　　名護市教育委員会文化課 提供

35 名護城跡　　名護市教育委員会文化課 提供

名護市の調査によると、屋我地島済井出《すむいで》の大堂原貝塚から約5000年前の土器が発見されたと記されていた。

またB地点は名護城《なんぐすく》趾に該当した。

36　名護市周辺の視線図(東)

# 名護城跡

名護城跡は後述の平安時代に築かれた宮城県の多賀城跡・伊治城趾や岩手県の胆沢城趾や秋田県の払田柵跡がやはり三本線の交点に位置することと極めて類似していた。こんな疑問が湧く。①なぜ三本線か？②なぜ繋がっているのか？③なぜ交点の地点の〝音声(名称)〟に共通点がみられるのか？

A・B地点に繋がる三本線を図示すると図「名護市周辺の視線図(右・左)」のようになる。やはり北海道でみられたのと同様にこれらの地点は全て二つ〜三つの交点に共通する山の頂上や三角点を通して繋がりがみられた。

重要なことは、地点の名称に何となく類似性が感じられることであろう。類似性と言ってもそれは漢字についてではなく、地名の音声についてである。

〈ウチ〉・〈クシ〉・〈グシ〉・〈コエ〉・〈ゴシ〉などで、これは本州・四国・九州でも共通して見られる事象と考えられた。

**【なぜ三対・三本線なのか】**

遭難者数のなかで突出しているのが「道迷い」であることは「はしがき」のところで述べた。

もしこの事実を縄文人やマタギの人たちが知ったとしたら「現代人はどうして道に迷うのか」と首を傾《かし》げるかもしれない。

37 名護市周辺の視線図(西)

紙も地図も持たなかった縄文人は地図なしに山野を自由に往来できる。マタギは、なぜ道に迷はないのか。

## 霧島市の嘉例川駅舎と上野原遺跡

「花は霧島……」と唄われた霧島周辺にも星地名※（※第6・7章で詳述）が沢山発見された。１９３４年（昭和９年）３月１６日、日本で最初に霧島山周辺の地域が霧島国立公園に指定された。同時に瀬戸内海国立公園、雲仙国立公園も指定を受けている。

「十和田国立公園」の指定が昭和１１年だから霧島のほうが３年早いことになる。続いて昭和３９年に屋久島、桜島、指宿、指宿、佐多が加わり、霧島屋久国立公園となり、早くから観光地として知られている。平成２４年３月１６日に「霧島錦江湾《きんこうわん》国立公園」として生まれ変わり、素晴らしい景観と自然環境は、鹿児島市、指宿市と並ぶ鹿児島県の主要観光地として世界に知られている。

南の人々は北に、北の人々は南にあこがれると言うが、霧島には高千穂や霧島ツツジ、それに嘉例川《かれいがわ》駅など、筆者がゆっくり観たいと思っている観光地が沢山ある。

霧島国立公園指定の３１年前、１９０３年（明治３６年）１月１５日に営業を開始した嘉例川駅は人気の観光スポットだが、まさにその駅舎の真前が三本線の交点に該当し、

霧島市観光協会に写真提供をお願いしたところ、同協会事務局の上原あずみ様から素晴らしい嘉例川駅舎の写真をご送信いただいた。

38　嘉例川駅舎　　霧島市観光協会　提供

## 嘉例川と王余魚沢

実は「青森空港の近くに王余魚沢橋(かれいざわばし)という橋があり、カレイザワはカルイザワと共通する地名と考えられます。青森、秋田、山形にも軽井沢という地名があり、横浜市には軽井沢古墳(市指定地域史跡)がみられます。嘉例川は霧島市の軽井沢と言えると考えております。」と

39　青森空港近くの王余魚沢橋　　筆者撮影

お礼のメールをさしあげたところ、「青森の王余魚沢橋ですか。とても〝かれいざわばし〟とは読めない漢字ですね。

40　上野原遺跡　　霧島市観光協会　提供

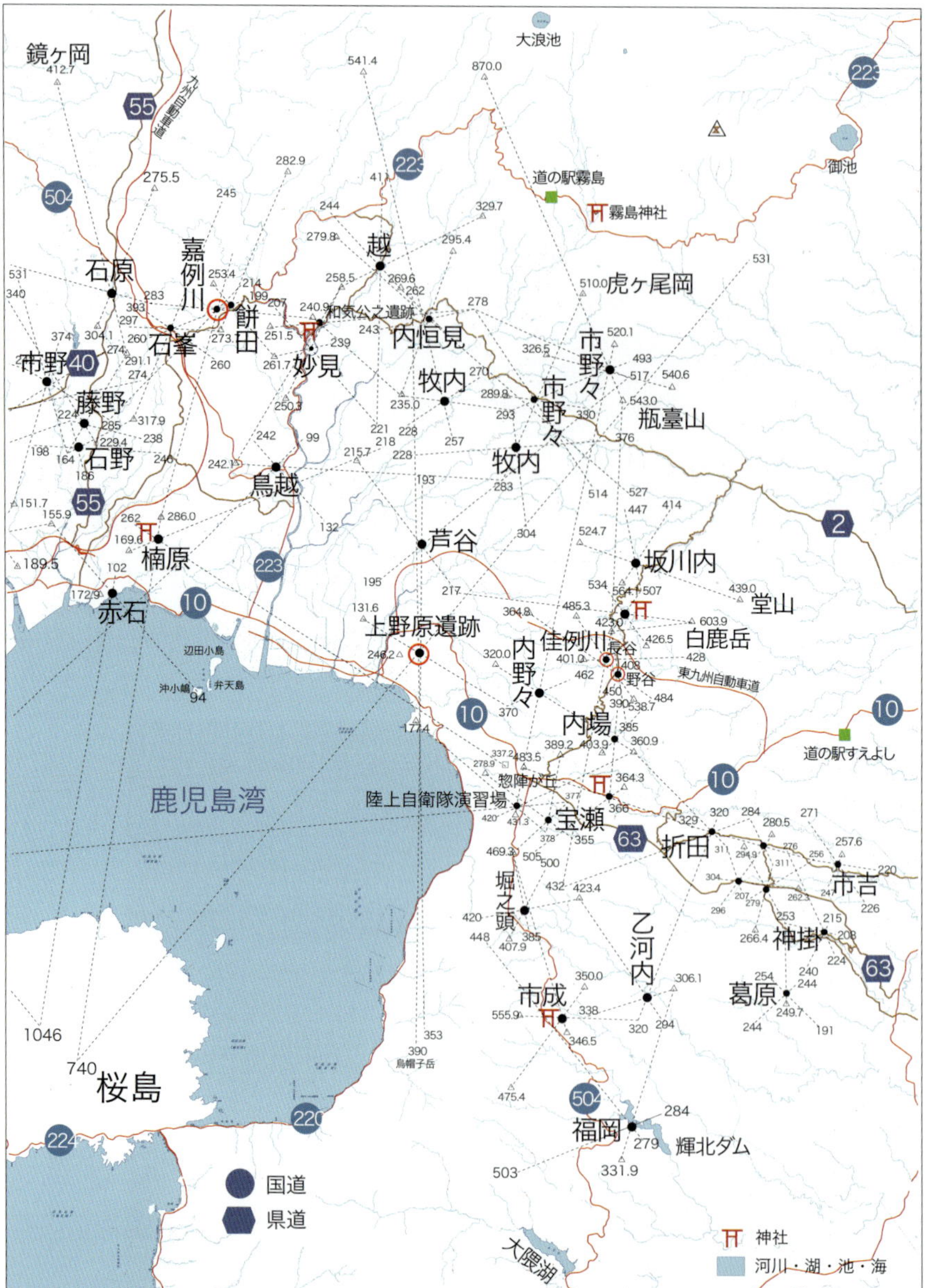


41　霧島市周辺にみられた三本線の交点
赤○で囲んだ地点が嘉例川・佳例川・上野原遺跡

嘉例川が(青森の王余魚沢)につながっているとは！驚きです。実は、霧島市福山町にも、佳例川(かれいがわ)という地名があります。ここも何かあるのでしょうか？」という誠にありがたいメールを頂戴した。

嘉例川という地名がもう一つ「佳例川」として存在する。これは実に驚きだ。早速、佳例川の地域を検索したところ長谷・野谷という地域に二つの交点が発見された。さらに、詳しくその地域を調べたところ、何と上野原遺跡が交点に一致することが判明した。上原様の一言が重要な発見に繋がった。

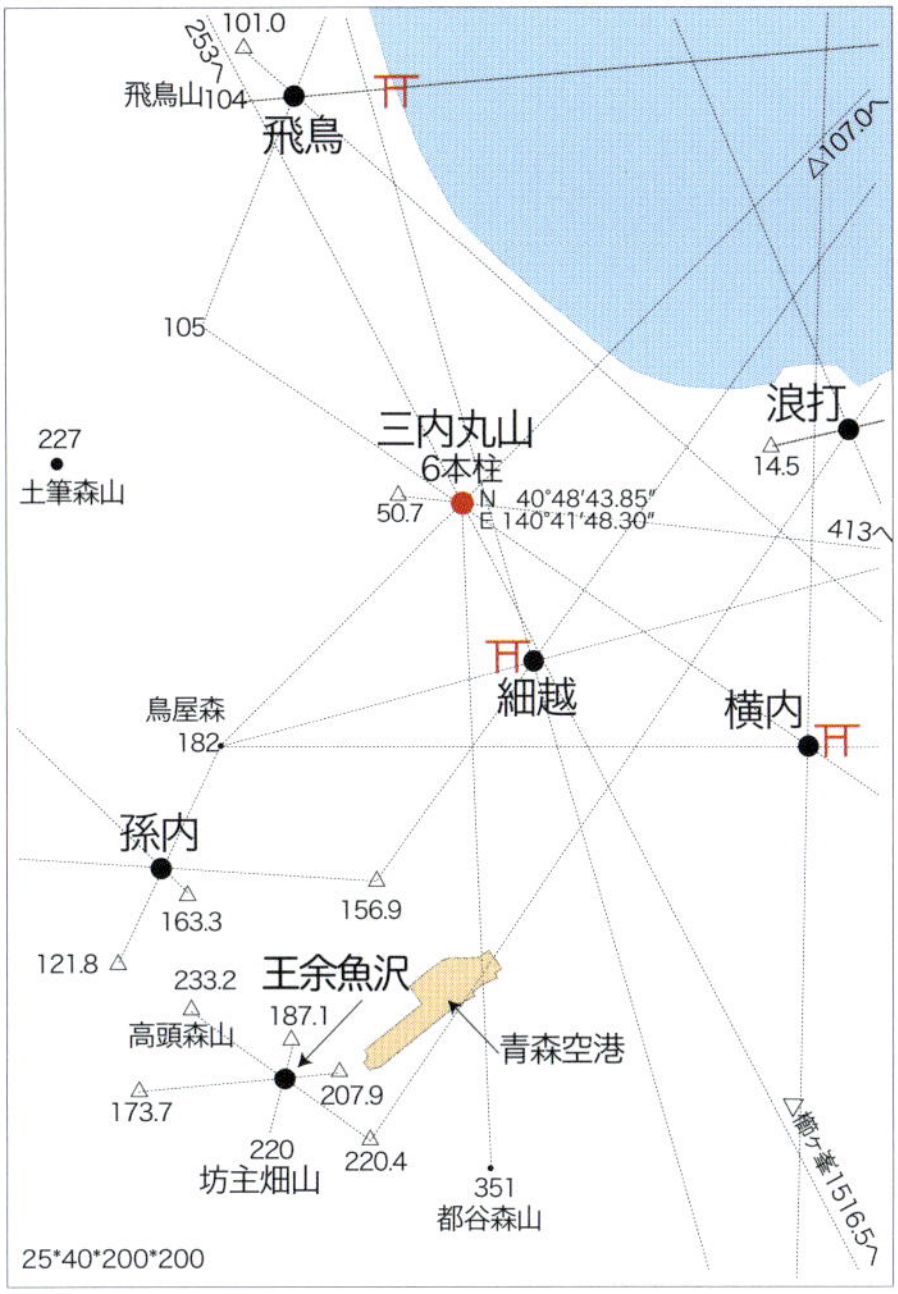

42 青森空港近くの王余魚沢

この霧島の地域は、神代の昔に創建された由緒ある神社霧島神宮、高千穂河原、霧島神話の里公園など歴史は古く、星地名が沢山あることなどから、ふるさととの良さを実感できる素晴らしい観光地に違いない。

筆者が驚いたのにはもう一つ別の理由があった。実は青森空港近くの王余魚沢(かれいざわ)や三内丸山の六本柱の遺構も三本線の交点に位置しているからだ。

嘉例川・佳例川・王余魚沢これは軽井沢と同意の地名ではないのだろうか。王余魚沢橋から三内丸山遺跡までの直線距離は約9・2㎞で嘉例川～軽井沢は縄文との関連性を示唆しているようの思えてならない。

霧島市の上野原遺跡は、鹿児島県教育委員会によると同遺跡は高台にある縄文時代から弥生時代を中心とした複合遺跡で、特に、北側(第4工区)では、約9、500年前(縄文時代早期前葉)の竪穴式住居跡などが発見され「国内最古、最大級の定住化した集落跡」で南九州地域における定住化初期の様相を典型的に示す大集落であり、日本列島の縄文時代開始期の遺跡として重要とあるとされている。

なお、第四工区の集落遺跡が国指定史跡に、第三工区の出土品767点が、縄文時代早期後半の壷形土器を含む土器類、石器類とともに土偶や滑車形耳飾など、多彩な遺物で構成され、縄文時代早期における南九州の先進性を物語る貴重な学術資料であることから、国指定重要文化財に

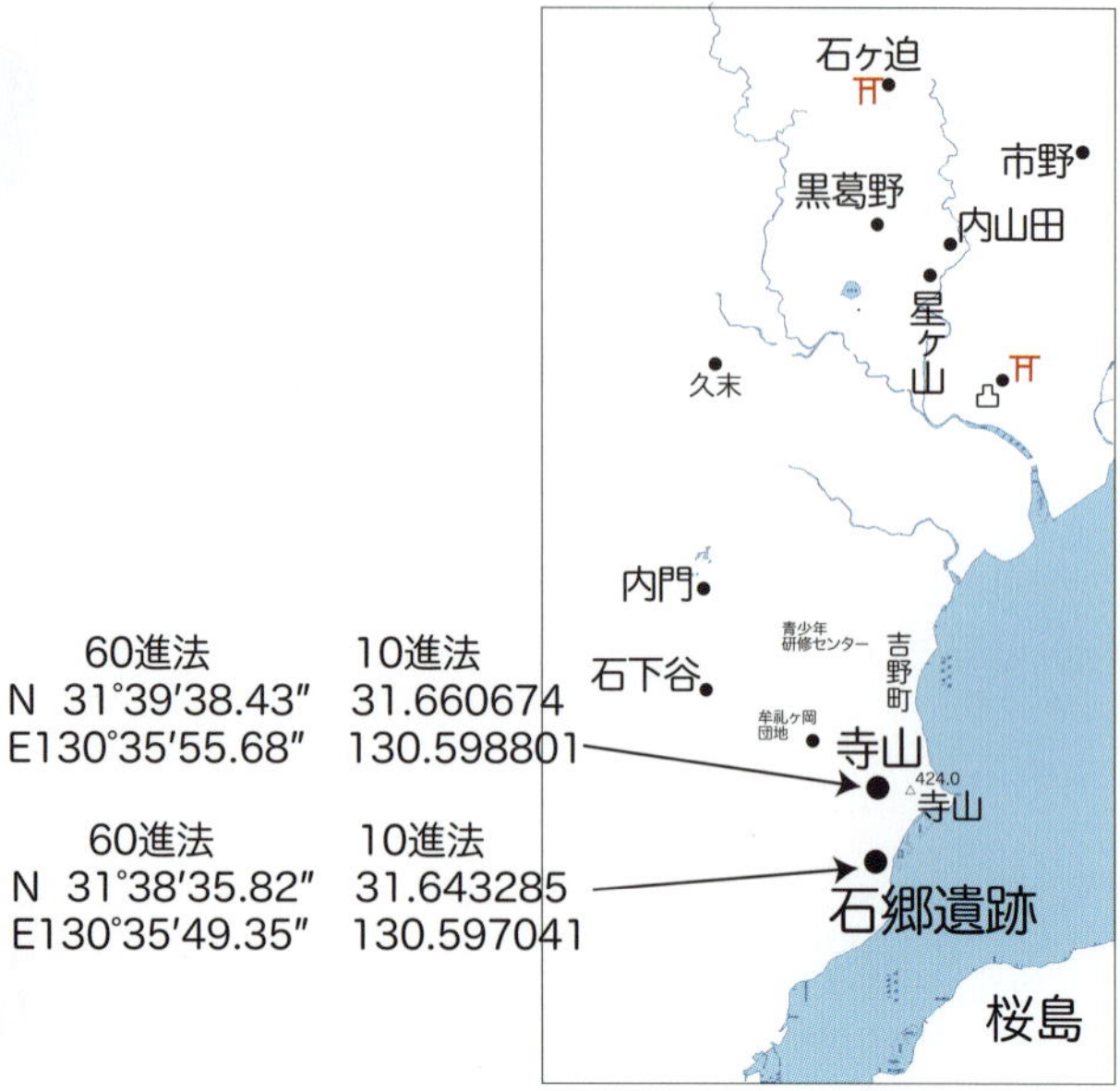


43 鹿児島市依頼用略地図

石器時代遺跡

史前民族ノ遺跡ニシテ縄文土器ヲ出土ス大正四年英人エヌジーマンロー此地ヲ発掘調査シ學界ニ発表ス当時斯種土器ハ所謂アイヌ式ト稱セラレ九州地方ニ於ケル最初ノ発見地ナリ

44 石器時代遺跡と記された石碑の碑文

指定され、また、平成14年10月には「上野原縄文の森」が縄文の世界と向きあい、ふれあい、学び親しむ場としてオープンされている。

鹿児島市には「鹿児島市依頼用略地図」に示したように寺山と石郷遺跡の地点の写真を依頼した。例によって大変厚かましいお願いにもかかわらず、ありがたいことに、石郷遺跡の写真二枚と遺跡についての文献が送られてきた。寺山の地点については写真がなかったらしい。

## 鹿児島市の石郷遺跡

次ぎに送られてきた文献を要約する。『考古学雑誌』第6第4号「太古の大和民族と土蜘蛛」(ニール・ゴールドマン・マンロー著・津田敬武訳 1915)によると石郷遺跡は鹿児島市街地の北方にひろがる吉野台地の東縁辺部にあたる、標高240m、桜島を眼前に望む景勝の地である。この最も高い所に鹿児島地方気象台上高層観測室敷地跡があり、その一隅に昭和16年3月鹿児島 市による石碑が建てられている。銘文は61年の風雪に耐え、現在でもはっきりと読みとることができる。この場所を中心とする一帯が遺跡地である。

45　石郷遺跡遠景（上）近景（下）　鹿児島市教育委員会　提供

調査の経緯は「石郷遺跡は大正四年(一九一五年)英人ＮＧマンローによって調査された。鹿児島における最初の考古学的調査の行われた記念すべき遺跡として知られている。その後発掘調査は行われていない。

近年開発に伴う事前の確認調査が鹿児島市教育委員会によって行われたのみである。」とあり、遺構と遺物についてはマンローの調査によると「13個の柱穴と赤土に掘り込まれた不正円形の竪穴が発見されており、住居跡と推定されている。また河口貞徳は採集資料から縄文時代早期・中期後期の遺跡として、石坂式、阿高式、岩崎上層式、指宿式、鐘崎式、市来式、草野式土器などをあげ、市来式が最も多く、次に指宿式で縄文後期を主とする遺跡としている。」と記されている。

昭和62年3月には桜井親雄氏の畑で、竹根の除去中、地下90cmあたりのところから多量の成川式土器が発見されている。古墳時代の集落跡も予想される。

46　鹿児島市周辺の方位図

鹿児島市教育委員会による「平成10年の気象台敷地の記念碑近くの確認調査(A地点)では、表土下にアカホヤ層がみられ、縄文前期以降の層がみられなかった。また早期土器も確認できなかった。平成13年の気象台敷地南側(B地点)の畑地の確認調査では、良好の層位の堆積状況がみられ、土師器、成川式土器などを採取した。地表下1m付近に土師器と成川式土器の包含層がみられる。

遺跡はまだ本格的な調査が行われていないので、マンローの報告と採集資料からのわずかな情報でしか推測できない。しかし、この一帯は現在でも遺物 の散布がみられ、地主の聞きとり調査からも遺跡の良好な残存状況を予想させるものがある。」と記されており、マンローの調査した資料はケンブリッジ大学に保管されているといわれている。

図46をみると霧島市の嘉例川から続いて石峯・石原・市野・藤野・石野・楠原・赤石など交点の地名に石のつく地名が多くみられた。

中ほどの星ヶ山という地名が目をひく。市野と石野はどことなく音声が似ている。石郷遺跡が縄文遺跡ならば石のつく交点も縄文と係わっていないか。

## 青森県の石郷遺跡・猿賀神社・垂柳遺跡

【同じ名称の遺跡が青森県にも】実は青森県平川市にも石郷(1)~(5)遺跡と石郷神社裏遺跡という遺跡があり、これらはいずれも縄文時代の遺跡であり、鹿児島市の石郷遺跡も縄文時代の遺跡であることから石郷という地名はどうやら縄文と無関係とは言えない。

さらに、図47にみる垂柳《たれやなぎ》・垂柳遺跡・猿賀《さるか》神社・石郷は全て三本線の交点に一致している。

垂柳遺跡は「田んぼアート」で知られる青森県南津軽郡田舎館村にある弥生時代中期の水田遺跡で、東北地方ではじめてみつかった弥生時代の水田跡として知られる。

この遺跡の発見で、弥生時代中期にすでに本州北端部で水稲農耕がはじまっていたことが判明し、水稲農耕文化の伝播を考えるうえで大きな問題提起となった。

重要な遺跡を保護するために、この地点を通る国道102号線には遺跡の上に陸橋が造られている。

## 歴史の深い猿賀神社

猿賀神社は、青森県平川市猿賀に鎮座する神社である。793年(延暦12年)、坂上田村麻呂が現在地に祠を造り、807年(大同2年)には勅命により社殿が造営されたと伝えられている。

「第1章」で述べた青森市にある大星神社が792年(延暦11年)の創建とされていて、延暦20年、坂上田村麻呂将軍東夷征討の時に本社殿を再興して妙見宮と称し天之御中主神を祀ったとあるから、猿賀神社も大星神社と

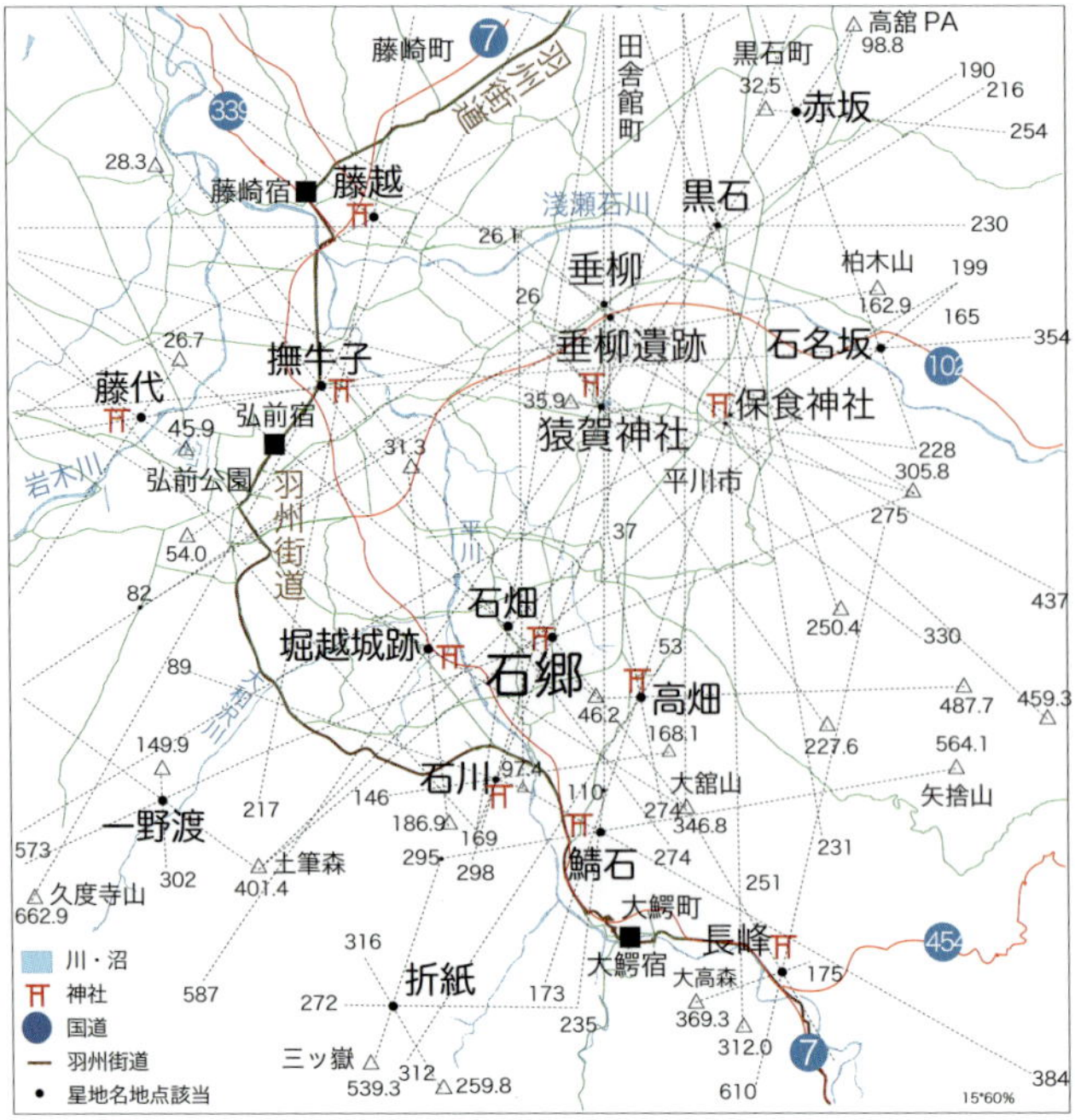

47　青森県平川市石郷周辺の方位測量　(図220部分拡大)

| | 60進法 | | 10進法 | |
|---|---|---|---|---|
| | 緯度 | 経度 | 緯度 | 経度 |
| 石郷遺跡 | N40°34′28.96″ | E140°33′04.20″ | 40.574707、 | 140.551167 |
| 垂柳遺跡 | N40°37′55.74″ | E140°33′56.08″ | 40.632149、 | 140.565578 |
| 猿賀神社 | N40°36′57.90″ | E140°33′48.28″ | 40.616082、 | 140.563411 |

48　青森県石郷・垂柳遺跡・猿賀神社交点の緯度経度

ほぼ同年代の創建で、両社が坂上田村麻呂が社殿を造営した点で共通し、しかも位置が三本線の交点に一致することから桓武天皇と妙見信仰(星信仰)を考慮すると、三本線の交点の地点と星の関連性をさらに推進する事象と考えられる。一つの推理は、石郷の縄文人たちが、後に水田を開く際に、自分たちの先祖代々大切にしていた場所に水田を造ったのでは、また猿賀神社で1932年から豊作祈願の「御田植祭」が毎年行われるようになり、今年で83回目を迎えたことになる。御田植祭の歴は比較的新しいが、中国唐代にはサンスクリット語で米を〈sari〉と呼んでいて、寿司屋で白飯をシャリと呼ぶように

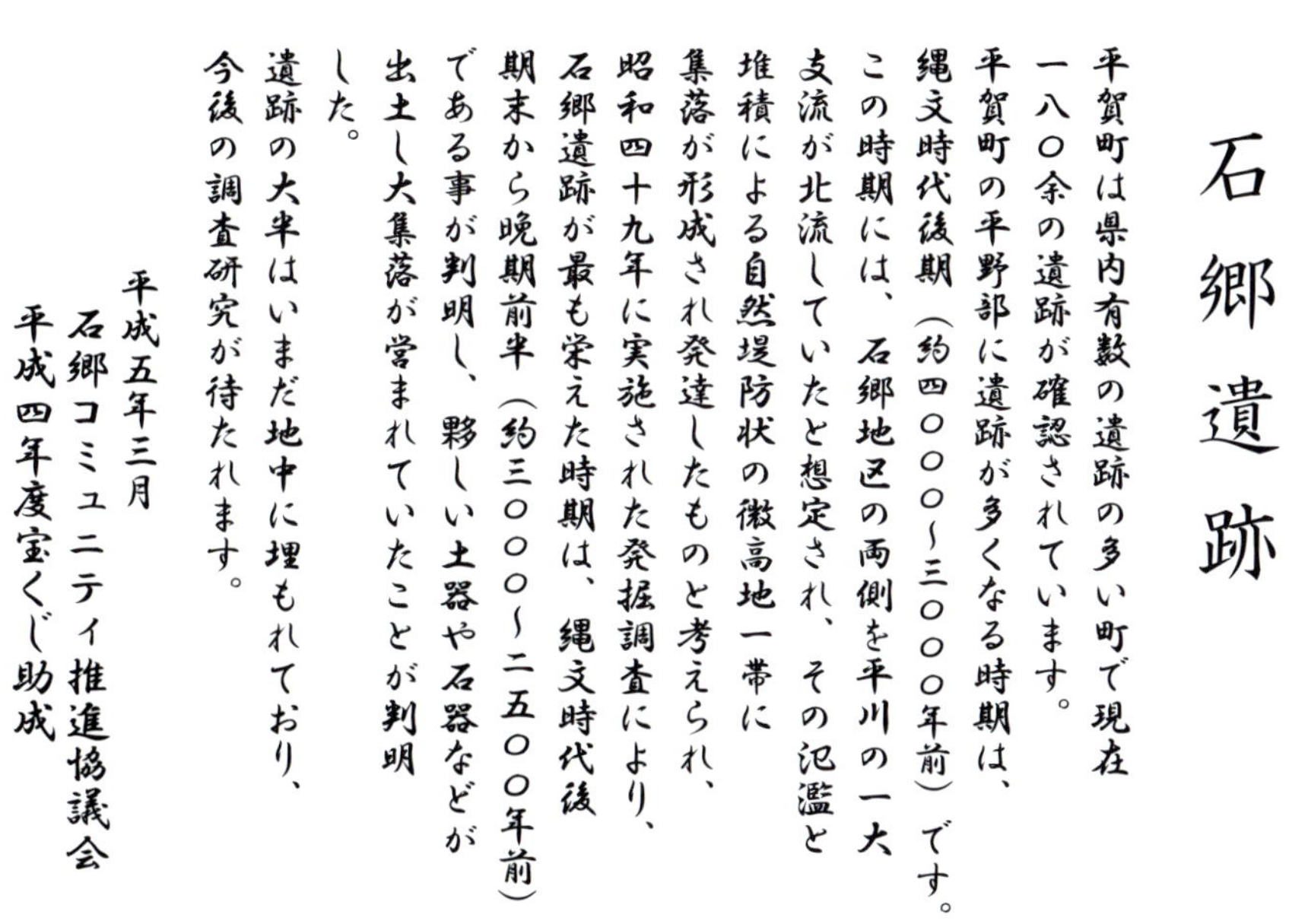
石郷遺跡
平賀町は県内有数の遺跡の多い町で現在
一八〇余の遺跡が確認されています。
平賀町の平野部に遺跡が多くなる時期は、
縄文時代後期（約四〇〇〇〜三〇〇〇年前）です。
この時期には、石郷地区の両側を平川の一大
支流が北流していたと想定され、その氾濫と
堆積による自然堤防状の微高地一帯に
集落が形成され発達したものと考えられ、
昭和四十九年に実施された発掘調査により、
石郷遺跡が最も栄えた時期は、縄文時代後
期末から晩期前半（約三〇〇〇〜二五〇〇年前）
である事が判明し、夥しい土器や石器などが
出土し大集落が営まれていたことが判明
した。
遺跡の大半はいまだ地中に埋もれており、
今後の調査研究が待たれます。
平成五年三月
石郷コミュニティ推進協議会
平成四年度宝くじ助成

49　石郷遺跡の案内板　掲載許可　青森県平川市石郷町会　筆者スケッチ

なったといわれているが、もしかすると御田植祭が行われるもっと以前から稲作と関係があったのではなかろうか。猿賀の猿〈saru〉が米を表しているとすれば、稲作遺跡の垂柳遺跡との関連性が濃厚と考えられようか。

　垂柳・垂柳遺跡・猿賀神社・石郷遺跡、この三つの交点はこの道案内の様式を考案した人たちの通い慣れた一筋の道で繋がっている。猿賀神社境内には極めて珍しいアラカシの変種「孔雀柏《くじゃくかしわ》」が植樹されており、春は桜、八月中頃には鏡池に和蓮が一面に咲き誇り、豊かさを感じさせる優美な神社と言えよう。

　すこし、気を静めて考えてみよう。

　三本線の交点に位置する石郷遺跡は縄文時代、猿賀神社は793年（延暦12年）、坂上田村麻呂が現在地に祠を造

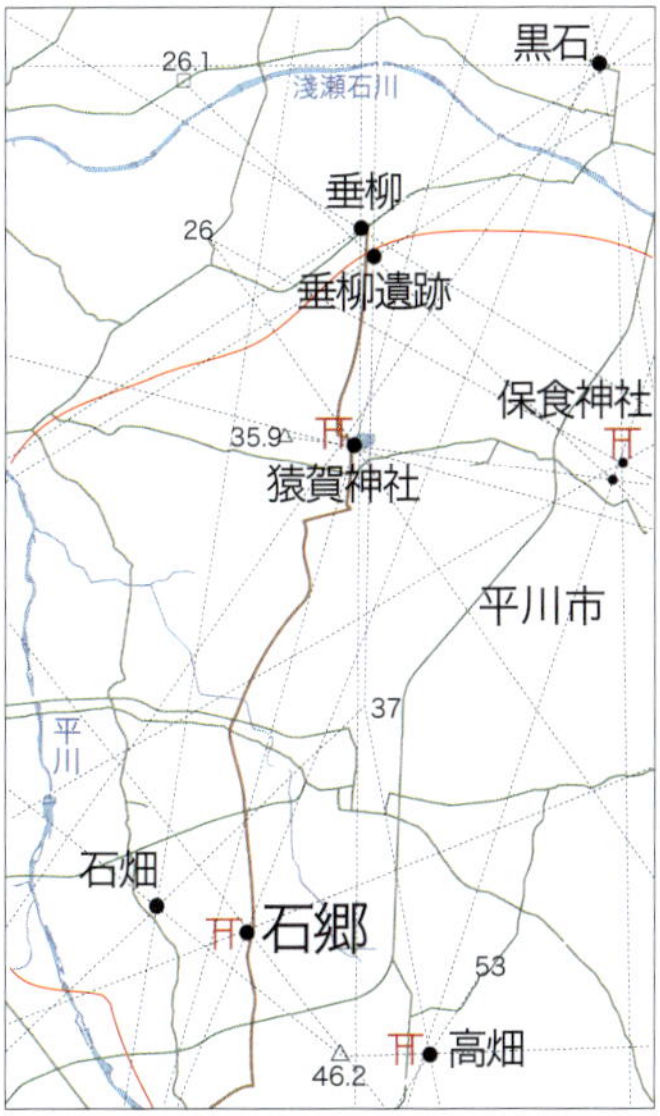
黒石
26.1
浅瀬石川
垂柳
26
垂柳遺跡
保食神社
35.9
猿賀神社
平川市
37
平川
石畑
石郷
53
高畑
46.2

50 石郷・垂柳遺跡・猿賀神社の位置関係（図220の部分拡大）

り、807年(大同2年)には勅命により社殿が造営されたと伝えるので平安時代、垂柳遺跡は弥生時代中期の遺跡なので、三地点は時代が異なる。

一体、三本線が一点に交わるこのような所業は、いつの時代に何のために始まったのであろうか。

図50に示した一本の道で繋がっている、垂柳遺跡は稲作

51　陸橋で保護された垂柳遺跡　　筆者撮影

52　猿賀神社の祭事　御田植祭　　猿賀神社　提供

53　和蓮で美しい猿賀神社の鏡池　　掲載許可 猿賀神社　筆者撮影

の遺跡、猿賀神社は保食神（うけもちのかみ）を祀るといわれている。

『日本書紀』には保食神は陸を向いて口から米飯を吐き出し、海を向いて口から魚を吐き出し、山を向いて口から獣を吐き出したと記されており、神名のウケは豊受大神の「ウケ」、宇迦之御魂神の「ウカ」と同源で、食物の意味である。つまり豊作祈願の神社である。

一番古いのが石郷の縄文であるから、時系列でみると、縄文時代から始まったと考えられないこともないが、もっと具体的に時代を特定する時計はないものか。

北海道～沖縄～九州と同じ様式の交点が存在した。これはＤＮＡの研究成果と適合するが、時代が特定出来ない。

# 第6章　眼は心の窓　三本線の謎を解く

## 三内丸山遺跡の六本柱

青森県の三内丸山遺跡から出土した黒曜石製石器や黒曜石片は北海道や長野県など日本海側を中心とした各地から運ばれたとされている。なぜ迷わずに辿り着けたのか。

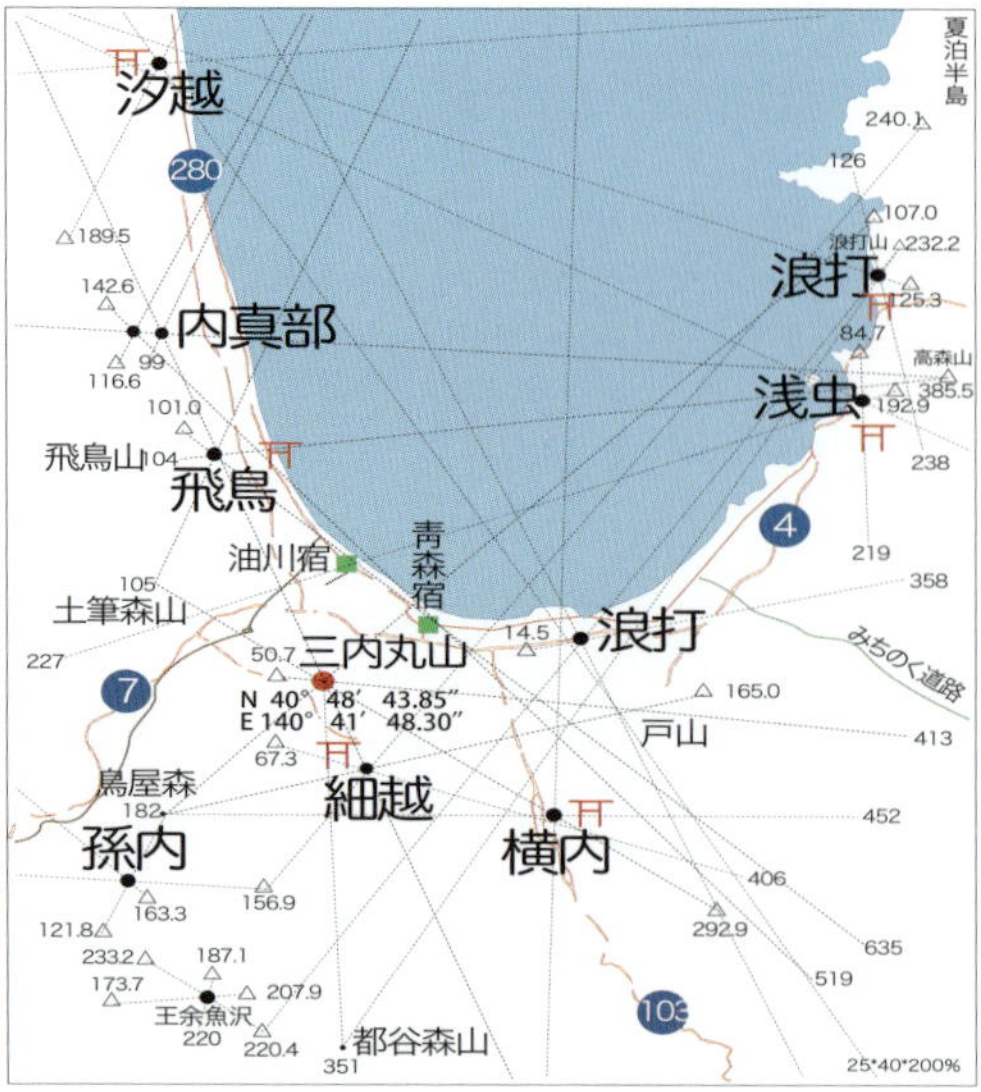


54　三内丸山の６本柱と三本線
拙著『星の巫 縄文のナビゲータ』より引用 筆者加筆

図54のように三内丸山の六本柱の遺構の位置は三本線の交点に一致し、土筆森を介して飛鳥と繋がっている。三内

55　三内丸山遺跡の６本柱建物　　筆者撮影
青森県教育庁文化財保護課所蔵

丸山遺跡と関わりのある長野県の史跡星糞峠黒耀石原産地遺跡(黒曜石の原産地)にも果たして三本線の現象はみられるのであろうか。

## 星糞峠黒耀石原産地遺跡

長野県の史跡星糞峠黒耀石原産地遺跡《ほしくそとうげこくようせきげんさんちいせき》について調べてみよう。

『黒耀石の原産地を探る 鷹山遺跡群《たかやまいせきぐん》』(黒耀石体験ミュージアム著)によると「川下のムラには各地から人が訪ねてきた証拠が残されている。星糞峠の黒耀石を求めてやって来たのだろうか。」「大門川沿いに発見された縄文時代のムラ跡からは、たくさんの黒耀石とともに、他の地域から持ち運ばれてきた土器や石器も発見されており、遠い道のりをこえて人びとが往き来していた様子がうかがえます。」と縄文時代の流通について述べられている。

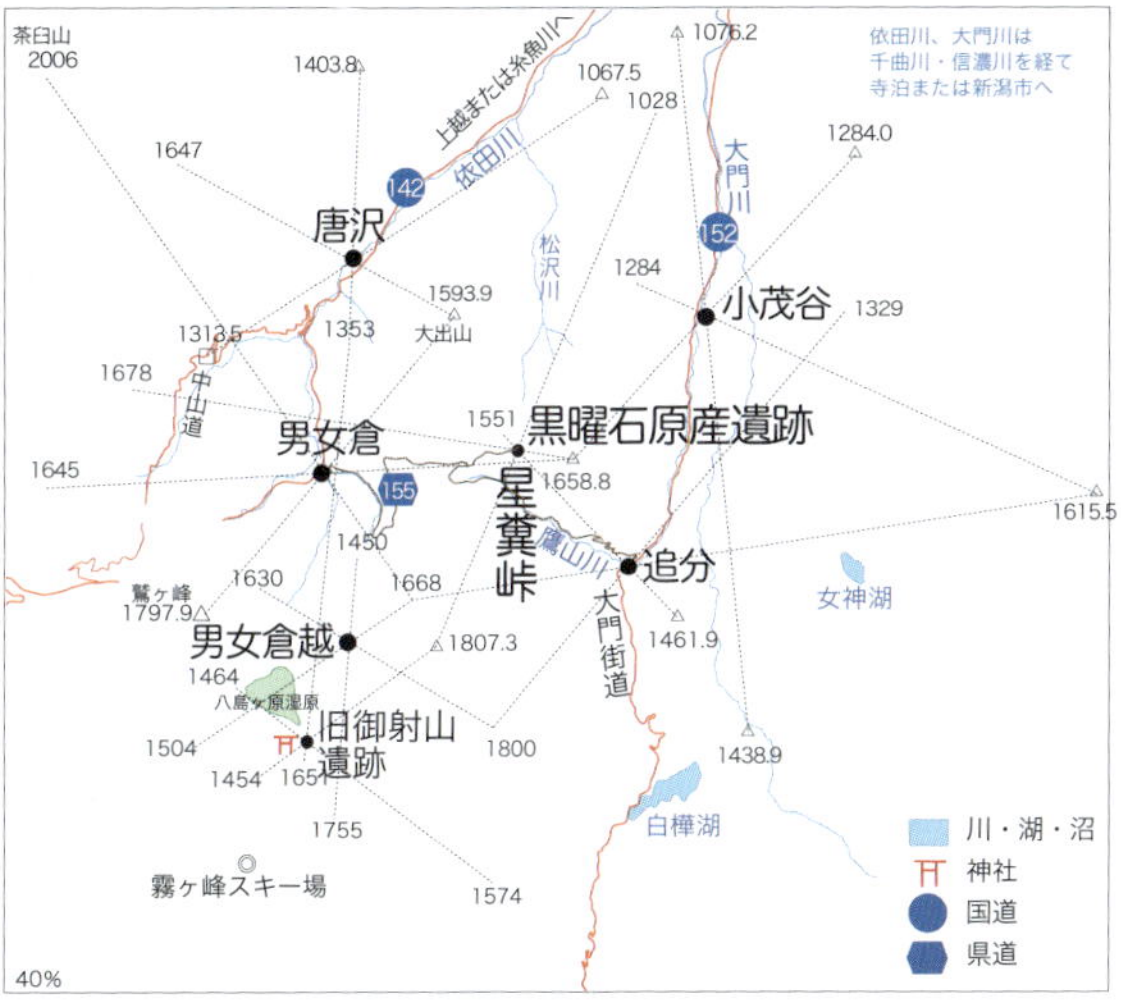


56 星糞峠周辺の星地名

拙著『星の巫 縄文のナビゲータ』より引用 筆者加筆

57 黒耀石原石のスナップ(上)・森の中の採掘址の窪み(下) 黒耀石体験ミュージアム提供

実は図56に示すように星糞峠周辺にも三本線が沢山みられた。その交点は、国道や県道に沿って並んでいるようにも見える。大門川や依田川は千曲川となりさらに信濃川《しなのがわ》となって新潟市の日本海に流れこんでいる。道路の整備されていなかった時代には川が流通路となったに違いなかろう。大門川沿いに発見された縄文時代のムラ跡はそのことを物語っている。つまりここから日本海に出て三内丸山へと運ばれたことになろう。縄文の物流、まさに驚きだ。

## 御前崎市指定史跡星の糞遺跡

それでは、もうひとつの星糞のつく「星の糞遺跡」には三本線はみられるのであろうか。

静岡県御前崎市の「市指定史跡星の糞遺跡《ほしのくそいせき》」は御前崎市白羽の鳥居原にあり、東海地方東部の縄文時代前期を代表する遺跡のひとつと言われている。

星の糞遺跡案内板には「箆状《へらじょう》石器や石錐《いしきり》、石鏃《せきぞく》等の石材に多く使われている黒曜石の産地を蛍光X線分析という科学的な方法で分析した結果、百四点中に二十二点(二一・二%)が長野県諏訪星ヶ台産、一点(一・〇%)が伊豆市柏木峠産で残りの八一点(七七・九%)が伊豆七島の神津島恩馳産であることが判明した。星の糞とは、この遺跡から出土した黒曜石製の石器やその剥片が太陽の光を反射してキラキラと輝き、まるで天から降ってきた星のかけらのように見えることからそう呼ばれている。」と記されている。

つまり長野県の星糞峠が黒耀石の原産地であるのに対して御前崎の星の糞遺跡は黒曜石の原産地ではなく加工地で

58　御前崎　星の糞遺跡周辺の星地名

拙著『星地名 縄文の知恵と東北大震災』より引用 筆者加筆

御前崎市指定史跡

# 星の糞遺跡

昭和四十一年六月二十五日指定

この星《ほし》の糞遺跡《くそいせき》は、昭和のはじめ頃に白羽神社元宮司の高山謙吉氏により発見され、静岡県の重要な縄文遺跡の一つとして、早くから県内の考古学会で注目されていた。昭和五十二年八月に、茶畑の改植に伴い国、県の補助を得て発掘調査が実施された。その結果、最初に奈良時代（八世紀）の住居跡が二軒発見され、その下層から縄文時代前期（五千年～六千年前）の土器や石器等が多量に出土し、縄文時代後期初頭（四千年前）の遺物がわずかに見つかった。

奈良時代の第一号住宅跡からは、大型堝《なべ》が二点出土している。この大型堝《なべ》は奈良時代の所産でその代表的な用途としては、平城京木簡にみられる煮鰹魚の生産用具であるとの有力な説がある。

縄文時代前期の遺物には、前期当初の東海系の薄手尖底《せんてい》、丸底《まるそこ》土器群やそれに後続する関西系や関東系の土器が多量に出土していることから、当時の東西文化の比較研究に欠かせない資料を提供した東海地方東部の縄文時代前期を代表する重要な遺跡である。

また、縄文時代前期の打製石斧《だせいせきふ》や磨製石斧《ませいせきふ》、礫器《れっき》、敲石《たたきいし》、磨石《すりいし》、石皿《いしさら》、石匙《いしさじ》、石錐《いしきり》、石《せき》鏃《ぞく》、篦状石器《へらじょうせっき》、石錘《いしすい》、スクレィパー、などの石器が多量に出土しており、特にスクレィパーが千点以上、漁猟用の網の錘として使用されたと考えられる石錘が三千点近く出土しており注目される。また、篦状石器や石錐、石鏃等の石材に多く使われている黒曜石の産地を蛍光X線分析という科学的な方法で分析した結果、百四点中に二十二点（二一・二％）が長野県諏訪《すわ》星ケ台《ほしがだい》産、一点（一・〇％）が伊豆市柏木峠《かしわぎとうげ》産で残りの八一点（七七・九％）が伊豆七島の神津島《こうづしま》恩馳《おんばせ》産であることが判明した。

星の糞とは、この遺跡から出土した黒曜石製の石器やその剥片が太陽の光を反射してキラキラと輝き、まるで天から降ってきた星のかけらのように見えることからそう呼ばれている。

さらに縄文時代前期の装身具として使われた、ホオジロサメの歯に孔をあけた垂飾りや耳たぶに孔をあけて装着した玦状耳飾《けつじょうみみかざり》なども出土している。

御前崎市教育委員会

59 市指定史跡 星の糞遺跡案内板（御前崎市教育委員会提供）の文面　筆者スケッチ

60 市指定史跡　星の糞遺跡案内板の立っている地点の写真

御前崎市教育委員会提供

あったと解釈されよう。縄文の工業、これも驚きだ。

実はこの縄文時代前期から続く星の糞遺跡にも図58に示すように三本線の交点が配置されていた。薄原という交点は□36・5mを介して星の糞遺跡の交点と連携し、さらに星の糞遺跡の交点は△40・0mを介して堀野へ、また

△88・5mを介して宮内に連携していた。なんとも用意周到な配置であろうか。浜岡原子力発電所の敷地内には交点は検出されなかった。もしかすると、縄文時代にはここは海だったのかもしれない。

## 道案内のモデルと星地名

過去に三本線が一点に交わるような測量が行われたという事例が記載された文献は未だ発見されていない。つまりこの出来事は文字や記録のなかった時代であろうと推察される。測量器機のない時代に一体誰が何のためにこんな美事な配置を行ったのか。

「岩保木6遺跡」や「北斗遺跡」に何か隠されてはいないか。史跡北斗遺跡展示館によると北斗遺跡は、旧石器時代から縄文・続縄文時代を経て擦文時代に至る重複遺跡で、釧路湿原を望む標高20メートル前後の台地に、縄文・続縄文時代の浅い円形・楕円形竪穴102軒、擦文時代の四角形竪穴232軒がくぼんだ状態で残されているとのことで、縄文時代との関連性を強く示唆している。もう一つのヒントは岩保木《いわぽっき》6遺跡だ。この遺跡の年代は何時なのか。またトリトウシにはトリトウシ貝塚があり、約6000年前の土器が貝殻とともに出て来たと報告されている。

青森県の三内丸山遺跡や星糞峠黒耀石原産地遺跡の地点が三本線の交点に一致したという現象は、この現象と縄文時代との関係が極めて濃厚となったことを示している。しかし、これだけでは確証が得られたとはいえない。他に縄文時代を特定するような決定的な証拠はないのだろうか。

三本線が一点に交わる様式は、確かに、北海道、本州、九州、沖縄でも多数発見された。交点の中には縄文遺跡と一致するものも多く見られた。交点が彼らの生活の場であるとすれば、この様式(モデル)は一体どのような役割をしていたのか。

【なぜ三本線か】については、長年試行錯誤をくりかえしたが、解明されてみると実に明解で、何とも巧妙な道案内の方法を行っていたものだと驚かされる。

図61のイラストは、目標《めじるし》(〝もくひょう〟ではなく〝めじるし〟と呼ぶ)になる山や丘などを三対選び、A—B、C—D、E—Fのように、目標を結ぶ直線が一点に交わるように設定する。もちろん目標はよく見えなければならない。

こうすると三本線の範囲内では、狩・漁《りょう》・山菜採り・木の実ひろいなど、どこに出かけても、交点のS地点に戻れることが判明した。つまりBの目標に向かって出かけた人はその後E地点へ向かったとしよう。さてそこからSに帰ろうとすると、目標Cと目標Dを結ぶ直線に近づくように移動し、Cを背にDに向かって進むとSに行き着く。

背を向けている人は前方の目標Cに向い、背中に目標D

が位置するように移動し、A—BまたはE—Fが描く直線に近づくように移動すればS地点に到達できる。S地点の

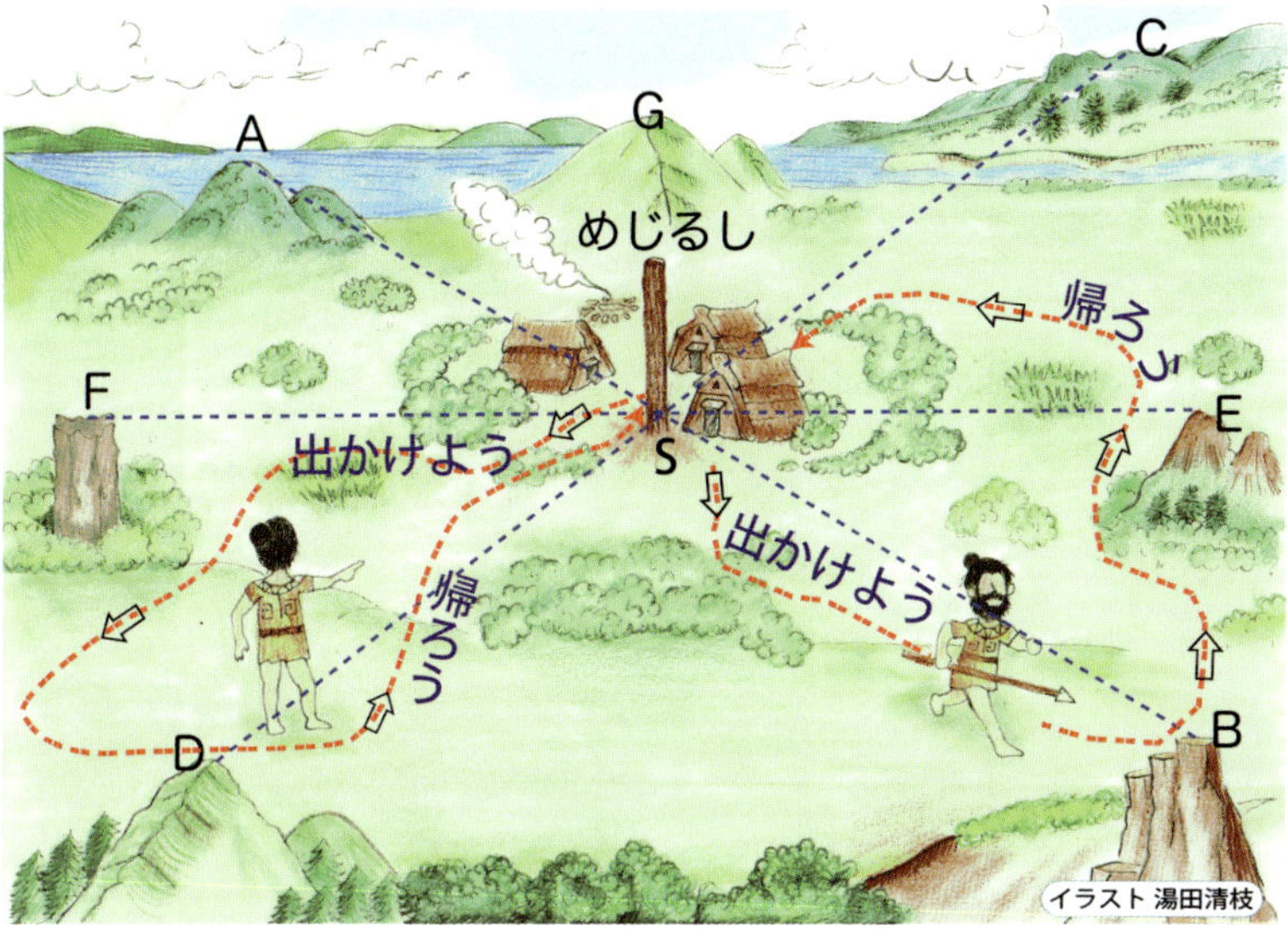


61　三本線と交点の意味するもの　イラスト原画作成 湯田清枝

地形は開けていて、星空がよく見えたのでこの場所を星のつく名称で呼んだのであろう。筆者は「星地名」と名づけた。

よく考えてみると、これまで三本線と呼んでいたこの直線（点線）は彼らの【視線】に他ならない。

## 点線は彼らの視線

つまりコンピュータで数値地図上にパスで描いた点線は、この道案内の様式を利用していた人々の視線を表していたことになる。このような様式が日本列島全てに共通して存在することは、あたかも縄文土器がこれらの地域にみられることと極めて類似している。注目しなければならないのは、すぐ目の前の山〝G〟であろう。

## 近くの山より遠くの山を

約30数年にわたっておびただしい三本線を検証するなかで、直ぐ近くに大きな山があっても目標にしない。つまりあまり近くの山は目標に該当せず、逆に遠くの山が目標だったりすることによく遭遇する。最初はその意味がよく分からなかった。しかし何度も何度も三本線の交点を調べているうちに、その理由が分かってきた。

彼らは【出来るだけ行動範囲を広く設定】できるように、

わざと遠くの山を目標にしていたのであろう。もう一つの理由は別の三本線の交点との連携を保つために、こちらからは多少見えづらくても、向こうの三本線の目標に共通させる狙いがあった。つまり隣の星地名の人々の立場も考えての設定と思われる。縄文人の深淵さがうかがわれる。

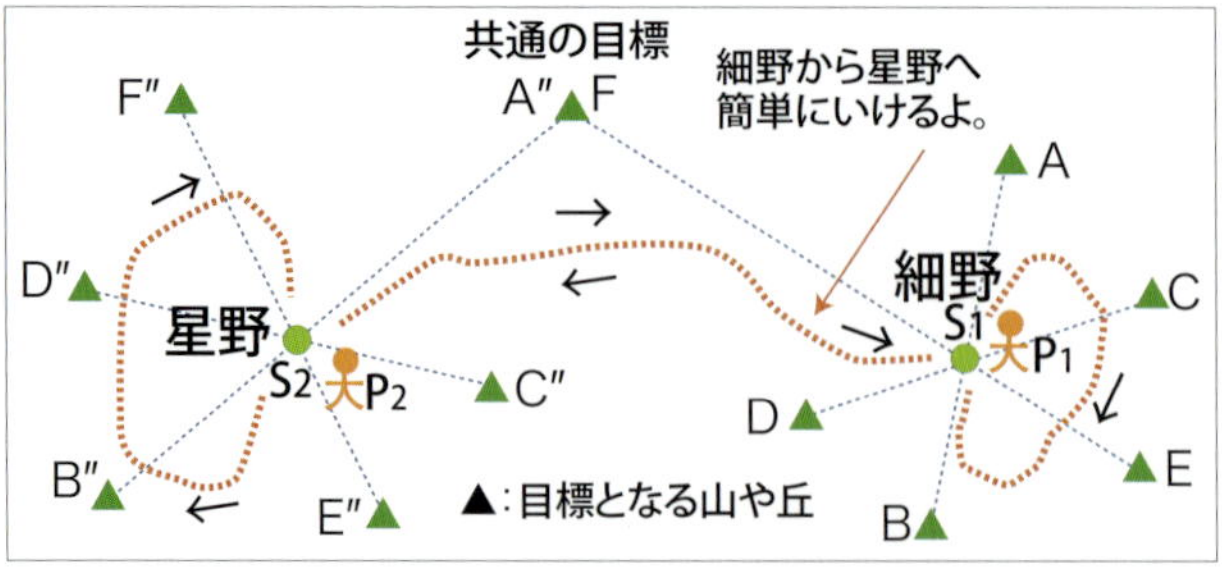


62　二つの交点の連携

## 星地名の連携

図62に二つの交点の連携を示したが、〝共通の目標A″・F〟を介して二つの交点は繋がっていると考えられる。

つまりS1細野の人びとP1はS2星野の人びとP2とお互いに道に迷うことなく往き来できるように配慮されていたことが理解出来よう。一つの同じ目標の山を介して三本線の交点が繋がっていることを筆者は〝星地名の連携〟と呼ぶことにした。連携は東西南北に広がりながらどこまでも繋がっている。縄文の集落がこのような仕組みでお互いに連絡しあっていたという証で、星地名においてはこの連携が極めて重要で、星地名の条件の一つと考えられる。

この連絡網は、モデルを考案した人びとの脳裡に描かれたいわば地図であり、後に街道の原型になったと考えられる。

## 視力はマサイ族の視力と同等か

東北大学名誉教授玉井《たまい》信《まこと》先生より頂戴した論文『眼は心の窓―何時までもよい視力を保つために―』に「五感」というのが記されている。この論文の中に素晴らしいヒントが秘められていた。考えてみると彼らの五感は深淵なのだ。こんな複雑なことを考えついた人物は、仮に縄文人だったとすれば、彼らが迷わずに糸魚川から三内丸山までヒスイを運んだとしても別に不思議ではない。道迷いで遭難する現代人とは全く違う。

点線が視線だとすれば、彼らの視力はどのくらい見えたのだろうか。数値地図から検証すると彼らの視線は遠くの山々に届いていたことになる。

例えば三内丸山の6本柱は津軽半島の清水股岳の近くの標高175・8mの山と南八甲田山系の最高峰・櫛ヶ峯

近くの標高630・6mの山を結ぶ視線の上に位置するが、二つの山の距離は約56km。また新潟県三島郡出雲崎町の勝見は三本線の交点に位置するが、長岡市大積《おおづみ》折渡町《おりわたりまち》の257mの山から佐渡島の大隈《おおくま》山標高610mを結ぶ視線の上に位置し、二つの山の距離は約67kmで、彼らの視力はこんなに遠くまで見えたことになる。アフリカのマサイ族やトゥルカナ族、ハッザ族は現代人には想像もつかないような視力(視力6・0や7・0さらには10・0を越える)や識別力をもっていたと言われており、縄文人の視力もそれに匹敵する可能性が数値地図の検証から考えられた。

## ランドルト環と視力

健診などで静止視力測定の方法としてよく用いられている視標《しひょう》がランドルト環(ランドルト氏環)である。

これは大きさの異なるC字型の環の間隙の方向を識別することで、2点が離れていることを見分けられる最小の視角を測定するものである。

ランドルト環はスイスの眼科医エドムント・ランドルト(1846年～1926年)によって開発され、1909年にはイタリアの国際眼科学会で国際的な標準視標として採用され、国際標準ランドルト氏環と呼ばれている。

標準視標とは身体検査でよく見かける視力測定表で、視力は視角(分で表す)の逆数として表される。

つまり、図79のように直径7・5㎜、幅1・5㎜、間隙1・5㎜のランドルト環を用い、5mの距離から判別出来るとその時の視角が1分に相当し視力1・0と表される。

参考にしたいのはアフリカのマサイ族の視力で、視力10・0とも11・0ともいわれているが、仮に三本線の交

視力：直径 7.5mm 幅 1.5mm 間隙 1.5mm のランドルト環を用い、5m の距離から判別出来ると、その時の視角は 1 分に相当する。視力は視角 (分) の逆数で表されるので

$$視力 = \frac{1}{1(分)} = 1.0$$ となる。

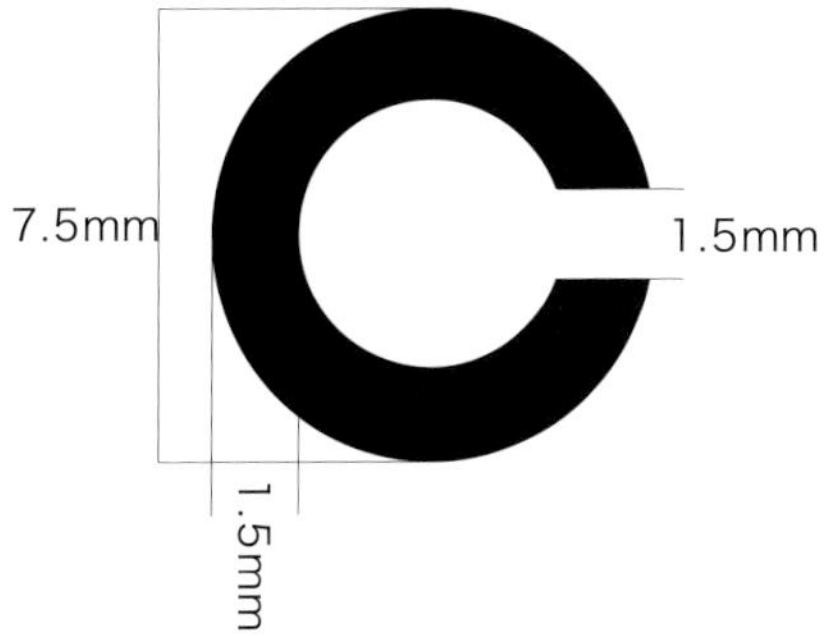


※ランドルト環
円環全体の直径：円弧の幅：輪の開いている幅 =5:1:1 の比率である。

63 ランドルト環と視力

点を設定した人びとの視力が5・0だったとすれば、参考図のように約0・86km離れたところから5cmの間隙を識別できることになる。この時の視角は0・2分、度にすると0・00333度となり、後述の出雲崎から佐渡島の山々を、晴れて靄《もや》がなければ、識別することは容易であったことが分かる。

現在の地球環境からすると縄文時代の大気の状況などは恐らくは今より空気は澄んでいてよく見えたとも考えられる。江戸時代に読まれた松尾芭蕉の名句「荒海や……」が目に浮かぶようだ。

## 交点の呼び名は？

交点に住む人びとは、夜空に輝く美しい点々を一体なんと呼んでいたのか。30数年にわたって考察を重ねてきたが、どうにも確信に至らなかった。

しかし、ある出来事を契機に次第にその真相に迫りつつあると考えている。

2013年(平成25年)4月20日、筆者が水沢市国保総合水沢病院勤務時代に大変お世話になった恩師・当時の院長・中島達雄先生から水沢で「星地名」の講演をというありがたいお招きを頂戴した。奥州宇宙遊学館の開館五周年記念講演に講師として招かれることになった。

イーハトーブ宇宙実践センター理事長・大江《おおえ》昌嗣《まさつぐ》先生(国立天文台名誉教授)から「星地名と東北―縄文方位測量の謎」という誠にありがたい演題を頂戴した。何しろ畏れ多い天文学者の目前で、星にかかわることを口にする訳で、身が縮む思いで奥州市に出向いた。事前の準備は数ヶ月余の時間をかけて綿密に行ったがその作業中に新しい発見に遭遇することになった。

## ブチブチが出たよ!!

30数年間考え続けていた「夜空に輝く点々」が、ひょっとしたら「ブチブチ〈butibuti〉」と言っていたのではなかろうかというひらめきが湧いた瞬間だった。

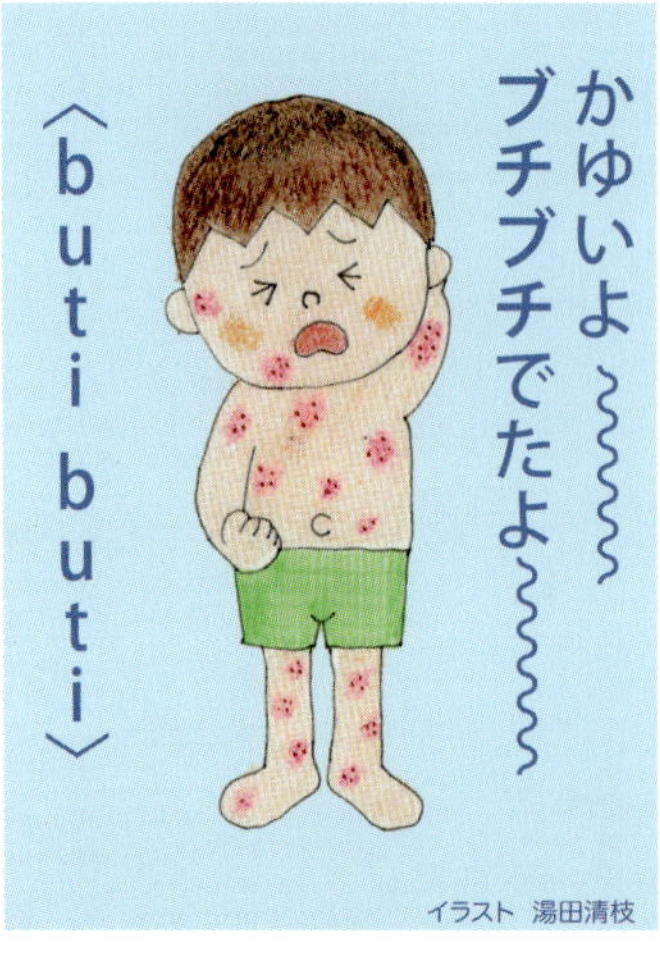
かゆいよ〰
ブチブチでたよ〰
〈butibuti〉
イラスト 湯田清枝

64 ブチブチがでたよー
イラスト原画作成 湯田清枝

アフリカのマサイ族の視力を 5.0 とし、縄文人の視力も同程度とすれば直径 25cm のランドルト環の 5cm の間隙の向きを何 m の距離から答えられるか。

視力は視角（分）の逆数で表されるから視力を 5.0 と仮定した場合

$$5=\frac{1}{X} \quad X=\frac{1}{5}=0.2(\text{分})$$

25cm のランドルト環の間隙は 5cm、視力 5.0 の視角＝0.2 分であるから 0.2 分を度に直すと 0.003333 度となる。

視角 0.2 分に対する弧の長さは距離 R が大きい場合 5 に近似と考えられる。

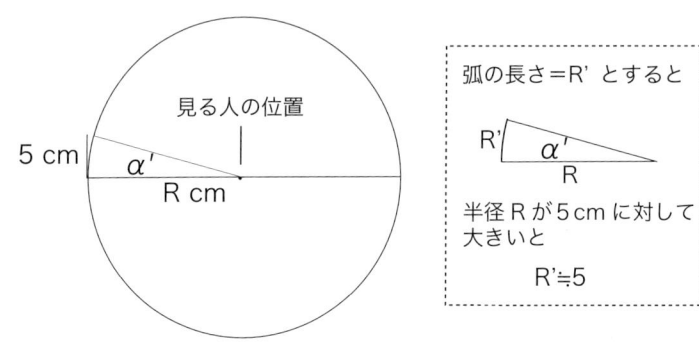

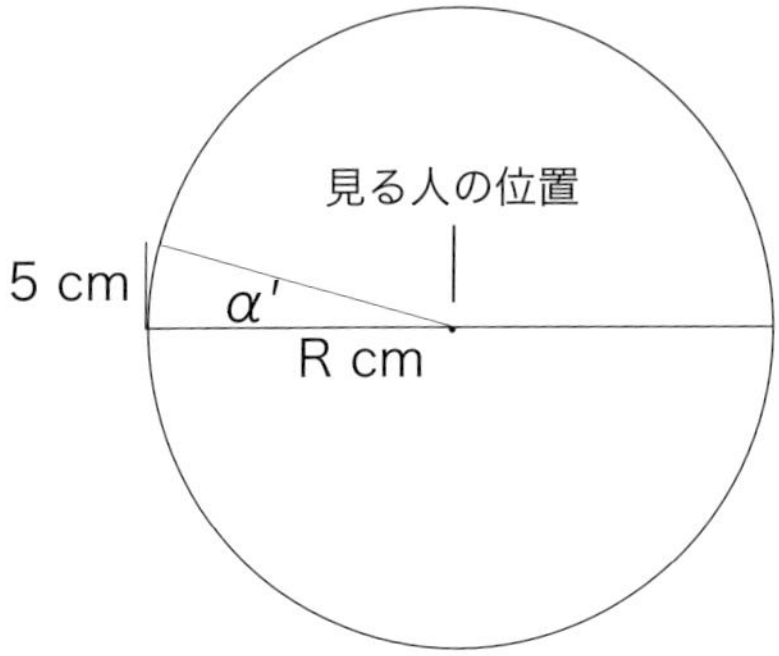


弧の長さ＝R' とすると

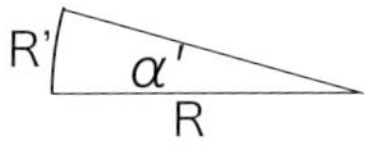


半径 R が 5 cm に対して大きいと

R'≒5

$$2\pi R : 5 = 360 : 0.003333$$

$$0.003333 \times 2 \times 3.14 \times R = 5 \times 360$$

$$R=\frac{1800}{0.003333 \times 2 \times 3.14}=\frac{1800}{0.0209}=86124.40 \fallingdotseq 861.2\text{m}$$

R≒861m となる。

つまり約 861m 離れたところから 5cm の間隙の向きが見えることになる。

出雲崎と佐渡の直線距離は約 45～50km であるから

$$5(\text{cm}) : 0.861(\text{km}) = X(\text{cm}) : 50(\text{km})$$

$$0.861X = 250$$

$$X \fallingdotseq 290.4(\text{cm})$$

50km の距離からは山と山の間隔が 2.9m あれば識別できる計算となる。

65　参考図・マサイ族の視力から縄文人の視角(分解能)を考察

66　北に見える銀河と北極星(左側の電柱の上の明るい星)
イーハトーブ宇宙実践センター理事長　大江昌嗣　提供

〝図64をご覧下さい。子供の身体に何か出ています。「ママかゆいよ……ブチブチが出たよ!!」と泣きべそ顔です。〟

図66は大江昌嗣先生より頂戴した奥州市の星空の写真で、無数の点々が夜空に輝いている。まさにブチブチだ。考えてみるとブチブチ〈butibuti〉は同じくブツブツ〈butubutu〉やポツポツ〈potupotu〉とも言い表されよう。釧路町の岩保木6遺跡の岩保木《いわぽっき》〈potu・ki〉も〈potu〉という音声を含んでいる。〈ki〉が綺麗とすれば〝星が綺麗〟になる。ところが「岩保木」の由来は、アイヌ語の「イワ・ポキ」(山の下)からといわれていて、アイヌ語の星〈nociw〉という言葉の音声とかけ離れている。

これは日本語でも石淵の淵〈buti〉が星〈hosi〉だとは誰も考えないのと符合する。縄文語から日本語やアイヌ語が派生するまでの何千年もの時間の経過で言葉の音声や意味が変貌したからに違いなかろう。

アイヌ語と日本語の祖語「縄文語」が長い時間の経過とともに、アイヌ語と日本語は大きく別れてしまった。それだけではなくアイヌ語も日本語もその祖語である縄文語との繋がりすら忘れ去られている。

例えば川〈kawa〉はアイヌ語では〈nay〉と呼ばれている。しかし縄文語由来の日本語では〈na〉は魚、〈i〉は居る処と考えられ、内〈nai〉は川に行きつく。

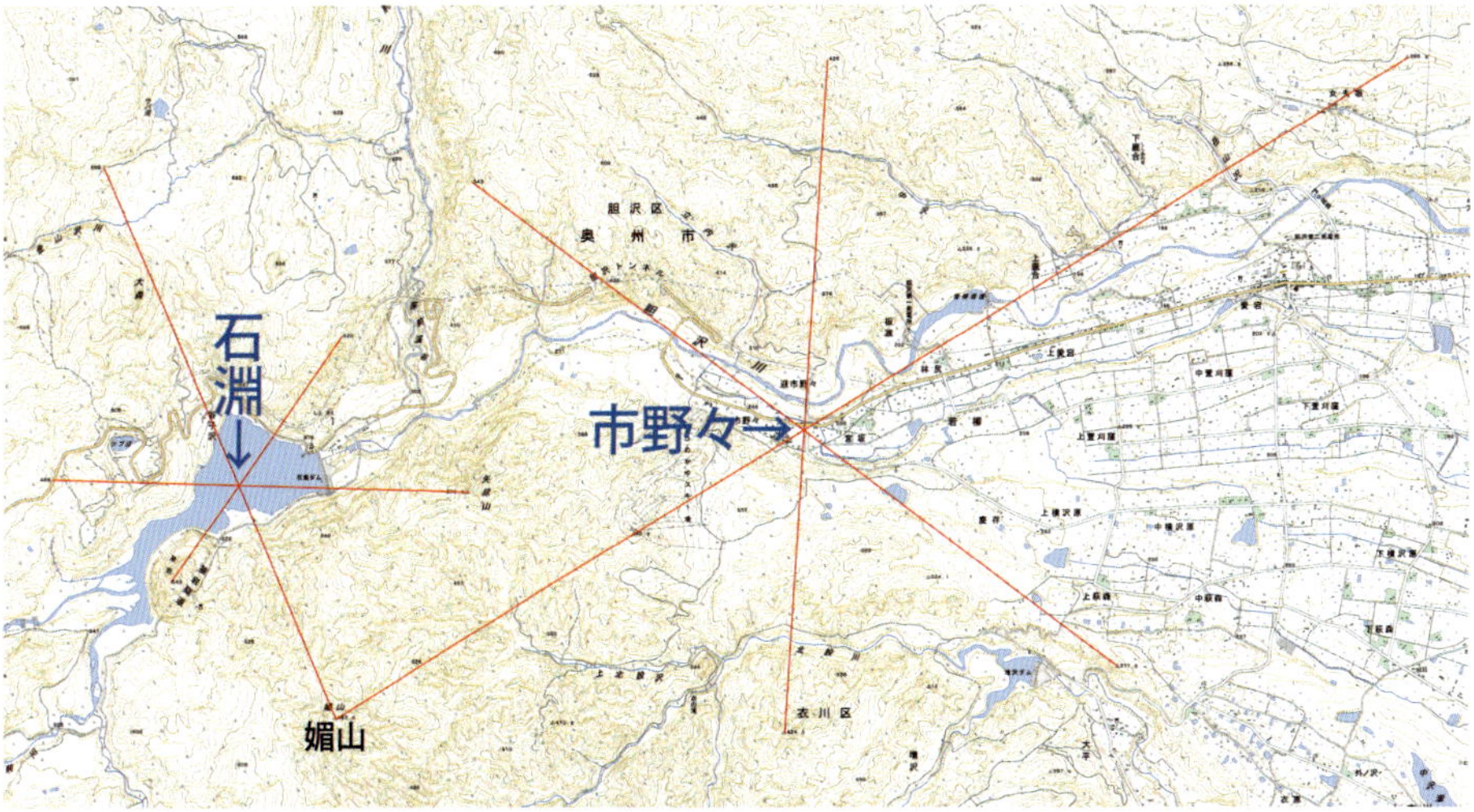


67　国土地理院電子地形図 25000 水沢の部分使用　筆者加筆

石淵の他にもう一つ市野々にも交点がみられた。二つの交点は△ 683.6 媚山を介して連携していた。石淵の淵はまさに〈buti〉であった。〈buti〉の音声の子音〈b〉が聞き取れないと〈uti〉となり、音声変化で〈iti〉になったことが市野々から窺い知れる。

つまり言葉の音声は時代とともに意外な変貌をきたすものと考えるべきであろう。内《ない》のつく川を短絡的にアイヌ語と決めつけるのも考えもの。本州の難読地名がアイヌ語と誤解されるのは、縄文語と〝日本語とアイヌ語の成り立ち〟を、明確に理解していないことが原因で、本州の難読地名はアイヌ語ではなく縄文語と考えるべきであろう。

## 石淵ダムの底にブチブチが

図67は奥州市で有名な石淵ダム周辺の方位図で、意外なことに三本線の交点はダムの底にあった。「石淵」の由来は昔この地域が巨石や巨岩などによって囲まれた野原であったことによると言われているが、交点の名称がまさに「ブチ〈buti〉」であり、夜空の星の音声を表しているのには筆者自身も驚かされた。

考えてみると、漢字で淵と記されてしまうと、もはや誰しも淵が星と繋がっているなどとは思いもよらないことであろう。もちろん辞書や文献にも淵が星を著していることなどは記載されていない。縄文方位測量があってはじめて知りうる知見と考えられる。

石淵は標高683・6mの媚山《こびやま》を介して市野々に連携している。市野々〈itino〉の〈iti〉は〈buti〉の〈b〉が発音されず〈u〉が〈i〉に変化した例と考えられ、元々は市も〈ｂｕｔｉ〉＝星を意味する用語と考えられる。

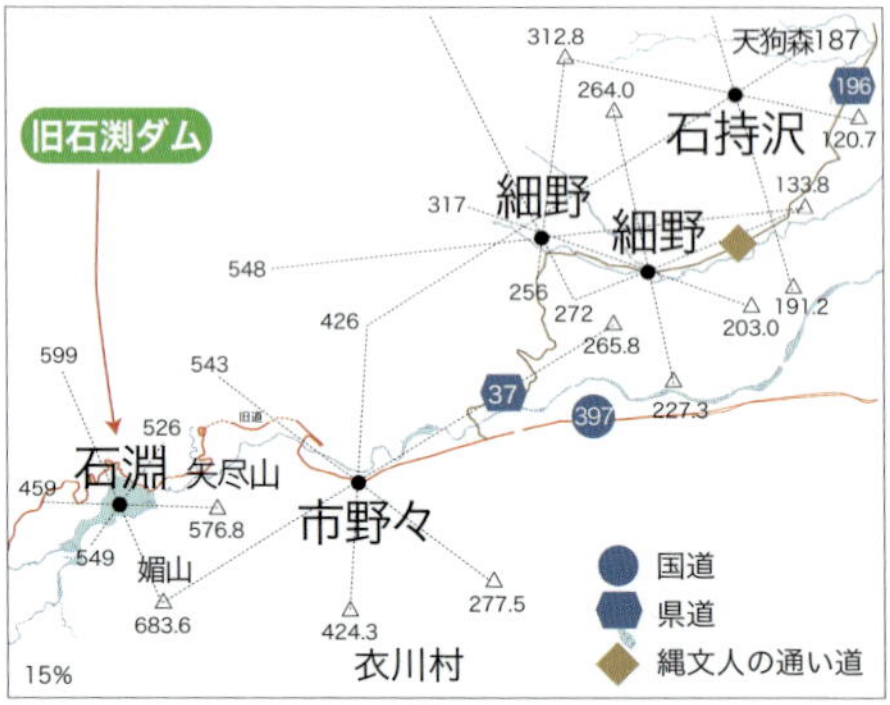


68　石淵と市野々

## 六ヶ所村の尾駮と大内宿近くの魚淵

もう一つのブチ〈ｂｕｔｉ〉は日本原燃で知られる青森県六ヶ所村にみられた(図69)。

尾駮〈ｏｂｕｔｉ〉と漢字で記されると、それこそ難読地名でアイヌ語とされてしまう危惧がある。

六ヶ所村文化交流プラザ（スワニー）で行われたある歴史研究会で、講師の考古学者が「この辺りの地名は皆アイヌ語だ」と言われて、困惑を感じたことがあったが、尾駮《おぶち》の尾〈ｏ〉は魚、駮〈ｂｕｔｉ〉は星を意味する縄文語であり決してアイヌ語ではない。尾駮は魚の星と解釈される。

衣食住を最も大切にしたこの時代の人々にとっては魚のいるところは重要な地点であったに違いない。

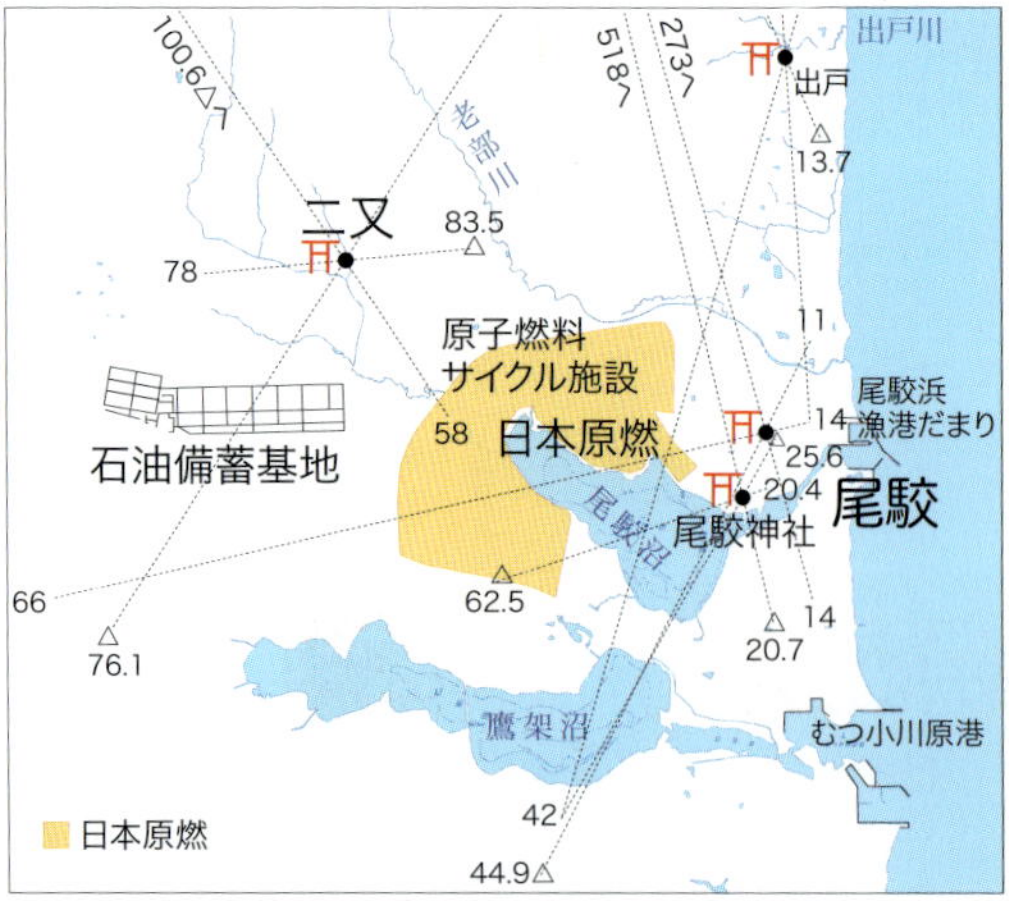


69　日本原燃の尾駮

尾〈ｏ〉が魚を意味することは、図70の向かって左上に見られる大内宿近くの魚淵《うおぶち》をご覧になると理解されよう。〈ｏ〉が〈ｕｏ〉となっていて音声は極めて類似している。また図68の石淵に連携する市野々《いちのの》と極めてよく似た市野や市野峠も交点として存在する。様式の共通性が極めて高い。

市〈ｉｔｉ〉が淵〈ｂｕｔｉ〉から変化したと考えるならば大内の内〈ｕｔｉ〉も〈ｂｕｔｉ〉→〈ｕｔｉ〉と変化したと考えられる。また星の移動を示す〈ｋｕｓｉ〉も〈ｕｓｉ〉から

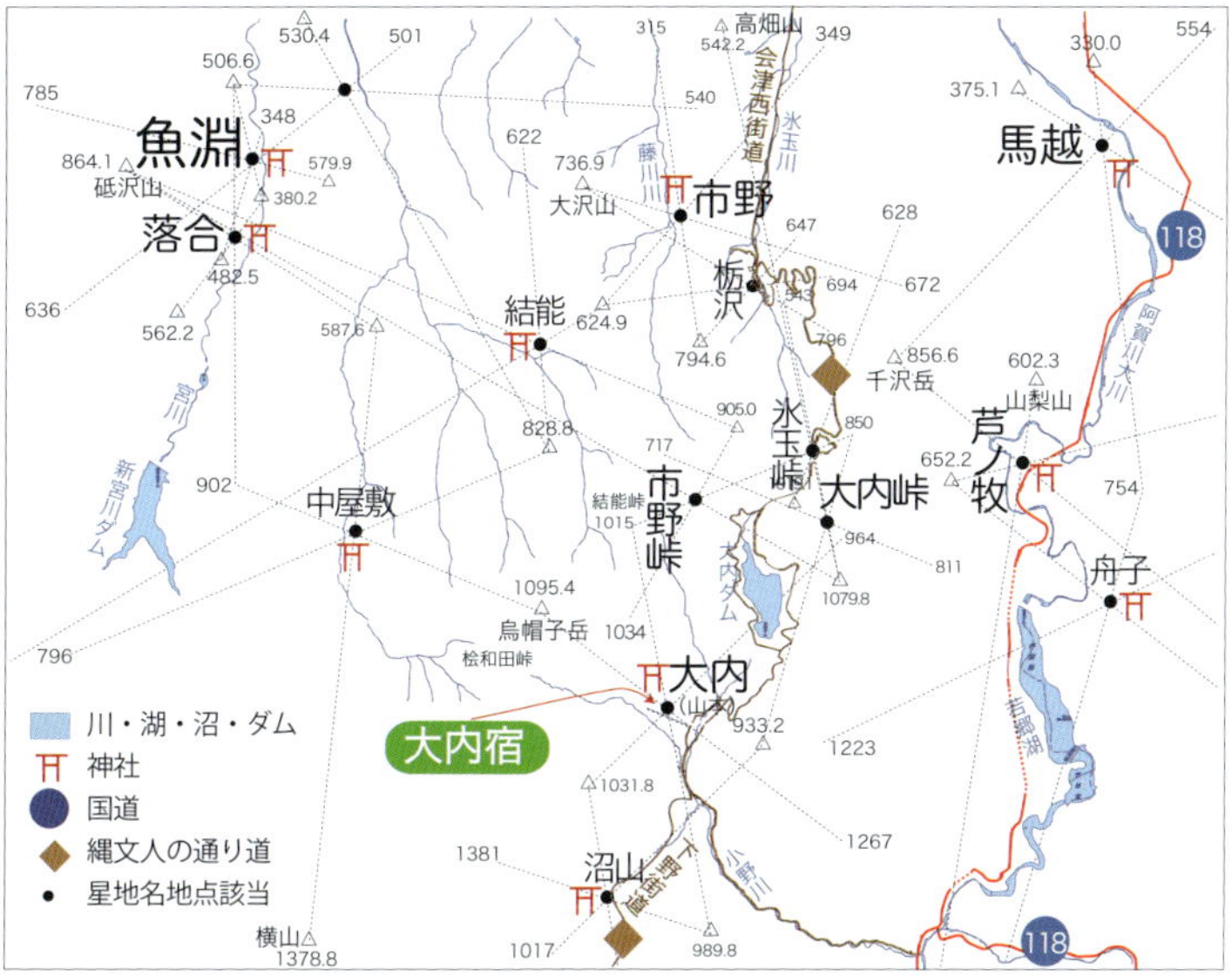

70　大内宿近くの魚淵

71　大内宿　　写真提供：下郷町教育委員会

江戸時代の町並みを今に残す大内宿。 茅葺き屋根の民家が並び、江戸へ向かう宿駅として 重要な役割を果たしてきた。何度訪れても味わい深い。

芦〈asi〉と変化することは十分考えられよう。
芦ノ牧が星由来の地名ならば石巻《いしのまき》の石〈isi〉も同様の変化で、葛巻〈kuzumaki〉の葛〈kuzu〉も〈kusu〉からの変化と考えられる。実際にこれらの地域には多くの星由来の地名が見られる。

## 階上町の道仏はブツ

一方、ブツ〈butSu〉は図72に示す青森県階上町の道《どう》仏《ぶつ》がそれに該当し、また「石鉢《いしのはち》」は「第18章世界遺産と星地名」の図341にみられる日光金谷ホテルの所在地「鉢石《はちいし》」と語順は逆ではあるが交点に一致した。〈buti〉→〈huti〉→〈hati〉と音声に類似点がみられる。

2万5千分1数値地図を用いて各地を検証すると、膨大な交点の地名に類似性がみられ、星を意味するブチブチ・ブツブツ・ポツポツから音声変化した星に由来する地名と考えられ、これらを「星地名」と名づけた。

2万5千分1数値地図では1ミリメートルは25メートルに相当する。縮尺を記入しておくと星地名の交点の広さは、半径約25メートル程度で、大きく見積もっても半径50mの広さと考えられる。つまり【直径50〜100mの円形のような地点がS地点(図61)に住む人々が名づけた星地名】と考えられる。

交点の星地名は、後世に地図が作成された際に直径50〜100mの領域を超えて広く用いられたと考えられる。

つまり交点のみが星地名であったものを、近くの川や、その川が流れこむ湾の名称に用いられたり、集落の名称や

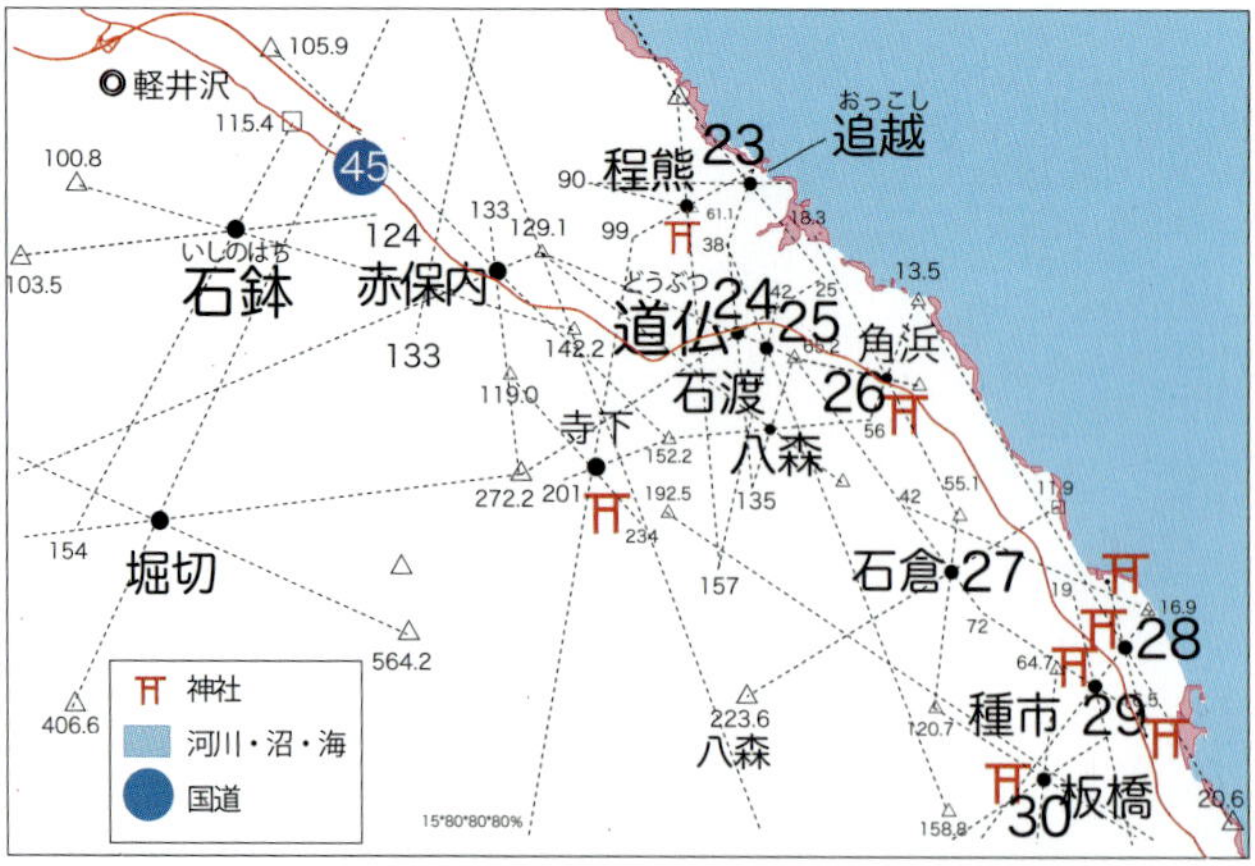


72　階上町の道仏

八戸市の是川遺跡・風張遺跡も交点に一致し、是川の〈kore〉や風張の〈hari〉も〈hati〉→〈hari〉→〈hoti〉→〈kori〉・〈kore〉と音声変化したものと考えられる。さらに桑折〈koori〉の〈ori〉のように変化し折戸〈orito〉（図95後述）なども該当する。

市町村の名称にまで流用されるようになった。【流用された星のつく地名は本書で扱う真の星地名には該当しない。】星地名の研究においては、このことは銘記しておいて頂きたい。

## 星地名を漢字の意味で解釈すると間違う

一つ注意しなければならないのは【星地名を漢字の意味で解釈すると、間違いが生じる。】それは漢字伝来のはるか前から星地名が存在していて、その音声を無理に漢字で表現したからに他ならない。

はしがきでも述べたが、その典型が星谷・細谷《ほそや》だ。よく星谷や細谷は谷筋の地名ではないかと考えられがちだが、科学的に厳密に言うならば、細谷の「谷」はタニ〈ｔａｎｉ〉ではなく〈ｙａ〉であり、〈ｙａ〉は平坦な大地を表している。宗谷、尻屋、越ヶ谷、保土ヶ谷、市ヶ谷などがそれに該当しよう。アイヌ語でも〈ｙａ〉は陸地の意味で、縄文語由来の日本語・谷〈ｙａ〉が大地を意味するとすれば、まさしくアイヌ語の〈ｙａ〉と日本語の〈ｙａ〉は対応している。今もって北海道以外の日本列島の難読地名をアイヌ語と考える説が、町の由来や観光案内のパンフレットに真しやかに記されているのを目にすると、「第10章」に登場する幻の詩人・村次郎ではないが失望を感じる。

青森県三沢市の細谷は広大にして平坦な大地だ。１９３１年(昭和６年)１０月４日、人類初の太平洋無着陸横断飛行に二人のアメリカ人(クライド・パングボーンとヒュー・ハーンドン)が挑戦した自然の飛行場。二人が搭乗するミス・ビードル号はこの細谷(淋代海岸)から飛び立ち、米国ワシントン州ウェナッチに無事着陸、横断飛行は美事に成功した。【細谷は広大な平坦地でそこには谷はない。】

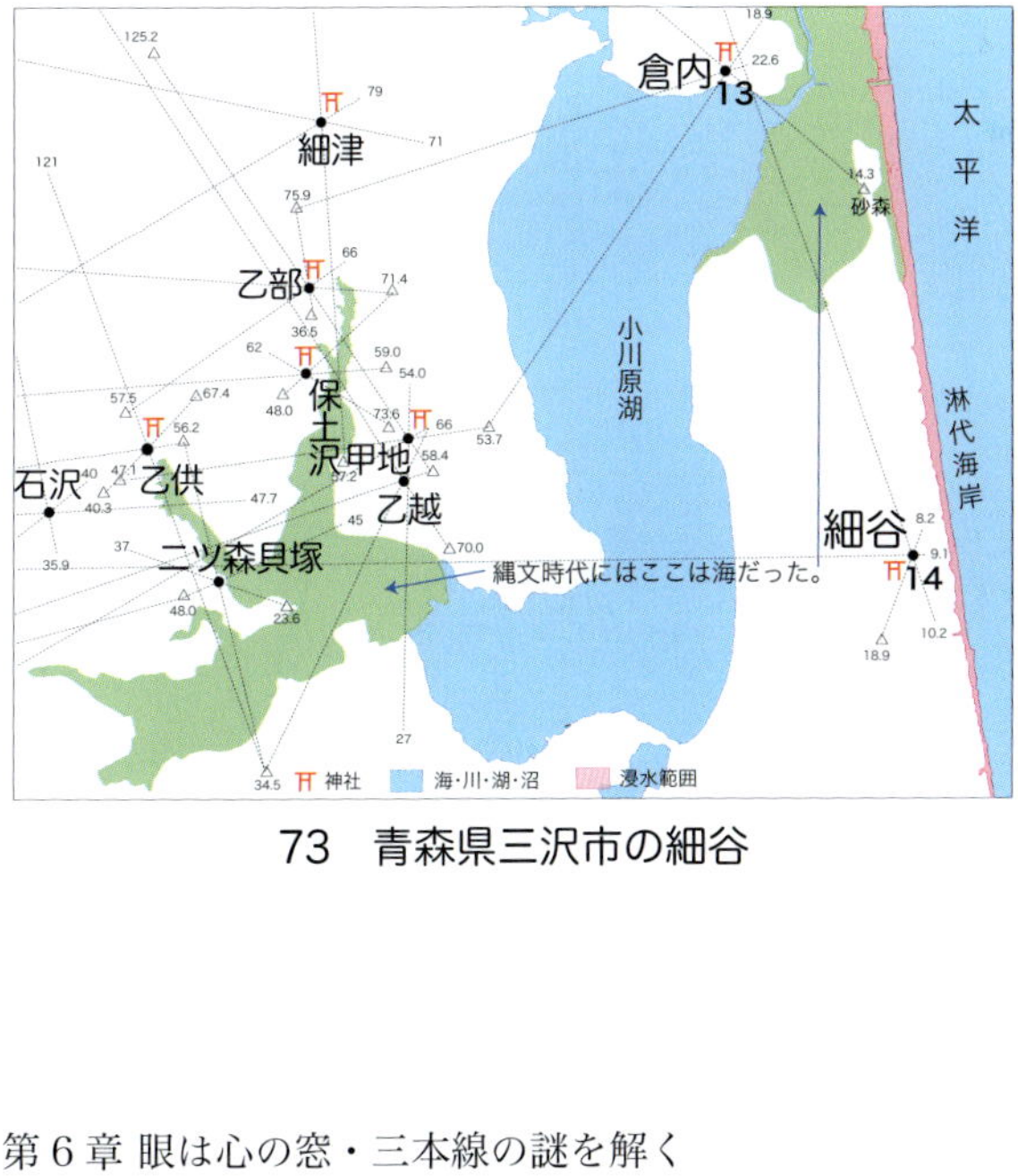

73　青森県三沢市の細谷

74　ミス・ビードル号（レプリカ）
青森県立三沢航空記念館所蔵

## 巫〈ｋａｎｎａｇｉ〉とは

「星地名」という名称に関わる出版物では拙著『星の巫―縄文測量の視点で歴史をみる』(文藝春秋企画出版部制作・平成１２年２月１０日出版)が初見であろう。

「巫」という漢字はこれまでは「人名用漢字」に入れられていなかったので、「巫」の字を使用した名前を付けることができなかった。２０１５年(平成２７年)１月７日法務省が７日付で戸籍法施行規則を改正し、「巫」を人名用漢字に追加した。司法判断によって人名用漢字が増えるのは、「穹」「祷」が追加された２００９年(平成２１年)以来のことで、子どもの名前に「巫」の字が使えるようになった。

はしがきで述べたが、ここで「巫〈ｋａｎｎａ・ｇｉ〉」というあまり馴染みのない標題について少しふれたい。

アイヌ語のｋａｎｎａ(カンナ)は何度もという意味の副詞であると『アイヌ語辞典』(田村すず子著)に記されている。何度も何度も塗りを繰り返して完成する漆器、何度も何度も鉇(やりがんな)で削って仕上げた法隆寺の美事な円柱、板金職人が金槌一本で打ち出した新幹線先頭車両の美しい流線型、これらの職人技を目に浮かべると、カンナはアイヌ語と日本語の共通の祖語と想定される縄文語由来の言葉と筆者は考えている。

日本の製造業のレベルを世界一に導いた金型技術は、何度も何度も繰り返す作業のなかから生み出された至宝であり、日本のものづくり精神の根源はひょっとするとこのｋａｎｎａ（カンナ）にあるのではないかと考えてもそれほど的外れではなかろう。

縄文人はｋａｎｎａの精神で根気よく方位測量を繰り返し北極星の方位を定め、行き先を決めていたのではなかろうか。文字を持たなかった縄文人のこの精神を表す何かよい言葉はないかと考えた末にたどりついたのがｋａｎｎａという音声をもつ「巫〈ｋａｎｎａ・ｇｉ〉」であった。

『ブリタニカ国際大百科事典』や小学館の『日本大百科全書（ニッポニカ）』を要約すると、巫《ふ》〈ｗｕ〉は中国のシャーマン。日本の巫女《みこ》に相当する。舞を舞って神をおろし、祈って神意をうかがった。中国では先秦時代からその存在が知られ、漢代になると、女性で神がかりになる者を巫と呼び、男性のそれを覡《げき》と呼ぶようになったとある。

ウィキペディアには「かんなぎ」と言う場合は、特に日本の巫を指すとある。つまり中国語の漢字の「巫」には〈かんなぎ・ｋａｎｎａｇｉ〉という音声はない。

『日本大百科全書（ニッポニカ）』の解説では巫（かんなぎ）の語義は、神和《かむなぎ》の義也と記されている。しかし「神《しん》」も「和《わ》」も漢字であり、何となく作話を感じる。縄文語由来の日本語「かんなぎ」を率直に表現しているとは云えない。

文字を持たなかった国の言葉を他国の文字で言い表すことの困難さに直面する。

筆者の考えでは、当時の有識者らが、日本語を漢字で表す作業の過程で〈ｋａｎｎａｇｉ〉を表現するのに最もふさわしい漢字として「巫」を採用したのであろう。

漢字の原点は象形文字であると言われている。図のように「工」の中に「人」が二人いる。「工」は人間の創造力・技術を表し、その中にいる「人」は創造や工作に携わる人間を表していると考えられる。縄文人は星によって行き先を占っていたわけで、「巫」には「占う人」という意味もある。

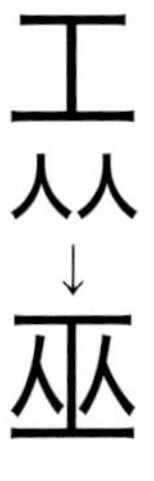


75 工と人

## 命名者は星が移動することも知っていた

多数の星地名を長年にわたって何度も何度も検証して行く過程で、もう一つの発見があった。それは星地名の命名者たちが星の夜間運行を観測していたという驚くべき事実であった。三本線の交点を調べていると、越〈ｋｏｓｉ〉・楠〈ｋｕｓｕ〉・串〈ｋｕｓｉ〉などのつく地名にしばしば遭遇する。これは一体どうしてなのか。

この問題について、重要なヒントを与えて下さった書物が『日本語とアイヌ語』（片山龍峯著）なのだ。〈ｋｕｓ〉はアイヌ語では「通過する」という意味で日本語の越〈ｋｏｓｉ〉と相通じる。つまり一晩中星を眺めていると星は北半球では図76のように右から左へと円周を描くように移動する。

星越〈ｈｏｓｉ・ｋｏｓｉ〉などが一番分かり易い例と思われるが、越〈ｋｏｓｉ〉は時代とともに変化し、〈ｋｏｓｕ〉→〈ｋｏｅｒｕ〉→〈ｇｏｅ〉などと呼ばれるようになったと考えられる。星越〈ｈｏｓｉｇｏｅ〉・細越〈ｈｏｓｏｇｏｅ〉・袴腰〈ｈａｋａｍａ・ｇｏｓｉ〉も一連の用語と考えられる。

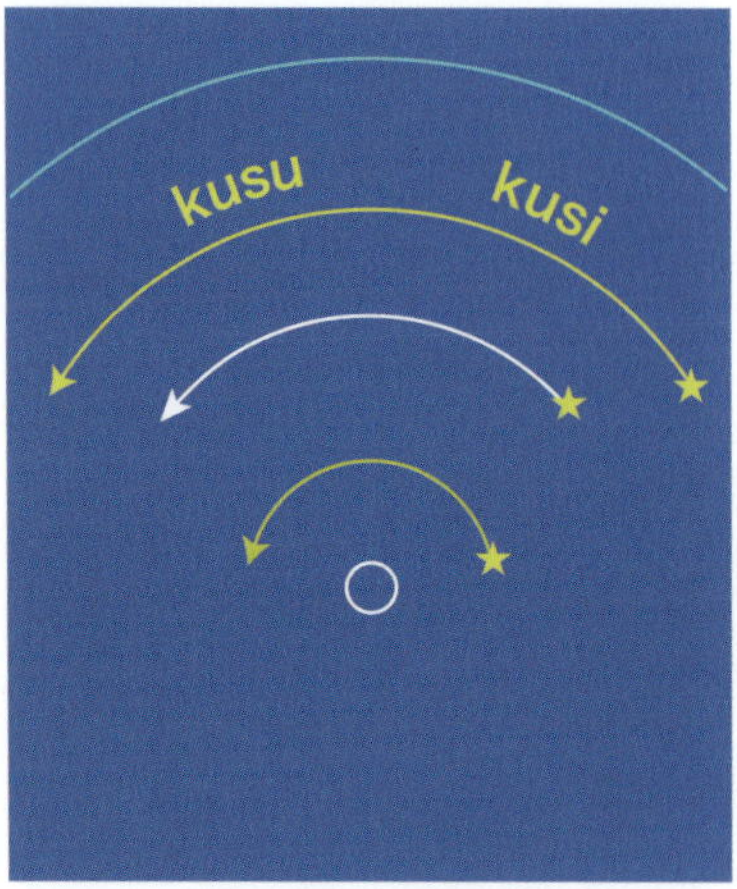


76　夜空の星の運行イラスト

## アテルイとモレ

奥州市水沢地区にある平安時代の城柵の跡・胆沢城跡は、坂上田村麻呂が８０２年（延暦２１年）に胆沢城を築き、１０８３年（永保３年）の後三年の役の頃まで約１５０年にわたり鎮守府として機能したとされている。胆沢城趾の位置は図79に示すように奥州街道筋の星地名に該当した。他に石淵・市野々のほか細野・石持沢・金打・内舘・などの星地名が見られる。８０１年（延暦２０年）征夷大将軍坂上田村麻呂は遠征に成功。『日本紀略』には、８０２年（延暦２１年）４月１５日、大墓公《たものきみ》阿弖利爲（アテルイ）と盤具公《いわぐのきみ》母礼（モレ）が５００余人を率いて降伏したと記されている。田村麻呂は彼らの助命を嘆願したが、京の貴族は反対し、河内国《かわちのくに》で二人を処刑した。

田村麻呂の創建と伝えられる京都の清水寺境内には、平安遷都一二〇〇年を記念して、関西胆江《たんこう》同郷会、アテルイを顕彰する会、水沢市関係者により１９９４年（平成６年）１１月に地域の英雄「アテルイ・モレ顕彰碑」が建立された。向かって右上の〃北天の雄〃がひときわ目をひく。

## 交点の名称ブチブチの発見地奥州市

星地名の原点〃三本線の交点の名称がブチブチと呼ばれ

78　清水寺　アテルイとモレの顕彰碑
向かって右上の北天の雄が目を引く
撮影　川村健一郎

77　胆沢城趾碑
奥州市文化振興財団 奥州市埋蔵文化財調査センター　提供

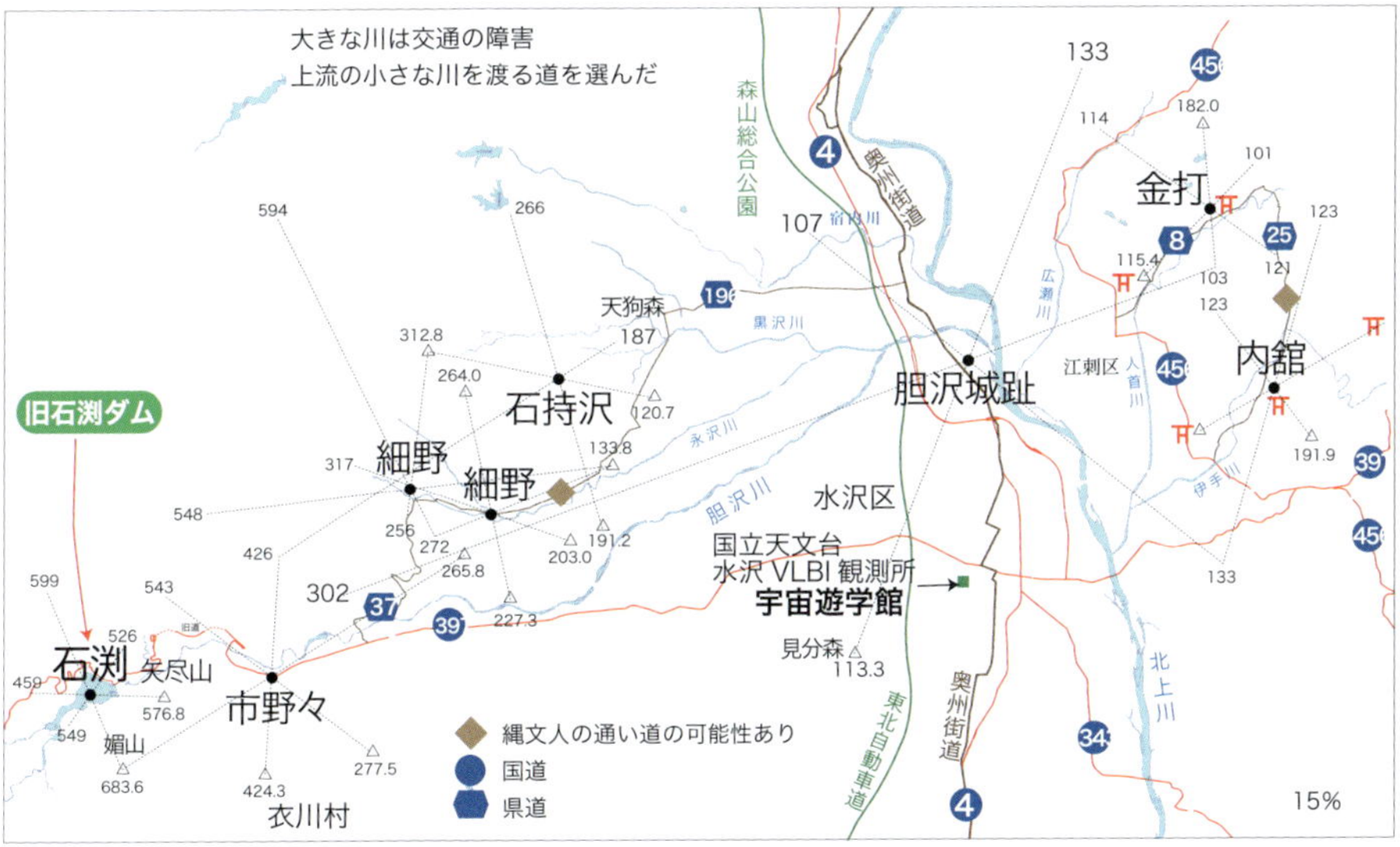


79　石淵ダム・伊沢城趾周辺方位

ていた〃という発想は奥州市の石淵ダムから始まった。図79に示すようにダムの底に三本線の交点がり、まさしく淵〈ｂｕｔｉ〉という音声を残している。しかしよく考えてみると、このことだけではブチが星に繋がらなかったかもしれない。発想のもう一つの誘因はこの奥州市水沢区に存在する国立天文台と言えよう。

## 古代史と天文の結合

天文台といえば星が浮かぶ。三本線の交点→石渕ダム→天文台→縄文の子孫アテルイとモレ、この美事な関連性が〃星＝ブチブチ〃の発想に導いてくれたといえるのではなかろうか。また「第8章」の「星地名の天文学的年代測定」の発想もこの天文台とのふれ合いがなければ生まれなかったかも知れない。〃古代史と天文の結合〃この発想は奥州市の国立天文台から生まれたと言っても過言ではなかろう。

この奥州市には今も日本のものづくり精神が脈打っている。そしてこの躍動は現代も世界に発信し続けている。

はしがきで述べた水沢区に所在する緯度観測所の偉業「初代所長・木村榮《ひさし》博士のZ項の発見」がその一つで、もう一つは、その精神の継承に地域ぐるみで取り組まれた人々の熱意の結晶とも言える「奥州宇宙遊学館」の誕生だ。ここでは遙かな宇宙の鼓動を感じることができる。

ＮＰＯ法人イーハトーブ宇宙実践センター理事長・国立天文台名誉教授・大江昌嗣先生に懇願して緯度観測所の経緯と業績および奥州宇宙遊学館の誕生について、紹介・解説を賜りましたので引用掲載させて戴きたい。

## 緯度観測所の設置と木村のZ項

水沢の緯度観測所は地球の緯度変化現象を観測研究するための機関として設置された。

１８８０年代に発見された極運動（地球回転の乱れの一側面）の解明のため、国際測地学協会は「国際緯度観測事業」を組織し、世界各地の北緯３９度８分上の六ヶ所に観測所を設置。日本では１８９９年（明治３２年）岩手県水沢町（現奥州市）に文部省所轄研究所として臨時緯度観測所を発足。初代所長就任したのが木村榮《ひさし》であった。木村は東京帝国大学の星学科で天文学を学び、特に星を用いて緯度を決定する手法を身に着け、また大学を卒業後も大学院に進学し、震災予防調査会の下で田中館愛橘に学び地磁気測量に従事した。また１８９５年には嘱託として『緯度変化観測方』となり観測を行っていた。

なぜ緯度観測所が水沢に設置されたか。実は１８９５年頃の萬国測地学協会の会議において北半球の中緯度圏だけでなく南半球も含めた１０種類もの案が検討された。その中の候補として日本では、水沢－ユカイア(カリフォルニア州北西部の市)ラインとともに、白川－シシリー島ラインも候補に上がっていた。会議の結果、観測所の大局的な分布が考慮され、水沢－ユカイア－カリアリ(イタリア・サルデーニャ島南部に位置する)のラインが採用された。国際的な観測所の配置や晴天率、地盤の安定性、交通の便などが考慮された結果、平均緯度は北緯39度8分に設定された。

日本では臨時緯度観測所の名称が付けられたが、それは当時、この観測は数年も続ければ十分との考えからであったが、実際はそれでは済まず、極の動きはとても複雑で数年の観測で解明できるものではなかった。また観測が始まって半年経った頃、緯度変化を生じさせる極の動きが捉えられ、それを捉えようとした世界の企画は正しかった訳だったが、得られた観測値が水沢の値が他と違って様子がおかしいことが明らかになった。はじめ、それは日本の観測が未熟なため、日本の天文学がだめだからなど、散々言われた。この責めを負って木村榮は所長を辞めようと決意したとも言われいるが、ある閃きがあり、緯度変化を表す式に第3の項を加えることでこの違いを解消できることを発見した。

それまでは、緯度変化＝xcosλ＋ysinλ(λは経度、xとyは地軸の位置を示す変数)としていた式に、経度に関わらない項としてzを加え、緯度変化＝xcosλ＋ysinλ＋zと直した。

新しい項Zを入れることにより、水沢の観測値だけで

80　緯度観測所初代所長木村榮の胸像と北の星の日周運動

イーハトーブ宇宙実践センター理事長
大江昌嗣　提供

緯度変化＝xcosλ+ysinλ[λは観測所の経度(西経)、xとyは地軸の位置を示す変数]としていた式に経度に関わらない項としてzを加え緯度変化＝xcosλ+ysinλ+zと直した。

81　Z項の数式

はなく、他の観測所の結果も全体によくなることが確かめられた。この不思議なすごい効果を持つ項Zは後に「木村のZ項」と呼ばれるようになった。

木村榮はこの功績で1911年(明治44年)に第一回の学士院恩賜賞を、1936年にイギリス王立天文学会金牌、

82　奥州宇宙遊学館と天の川(左上の明るい星は木星)
イーハトーブ宇宙実践センター理事長 大江昌嗣 提供

1938年(昭和13年)に第1回の文化勲章を受章した。

ただZ項がどんな原因で生じるのか誰も分からなかった。この発見を成し遂げた水沢ではそのｚ項の原因を解明しようと、色々な試みをした。第一に地震観測であった。巨大な地震が誰もまだ分からない方法で地球全体を揺さぶっているかもしれない。日本は地震国でもあり、早速、当時最新鋭の機械を設置して観測を開始した。また星の観測に対する地球大気の影響も無視できないかも知れないので、地上の温度、湿度、気圧、風など、気象台とほぼ同様の観測を開始し、臨時で始まった緯度観測が世界の期待もあり、次のステップへと向かうことになった。

1920年になると地上の風だけではく、上空の風の観測が始まった。気球を飛ばし地上の二点から追跡した。これは高さ5㎞ほどまで追跡する日本初の観測であった。

1921年には臨時が取れて名称が緯度観測所となり、翌年から1936年まで「国際緯度観測事業」の中央局の担当が水沢になったことでもあり、その後も、世界にない観測が進められている。1929年から1944年の石本式傾斜計による月太陽による鉛直線の傾きの変化の観測、また後に日食観測による地球・月系の運動の追跡なども行われた。

木村さんの後を継いだスタッフたちも新しい工夫に取り組んだ。極運動の解明のために経度変化の観測も可能な写

83　秋から冬への星座(奥州市にて)

イーハトーブ宇宙実践センター理事長　大江昌嗣　提供

真天頂筒やアストロラーベを導入、また重力計、伸縮計、歪計などの地球物理学的観測を実施し、z項をはじめ極運動そのものの原因、また地球の各部分の運動を解明するなど、近代の天文地球科学において大きな役割を果たした。

## 緯度観測所から国立天文台へ

緯度観測所は１９８８年(昭和６３年)に東京天文台、そして名古屋の空電研究所とともに国立天文台となり、その中の地球回転研究系を構成し、現在は国立天文台水沢ＶＬＢＩ観測所となった。また、旧緯度観測所の本館は、奥州市の科学交流館「奥州宇宙遊学館」として保存・改修され、天文宇宙の学習や地域の科学の歩みと緯度観測所の歴史や宮沢賢治との関わり等の展示に使用されている。

国立天文台水沢ＶＬＢＩ観測所では、緯度観測研究を受け継ぎ発展させ、私たちの銀河の地図作りを進めると共に、電波星の運動の精密測定を求め、そのデータから銀河の中のダークマターの存在の検証に成功している。また後に述べるＲＩＳＥ実験室からは、わが国初の月探計画へ参加、月周回衛星「かぐや」等を用いた月の裏側を含む地形解析や内部状態の解明に大きな成果をあげた。

最近では、国内の小惑星探査計画の探査機「はやぶさ」での計測で小惑星内部の密度の探査など、先進的な取り組みを続けている。このように複数のプロジェクトを抱える水沢キャンパス内には本館・実験棟、VERAプロジェクトの20mや10m電波望遠鏡および観測棟、前身となる緯度観測所時代からの「旧眼視天頂儀室」や「木村記念館」などが点在している。また、次に述べる奥州市の学習交流館「奥州宇宙遊学館」もその構内にある。

　現在国立天文台が木村榮記念館としている建物は1899(明治32年)に臨時緯度観測所の庁舎として建築された。その後、1966年(昭和41年)現庁舎が新築された際に現在の位置に移転し、旧緯度観測所初代所長の木村榮の業績を顕彰するため「木村榮記念館」として今日に至ってる。

## 木村榮記念館

　木村榮(1870—1943)、石川県石川郡野村字泉野(現在の金沢市)篠木《ささき》家に誕生し、金沢市櫻畠木村民衛の養子となり、やがて、一八九二年帝国大学理科大学星学科を卒業した後、震災予防調査会の嘱託で東京天文台の緯度変化の観測(一八九五—一八九七年)に従事、一八九八年ドイツのシュトゥットガルトで開かれた第12回万国測地学総会に、田中館愛橘に伴われて出席、ポツダムの中央局で、観測する恒星の選定に関わる中央局役員になり、そのまま留学生となった。翌1899年に帰朝し、水沢(岩手県)の臨時緯度観測所所長として着任。以後、約42年間にわたって地球の極運動の研究を行い、その学問的な基礎を築いた。

　木村榮記念館は、木村さんの生い立ちと緯度観測所での研究、またこの地域との関わり等が見られるように配置してる。

## 奥州宇宙遊学館

臨時緯度観測所が緯度観測所となった年、1921年(大正10年)、新たな研究棟が緯度観測所に建設された。緯度観測所本館と呼ばれ、1970年頃まで中心的な研究棟として、何度か世界の緯度観測の中央局の役割も果たした。

　ここで木村榮博士がZ項の解明に取り組んでいた時代、宮沢賢治は何度か訪れ、その記録を作品に書きとどめている。童話集『風野又三郎』(『風の又三郎』の前作)であり『銀河鉄道の夜』や『宮澤賢治詩集』春と修羅二の「晴天恣意」などに、賢治がいかに緯度観測所を愛し、先端的な科学を学ぼうとしたかが読み取れる。作品の構想やその描写に、その観測研究の影響が大きく残されているのは驚くべきことである。

　この本館も初期の目的が達せられ、老朽化が進み、主要部分を残し解体する計画がもちあがった。その計画が実行されつつある時、この本館を保存しようとの市民活動が起こり、１００年の観測研究の歩みとその賢治作品の関わり等を学習する会館として活用しようとの合唱が始まった。

　奥州市が国立天文台から本館を譲り受け、解体し、しっかり補強した上で「奥州宇宙遊学館」と命名し、発足したのは２００８年４月のこと。奥州宇宙遊学館は今年で満七歳を迎える。全国の賢治愛好家や大正時代の名建築の保存関係の方々からも多くの支援が寄せられた。先に述べたように、「奥州宇宙遊学館」は地域の科学の歩みと緯度観測所の歴史、また宮沢賢治作品の関わりなどが学べる学習施設であることを目指してる。

　奥州宇宙遊学館は国立天文台の中にあり、天文台の歴史的な天文機器、また天文台・ＪＡＸＡ(宇宙航空研究開発機構)の協力の下に現在の装置も見学でき、さらに現在までの成果を紹介している。宇宙遊学館は名前の通り、子どもや高齢者はもちろん、一般の方々に遊びながら天文や宇宙について学べる展示と工夫をしている。おじいちゃんやおばあちゃんに連れられた子どもたちが、セミナー室で望遠鏡を自分で作り、星や月を覗いて驚き、館内は歓声に満ちている。天気の良いときは広場で、幼稚園・保育園の子どもたちと先生の笑い声が聞こえてくる。

　またここでは小中学校の先生たちの天文理科研修会の開催や高校生の観測実習、インターンシップの学生の受け入れ、また県内各地へのサイエンスリーダーの派遣事業などにも取り組んでいる。奥州市から会館の管理を依頼され、その任に当たってきたＮＰＯイーハトーブ宇宙実践センターは、多くの皆様から絶大なご協力をいただき、また国立天文台の絶大な支援をいただいている。

　会を代表して感謝の意を表します。

　２０１５年２月２２日記
　ＮＰＯ法人イーハトーブ宇宙実践センター理事長
　国立天文台名誉教授　大江昌嗣

　奥州宇宙遊学館　☎・FAX ０１９７―２４―２０２０
　受付は奥州宇宙遊学館窓口へお寄りください。(パンフレットをお渡ししています。)
【受付時間】　午前9時から午後5時まで
【休館日】　火曜日(祝日の場合は翌日)と12月29日から1月3日まで(以上は大江昌嗣先生の解説より引用)

「〝日本の観測が未熟・日本の天文学がだめ〟という世界の評価を、執拗に調査を重ね、Ｚ項の発見により美事に覆《くつがえ》した」これまさに巫の精神のなせる業といえよう。

# 第7章　星地名の条件

「第6章」では「三本線の謎」に迫り、三本線が一点に交わる現象は、これを考え出した人びとの道に迷わないための方法であり、交点を星ゆかりの名称で呼んでいたことから交点の名称を総称して「星地名」と呼ぶことにした。交点の正確さを考えると、この方法は長い年月をかけ試行錯誤を何度も何度もくりかえして完成されたものと考えられた。本章では交点の名称や地形や隣あった交点との関係などについて、共通点や類似性を検証し、どのような条件が揃えば星地名と判断してよいかを考えたい。

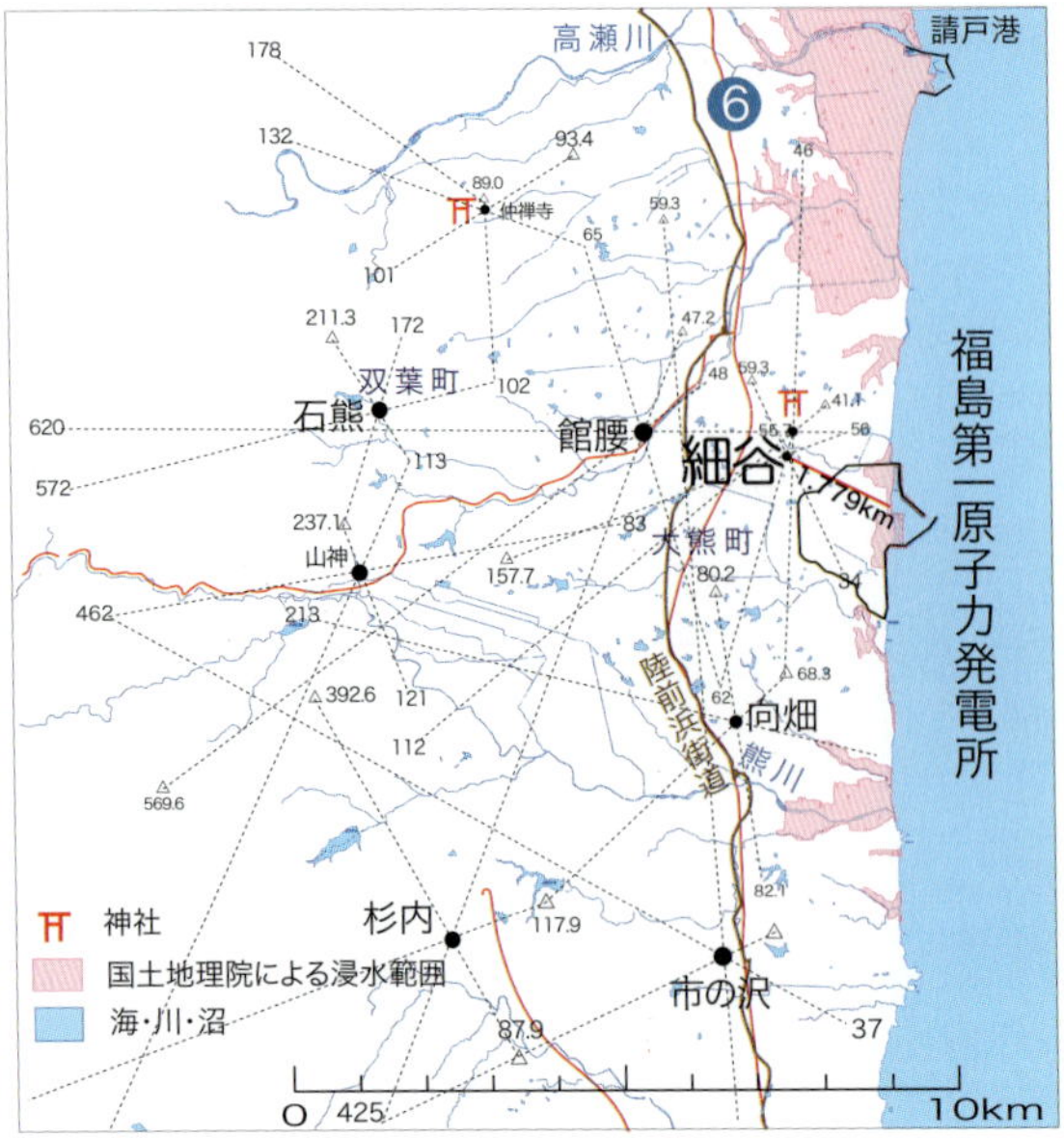


84　福島県大熊町の細谷

## 大熊町の細谷

細〈ｈｏｓｏ〉は星、谷〈ｙａ〉は平坦な大地を意味していることは既に述べたが、図84の福島県大熊町の細谷も平坦地で、福島第一原子力発電所から約１・７７９ｋｍ離れた地点に位置し、この地点は浸水は全くなく、地震による建物の損壊も殆ど受けなかった。

## 気仙沼市の岩月星谷

図85の気仙沼市の岩月星谷は星地名に該当し、３・１１の津波による浸水を免れた。岩月星谷は平坦地で谷はない。星谷は上貝塚の近くに位置し、縄文の香りを強く漂わせている。

# 日本語とアイヌ語

図85に只越や越路がみられるが、越〈ｋｏｓｉ〉という音声が共通して存在している。

『日本語とアイヌ語』の著者・片山龍峯氏は〃アイヌ語は日本語の共通の祖語「縄文語」から派生したが、二千数百年

85　宮城県気仙沼市の岩月星谷

ほど前の弥生時代になると朝鮮半島経由で入ってきた稲作や金属器をもたらした人びとの言語の影響を受けて、変化をとげたものだと考える。〃と述べられている。

漢字の伝来が二世紀頃にまで遡るとして、日本で本格的に地名を扱った最初の文献は風土記(713年・和銅6年)とされているが、東北の地名が文字化されたのはさらに後のことと考えられる。

お役人が「ここは何という処か」と住民に尋ねて、音声に忠実に万葉仮名のように当て字で表したと考えられる。したがって地名に漢字の意味はない。

星谷と細谷は〈ｈｏｓｉ〉と〈ｈｏｓｏ〉のように音声に微かな相違があるものの、対応の一致から地名の意味は同じと考えられ、どちらも出発点は〈ｂｕｔｉ〉・〈ｂｕｔｕ〉と考えられる。

『青森県遺跡地図』(青森県教育委員会発行編集)を参照すると、青森県の遺跡周辺の星地名では、ほとんど全ての交点が縄文遺跡の位置と一致していた。また交点近くに神社がよく見られるが、これは縄文人が大切にしていた場所(中心点S)に建てられた目標(石や柱)が、やがて祠となり、後に神社になった可能性を示唆するものであろう。

この辺で、三本線の交点・星地名について要点をまとめておきたい。これまでに図示された点線は、この道案内の様式を考えついた人々の視線を地図上に再現したものに他

ならない。

視線は土器、石器、遺構のような物証ではないが、およそ5000年前から地図が作成される迄の長い期間にわたって道案内として眺められてきたもので、多数の星地名に共通する条件を明確に再現することによって、目に見えないものでも科学的に考察が可能になると確信している。

## 星地名の条件

①星地名はオリジナルな名称で、縄文人の道案内の視線をコンピュータで再現したものである。

②三対の目標となる山や丘を結ぶ三本の直線が一点に交わる。交点の広さは直径約50～100メートルの円形に該当。直線は視線を図示したものである。

③二つの交点が共通する目標で連携する。

④連携する交点の両者もしくはどちらかが星に関連する音声で呼ばれる。

⑤交点にはしばしば縄文遺跡や神社がある。

⑥天文学的年代測定により星地名の誕生は縄文時代中期～後期に該当する。

⑦星地名が交点の範囲を超えて川・湾・市町村の名称に流用された場合は除外する。

⑧星地名を漢字の意味で解釈すると誤解が生じることが多い。音声を重視して解釈しなければならない。

⑨数値地図で縄文人の道案内の視線を再現する方式を縄文方位測量と呼ぶ。

【補足】縄文時代から現代まで存続する星地名地点は比較的災害の少ない地点と考えられる。

しかし地形を人工的に変えるような工事「山を削る・地面の高さ(標高)を変える・川の流れを変えたり新たな水路を造る・道路工事のために山の斜面を剥ぎ取る・水流や谷を埋める宅地造成・上流の森林伐採や開発」などを行うと安全性が損なわれることが生じ得るので工事に際しては厳重な検証と熟慮を要する。

これらの星地名の条件9項目は、縄文時代の道案内上の交点の位置を決定する際に必要な条件と考えられる

## よく似ている星・細と押・遅の対応

星〈ｈｏｓｉ〉のつく地名と細〈ｈｏｓｏ〉のつく地名には極めて正確な対応がみられた。星山に対して細山があり、星野に対して細野がある。この対応の仕様は普通ではない。しかもこれらの地名は星越を除くと他は全てが山や川などのランドスケープ(景観)を現している。「何か歴史の謎を解明するヒントが隠されてはいないか」という推理が湧いてきても不思議ではない。

また越は腰(コシ)〈ｋｏｓｉ〉、櫛・串(クシ)〈ｋｕｓｉ〉、楠(クス)〈ｋｕｓｕ〉、つまり星が「越える」「通る」「渡る」の意味と考えられ、星地名の命名者は夜空の星が運行するのを知っていたことになる。

押・遅の対応も発音(音声)の面から、押や遅が星を表していることが分かる。

また打越、乙越、牛越、市ヶ谷などの「打(内)乙(音)・牛・市」や程野、保土沢、保土ヶ谷の「程・保土」も星地名の条件を備えている地名が多くみられることから、「打(内)・乙(音)・牛・市・一・程・保土・保津」も星や細と関連性のある音声を含んでいると考えられた。

星・細 と 押・遅 の対応

| | | | |
|---|---|---|---|
| 星山 | 細山 | 押山 | 遅山 |
| 星川 | 細川 | 押川 | 遅川 |
| 星野 | 細野 | 押野 | 遅野 |
| 星沢 | 細沢 | 押沢 | 遅沢 |
| 星谷 | 細谷 | 押谷 | 遅谷 |
| 星田 | 細田 | 押田 | 遅田 |
| 星越 | 細越 | 押越 | 遅越 |

星地名 と 細地名　押地名 と 遅地名

hosiyama ⇒ osiyama

86　星細と押遅

## 横浜市の二つの打越

次頁の図88は横浜市周辺の縄文方位測量図で横浜市都筑《つづき》区と横浜市中区にそれぞれ打越という星地名がみられる。どちらも打越〈ｕｔｕｋｏｓｉ〉と読むのかと思うと実はそうではない。都筑区北山田6丁目52のバス停「打越」のよみがなは「おっこし」と表示されている。

なにかの間違いかと思って、辺りを見まわすと、信号灯の上にある標識にも〈ｏｋｋｏｓｉ〉と記されているので打越＝乙越という音声変化を残している。

地名を思いつきで簡単に変えてしまう昨今、よみがなをつけての温存は歴史研究にとって大変ありがたいことである。図88のなかには保土ヶ谷、程ヶ谷、市沢、塚越などの星地名が残されている。宅地造成など開発のめざましい大都市では縄文人が目標にしていた山や丘などはほとんど消滅を免れない今日、不完全とはいえ、横浜市で縄文方位測量をいくらかでも検証できたのは幸運という他はない。

なお、打越は図91の「青森県三沢市細谷」にみられる青森県上北郡東北町の乙越〈ｏｔｕｋｏｓｉ〉に該当し星地名である。

| | |
|---|---|
| 打 越 | 乙 越 |
| 保土ヶ谷 | 程ヶ谷 |
| 保土沢 | 程 野 |
| 市 沢 | 石 沢 |

87　にている音声

横浜市中区の打越は(うちこし)で、後

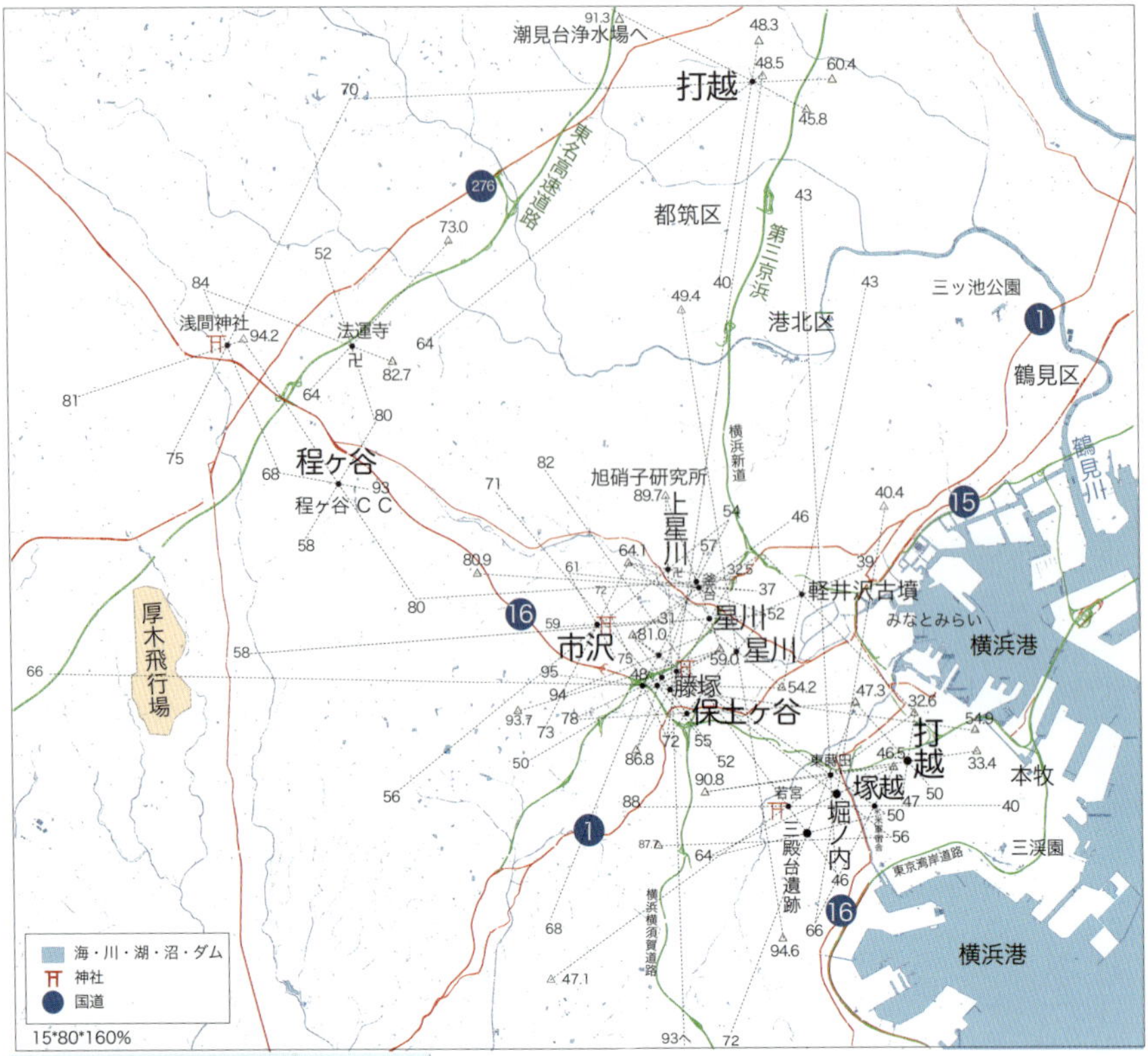


88 横浜市周辺の星地名

述する福島県伊達郡桑折町成田打越の打越は(うちごし)、福島県伊達市月舘町糠田字内越の内越も(うちごし)と発音されている。

図88の保土ヶ谷・程ヶ谷もよくみられる対応で、どちらも〈hodo〉→〈hoso〉で、〈hosi〉を表している。また保土ヶ谷近くに星川や市沢もみられ、開発の進んだ地域にしては、よく星地名が遺されている。横浜市で見られた保土ヶ谷は東北町では保土沢としてみられる。地理的にこれほど離れていても、極めて類似している星地名がよくも存在するものだと驚かされる。

打越ひとつを例にしても、縄文人が名づ

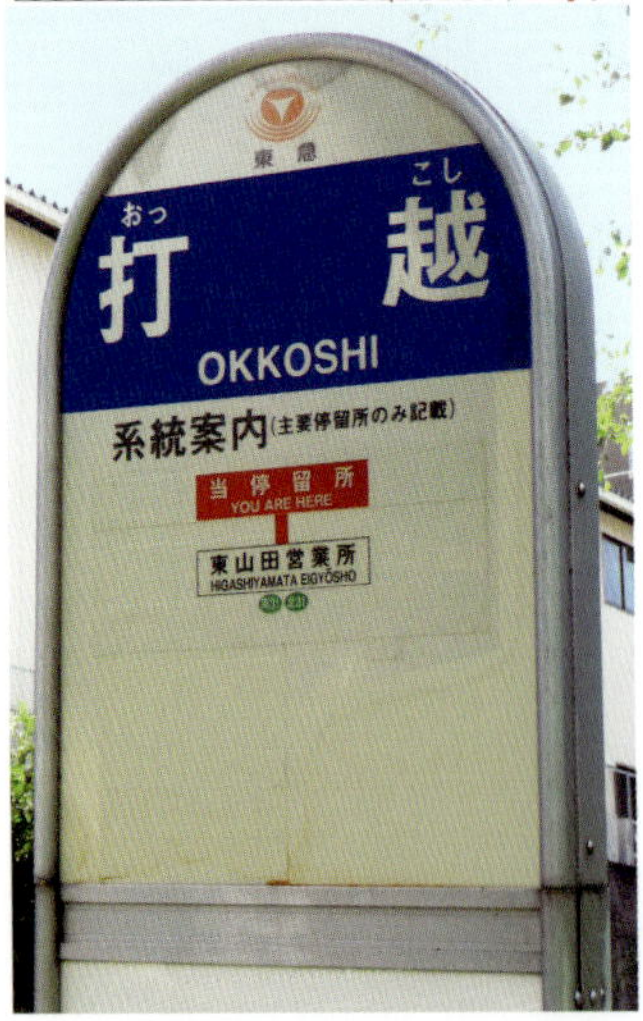


89 バス停打越　撮影 宮川由美

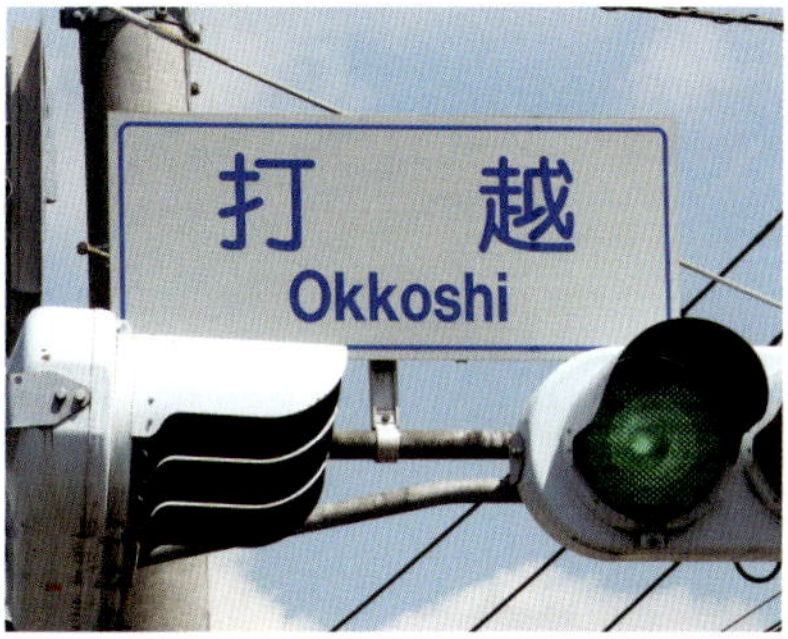


90　標識打越　　撮影　宮川由美

けた星地名が、数千年の間に、様々な音声変化を経過し、漢字伝来により地名を漢字で表す作業を行う頃には、先人が名づけた星との繋がりをほとんど忘れ去り、なかには全く星とはかけ離れた逸話が誕生したりして、地名の意味が益々その本意を失ってしまうのは、誠に残念だ。

## 星地名用語の推移

図87の「にている音声」に示したように市沢と石沢ついても〈iti〉・〈isi〉のように音声の類似的な変化を示しているものが多くみられる。

次頁の図92と図93に〈buti〉から始まり星に至るまでの推移を示した。なお巻末にもう少し詳しく推移と星地名用語例を示したので参照ください。

星地名の発掘はまだ日本列島全土を網羅していないので未知の星地名も存在しよう。表示したのは全て三本線の交点につけられた名称であり、よくよく見ていただくと興味ぶかい共通点がみられることにお気づきいただけよう。

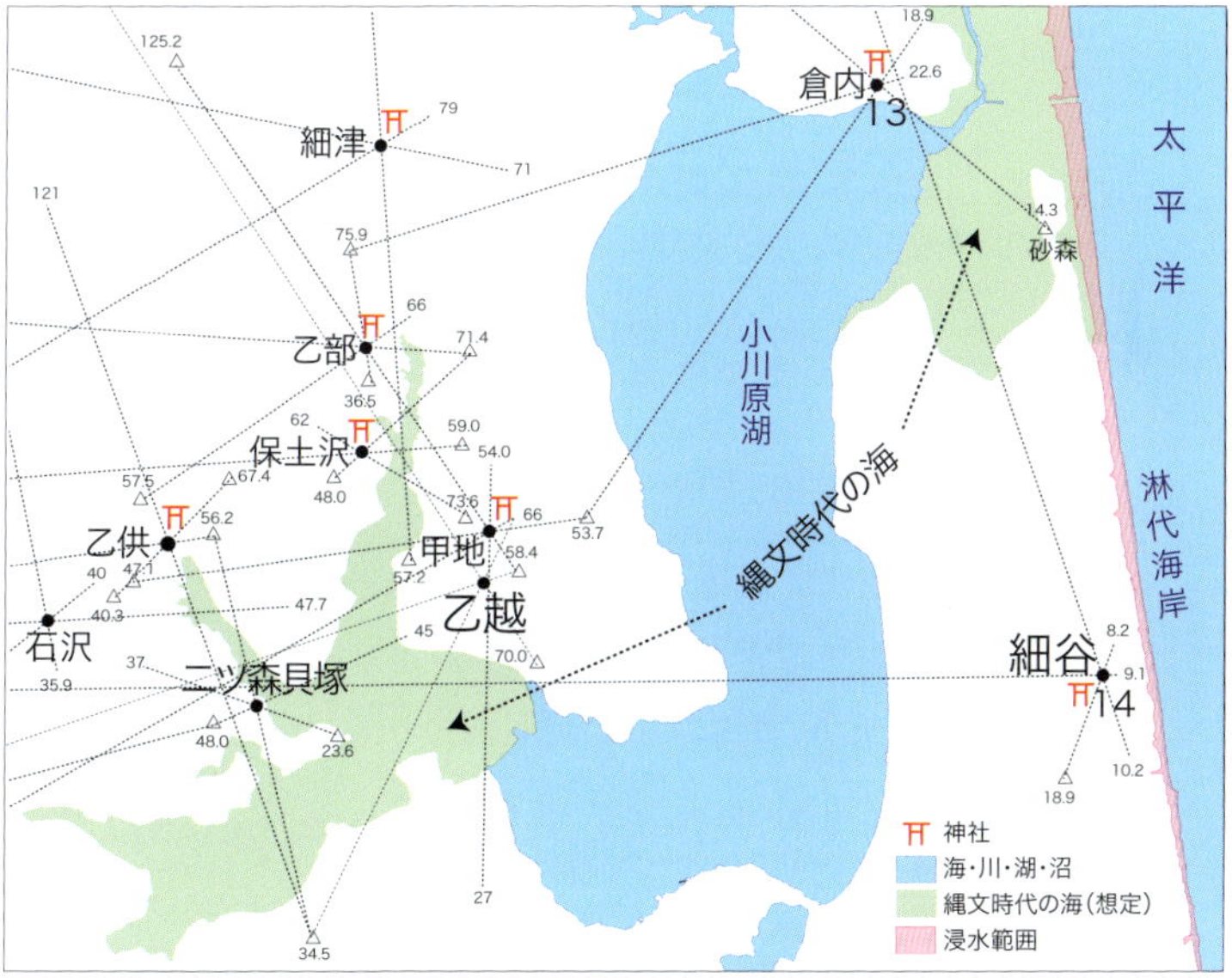


91　青森県三沢市の細谷と東北町の乙越

| 縄文時代 | buti（ブチ）・butu（ブツ）・potu（ポツ）から星への変化 |
|---|---|
| buti（ブチ） | 芦渕、今渕、稲渕、尾駮、押淵、魚淵、貝渕、櫛渕、熊渕、高渕、小渕、花渕浜、細淵、円渕、柳淵 |
| husi（フシ） | 伏越、伏拝、伏山、赤伏、馬伏、鬼伏、鉢伏、室伏、藤木、藤倉、藤畑、藤原 |
| uti（ウチ） | 打石、内越、打越、内宿、内田、打田、打当、内野、打ノ目、内山、内真部、大内、大原内、金打坊、川内、河内、木内、倉内、五郷内、尻内、竹内、浪打、火打谷、古内、真打、横内 |
| usi（ウシ） | 牛奥、牛飼、牛鍵、牛来、牛句、牛久保、牛越、牛込、牛滝、牛妻、牛沼、牛巻、野牛 |
| iti（イチ） | 一合、一王子、市尾、市川、一色、一の坂、市ノ渡、一ノ渡、今市、売市、金田一、喜良市 |
| isi（イシ） | 石居、石生、石神、石塚、石野、石文、石沢、石坂、石崎、石峠、石畑、石橋、石渡、石仏、石持、石見、石山、猪石、大石、髭石、黒石、鏡石、亀石、白石、立石、宅石、続石、船石、保知石、横石、箱石、鳴石、両石、轆轤石 |
| butu（ブツ）hutu（フツ）<br>huta（フタ） | 道仏、布津、二日町、吹越、二見、二ッ石、二ッ森、二子、二ッ橋、二荒山、二渡、双葉台、二又 |
| potu（ポツ）hotu（ホツ）<br>hodo（ホド）hudo（フド） | 岩保木《いわぽっき》、堀田、保津、払田、法田、法領、程熊、保土沢、程野、保戸野、夫雑原《ぶどうはら》、武道坂、葡萄峯、古戸野、大堂原（う・ふどう） |
| musi（ムシ）mati（マチ）<br>moti（モチ） | 虫内、浅虫、穴虫、唐虫、町原、町村、町屋、持尾、餅木、持田、餅田、持方、持領、飯持、蔵持、力持、長持、尾持沢、諸持 |
| huku（フク） | 吹越、福田、東福田 |
| otu（オツ） | 越智、乙市、乙越、乙茂、乙供、乙部、八乙女、沢乙、落合乙、音部 |
| ori（オリ） | 月居山《つきおり》、桑折《こおり》、折笠、織笠、折壁、折木、折越、折立、折戸、折渡、折浜、合居、岩折、酒折、肘折 |
| hosi（ホシ）hoso（ホソ）<br>osi（オシ） oso（オソ） | 星野、細野、星谷、細谷、星川、細川、星越、細越、星山、細山押切、忍草、押館、押田内、押茂、押釜、押切、押野、押垣外、押越、押館、水押、遅沢 |

92　星地名用語の推移　2016年(平成28)年4月更新

| buti(ブチ)・butu(ブツ)・kusu(クス)から星・細・越への音声変化 | |
|---|---|
| hata(ハタ)hato(ハト)<br>hati(ハチ)hatu(ハツ)<br>hotti(ホッチ)hotu(ホツ) | 旗沢、旗鉾、大畑、桑畑、田端、田尻畑、向畑、箒畑、平畑、鳩原、八田、八斗沢、八森、石鉢、八王子、鉢石、鉢伏、蜂伏、発地、初瀬、長谷、初神、初田、初原、大初平 |
| hari(ハリ)hare(ハレ)<br>bari(バリ) | 張野、針町、針山、張山、晴山、荒張、今治、岩瀬張、尾張沢、風張、新治、出張、名張、名振、安張 |
| hori(ホリ) | 堀切、堀口、堀越、堀野 |
| hasi(ハシ) | 橋方、箸中、橋ノ川、橋間、市橋、板橋、船橋、八木橋 |
| kore(コレ) | 是川、是清、伊治 |
| katti(カッチ)katu(カツ) | 甲地、甲子、勝浦、勝地、勝見、勝山 |
| kusu(クス)kusi(クシ) | 楠、楠井、楠梨、楠見、楠谷、楠部、櫛田、串橋、櫛引、串本、櫛羅、伊串、五串、 |
| kuzu(クズ)kuzi(クジ)<br>kutu(クツ)kotu(コツ) | 葛尾、葛岡、葛ヶ沢、葛原、葛巻、大葛、久慈、轡、沓掛、小槌 |
| asuka(アスカ)akka(アッカ)<br>aka(アカ)ake(アケ) | 飛鳥、安家、阿光坊、赤石、明石、赤岩、赤牛、赤木、赤柴、赤須、赤泊、赤沼、赤畑、赤羽根、赤平、赤保内、赤前、赤部、明ヶ谷 |
| asa(アサ) asi(アシ)<br>aso(アソ) | 旭町、浅井、淺水、鷲足沢、葦毛、芦沢、芦ノ牧、大芦、浅瀬石<br>阿蔵平、阿曽 |
| ise(イセ〜イス) iso(イソ) | 伊勢、伊勢堂、五十鈴川、平磯、磯浜、磯原 |
| hosi(ホシ)hisi(ヒシ) | 星糞、星越、星野、星山、星川、星谷、法師岡、法師倉、法師浜、法師渕、築法師、星宮、菱倉、菱沼 |
| hoso(ホソ) | 細浦、細尾、細木、細草、細倉、細越、細野、細田、細内、細原、細谷、細屋、 |
| kosi(コシ) | 越、古志、越河、越路、越戸、腰細、腰巻、腰廻、越水、越部、石越、腕越、王越、鬼越、風越、北ノ越、毛越、駒越、砂越、塩越、汐越、只越、舘越、館ノ腰、館野越、照越、十腰内、鳥越、藤越、藤の腰、船越、馬越、森越、森腰 |

93　星地名用語の推移　2015年(平成27)年4月更新

# 第8章　星地名の天文学的年代測定

## 鹿角市大湯環状列石周辺の方位測量図

　図95に秋田県鹿角市の大湯環状列石周辺の方位図を示した。大湯環状列石（万座・野中堂）の近くにあるピラミッド形の黒又山（標高281m）は地元ではクロマンタと呼ばれていて、多くの研究者によって様々な角度から調査研究がなされて来た。筆者も登ったが頂上には小さな神社の社殿が祀られている。

94　大湯環状列石近くの黒又山
筆者撮影

## こだわりの二本線

　この大湯環状列石の周辺で行われた三本線が一点に交わる方位図を眺めていると不思議なことに気がつく。

　これまで三本線は様々な方向をむいているのが通常であったが、図95のなかには全く同じ方向を示す点線が二本も存在している。これは何を意味しているのか。

　この点線が視線だとすれば、大湯の人々は同じ方角を眺めていたことになる。なにを眺めていたのであろうか。

　他の視線が交点の位置を定める役割をしているのに比べこの二本線は特別の意味を持っているのではないか。

　向かって左側の視線は標高601・4mの山から、次に神社を伴った長野という交点を経由し、さらにピラミッド型の黒又山の頂上を通り標高545・9mの三角点をもつ黒森山に至る。

　不思議なことに、黒又山山頂の鳥居は左右の鳥居を結ぶ一直線上に位置している。右側の線は702・8mの山から、これもまた神社を伴った上台という交点を通り、さらにもう一つ神社を伴った根市という星地名を通り、標高312mの目標の山に至る。

この配置図をみると、現代の測量機を使用しても、このように山々と●を正確に組み合わせて、しかも同じ方角に合わせて配置することは容易ではなかろう。彼らはもちろん目視でこんな配置を行っていた。これはただ事ではない。

**【大湯の人々がこだわりの眼差しで眺めたのは何か】**

二本の方位線が極めて正確に同じ方向を向いていることから、考えられるのは「めじるし星」ではないか。

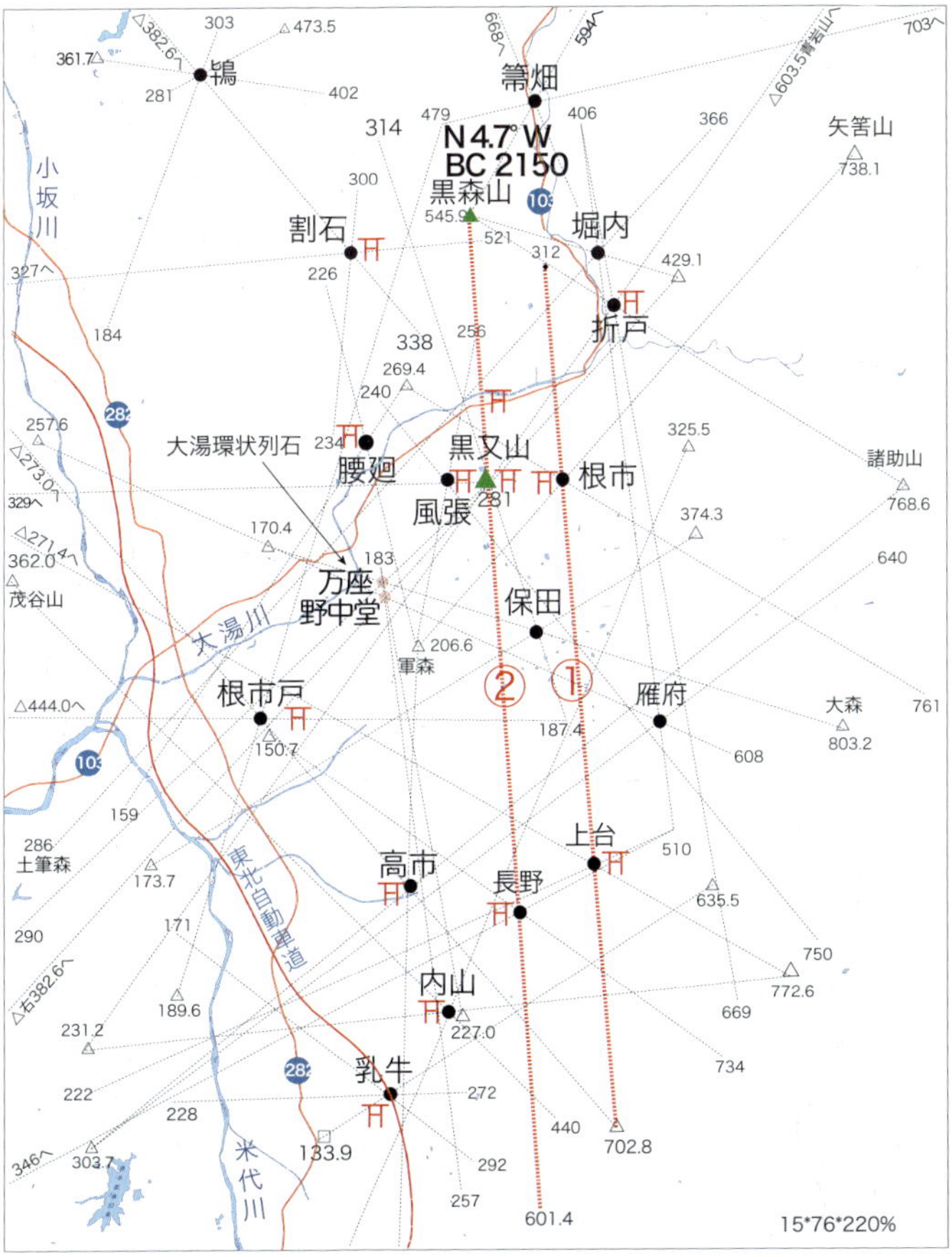


95　大湯環状列石周辺の方位

## めじるし星

めじるし星は北半球では、今でこそ北極星と呼ばれているが、北極星は漢字であって、文字のなかった時代には当然こんな呼び名はなかった。

「第6章」で越は星の移動を表していると述べたが、北半球では星は一晩中眺めていると図96のように反時計方向に廻っているように見える。最も動きの少ない星・めじるし星はどれか。

## 移りゆく北極星・縄文時代のめじるし星は？

『星空のはなし―天文学への招待』(河原郁夫著)によると、今から5、000年ほど前には天の北極は「りゅう座のα星」付近にあったと記されている。

地球の自転軸はコマの軸が首を振るように歳差運動をする(図97)。自転軸は長い年月をかけて移動し、それに伴って天の北極も移動する(図98)。北極星は5000年前はりゅう座のα星、現代はこぐま座のポラリスになっている。

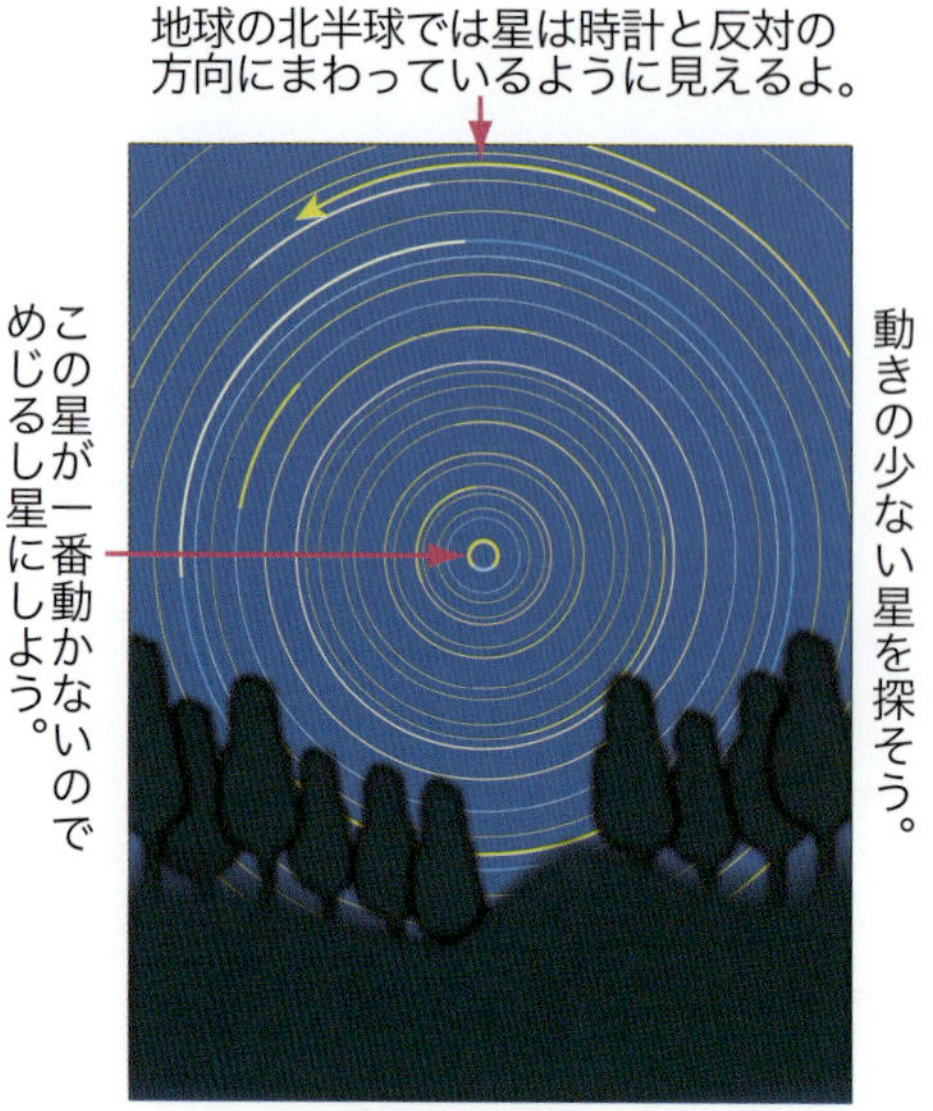


96　夜空の星の運行イラスト

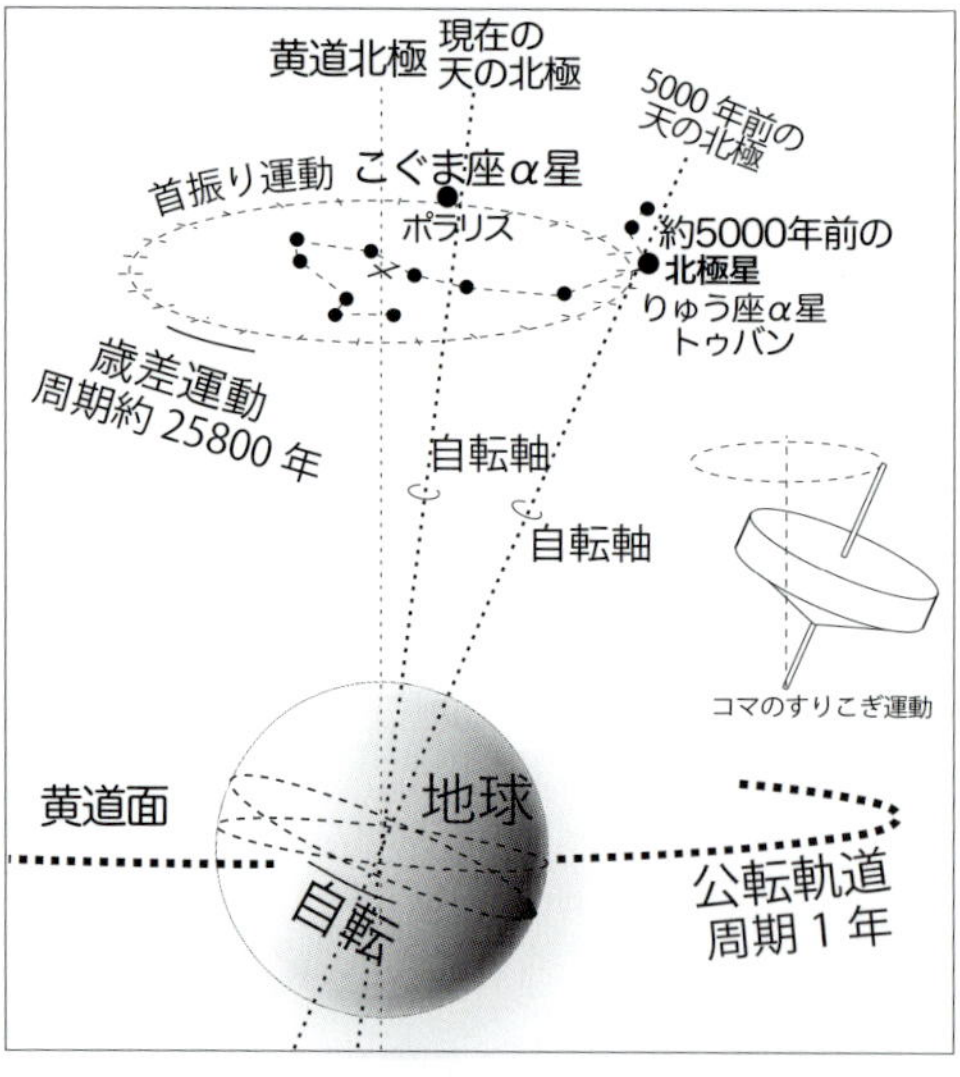


97　歳差運動と移りゆく北極星

地球の自転軸はコマの首振り運動のように動く。
地球の自転軸が約25800年周期で回転
することを歳差運動という。
これにより天の北極に近い北極星は移り変わる。

星地名の地点には、しばしば縄文遺跡が見られることから、縄文時代のめじるし星がりゅう座のα星があったと仮定しよう。

図99のようによく晴れた夜に徹夜で観測したとして、めじるし星（北極星）が見え始めてから夜明けとともに消えるまでの間、彼らは経験的にめじるし星である北極星も移動するのを知っていたと考えなければならない。つまり観測地点からみて移動の比較的少ないR1（A）またはR2（B）の位置で北極星の方位を決めることが実用的であったに違いない。鹿角のこだわりの二本線が天の北極から西に4・7度ずれているので、観測位置はR2、観測時刻は日の出前60～90分に行われたと考えられる。

【めじるし星が北4・7度西の方位を示したのは何時か。】

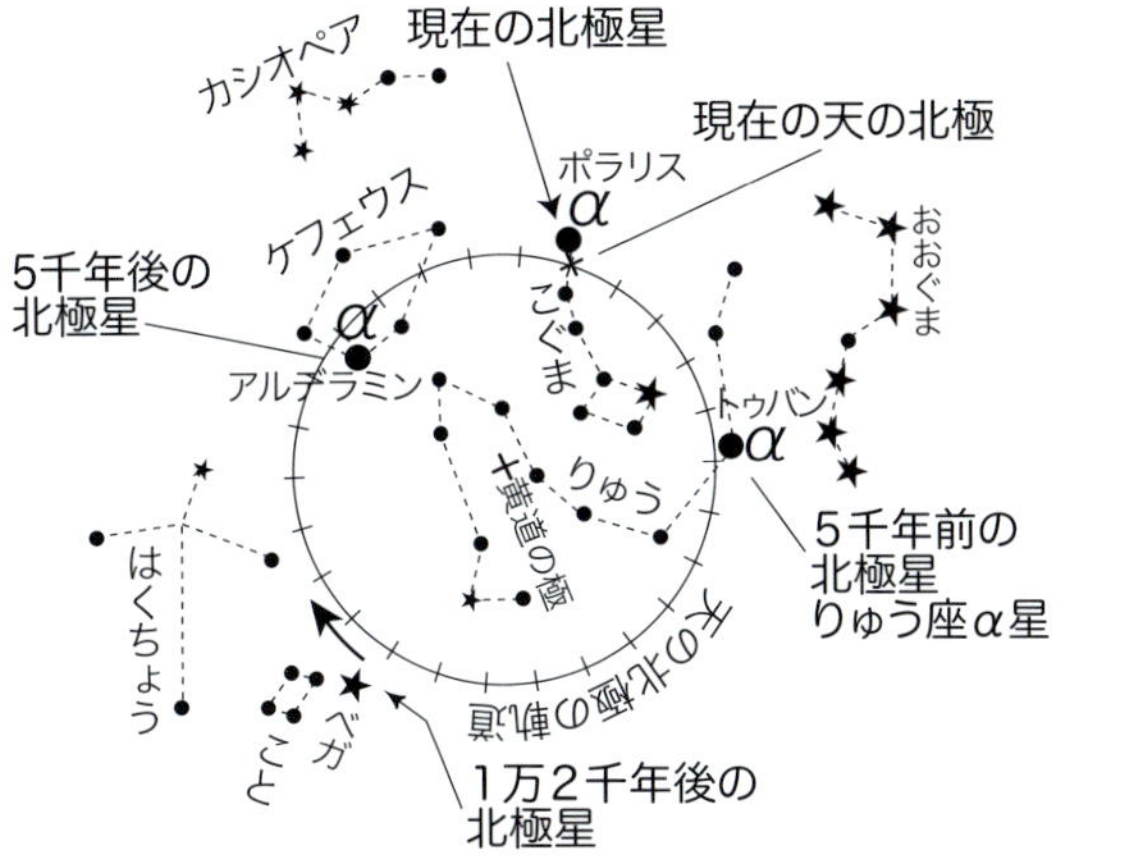


天の北極の移動と移り変わる北極星
（1目盛＝1千年）

歳差運動とは、自転している物体 ( 例えばコマ ) の回転軸が円を描くようにすりこぎ運動をすることである。
地球の回転軸のズレ ( 歳差 ) は 1 年に約 50.23 秒ずつ右に回転するので、一回りするのに要する時間は、
360 度 ×60 分 ×60 秒 ÷50.23 秒＝25800 年 となる。

98　移りゆく北極星

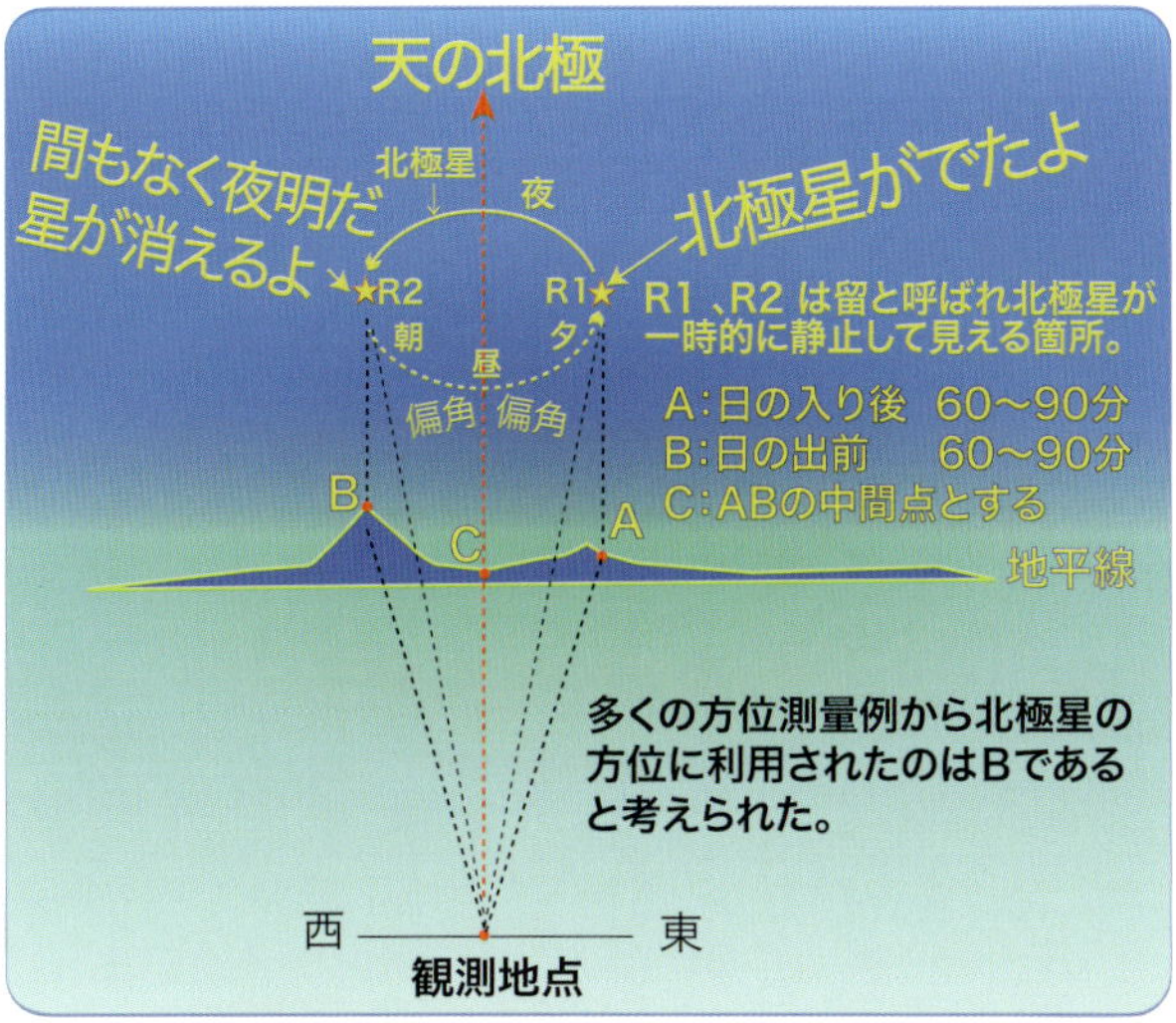


99　観測地点と北極星の方位 A・B・C の関係
黒又山周辺の方位測量では B が用いられたと
考えられる。

アストロアーツ社のステラナビゲータより

(180-4.7)° 北極星が北 4.7° 西にあることを示している。

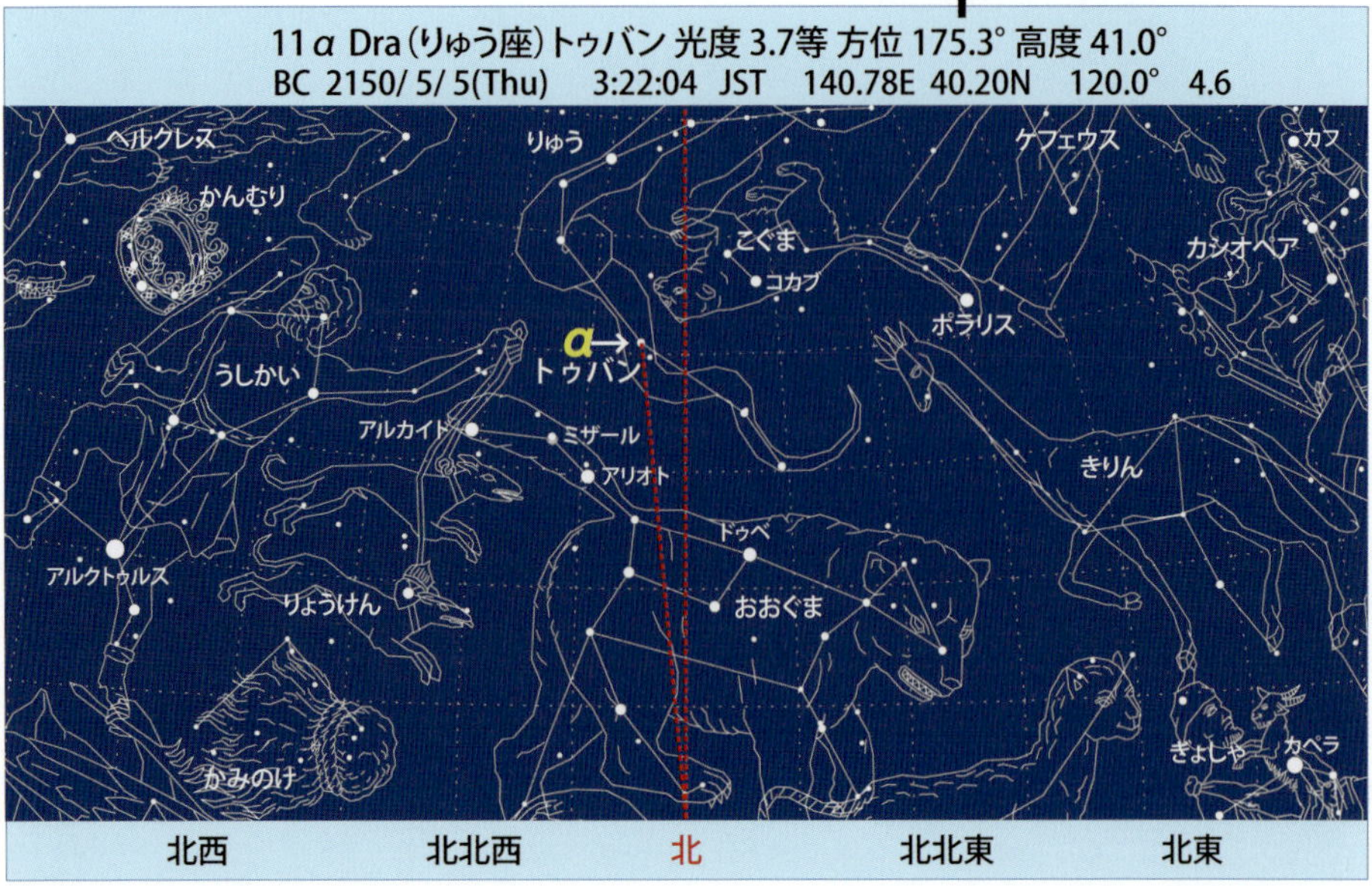


100 りゅう座のα星のシミュレーション画面 α星の方位は図 111 の 2 本線と一致。

## コンピュータでα星の運行シミュレーション

年代の解明には、アストロアーツ社の天文シミュレーションソフト・ステラナビゲータを利用した。このソフトは天体運行のシミュレーションを行う際に観測地点を設定できるので大変便利で優れたソフトである。

観測地を鹿角市に設定するとすれば、真冬では雪があって観測は困難であろうから、雪の消える五月頃が適当かと考えた。図100にコンピュータの画面を図示したが、観測地を鹿角市に設定し、観測時間を日の出９０分前・B時刻に設定した。コンピュータのディスプレイには、りゅう座のα星の方位が北４・７度西方位を示したのは、BC約２１５０年５月と表示された。

## 縄文方位測量の発見

α星の運行シミュレーション結果は大湯環状列石の出土品やC14(炭素14)による年代測定から遺跡は約４０００年前の縄文後期と推定されている結果と一致した。

つまり大湯の地域で行われた三本線の方向を示す方位測量の様式は縄文時代中期〜後期に行われたことを意味し、この様式の方位測量を「縄文方位測量」と名づけた。即ち視線(三本線)は縄文人のものであったと考えられる。これは

| 時代 | 北極星 | 観測地 | 鹿角市 | | | | 奈良市 | | | |
|---|---|---|---|---|---|---|---|---|---|---|
| | | 年代 | A | B | C | 歳差 | A | B | C | 歳差 |
| 縄文中期 | りゅう座のα星 | BC 3000 | -1.1 | 1.5 | 0.20 | 1.5 | -1.0 | 1.4 | 0.20 | 1.4 |
| | | 2900 | -0.5 | 0.7 | 0.10 | 0.7 | -0.5 | 0.7 | 0.10 | 0.7 |
| | | 2800 | 0.0 | 0.0 | 0.00 | 0.0 | 0.0 | 0.0 | 0.00 | 0.0 |
| | | 2700 | 0.6 | -0.7 | -0.05 | 0.7 | 0.5 | -0.7 | -0.10 | 0.7 |
| | | 2600 | 1.1 | -1.5 | -0.20 | 1.5 | 1.0 | -1.4 | -0.20 | 1.4 |
| | | 2500 | 1.6 | -2.2 | -0.30 | 2.2 | 1.6 | -2.1 | -0.25 | 2.1 |
| | | 2400 | 2.2 | -2.9 | -0.35 | 2.9 | 2.1 | -2.7 | -0.30 | 2.7 |
| | | 2300 | 2.7 | -3.7 | -0.50 | 3.7 | 2.6 | -3.4 | -0.40 | 3.4 |
| | | 2200 | 3.3 | -4.4 | -0.55 | 4.4 | 3.1 | -4.1 | -0.50 | 4.1 |
| | | 2100 | 3.8 | -5.1 | -0.65 | 5.1 | 3.6 | -4.8 | -0.60 | 4.8 |
| 縄文後期 | | 2000 | 4.4 | -5.9 | -0.75 | 5.9 | 4.1 | -5.5 | -0.70 | 5.5 |
| | | 1900 | 4.9 | -6.6 | -0.85 | 6.6 | 4.6 | -6.1 | -0.75 | 6.1 |
| | | 1800 | 5.4 | -7.3 | -0.95 | 7.3 | 5.1 | -6.8 | -0.85 | 6.8 |
| | | 1700 | 6.0 | -8.1 | -1.05 | 8.1 | 5.7 | -7.5 | -0.90 | 7.5 |
| | | 1600 | 6.5 | -8.8 | -1.15 | 8.8 | 6.2 | -8.2 | -1.00 | 8.2 |
| | こぐま座のβ星 | 1500 | 5.3 | 2.4 | 3.85 | 9.0 | 4.8 | 1.9 | 3.35 | 8.3 |
| | | 1400 | 5.7 | 1.7 | 3.70 | 8.8 | 5.1 | 1.3 | 3.20 | 8.2 |
| | | 1300 | 6.1 | 1.1 | 3.60 | 8.7 | 5.5 | 0.7 | 3.10 | 8.0 |
| | | 1200 | 6.4 | 0.4 | 3.40 | 8.6 | 5.6 | 0.0 | 2.95 | 8.0 |
| | | 1100 | 6.8 | -0.3 | 3.25 | 8.5 | 6.2 | -0.6 | 2.80 | 7.9 |
| | | 1000 | 7.2 | -1.0 | 3.10 | 8.5 | 6.6 | -1.2 | 2.70 | 7.9 |

101　年代と北極星の方位A・B・C（鹿角市と奈良市に観測地を設定）

もはや単なる仮説ではない。現存する最も正確な位置情報・数値地図で裏づけられた実証と言わねばなるまい。

表101に観測地を鹿角市と奈良市に設定し、α星の方位を図114のA・B・C時刻別にその方位に該当する年代を表示した。方位測量図から北極星を指し示していると考えられる方位が発見された場合には、この表から年代を測定することが可能となった。

## 長野県の軽井沢周辺の年代測定

次頁に長野県軽井沢周辺の縄文方位測量図を示したが、ここでは北極星の方位を示すこだわりの方位線が三本もみられ、北極星の方位はN6・0Wで、この測量の行われた年代はBC1990年と推測された。

特に目をひくのは発地〈hotti〉で、まさに〈buti〉から〈hotti〉↓星にいたる音声変化を表している。

大星神社も星地名に一致した。これは後述する青森市の大星神社がやはり星地名に一致しているのと符合する。

また発地の他に風越という星地名もみられ、軽井沢や沓掛の地点も星地名に該当した。後述の日本書紀における日本武尊は旧中山道に相当する道筋に位置する熊野皇大神社の地点から軽井沢に至るコースを通ったと考えられる。社伝によれば〃日本武尊(ヤマトタケルノミコト)が碓氷嶺に登った際、急に濃霧で進めなくなった。そのとき一羽の八咫烏(ヤタガラス)が現れ、紀州熊野の梛木(ナギ)の葉をくわえ、落としながら先導し、それについて行き山頂まで登ることが出来た。日本武尊は碓氷峠の山頂から遠くの海を眺め、相模灘で荒波を静める為に海中に身を投じた最愛の妻、弟橘姫 (オトタチバナヒメ)を偲び「吾嬬者耶(アヅマハヤ)」「ああ、いとしき我が妻よ」と三嘆した〃と伝えられている。

102 こだわりの三本線・長野県軽井沢の縄文方位測量

## 三内丸山遺跡の六本柱の役割

図103に示す三内丸山の六本柱の位置は湾の名称を暗示する特別の山・都谷森山から眺めると当時の北極星を指し示しており、その方位はN2・7Wで縄文方位測量の年代測定からBC2400年と推定され、三内丸山遺跡は、今から約5500年前〜4000年前の縄文時代の集落跡とされているので、縄文方位測量の行われた年代が4400年前と推計されるならば、この測定はかなり妥当な数値を示していると考えられる。

つまり、測定は夜明前に行われるので、六本柱の建造予定地の周辺で何カ所かにかがり火を炊き都谷森山の頂上から眺めてかがり火と北極星の方位が一致する地点を選び、そこに六本柱を建造したと考えられる。

このような作業は簡単ではないので、なんどもなんども測定を繰りかえしたに違いない。

103　三内丸山の６本柱の役割

糸魚川よりヒスイの原石を運んできた縄文人たちは竜飛岬をまわり津軽半島沿いの星地名、汐越・内真部《うちまっぺ》・飛鳥《あすか》を眺めながら舟をこぎ、かがり火の灯った六本柱を前方にし北極星を背にして進むと三内丸山に到達できる。

本章の星地名の天文学的年代測定の結果から、三本線の交点に位置する星地名は縄文時代に誕生したが、もちろん文字のない時代のことなので、名称は口伝えで伝承され、ながい年月の間に少しずつ変化しながら現在に受け継がれたと理解される。

つまり交点の星地名はもちろん目標の山や丘などのランドマークの名称については後世に明らかに変名されたものを除くと、多くは縄文語由来の言葉と考えられよう。

以上、案内編で縄文方位測量と星地名の発想と成り立ちについて述べたが、活用編ではこれを用いて歴史上のどのようなことが解明されるのか、また星地名は何かの役に立つのか、その辺りを探ることになろう。

# 2 応用編

## 第9章　私たちはどこへゆこうとしているのか

およそ4～5千年前に縄文人たちが極めて正確な縄文方位測量によって日本列島を往き来していた様子は次第に明らかになってきた。しかし過去の事象は分析可能だが未来の予測はどうか。私たちは一体どのくらい先のことを予測できるのか。過去をふりかえる必要がある。

45～46億年前に誕生した地球、私たちは、この天然の宇宙船地球号で奇しくも命を授かった。言い換えると否《いや》応《おう》なしに搭乗者の一員になってしまった。

時は流れ、縄文時代以降わずか2000年余の間に地球号は急速に変貌しつつある。今日までに様々な座席が誕生した。世界の国数は、およそ196ヶ国、日本はその中の一つに過ぎない。

### 地球号は病んでいないか

地球号よ!!もしかしてお前は病《や》んではいないか。火山の噴火・大地震・津波・ハリーケーン・サイクロン・スーパー台風・高潮・竜巻・大雨・大雪・洪水・土石流・土砂崩れ・巨大な雹《ひょう》・飢饉・伝染病・犯罪・テロ・戦争など、地球号に天災人災ともに安全な座席はあるか。ひょっとして、これは滅び行く輪廻《りんね》(流転～転生)の歯車なのか。

わが国の歴史は、文字で記録が残された有史時代、つまり弥生から今日までの2千数百年は45～46億年に比べると点のように短い。この点のような一瞬の時空のうちに私たちの営みは息づいている。

### 万物流転と諸行無常

BC5～6百年頃、地球号に考える人が現れた。

ギリシア人哲学者ヘラクレイトス(紀元前540年頃～紀元前480年頃)は「万物流転《ばんぶつるてん》」を、仏教の開祖釈迦《しゃか》(紀元前566年～紀元前486年)は「諸行無常《しょぎょうむじょう》」を説いた。

ヘラクレイトスと釈迦がほぼ同年代の人間であることを思うと、人類の歴史の不思議さに驚かされる。

## バガヴァッド・ギーター〈神の歌〉

東日本大震災(2011・3・11)(以降3・11と言う)は人生観や人生設計に大きな影響を与えた。人口流出、土地利用停滞、観光事業の衰退、ガソリン高騰、貿易赤字増大、今もなお国のエネルギー政策や世相にまで深刻な問題を投げかけている。

心の痛む日々が尽きない。さっきまで元気だった家族や友人がいない。呼んでも帰ってこない。幼子《おさなご》のあの笑顔を見たい、嬉しそうにはしゃぐあの笑い声を聞きたいと願っても叶えられない。あの日から時間が止まっている。

心の奥底でつい叫んでしまう。「いかに優れた科学者であれ一時間前に大地震と大津波を予測出来なかったのか」と。心の癒《い》える日はいつか来るのか……。

万物流転や諸行無常のなかに一筋の希望の光を求め、そこからの解脱《げだつ》を思惟《しい》したのか、西暦320年から550年頃に誕生した古代インドの叙事詩『マハーバーラタ』は「永遠の安らぎとは何か」を説いた。なかでも『バガヴァッド・ギーター〈神の歌〉』[1]は最も有名なヒンズー教の聖典で、その一節に「輪廻の歯車は止まらない……」と歌われている。

本稿の骨格が完成しかかった2015年(平成27年)5月、十和田市出身のオペラ歌手加賀ひとみ氏のお母様が一枚のDVDをお届けくださった。

5月の連休は新潟方面への取材があり、整理に追われ、DVDを観賞できたのは六月中頃。内容は2013年11月23日サントリーホールブルーローズで世界初演された西村朗氏作曲の9楽章構成の室内オペラ『バガヴァッド・ギーター〈神の歌〉』から5楽章を抜粋しNHKスタジオで収録されたもの。DVDは2015年4月29日放映のNHKプレミアム「クラシック倶楽部」の録画で、原作台本作成＝北沢方邦、出演＝アルジュナ・加賀ひとみ(メゾソプラノ)、クリシュナ・松平敬(バリトン)、指揮＝板倉康明、打楽器アンサンブル＝上野信一、悪原至、安藤友樹子、石井喜久子、伊藤すみれ、小俣由美子、新野将之、踊り＝安延佳珠子、安部裕子、吉森晴美、影絵操作＝スミヤントと記されていた。

戦いに疲れ悩む王子アルジュナに、友人のクリシュナ〈実は神の化身〉が友愛をこめて「永遠の安らぎとは何か」を求め語りかける。オペラとしては珍しい打楽器によるオーケストラと〝舞踊、CG演出を交え、人類すべての苦しみと葛藤を昇華する壮大な作品〟と評され、筆者がこの章で表そうとしている意図が語り尽くされているようで驚嘆させられた。奇遇という他はない。

「ゆく河の流れは絶えずして、しかも、もとの水にあらず。よどみに浮かぶうたかたは、かつ消え、かつ結びて、久しくとどまりたる例《ためし》なし。世の中にある人と栖《すみか》と、またかく

104　なかなか進まない土地利用(宮古市田老地区)　筆者撮影

津波災害特別警戒区域とは津波が発生した場合には建築物が損壊し、又は浸水し、住民等の生命又は身体に著しい危害が生ずるおそれがあると認められる土地の区域。利用するには一定の開発行為一定の建築物または用途変更が必要と定められた。

のごとし。」『方丈記』(鴨長明)の名文は日本人の心のふるさとなのか。「諸行無常」の教えが身にしむ。

被災地の人々は観光どころではない。被災地に近い東北の観光地は膨大な顧客《こきゃく》を失った。どんなにコマーシャルを繰り返そうとも、効果は一時的で、本質的には被災地の人々の心と生活にゆとりができて温泉にでも行ってみようかという気分にならない限り、顧客は戻らない。

一体いつになったら被災地は復興するのか。津波災害特別警戒区域が果てしなく続いている。被災地の完全復興なくして東北いや日本全体の経済活性化・安定化は実現できるのか……。

しかし悲観論ばかりではない。こんな考えもある。

日本の実業家、発明家、パナソニックの開祖・松下幸之助は著書『人間としての成功』の中で「その昔、お釈迦さまは〝諸行無常〟ということを説かれました。

この教えは、一般には〝世ははかないものだ〟という意に解釈されているようです。そこには深い意味はあるとは思いますが、そのような解釈をすることによって、現世を否定するようになり、生きるはり合いをなくしてしまうようであれば、これはお互いの益にならないでしょう。私はそのように解釈するよりもむしろ〝諸行〟とは〝万物〟ということであり〝無常〟とは〝流転〟というようにも考えられますから、諸行無常とは、すなわち万物流転であり、生成発展ということであると解釈したらどうかと思うのです。いいかえますとお釈迦さまは、日に新たでなければならないぞ、ということを教えられたのだということです。」

105　日本を代表する素晴らしい観光地・高山市内よりみた飛騨山脈
高山市商工観光部観光課　提供

と述べられている。

優れた実業家のプラス思考に心が靡《なび》きそうになる。

## 飛騨山脈は万物流転のシンボルか

高山市内から望む乗鞍岳は実に美しい。奥穂高岳《おくほだかだけ》を含む北アルプスは、海底が隆起したもので、海の生物の化石が見つかるという。海洋性の動物性プランクトンや放散虫《ほうさんちゅう》の化石が出るから、大昔はサンゴ礁だったところ。

日本の背骨・飛騨山脈が昔は海の底だったという事象は万物流転を端的に物語っている。

## プレートテクトニクス

大地がこのように変動するので宇宙船地球号にはいたるところにヒビ割れや突起ができ、危険な座席があってもやむを得ない。3・11後に大陸移動説やプレートテクトニクスや活断層が注目を浴びている。

〝地球の表面を覆う「プレート」の運動によって地球上のさまざまな現象を解き明かす地球科学をプレートテクトニクスと言います。「テクトニクス」は、一般には「構造」を表しますが、地球科学では、「地質構造」やその変動である「地殻変動」を表します。プレートテクトニクスは、地球表面の岩石圏に見られるさまざまな構造や変動を解き明かす科学です。〃『図解プレートテクトニクス入門』(木村学/大木勇人著)引用。しかし現実には地殻変動の予測は簡単ではなさそうだ。つまり、地球号の環境や社会が百年先にどのようになっているのか全く見当もつかないではないか。

106 函館山を背にして立つ函館の開祖
高田屋嘉兵衛の立像
函館国際観光コンベンション協会 提供

## 過去をみよう

過去をみよう。3・11の翌年、2012年から、ふり返って200年前というと1812年(文化9年)、函館の開祖・高田屋嘉兵衛《たかだやかへえ》が国後島《くなしり》でロシア船に拿捕《だほ》されロシア本国に連行された年に当たる。

この時点を起点として歴史を顧《かえり》みることにしよう。

※41年後の1853年(嘉永6年)ペリー来航により日本人は黒船に驚き、鎖国の夢から突然呼び覚まされ、明治維新へとがむしゃらに突っ走った。

## 明治維新の原動力と縄文の星地名

星地名の視点から明治維新をみると、これまでになかった全く別な見解が生まれはしないか。

維新の原動力となった土佐藩の郷士・武市《たけち》半平太、坂本龍馬、岩崎弥太郎や薩摩藩の下級藩士西郷隆盛はいずれも虐《しいた》げられた下級武士で、土地の豪族と関わりをもつ点で共通している。彼らの背にもしかすると縄文人ゆずりかもしれないそんな温もりを感じる。(奈良時代の高市《たけち》や秋田県角館の竹市《たけいち》・大阪府と奈良県境の竹内街道《たけのうちかいどう》の竹内・奥州街道羽州街道分岐点の福島県桑折町の竹ノ内・山形県鶴岡市竹の内は星地名。)

特に岩崎弥太郎の生家の裏山は妙見山と呼ばれ、後に、江戸へ学問修行に出発の際、妙見山に登り、頂上近くの星神社の壁に、「後日英名ヲ天下ニ轟《とどろ》カレザレバ再ビ帰リテ此ノ山ニ登ラジ」と、墨書したといわれている。

　坂本龍馬が江戸で剣術修行したのは、北辰一刀流の千葉道場で、北辰とは北極星を意味し、千葉氏が妙見信仰(北極星信仰)を行っていたことは既に述べた。とにかく下士・郷士・豪族・妙見・北辰・星神社・星地名、これらは何を意味しているのか。それは、彼らの遠い先祖が縄文の子孫と何らかの繋がりをもっていたのではなかろうかという推論に行き着くことを暗に示している。

107　妙見山星神社　　安芸市観光協会　提供

108　岩崎弥太郎の生家の横に建つ岩崎弥太郎の銅像
安芸市観光協会　提供

　星の宮の分布状況は『消された星信仰』(榎本出雲・近江雅和共著)に星の宮は栃木県に一番多く132社、次は高知県(土佐)で54社と記されている。

　さらに埼玉県飯能市平松の真言宗智山派《ちさんは》梅松山《ばいしょうざん》円泉寺《えんせんじ》・諸井政昭住職の極めて詳細な調査『関東の妙見菩薩』及び『中国・四国・九州の妙見菩薩』によると星の宮は栃木県に一番多く、宗教法人登録社数157社ついで高知県111社となっている。土佐に妙見信仰が浸透していた。

筆者の調査では縄文人の大切にしていた星地名地点に桓武平氏が妙見信仰(星信仰)を携えて進出し、出来る限り血戦を避けて同化をはかろうとしたものと推察され、同化された豪族はまさしく縄文の子孫であった可能性が高い。

栃木県の中央部を流れる鬼怒川《きぬがわ》は日光市の鬼怒沼(奥鬼怒)に源を発し、星宮神社分布(図109)の真っ直中を流れている。その名称の起原について〈きぬ・ｋｉｎｕ〉の〈ｋｉ〉は光が綺麗、〈ｎｕ〉は野原を意味する縄文語だから、「鬼怒川」は「光が綺麗な野原を流れる川」という縄文語と考えるのが妥当。何の光か。図109の星宮神社と鬼怒川の関係から一見して星の光と考えるのが自然ではないか。星宮と縄文の関連性の一端を示している。縄文時代には〈ｋｉｎｕ〉川は星の美しく輝く野原を流れる穏やかな川であったが、開発により川の上流で人の手が加わると、水害(鬼)が怒る川

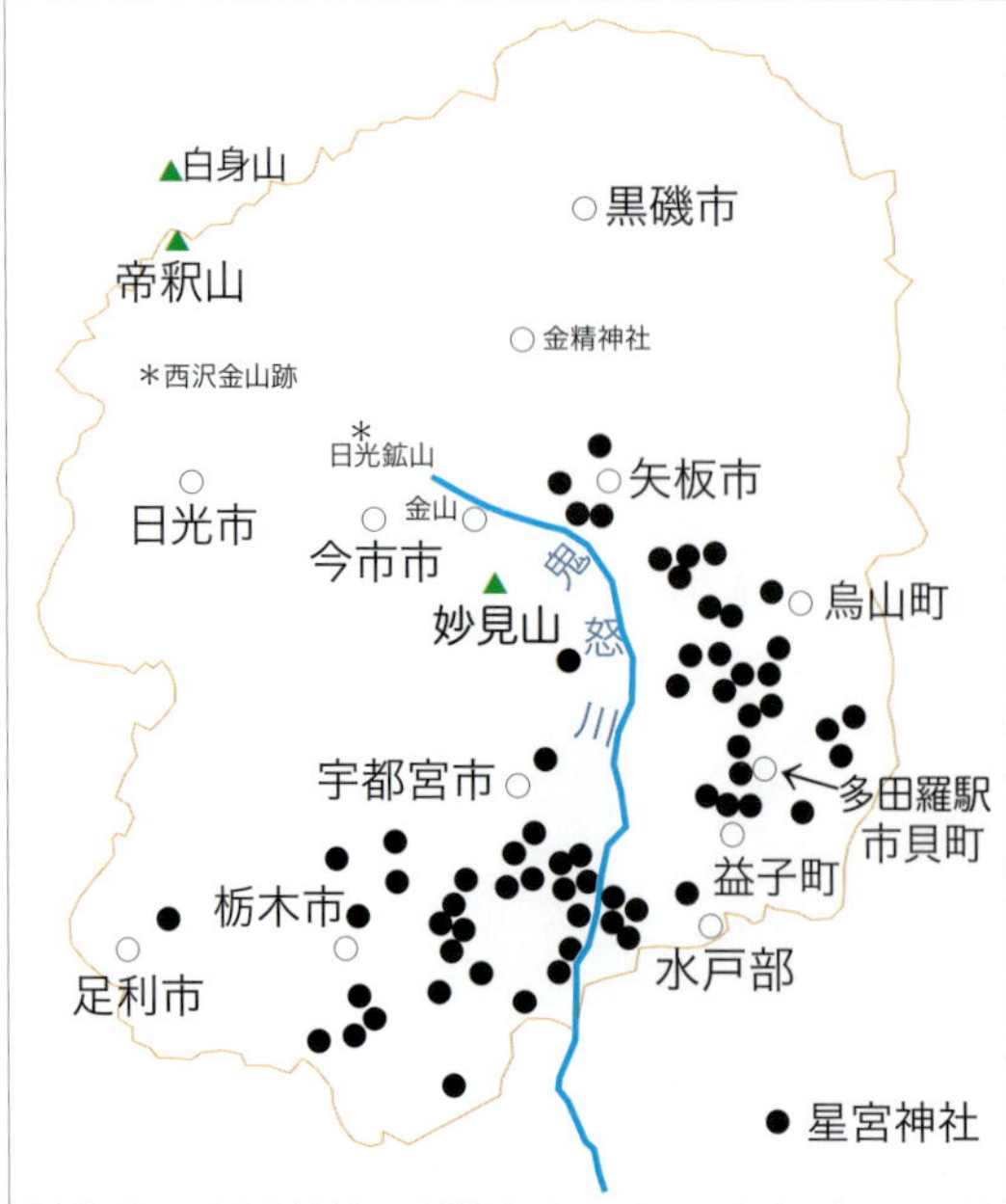


栃木県には星宮神社 ●が数多くみられる。今市、市貝、足利などの星地名もあり、栃木市には縄文遺跡で知られる星野がある。中心部の妙見山は星信仰を示している。
水戸部は新渡戸から転じたとも言われている。

109　栃木の星宮神社と鬼怒川

110　栃木県市貝町多田羅駅近くの星宮大明神
筆者撮影

に変化した。

土佐は全国で二番目に星の宮が多い。極論だが、明治維新は縄文の系譜がその原動力となって遂行された改革であったと云える。

栃木県芳賀《はが》郡市貝《いちかい》町多田羅《たたら》、真岡鉄道多田羅駅の西に星宮神社があり。星宮大明神と記された扁額が目につく。千葉氏の妙見信仰の一端を垣間見ることができよう。

市貝町史によると、この地域は千葉介常胤《ちばのすけつねたね》─大須賀胤信《おおすがたねのぶ》─成毛《なるけ》八郎範胤《のりたね》─君島成胤《なりたね》と繋がる千葉氏の一族の君島氏の居住地であったと伝えられている。

飛躍するが、坂本竜馬の真意や長州の吉田松陰《しょういん》の教えや松下村塾《しょうかそんじゅく》の門下生の初心とは別に、明治政府は「戊辰戦争・白虎隊の悲劇」の時点で既に道を見誤ったのではないか。吉田松陰や門下生たちは「勝者が敗者を討つ」という復讐の精神など些かも持ち合わせていなかったに相違なかろう。明治政府の目指した国を富ませ、兵力を増強して、列強に並ぶ強い国をつくり、先進国に追いつこうとする富国強兵の政策は、確かにわが国が列強の植民地には成らなかったものの、後に大東亜戦争(太平洋戦争)を惹起し、一億総玉砕と叫びながら終戦に至るなど、西郷隆盛・坂本竜馬・吉田松陰とその門下生らは知る由もなかった。

歴史の流れのなかでは、人間の目指したもの(初心)と結果(結末)とには、思いもよらない隔たりが惹起することを肝に銘じて置かなければならない。
※1868年(慶応4年)4月11日、江戸城が明治政府軍に明け渡され江戸時代は幕を閉じた。慶応四年が明治元年で、起点から56年に当たる。この国にまだ電気はなかった。高田屋嘉兵衛の時代の人々は56年後に江戸幕府がなくなることなどはたして予測出来たであろうか。

## エジソン白熱灯を発明

※起点より67年、1879年、アメリカの発明家・エジソンが白熱灯を発明。
※さらに1882年に発電機を発明した。起点から70年経過した時代のことになる。電化生活の夜明け前だ。
※1904年(明治37年)2月8日、日露戦争勃発。この小さな島国が驚くべき大国と戦う事態となった。起点より92年後に当たる。
※エジソンの発電機発明からわずか26年後、1908年(明治41年)日光金谷ホテルはドイツのシーメンス社から75馬力の自家用水力発電機を購入、ホテルに電灯が灯ったと『ホテルと共に七拾五年』(金谷眞一著)に記されている。運よくシーメンス・シッケルト社の社長ケッテル氏が宿泊していたとのこと。当時としては中央から遠く離れた栃木県の山中にあって、いち早く私的に発電機を導入で

111　アインシュタインの宿泊した日光金谷ホテル　© Takanori Chiba Photos 金谷ホテル株式会社 提供

きたのは、金谷ホテルに世界の優れた人材が宿泊していて、先端の情報を入手できたからに他ならない。

## アインシュタイン一般相対性理論を提唱

※起点から103年後の1915年、ドイツ生まれのユダヤ人・理論物理学者・アルベルト・アインシュタインが一般相対性理論を提唱。1921年10月、アインシュタイン夫妻は日本への訪問に出発。11月9日、船中でノーベル物理学賞受賞の知らせを受け、11月17日に日本に到着。その後43日間滞在している。1922年(大正11年)12月4～6日は日光金谷ホテルに宿泊。『森と湖の宿―日光金谷ホテルの百二十年』(常盤新平著)参照。

## 星地名に位置する日光金谷ホテル

私たちサークルは2014年(平成26年)11月23日連休を利用して日光金谷ホテルを訪れた。

用向きは、二代目社長・金谷眞一氏の著書『ホテルと共に七拾五年』を何とか購入出来ないかとお願いするためだったが、もう手に入らないとのことで、あきらめるしかなかった。

ところが応対してくださった金谷ホテル株式会社・執

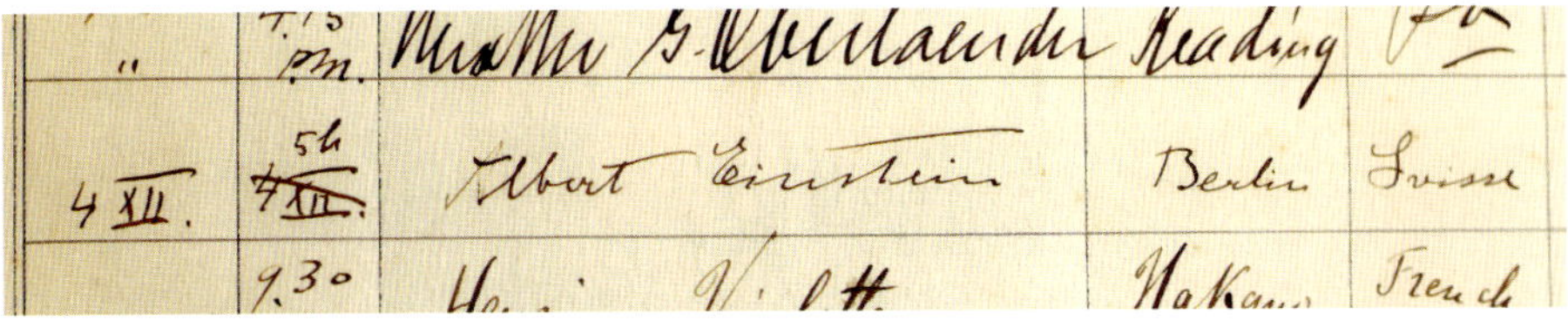

112　アルバート・アインシュタインのサイン　金谷ホテル株式会社 提供

行役員・日光金谷ホテル支配人・平野政樹様は、青森から遠いところをお出で下さったのですから何とかしましょうと九十頁に及ぶ書物のコピーと貴重な金谷家家系図を送ってくださった。このご厚意に一同しばし驚きと感謝感激に浸った。もう一つの驚きは平野氏が「何度も大きな地震にあいましたが、ホテルではグラス一つ割れたことがない。岩盤の上に建っているからでしょう。」とお話しくださったその一言で、大きな勇気を頂戴した。

また、家系図に記された四代目社長金谷太郎氏は元東北大学工学部助教授で1968年に日本古生物学会・学術賞受賞のご経歴があり、ホテルへの関心が一層深まるのを禁じ得えなかった。

『ホテルと共に七拾五年』には、わが国最古のリゾートホテル・日光金谷ホテルの輝かしい歴史の前半が、創始者・父金谷善一郎氏を敬愛してやまない二代目社長・金谷眞一氏の真心で綴られている。日光金谷ホテルが一四二年余にわたって、日本を取り巻く世界の変遷をつぶさに見詰めてきた実状がみてとれる。

## ヘボン博士と金谷善一郎

1871年(明治4年)ヘボン式ローマ字の考案者として知られる米国人ヘボン博士・James Curtis Hepburn(ジェームス・カーティス・ヘボン)が日光を訪れたが、当時は汽車もなく交通不便な田舎で、外国人の宿泊するところがなく、難渋してるのを見かねた金谷善一郎氏はヘボン博士を自宅に招いた。起点から五九年に当たる。

明治学院大学はアメリカ人宣教師、ヘボン博士夫妻が1863年に開いた私塾のヘボン塾から始まった。

ヘボン博士と金谷善一郎氏の遭遇が2年後の「金谷・カッテージイン」の創業(1873年)に繋がった。

## イザベラ・バード金谷カッテージインに宿泊

1878年(明治11年)には、イギリスの女性旅行家イザベラ・ルーシー・バードも滞在し『Unbeaten Tracks in Japan』(日本語題『日本奥地紀行』)を著作。「はしがき」では「その全行程を踏破したヨーロッパ人は(自分以外に)これまでに一人もいなかった。」また「西洋人のよく出かけるところは、日光を例外として詳しくは述べなかった。」と記し、この紀行が当時外国人が誰も行かなかった日本奥地（星地名地域）の旅行であることを明確にしている。秋田県の県南湯沢市に隣接する山形県最上郡金山町の大堰《おおぜき》公園にイザベラ・バードの記念碑が建てられている。碑文に「ロマンチックな雰囲気の場所」と記されているように、最上川の支流金山川のほとりに佇む金山町は美しく心安らぐ雰囲気を醸し出している。

113 イザベラ・バード記念　山形県金山町 提供

イザベラ・バードが山形県最上郡金山町を訪れたのは 1878 年（明治 11 年）7 月のこと。来訪 100 年を記念して、1978 年（昭和 53 年）11 月に碑が建立された。碑文は次頁の写真をご覧ください。

114　木ごころ橋　山形県金山町 提供

金山川には、金山杉をふんだんに使用した屋根つき歩道橋「木ごころ橋」が架けられている。ゆるやかなアーチ形の橋は季節を問わず安全で快適な通行が可能で、自然と金山の景観に溶け込んだ金山職人の技が光る橋と評価されている。

金山宿(所在地内町は星地名)の歴史は古く、古来より陸奥国と出羽国を繋ぐ羽州街道の要所であった。

今では想像もつかない道路状況のなか、厳しい道のりをイギリスの女流旅行家が、こんな奥地に足跡を留めていることはただただ驚きというほかはない。

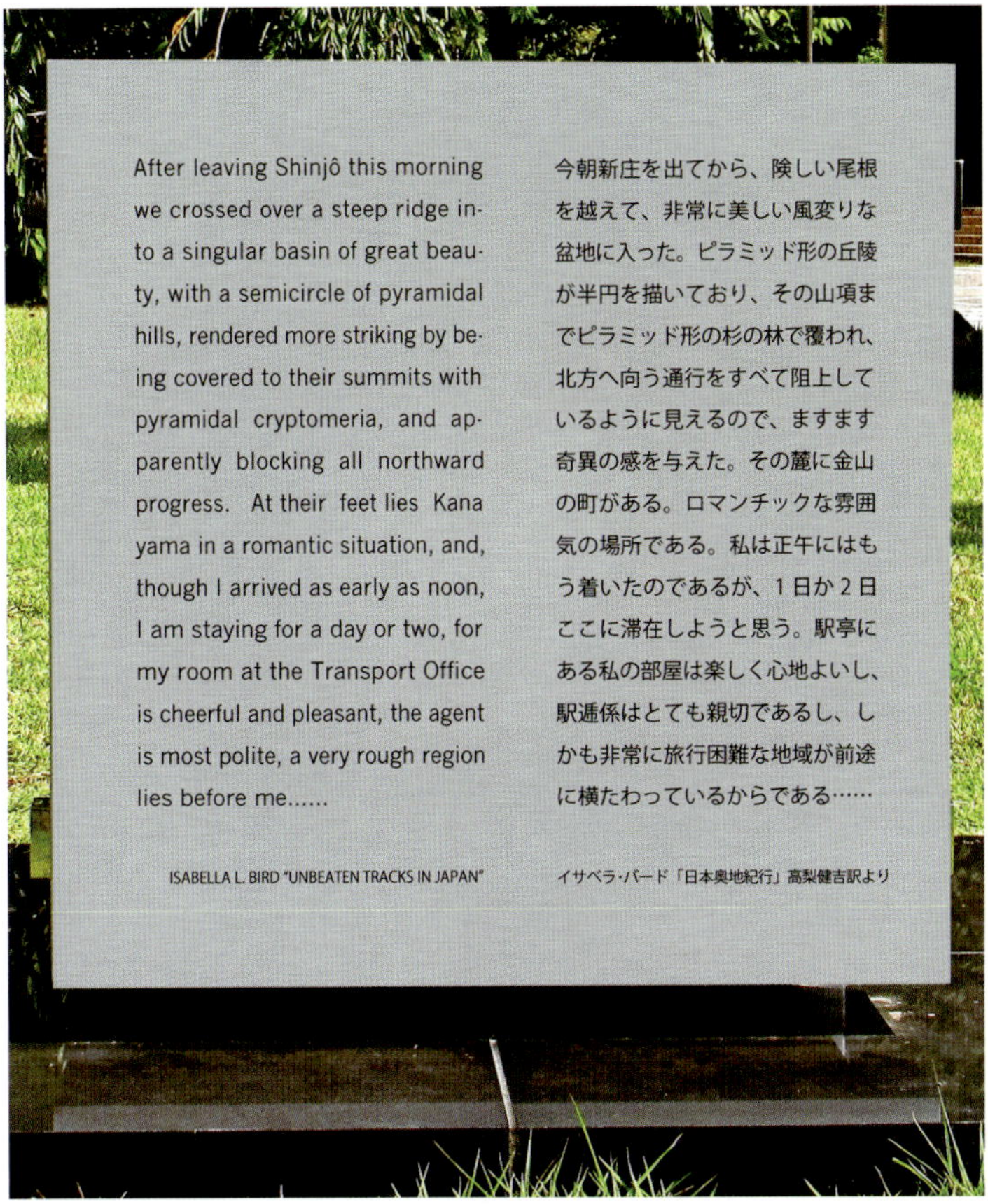
After leaving Shinjô this morning we crossed over a steep ridge into a singular basin of great beauty, with a semicircle of pyramidal hills, rendered more striking by being covered to their summits with pyramidal cryptomeria, and apparently blocking all northward progress. At their feet lies Kana yama in a romantic situation, and, though I arrived as early as noon, I am staying for a day or two, for my room at the Transport Office is cheerful and pleasant, the agent is most polite, a very rough region lies before me......
ISABELLA L. BIRD "UNBEATEN TRACKS IN JAPAN"
今朝新庄を出てから、険しい尾根を越えて、非常に美しい風変りな盆地に入った。ピラミッド形の丘陵が半円を描いており、その山頂までピラミッド形の杉の林で覆われ、北方へ向う通行をすべて阻止しているように見えるので、ますます奇異の感を与えた。その麓に金山の町がある。ロマンチックな雰囲気の場所である。私は正午にはもう着いたのであるが、1日か2日ここに滞在しようと思う。駅亭にある私の部屋は楽しく心地よいし、駅逓係はとても親切であるし、しかも非常に旅行困難な地域が前途に横たわっているからである……
イサベラ・バード「日本奥地紀行」高梨健吉訳より

115　イザベラ・バード記念碑　山形県金山町　筆者撮影

ヘボン博士やイザベラ・バードが宿泊した「金谷カッテージ・イン」は『日本奥地紀行』や、当時の在日英字新聞などで紹介されると「日本のリゾート避暑地日光」のホテルとして、その地位を確実なものにすることとなった。

「金谷・カッテージイン」はやがて「日光金谷ホテル」に発展。

以来ホテルはリゾートクラシックホテルとして、必然的に144年余にわたり、国際情勢の変遷とともにわが国の明治維新以降から今日までの歴史を演じる舞台となった。

驚いたことに金谷善一郎氏は14歳の息子眞一少年に「これからは英語が必要だ。話せる英語を学んで欲しい」と願っている。

つまり金谷善一郎氏は、明治の初めから大東亜戦争(太平洋戦争)を経て、「日光の社寺」が世界遺産（文化遺産）に登録されるという百数十年先を見透していたのではないか。

　筆者は三度ほど金谷ホテルを訪れている。ところが気づかなかったが、ホテルに向かう坂道の中頃に「星《ほし》の宮《みや》磐裂《いわさく》神社」と記された案内板が設置されていて、振り向くとホテルの案内塔と鳥居が見える。

## 星の宮磐裂神社

　この小さな石段を登ると神殿に至る。奇しくも日光金谷ホテルが星地名に存在していることを暗に示している。『ホテルと共に七拾五年』にも『日本奥地紀行』にも鉢石《はちいし》という地名が記されているが鉢石は星地名に該当する（後述）。

KANAYA HOTEL
上り優先

116　金谷ホテルに向かう坂道からみえる星の宮磐裂神社の鳥居　撮影　川村光代

星《ほし》の宮《みや》（磐裂神社《いわさくじんじゃ》）
日光山を開いた勝道上人が
七歳の時、夢の中で日光開山
のお告げを受けたという。
その明星天子を祀ったのが、
この社である。
祭神は、明治の神仏分離令
により、磐裂神と改称された。
近くには、「星の宿《しゅく》」とい
う日光修験《しゅげん》の峰修行の石の護
摩壇がある。

117　星の宮磐裂神社案内板　撮影 川村健一郎

　星の宮磐裂神社の宮司・篠田英夫様から頂戴した『日光山志』（植田孟縉著）抜粋と宮司様御自身の執筆された『星の宮磐裂神社』について（日光市上鉢石町鎮座）』によると「808年（大同3年）、日光開山の祖と称えられる勝道上人により創建され上人の一刀彫磐裂神像が祀られたと伝えられる」と記されている。

　国宝建造物・世界遺産として知られる有

119　扁額　　118　日光金谷ホテルの近くにある星の宮磐裂神社の社殿
掲載許可 磐裂神社 撮影 川村光代

名な神橋《しんきょう》は二つの星地名・星の宮磐裂神社と日光二荒山《ふたらさん》神社を結ぶ貴重な架け橋と云える。

120　日光二荒山神社神橋　平成11年12月 世界遺産に登録
掲載許可 日光二荒山神社　撮影 森下正子

## 真珠湾攻撃

※起点より129年後、1941年12月8日、日本海軍の真珠湾攻撃により大東亜戦争(太平洋戦争)勃発。これまた小さな島国が超大国と戦うという極めて過酷な事態に突入してしまった。悲劇の始まりという他はなかろう。

## 広島に原爆投下

※そのわずか4年後の1945年(昭和20年)8月6日午前8時15分、アメリカ軍が日本の広島市に新型爆弾(原爆)を投下。人類史上最初の原子爆弾が炸裂したのは、広島県産業奨励館から南東約160メートル、高度約600メートルの地点とされている。

121　米軍が撮影したキノコ雲
広島平和記念資料館 提供 撮影 米軍

122　広島県産業奨励館(被爆前の原爆ドーム)
広島平和記念資料館 提供

123 原爆投下により破壊された広島原爆ドーム
広島平和記念資料館 提供 撮影 林 重男

被爆前の広島県産業奨励館の写真図122と被爆後の広島原爆ドームを見くらべると、その破壊力の強烈さに、広島の人々の恐怖と苦痛が筆舌に尽くしがたいものであったことが痛感される。

　１９９６年（平成８年）広島原爆ドームは核兵器の惨禍を伝える建築物として世界文化遺産に登録された。

## 長崎に原爆投下

※１９４５年（昭和２０年）８月９日午前１１時０２分、長崎市に二発目の原子爆弾が投下され、日本軍は無条件降伏。この時点で日本が消滅する可能性はゼロではなかったのではないか。起点からやはり１３３年後に当たる。
　爆心地の至近距離にあったカトリック浦上教会は被災、

124　きのこ雲　長崎原爆資料館所蔵　撮影 米軍

125　松山町の高台から浦上天主堂方面を望む
長崎原爆資料館所蔵　撮影 林 重男

天主堂はほぼ原形を留めぬまでに破壊され、12、000人の信徒のうち、8、5000人が爆死と推定されている。なぜキリスト教徒の頭上に原爆投下か。偶発か、それとも意図的か、今もって謎が残されている。

こうしてみると、高田屋嘉兵衛の時代に、一体誰が133年後にわが国にこんな事態が現実となることを想像できたであろうか。いや、わが国だけではなく、人類全体のなかで誰か想像出来た人物はいただろうか。

理論物理学者アインシュタインは核分裂でどんなことが生じるかを熟知していた。つまり原子力は人類が手にした諸刃《もろは》の剣であることを誰よりも良く知っていた。彼は原爆開発に直接かかわらなかったものの、原爆が実際に使用されたことを大いに悔やみ、後悔の気持ちは日本人物理学者にも直接に伝えられた。『湯川秀樹とアインシュタイン』(田中正著) 参照。

## 幻の終戦工作と創られた「東京裁判」

畏友・竹内修司氏の著書『幻の終戦工作ピース・フィラーズ1945夏』では広島原爆投下の四日後、日本政府が米国にあてた格調高い抗議文「帝国政府は茲ニ自ラの名ニ於テ且又人類ノ名ニ於テ米国政府ヲ糾弾スルト共ニ即時斯ル非人道的兵器ノ使用ヲ放棄スベキコトヲ厳重ニ要求ス」について詳しく触れられている。

〃敗勢と混乱の中にあって、誰が発想し、誰が執筆したのだろうか。勝ち誇る相手に、人道的見地に立ってまっこうから正々堂々と「否」をつきつけたこの歴史的文書は、もっと世に知られるべきではないか。〃と記されている。竹内氏が米公文書館で発掘した9月5日付の国務省文書は「日本の抗議に対し回答すべきか。然りとすればその回答の性質は如何であるべきか?(1)単にメモ(抗議文)の受理を確認する、(2)日本の抗議に回答しない、(3)日本政府からのこの抗議の受理について全く何の表明もしない」で、事実として(3)が採用された。この抗議文については、その存在すらあまり知られてこなかったことが記されている。

また『創られた「東京裁判」』(竹内修司著・2009年8月25日発行)には、マッカーサーが陸軍参謀長アイゼンハワーに打電した電文が掲載されている。「過去10年間、日本の政治決定に天皇が参加したという特別且つ明白な証拠は、発見されなかった」。「もし連合国が天皇を裁けば、日本人はこの行為を史上最大の裏切りと受け取り、長期間、連合国に対して、怒りと憎悪を抱きつづけるだろう」。マッカーサーのこの電文が天皇を戦争犯罪人にしなかった事情が詳しく記されている。

竹内氏は、東京裁判のなかで「平和に対する罪」「人道に対する罪」という概念が固まっていく過程、「戦争犯罪人」とは何かとの定義が形づくられていく過程、戦犯リストがつくられていく様子を明らかにし、この裁判が「勝者が事後法によって裁いた裁判だった」と結論づけている。

多くの尊い命が犠牲になった太平洋戦争の終結から、2015年で70年の節目を迎えたことになる。

「戦後70年」は、ただ単に戦争の歴史を振り返るだけではなく、高田屋嘉兵衛の時代の人々が百年先を全く予測できなかったという歴史的認識の基に、私たちは考え得る全ての方策や選択肢を模索し懸命に生きなければならない。

日光金谷ホテルの創始者・金谷善一郎氏の生き方の根底には、新渡戸稲造博士と同じ「武士道と博愛」の精神が宿っていたのであろうか。日光東照宮の雅楽吹奏楽師の家柄に育った武士であったからこそ、外国人を自宅に泊めてはならないという当時の掟《おきて》に、敢えて背いてまでも、困り果てたヘボン博士を自宅に招き入れた。しかし、そのことが世界の第一線で活躍する人々の生《なま》の情報に直《じか》に触れることが出来る環境を創りだし、そして今日に至るまでその経営方針は綿々と続けられている。

日光金谷ホテルが終戦直後米軍に接収されるという苦難にも耐え得たのは武士道と博愛の精神でホテルを経営されたからであろう。昭和21年、ドワイト・D・アイゼンハワー米国陸軍参謀長がロバート・L・アイケルバーガー中将と日光を訪れた時のことが率直に記されている。

アイケルバーガー中将が「金谷ホテルはアメリカにホテル全てを提供してくれている」と説明すると、アイゼンハワーは「一体ホテルの接収に相当した料金を、日本政府から貰っているか」と質問され、金谷眞一氏が「国の財政窮乏の折柄政府のお金はなかなか出ないが何とかやっている」と答えると、参謀長は「それでは米軍は金谷familyに面倒をみて貰っているんだね、まことにありがとう」と感謝の言葉で答えられている。1953年1月20日、アイゼンハワーは第34代米国大統領に就任。モットーは「物腰は優雅に、行動は力強く」であった。

これは『武士道』の著者・新渡戸稲造博士の言葉「平静さは、静止の状態における勇気であり、嵐に立ち向かって笑う」や、博士が好んで用いたといわれる「いそぐなかれ　とどまることなかれ」〝Haste not Rest not(英)／Eile nicht,Weile nicht(独)〟出典『ゲーテ格言集』(高橋健二編訳・星のように急がず、しかし休まず、人はみなおのが負いめのまわりをめぐれ!)に相通じるのではないか。

Wie das Gestirn,
Ohne Hast,
Aber ohne Rast,
Drehe sich jeder
Um die eigne Last.

126　ゲーテ詩集
Zahme Xenien IIより

世界情勢の多様化や変遷のスピード化が加速されつつある今日、百年先の世界を想定することは容易ではない。いや、むしろ不可能に近いと言っても過言ではなかろう。

歴史を顧みることの重要性が改めて認識されよう。

近年『日本人が知らない「二つのアメリカ」の世界戦略』(深田匠著)も目を引く。膨大な資料の分析に基づくこの書物は、日本を取り巻く世界情勢や日本の将来を考える上で是非一読する必要があろうか。

## 飢餓と救援物資

終戦直後の日本は広島・長崎はもちろん東京・大阪・名古屋をはじめ全国の都市部が廃墟と化した。青森県も例外ではなかった。1945年(昭和20年)年7月14日～15日、アメリカ海軍艦載機が青森・八戸・三沢・大湊などを空襲した。12隻の青函連絡船が甚大な被害を受け、青森・函館の連絡が絶たれた。さらに、7月28日夜半、約70機のB29爆撃機が青森市を空襲、市街地はほとんどが焼き尽くされた。

焼け野原と化した日本、その疲弊《ひへい》ぶりは体験者にしか分からない。食べるものも住むところも着るものもない、これが現実だった。当時私は奈良県大淀町に疎開していた。灰燼となった大阪から大勢の避難者が奈良県へと一斉に逃げ込んできた。たちまち食べ物がなくなった。畑のサツマイモの蔓《つる》や葉まで食べ尽くされた。

隣の瓦屋の作業場には避難してきた母子が住みついた。「母さん腹が減ったよ……」と弱々しい声ですすり泣く声が、夜になると壁の向こうから聞こえてきた。小学四年生の私は近鉄の線路の土手に穴を掘りカボチャを沢山植えた。吉野川からハヤ・ウグイ・ウナギをとり弟たちに食べさせた。これはまだまだ幸せなほうだった。もっともっと悲惨な状況に追い込まれた人たちの話も沢山聞かされた。

腹を空かせ栄養失調に苦しむ日本の子供たちを救ってくれたのは米軍からの占領地救済政府基金GARIOA(Government Appropriation for Relief in Occupied Area)(ガリオア資金)・占領地経済復興基金(Economic Rehabilitation in Occupied Area Fund)(エロア資金)であった。1946年から51年にかけ、日本が受けたガリオア・エロア援助の総額は、約18億ドル、うち13億ドルは無償援助であった。[2][3][4]この援助がなければ日本の復興はあり得なかった。

日本を飢餓から救った物資は他にもあった。1946年6月にNGOアジア救援公認団体が結成され、アメリカ、カナダ、中南米の各地から集まった救援物資「ララ物資」はララ(Licensed Agencies for Relief in Asia・アジア救援公認団体)が提供していた日本向けの援助物資デ同年11月、アメリカの有力NGOの協力により輸送を開始し、全てのララ物資は横浜港に着いた(推定約四〇〇億円相当)。1945年に戦後の救済のためアメリカで設立された「ケア」と呼ばれた民間援助団体CAREはやはりNGOの一つで、1948年~55年にかけて、日本などに送られた「ケア物資」(Cooperative for Assistance and Relief Everywhere)は金額にして5、000万ドル(当時では180億円、現在の貨幣価値に換算すれば約4、000億円)に達した。ケア物資は、食料品、衣類、生活必需品などで、これは戦後日本に届けられた世界からの「善意」で、感謝の気持ちを忘れてはならない。

アメリカの援助は物資や食料だけではなかった。終戦直後にもかかわらず、戦争相手国日本の将来を考え、人材育成のための制度「フルブライト・プログラム(フルブライト留学制度)」を実行した。この制度は終戦直後の1945年、「世界平和を達成するためには人と人との交流が最も有効である」との信念のもとにウィリアム・フルブライト上院議員が米国議会に提出した法案により発足。お蔭で、世界百数十カ国から、多くの学生や研究者がアメリカに留学。日本でも1952年にスタート、これまでに約6、500人がアメリカに留学している。

もう一つ、忘れてはならないアメリカの援助がある。これは最近になって畏友・淡路栄一氏(日本公認会計士協会常務理事・日本公認会計士協会東北会会長)の協会誌宛に書かれた「ピート・マーウィック・ミッチェル会計事務所の五年間」という原稿から得られた貴重な情報で、一般にはあまり知られていない。

守秘義務により詳細は述べられないが、ADR(米国預託証券)についての話の中に驚くべき事実が隠されていた。原稿を概略抜粋すると〝ADR(American Depositary Receipt)はもともとアメリカの投資家がアメリカ以外の外国企業に自国通貨(ドル建て)で投資できるように作られたものです。外国企業の株式を信託銀行などの預託機関に預け、これを担保にADRという証券を発行し、通常の米国株式と同じようにアメリカ市場で売買できるようにしたものです。

ADR監査に従事する日本人には、日本の有資格者もいたが、私のような無資格者もたくさんいた。経験と英語がものを云う世界である。往査の場合、チームリーダーによく「アメリカは訴訟の国である。裁判に耐える英語で調書を書け」と云われた。ピートに入って割りと早くから往査に参加させてもらった。初めての仕事は「日立」の本社からであった。その他多くの大手企業の監査に参加させてもらった。………このことを通じ、ついこの間まで命をかけて戦った敵に対し、よくこれだけ巨額な資金を出資するものだと、資本主義のダイナミズムに感動さえ覚えたものである。おかげで、日本があれほどの廃虚の中から、再び立ち上がることができたのである。〃と記されている。

以降は筆者の解釈である。つまり廃墟と化し、紙くず同然になった株をアメリカは巨額で買いとり、日本の企業を蘇生させたのだ。

「一体どうして」と尋ねると「アメリカは日本人の勤勉さをみて日本は必ず復興すると信じたからに違いない」との答えだった。まさに武士道の精神と言えようか。

アメリカの面積は日本の二五倍、多くの多彩な考えをもつ人民が住む超大国、その国の大統領がいかにすごいかは想像もつかない。

戦後７０年、オバマ大統領が原爆被災地広島訪問、これも想定外で感無量と言う他はない。

## ソビエト世界初
## オブニンスク原子力発電所運転

１９５４年6月1日、ソビエト連邦は世界初の原子力発電所・オブニンスク原子力発電所の運転を開始。起点より１４２年後に当たる。人類と原子力発電の出逢いである。『ソ連原子力開発の全て』（A・M・ペトロシャン著／伊藤弘・篠原慶邦訳）によると「原子力発電開発初期の時代に蓄積された知識を基にして、ソ連の科学者たちは、世界最初の原子力発電所写真（図127）用として、黒鉛を減速材とし水を冷却材とする非均質型熱中性子炉を選択、原子炉の熱出力は３０、０００kwが採用された。定格電気出力５、０００kwを確保することが出来たのである。」と記されている。

127　世界最初の原子力発電所「オブニンスク」
『ソ連原子力開発のすべて』A.M. ペトロシャンツ著
翻訳者 伊藤弘・篠原慶邦より引用

註（1）『バガバッド・ギータの世界』（上村勝彦著）

註（2）『戦後の日本経済』（橋本寿朗著）参照
註（3）『マッカーサーの目玉焼き・進駐軍がやって来た！』（高橋直史著）参照
註（4）『東西南北　2007和光大学総合文化研究所年報「ララ物資のはなし」』（奥須磨子著）参照

## 200年前の人々は何年先を見透せたか

| 年後 | 年 | 事象 |
|---|---|---|
| 0 | 1812年(文化 9年) | 函館の開祖・高田屋嘉兵衛 国後島でロシヤ船に拿捕さる |
| 41 | 1853年(嘉永 6年) | ペリー来航 日本人は黒船に驚き、鎖国の夢から覚める |
| 56 | 1868年(慶応 4年) | 明治元年、戊辰戦争、この国にまだ電気はなかった |
| 59 | 1871年(明治 4年) | 金谷善一郎、宿に困っていたヘボン博士を自宅に招く |
| 66 | 1878年(明治 11年) | イザベラ・バード、金谷・カッテージインに滞在 |
| 67 | 1879年(明治 12年) | アメリカの発明家・エジソン白熱灯を発明 |
| 70 | 1882年(明治 15年) | エジソン発電機発明、電化生活夜明け前 |
| 92 | 1904年(明治 37年) | 2月8日、日露戦争勃発 |
| 96 | 1908年(明治 41年) | 日光金谷ホテル シーメンス社製自家用水力発電設置 |
| 103 | 1915年(大正 4年) | アルベルト・アインシュタイン一般相対性理論提唱 |
| 109 | 1921年(大正 10年) | 10月、アインシュタイン夫妻日本訪問に出発<br>11月9日、船中でノーベル物理学賞受賞の知らせ受く<br>日光金谷ホテル宿泊 |
| 129 | 1941年(昭和 16年) | 12月8日、真珠湾攻撃、大東亜戦争（太平洋戦争）勃発 |
| 133 | 1945年(昭和 20年) | 8月6日午前　8時15分、アメリカ軍広島市に原爆投下 |
| 133 | 1945年(昭和 20年) | 8月9日午前11時　2分、アメリカ軍長崎市に原爆投下 |
| 133 | 1945年(昭和 20年) | 8月14日、ポツダム宣言受諾、日本軍無条件降伏 |
| 133 | 1945年(昭和 20年) | 日光金谷ホテル・日光観光ホテル、米軍に接収される |
| 134 | 1946年(昭和 21年) | アイゼンハウアー参謀総長日光金谷ホテル宿泊 |
| 130 | 1952年(昭和 27年) | 日光金谷ホテル米軍接収解除 |
| 142 | 1954年(昭和 29年) | 6月、ソビエト連邦世界初の原子力発電所<br>オブニンスク原子力発電所運転開始 |
| 174 | 1986年(昭和 61年) | チェルノブイリ原発で 原子力発電開発史上最悪の事故 |
| 199 | 2011年(平成 23年) | 東日本大震災<br>福島第一原子力発電所事故/INESレベル7<br>福島第二原子力発電所/INESレベル3 |
| 204 | 2016年(平成 28年) | 4月14日、熊本地震<br>5月27日、バラク・オバマ アメリカ大統領広島訪問 |

128　東日本大震災の翌年（2012年）を起点に200年前からの事象

## 中国のスモッグと日本

この章の始めに述べた火山の噴火・大地震・津波・ハリーケーン・サイクロン・スーパー台風・高潮・竜巻・大雨・大雪・洪水・土石流・土砂崩れ・巨大な雹など自然災害の誘因として「地球の温暖化」が次第に確実視されつつある。温暖化が人類と無関係に起きるとすれば自然災害といえるが。温暖化の原因が人類に起因しているとすればこれは人災というべきである。

ここで一つの問題を提起しよう。太陽光発電についてで、必要悪といえばそれまでだが、人間の勝手な論法は自然界には通用しないのではないか。

中国の空がスモッグで真っ暗な映像は、もう珍しくはない。テレビなどで天安門や毛沢東の肖像画、人民大会堂がぼんやりとかすんで見え、マスクをかけて歩く市民や観光客の姿がしばしば見られる。

微粒子(Particulate matter、Particulates=PM)とは、μm《ミクロン》(ミクロン=百万分の一メートル単位)の大きさの固体や液体の微粒子のことをいう。燃焼で生じた煤、風で舞い上がった土壌粒子(黄砂など)、工場や建設現場で生じる粉塵のほか、燃焼による排出ガスや、石油からの揮発成分が大気中で変質してできる粒子などからなる。

中国から日本に飛来するPM10(粒子径10μm)やPM2.5(粒子径2・5μm)などの有害微小粒子状物質の健康に及ぼす影響が注目されている。疫学的には、粒子状物質の濃度が高いほど呼吸器疾患や心疾患による死亡率が高くなるという有力な報告がある。

これとは別に、滋賀県立大学環境科学部の永淵修教授の研究チームは、中国から偏西風によって飛んできた水銀が内陸水域の魚類に与える影響を調査し、ビワコオオナマズに規制値の二倍を超える汚染を認めたことが報告されている。

大気汚染には世界の国々が関与しているといえるが、もちろん、日本もその責任の一端を担っている。

## シリコン精製に要する電力

原鉱(硅砂、硅石、石英)から太陽光発電に欠かせない多結晶シリコンの精製に要する使用電力の問題がある。

『高純度シリコンのマーケットとその製造法』(前田正史著)を参照すると原鉱から1kgの金属シリコンを還元するのに要する電力は15キロワット/時、金属シリコンから1kgの多結晶シリコンを生成するのに100~300キロワット/時、さらに多結晶シリコンから1kgの単結晶シリコンインゴットを精製に140キロワット/時の電力を要すると記されている。この論文に基づくかと思われる見解はネット上にもみられる。多結晶シリコンの原料となる金属珪素は、純度が９８～９９％で、高純度の石英($SiO_2$)鉱石を木炭等の高純度カーボンを還元剤として、直接アーク炉で還元することにより得られる。この製造は、金属珪素を１kg製造するのに１１～１５キロワット／時間の電力を要するといわれている。

また冷蔵庫が１日に消費する電力１０００ワットを得るためのソーラー板を生産するためには１０キログラムの多結晶シリコンが必要で、これだけの多結晶シリコンを生産するためには、２トン以上の石炭を消費しなければならないという。２トンの石炭があれば、冷蔵庫を２０年間使うだけの電力を発電できるとのこと。半導体用多結晶シリコンの原料として使用されている金属珪素の生産地は図

| 国　名 | 純分 t | 構成比% |
|---|---|---|
| 中国 | 5,100 | 66 |
| ロシア | 700 | 9 |
| アメリカ | 360 | 5 |
| ブラジル | 230 | 3 |
| ノルウエー | 175 | 2 |
| フランス | 170 | 2 |
| 南アフリカ | 130 | 2 |
| アイスランド | 80 | 1 |
| ウクライナ | 78 | 1 |
| インド | 70 | 1 |
| ブータン | 61 | 1 |
| ベネズエラ | 60 | 1 |
| カナダ | 35 | 0 |
| その他 | 430 | 6 |
| 合計 | 7,679 | 100 |

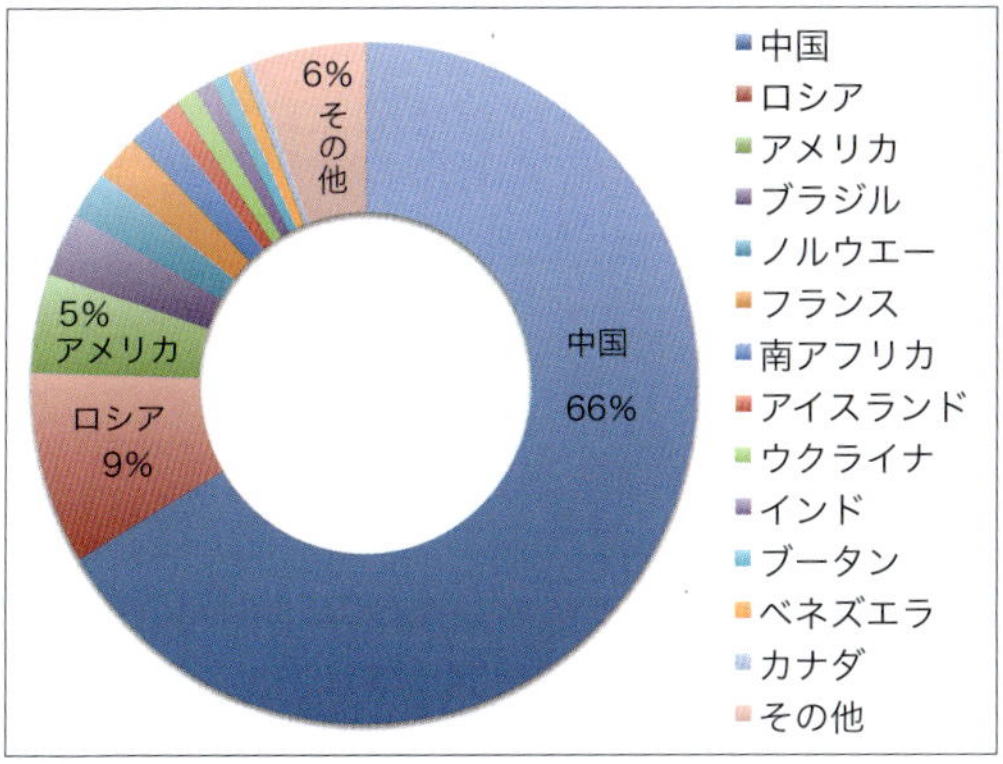


出典 :United States Geological Survey
「Mineral Commodity Summaries SILICON」World Production

129　世界の低純度金属シリコン生産量 2013

| 国名 | 純分 t | 構成比% |
|---|---|---|
| 中国 | 151,294 | 89 |
| ノルウェー | 5,061 | 3 |
| ブラジル | 4,940 | 3 |
| 南アフリカ | 3,360 | 2 |
| タイ | 2,300 | 1 |
| カザフスタン | 1,000 | 1 |
| フランス | 881 | 1 |
| 豪州 | 612 | 0 |
| ラオス | 140 | 0 |
| 台湾 | 100 | 0 |
| ドイツ | 88 | 0 |
| ベトナム | 60 | 0 |
| その他 | 89 | 0 |
| 合計 | 169,925 | 100 |

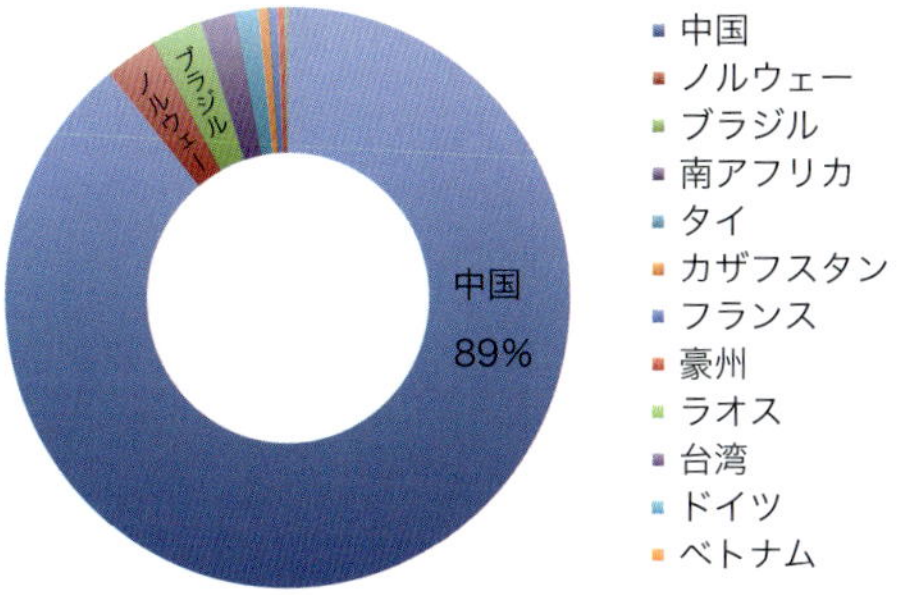


低純度金属シリコンの輸出入相手国 2013
出典：財務省貿易統計 純分換算率：金属シリコン 100%

130　低純度金属シリコンの輸入相手国 2013

129の世界の低純度金属シリコン生産量をみると、中国、ロシア、アメリカ、ブラジル、ウルウエー、フランスの順に多く、また低純度金属シリコンの輸入相手国は図130のように中国への依存度が非常に高く、2013年には中国からの輸入が全体の 89%を占めている。

金属シリコンは半導体や太陽電池部材に用いられる高純度金属シリコンと、化学品・アルミ添加剤などに用いられる低純度金属シリコンに分類される。高純度シリコンは、低純度金属シリコンと塩素を反応させ、四塩化ケイ素(ガス化)とし、これを蒸留して純度の高い製品を得る。

集積回路などの半導体素子に使用する超高純度のシリコンは、高純度シリコンからさらにFZ(Floating Zone=フローティングゾーン)法やCZ(Czochralski=チョクラルスキー)法などの単結晶成長法によって製造される。現在は、半導体の高集積化により、さらに高純度化が進んでいる。

太陽電池用には6N(純度99.9999%)—9N(純度99.9999999%)程度のシリコンが使用されている。日本ではソーラーグレードシリコンとして 主に9Nのものを推奨している。このソーラーグレードシリコンの市場規模は、太陽電池の補助金制度やメガ ソーラ発電システムへの投資が進み、数年前から需要が増加している。しかし、近年では中国や韓国などから安価なシリコンが多量に供給されるようになり、国内外で国産シリコンの価格競争力が失われ、その生産量も減少する傾向にある。(独立行政法人石油天然ガス・金属鉱物資源機構　鉱物資源マテリアルフロー 2014を参照)

## 効率のよい素材の開発が必要

『高純度シリコンのマーケットとその製造法』(前田正史著)は旭硝子株式会社中央研究所に所属する宮川直通氏(次女の夫)にお願いして入手した論文だが、宮川氏の話では今後、さらに効率のよい素材が開発される可能性はあり、素材の開発は極めて重要で効率がよくなれば太陽光発電ももっと改善されるとのこと。

高純度シリコンの製造に要する消費電力だけを問題にしている論文が多くみられるが、確かに高純度シリコンの製造に要する消費電力の削減は大切だが、パネルのアルミ枠やアルミ架台や、暴風に飛ばされないための基礎工事を含む設置のための装備や設置場所の整地に要するエネルギーについては詳細な論文が見当たらない。

風力発電についても台風に耐えうる風車を施設するための風車翼の強度、タワーの強度、基礎の大きさなどを考慮した上での製造に要する消費電力や、さらに発電機やその他電気系統に付随する装置を作成するために要する消費電力についても詳細な論文がない。

要するに、現状では日本が太陽光発電を行えば行うほど中国の空は火力発電の石炭の煙で暗くなることになる。温暖化と共に、台風はさらに大型化し、瞬間風速は記録を更新し、大雨、水害、洪水、土砂崩れ、大雪などによる太陽光発電のパネルの破損や風力発電の倒壊は計り知れない。あたかも、滅び行く輪廻の歯車を思い浮かべざるを得ない。

縄文人は極めてエコロジーな生活をしていたと考えられている。けれども一度電気やガスの利便性を知ってしまった現代人は、それらのない生活には戻れない。

３・１１の時の停電を今一度思い浮かべていただきたい。これが大都市で起きようものなら、高層ビルのエレベータは止まったまま、電車も止まったまま、もちろんテレビも冷蔵庫も使えない。停電は三日間で復旧はしたが、もし復旧が見込めないほどの電力不足が生じた場合のことを考えておく必要がある。

電気自動車(ＥＶ・Ｅｌｅｃｔｒｉｃ Ｖｅｈｉｃｌｅ)の普及と電力不足はごまかしの効かない深刻な現実問題なのをご存知か。原発再稼働がなければ世界に約束した二酸化炭素排出削減は出来ないことも物理学的な事実でこれもごまかしが効かない。

それでもなお、悲観論ばかりではない。松下幸之助氏の著書『人間としての成功』のように次々と新しい研究が行われている。

ノーベル物理学賞受賞有力者の一人に挙げられている東京工業大学応用セラミックス研究所細野秀雄教授のもとで、世界最大手のガラスメーカーである旭硝子は、有機ＥＬ(ｅｌｅｃｔｒｏ-ｌｕｍｉｎｅｓｃｅｎｃｅ)やセラミックの新素材の研究開発に取り組み、電子を素早くやり取りでき、ディスプレーの構造を単純化し、大画面のテレビを安くつくれて、画面の焼きつきも抑えられる有機ＥＬディスプレー向けの新素材を開発し新素材の原料の供給体制を整えつつあるとのこと。

現代の原子力発電に代わるような奇想天外な発電方法が全く開発されないとは断言できないであろう。

さて、病んでいるらしい地球号のことを考えるといささか憂鬱《ゆううつ》になってしまう。地震・津波・噴火・台風・水害・大雨・大雪の不安をぬぐいきれない。

地球号の病を癒す手だてはあるのか……。温暖化対策は本当にあるのか……。いや、もしかして不可能ではないのか……。

こんな時には星地名のことを考えるにかぎる。縄文の世界に逃げ込んでしまいたくなる。

それでは縄文方位測量の活用編に進むことにしよう。

# 第10章 縄文語の天文学的時代考証と日本語とアイヌ語

これまで縄文語については『縄文語の発見』(小泉保著・１９９８年6月第一刷発行)、『縄文語の発掘』(鈴木健著・２００２年2月)など、参考となる書物は多いが、いずれも言語学的、文献的な時代考証であって、縄文時代を指し示す時計がなかった。極端な話になるが録音されていたわけではないので縄文語の時代特定はかなり曖昧にならざるを得ない。

これに比べて星地名は天文学的年代測定による裏づけができるので、今から4～5千年前に星地名地点に名づけられた地名や彼らが目標《めじるし》(ランドマーク)に用いた山や丘などの名称から縄文語を特定できる。さらに、日本語とアイヌ語と縄文語の関係についても解明が可能となろう。

また縄文人は、星・細の対応で示したように、星地名と景観(ランドスケープ)を結びつけていた。言い換えると地形に強い関心を持っていたと考えられる。

## 天文学的年代測定発見地・大湯の星地名

図131に秋田県鹿角市の「大湯環状列石・黒又山周辺の方位測量図と星地名」を示したが、「星地名用語の推移」で述べた音声を含む地名が沢山見られた。

藤原、細越《ほそごえ》、箒畑《ほうきばた》、鳥越《とりごえ》、割石、堀内、折戸、腰廻《こしまわり》、根市、風張《かざはり》、保田《ほった》、根市戸、石野、高市《たかいち》、葛原《くぞわら》、内山、乳牛《ちうし》などがそれに該当する。この方位測量の天文学的年代測量はＢＣ約２１５０年で、これは大湯環状列石の年代が、約４０００年～３５００年前の縄文時代後期前葉から中葉と推定されているのと符合するので、これらの星地名や目標の山の名称は縄文時代に名づけられたと考えられる。つまり縄文時代の星地名や目標の音声が、長い年月のうちに少しずつ変化しながらも、その音声の痕跡を留めていると考えられる。したがって縄文語由来の日本語と言えよう。

## 土筆〈ｔｕｋｕｓｉ〉は縄文語由来の日本語

図131に見られる土筆森は、青森県の三内丸山周辺の方位測量図の土筆森山〈ｔｕｋｕｓｉ・ｍｏｒｉｙａｍａ〉と共通の音声を含み、また青森県下北半島の霊場・恐山周辺の方位測量図でに見られる大尽山《おおつくし》〈ｏｏ・ｔｕｋｕｓｉ・ｙａｍａ〉図132は縄文人の目標の山として美しい姿を湖面に映している。大尽山も〈ｔｕｋｕｓｉ〉を含む。

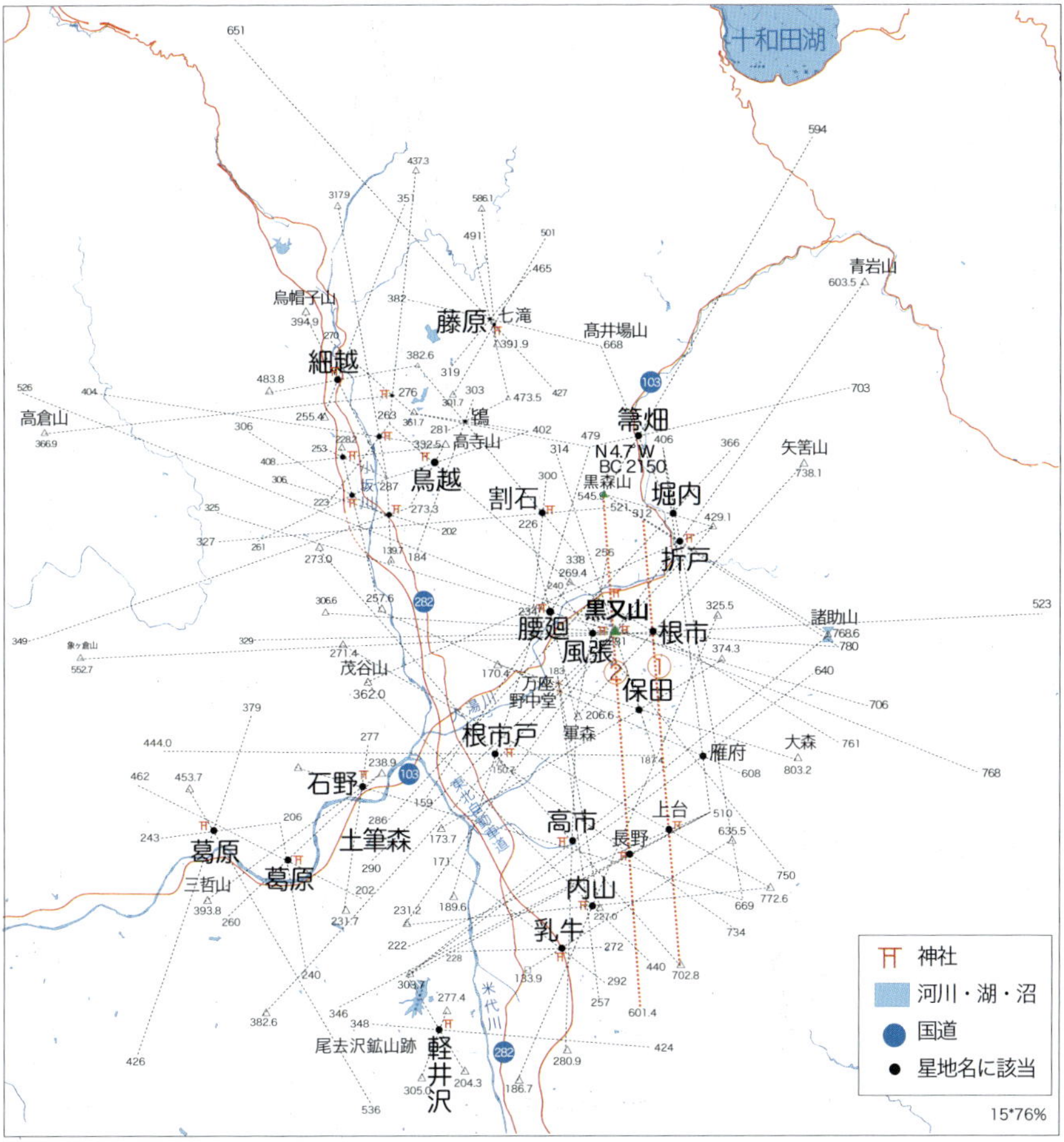


131　大湯環状列石・黒又山周辺の方位測量図と星地名

132　恐山の宇曾利山湖に映る大尽山　筆者撮影

これらの目標の山に共通する土筆〈tukusi〉は縄文時代の言葉と考えられる。

〈tukusi〉とは何か。ツク〈tuku〉はアイヌ語で「出る・生える・伸びる」で日本語の「突く・突き出る」に対応している。

## 土筆〈tukusi〉の〈si〉は何か

〈tukusi〉の〈si〉は何を意味するのか。

倭《やまと》は　国のまほろば
たたなづく
青垣山隠《やまごも》れる
倭しうるはし

これは、日本武尊の国偲び歌の一節で倭《やまと》しのしは倭こそという強調語とされているが、アイヌ語でも〈si〉は自分という意味なので、筆者は〈si〉はそれ自体とか、そのものを強調する縄文語と考えている。土筆森は〝そのもの〟が突き出てくる植物のツクシや昭和新山のように平坦地自体が突き出てくる火山の意と受け取れる。

つくし〈tukusi〉一例をとりあげただけでも、縄文人の自然観察力の正確さと実態をつぶさに言い表す言葉の力に驚かされる。これも遺伝子のせいであろうか。

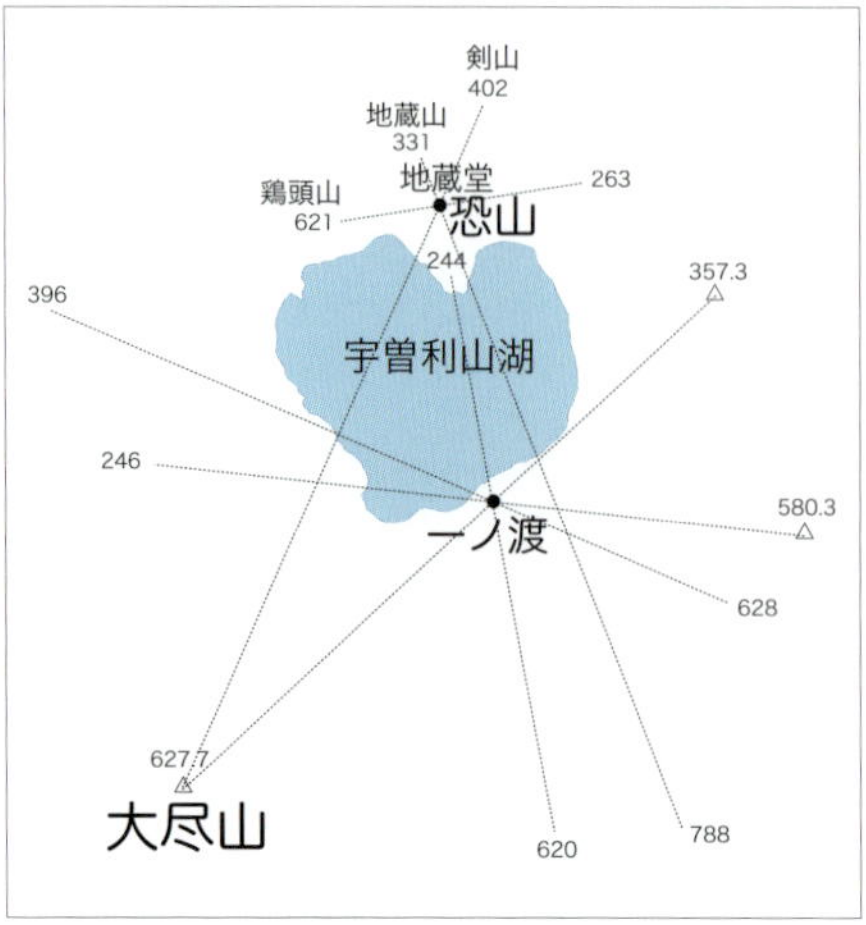


133　恐山周辺の方位図にみる大尽山

134　三沢市淋代海岸のつくし
筆者撮影

「第7章 星地名の条件」の「星・細と押・遅の対応」で述べた押野は図135斎宮《いつきのみや》（伊勢神宮）周辺の方位図にもみられ袴腰山も存在している。細原は図136厳島《いつくしま》（安芸の宮島）の方位図でもみられた。

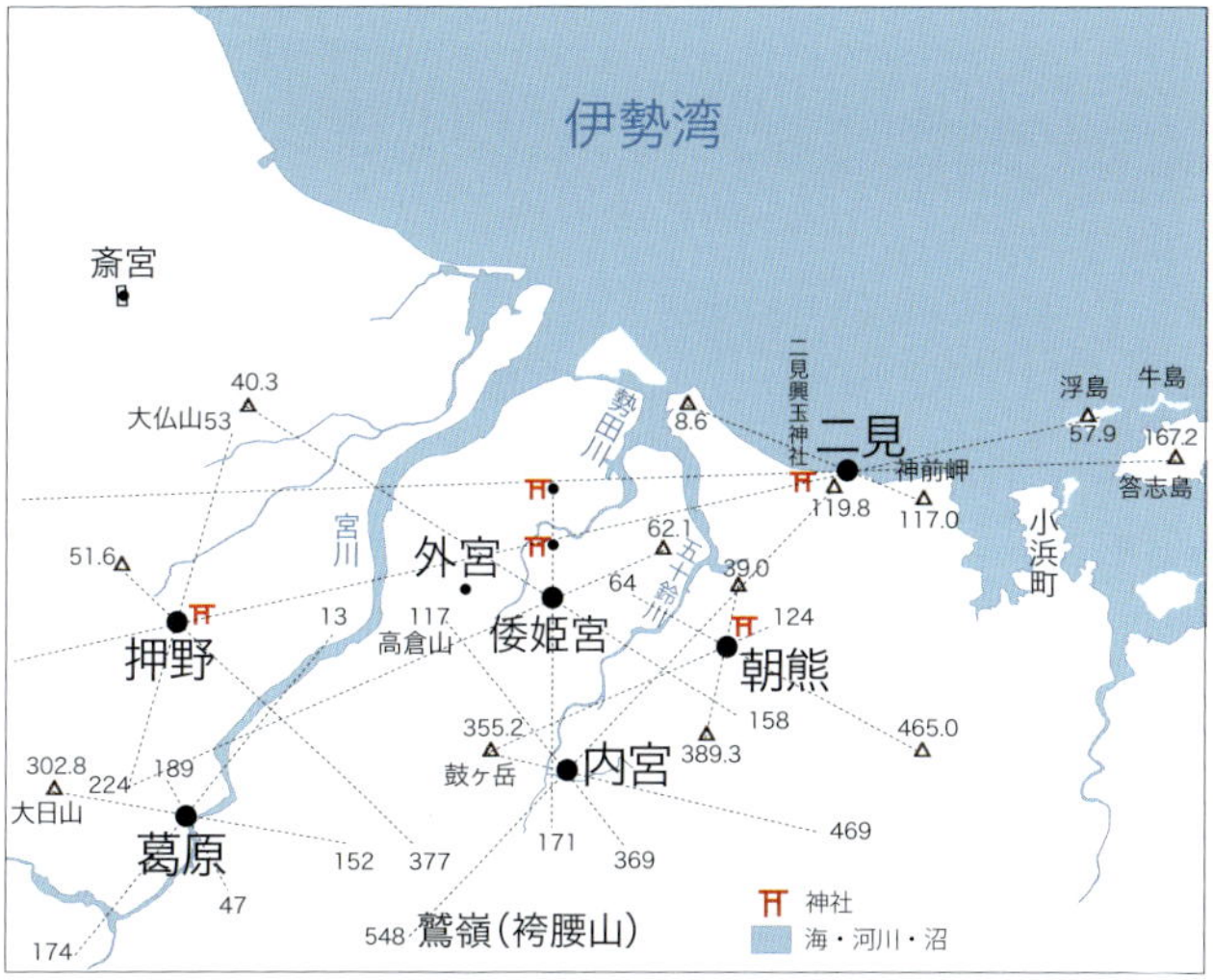


135　斎宮《いつきのみや》（伊勢神宮）周辺の方位図

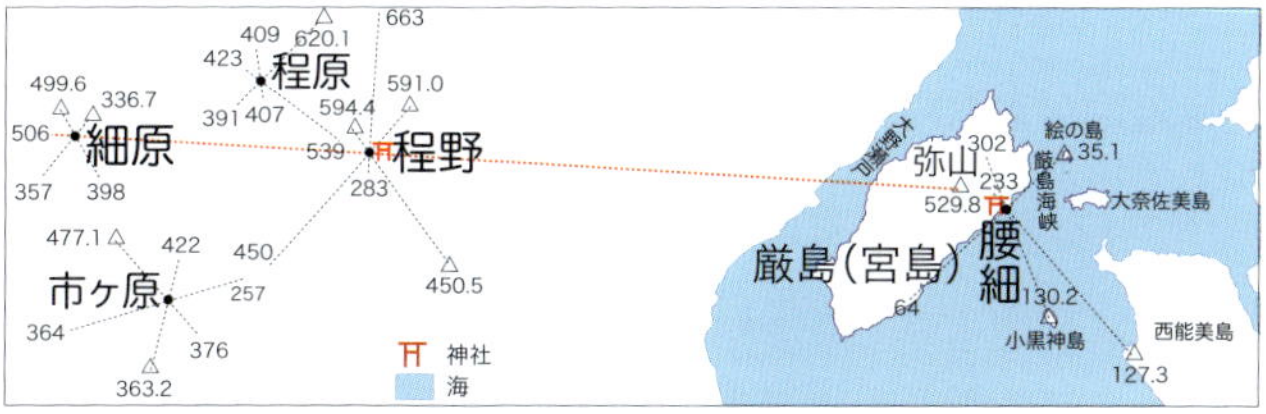


136　厳島《いつくしま》（安芸の宮島）周辺の方位図

## 斎〈itsuki〉は縄文語由来の日本語

それでは斎宮・厳島の両者に共通する言葉〈ituki・itukɯ〉とは何を意味するのか。斎のイ〈i〉はアイヌ語の〈i〉に対応していて恐ろしいもの（熊・蛇など）を意味し、ツク〈tuku〉はアイヌ語のタク〈taku〉に対応して招く・引き寄せる・抱くの意と解釈される（『日本語とアイヌ語』参照）。つまり伊勢神宮や安芸の宮島は〈i・tuku〉で霊を呼びよせる場所を意味することになる。

出雲大社は古代より杵築《きづき》大社と呼ばれていたが〈i・tuki〉が〈ki・duki〉に変化したものと考えられる。

ituki
ituku
kiduki
hiduki

137 ituki から hiduki への変化

つまり斎・杵築・日月は縄文方位測量から考察すると共通の言葉と考えることが可能となる。図138の杵築大社周辺の縄文方位測量図をみると、杵築〈kiduki〉は三本線の交点に位置し、古志と連携し、星地名の条件を満たしている。

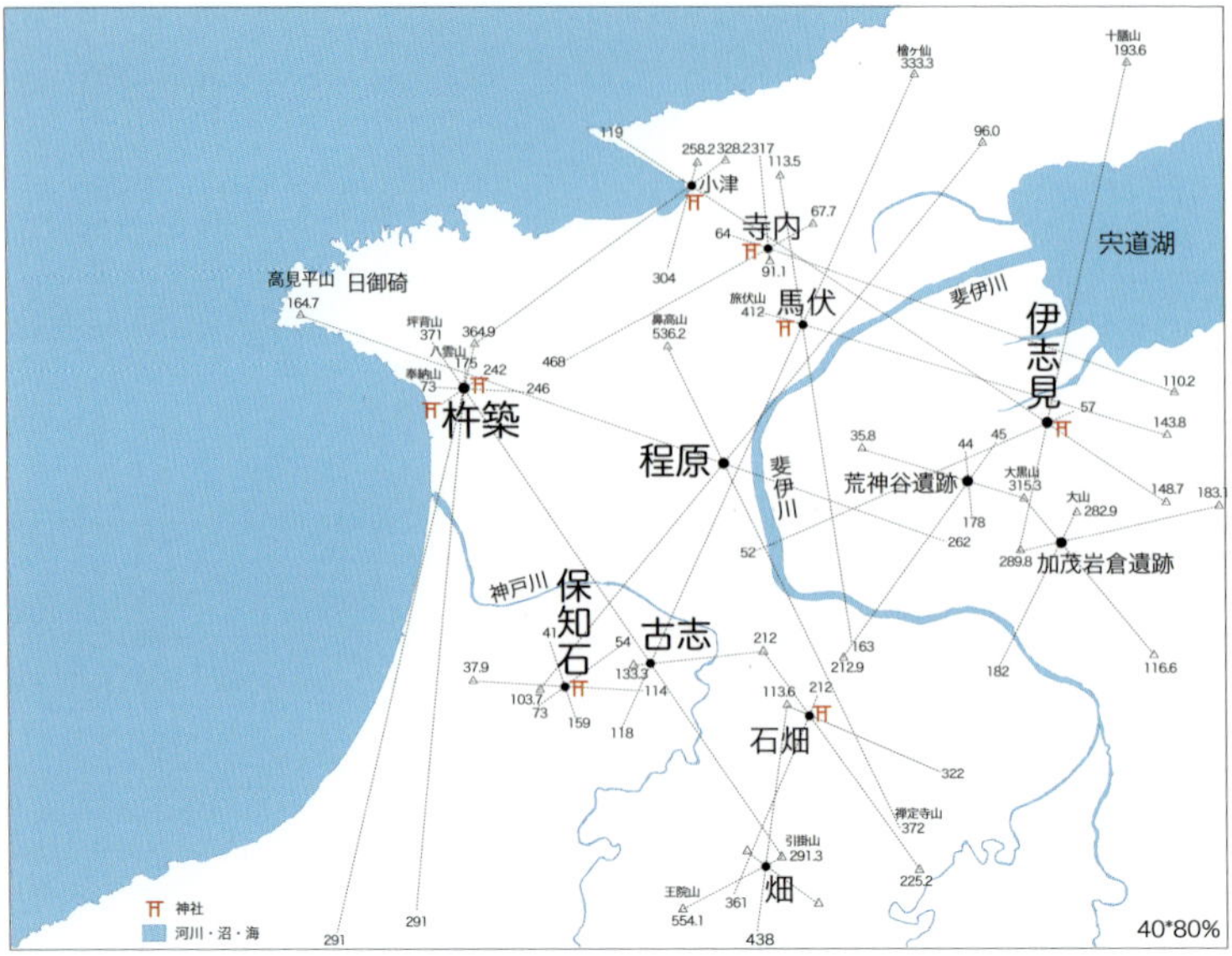


138　杵築宮《きづきのみや》（出雲大社）周辺の方位図

図136の厳島頂上の弥山→程野→細原は極めて正確に一直線上に並んでいる。数値地図25000で1㎜もずれない。図139の松山市周辺の例ではこのような直線が三本（赤点線で示す）もみられる。

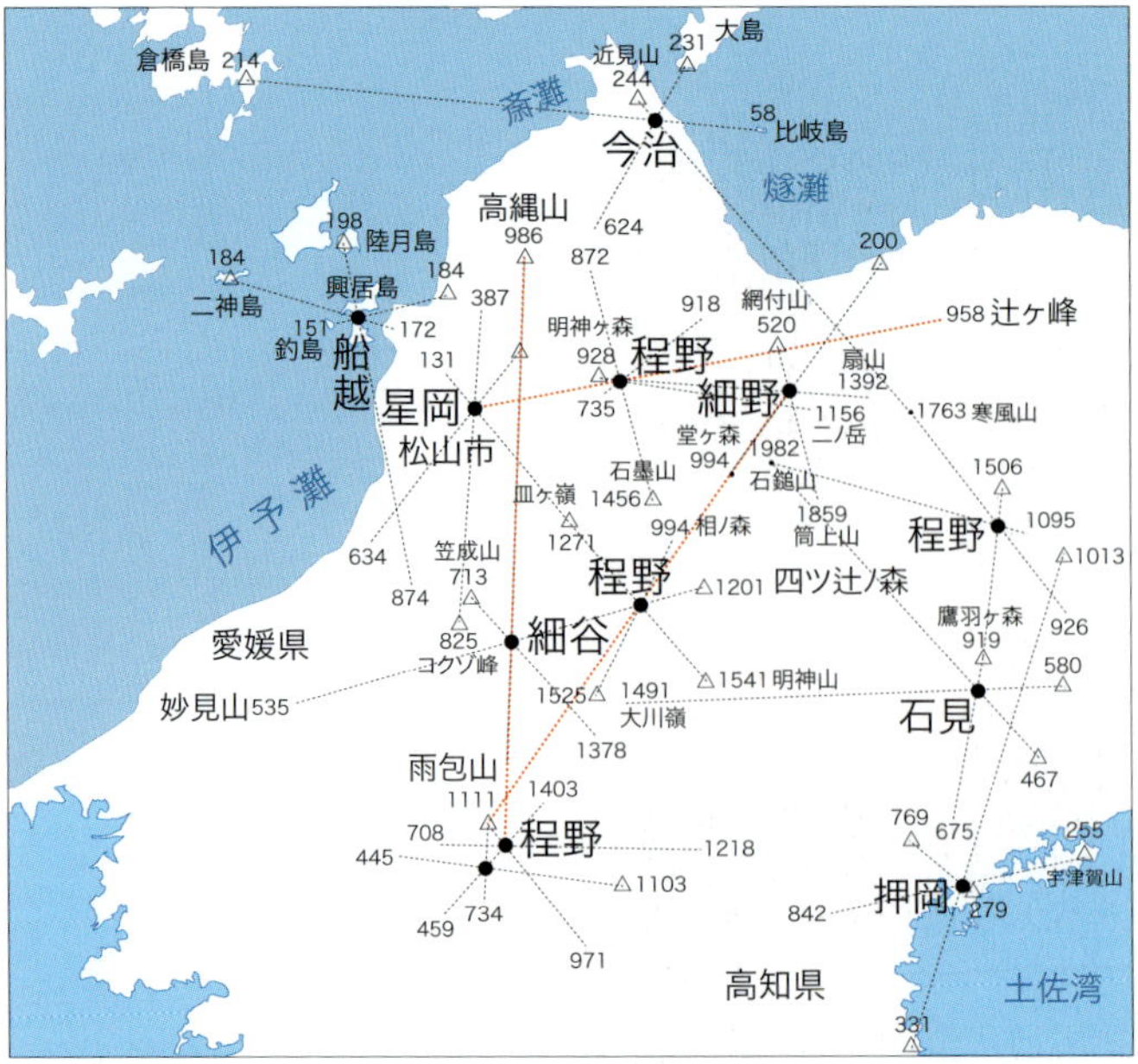


139　四国松山市周辺の方位図

図140の青森県十和田市の月日山《つきひやま》には日月神社があり、本来は日月山であったと考えられるが日月〈h i t u k i〉は〈i・t u k i〉が変化したものと考えられる。十和田市の月日山は信仰の山でイタコ〈i・t a k o〉発祥の地とも言われているが、郷土史にも記載はなく、月日山近くの星地名・程野のそばに建つイタコ塚がその証と言える。

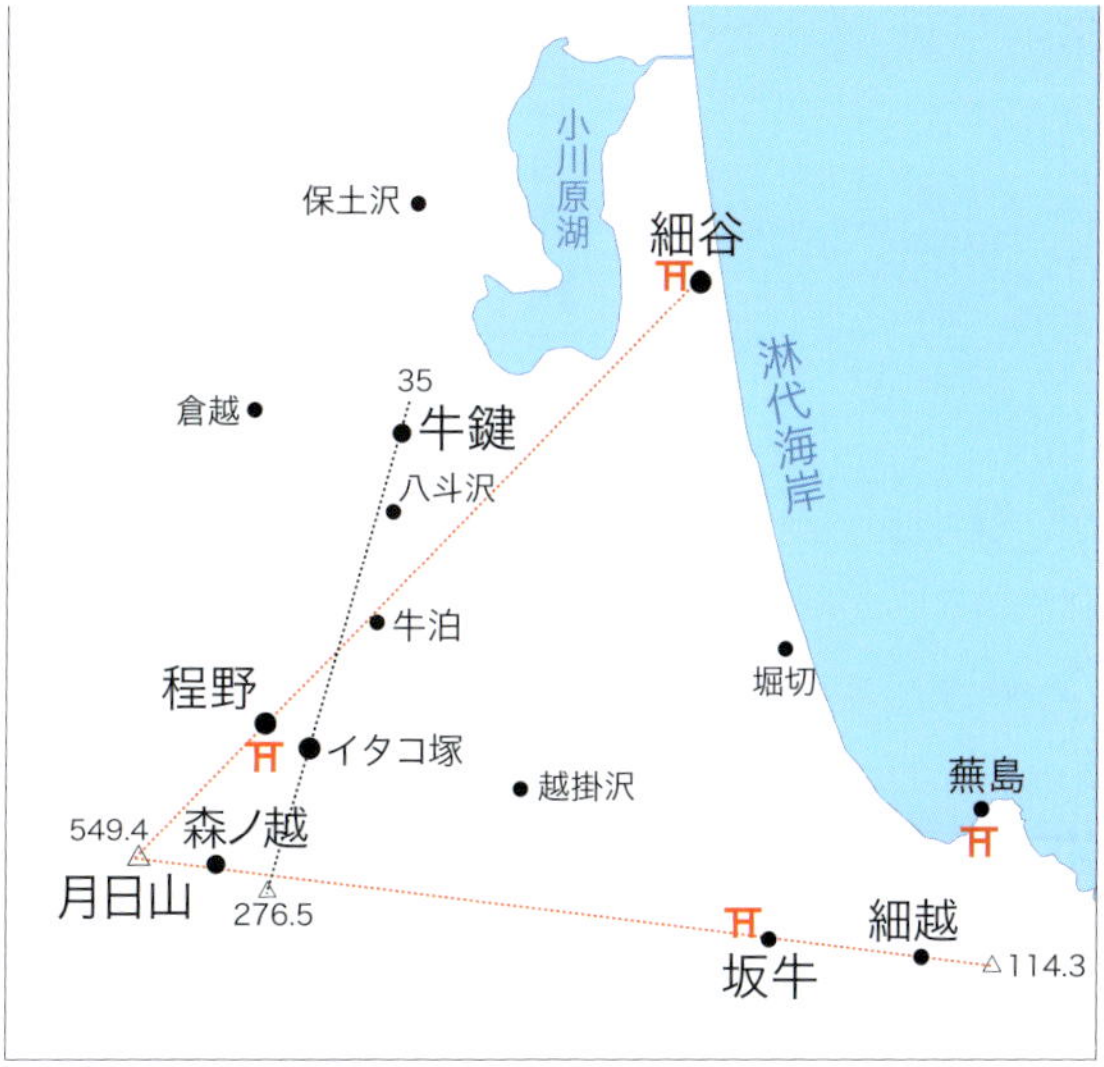

140　青森県十和田市の月日山周辺の方位図

月日山→程野→細谷も、また月日山→坂牛→細越もやはり一直線上に位置している。つまり縄文方位測量の様式に適応する。〈i t u k i〉は縄文方位測量と密接な関係にあり縄文語由来の日本語と考えられ、イタコ〈i t a k o〉は霊を引き寄せるの意となろう。

〈i・t u k i〉の〈i〉は恐ろしいもの（霊・熊・蛇など）で、口にするのも恐ろしいので省略して〈t u k i〉〜〈t i k u〉と呼んだと考えられる。

141　月日山近くのイタコ塚　　筆者撮影
GPS 測定：北緯 40° 33′ 44″東経 141° 11′ 19″

月山、筑波山、竹生島は〈i〉が省略された霊山や霊島を表していると考えられよう。忌《い》み〈i・mi〉の〈mi〉も恐ろしいもの(台風・地震・火山・津波など)で、宮古島《みやこ》(台風の通り道)や宮古(津波)などがあげられよう。転じて畏れ多い・尊いとなったと間あえられよう。〈i・tuki〉と連携する程〈hodo〉・細〈hoso〉・古志〈kosi〉もまた縄文語由来の音声を残す言葉と考えられる。

## 『青森県遺跡地図』による飛鳥の時代考証

図142には三内丸山の北北西に飛鳥《あすか》という星地名がみられる。飛鳥は105mの山を介して三内丸山と連携し、細越は182mの鳥屋森を介して三内丸山と連携している。つまり飛鳥と細越は三内丸山に対して同じような位置関係にあるといえようか。

図143に示した青森県教育委員会作成の『青森県遺跡地図』をみると、青森市飛鳥字塩越の「飛鳥(一)遺跡」(縄文遺跡・矢印下)が方位測量の星地点・飛鳥と極めて正確に一致していた。

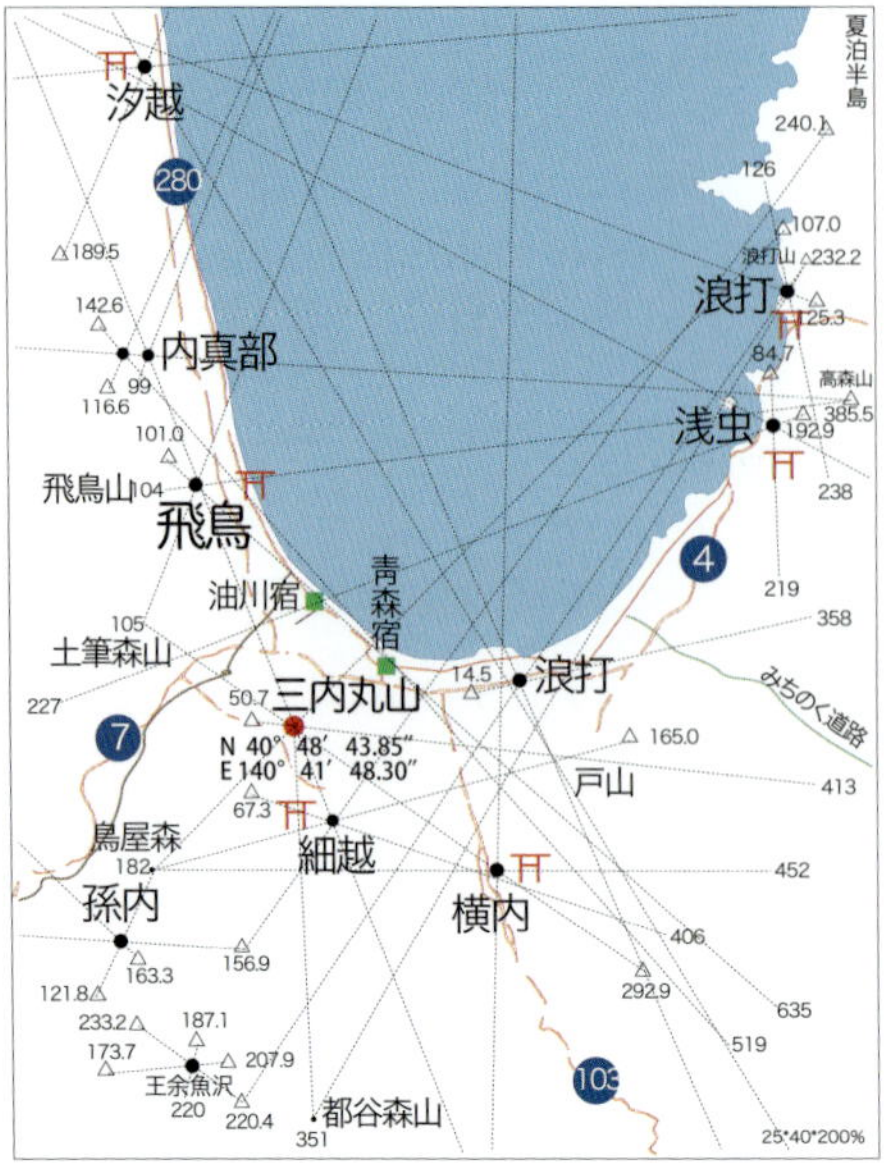


142　三内丸山に隣接する飛鳥

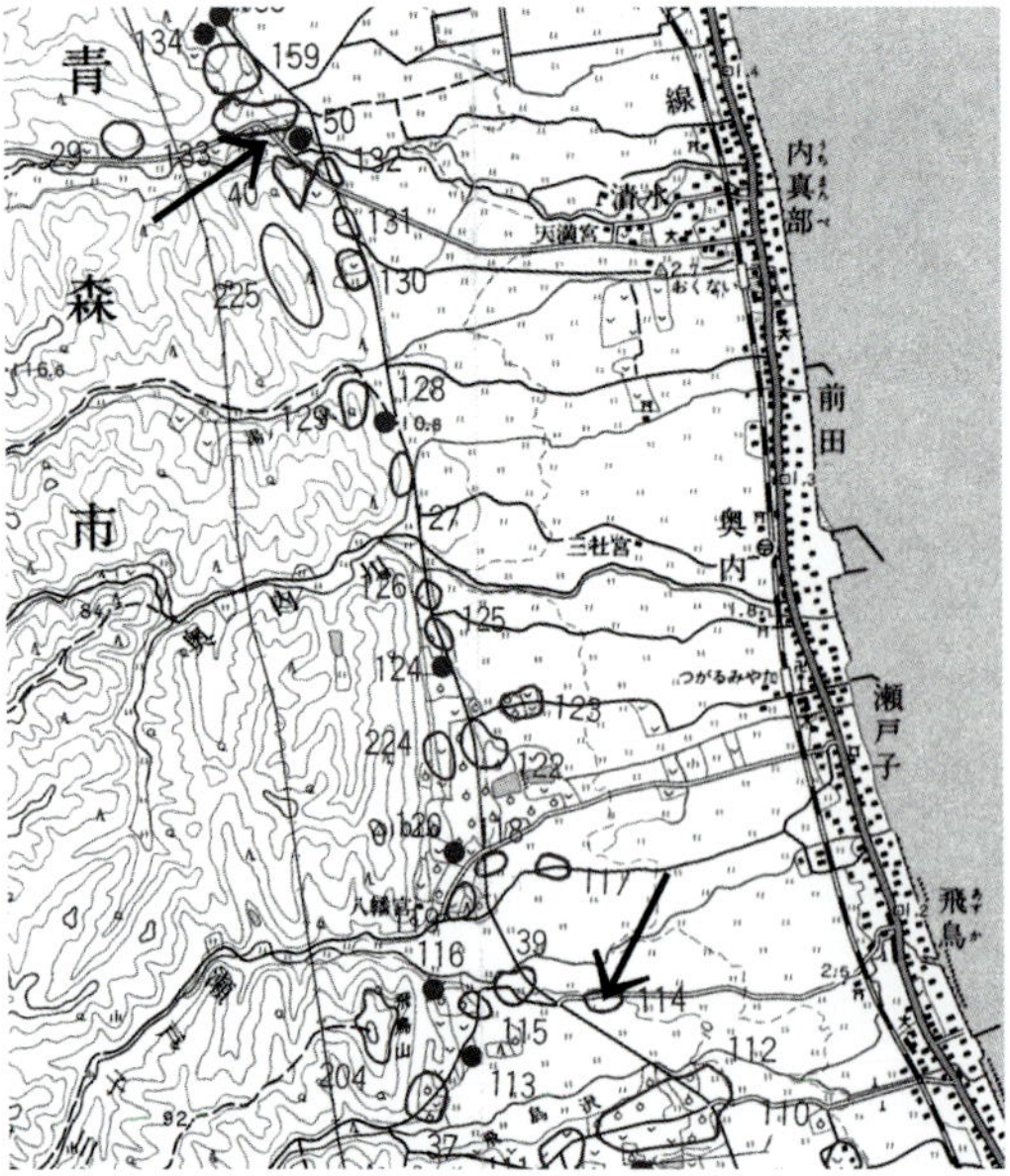


143　『青森県遺跡地図』より抜粋　筆者加筆

なおこの地点には飛鳥(一～四)遺跡があり、いずれも縄文時代の遺跡であると記されている。

図144に青森県三戸郡田子町の星地名・飛鳥平を示したが、方位測量図をみると標高318・5の三角点をもつ山を介して茂市《もいち》と連携がみられ、茂市〈ｍｏ・ｉｔｉ〉も星を表す言葉と考えねばならない。

茂〈ｍｏ〉は川岸・水辺を表している。アイヌ語〈ｍｏｍ〉は流れると言う意味で、茂〈ｍｏ〉との対応が見られる。他にも細野や葛川《くずかわ》という星地名も存在している。

『青森県遺跡地図』によると三戸郡田子町原字飛鳥平45には縄文・平安の遺跡「飛鳥平遺跡」(矢印)があり、この地点は図144の方位測量の星地点と一致していた。田子町の飛鳥平には鳥居はみられなかった。

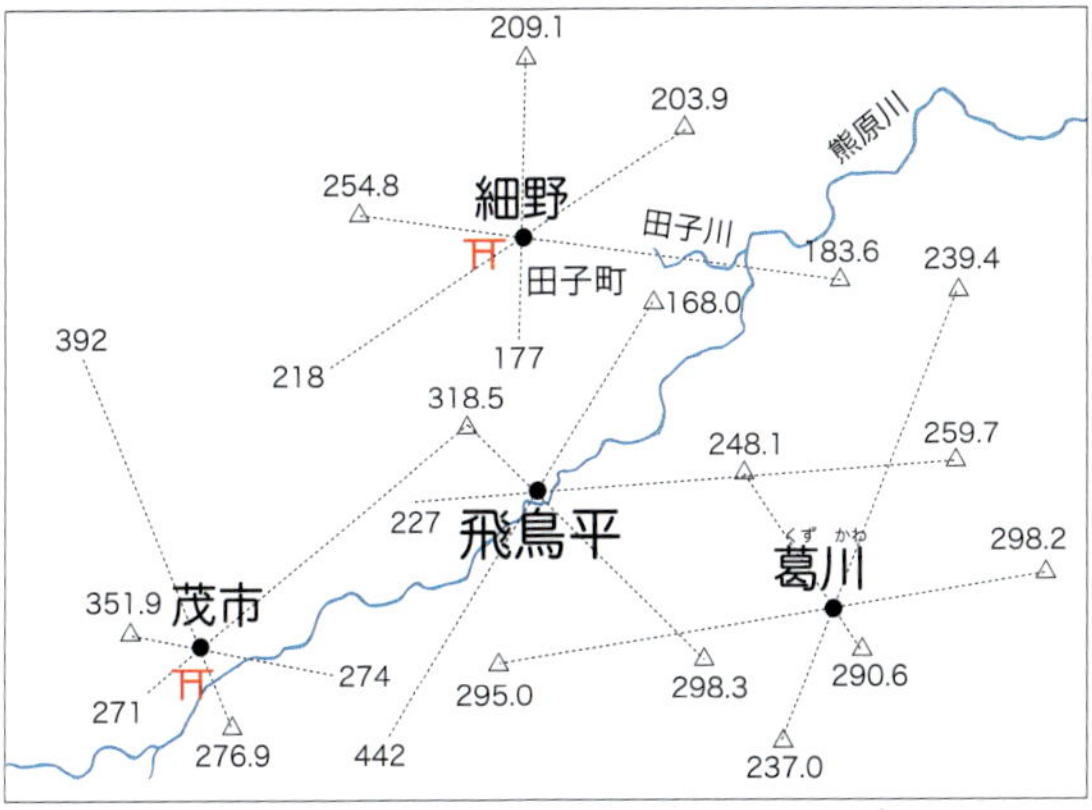


144　田子町の飛鳥平周辺の方位測量

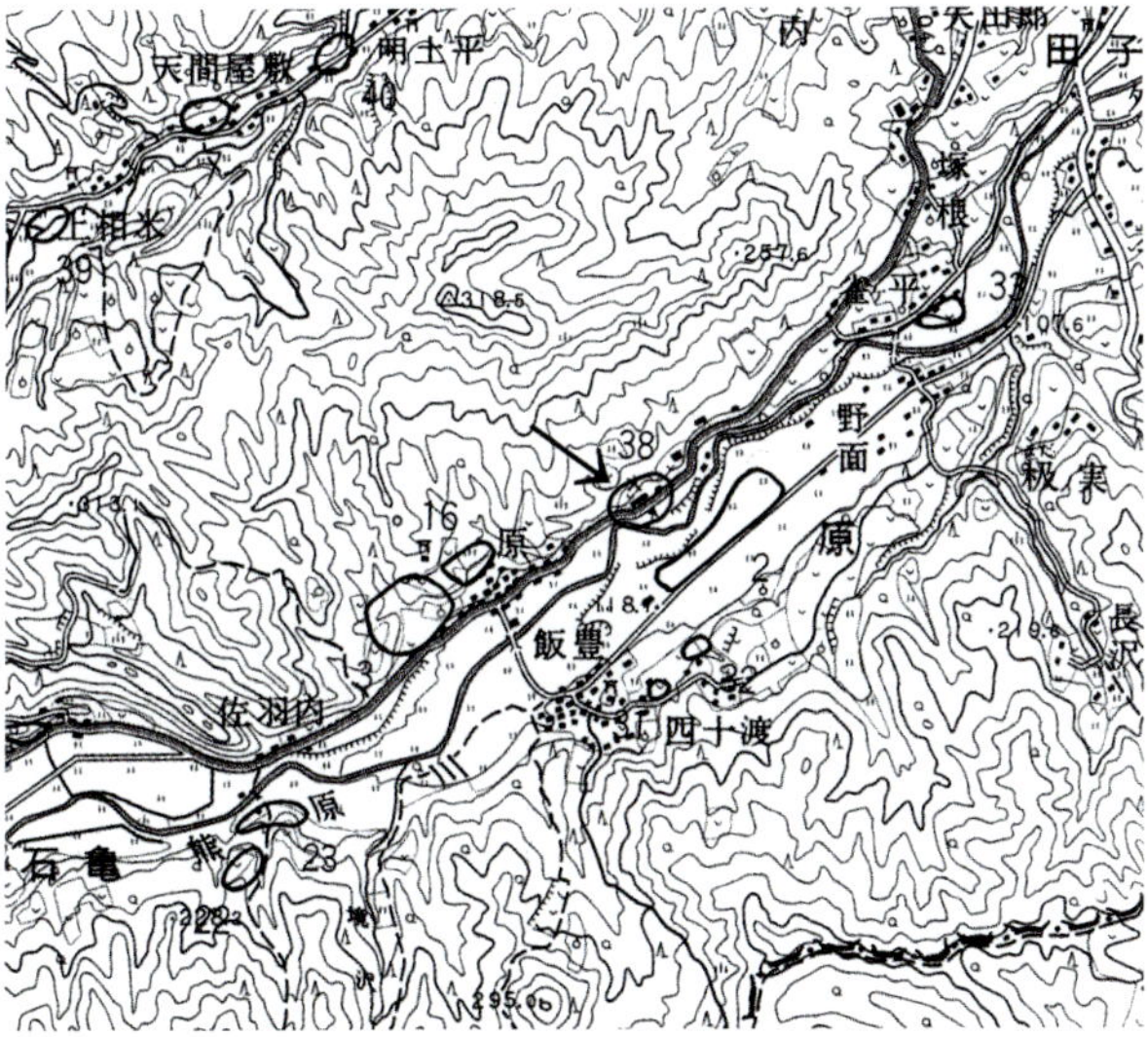


145　飛鳥平遺跡『青森県遺跡地図』より抜粋
筆者加筆

## 大和の飛鳥も星地名

飛鳥といえば真っ先に思い浮かべるのは飛鳥時代から知られる大和(奈良県)の飛鳥であろう。

「奈良県の他にも飛鳥があるのですか」とよく尋ねられるが、飛鳥は各地に見られる縄文語由来の日本語地名である。

大和の飛鳥には、『萬葉集』巻一二八に

春過ぎて夏来るらし白たえの衣干したり天香具山

(持統天皇)

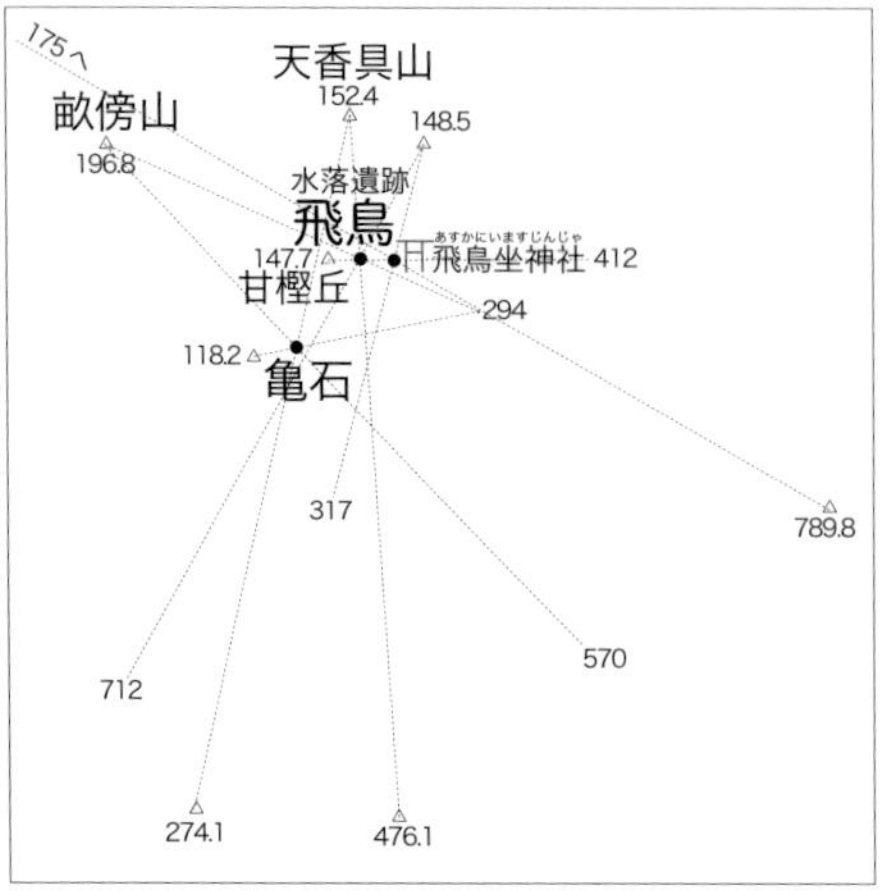


146　大和の飛鳥

と歌われた、歴史的に有名な天香具山《あめのかぐやま》や甘樫丘《あまかしのおか》をがあり、これらの山は縄文人も道案内の目標(ランドマーク)にしていたと考えられる。

## 飛鳥〈ａｓｕ・ｋａ〉は縄文語由来の日本語

図146に大和の飛鳥の方位測量図を示したが、飛鳥は畝傍山を介して亀石と連携し、１４８・５ｍの山を介して飛鳥坐神社と連携していて、星地名の条件に適合する。

飛鳥という地名の解釈については、地名辞典などによると、朝鮮文化論の立場から「アンスク(安宿)の約化」だとして、安らかな居住地を意味するという住地説があったり、また「ア(接頭語)スカ(州処)」で砂地を意味するという砂礫説がある。しかし、青森、岩手の飛鳥は朝鮮文化との関わりは否定的で、また多くは遺跡や神社と位置的に関連性がみられ必ずしも砂地ではない。

飛鳥の〈ａｓｕ〉は越《こし》・串《くし》のところで述べたが〈ｋｕｓｕ〉↓〈ｕｓｕ〉↓〈ａｓｕ〉と変化したもと考えられる。そして飛鳥はさらに安家〈ａｋｋａ〉↓赤〈ａｋａ〉と変化したことが多くの方位図から読みとれる。

〈ａｓｕ・ｋａ〉の〈ｋａ〉は何を意味するのであろうか。

〈ｋａ〉は、懐かしい歌によく登場する。

〃兎追いし彼の山〃や〃山の彼方に憧れて〃の彼《か》の意で、

向こうの・遠くの処を指し、飛鳥は星の渡る処を意味する星地名である。アイヌ語でも〈ｋａ〉は〝かなた〟や〝ほとり〟を意味し、日本語の彼方と対応している。

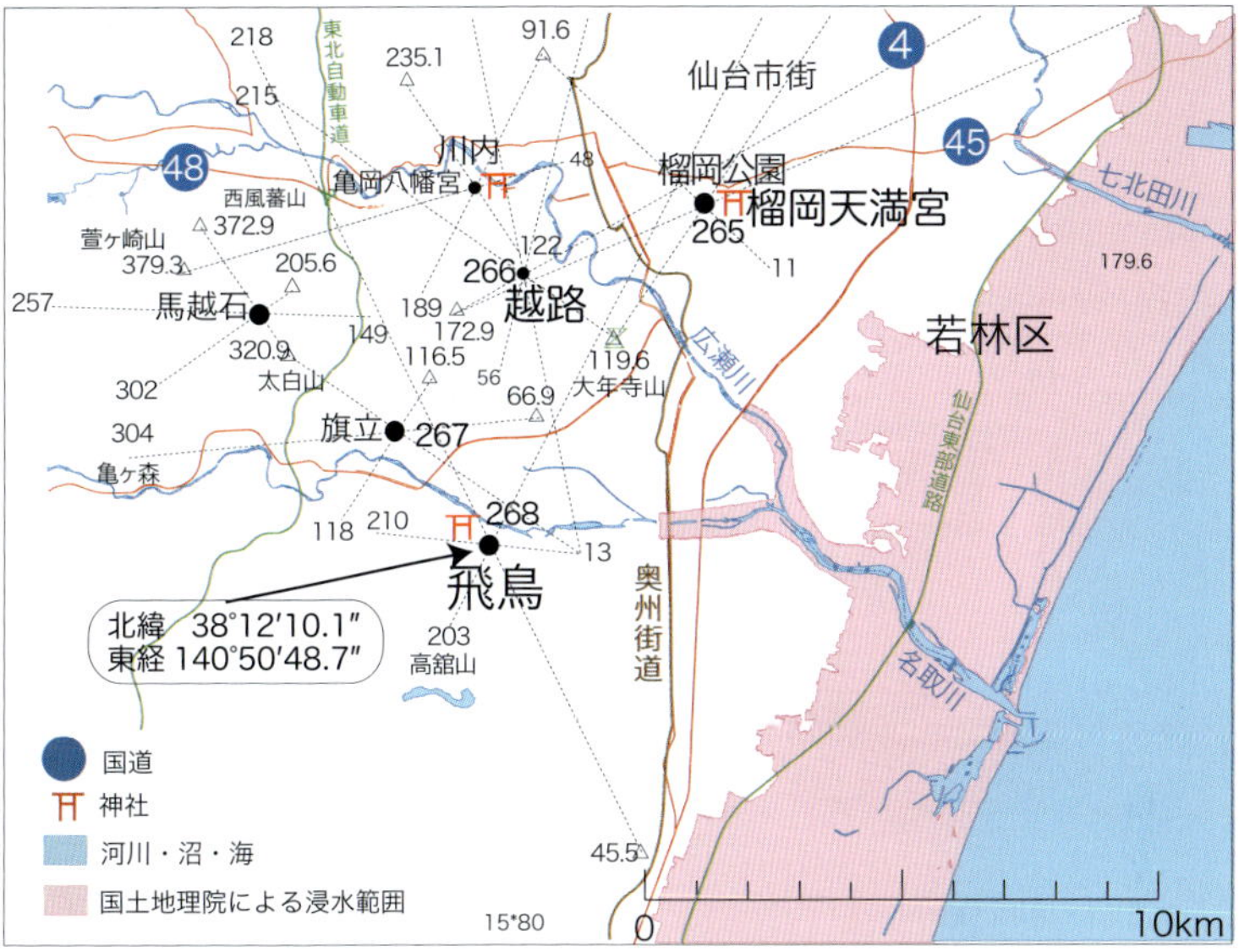

147　名取周辺の星地名と津波による浸水状況

## 名取市の飛鳥

３・11災害で津波の浸水を免れた青森県下北～茨城県阿字ヶ浦までに存在する海岸線最寄りの星地名に北から№を付けると№1～№382と３８２ヶ所の星地名を認めたが、図147に示す宮城県名取市の飛鳥は№268の星地名に該当する。

後述する榴岡天満宮は№265に当たる。この飛鳥は１３ｍの地点を介して旗立《はたて》および越路と連携し、さらに越路は１７２・９ｍの三角点を介して榴岡天満宮と連携している。

## 飛鳥・越路・榴岡天満宮の連携

飛鳥・越路に連携する榴岡天満宮の由緒を要約すると「榴岡天満宮は、平安時代の９７４年(天延２年)に山城国(現在の京都府)に創建されたといわれる。その後、平将春が陸奥国宇多群(現在の福島県)に勧請し、宮城県柴田郡川内村、小俵玉手崎(仙台市青葉区の東照宮の地)に遷座が行われ、後に、藩祖伊達政宗が１６１１年(慶長１６年)に新たに丹塗りの社殿を造営、１６６７年(寛文７年)３代藩主伊達綱宗の時に丹塗りの社殿・唐門を新たに造営し、菅原道真の直筆の書を奉納してこの榴ヶ岡に遷座された。」とある。仙台市に住む佐藤理美(筆者の娘)に写真撮影を依頼したところ、天満宮の鳥居の他に意外な写真が添付されていた。神社の境内に隣接して妙見宮が祀られていたことが判明した。ありがたくも榴岡天満宮宮司菅野棟之様より写真掲載の御許可を賜ったが、妙見宮についの文献は残念ながら当宮にはないとのこと。

## 榴岡天満宮にみる神道の包括力

榴岡天満宮の鳥居をくぐると左手に妙見宮と躑躅岡八幡宮が祀られている。神道の素晴らしさを感じずにはおれない。八百万の神を祀る。包括的で排他的ではない。

そのお蔭で縄文の星がどうして天満宮の位置に一致するのかという謎が解けた。同様の現象は後述する福島県桑折町の諏訪神社でもみられた。諏訪神社の境内には北辰宮が祀られていた。「第1章 きっかけで」星地名と妙見信仰の関連性に触れたが、躑躅岡天満宮の地点も妙見信仰と係

148　榴岡天満宮の鳥居
掲載許可 榴岡天満宮　撮影 佐藤理美

149　妙見宮の扁額　撮影　佐藤理美

わっていたことが判明した。

## 宇霊羅山〈ｕｒｅｉｒａ〉は縄文語

図150に平泉周辺の方位図を示したが、赤羽根・赤伏の赤〈ａｋａ〉は〈ａｓｕｋａ〉からの音声変化と考えられる。その中間の音声は図151に示す安家〈ａｋｋａ〉であろう。天文学的時代測定によって、これまで意味が曖昧であった言葉が縄文語由来の日本語であることが理解される例は多い。

150　赤羽根・赤伏

その一つに岩手県下閉伊郡岩泉町の標高６００・５ｍの宇霊羅山《うれいらやま》がある。この山の奥深くに有名な龍泉洞《りゅうせんどう》が潜んでいる。龍泉洞の水は世界でも有数の透明度を誇っているが、これは、地下深くに潜り込んだ沢の水が、地底湖で湧出するためであると言われている。

宇霊羅山の「ウレイラ」とはアイヌ語の「霧の多い山」の意であるという説があるが、宇霊羅山が縄文方位測量の目標

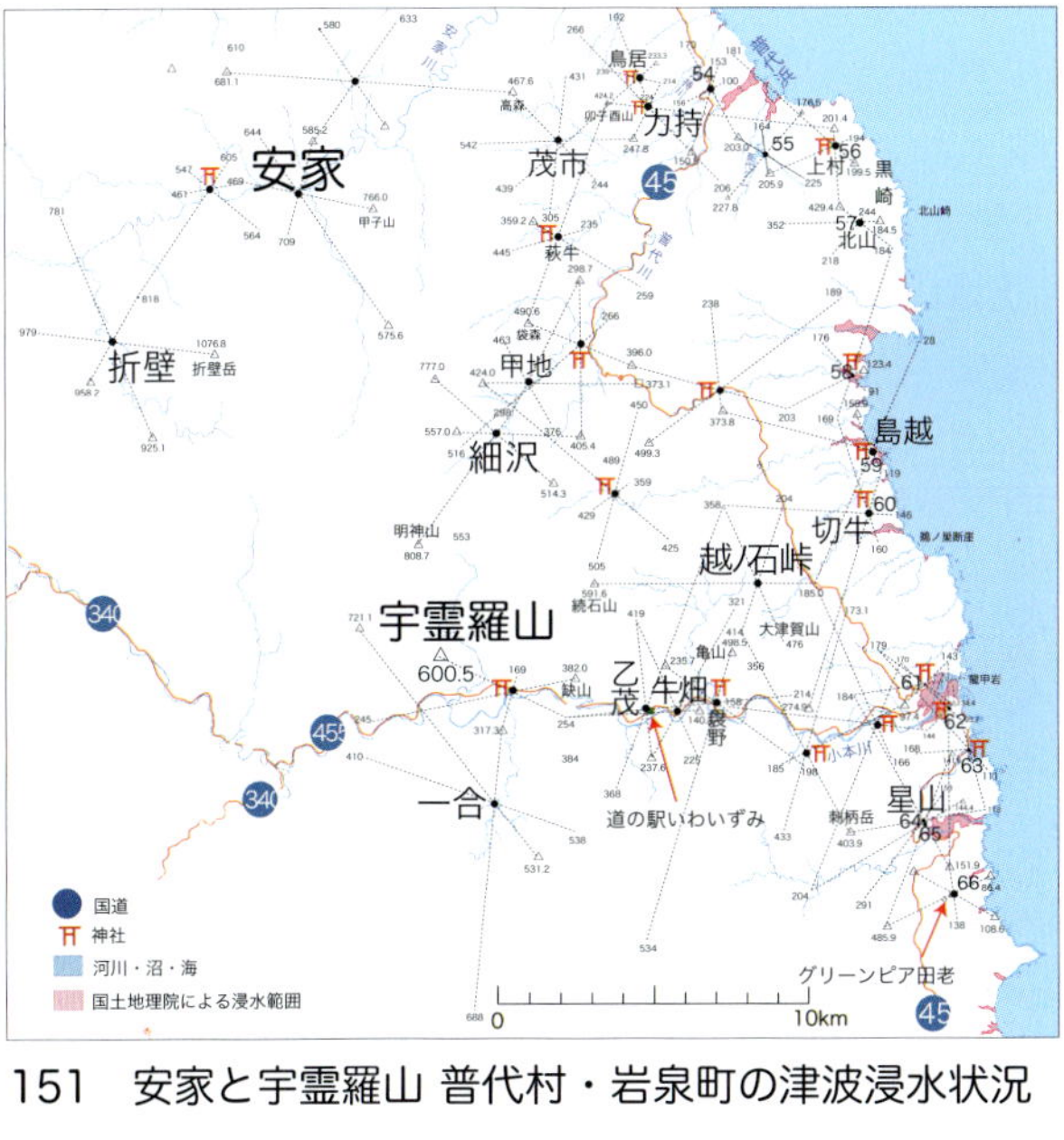


151　安家と宇霊羅山 普代村・岩泉町の津波浸水状況

の山であり、縄文人が名づけたと考えるのが自然であろう。

また縄文語由来の日本語で解釈すると意味が鮮明になる。

有名な『あざみの歌』に「山には山の憂い〈ｕｒｅｉ〉あり」と歌われ、『椰子の実』には「新たなる流離の憂《うれ》い」と歌われている。

憂い〈ｕｒｅｉ〉とは一体何を表しているのか。それは秘められた水ではないか。アイヌ語の〈ｗｏｒｏ〉は〝うるかす〟を意味する。嬉し〈ｕｒｅｓｉｉ〉につけ、悲しいにつけ目頭がうるむ〈ｕｒｕｍｕ〉の〈ｕｒｕ〉と対応している。〝うるむ〟とは目のなかに秘められている水(涙)がにじみ出るのだ。

152　宇霊羅山　　筆者撮影

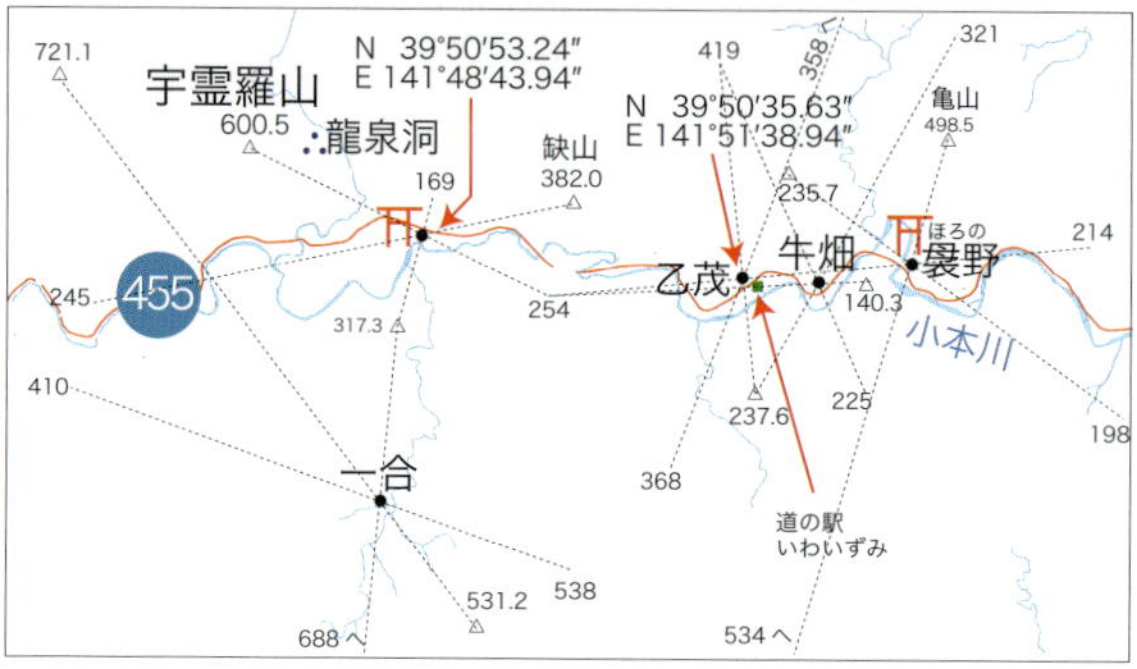


153　宇霊羅山と龍泉洞

果物が熟れる〈ｕｒｅｒｕ〉は、果物の果汁(水)が多くなり食べごろになること。前述の日本武尊の「国偲び歌」にある「倭しうるはし」の〈ｕｒｕｈａｓｉ〉は、目がうるむほどの心情を表す言葉であろう。潤《うるお》う〈ｕｒｕｏｕ〉の反対は枯れるで、縄文人は、土の中に水が秘められているか、いないかによって生じる自然現象を正確にかつ巧みに表現していたことになる。

羅〈ｒａ〉は複数・多いを意味している(例・お前＝ひとり、お前ら＝大勢)ので、宇霊羅山は、その体内に秘められた水が無尽蔵に流れ出てくる山という意味に解釈され、まさに龍泉洞の水を如実に表している素晴らしい日本語の山名という他はない。

梅原猛氏(哲学者)は２００６年(平成１８年)２月２１日の朝日新聞に「アイヌ語が日本語の祖語、縄文語を残す言語であることは間違いない」と日本語とアイヌ語とは同系の言語であると断言されている。

にもかかわらず、未だに東北や、それより南に位置する日本列島に見られる難解な地名が、アイヌ語地名であると考えられているのは誠に嘆かわしい。

## 司馬遼太郎先生から授かった地名解明のヒント

不躾で誠に勝手ながら司馬遼太郎先生と呼ばせていただきたい。なぜ、許しも得ないで先生なのか。それは先生の『街道をゆく』四三巻や、分類も至難で巻数を数えることが困難なほど膨大にして偉大な紀行集には、筆者の星地名の研究にとって極めて重大なヒントが随所に秘められているからで、まさに知恵の泉と言えようか。

『街道をゆく三』(司馬遼太郎著)のなかで「鮫《さめ》の宿」と題して五頁にわたって「石田家」で夕食をとる情景が描かれている。鮫とは青森県八戸市の鮫町(昔の鮫浦)をさす。

『青森県人事典』(東奥日報社発行)には「純粋詩の道を貫き通した詩人」として村次郎(本名石田實)の人柄が紹介されている。要約すると「昭和12年~16年頃まで東京で活躍、戦後八戸に帰り、昭和27年実家の旅館を継ぐ。以降「幻の詩人」と呼ばれ、純粋詩への意欲的な創作力を見せながら、外部への一切の作品発表を拒否し続けた。」とある。石田家は、詩人の草野心平、作家の司馬遼太郎先生、三浦哲郎、版画家の棟方志功ら多くの著名人が訪ねるなど、八戸の文化を語る上で欠かすことのできない場所だったようだ。それだけに宿の亭主・石田實氏は強烈な個性の持ち主であったに違いない。

八戸市在住の岡田重幸氏(筆者の義兄)に「石田家という旅館を知っていますか」と尋ねると「何度か行ったことがある」とのこと。

「石田實氏というお方はどんな人?」と聞くと「阿部岩男という八戸高校きっての秀才がいて、文学志向で後に姉と結婚したが、まだ婚約もしていない頃に私を連れて石田家に行った。なんでも阿部さんが独りで石田家を訪ねようとしたら門前払いをくったらしい。自分はまだ小学5~6年生だったから、なぜ私を連れて行けば会ってくださったのか理由が分からなかった。」と語った。

友人で、やはり八戸市で会計事務所を開設されている公認会計士の淡路栄一氏に同じことを聞いてみた。すると「東京で詩人として活躍中に家業を継ぐため八戸市に帰ってこられたようだ。その功績は一言では語れない。県内外の文学者・文化人の尊敬を集め、ユニークで畏れ多く近づきがたい御仁だったようだ。」という。

八戸市博物館の資料によると石田家の創業は1882年(明治15年)で、旅館は2004年(平成16年)廃業したが、東日本大震災の大津波で建物が被災し2011年(平成23年)八月、市民に惜しまれながら解体された。

多くの著名人が宿泊し、詩人・文人が集まり交流したという石田家は八戸ばかりではなく青森県や北東北の地域社会のサロン的存在として大きな役割を果たしたわけで、その歴史的建造物が一三〇年にわたる歴史に幕をおろしたことになる。

以下は『街道をゆく三』の「鮫《さめ》の宿」からの引用である。

（公益法人司馬遼太郎記念財団掲載許可）

〝石田さんは八戸随一の旅館の主人だが、慶応の仏文科の古い卒業生で、八戸の文学青年で石田さんを知らない者はむろんもぐりだし、みな大なり小なり世話になっている。いわば私設文学指南番で、やわな連中には大鉄槌《てっつい》をくらわせているのだ、という。〟と記されている。

## 幻の詩人・村次郎のドグマ

さらに〝そのあと日本語起原説になってくると、言語学の方程式などふっとばすような壮烈果敢なドグマが展開されてゆき、「イザナギ・イザナミノミコトのナは魚《な》のナです。いいですか、日本語はみな魚の名前が起源なんです。魚の名前をカギにすれば日本語起源などすぐ解ける」金田一京助博士はけしからん、と南部の地が出した偉大な言語学者のアイヌ語の地名考を論難して「東北の地名はみな日本語です、魚で解けます」と説き去り説き来たり、〟と石田さん

154　司馬遼太郎 街道をゆく三
掲載許可 公益法人司馬遼太郎記念財団

の激しい論説ぶりが熱気をおびて伝わってくる。

よく考えてみると、村次郎の壮烈果敢なドグマは司馬遼太郎先生が、村次郎の口を借りて言い表したかった先生ご自身の言葉ではなかったろうか。とそんなふうに思えてならない。

「はしがき」で述べた那智のナは魚、チは命は、言葉に鋭敏な詩人・村次郎のドグマどおりで、鳴門・奈良・なにわ・鳴子・佐鳴湖《さなるこ》・鳴瀬川・名取川・那珂川など魚のナで解釈できる地名や川名はかぞえきれない。

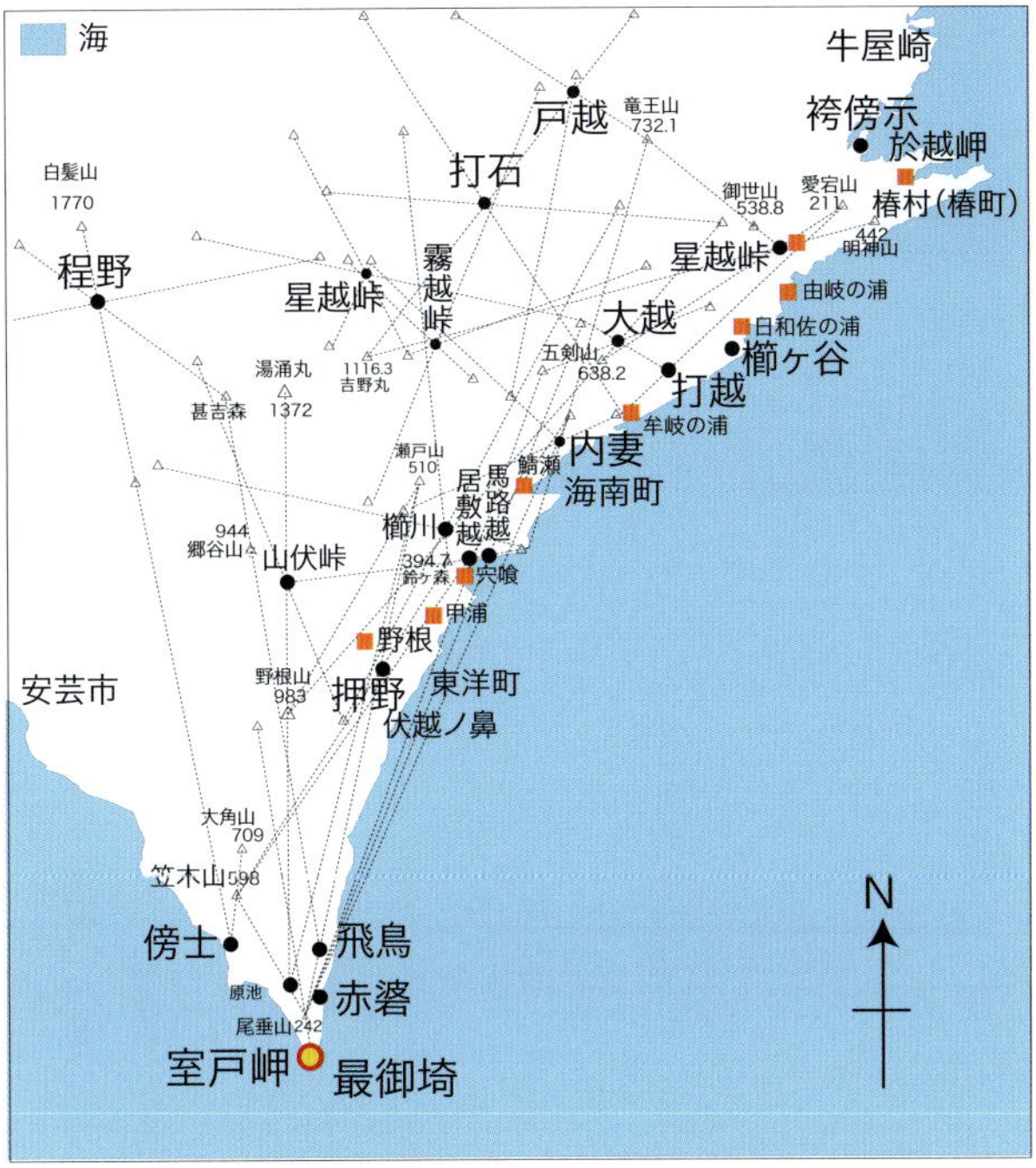


155　縄文の星地名が連なる最御崎への道

## 空海の最御埼

『空海の風景上巻』、この名著では司馬遼太郎先生が個人タクシーで辿る空海の足跡が巧妙に描かれていて心うたれる。その軌跡を図155の■印で示した。

椿村から星越峠、由岐《ゆき》の浦、日和佐《ひわさ》の浦、牟岐《むぎ》の浦、鯖瀬へ……とつづく。

山中に入り、星越峠《ほしごえ》をこえる場面では〃気温は厳密にはこの峠で境になっているらしく、峠をこえると季節はまだ冬ながらのぼせるほど温かくなった。黒潮がこのあたりまで来ているせいであり、暖流というものがこれほど陸地の気温に影響するものかと驚嘆させられた。空海の生涯を思い、ふとこの人ほど暖流に適《あ》ったひとはいないのではないかと思ったのは、この星越峠をこえるときである。〃

……………

〃「室戸岬へゆきたいが」

……………

「その尖端は、どうなっている」

と、空海は阿波人にきいたにちがいない。

「最御埼《ほつみさき》と申します」

物知りが、そう答えたであろう。ほつみさきなどとは、普通名詞のようでもある。

……………

室戸の三角錐がしだいにせまくなってその尖端のほつともなればもはや地骨が風浪にさらされて断崖になりはるかに海中に突き出ている。大地はそこで終り、あとは水と天空があるのみである、と阿波人がいった。

「地の涯《はて》か」

空海がもとめていたのはそこであったようにおもえる。〃

と、『空海の風景上巻』に記されている。

図155にみるように星越峠、櫛ヶ谷、打越、内妻、馬路越、居敷越、櫛川、押野、飛鳥、赤碆《あかばえ》と縄文の星地名が室戸岬の突端に向かって実に美事に連なっている。

「飛鳥〈ａｓｕ・ｋａ〉は縄文語」のところで述べた飛鳥・赤碆もみられる。今は国道５５号線が通っているが、空海の頃は恐らくは道なき道・けものみちもなかったかも知れない。

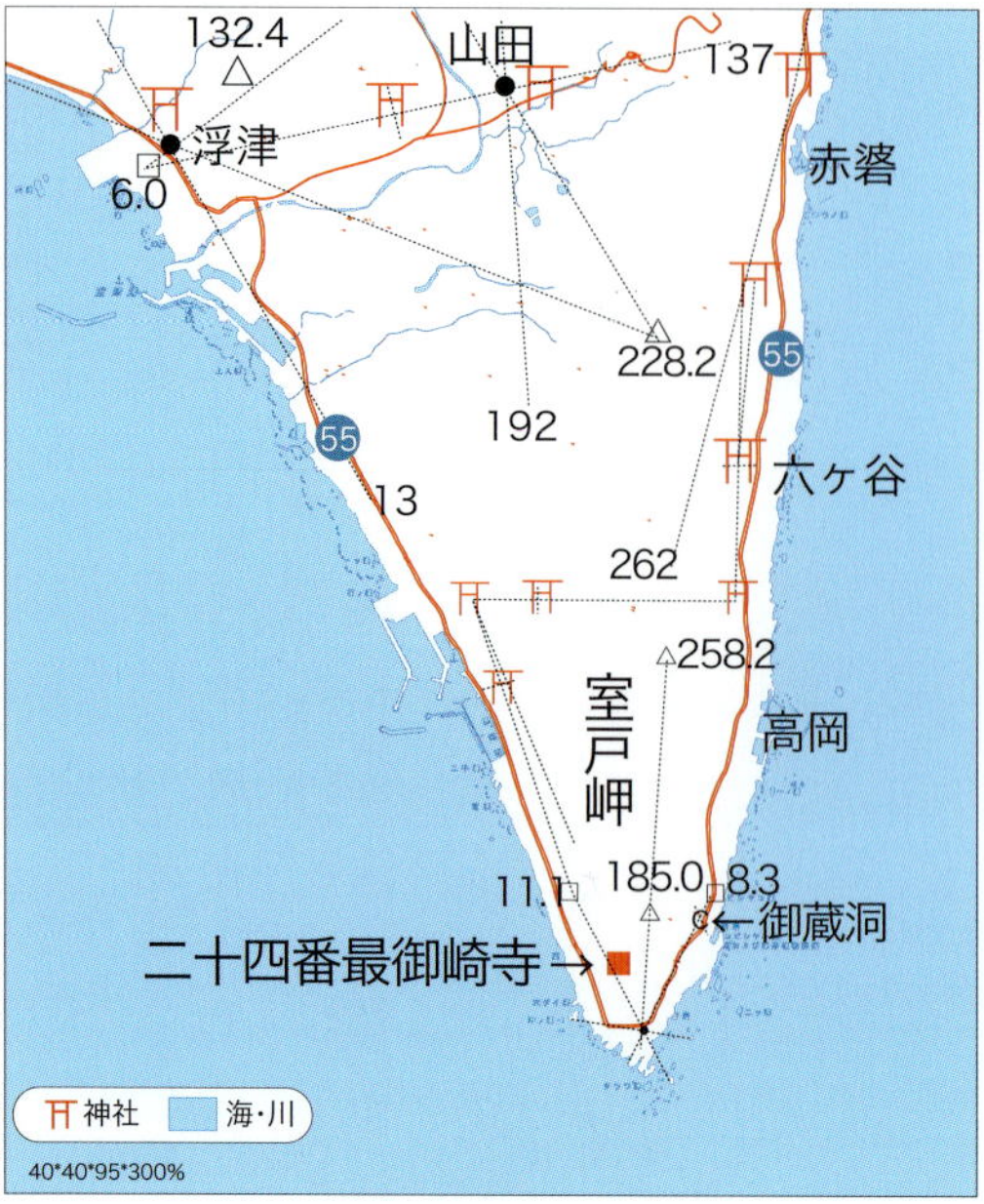


156　最御崎と鳥居

御厨人窟(みくろど)は、高知県室戸市室戸岬町にある弘法大師伝説の残る海蝕洞である。御蔵洞とも表記される。日本の音風景100選、四国八十八箇所番外札所の一つ。

## 祠になった道案内の目標

赤碆を過ぎると星地名の検出は困難となり、その代わり鳥居が直線状に連なりほつの方角を指し示している。鳥居が直線状に並ぶ現象は最初の拙著『星の巫―縄文測量の視点で歴史をみる』制作・文藝春秋企画出版部平成１２年２月１０日発行でとりあげ福地村(青森県)の祭祀測量として図示している。

室戸岬のように空と海しか見えないような地形では縄文人にとっても目標《めじるし》の設定はさすがに難しかったようで、恐らくは目につきやすい石に蔦《つた》や縄状の紐を巻き付けたり、あるいは棒などを立てたりして、道案内を表示するしかなかったと思われる。

山などの目標を用いて三本線の交点を描くことが困難なところでは、目標を棒や石などで人工的に設置するしか方法がなかったことは容易に想像される。数千年も経てばそれが祠となり鳥居になったと考えられよう。図156参照。

星地名や鳥居が岬の尖端に向かって並んでいるさまは、空海がまるで縄文の道案内を知っていたかのようでもある。※最御埼のほつこそ筆者が求めていた星に他ならない。

『空海の風景』はつづく。

〝さらにかれに異変があったのは、明星のことである。かれが雨露をしのぐべく入りこんでいたと思われる洞窟は、いまも存在している。

ただ空海をその後の空海たらしめるために重大であるのは、明星であった。天にあって明星がたしかに動いた。みるみる洞窟に近づき、洞内にとびこみ、やがてすざまじい衝撃とともに空海の口中に入ってしまった。この一大衝撃とともに空海の儒教的事実主義はこなごなにくだかれ、その肉体を地上に残したまま、その精神は抽象的世界に棲《す》むようになるのである。〟と記されている。

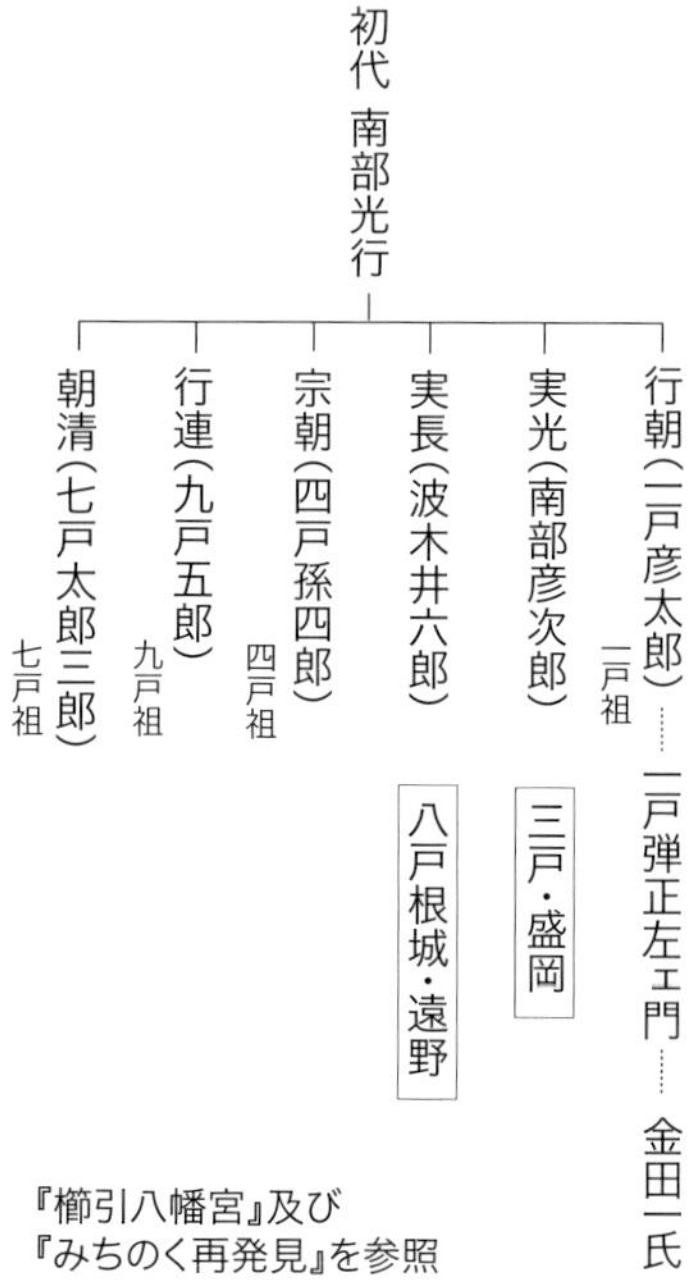

『櫛引八幡宮』及び
『みちのく再発見』を参照

157 金田一氏系譜略図

筆者には最御崎のほつが縄文の星であると思えてならない。もしかすると空海はそのことをご存知だったのではなかろうか。空海の口中に明星が飛びこんだという異変現象がどうしても重なってしまうのを禁じえない。

## 金田一は縄文語由来の日本語（アイヌ語ではない）

金田一について「金田（きんだ）とはアイヌ語のキムタ（山の中の）に由来し一は市の意味である」というのが定説となっているが、縄文方位測量の視点からみると、金田一は縄文語由来の日本語の星地名と考えられる。

『街道をゆく三』で「金田一京助博士はけしからん」と村次郎がいきまいた金田一氏について、『みちのく歴史再発見』（上野昭夫著）に「一戸南部家の出で一戸弾正左ェ門の末裔」と記されている。

『南部一之宮櫛引八幡宮』（山田賢一他編）に記された系譜略図でも南部家の一人が金田一（岩手県二戸市）を所領とし土地の名を名乗り、名門・金田一氏が誕生したことが分かる。

それでは、金田一とは一体どんな意味なのであろうか。

図158の方位図は金田一が星地名の条件を備えていることを示している。では一体、どんな意味の星なのだろうか。

## 金田一とは？

実は図159に太宰治《だざいおさむ》の出身地として知られる青森県金木町にある喜良市《きらいち》の方位図を示すが、やはり星地名に該当し、喜良〈ｋｉｒａ〉は綺羅星《きらぼし》のキラ、市〈ｉｔｉ〉は表92（80ページ）「星地名用語の推移」に示したように星を意味していると考えられる。要するに喜良市は綺羅星の意となる。

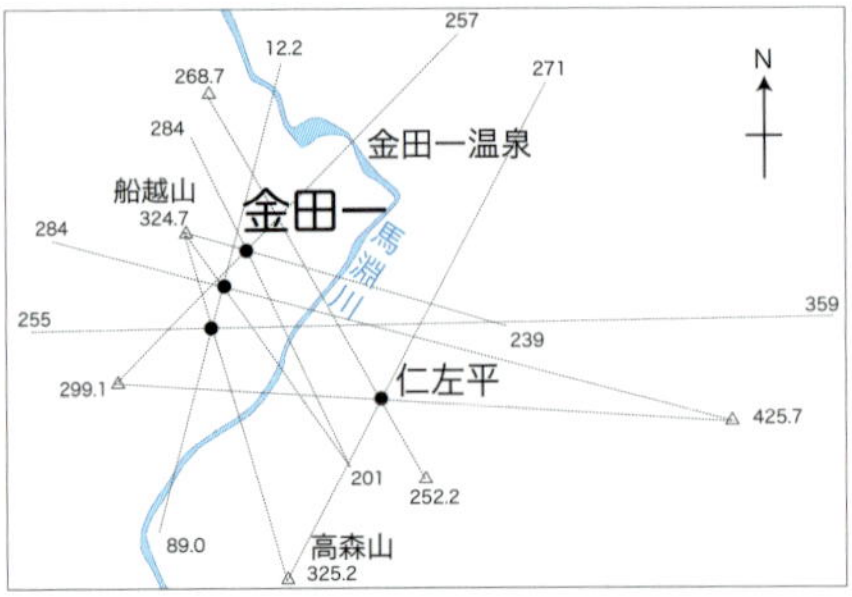

158　金田一周辺縄文方位図

159　喜良一周辺縄文方位図

青森県五所川原市金木町喜良市〈ｋｉｒａｉｔｉ〉の音声を東北弁で何度も何度も発声していただき、よくよく聞いてみると〈ｋｉｎｒａｉｔｉ〉のようにｋｉの次に小さなｎを聴取できるような気がする。

〈ｋｉｎｒａｉｔｉ〉＝〈ｋｉｎｄａｉｔｉ〉、つまり金田一は喜良市と同義と解釈するのが最も妥当と考えられる。

吉良〈ｋｉｒａ〉のつく地名は高知県吉良川町にもみられる。図160の吉良川神社の地点は三本線の交点に位置し綺羅星の〈ｋｉｒａ〉に他ならない。

要するに金田一は綺羅星を意味する縄文語由来の日本語であったといえよう。つまりは、村次郎の言う「東北の地名はみな日本語です。」に該当する。

実は有名な那智滝は縄文時代にも海上からもみえる大切な目標であので那智〈ｎａｔｉ〉は縄文語由来の日本語で、

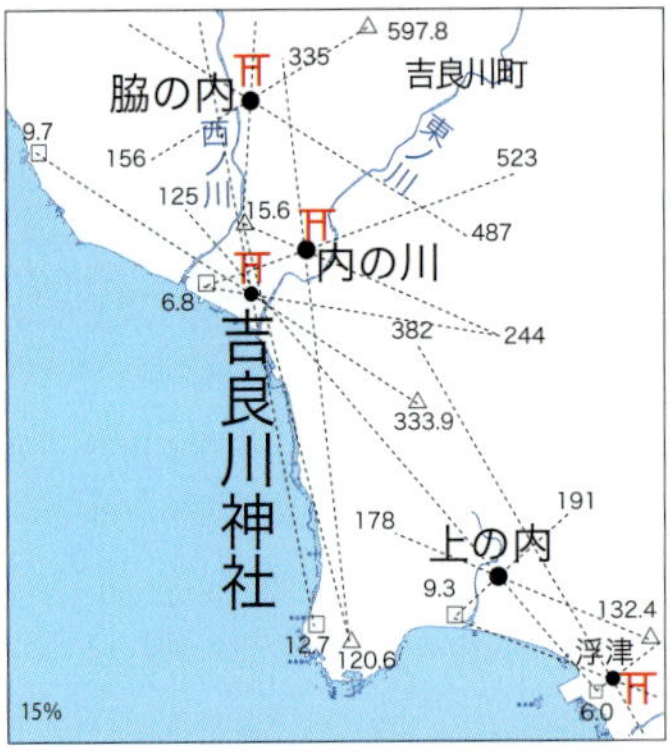

160　高知県吉良川町の方位図

その意味は〈ｎａ〉は魚で〈ｔｉ〉は命であることははしがき（基礎編）で述べた。

言葉に鋭敏な詩人の叫び声「ナは魚《な》だ」が鮮やかに蘇る。幻の詩人・村次郎の熱弁が耳のそばで聞こえるような気がしないでもない。これは作家の魔術というほかはない。

〈na〉魚のつく川は多い。鳴瀬《なるせ》川、鳴子《なるこ》川（宮城県）、鳴子川（京都府）、鳴子川（大分県）、名取《なとり》川、那珂《なか》川、など、共通の〈na〉は魚の意で、そして最も一般的なのはアイヌ語で大きい川は〈nay〉といわれるが、これは〈na・i〉で魚のいる処（川）を意味する縄文語由来の日本語と対応していることが理解されよう。

161　那智大滝・那智川・那智湾

実はカツオ〈katu・o〉の〈o〉も魚を表している。

甲地〈katti〉は青森県、岩手県、千葉県などで星地名として見られるが、勝のつく星地名も各地にみられる。

表93（81ページ）に示したように星を表す音声の甲地〈katti〉が勝地〈katuti〉に変化したものと考えられよう。

図161のように那智大滝も勝浦も星地名に該当し、勝浦でとれる魚は〈katu・o〉と呼ばれていたのであろうと考えられる。

## 二つの〈oirase〉川

青森県にオイラセと呼ばれる川が二ッあることはあまり知られていない。どちらかと言えば比較的よく知られているのは太平洋側の奥入瀬川であろうか。

奥入瀬川は十和田湖から流出する唯一の河川で、湖の東岸の子《ね》ノ口《くち》から奥入瀬渓流となって北東に流れ、その後奥入瀬川となって十和田市市街地の南側を流れ、上北郡おいらせ町と八戸市の境界で太平洋に注ぐ。

追良瀬《おいらせ》川は、白神山地の中心を流れ青森県西津軽郡深浦町を通り日本海に注ぐ二級河川。白神山地は鹿児島県の屋久島とともに１９９３年（平成５年）１２月１１日に日本初の世界遺産（自然遺産）に登録された。

【オイラセとは何か】

〈oi〉のつく地名としては神奈川県厚木市及川《おいかわ》、福島県喜多方市及川などが挙げられるが、岩手県奥州市には及川姓が多く一位が佐藤、二位が及川となっている。尾駮、魚淵で述べた〈o〉は魚、〈i〉は居る、〈ra〉は多い〈se〉は瀬で、〈oirase〉は魚(オイカワなど)が沢山泳いでいる瀬という縄文語由来の明らかな日本語で、アイヌ語ではない。

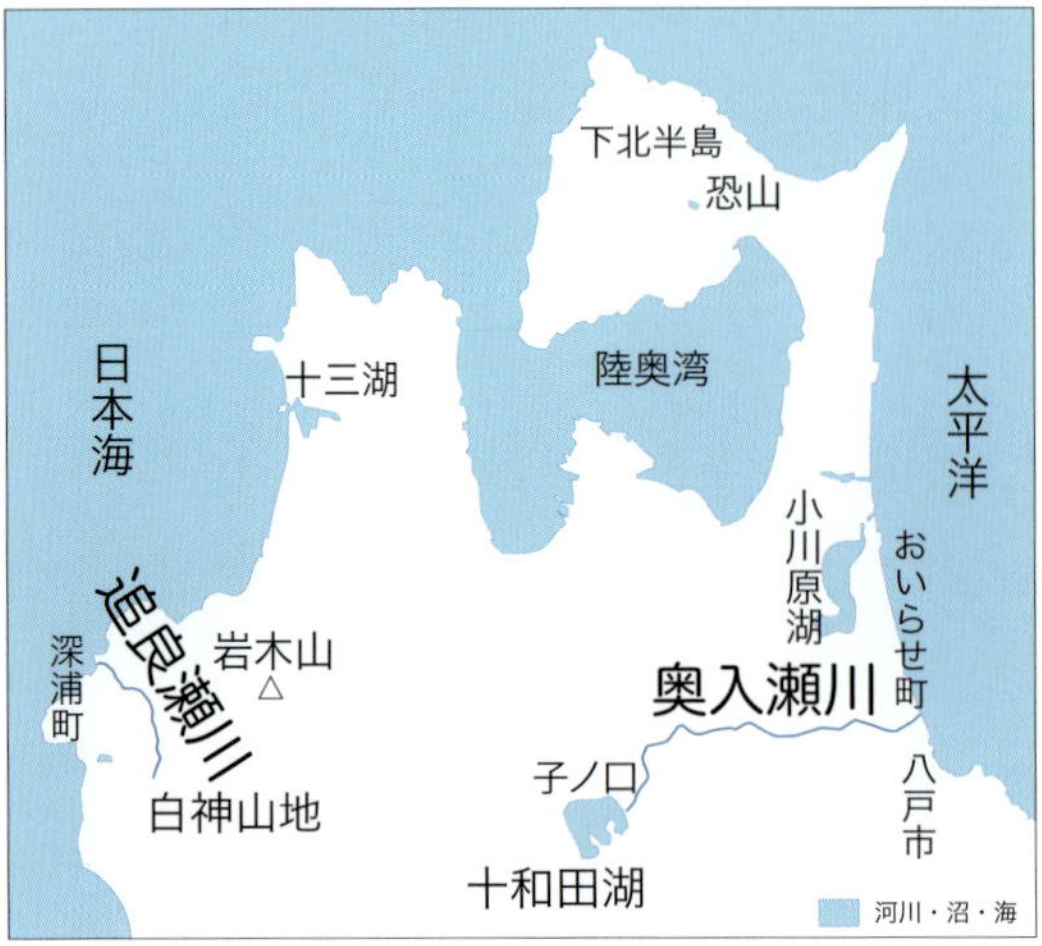


162　二ッのおいらせ川

淡水魚図鑑などによるとオイカワという淡水魚についてコイ目・コイ科・ダニオ亜科(ラスボラ亜科、ハエジャコ亜科とも)・オイカワ属と記されている。

「いいですか、日本語はみな魚の名前が起源なんです。」といった村次郎の言葉がまたもや蘇ってくる。

## 蛇田〈hebita〉とは

赤で示した津波に囲まれながら、難を免れた石巻赤十字病院は奇しくも2006年(平成18年)5月2日に石巻市吉野町一丁目七―一〇から石巻市蛇田字西道下七一番地に移転していた。そこは蛇田と呼ばれる星地名に一致していた。もし移転していなければ、図163に示すように石巻市立病院と同じように浸水被害を受け機能停止になっていたに違いない。

蛇田とは何を意味しているのか。

蛇のいる田んぼと解釈することは簡単だが、長年にわたる縄文方位測量の経験から、用意周到な縄文人の資質を身にしみて感じている筆者には、とてもそんな簡単なことではなさそうに思えてならない。

実は、蛇田から旧北上川を遡ると、川で囲まれ誰も寄せつけないような島のような地形があり、その中央部に日高《ひたか》見《み》神社が祀られている。

蛇田〈ｈｅｂｉｔａ〉は〈ｈｉｅ・ｈｉｔａ〉ではなかったのか。

蛇田の東側を流れる旧北上川の上流に位置する日高見神社の日高見〈ｈｉｔａｋａｍｉ〉の〈ｈｉｔａ〉は「ひたすら」や額〈ｈｉｔａｉ〉のように直線や平《たいら》を意味するのではないか。

蛇田は稗の生えた平地ではなかったか。遠くは飛騨〈ｈｉｔａ〉で、飛騨は稗田、飛田、日田とも記されたというが、『古事記』や律令時代より遥か昔の漢字のなかった時代の地名ではないのか。

163　石巻の蛇田周辺の津波浸水状況

日高見神社の西側を流れる旧北上川の支流迫川《はさまがわ》を遡ると栗原市の蛇田山に至る。

蛇田山の周辺はなだらかな丘陵地帯で稗が沢山茂っていたのではないか。

稗の生い茂る広い野原の中に見える山、すなわち栗原市の蛇田山は〈ｈｉｅ・ｈｉｔｔａ〉山と呼ばれていたのではないか。つまり稗を仲立ちにして考えると石巻の蛇田という地名と栗原市の蛇田山の意味が理解されるのではなかろうか。

蛇田山には『金成町史』(金成町は栗原市に合併)によると蛇田山烽遺跡《へびたやまとぶひいせき》がある。

烽とは烽火《のろし》のことで、奈良公園に飛火野《とぶひの》という地名として残されている。

春日野の飛ぶ火の野守　出でてみよ
今幾日《いくか》ありて　若菜摘みてむ
古今和歌集　読み人しらず

〝春日野の飛火野の野守よ、外に出て野の様子を見ておくれ、あと何日したら若菜が摘めるだろうか〟という歌である。

春日野も飛火野も歌枕(和歌の枕詞)として用いられ、飛火野とは元明天皇(661年～721年・在位707年～715年)のころに烽火(のろし)台が置かれたことから名づけられた地名とされている。

和歌にある飛ぶ火の野守《もり》は、烽火台《のろしだい》に番人が居たことを示している。

奈良から遠く離れた栗原市の蛇田山に烽遺跡があったことは、これは何を意味しているのであろうか。蛇田山が周囲の平地からよく見える目標の山であったことの証とも考えられよう。

縄文方位測量からみると、蛇田山は栗原寺の位置を指し示し、栗原寺は63・7メートルの三角点を通して伊治城跡と連携している。

伊治は〈korehari〉という星地名であり、それと連携する栗原寺はもしかすると伊治寺が語源ではなかったのかとも思われる。

『雑穀のきた道　ユーラシア民族植物誌から』(阪本寧男著)によると、ヒエは日本が原産地である可能性がきわめて高いと考えられるとのこと。またヒエは縄文時代から食べられている最も古いイネ科の穀物で、東北地方北部～北海道南部の縄文遺跡からは、ヒエ・アワ・キビの種子が多量に発見されている。

164　栗原市の蛇田山

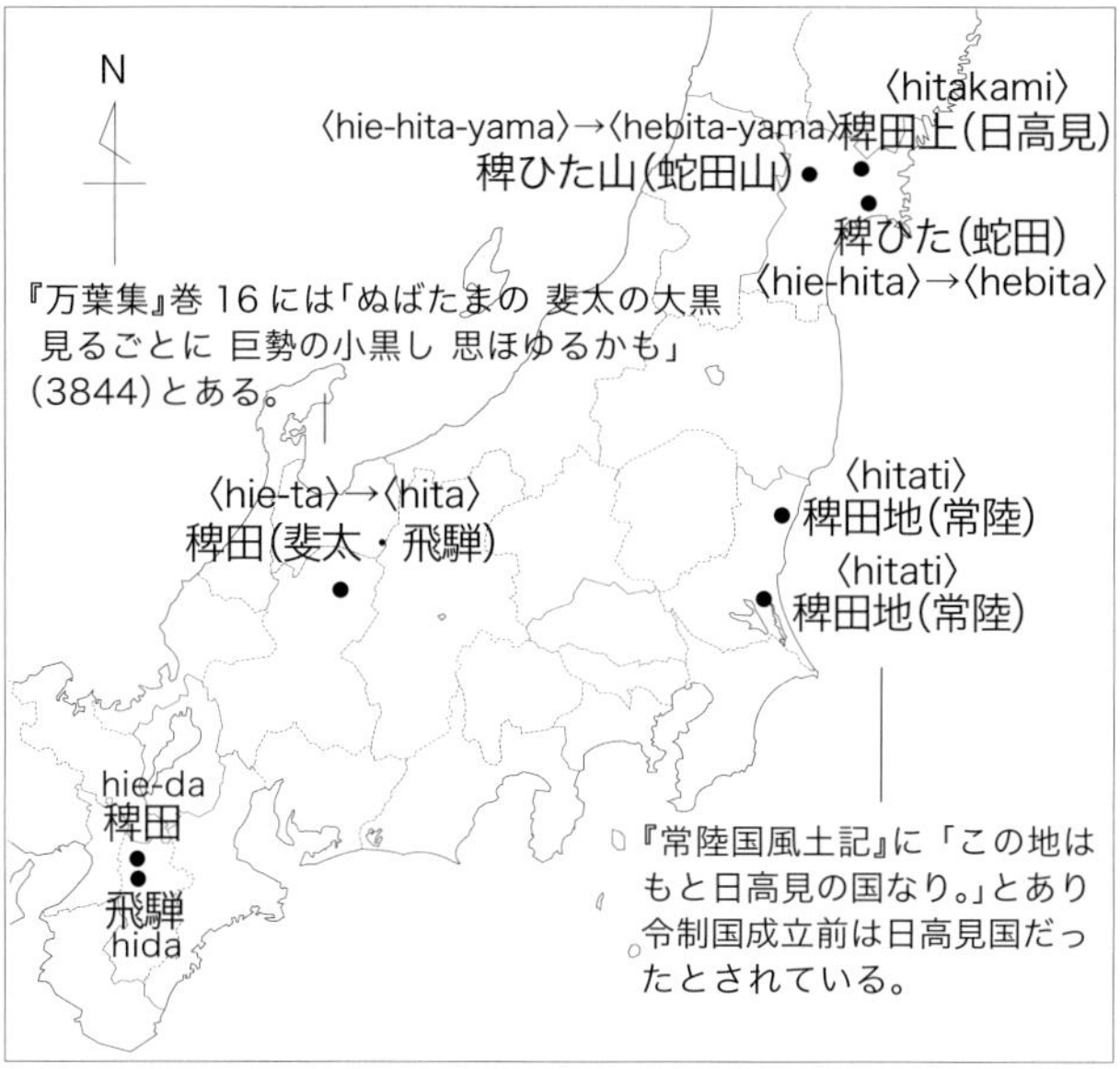


165　hita → hiehita → hitakami

## 稗田・飛騨・常陸・日高見

飛騨高山は地理的には日本のほぼ中央に位置している。飛騨の丹生川《にゅうかわ》地方に、日本建国の様子を伝えた口碑《こうひ》が存在するという言い伝え「飛騨の口碑」は単なる伝説であろうか。「こうひ」とは、口伝えで先祖からの出来事を子孫に伝えることで、地域の先住民が用いて来た伝達手段とされ、『古事記』は口伝によって編纂された日本最古の歴史書である。

図165に示したが、稗田〈hita〉↓〈hita-ti〉↓〈hita-kami〉↓〈hie-hita-yama〉で、辿ると蛇田山に至る。常陸も稗の多い平坦地が続く大地であったかと思われる。

稗田といえば、飛鳥時代から奈良時代にかけての人物・稗田阿礼《ひえだのあれ》があげられるが、飛騨せせらぎ街道の道中に「稗田阿礼生誕の地」との看板が立てられている。高山市清見町楢谷《ならだに》が誕生の地かともいわれている。

『古事記』は天武天皇の命で稗田阿礼が誦習《しょうしゅう》していた『帝皇日継』(天皇の系譜)と『先代旧辞』(古い伝承)を太安万侶が書き記し編纂し、712年(和銅5年)に元明天皇に献上された。

稗田阿礼は『古事記』の序文によれば、天武天皇に舎人として仕えており、28歳のとき、記憶力の良さを見込まれて『帝紀』『旧辞』等の誦習を命ぜられたと記されている。

はしがき(応用編)で高山市内よりみる乗鞍岳を掲載させていただいたが、高山市周辺には、ものすごく綿密な縄文方位測量の連絡網が張り巡らされている。

あまりにも大きくて紙面に表示することが困難なので視

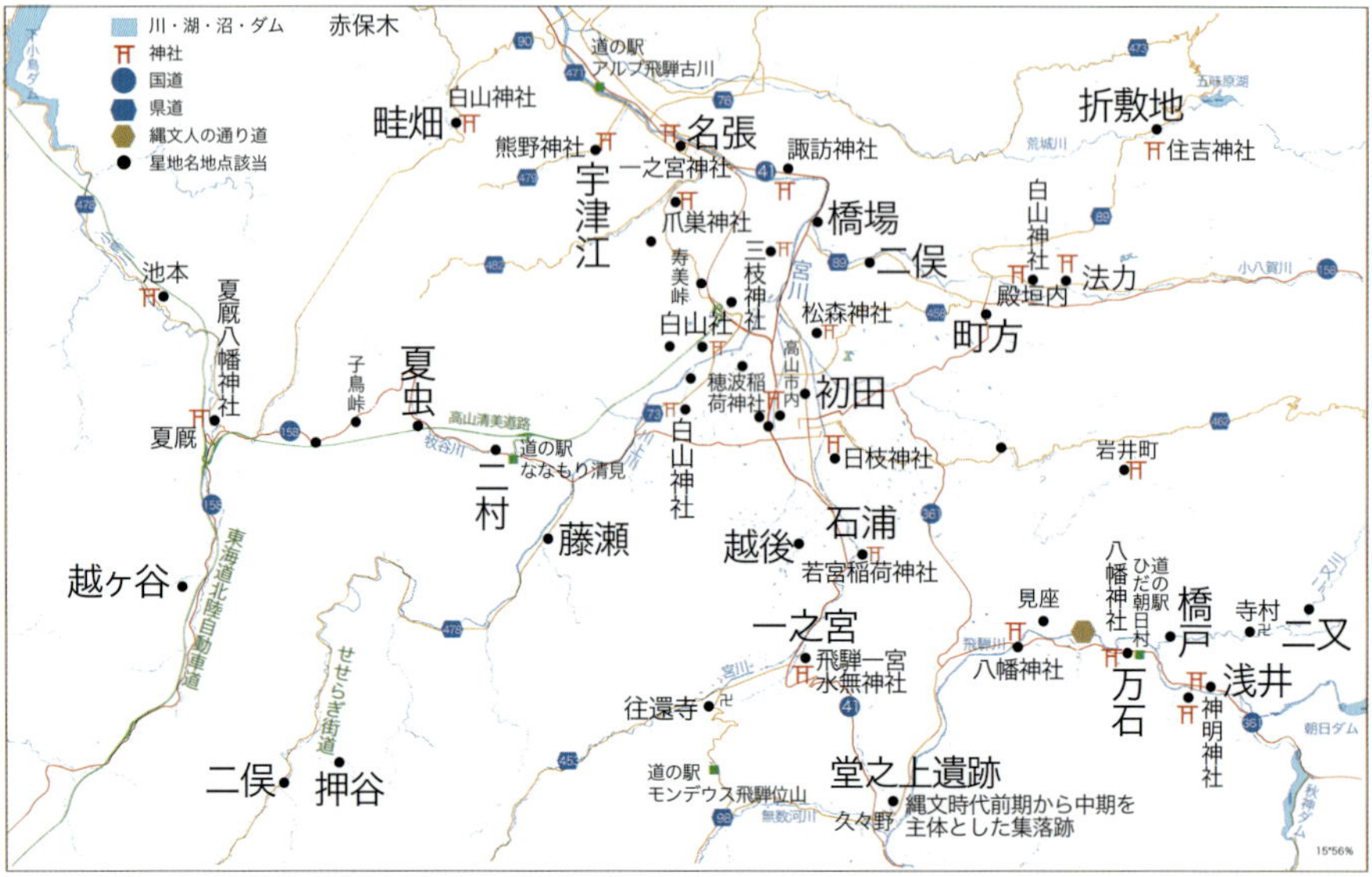


166　高山市周辺の星地名地点（視線消去）

線を消してお見せしたい。

図166に示す黒点（・）はすべて星地名該当地点に相当し、初田《はった》が高山市内中心点に近いところで〈hatu〉が星の音声変化であることがお分かりいただけるのではないか。

市街地から離れると〈hutta〉という音声を含む二《ふた》又《また》・二俣《ふたまた》・二村《ふたむら》が見られ、後述する横浜市・鎌倉・三浦半島の方位測量で見られる打越〈ukkosi〉の音声を含む宇津江〈utue〉もあり、橿原から伊勢に向かう途中に見られる名張〈bari〉・〈hari〉と同じ名張が見られる。この地域には福島県桑折町周辺と同じように極めて多彩な星地名が存在する。

これは何を意味するのか。桑折追分の〈ko・ori〉の〈ori〉と同類の折敷地（向かって右上）や奈良・橿原周辺に見られる〈musi〉を含む夏虫（奈良では虫内・青森では浅虫・茨城では唐虫）という珍しい星地名が存在する。虫は〈buti〉→〈muti〉→〈musi〉と音声変化したことが理解されよう。

押谷・越ヶ谷は多くの地域で見られ谷は〈ya〉と発音され開けた平坦地を示している。畦畑《うねはた》の〈hata〉は桑折町周辺や奈良周辺に多く見られる。図166の下部に見られる堂之上《どうのそら》遺跡は縄文時代前期から中期を主体とした集落跡である。

桑折追分は奥州街道から羽州街道への分岐点に一致して

おり、この地点で日の昇る太平洋側の縄文人と日の沈む日本海側の縄文人との出逢いがあり、これが多彩な星地名を誕生させる誘因の一つと考えられる。

同様に飛騨高山も奈良(大和《やまと》)も多くの縄文人の交流があったために多彩な星地名が誕生したのではなかろうか。

縄文人の移動範囲は今日考えられているよりも想像を超えて遙かに遠く広い範囲に渡っていたと考えられよう。縄文時代前期～中期を主体とした集落跡からなる堂之上遺跡も交点に一致した。

図167に稗田阿礼が誕生したともいわれる高山市清見町楢《なら》谷《だに》周辺の方位図を示したが、二俣から竜馬石《りゅうまいし》にいたる山間の脇道と〝せせらぎ街道〟と名づけられた県道を比較すると山間の脇道には、飛騨の匠《たくみ》が造ったかと思われる極めて精巧な方位測量網がほどこされている。数値地図にパス(線)を引きながら「これは何だ!!まるで複雑なパズルではないか。こんな測量は現代人でも容易ではなかろう。」そんな気持ちの高ぶりを感じるほどに交点とそれらを連携する山々が美事に楢谷へと連なっている。

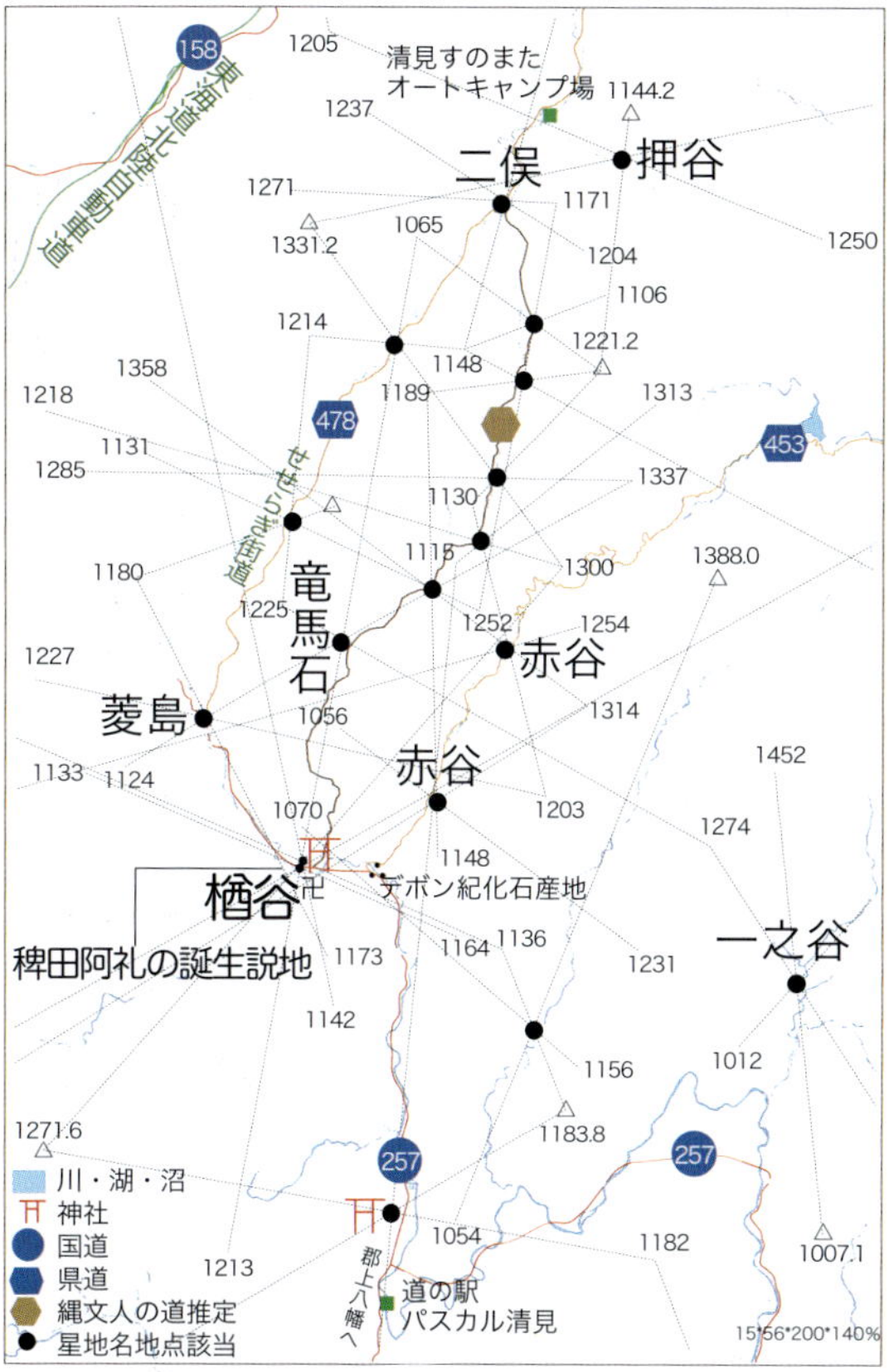


167　楢谷周辺の星地名

## 星地名に位置する太安萬侶墓

1979年(昭和54年)1月23日、奈良市此瀬町《このせちょう》の茶畑から太安萬侶《おおのやすまろ》の墓が発見された。

出土した墓誌銘により太安萬侶の実在性が証明され、これにより『古事記』の偽書説は否定的となった。墓誌銘には「左京四條四坊従四位下勲五等太朝臣安萬侶以癸亥年七月六日卒之　養老七年十二月十五日乙巳」と記されていて、723年(養老7年)7月

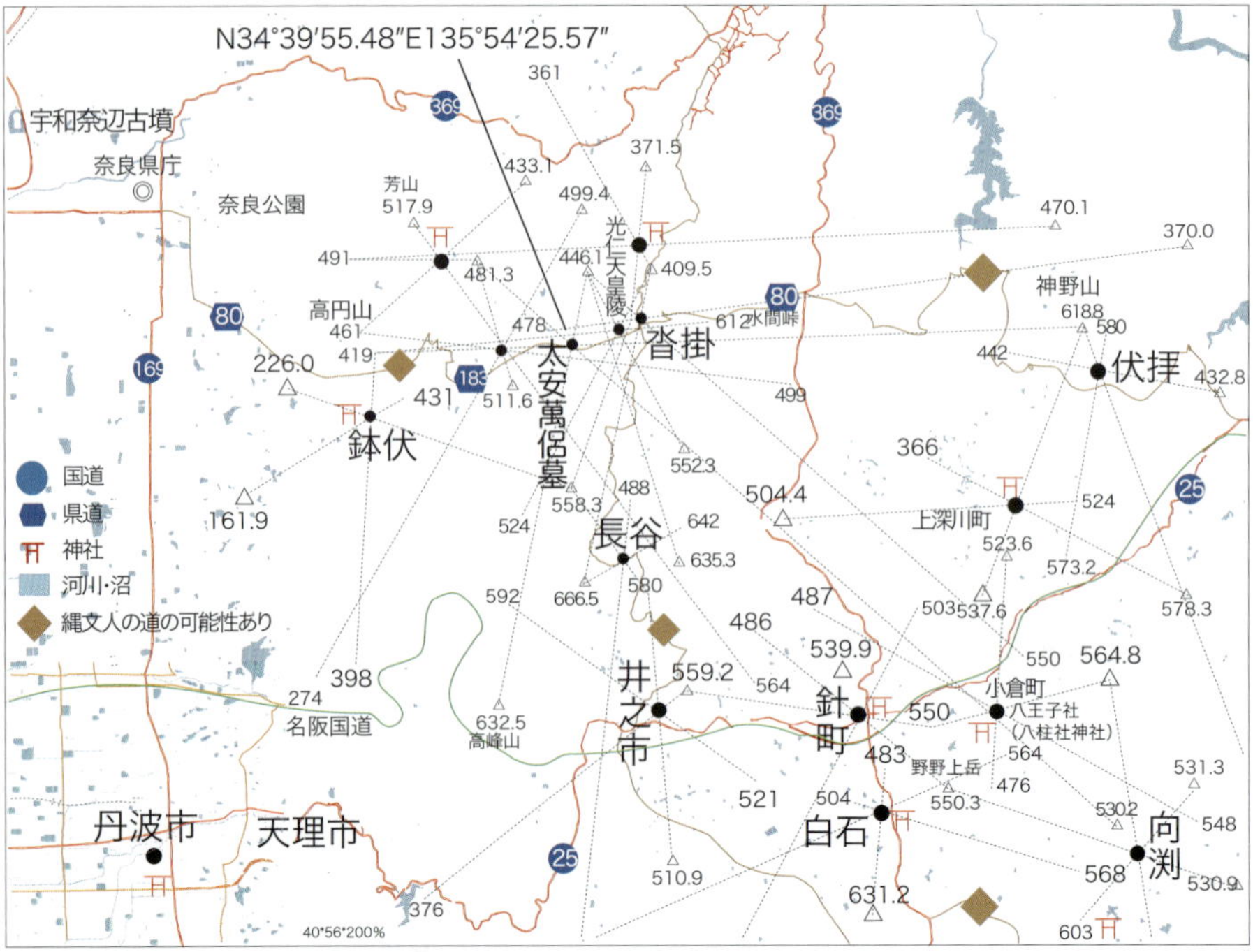


168　星地名に一致する太安萬侶墓

169　大名安萬侶墓　　　撮影　仲 建次

左京四條四坊従四位下勲五等太朝臣安萬侶以癸亥
年七月六日卒之 養老七年十二月十五日乙巳

墓誌銘

6日卒去《しゅっきょ》と記されていた。※卒去(律令制では、四位・五位および王・女王の死去をいう。)

問題は太安萬侶の墓の位置で、奈良県立橿原考古学研究所によれば、墓の位置は北緯34度39分55・0秒／東経135度54分25・0秒と発表されている。

170　奈良県の稗田・飛騨(視線消去)

縄文方位測量の交点の位置は北緯34度39分55・48秒／東経135度54分25・57秒で、この交点は縄文人が大切にしていた場所と考えられ、殆ど同じ場所に墓が設置されていた。これは偶然であろうか。

太安萬侶ご本人が埋葬地としてこの位置を希望していたのか、もしくは埋葬を執り行った親族の誰かがこの地点が大切な場所だと知っていて、ここにお墓を造ったのではないかという推理も否定はできないだろう。

奈良県大和郡山市に稗田《ひえだ》という地名があり、ここには大和の環濠集落《かんごうしゅうらく》の代表例として有名な稗田環濠があり、その中心に位置する賣太《めた》神社が星地名に一致した。※環濠（水堀をめぐらせた場合）環壕(空堀をめぐらせた場合)と区別する。

北九州では縄文時代晩期（前4世紀）の環濠集落がみられることから、この稗田という縄文の星地名と環濠集落がどのようにかかわっているのか課題が残る。

賣太神社の主斎神（主祭神）は古事記編纂に携わった稗田阿礼とのこと、つまり稗田阿礼は学問の神、物語の神として星地名に一致するこの神社に祀られている。

橿原市には飛騨という地名が見られ、やはり縄文方位測量の交点に一致し、縄文時代の大切な場所と考えられる。飛鳥時代には日本の各地から優れた人材が中央に集まっていたと考えられる。

ここからは筆者の推理である。太安萬侶も稗田阿礼も縄文に極めて近い人間（子孫）ではなかったか。太安萬侶の先祖は確実なことは不明とされるものの皇別氏族の古い一族の多氏《おおうじ》で畿内と九州に住み、機内は、大和国十市郡《やまとのくにといちぐん》〈奈良県（大和国）にあった郡〉、九州は阿蘇周辺で、阿蘇神社の阿蘇氏も同族とされている。

十市郡の十市〈to・iti〉の〈iti〉は縄文の星地名の音声に該当する。太安萬侶の先祖とされる多氏は星地名に住んでいたことになる。

## 阿礼〈are〉と母礼〈more〉の意味

阿礼〈are〉といえば思い出されるのは蝦夷の英雄・盤《いわ》具公母礼《ぐのきみもれ》であろうか。

磐具については、江本好一氏の「母礼の根拠地」という新説が興味深い。岩手県奥州市胆沢区若柳大歩《おおあご》、岩手県胆沢郡金ケ崎町永栄小歩《こあご》の〝大歩・小歩〟は町名は異なるが胆沢川の上流でほぼ隣接している場所で、江本氏の説《「イサワのオオアグ・コアグ」が「イサワのアグ」から「イのアグ」となり「イアグ」「イハ（ワ）グ」に転訛《てんか》して公の賜姓を付ける時に磐具公と表記された。》という説がある。

磐具母礼と稗田阿礼の磐具と稗田については、解釈説があるが、母礼〈more〉と阿礼〈are〉は一体何を意味するのか。

『藤村詩抄　島崎藤村自選』（岩波書店）に掲載されている「椰子の実」の一節にこんなのがある。

名も知らぬ遠き島より
流れ寄る椰子の実一つ
故郷の岸を離れて
汝《なれ》はそも波に幾月

171「椰子の実」の一節
『藤村詩抄　島崎藤村自選』より引用

汝〈nare〉と歌った瞬間に椰子の実は「人」となり、藤村自身となり、やがて同じような人生を歩む多くの人々に共感を呼び起こし、聴く人の身に沁みこむ。つまり普遍性を帯びるとはこんなことをいうのであろうか。

結局は〈more〉や〈are〉の〈re〉は人を意味するのではないか。我《われ》・彼《かれ》・俺《おれ》・誰《だれ》の〈re〉はすべて人をさす言葉だ。

阿礼とは何か。図172に示したように阿礼の〈ａ〉は上ぐ〈ａｇｕ〉の〈ａ〉で上を意味する縄文語由来の日本語と考えられ「上の人」、「崇める人」を意味すると考えられる。暗唱力に優れていて、「偉い人」と呼ばれたのであろう。

母礼はというと〈ｍｏｒｅ〉の〈ｍｏ〉は表に示したように「もぎとる」や「もがく」の〈ｍｏ〉で、勇ましい姿を表し、〈ｍｏｒｅ〉は勇ましい人、まさに蝦夷の英雄を言い表している。

阿礼も母礼も縄文語由来の日本語で明快に解釈できる。

縄文人のＤＮＡは中国や東アジアの人とは少し違っているといわれているが、〈ｇｕ〉に〈ａ〉〈ｓａ〉〈ｔｏ〉〈ｍａ〉〈ｍｏ〉を付けることで上ぐ・下ぐのように正反対の意味を表したり、研ぐ・曲ぐ・捥ぐ、のように様々なしぐさを合理的かつ単純化して表すことができる。

| | | |
|---|---|---|
| 上ぐ | 〈agu〉 | あがる |
| 下ぐ | 〈sagu〉 | さがる |
| 研ぐ | 〈togu〉 | とがる |
| 曲ぐ | 〈magu〉 | まがる |
| 捥ぐ | 〈mogu〉 | もぎとる |

172　上ぐ・下ぐ

拙著『星地名 縄文の知恵と東北大震災』(無明舎出版)で「が〈ｇａ〉・か〈ｋａ〉を語幹とする言葉」について〈ａ〉・あがる〈ａｇａｒｕ〉〜〈ｓａ〉・さがる〈ｓａｇａｒｕ〉〜〈ｍａ〉・まがる〈ｍａｇａｒｕ〉〜〈ｗａ〉・わかし〈ｗａｋａｓｉ〉などアイウエオ順に述べたが、殆どが地形や自然現象を端的かつ明快に表している。

松尾芭蕉が『おくのほそ道』に詠んだ最上川の情景は、まさにあふれるばかりの水がもがいている姿を表している。〈ｍｏｇａｍｉ〉川とはよくも名づけたものだ。

五月雨をあつめて早し最上川　　芭蕉

## 阿弖流為〈aterui〉とは

７８８年(延暦７年)７月に征東大将軍に任じられた紀《きの》古佐美《こさみ》は翌７８９年(延暦８年)３月末に衣川(現在の岩手県西磐井郡平泉町付近)に陣を敷くが、軍功あがらず5月中旬に桓武天皇の叱責を受ける。古佐美は5月末に大規模な渡河を伴う軍事行動を起こすが、蝦夷の族長であるアテルイの反撃に遭い、別将の丈部善理ら戦死者２５人、溺死者１０３６人もの損害を出して大敗した。

７９７年(延暦１６年)桓武天皇は坂上田村麻呂を征夷大将軍に任じ、８０１年(延暦２０年)に遠征に出て成功を収め、夷賊(蝦夷)の討伐を報じた。

『日本紀略』に、８０２年(延暦２１年)４月１５日の報告として、大墓公《たものきみ》阿弖利爲(アテルイ)と盤具公《いわぐのきみ》母礼(モレ)が５００余人を率いて降伏したと記されている。

『古代東北史』(新野直吉著)・『新古代東北史』(新野直吉著)に「阿弖流為のこころ」という項目があり、〝胆沢城が自己領域の中に厳然と建ったのをみて、この大城郭に太刀打ちするためには、多くの犠牲が必要で、これ以上人々の血を流すのを止めようと考えたものと判断されます。〟と和睦の理由を記している。

173 栗原・涌谷・東松島周辺にみられる照〈teru〉のつく星地名

図173の縄文方位測量図には三本線の交点に一致する照〈ｔｅｒｕ〉のつく星地名(赤点で示す)が5ヶ所もみられる。〈ｔｅｒｕ〉とは何か。

多くの縄文方位測量図作成の経験から、縄文人は丘や山の上から眺めて地形を正確に捉えていたと考えられ、〈ｔｅｒｕ〉は「てかてか」とか「てらてら」のように何かが光っている状態を示していると考えられる。アイヌ語でも〈ｔｅｒ〉はネトネトとか粘液を意味し、テカテカと対応している。何が光っているのか。

図の地形から推理すると光るのは川や沼の水面であろう。〈ｔｅｒｕ〉は光、〈ｉ〉はあるところを意味し、照井は輝いている処の意と解釈できよう。そんな水面の上を星が通るところを照越と名づけたのであろう。図には三ヶ所に照井という星地名該当地点がみられるが、この地域の人物でひときわ優れた者が〈ａｔｅｒｕｉ〉と呼ばれたのではなかろうか。

北上川の東側よりに照井がみられるが、川を遡ると胆沢地域に繋がっている。この川の流域を熟知していて、阿弖流為は紀古佐美軍を打ち破ることができたのであろう。

## 寺〈tera〉山とは

「第5章」述べた鹿児島の石郷遺跡と連携している星地名地点に寺山という地名が見られる。ほぼ東に位置する標高424・0mの寺山が地名の由来と考えられる。

縄文時代のことだからもちろん寺のない時代に寺山とは何を意味するのか。〈tera〉が光るを意味するとすれば、山が光り輝くといえば朝日が昇る光景が目に浮かぶ。

174　鹿児島市の寺山

島津家3代・島津成久の兄弟光久(2代島津国久の6男)は寺山氏を名のり島津寺山家の祖となったが恐らくはこの山に魅せられたからであろうか。

鹿児島市吉野町字磯にある仙巌園《せんがんえん》は薩摩藩主島津氏の別邸跡で島津光久によって造園された。

また、1858年(安政5年)に、薩摩藩主島津斉彬の命によって郡鹿児島近在吉野村寺山(現在の鹿児島市吉野町寺山地区)に設置された寺山炭窯跡は2015年(平成27年)、「明治日本の産業革命遺産製鉄・製鋼、造船、石炭産業」の構成資産の一つとして旧集成館とともに、世界文化遺産に登録されている。

歌人・劇作家・寺山修司の遠祖も島津か。

青森県三沢市の古間木駅(現・三沢駅)の直前に寺山家の家があった。駅の前に薩摩藩ゆかりの者を配置したらしい。

貴重な家系図は駅前の火事で消失し詳細は不明となったが、家紋は⊕。祖父の芳三郎の弟・寺山友吉は警視庁剣術指南役を務めた。三沢へは栃木から転居しており、水戸・宇都宮に近い那須烏山《からすやま》市の那珂川《なかがわ》岸辺に発見された墓石に寺山八武建之と刻まれている。

修司の曽祖父は八百吉、父は八郎。

「示現流聞書喫緊録附録系図」を著した久保之英《くぼゆきひで》は寺山太次右衛門用央(島津寺山家初代・光久の家系に属す)より敷島の道(和歌)を学んだといわれている。『鹿児島県資料集(55)の通昭録(四)の石馬集編』に寺山用央の和歌が記されている。

## 虻田〈ａｂｕｔａ〉と阿武山〈ａｂｕｓａｎ〉

縄文語から生まれた自然の恐ろしさを表す言葉がある。北海道の虻田だ。２００６年(平成１８年)年３月２７日に虻田町と洞爺村が合併し、北海道虻田郡洞爺湖町を新設合併しこれにより虻田町は廃止された。

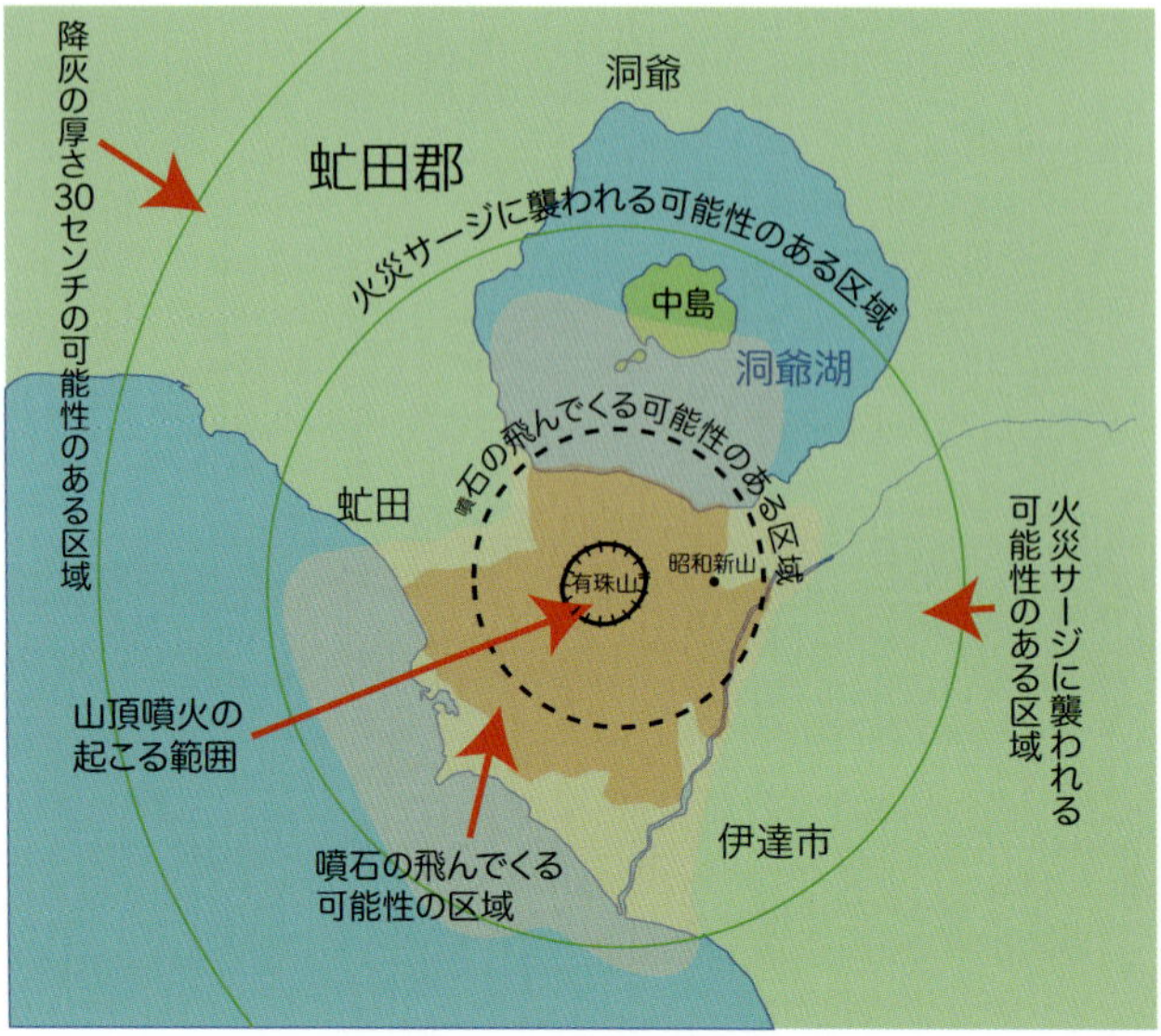


175　有珠山火山防災マップより引用
有珠火山防災会議協議会・伊達市総務部総務課危機管理室　提供

虻田はアイヌ語の〈ａｐｔｅ〉危ないという縄文語由来のアイヌ語で、日本語は〈ａｂｕｎａｉ〉で、〈ａｐ〉と〈ａｂ〉が共通している。つまり、アイヌ語と日本語の祖語が同じであることを示している。

有珠山火山防災協議会(会長　伊達市長　菊谷秀吉氏)による「有珠山火山防災」は綿密な防災対策により２０００年３月３１日の噴火では一人の死傷者も出さなかった。これは学ぶべき事象であろう。有珠山は西山西麓から噴火を開始した。翌４月１日には、北西山麓でも火口群を形成した。活動は、３月２７日の火山性地震開始当初から、気象庁、北海道大学有珠火山観測所がキャッチし、地元の行政機関へ情報が伝達され、２８日には各市町に災害対策本部が設置された。

２９日１１時１０分の緊急火山情報(警報相当)を受けて、３市町は専門家の助言を得ながら避難勧告を発令、避難誘導、避難所の開設を行うなど迅速な対応を行った。火山活動に関する専門家の適切な説明、情報提供により、噴火前には１万人余りの事前避難が完了し１人の死傷者も出さずに済んだ。防災対策が功を奏した好例といえよう。

広島県の阿武山《あぶさん》〈ａｂｕ〉もやはり〈ａｂｕ〉＝危ないという意味の山と考えられ、阿武山は、広島市安佐北区と安佐南区にまたがる標高５８６・２ｍの三角点をもつ山で、山頂付近には沢山の巨石が存在している。北から時計回りに半円を描くように麓《ふもと》を太田川が流れる。

広島県作成の資料によると、阿武山南東山麓に位置する八木・緑井地区は２０１４年(平成２６年)８月２０日未明からの豪雨により、八木四丁目に設置された高瀬観測局のデータによると２時から３時までの１時間で最大時間雨量８７㎜を記録し、その前後の３時間累積雨量は１８７㎜、２４時間累積雨量は２４７㎜に達し、この豪雨で地区内の１０か所以上の渓流において土石流が発生し、土砂や流木等が住 宅地へ流出したため、死者は八木地区で５２人、緑井地区では１４人に上り、特に八木三丁目では、巨石を含んだ土石流が３度にわたり発生したとの報告もあるなど、ＪＲ可部線《かべせん》付近まで家屋の損壊がおよび、人的にも物的にも最大の被害が発生したと記されている。

176 土砂災害発生箇所(安佐南区山本地区を除く国土交通省作図)より引用　筆者加筆

土砂流出範囲は平成 26 年の豪雨 8 月 28.30.31 日撮影垂直写真による写真判読(国土地理院)を引用

〈ａｐｔｅ〉を漢字で虻田(虻の沢山飛んでいる田んぼか)とか〈ａｂｕ〉山を阿武山(立派な優れた山の意味か?)などと記すと縄文人の警告を全く忘れ去ってしまう。

なお、図176の阿武山から向かって左上に見える押上山や真北の四日市は星地名の音声を含む名称である。

押〈ｏｓｉ〉＝〈ｈｏｓｉ〉と変化し、市〈ｉｔｉ〉＝〈ｂｕｔｉ〉→〈ｕｔｉ〉→〈ｉｔｉ〉で星を意味する縄文語由来の日本語と解釈される。

星地名の名づけ親が、縄文人であることは天文学的時代測定により裏づけられたが、その名称は長い時間の経過とともに変化してきたに違いなかろう。星地名の中には、地図上に名称すら記されていない地点

| 星地名・関連用語<br>縄文語由来の言葉 | 日本語 | アイヌ語 | 意 味 |
|---|---|---|---|
| 尾駮 obuti<br>魚淵 uobuti | o→uo 魚<br>buti ブツブツ | o 群れ<br>ごちゃごちゃ | 魚の星 |
| 飛鳥 asuka<br>kusu→usu→asu | 越す kosu<br>彼 ka | kus 通過する<br>ka ほとり、彼方 | 星の渡る彼方 |
| 茂市 moiti<br>buti→uti→iti | 茂 mo・みなも | mom 流れる<br>nociw《ノチゥ》→ociw→ oti iti | 川岸の星 |
| 乙越 otukosi<br>butu→utu→otu | 越 kosi<br>渡る | nociw 星・kus 通る<br>nociw→ociw→otu | 星の通る所 |
| 尻内・知内 siriuti<br>buti→uti | 尻 siri<br>代 siro 土地<br>田代：平坦な土地 | siri、sir 地面<br>nociw→ociw→ oti uti | 平地の星 |
| 倉内 kurauti | 倉 kura | kur 影・暗い | 暗い星・日影の星 |
| 土筆 tukusi 森 | 突き出る<br>し si | tuk 出る・芽を出す<br>si 自分・自身 | 地面が突き出た山 |
| 宇霊羅 ureira 山 | 憂い urei<br>秘められた水<br>等（ら）多い | woro うるおす | 水を秘めた山 |
| 富山 tooyama | 遠い tooi<br>間 ma：湾 | too 遠く・ya 陸地 | ずっと平坦地の湾 |

177　縄文語由来の星地名用語と日本語とアイヌ語の関連性

もあり、それらは、名称を忘れ去られたのであろう。また、数値地図には名称がなくとも、現地を訪れると旧い地名が残されていることもまある。

幸いに残されていた星地名地点の名称から、音声の類似点を探し出し、星や星の運行や目標の山と関わる言葉から、その意味を見つけ出す作業を行ってきた。

## 星地名用語と日本語・アイヌ語の対応

全ての分析結果を表示することは煩雑《はんざつ》になると思われるので、代表的でかつ縄文語由来の言葉とは考えにくい例を選んで表(図177)に言葉の分析状況を示した。

分析の内容は、天文学的時代測定に基づいた星地名や目標の山の名称を、縄文語由来の用語と時代を特定した場合に、その用語と現代の日本語・アイヌ語の対応との関係を示したものである。

例として既述の縄文時代の音声を残していると考えられる尾駮・魚淵は日本語の魚を表す

〈o〉〈uo〉とアイヌ語の〈o〉群れと対応していることを示した。つまり尾駮とは魚が群れをなして沢山いる処(星)を意味していると考えられる。

飛鳥は星の運行を示す言葉〈kusu〉→〈usu〉→〈asu〉のように変化したものと考えられ、日本語の越すとアイヌ語のkus(通る・渡る)が対応しており、さらに〈ka〉が日本語でもアイヌ語でも彼方を意味し、二重の対応がみられるので縄文語由来の飛鳥は日本語とアイヌ語の祖語と考えることが可能となる。三内丸山のすぐ北に位置する飛鳥は、三内丸山から眺めるとまさに星の渡る地点に該当する。

茂市の市は〈buti〉→〈uti〉→〈iti〉と変化したこと示し、一方アイヌ語の星〈nociw〉《ノチウ》も〈nociw〉→〈ociw〉→〈oti〉→〈iti〉→〈uti〉と音声に対応がみられ、茂〈mo〉は新潟県佐渡市上川茂《かわも》・下川茂として残されており、旧羽茂郡《はもちぐん》川茂《かわも》村が前身である。つまり川岸を意味している。アイヌ語では〈mom〉(モム)は流れるを意味し日本語の茂〈mo〉と対応がみられる。乙越も同様にして対応がみられる星地名である。

つまり縄文方位測量で発見された星地名および目標の地点の名称は当時の人々が名づけ親であり、その後、時の移り変わりとともに変化したことが窺える。

一つ注目したいのは青森県八戸市の〝尻内〟で、この地区に1891年(明治24年)9月1日、日本鉄道青森線(東北本線の前身)の尻内駅が設けられた。修学旅行などで東京方面からみえた女子高校生であろうか「尻内だって、変な駅ね」とはしゃぐ光景が車内でときおり見かけることが昔はあったと言われている。

残念ながら1971年(昭和46年)4月1日、八戸駅に改称され尻内駅は抹消された。しかし駅の所在地は青森県八戸市大字尻内町字館田と尻内が残されている。

盛岡〜八戸間のトンネル区間は路線の約73%、長いトンネルに少し悩まされるが、しかし高岩トンネル(東北新幹線下り線八戸駅直前のトンネル)を抜けると、そこには開けた平坦地が続き、やがて八戸駅に至る。この平坦地こそ尻内 (平地の星) なのだ。この縄文人の名づけた〈siriuti〉を忘れないでいただきたい。

ここに図示したのは一部にしか過ぎないが、星地名の解明には日本語とアイヌ語の対応が多いに役立つことがご理解いただけよう。そして最も銘記していただきたいのは、星地名は現代のアイヌ語でも日本語でもない、縄文語由来の言葉であるという認識である。

※なお巻末にブチブチ・ブツブツからの音声変化の様式を掲載しているので参考にしていただきたい。

178　国見サービスエリア(上り線)より見る阿武隈川流域
筆者撮影

# 第11章　奥州街道と羽州街道の分岐点桑折追分と星地名

## 国見サービスエリアより眺める阿武隈川流域

星地名の研究にとって街道・街道と街道の分岐点・古代の関所などは興味深い。街道から少し脇道に入るとさらに多くの星地名に出会える。こんな旅をしてみよう。

私たち「身近な歴史を訪ねるプチサークル」では、出発に際し「道の駅なんごう」に立ち寄り、必要な飲みもの食べものなどを整え、南郷インターから八戸《はちのへ》自動車道に乗り安代《あしろ》ジャンクションから東北自動車道に入り、岩手山サービスエリア・金成サービスエリア・国見サービスエリアで休憩することが多い。

エリアはそれぞれ持ち味がある。

岩手山SAでは、季節によって姿を変える岩手山、金成では牛タンの串焼き、国見では遠くに阿武隈川流域を望むことができる。この阿武隈川流域に一体、どんな星地名があるのだろうか。ともかく国見インターから高速を出てみよう。

インターを出て国道4号線を3・3㎞ほど南下すると桑《こ》折町《おりまち》に着く。ここは奥州街道と羽州街道が交わる要所として栄えた宿場町でまちを歩くと、明治時代初期の洋風庁舎・

国の重要文化財に指定された旧伊達郡役所の建物が目をひく。先ずは分岐点を眺め、それから桑折町から羽州街道《うしゅうかいどう》を北上してみよう。

羽州街道[1]は、奥州街道の福島県桑折町桑折追分《おいわけ》から分かれ宮城、山形、秋田そして青森油川《あぶらかわ》に至るが、羽州街道という呼び名は最初からあったわけではないらしい。昔は地方の名称「小坂通り」「最上道」「秋田道」「下筋街道」「碇ヶ関街道」など様々な呼び方をされていたようだ。

図179に東北の街道筋として奥州街道・羽州街道・六十里越街道・羽州浜街道の道筋概略を示したが、東北を縦走する二大街道・奥州街道と羽州街道の分岐点は桑折追分と呼ばれて町の々に大切にされている。なお図にそれぞれの街道や関所について述べる章「第11章〜第16」を示した。

縄文時代からいわゆる街道筋が彼らの通り道であったとすれば、桑折は青森・秋田・山形などの日本海側と青森・岩手・宮城などの太平洋側の縄文文化が合流した場所であったに違いなかろう。

つまり日の昇る地域と日の沈む地域の人々の合流する地

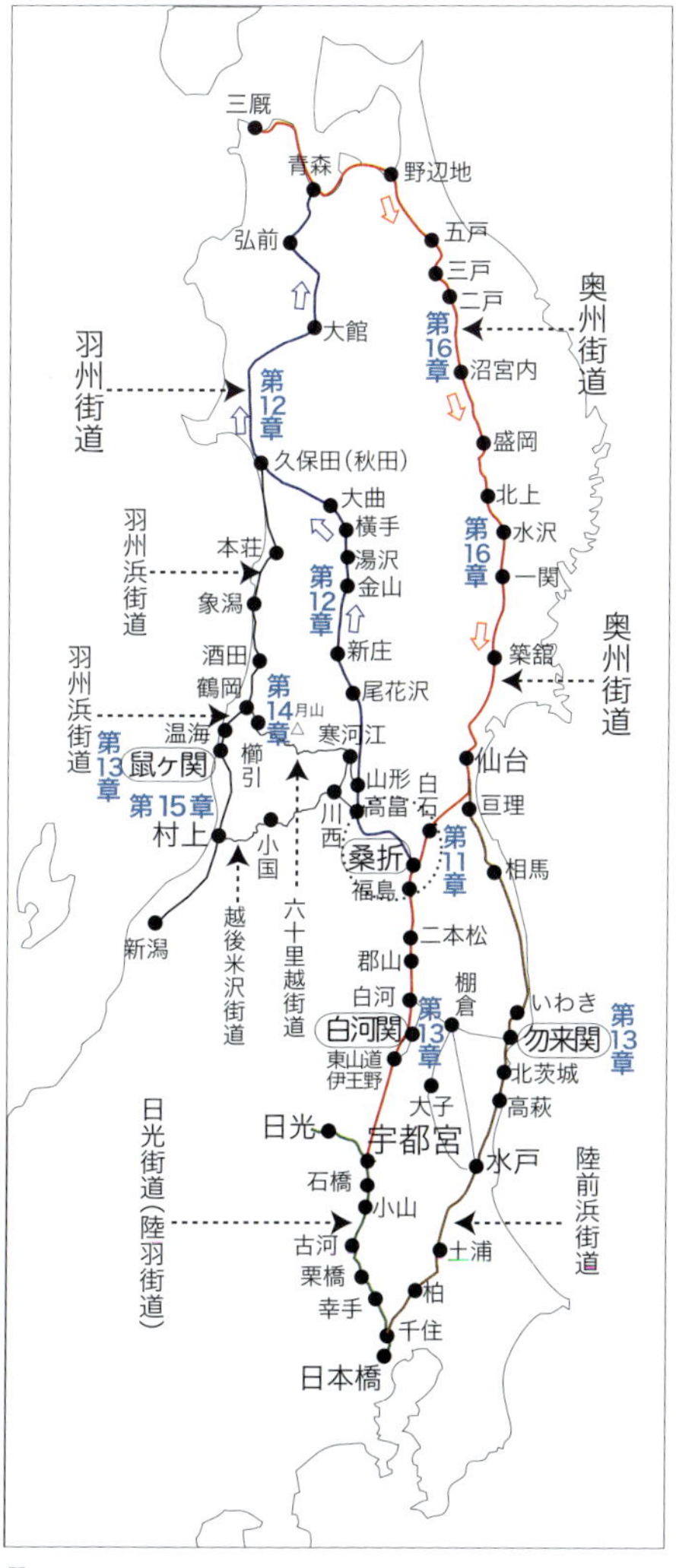


『日本の街道ハンドブック』竹内誠監修
『東北の街道　道の文化史いまむかし』渡辺信夫監修
『六十里越街道』伊藤孝博著
を参照

179　東北の街道筋

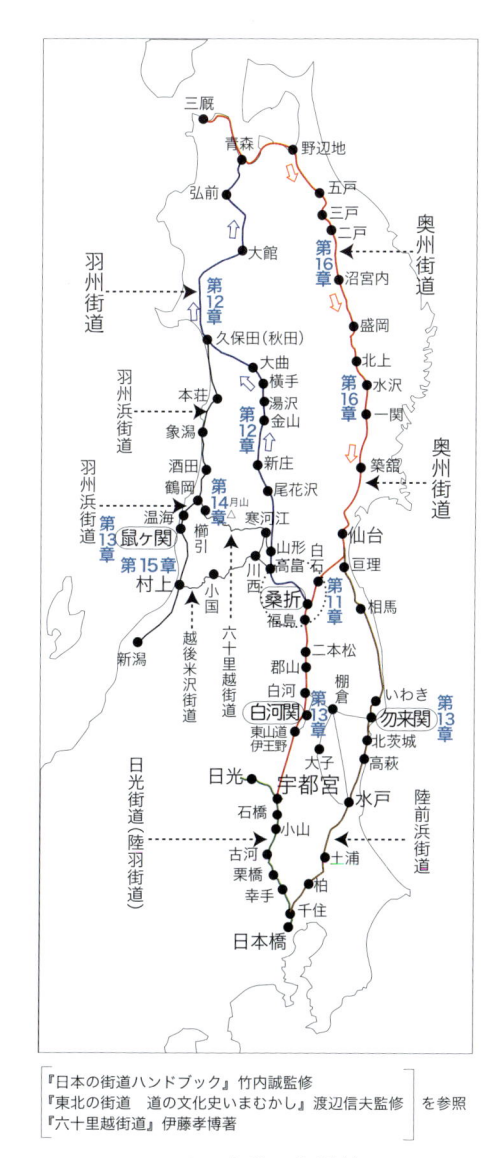

点だとすれば、この地域の星地名にはどちらの地域にもみられる豊富な名称がありはしないか。そんな期待があった。

桑折〈ko・ori〉の〈ori〉は星地名に該当し、例として酒折、肘折、岩折、合折、折笠、織笠、折舘、折戸、折渡など多くの星地名が見られ、後述の袋田の滝で述べる月居山の〈ore〉も〈ori〉から変化したものと考えられる。本章は図のまる点線辺りについて述べる。

つまり、音声は〈hotu〉→〈hoti〉→〈oti〉→〈ori〉と変化した星地名で、〈ko・ori〉の〈ko〉は「ここ」「あそこ」の「こ」で場所を言い表している。

縄文人は大切なことを先に述べたと考えられ、「第6章 眼は心の窓・三本線の謎を解く」の尾駮〈obuti〉・魚淵〈uobuti〉のように「魚の星」、つまり魚が捕れることが大事なのだ。そう考えると、〈ko・ori〉「こ・星」は、この場所がだいじなのだと言う意味で、「ここで間違ってはいけない星地点だ」「ここで間違えるととんでもない方向へ行ってしまう」と言っているのが分かる。

図180のように桑折追分周辺には打越・薮内・落合・八反田・押出・田町などの星地名が分布している。

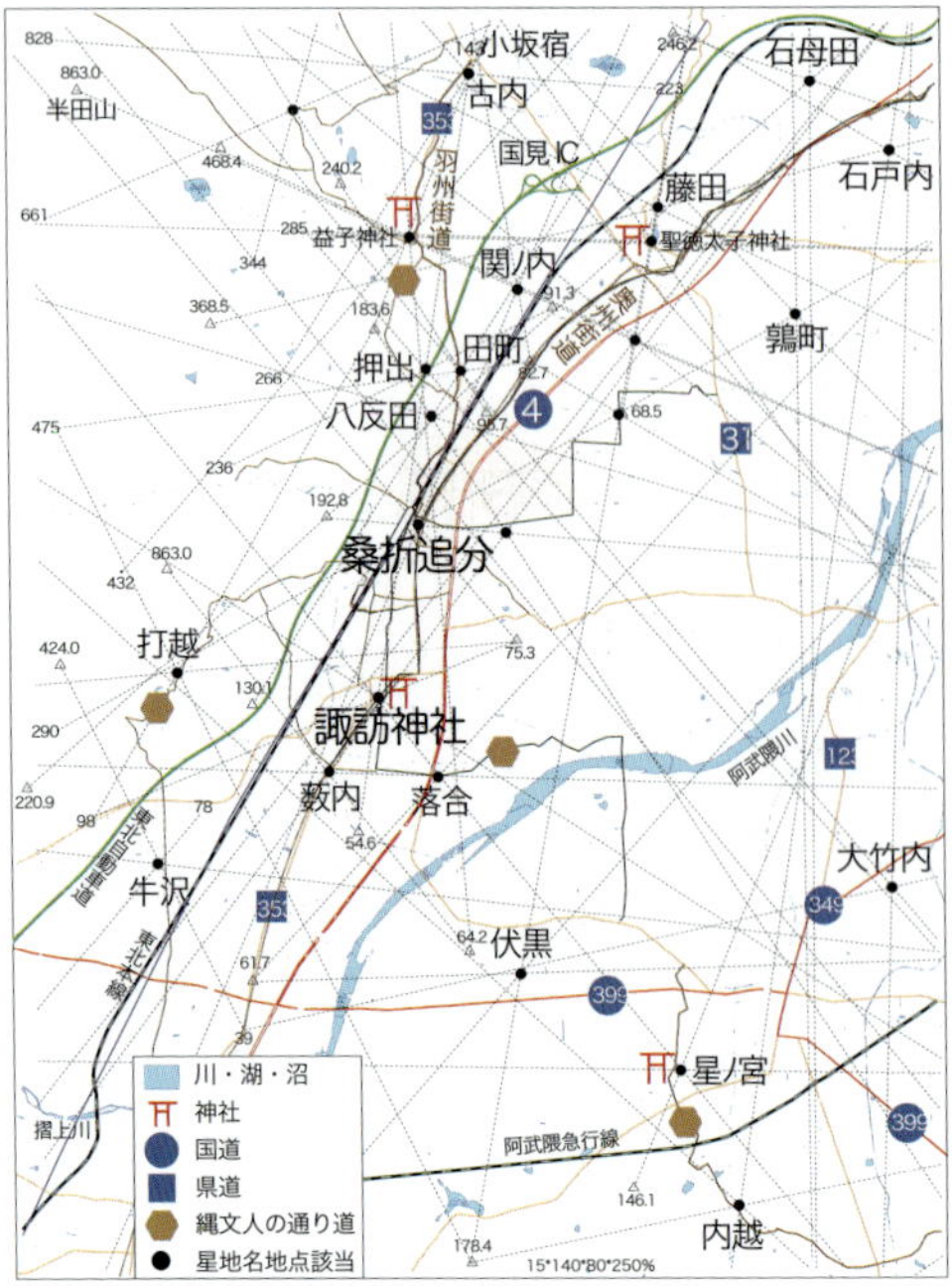


180 奥州街道・羽州街道分岐点
桑折追分周辺の星地名

追分や落合の意味については追分は「牛馬を追い分ける場所」を意味し、落合は「川と川が合流している所」というようなもっともらしい解説をよく目にするが、漢字のなかった時代や牛や馬の飼われていなかった時代に、この地点に星地名があったとすれば一体そこは何と呼ばれ本当の意味は何であったのだろうか。

図182に示したように、諏訪神社の地点と桑折追分の地点はともに三本線の交点にあり、しかも三角点をもつ75・3メートルの丘を通して両者は繋がっている。この連携は典型的な星地名の条件を満足している。

## 復元された桑折追分の奥州・羽州街道分岐点

181　桑折追分分岐点(整備前)　　桑折町 提供

奥州街道と羽州街道の分岐点で筆者が驚いたのは、町の人々がこの地点にあった民家を一年以上も時間をかけ、誠意をもって移転交渉し、２００６年(平成１８年)１２月に江戸時代に描かれた絵に基づいて街道の分岐点を復元されたとのことで、この分岐点に立つと歴史を大切にされた地域の人々の熱意が伝わってくる。

美事に復元された桑折追分分岐点、左に行くと羽州街道、右に向かうと奥州街道、昔はここで分かれて、それぞれの道を歩むことになったのだろう、逆にまた日の昇るところの人々や日の沈むところの人々がここで出会うことにもなったのであろう。

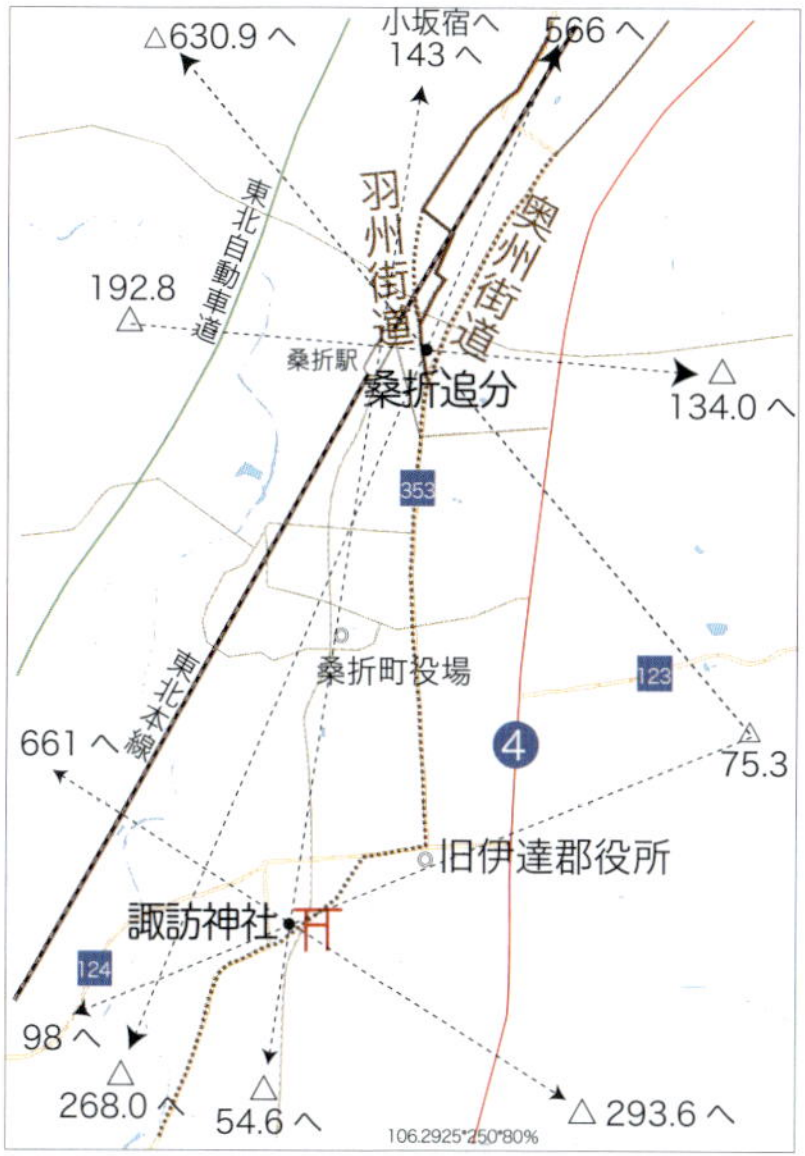


182 諏訪神社と桑折追分

183　復元された桑折追分分岐点　　撮影　森下正子

江戸時代には松尾芭蕉もこの地の「西根堰《にしねぜき》」(この地域の用水路)のほとりを通ったと言われている。

分岐点にある「柳の句碑」は「約２３０年前に俳句の師匠卜而翁《ぼくじおう》の急逝を悼み、桑折社中の友が師の句碑を建てたものである。」と案内板に記されている。

夕暮れに 心の通ふ 柳かな

なんとも街道の交点にふさわしい句ではなかろうか。この地域づくりは高く評価され、平成一九年度の「手づくり郷土賞(地域整備部門)」を受賞している。

184　桑折宿の道標
筆者撮影

## 諏訪神社と桑折追分

さて、この分岐点から奥州街道にそって南へ1・5キロメートルほど行くと、諏訪神社に至る。

ここでまた筆者を驚かせる光景に遭遇した。美事な御柱が二本、天空を指さすがごとく聳えているではないか。一体これはどうしたことか。縄文の遺伝子のなせる所業なのか。ふと三内丸山の六本柱が脳裡をかすめた。

境内を掃き清めていらっしゃる方に「社務所はどこでしょうか」と妻がたずねると、運よく宮司様がいらっしゃるとのことで、実状をお話しし、写真を撮らせていただいた。宮司様は「私もここが歴史的に古くから大切な場所だと考えていました。」とお話し下され、お守りや御柱祭の記念品まで頂戴した。宮司の菅野博輝様にはよい御縁を頂戴した。

縄文時代に諏訪神社の位置は、北へむかう時に次の重要

185　諏訪神社の本殿（上）御柱（下）
掲載許可　諏訪神社　筆者撮影

な地点・桑折追分の位置を指し示す役割をしており、逆に南へ向かおうとすると、この道を行けば白河方面へ行けますよという安心感を与える場所であったと考えられる。

『旧伊達郡神社名鑑 古里の神々』に宮司様が執筆された『諏訪神社《すわじんじゃ》』が掲載されていて、その中にまたもや驚くべき文言を目にした。何と境内には北辰宮が祀られていた。

北辰は北辰妙見菩薩とも呼ばれ、北極星信仰と繋がっている。既述の仙台の榴岡天満宮では妙見宮が鳥居の傍に祀られていたが、それと同じ現象が諏訪神社でも見られ、偶然にも宮司様の名字が菅野様とのことで不思議な縁を感じずにはおれなかった。また、神道のもの凄さ・包括力をまのあたりに見る思いがした。

図186の奥州街道沿いには薮内・諏訪神社・桑折追分・藤田・石母田の星地名がみられ、羽州街道沿いには桑折追分・八反田・押出が見られ益子神社を経て小坂宿に至る。

街道という名称はつけられていないが、力持・宮内・内越・星ノ宮・伏黒・落合は太平洋側(いわき市方面)から奥州街道に合流する縄文人たちの通り道であったと考えられる。

羽州街道は七ヶ宿街道とも呼ばれる。街道沿いの仙台領内に七つの宿場(上戸沢、下戸沢、渡瀬、関、滑津、峠田、湯原)が置かれたことによる(図186)。

小坂宿で県道３５３から県道４６に移り次第に険しい山間地に入り、小坂峠を越え、上戸沢宿に至る。

小坂峠には後に述べる雄勝峠と同じように峠に沿って星地名地点が沢山見られ、道に迷わないようにするための周到な配慮がなされているのがわかる。

これでもか、これでもかと言うように「何度も何度も」の精神が感じられる。

## ダムに沈んだ星地名

いよいよ、ダムに沈んだ七ヶ宿街道にさしかかる。沈んだ道には何があったのだろうか(図186および図187参照)。

『宮城県文化財調査報告書第１１７集』の中の『七ヶ宿ダム関連遺跡発掘調査報告書Ⅰ』(宮城県教育委員会・建設省七ヶ宿ダム工事事務所作成)には「このダムの建設によって、民屋１５０戸をはじめ４１０ヘクタールの地が水面下にその姿を没することになったが、この地域には小梁川遺跡・小梁東遺跡・大倉遺跡など縄文期を主とする所謂周知の遺跡が分布しているので、宮城県教育委員会が東北地方建設局と協議を重ね、受託事業として事前に記録保存のための発掘調査を行うこととなった。」と記され『七ヶ宿ダム関連遺跡発掘調査報告書Ⅱ』(宮城県教育委員会・建設省七ヶ宿ダム工事事務所作成)によると「七ヶ宿町内には、現在、古墳時代を除く旧石器時代から中世に至る７８箇所の遺跡が知られ、この内、縄文時代に属するものは６７箇所(８５・９%)

と大半を占めている。

　いずれも白石川や白石川の支流である横川の川沿いに点在するもので、密度は希薄なものであるが、横川の川沿いには縄文早期の遺跡が集中する傾向にある。」と記されている。また、小梁川遺跡（縄文中後）、小梁川東遺跡（縄文）、大倉遺跡（縄文）、道端遺跡（縄文）、矢立西遺跡（縄文）、若林山遺跡（縄文）などについて位置や発見された遺構や遺物について詳細に記されている。

　七ヶ宿ダムやその近くに縄文遺跡が多く存在したことは、七ヶ宿ダム周辺の街道筋ならびにダムに沈んだ地域の中に多くの星地名が見られることと符号し、街道はもともとは縄文人の通り道から派生したことを物語っている。

186　国見サービスエリアより眺める桑折追分および阿武隈川流域周辺の星地名

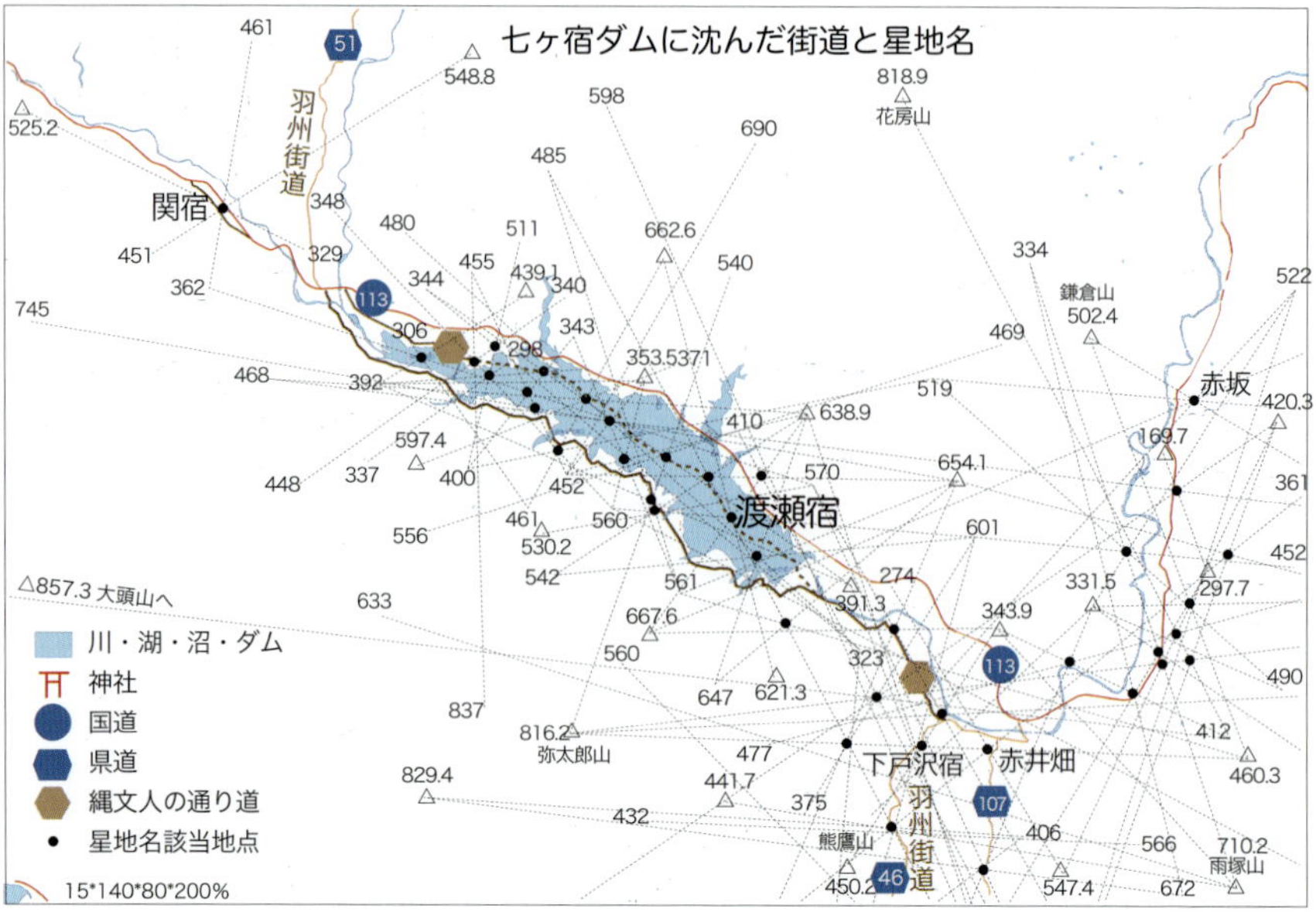


187　七ヶ宿ダムに沈んだ星地名

なお遺跡名の中で道端遺跡の道端の端〈ｈａｔａ〉は星地名の音声を留めている。

## 飯坂温泉周辺の星地名と宮畑遺跡

桑折町から県道１２４を西に向かうと歴史・規模ともに東北を代表する名泉の一つである飯坂温泉へ、さらに国道３９９を北上すると茂庭《もにわ》っ湖《こ》に至るが、この国道沿いにも板橋・藤清水・田畑・獅子内・亀石・鳩峰などの星地名が見られる。飯坂温泉付近には打越・牛沢・菰槌越《こもつちごし》・奴内《やっこうち》・宮畑・戸ノ内・腰巡・石名坂・高畑・石橋・四合内・内越・星ノ宮・伏黒。落合・桑折と板橋・藤清水・田畑などの星地名が高密度に存在し、桑折追分とともに飯坂温泉は縄文の要所を結ぶ重要なポイントであったことが窺われる。打越、内越、戸ノ内の〈ｕｔｉ〉は星を表している。

福島市岡島にある宮畑遺跡については２００３年（平成１５年）に縄文時代中期から晩期までの約２、０００年間にわたる、縄文時代の人々の生活を現在に伝える貴重な遺跡と認められ「国史跡宮畑遺跡」に認定されている。

『宮畑遺跡 南東北の縄文大集落』（斎藤義弘著・発行年月日・２００６年（平成１８年）１２月１０日）によると宮畑地内には縄文時代中期の集落が存在したとのことで、宮畑遺跡史跡公園（愛称・じょーもぴあ宮畑）は遺跡を整備した公園で、平成27年8月8日に全面開園された。田畑、高畑、宮畑、八反田の〈hata〜hatu〉は星ゆかりの音声で星地名に該当する。（図188および図189を参照）

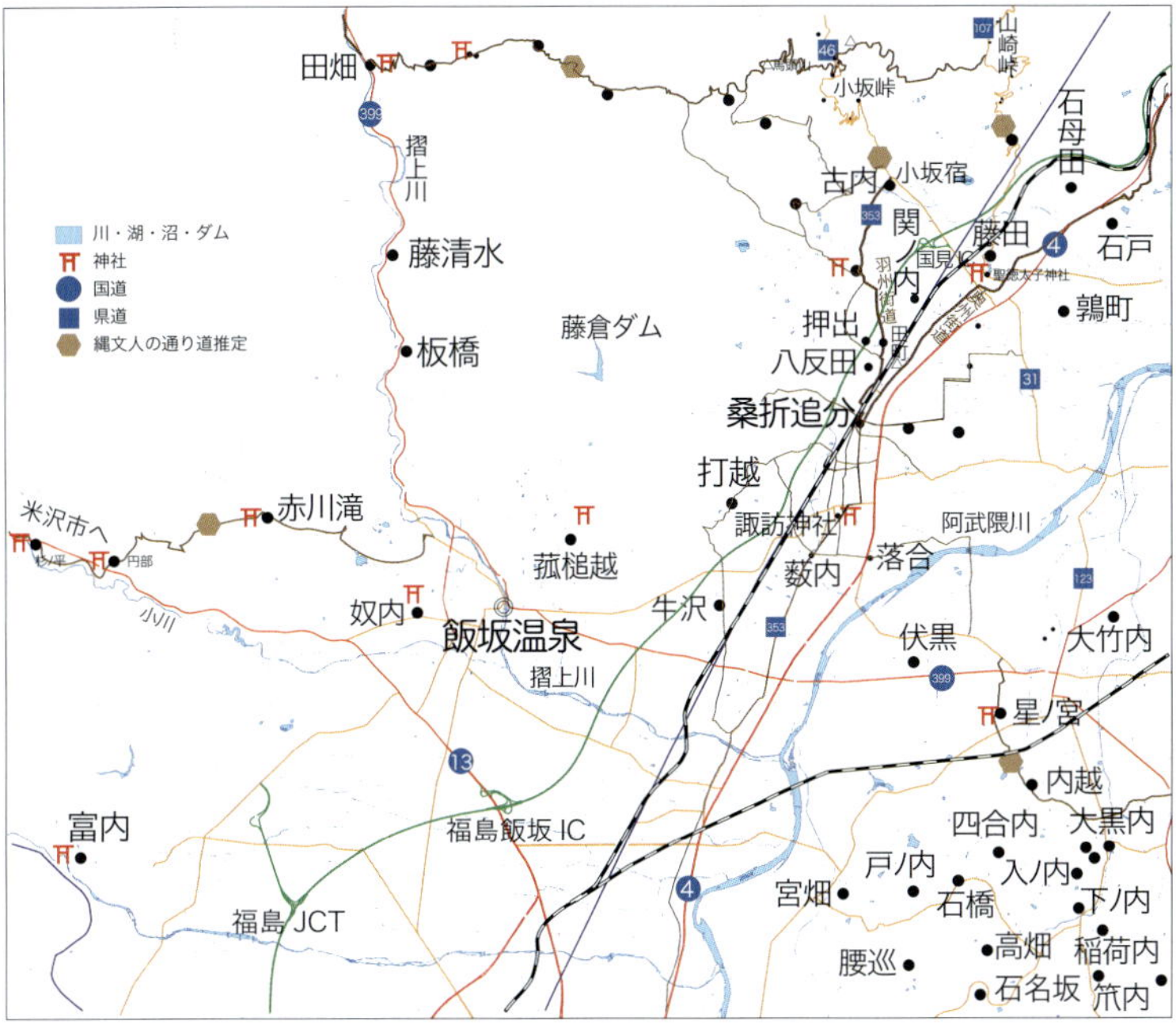


188　飯坂温泉周辺の星地名（視線消去）

189　摺上川ダムに沈んだ星地名（視線消去）

宮畑遺跡史跡公園発行のパンフレット『じょうもぴあ宮畑だより第6号』（事務局・福島市教育委員会文化課）によると、「福島市飯坂町茂庭地区に摺上川ダムを建設するにあたって、水没地区内に分布する遺跡を記録に残す目的で、発掘調査が行われました。遺跡の多くは縄文時代　のむらの跡で、調査の結果、縄文時代早期から晩期（約9000年から3000年前）まで、集落の移り変わりを繰り返しながら、人々が生活をしていた跡が確　認されました。茂庭地区を代表する獅子内《ししうち》遺跡《いせき》（縄文前期、6000年前）では、

１００軒を超える竪穴住居跡が見つかりました。下ノ平Ｅ遺跡（縄文前期）からは、山の斜面に掘られた獣を捕まえるための落とし穴が４００個も見つかっています。茂庭の豊かな自然は太古の昔から人々の暮らしを支えてきました。そして今、ダムの底には縄文時代の多くの遺跡が沈んでいます。」とこの地域と縄文との関連性が示されている。獅子内の〈ｕｔｉ〉も星を表している。

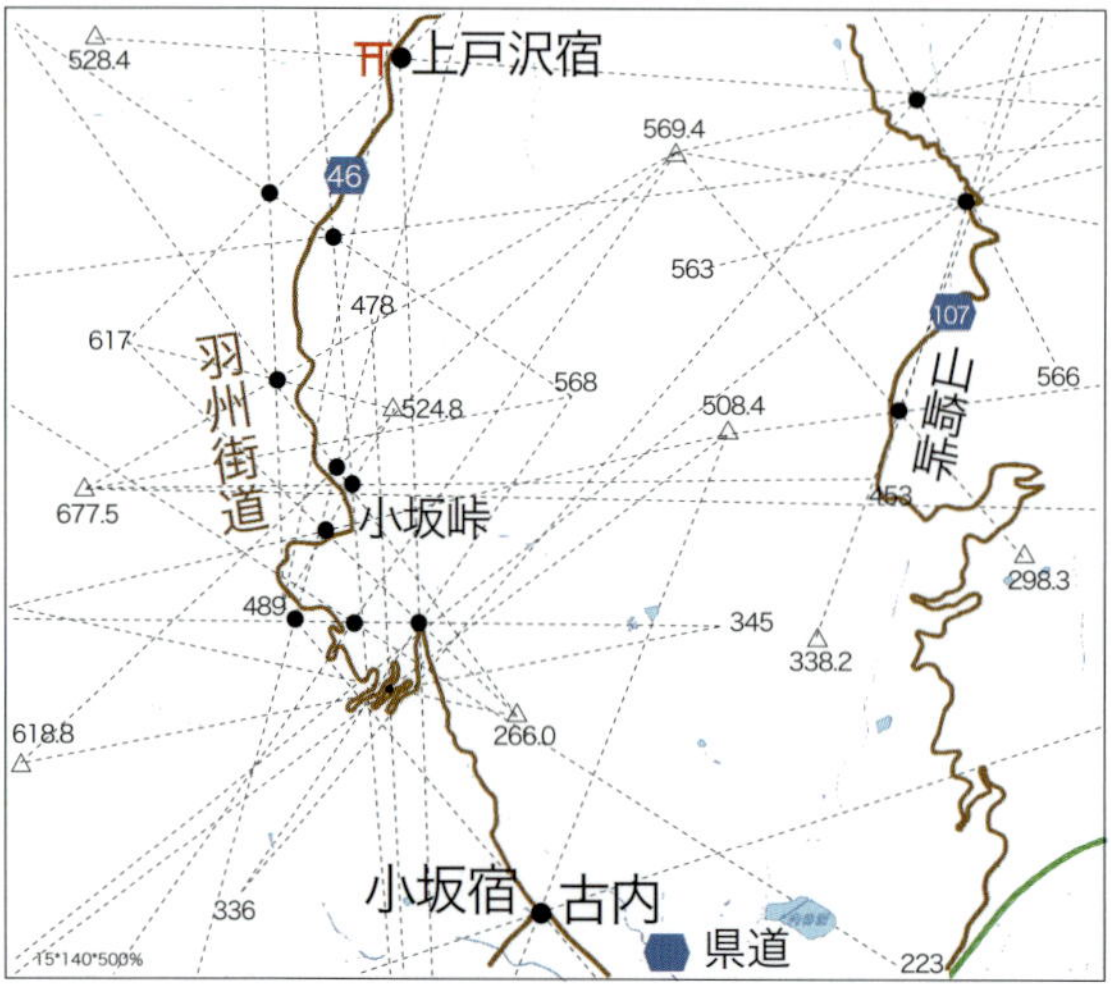


190　小坂峠・山崎峠

## 小坂峠と山崎峠

羽州街道小坂峠と対照的なのは山崎峠であろうか。

近年、山崎峠は林道走行可能な自動車やオートバイによるオフローダー達の注目を浴びている。

福島県国見町藤田と宮城県白石市赤井畑を結ぶ県道１０７は山崎峠越えの道で、この山崎峠にも図190に示したように星地名該当地点がみられ、標高５６９・４ｍの三角点をもつ山を介して小坂峠の交点と美事に連携している。おそらくは小坂峠と山崎峠の間の山間には〝けものみち〟のような複雑な連絡網が存在するのかもしれない。

小坂峠は県道が改良済みなのに山崎峠は廃道化の流れが止まらない。残念なことだ。

## 阿武隈川南方向にみえる星地名

本章の冒頭に国見サービスエリアから〝この阿武隈川流域に一体どんな星地名があるのだろうか〟と述べたが、図191に示したように、県道沿いに星を意味する内〈ｕｔｉ〉のつく星地名がぎっしりつまっている。

国見サービスエリア（図の上方に示す）からかすかに見えた阿武隈川の向こうに、これほど多くの星地名地点が潜んでいるとは思いもよらなかった。

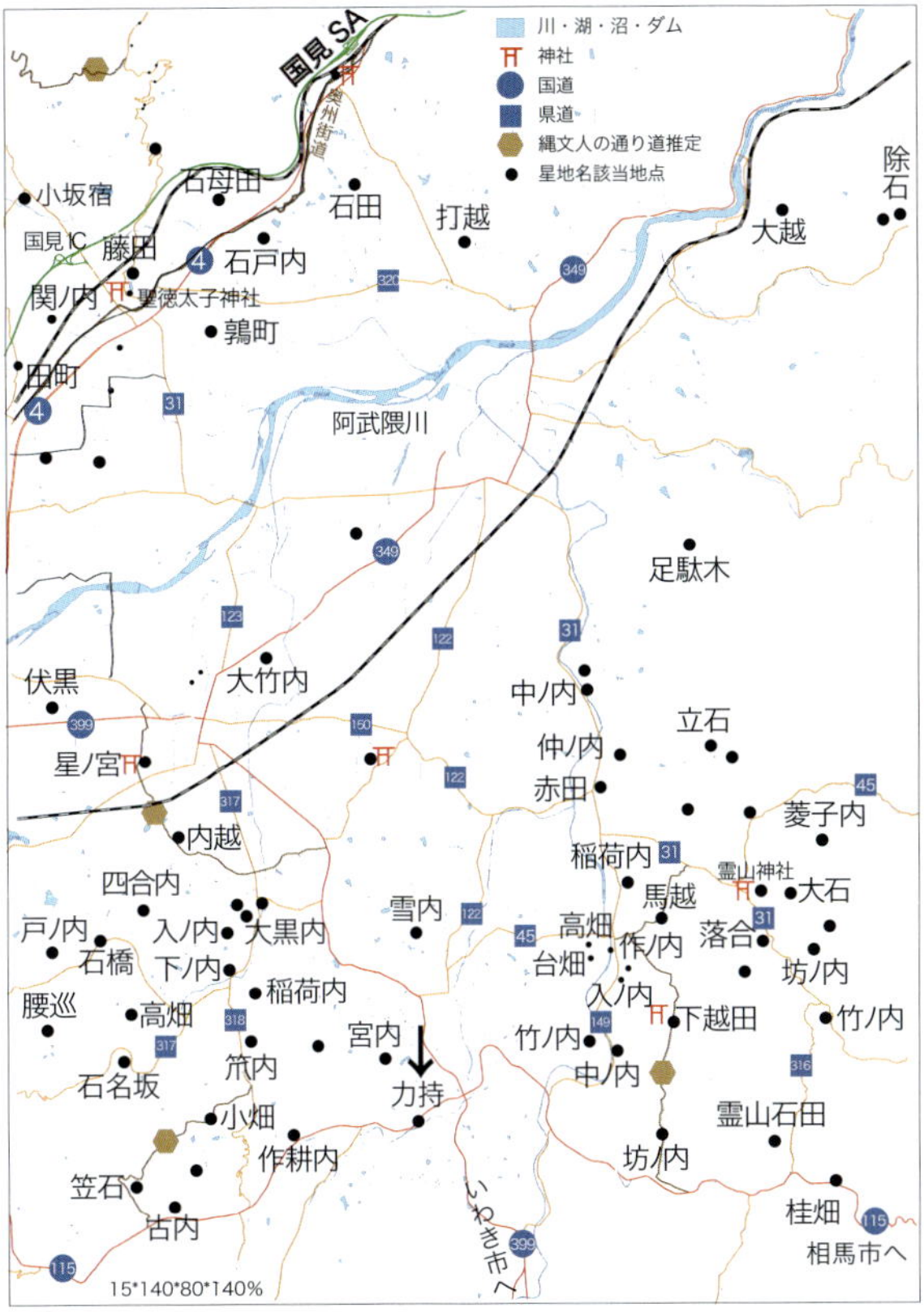


191　阿武隈川南方向にみえる星地名(視線消去)

## 力持・竹ノ内・大石

福島県伊達市霊山町下小国には↓で示す力持《ちからもち》という珍しい星地名が見られるが、岩手県下閉伊郡普代村第１７地割にも力持があり、縄文時代の力持遺跡が存在する。

石名坂は青森県の石郷遺跡の近くにも石名坂がみられる。阿武隈川南部の地域には内のつく星地名が多く、内越、宮内、中ノ内、大竹内、竹ノ内など内〈ｕｔｉ〉が星を表していることの証でもある。

竹ノ内は大阪府堺市から東へ向かい、二上山の南麓・竹内峠を越えて、奈良県葛城市の長尾神社付近に至る竹内街道の竹内と同様に星地名である。

大石は大石内蔵助ゆかりの大津市大石の大石でこれも星地名に該当、立石、石戸もよく見られる星地名で青森県の奥入瀬渓流の石ヶ戸にも繋がる。

桑折追分周辺の地域はまた太平洋側の仙台市や相馬市やいわき市、日本海側の山形県や秋田県、新潟県方面へと繋がるまさに中心地でもある。

特に白石市は白石そのものが星地名で、つまりは星地名を名のる市と言えよう。白石地域は膨大で、まだ方位図が完成されていないので詳細は掲載できないが、次頁にその一部を紹介したい。

図192に国見サービスエリアの北・白石方面に見られる星地名を示すが、奥州街道に沿って越河・丑山・越河五賀・八ツ森などの多くの星地名が存在する。

大張川張《おおはりかわはり》の張〈ｈａｒｉ〉は、八戸市の風張遺跡の張や三重県名張市《なばりし》の名張や高知県安芸郡奈半利町《なはりちょう》など〈ｈａｒｉ〉が星の音声変化と考えられ、また石川県金沢市尾張町、静岡県浜松市尾張町の張も同様に考えられる。

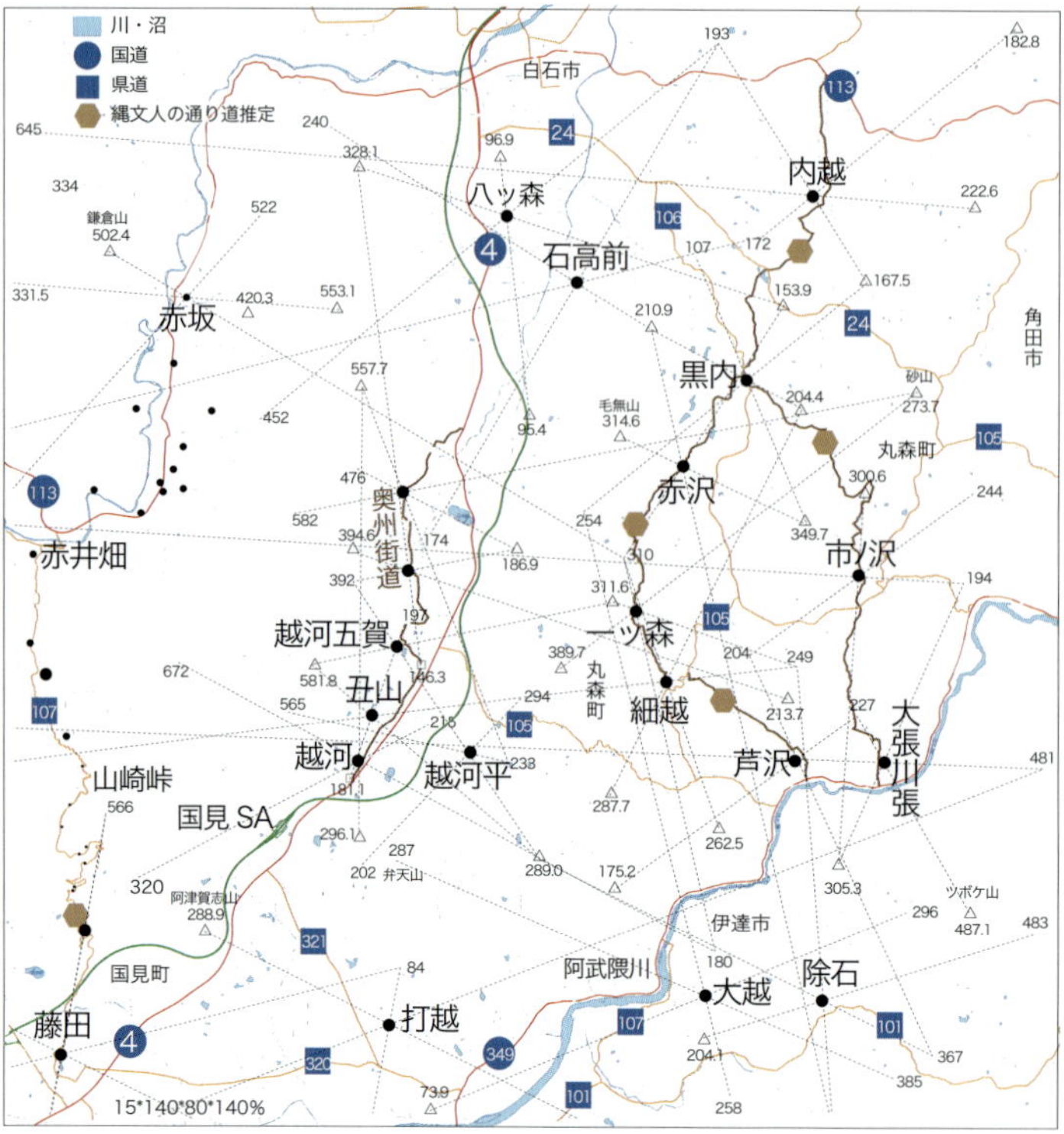

192　国見SAから阿武隈川北方向にみえる星地名

「第10章」の幻の詩人・村次郎のドグマ〝魚のナ《な》〟です。いいですか、日本語はみな魚の名前が起源なんです。魚の名前をカギにすれば日本語起源などすぐ解ける〟を思い浮かべていただきたい。

名張は魚星・尾張も魚星である。越河は毛越寺の近くに越河がみられ、やはり星地名に該当する。赤坂、赤井畑、赤沢の赤〈ａｋａ〉は飛鳥→安家→赤の変化例。

この地域を検証して、星地名の豊かさに驚かされる。

奥州街道と羽州街道の二ッの大動脈の分岐点にふさわしく、桑折追分の分岐点を復元してまで歴史を大切にされる人々の精神のなせる成果を目の当たりにするような気がしてならない。

それでは本題の羽州街道の難所・金山峠へと足を進めよう。

註（1）『羽州街道をゆく』(藤原優太郎著)

街道の旅　参考案内図

本書でとりあげる東北の主な街道略図

# 第12章　羽州街道ぞいの星地名

## 二井宿～金山宿～楢下宿周辺の星地名

羽州街道は福島県桑折から宮城県七ヶ宿を経由して金山峠を越えて山形県に入る。干蒲《ひかば》宿の先には屈曲の多い厳しい金山峠《かなやまとうげ》が待っている。

金山峠は宮城県刈田郡七ヶ宿町と山形県上山市とを結ぶ標高623mの峠である。図193に示すように小坂峠や山崎峠と同様、峠には道に迷わないように星地名地点が張り巡らされている。

楢下宿《ならげじゅく》には何度も足を運びその都度「楢下宿丹野こんにゃく番所」に立ち寄ることになる。

お店のキャッチフレーズ「たかが蒟蒻《こんにゃく》 されど蒟蒻」には感動させられた。商品の品数、味わい、とにかく驚きだ。まさに「たかが蒟蒻 されど蒟蒻」をじかに観るようで、名言と言うほかはない。「たかが星地名 されど星地名」筆者もあやかりたいものだ。楢下宿をすぎると図194に示す上山市の三本松追分・石堂に至る。

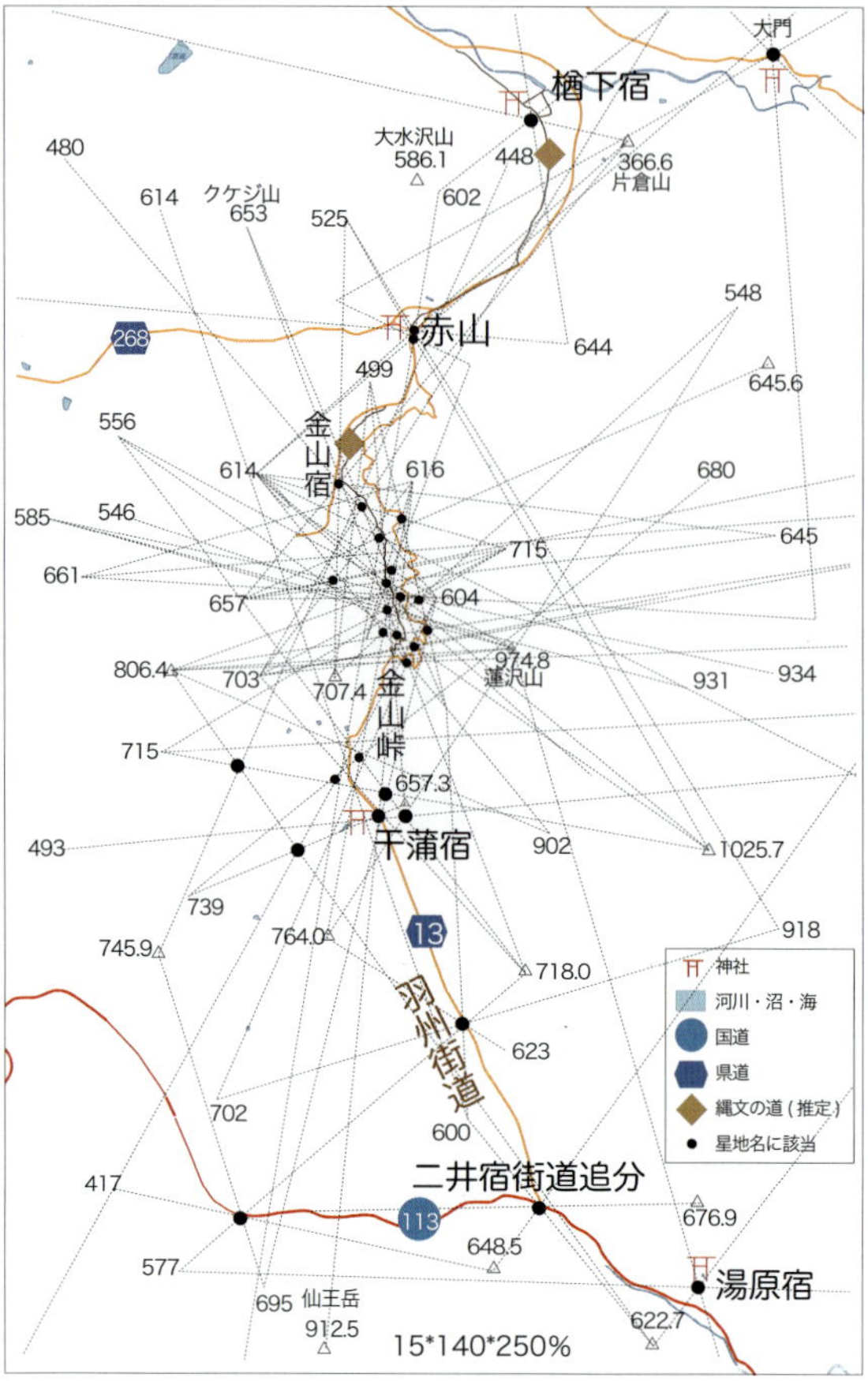


193　羽州街道金山峠周辺の星地名

二井宿《にいじゅく》街道追分地点も三本松追分も桑折追分と同様に星地名地点に該当している。

◆記で示した山道はもしかすると縄文人の通り道であった可能性が高い。星地名地点が山道に沿って並んでいる。険しい峠の山道で迷わないようにという縄文人の意図が読みとれよう。

羽州街道は楢下宿から三本松追分を過ぎると上山に入り山形からは峠もなく穏やかな道並が続く。

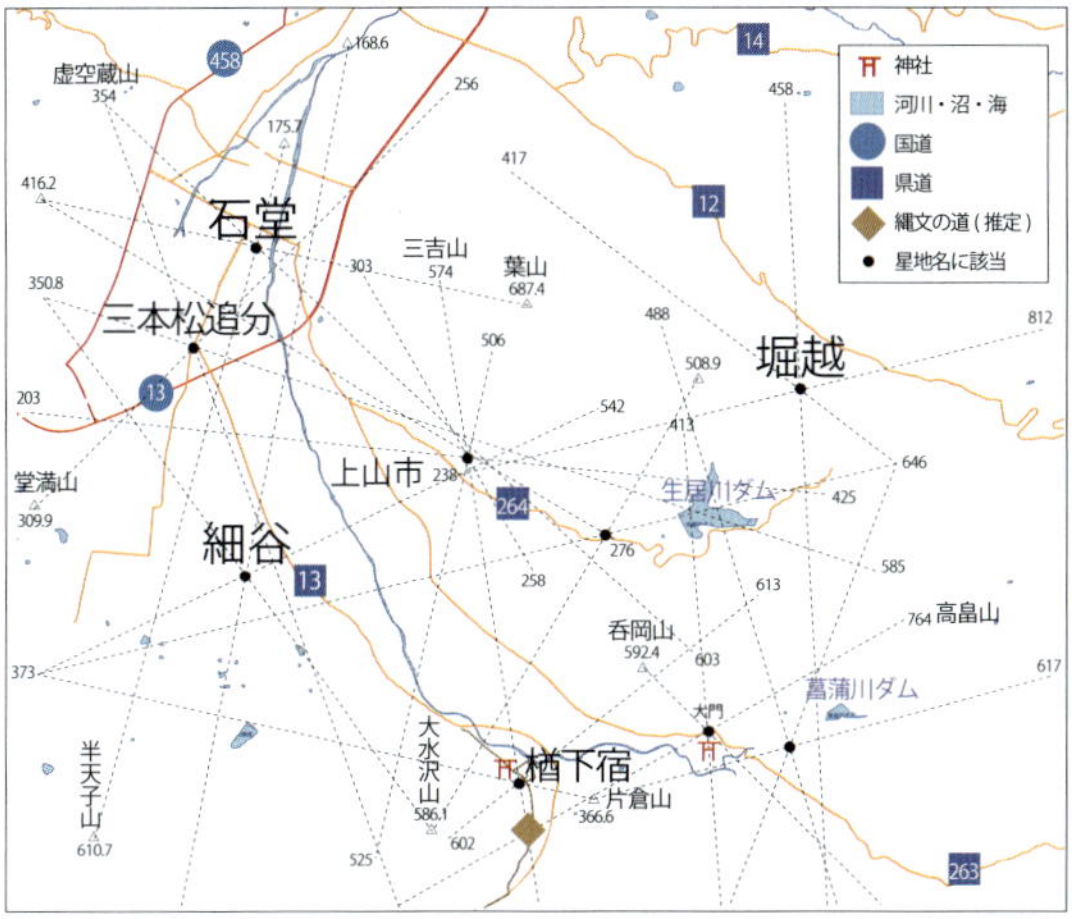


194　楢下宿〜石堂の星地名

## 新庄〜金山の星地名

新庄市《しんじょうし》から金山町《かねやままち》に至るコースには古い街並みや星地名が残されている。

図195に示すように新庄を過ぎるとなだらかな道が続き赤坂から上台峠を登る。峠からはイザベラ・バードがピラミッド型の奇異を感じる山と記した金山三峰が視界に入ってく

195　新庄市〜金山町周辺の星地名

る。その手前に金山町の中心部がある。

イザベラ・バード記念碑や木ごころ橋の写真は既に第9章(応用編)に掲載しただが、金山町の蔵の通りや大堰《おおぜき》公園は印象深い。まさに水清く四季を奏でる人の心のやさしい町で、金山町街角交流施設マルコの蔵でひとやすみ、蔵の雰囲気を味わいながら味わうまろやかなコーヒーも格別。

かつて町長の鈴木洋様に本書のための写真提供・掲載許可をお願いし、金山三峰の美しい写真をご提供いただいたが、驚いたことに「他にもっと必要な写真はございませんか」というコメントが添えられていた。筆者にとっては、写真の提供をお願いすることで、お手数をお掛けし恐縮している心境なので、このコメントは心にじんと響いた。

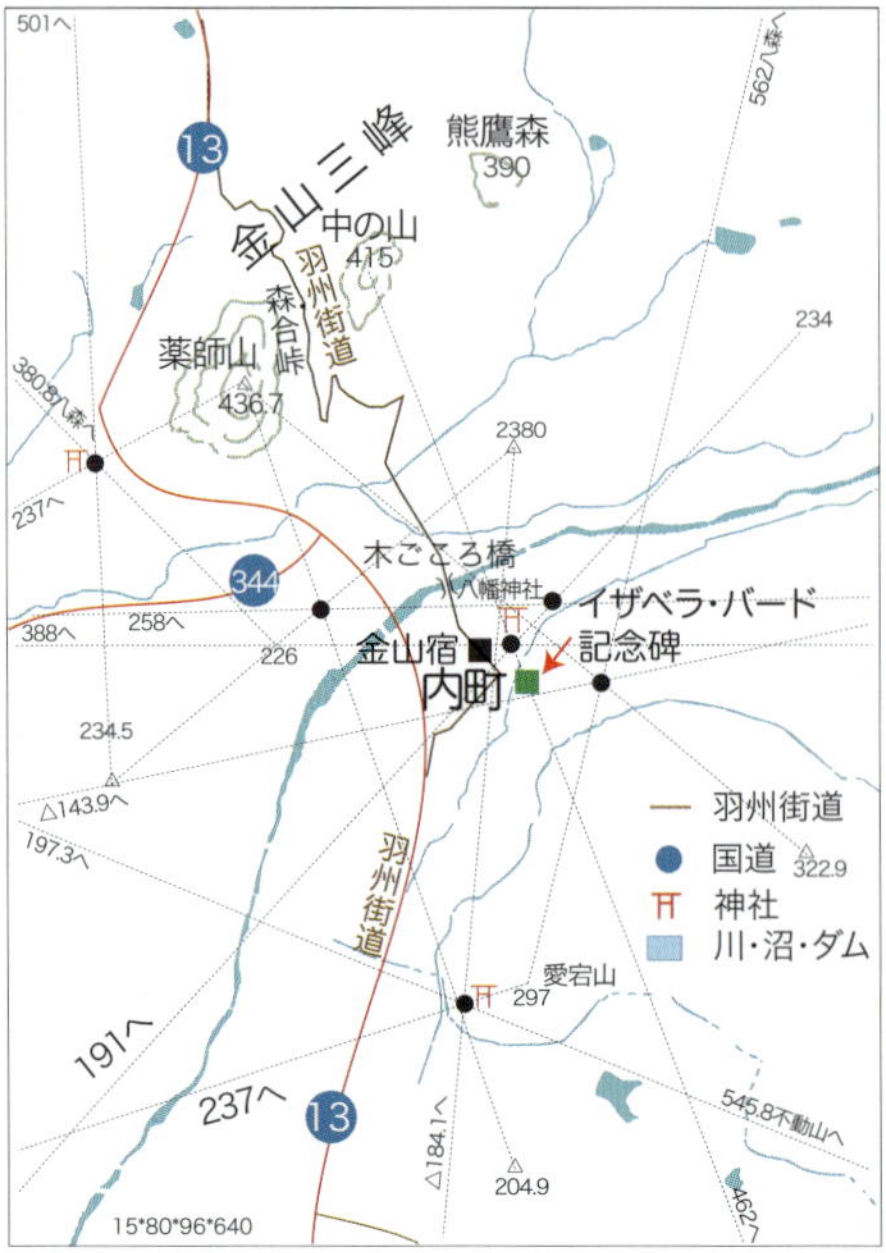


196 イザベラ・バードも訪れた金山町
(内町は星地名)

197　イザベラ・バードも訪れた金山町　筆者撮影

198　前方が金山町街角交流施設マルコの蔵　山形県金山町 提供

イギリスの女流旅行家イザベラ・バードは１８８１年（明治１４年）６月から９月にかけて約三ヶ月間、東京から北海道まで日本の奥地を旅したが、この金山に滞在している。その記念碑が大堰公園に建てられている。碑には英語とその日本語訳が記されている。『日本奥地紀行』（イザベラ・バード著・高梨健吉訳）によると「（金山にて１８７８年７月１６日）すばらし道を三日間旅して、６０マイル近くやってきた。山形県は非常に繁栄しており、進歩的で活動的であるという印象を受ける。」「今朝新庄を出てから、険しい尾根を越えて、非常に美しい風変わりな盆地に入った。ピラミッド形の丘陵が半円を描いており、その頂上までピラミッド形の杉の林でおおわれ、北へ向かう通行をすべて阻止しているように見えるので、まさます奇異の感を与えた。その麓に金山の町がある。ロマンチックな雰囲気の場所である。私は正午にはもう着いたのであるが、一日か二日ここに滞在しようと思う。駅亭にある私の部屋は楽しく心地よいし、駅逓《えきてい》係はとても親切であるし、しかも非常に旅行困難な地域が前途に横たわっているからである。……」と金山町の善さを克明に記している。

筆者らは国道１３号線をよく通るが、いつもマルコの蔵・とくに東蔵で休憩しさせていただく習慣が身についてしまった。バードが記したように心休まる居心地の善さが、今も温存されている。

199　秋の金山三峰　　山形県金山町　提供

図200のように羽州街道は金山宿を出ると薬師山と中の森に挟まれた森合峠を越え、その先にはイザベラ・バードも越えた険しい主寝坂峠とさらに雄勝峠が待っている。

奥州街道と羽州街道の分岐点・桑折追分から上山に向かう途中に見られた山崎峠・小坂峠・金山峠には縄文の連絡網が美事に張り巡らされていた。これは偶然なのか。それとも縄文人にとっては極あたりまえのことなのか。

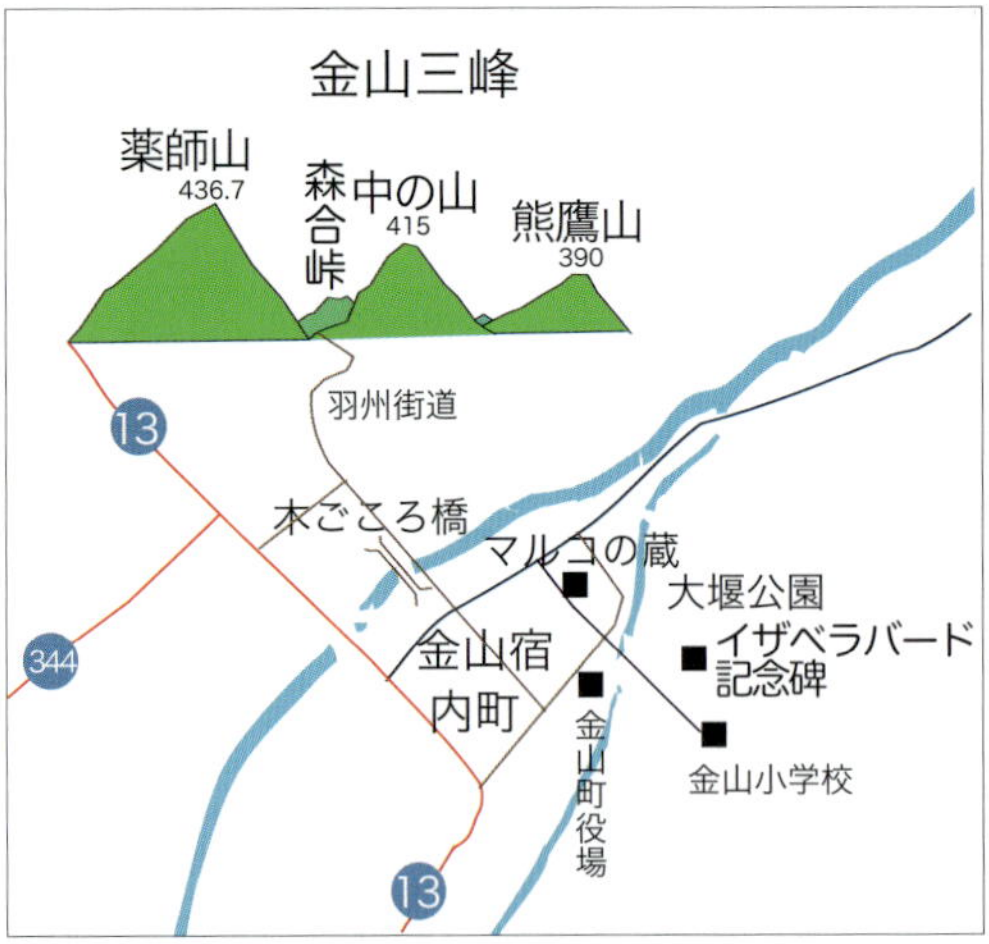


200　金山三峰と羽州街道略図

## イザベラバードも越えた雄勝峠

イザベラバードが「非常に旅行困難な地域が前途に横たわっている」と述べた主寝坂峠や雄勝峠にも小坂峠や金山峠と同様に道に迷わないための星地名地点がみられるのであろうか。

　図202に示すように主寝坂峠にも雄勝峠にもやはり縄文の連絡網が綿密に配置されていた。それだけではない。緑点線で示すように、二つの峠は北から来ても南から来ても５２９ｍの山と３９７・８ｍの三角点をもつ山を介して、行く先を見失わないようにする二重の心配りがなされていた。縄文人おそるべしと言えようか。

　雄勝峠の北の入口に立つと、もう少し峠の方に入りこんでみたいという願望にかられるが、現在は立ち入り禁止となっている。

201　雄勝峠北の入口　筆者撮影

　国道１３号を南下し雄勝トンネル（長さ１３７５ｍ）を過ぎると、及位《のぞき》という難読の地名に遭遇するが「山岳信仰が盛んだった時代、多くの修行僧が県境に聳える山にこもり、断崖から宙づりになり、横穴をのぞく修行を行ったことが地名の由来になった」と言われている。縄文人の視力は、ものを立体的にみることを可能にしていたとも考えられる。

　数値地図を検証していると、この道案内はもしかすると空から地形をみていたのではないかという錯覚によく陥る。及位という地名の由来から想像すると縄文人は高い山から地形を観察していたのではなかろうか。

雄勝峠の南口はわかりづらい。何度も探したが、交通量も多く長く停車しておれないので、まだ見つからない。

秋田県雄勝郡雄勝町(現・湯沢市)は秋田県の南玄関口に位置し「道の駅」おがち(小町の郷)には「小野小町」の生誕の伝説がその影を留めている。

また雄勝郡院内町(現・湯沢市)はかつて「東洋一」の大銀山とうたわれた院内銀山で有名。

## 院内銀山異人館を訪れて

以前、院内銀山異人館を訪れた際に、極めて熱のこもった迫力さえ感じるご説明で来館者をタイムスリップさせるジオガイドに感動したが、その院内銀山異人館の鈴木清子氏から頂戴した『歴史を刻む「銀山と関所」の町院内《いんない》』(発行者院内銀山史跡環境整備実行委員会・監修秋田まるごと地球博物館ネットワーク会長・佐々木詔雄)によると院内銀山は、慶長元年(１５９６年)薄井村七郎左右衛門による発見とも、慶長１１年(１６０６年)村山宗兵衛らによる発見とも言わ

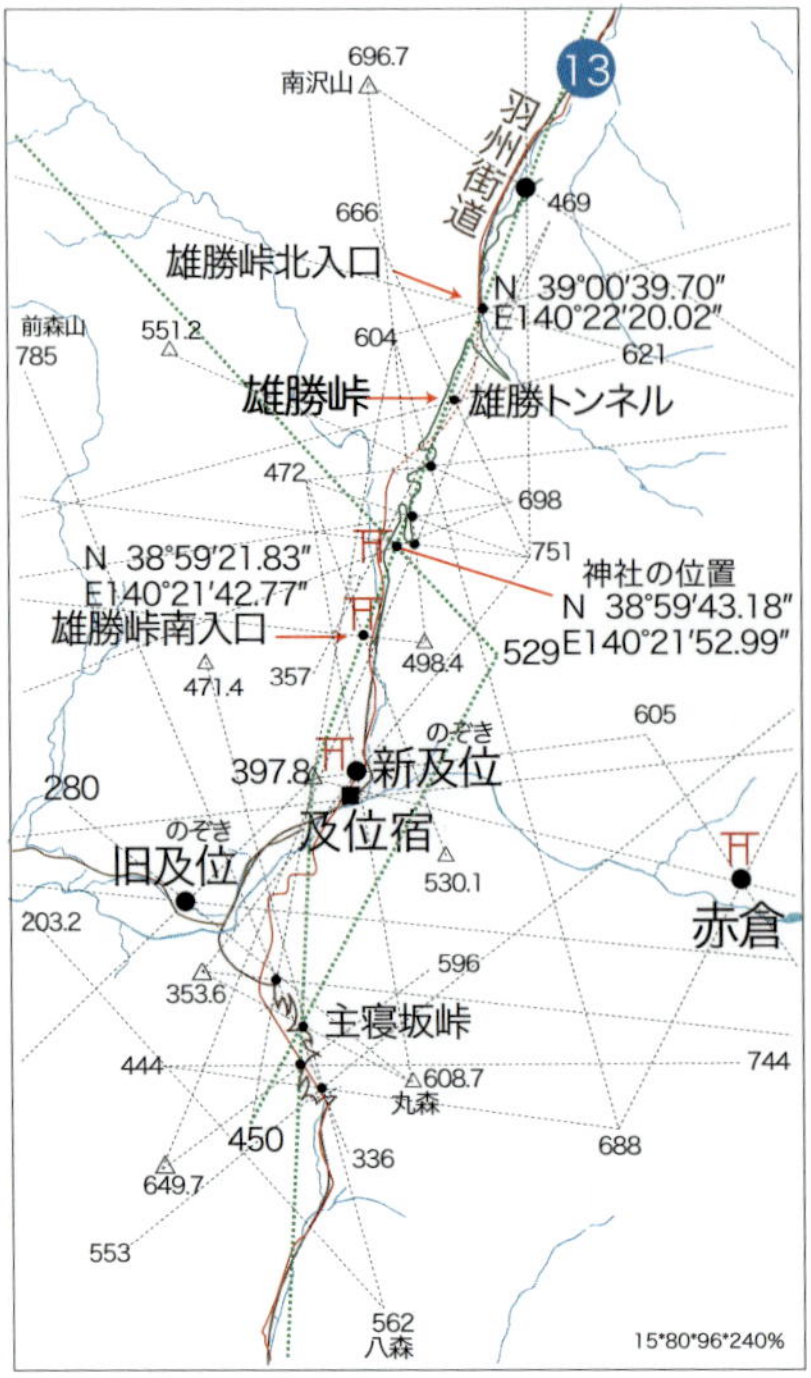

202　主寝坂峠と雄勝峠

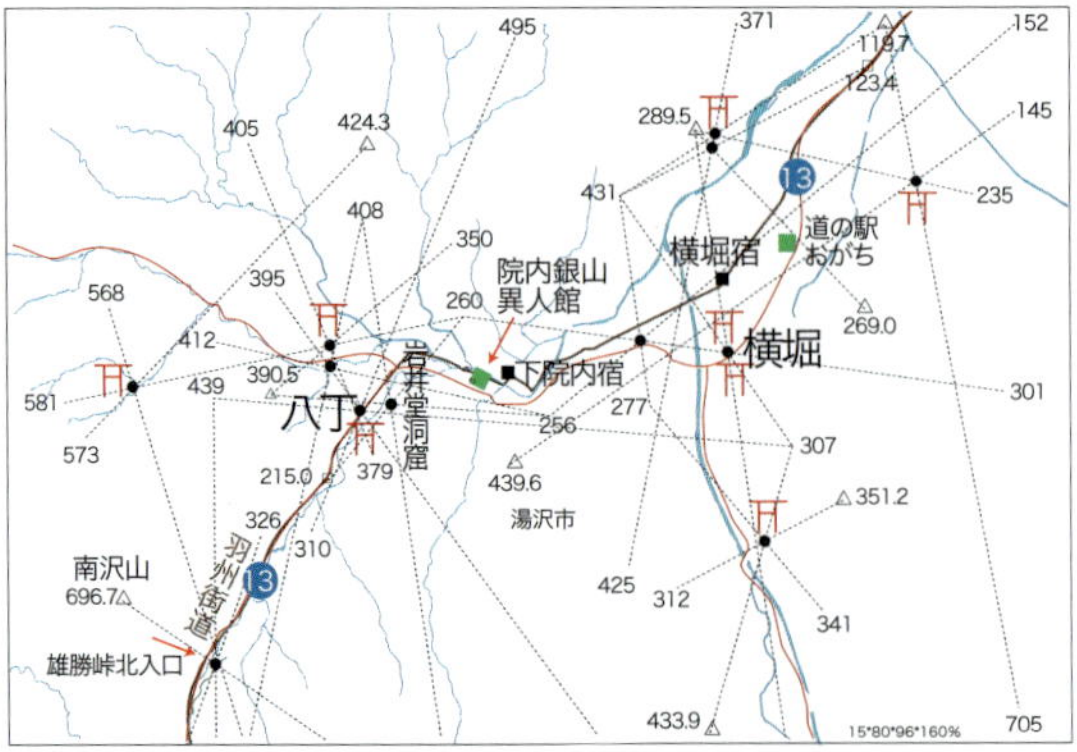

203　院内銀山異人館周辺の星地名

れている。同書「13、院内町に残る羽州街道の面影」によると「下院内宿は羽州街道の宿場町として、また関所の町としても重要で、新庄宿―金山宿―及位《のぞき》宿(新庄藩)を経て、杉峠を越えた最初の宿場でした。」とある。

院内銀山異人館周辺にも羽州街道に沿って八丁や横堀など多くの星地名が見られる。

この院内を過ぎると図204に示す増田町に入る。街道筋には藤倉・熊渕・腕越・持田などの星地名が目を引く。

増田町は、秋田県の東南部の町で2005年10月1日、横手市と合併し横手市増田町となった。増田の街並みは『蔵しっくロード』の名にふさわしく、かつて栄えた町の象徴として現在もその外観からは想像もつかない内蔵《うちぐら》が多く残されている。「佐藤養助漆蔵《うるしぐら》資料館養心庵」では漆塗りの貴重な倉の中を見学できる。

204　院内から増田町を経て横手へ

筆者らは上畑温泉さわらびに宿泊、「日本さくら名所100選」に選定されている真人《まと》公園で、ものすごい桜の花吹雪に遭い、童心にかえってはしゃいだことがあった。公園には「リンゴの唄の歌碑」と「並木路子の顕彰碑」がある。

横手城に立ち寄り、湧水群で知られる六郷町へ。美郷町は、東に奥羽山脈の山々が連なる横手盆地の東部に位置する。丸子川やその支流が形成する六郷扇状地・千屋扇状地に位置し、町内各所で地下水が自噴する。

とくに六郷扇状地扇端部は美郷町六郷として「水の郷百選」に選定されている。湧き水の数の多さで驚かされる。「ニテコ名水庵」でニテコサイダーをいただいたら払田柵跡のある大曲へと向かう。

ニテコ〈ｎｉｔｅｋｏ〉はアイヌ語と言われている。しかし、「第19章」で後述するが〈ｎｉ〉は低いで、例として新潟や新津をあげ新潟や新津は信濃川や阿賀野川の河口に近い湿地帯の多い低いところで縄文語由来の日本語に該当する。〈ｔｅ〉は上手、下手、横手、岩手のように方向を表す日本語。〈ｋｏ〉〈ｋｏｔ〉は場所、跡、くぼみを表す縄文語由来の日本語に該当する。

## 角館街道筋にみる星地名

美郷町で羽州街道から分かれ、山沿いの脇道を東に進むと武家屋敷通りや伝統的建造物群保存地区で知られる角館町に至る。

角館町は２００５年（平成１７年）９月２０日　田沢湖町・西木村と合併し仙北市となる。当然ながら歴史は古い。

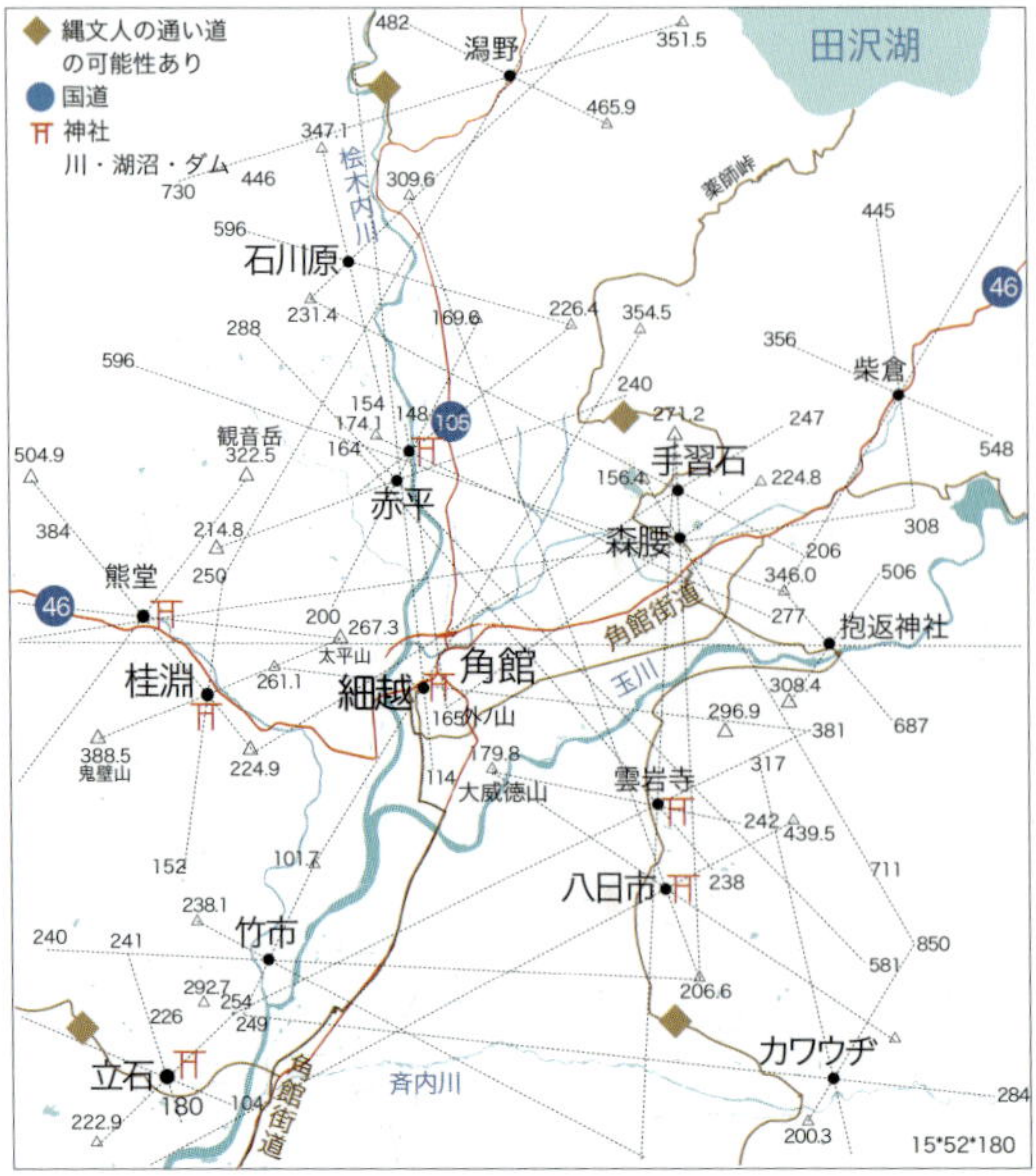

205 角館街道周辺の星地名

角館町は、仙北平野の北部に位置する城下町で、雄物川水系玉川の支流である玉川と桧木内川《ひのきないがわ》沿いに市街地が拓け、三方が山々に囲まれ、武家屋敷と桜並木が美しく、四季を通して、まさに「みちのくの小京都」と呼ぶにふさわしい風情を漂わせている。

角館の歴史については『青柳家の秘密』（高橋佐知著）に詳しく記されている。青柳家三代正幸の誕生について「長男正幸、慶長一五年（一六一〇年）生まれ」と記されており。さらに「とはいえ、正幸が生まれた角館は現在とは場所が違う。古城山を角館城とし、その北側の山麓、現在の田沢湖町本町辺りが城下町だった。時代的には、五歳のとき、大阪夏の陣で豊臣家が滅亡。徳川幕府の一国一城令により角館城は廃城となり、蘆名《あしな》氏は現在の角館に城下町を建設する。正幸、一〇歳のときだ。」とある。

蘆名氏が移り住むことになった当時の城下町は小松山（現・古城山）の北山麓にあり、狭く、しばしば水害や火災に見舞われたので、元和六年（一六二〇年）「細越」に移転したとされている。

細越は星地名に該当する。蘆名氏は桓武平氏系統の三浦氏から興った氏族で、新渡戸氏と同じく星地名を目指して北上したと考えられる。角館高等学校の近くにある愛宕神社が星地名地点に該当する。

以来三九〇年余、町の形は大きく変わらず、角館は歴史の町として知られることになった。武家屋敷通りから少し脇道に入った細越地区で「この辺りに神社がありませんか」と尋ねてみると「そんな神社がありましたか」と逆に聞かれた。あまり知られていないらしい。

私たちサークルがよく訪ねるのは安藤醸造本店で、取締役・大女将の安藤恭子様には何かとお力添えをいただいている。安藤家の歴史は古く、安政2年（1855年）に出版

206　㊤安藤醸造本店　仙北市文化財指定 東北最古の煉蔵
掲載許可　安藤醸造　筆者撮影

された『復刻東《あずま》講《こう》商人《あきんど》鑑《かがみ》』（大城屋良助編著・無明舎出版）によると、北海道から九州まで三千余軒の有名店が紹介されている中に「羽後角館丸上安藤屋重助」〈重助は安藤家八代目〉の広告記事が見られるとのこと。

しかし『文化財商家としての歴史手帳』（安藤醸造）によると、安藤家の歴史はさらに遡《さかのぼ》り享保年間（1716年〜

207　角館武家屋敷通り　　筆者撮影

1735年)から角館に住み、小作米の一部を原料に味噌・醤油を造っていたと記されている。この時期は角館の支配が蘆名氏から佐竹北家に移っておよそ60年経っている。蔵の脇に建てられた美事な看板に常陸傳《ひたちでん》と記されているが、佐竹氏の祖が常陸国(茨城県日立太田市〜石岡)であり、ここは醸造業が盛んで、八代将軍吉宗の時代・1720年(享保5年)頃に創業したミツウロコ味噌㈱があり、関連性が感じられる。

明治時代中期に建てられたレンガ造蔵座敷(角館町指定文化財)は有名で、座敷を見学することができる。

208　横手から大曲へ

## 星宮遺跡と払田柵跡

大仙市は2005年(平成17年)年3月22日に、大曲市と神岡町、西仙北町、中仙町、協和町、南外村、仙北町、太田町の八市町村が合併し誕生した市であり、その広大な面積は東京二三区より広いとされている。

実際に、大仙市にある払田柵跡《ほったのさくあと》の丘にのぼると、周辺の平地の広さに驚かされる。

この地域には星地名が多く見られ、なかでも星宮《ほしのみや》

209　払田柵跡全景　大仙市教育委員会 提供

遺跡は筆者にとっては「星地名」の条件を全て満たしている点で縄文方位測量の有力な証といえよう。

大曲といえば、毎年八月に雄物川河川敷運動公園で行われる全国花火競技大会が有名で、近年は全国から約八十万人もの人々が訪れる。

『秋田ふるさと紀行ガイドブック史跡・考古編』(秋田県教育委員会編)によると星宮には縄文晩期~弥生時代の星宮遺跡があり、図212のような遮光器《しゃこうき》土偶《どぐう》や他にも縄文土器など多量の遺物が出土しており、地名・遺跡・方位測量の全ての条件を満たす星地名である。また払田柵跡は「律令国家が本州北部を支配するために設置した政治や軍事を司る城柵の一つ」と記されている。払田柵は「無名不文」の遺跡ともいわれているが、「第16章」の栗原市のところで後述する伊治城跡と同時代・同目

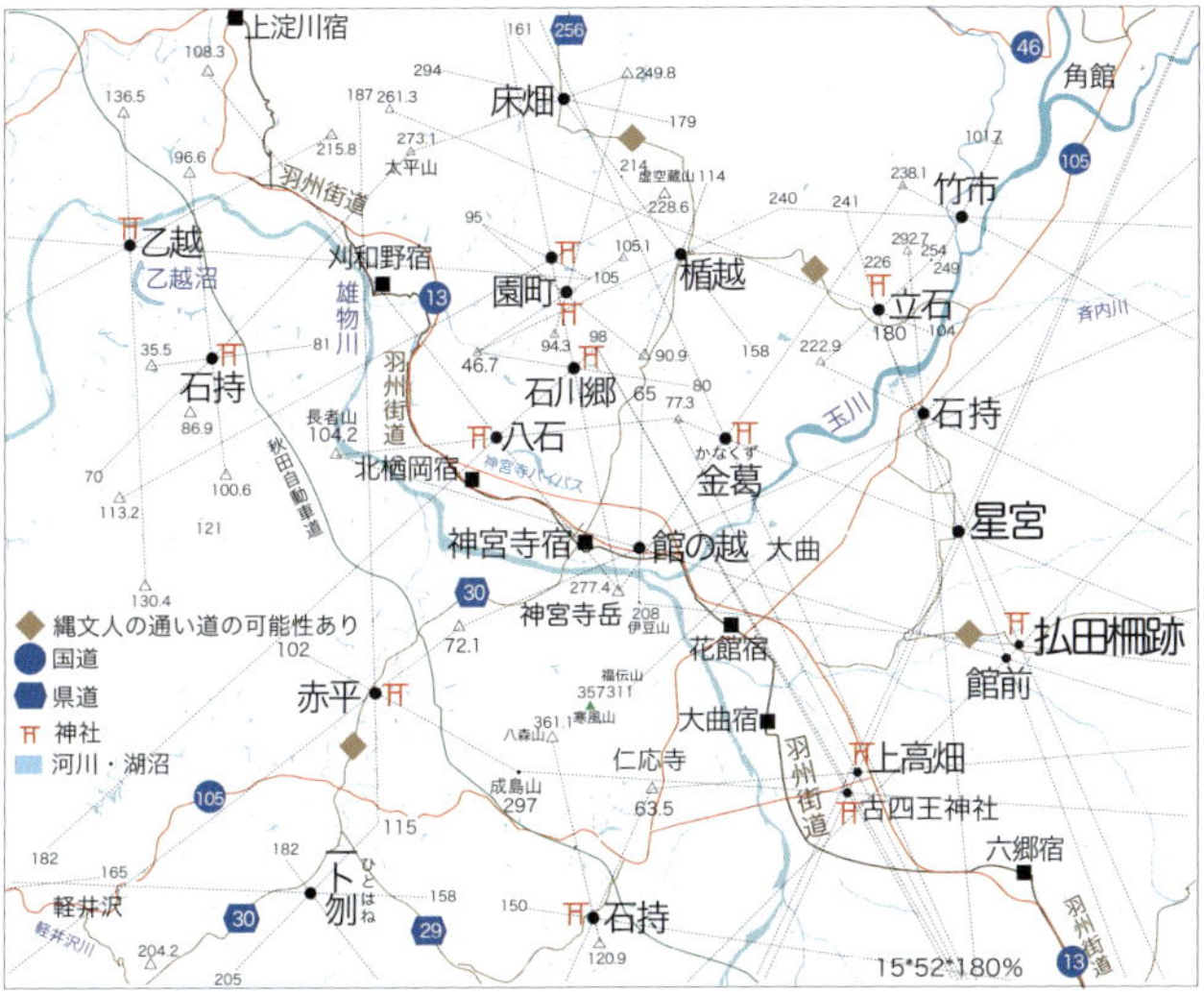


210　神宮寺宿周辺の星地名

212　払田柵跡外郭南門　大仙市教育委員会　提供

211 星宮遺跡出土土偶
大仙市教育委員会　提供

的の城柵と考えられ伊治が縄文時代の星地名で〈ｋｏｒｅ・ｈａｒｉ〉なのに対して、払田〈ｈｏｔｔａ〉もまた縄文時代の星地名に該当したということは、平安朝は縄文の子孫たちが大切に守ってきた星地点に城柵を設けたことを意味している。

払田柵は文献にみられないため謎の城柵とされ、名称も謎であるが、伊治城は文献にあり星地名であることからすれば、城柵の名称は星地名の払田柵であったと考えられよう。

秋田県大仙市神宮寺町は江戸時代に、羽州街道の神宮寺宿や、雄物川舟運の川湊として発展した宿場町で、神宮寺駅から川岸の方向に少し歩くと歴史が見えてくる。

対岸に目立つ三角山が神宮寺岳(標高２７７・４ｍ)で現代でもこの山はこの地域を通る際のランドマークになるが、図210に示すように縄文時代には四つの星地名「金葛・石川郷・園町・八石《はちこく》」の共通の目標の山とされていた。

213　目標にふさわしい神宮寺岳
撮影　中本けい子

214　往時を偲ばせる標柱
筆者撮影

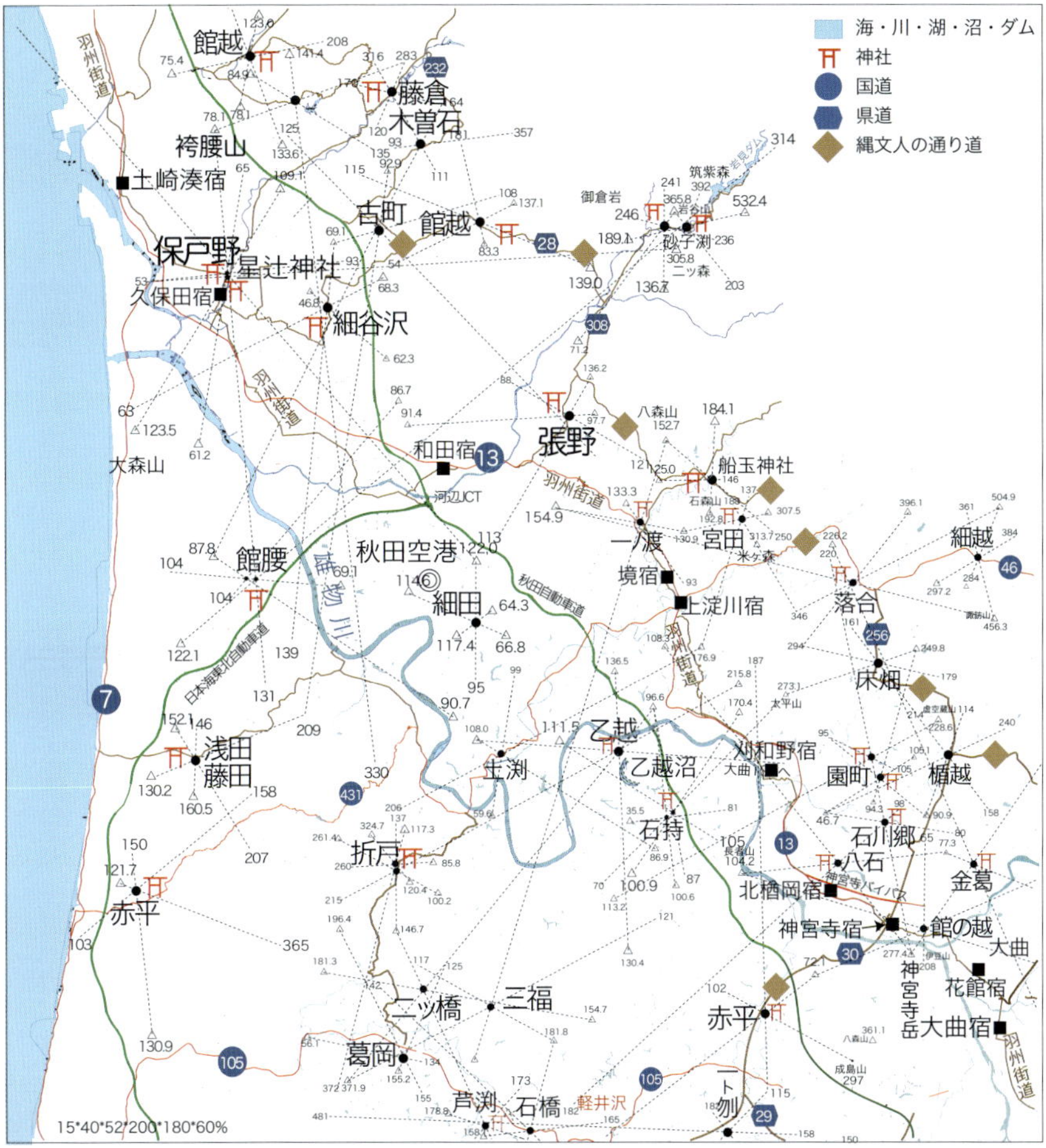


215　大曲宿から土崎湊宿周辺の星地名

拙著『星地名 縄文の知恵と東北大震災』より引用 筆者加筆

## 大曲宿から土崎湊宿

神宮寺町の街道筋には、ところどころに「羽州街道・御役屋蔵跡」や「羽州街道脇街道跡」などの標柱がみられ、往時の面影を残している。

宿場町には暮らしには欠かせない味噌・醤油・酒などの醸造業はつきもので、なるほど大仙市の街道筋には造り酒屋が多い。それにしても数えきれないほどの銘酒の多さには驚かされる。

神宮寺宿から北楢岡宿、刈和野宿、上淀川宿、境宿、和田宿、久保田宿と羽州街道を縄文方位測量で検証すると、街道に平行するように、しかも山よりに星地名が連なっているように見える。つまり、橋や渡しのなかった時代には川幅の狭い山よりの道の方が通りやすかったに違いない。
やがて河口の町・保戸野に至る。久保田城は千秋公園

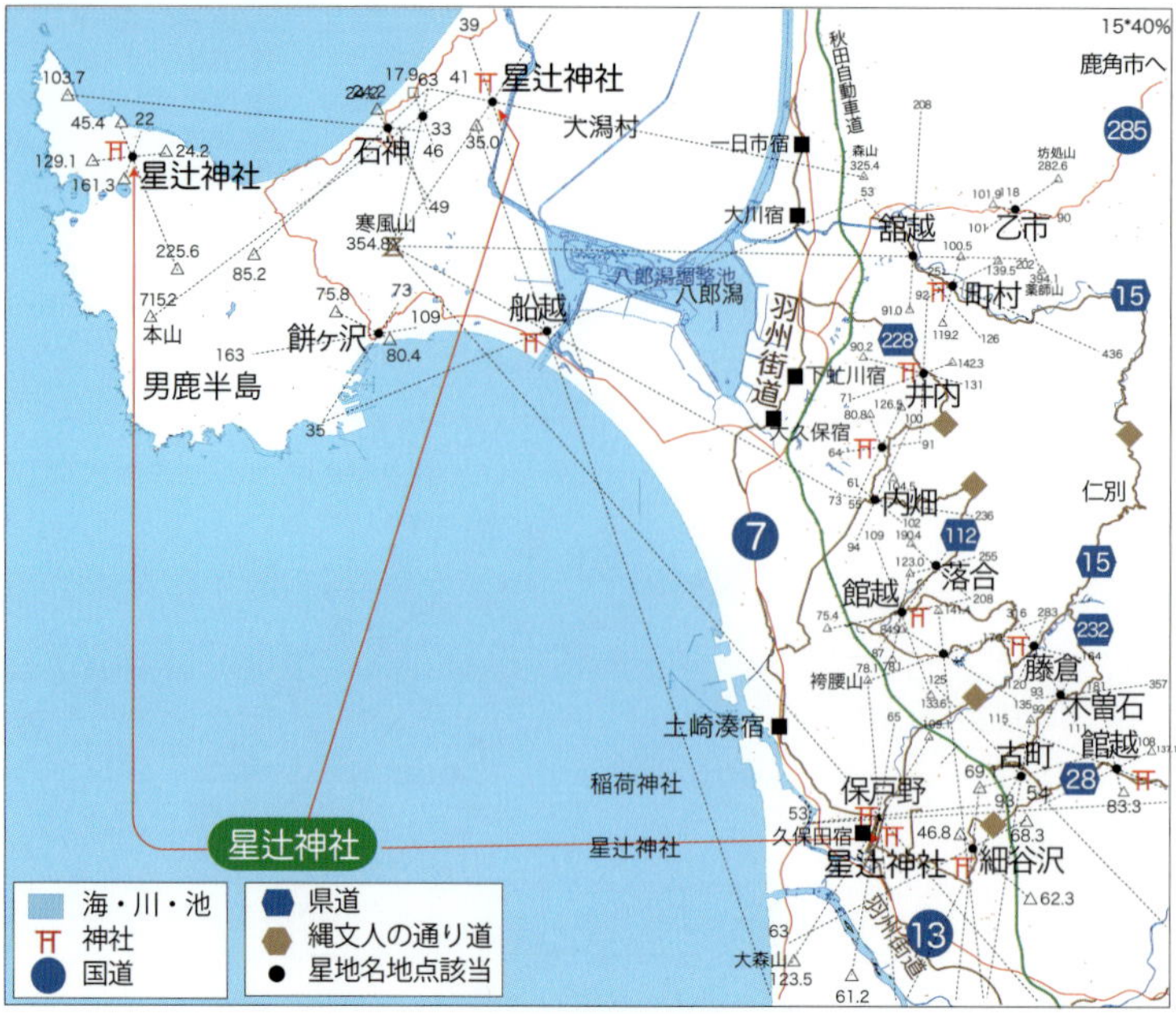


216　日本海と八郎潟沿いの羽州街道

拙著『星地名 縄文の知恵と東北大震災』より引用・筆者加筆

にあったとされているが、１９８９年（平成元年）久保田城御隅櫓《おすみやぐら》が復元された。

## 土崎湊宿から油川宿まで

城下町の宿場・久保田宿を過ぎて土崎湊宿からは日本海に沿って北上し、八郎潟沿いの久保田宿・下虻川宿・大川宿・一日市宿から能代へ向かう。（図216を参照）

縄文方位測量からみると星地名は山よりに多く見られ、縄文人の通い道は鹿角市の方向を指し示している。

この地域は『日本書紀』に６５８年（斉明天皇４年）４月越国守阿倍比羅夫が軍船１８０隻を引いて齶田《あぎた》・恩荷《おんが》・渟代《ぬしろ》へ遠征と記されていて歴史は古い。星辻神社が３ヶ所にみられ妙見信仰の浸透が推し量られる。

そして齶田は秋田、恩荷は男鹿、渟代は能代と古代の音声を留めている。

しかし、縄文時代の星地名は男鹿半島と秋田市との間には八郎潟の広さよりさらに広い空白がある。何故か。

昭和５８年１０月３１日受理された論文『１９８３年日本海中部地震における能代市周辺の地盤災害』（伊藤驍・福岡政弘著）に意外な略地図が掲載されていた。「秋田県の海陸の変遷」（秋田県立博物館の資料を描きなおしたもの）という図の中に６、５００年前の男鹿半島の前身が描かれていた。

引用させていただくと「6、500年位前は世界的に温暖な気候区が形成され極地の氷が融けて今から6ｍほど海水面が高かった。これは縄文海進と言われているが、図217からわかるように男鹿半島は離れ島に、秋田・能代周辺は広い浅瀬になっていたと推定される。」と記されていた。

つまり、星地名や縄文人の目標となった山や丘などの存在しない空白は海であった可能性が高いことがこの図により裏づけられたと言えよう。

「第10章」の阿礼と母礼のところで述べた〈ａｇｕ〉・〈ｏｇｕ〉・〈ｍａｇｕ〉・〈ｍｏｇｕ〉・〈ｓａｇｕ〉のように縄文人の的確で合理性のある言葉づかいから考えると、齶田〈ａｇｉｔａ〉は見上げる平地、男鹿〈ｏｇａ〉は「おがった所」となる。「おがる」は縄文語〈ｏｇｕ〉の変化で、雄勝峠や宮城県の雄勝の〈ｏｇａｔｕ〉町などが同じ意味で「背丈が高くなる・大きくなる」という縄文語由来の立派な日本語で決してアイヌ語ではない。

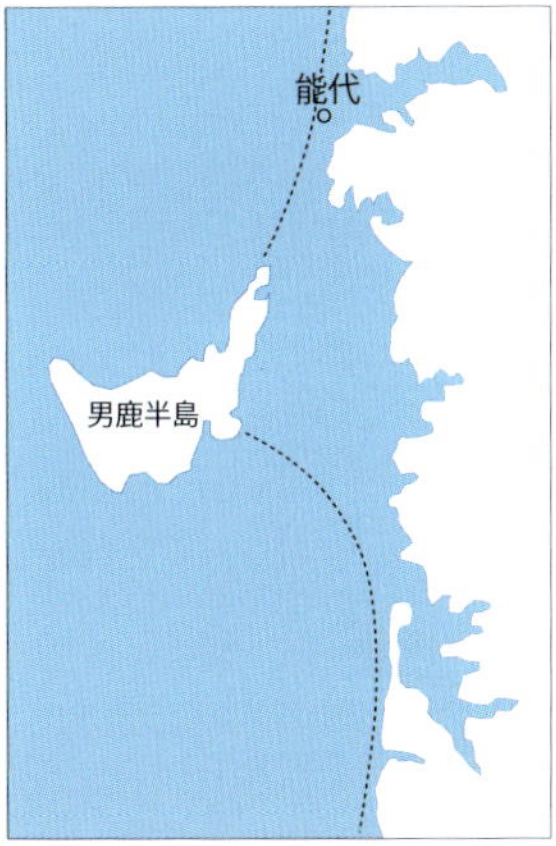

217　男鹿と秋田の関係

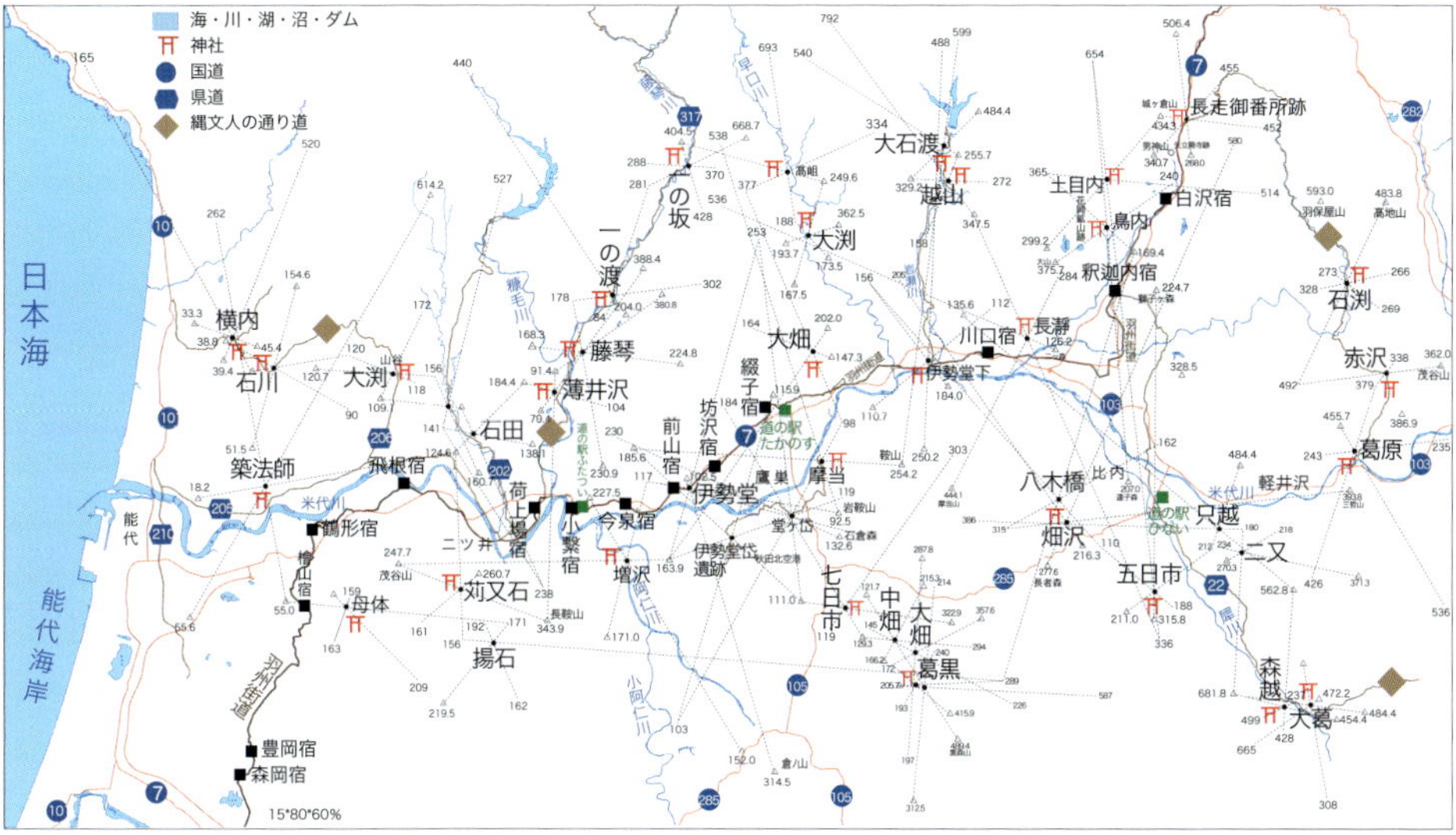

218　米代川沿いの羽州街道　　拙著『星地名 縄文の知恵と東北大震災』より引用・筆者加筆

鰐田・恩荷は両者の地形を美事に表している言葉であって、これを抹消することなく秋田・男鹿として残されていることは誠にありがたい。能代の星地名も海岸線から少し離れて米代川流域に広がっている。渟代〈nusiro〉も縄文語由来の日本語と考えられる。

〈nu〉は野原を意味する。〈siro〉は広い大地で、青森県三沢市の淋代《さびしろ》がそれに該当する。

米代川流域はグリーンタフ地帯で、鉱物資源が多く太良鉱山《だいらこうざん》、花岡鉱山、小坂鉱山、尾去沢鉱山、大谷山、立又鉱山、阿仁銀山、小沢鉱山、萱草鉱山《かやくさこうざん》などの鉱山がひしめくように見られる。金属が利用される前の時代には、この地域には鷹や鷲の羽根のような形をした自然銅が山積し、燃えないので縄文人にとっては迷惑なゴミであったかも知れない。

後にこの自然銅でつくられた銅器は鷹ら〈takara〉と呼ばれたのではなかろうか。〈ra〉は「多い～それでできたもの」の意なのでたからは「鷹で作られたもの」と言う意味であったのかも知れない。〈takara〉という言葉に漢字伝来により寶《ほう》という文字があてられ訓読みは〈takara〉となった。

219　青森県内の羽州街道

220 沈殿銅（小坂鉱山産）木の葉化石園所蔵
所在地：栃木県那須塩原市中塩原 472
筆者撮影

図218の大館市長走《ながばしり》に所在する長走御番所跡を過ぎ青森県に入り、大鰐宿を過ぎると鯖石、石川、撫牛子《ないじょうし》、藤越、赤茶などの星地名が街道筋に連なっている。

図219の東側には「第5章」で述べた石郷、猿賀神社、垂柳遺跡、垂柳があたかも近道を示すかのように並んでいる。

羽州街道筋の星地名を訪ねる旅で分かったことは、後世に街道と名づけられた道は元々は縄文人の暮らしの上での通い道であったという、不思議でも何でもない、あたりまえの結論であった。

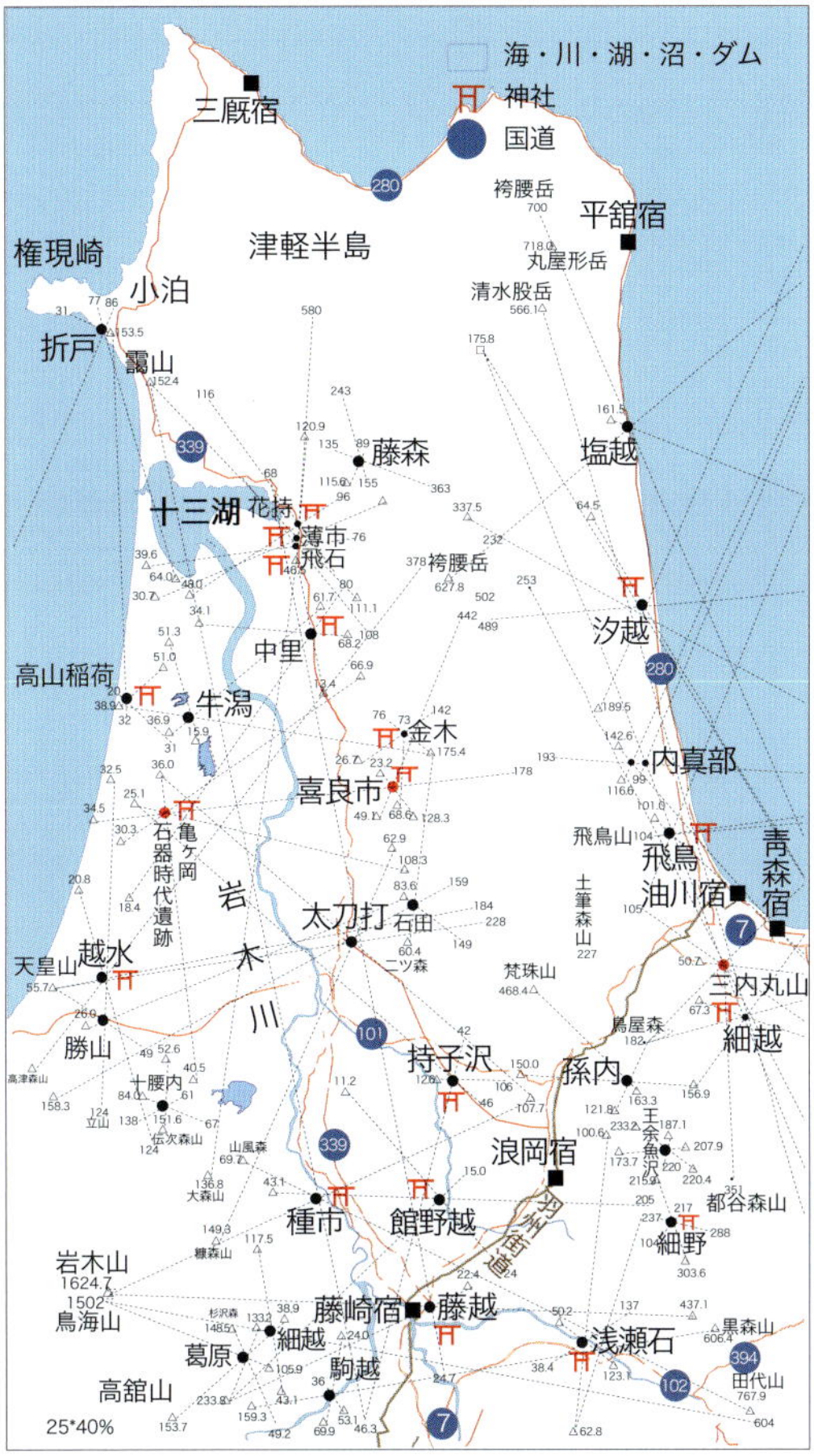

221　青森県内の羽州街道

# 第13章　奥州古三関と星地名

## 勿来の語順はアイヌ語と同じ

縄文の星地名が、お互いに連携していることは星地名の条件のところで述べたが、古道とか古街道の原点は縄文人の通り道であった可能性はないか。

もしかすると、古代の大和朝と蝦夷の住む陸奥の国との間に設けられたといわれる奥州三古関の地点は、縄文の星地名と何らかの関係がありはしないか。三古関とは、太平洋側の勿来の関、内陸部の白河の関、そして日本海側の鼠ケ《ねずが》関《せき》をさす。

先ず勿来関近くの星地名はどのようになっているか。

勿来関周辺方位図をみると関近くに交点がみられる。

近頃は勿来を漢文の一節かと思われているふしがあるようだが、「勿」は音読では〈モチ・ブツ〉、訓読みでは〈なかれ〉。来は音読みでは〈ライ〉、訓読みでは〈く・る、きた・る、きた・す〉で、これは日本語の古語であって中国語ではない。万葉仮名では「名古曾」「名古曽」「奈古曽」などと記された。「なこそ」とは、古語における「禁止」の意味の接周辞《せつしゅうじ》または両面接辞《りょうめんせつじ》「な〜そ」の〜に動詞の未然形または連用形を入れて「何々するな」の意味を表す。

「春な忘れそ」＝春を忘るな、「な鳴きそ」＝鳴くなの意となる。「勿来」とは、すなわち「来るな」を意味しており、蝦夷の南下を防ぐ意味を持っていたという説があるが、明瞭な根拠はないらしい。

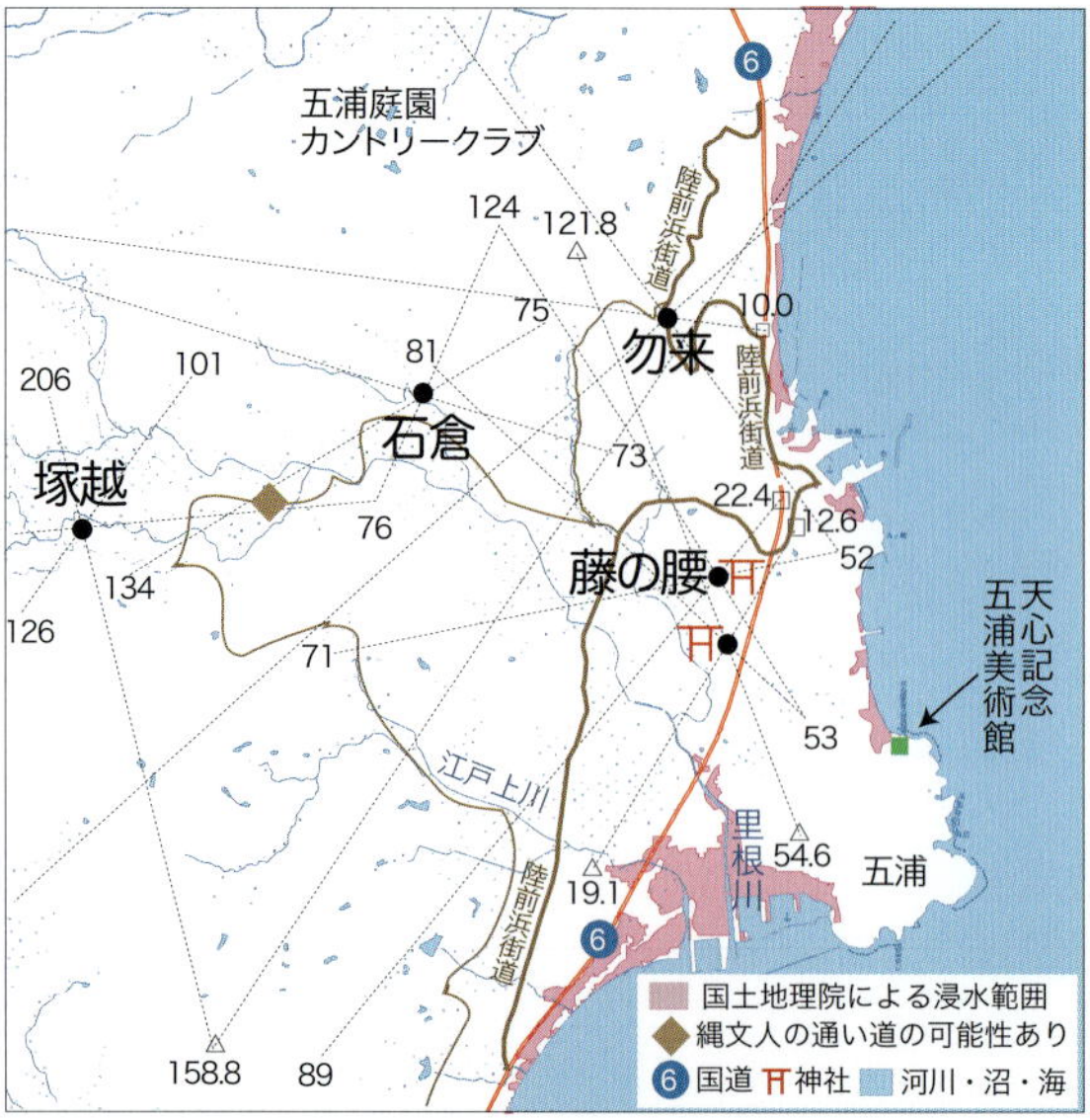


222　勿来関周辺方位と津波浸水状

223　勿来関公園

いわき市公園緑地観光公社・いわき市勿来関文学歴史館　提供

アイヌ語ではどうだろか[1]。

iteki　ek　yan

iteki〈イテキ＝……するな〉

ek〈エク＝来る〉

yan〈ヤン＝なさい〉

※意味は　来ないでください

224 アイヌ語 な〜そ

驚いたことに語順は同じだ。日本語とアイヌ語の祖語は縄文語とするとの立場をとれば、なこそは縄文語由来の日本語と考えられよう。様式が同じだとすれば縄文のＤＮＡにも適合する。

吹く風をなこその関と思へども
道もせにちる山桜かな　源義家（千載集）

東風吹かば匂いおこせよ梅の花
主なしとて春な忘れそ　菅原道真（天満宮縁起）

春の鳥な鳴きそ鳴きそあかあかと
外の面の草に日の入る夕　北原白秋（桐の花）

225　な〜その和歌

勿来の関公園の碑には源義家の和歌も添えられている。「来る勿(なかれ)」という名の勿来の関なのだから、吹く風も来ないでくれと思うのだが、道を塞ぐほどに山桜の花が散っているよ。と余りの美しさに駒をとどめて詠んだと刻まれている。

しかし、こんな見方もある。

越えてはならない関所のまだなかった時代にも、なこそと呼ばれていたとすると、一体どうしてなのか。

勿来の三本線の目標《めじるし》の一つは海岸線にあり10・0メートルと低い。縄文海進で現在より5〜6メートル海面が高かったならこの地点は、新潟県糸魚川市の親不知《おやしらず》子不知《こしらず》のように、断崖と荒波に挟まれた険しい難所であって、なるべくは〝来《き》なさんな〟であったのかもしれない。

## 星地名は勿来関文学歴史館のすぐそば

現在は道路も整備されていて、桜の名所でもあり、眼下に展開する海岸線の展望は美事で、はるかな歴史の香りが残る情緒漂う公園である。

関跡と交点の位置は直線距離にして約176メートル離れていて、関跡よりもむしろ勿来関文学歴史館の近くに位置していた。

図222に示した交点の勿来は藤の腰・石倉・塚腰と正確な連携を保っており、縄文の道案内地点が勿来関跡近くに存在していたことは、古街道が数千年も昔からとおりみちであったことを示している。さらに、現在、陸前浜街道といわれている道筋より少し内陸部に位置する石倉・塚越という星地名を結ぶ道が、縄文時代の通路であった可能性が考えられる。何故内陸部なのか。

それは、川幅が広いと通行の障害になるので、回り道をしてでも、川幅の小さい山よりの道を選んだ縄文の知恵と

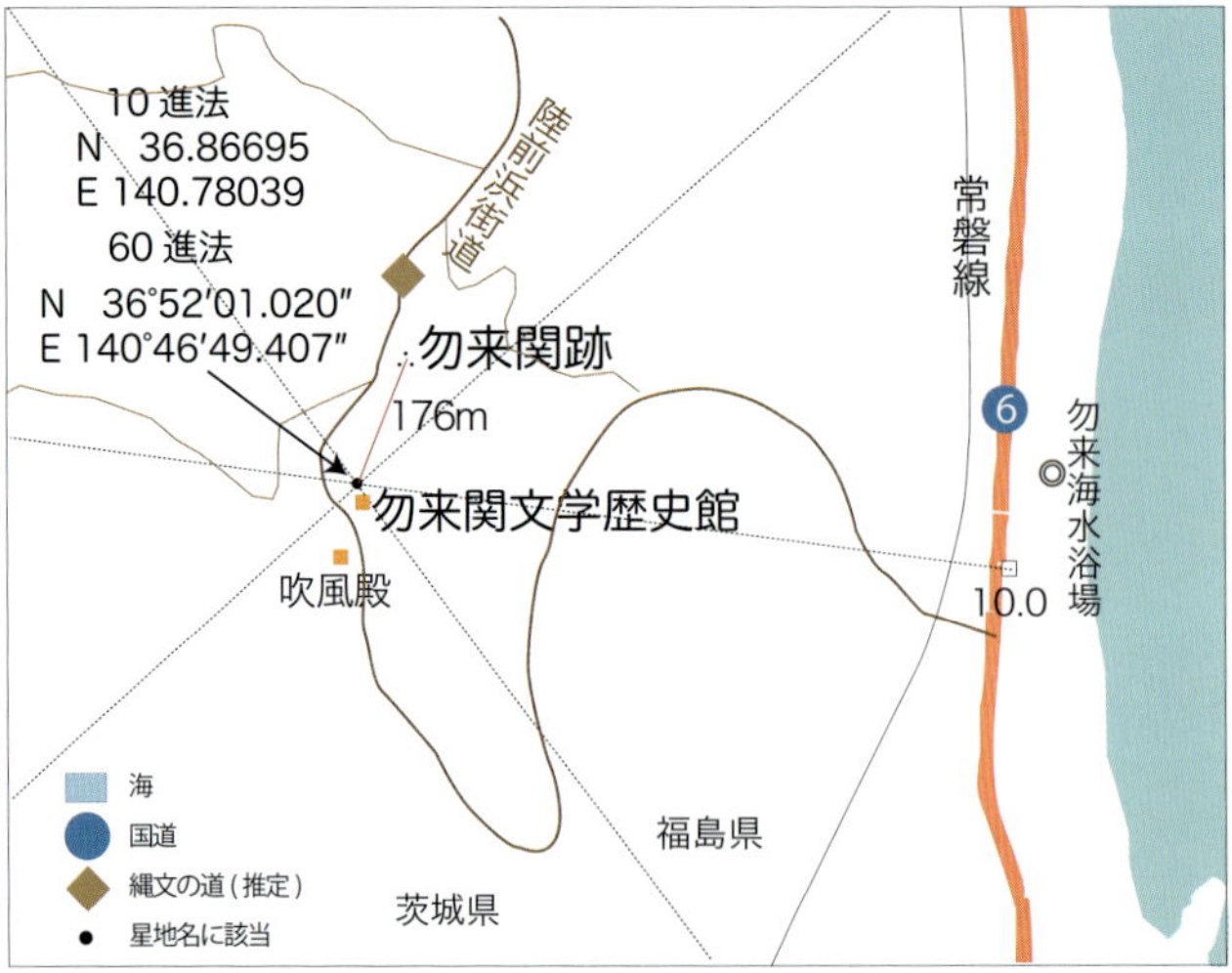


226　勿来関跡と三本線の交点の位置関係

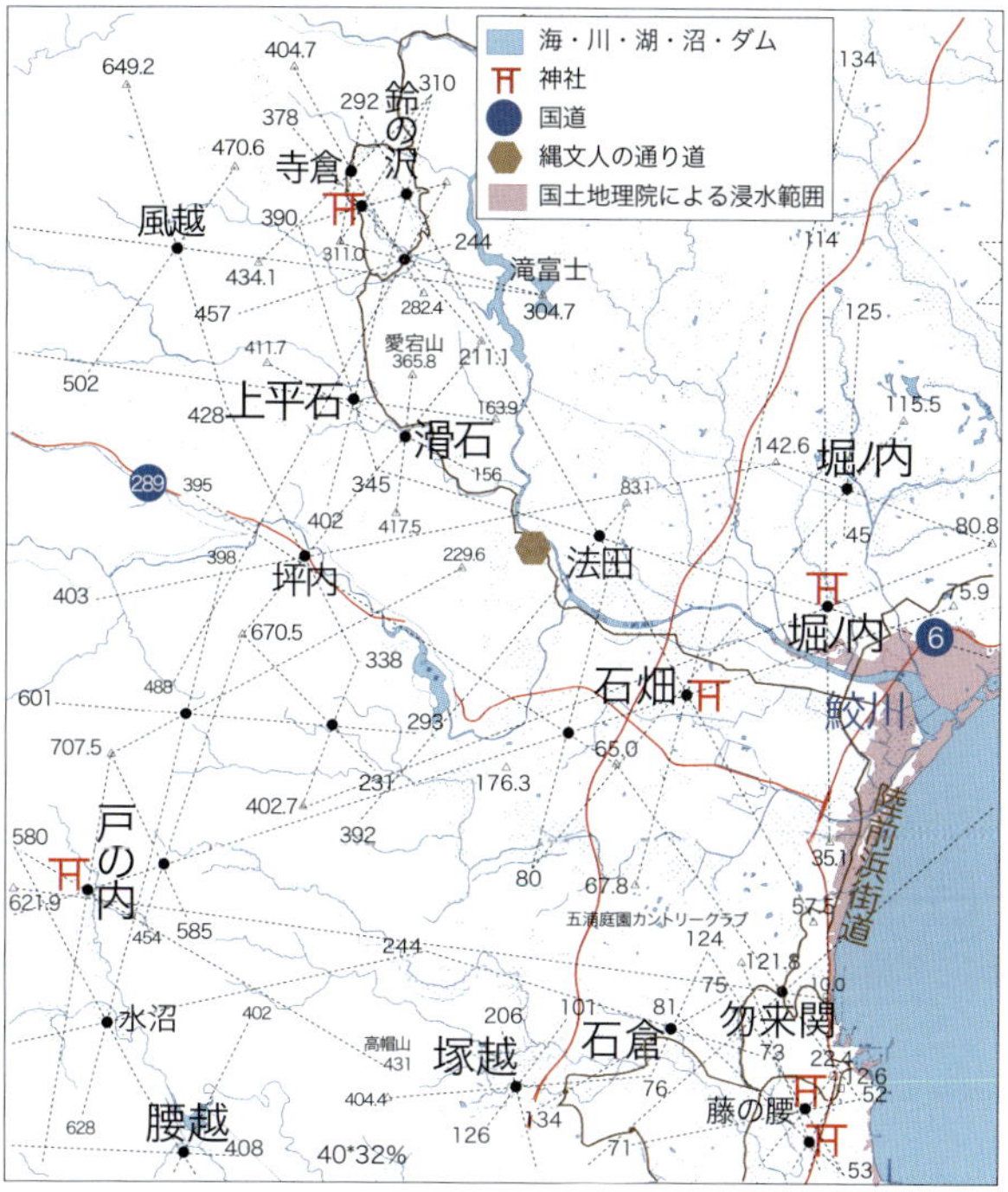


227　勿来関・鮫川周辺の星地名と津波浸水状況

言えようか。

勿来の北を流れる鮫川《さめがわ》は、福島県東白川郡鮫川村松曾根山を水源とし、いわき市錦町で太平洋に注ぐ二級河川であり、川を避けるために図227のように勿来から、石畑・滑石・上平石・寺倉・鈴の沢などの星地名の連なるさらに山よりの通路を通らなければならなかったであろう。

# 勿来関

勿来関は　もと菊多（いわき市南部の古名）剗と呼ばれ今を去る千五百有余年前に設置されたといわれ　白河関　念珠関と並んで奥州三古関の一つとして名高い関所である

これを「勿来」すなわち「来るなかれ」と呼んだのは平安中期ごろからであり　北方の蝦夷の南下をせきとめるためであった言われている。

又平安初期の弘仁二年　いわき地方の駅路（官道）の廃止にともなう通行止めを監視する関とする説もある

平安時代も終わりに近い後三年の役のとき陸奥守源義家が　その平定のため奥州に下向する途中ここにさしかかる

折りしも盛りの山桜が春の山風に舞いながら路上に散りしいていた

行く春をおしむかのように　武将の鉄衣に舞いかかる桜の花にさすがの義家も今はただ余りの美しさに駒をとどめ

吹く風を　勿来の関と　思えども
　道もせに散る　山桜かな

と詠じたのが 勅撰の千載和歌集に載せられ勿来関の名を今の世に伝えている

いわき市

228　勿来関碑 碑文　　筆者スケッチ

## 白河関跡と星地名

都をば霞《かすみ》とともに立ちしかど
秋風ぞ吹く白河の関

能因法師(後拾遺集)

229　白河関跡碑　　筆者撮影

で知られる白河関は６４６年(大化2年)頃には設置されていたらしい。案内板にも記されているように７～８世紀の設置と考えられている。１８００年(寛政１２年)、白河藩主松平定信は文献による考証を行い、その結果、白河神社の建つ場所をもって、白河の関跡であると論じた。

230　古関蹟の碑　　筆者撮影

231　白河関跡周辺の縄文方位測量

国指定史跡

# 白河関跡

指定年月日　昭和四十一年九月十二日
指定面積　五七、八九七平方メートル
所有者　白河神社・白河市他
管理団体　白河市

白河関は、古くよりみちのくの関蹟として歴史にその名を刻み、また文学の世界では歌枕として数多くの古歌に詠まれた場所である。

関の位置については久しく不明であったが、江戸時代後期、時の白河藩主松平定信の考証により、この地が白河関跡であると断定され、寛政十二年（一八〇〇）に「古関蹟」の碑が建てられ、今日に至っている。

関が置かれた年代については不明であるが、延暦一八年（七九九）、承和二年（八三五）の太政官符には「白河剗」の名が認められることや歴史的な背景からみて、大化の改新以後の七・八世紀頃には存在していたものと考えられる。

昭和三十四年から三十八年までに実施された発掘調査では、竪穴住居跡や掘立柱建設跡、空堀、土塁、柵列などの古代から中世にいたる遺構が発見され、縄文土器、土師器・須恵器・灰釉陶器、鉄製品などの古代から中世にいたる遺物が出土している。出土した土師器の中には、「門、大室、□舟」などの墨書土器がみられる。

白河関の全体像についてはまだ未解明な点もあるが、現在も奥州三関の一つとして多くの人々に親しまれ、歴史のひとこまに触れることができる場となっている。

また、春には藤やかたくりの花が咲き、訪れる人々の心を和ませている。

文部科学省
白河市教育委員会

232　白河関跡案内板　　筆者スケッチ

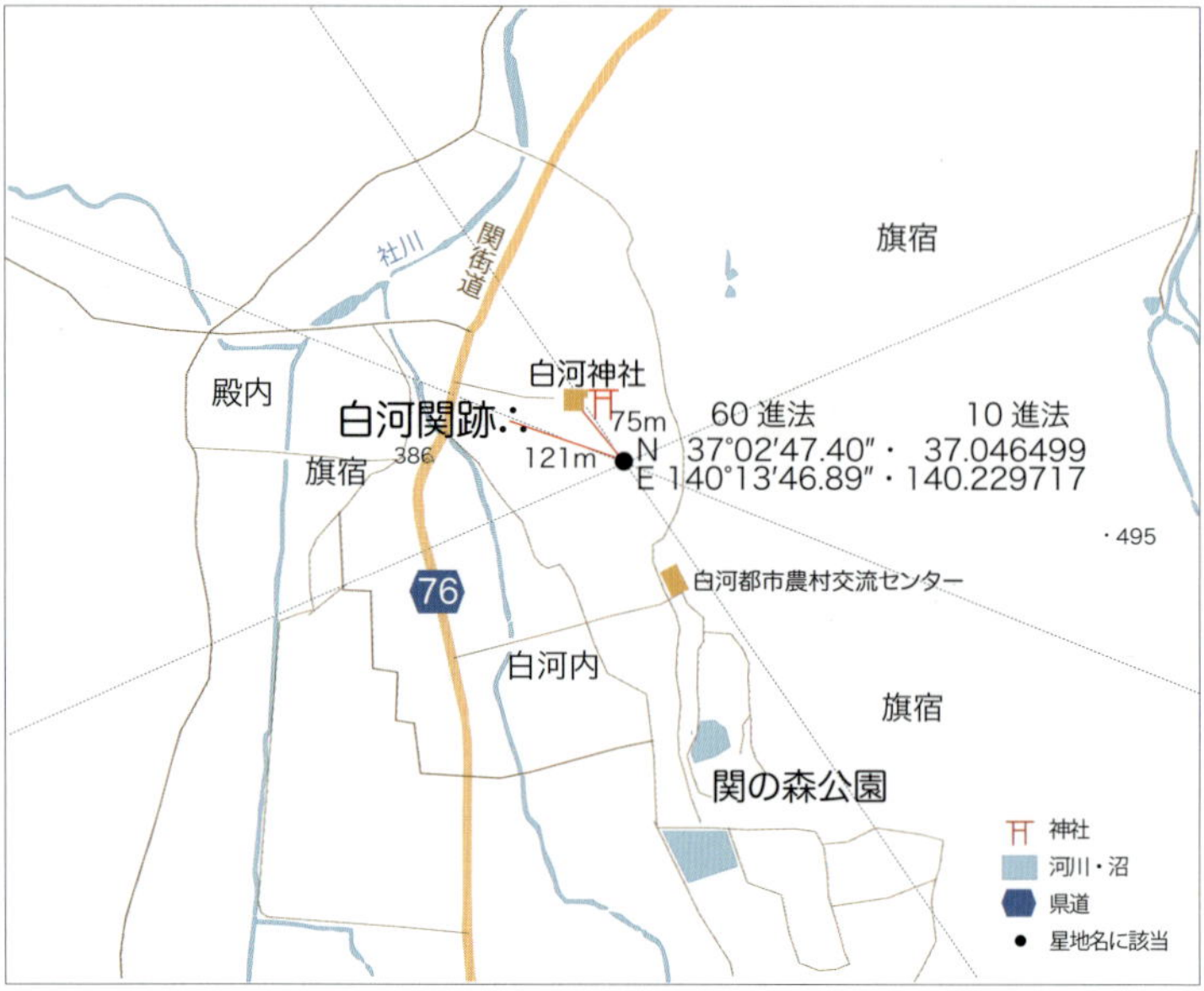

233　白河神社と交点の位置関係

１９５９年（昭和３４年）から１９６３年（昭和３８年）にかけて、松平定信が定めた地が古関跡か否かを実証的に確認するため発掘調査が行われ、その結果、柵列、柱列、門と推定される跡など、古代の関の構造を示すものが確認されている。

その後、１９６６年（昭和４１年）になって旗宿の地が古代の白河の関跡と認められ国の史跡に指定されたが、その後も、古代の白河の関の所在については種々論じられ、現在に至っている。

縄文方位測量によると交点の位置は白河神社から約７５メートルしか離れていない。近くに見られる旗宿《はたじゅく》・殿内《とのうち》は〈ｈａｔａ〉や〈ｕｔｉ〉という星地名の音声を残している。

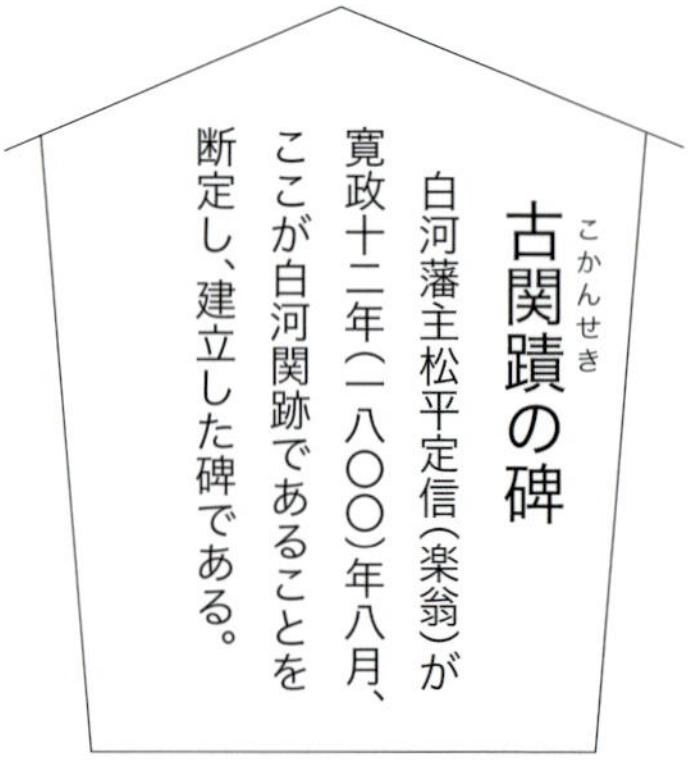

234　古関蹟碑の案内板文面

## 近世念珠関址・古代鼠ヶ関址と星地名

鶴岡市鼠ヶ関《ねずがせき》(旧念珠関村)に関所址が二ヶ所もあることはあまり知られていない。

平成28年4月29日、身近な歴史を探訪するプチサークルの有志・川村健一郎・川村光代・森下正子とドライバーの筆者を含む四名は五月の連休を利用して、金沢まで歴史探訪のドライブ旅行に出発。同三〇日、途中の鼠ヶ関に立ち寄った。

「勧進帳《かんじんちょう》の本家」と記された木碑が目につき、車を止めると、そこは民宿・御番所地主《ごばんしょじぬし》の玄関前だった。妻(正子)が玄関先のお人に「駐車してもよろしいですか」と問いかけると、「結構ですよ、どうぞ一休みしていってください」とのご親切なお言葉に甘えて、一行は民宿の中に入れていただいた。ご主人の地主康男様と奥様(敦子様)には大変お世話になった。特に奥様の「地主という名字に、魅せられて嫁いで参りました」と、ユーモアを交えた関所のご説明に、一同しばし時を忘れた。一階は関所の原型を留めていることや、関所当時の柱が三本そのまま残され保存使用されているなど、生きた歴史話をお聞かせくださり、思いがけずも素晴らし出遭いを頂戴した。

筆者が一番驚いたのは奥様が「ここは岩盤の上に建てられていて、地震がきてもコップが割れたり棚から物が落ちたりしたことがない」とおっしゃられたことだった。

実は青森県階上町の潮山神社桑原宮司様が「ここは地震に強いところです」と言われ、日光金谷ホテルの支配人平

235 史蹟念珠関址の碑 筆者撮影
掲載許可 鶴岡市教育委員会

236 古代鼠ヶ関址の碑 筆者撮影
掲載許可 鶴岡市教育委員会

野政樹様が「何度も大きな地震にあいましたが、ホテルではグラス一つ割れたことがない。岩盤の上に建っているか

237　史蹟近世念珠関址
掲載許可　鶴岡市教育委員会　筆者撮影

らでしょう。」とお話しくださったその内容が三者共に偶然にも地震に強いという点で一致していたからだ。いずれも筆者が何も言っていない、もちろん星地名のことなどご存知ない筈なのにこれは実に驚きだ。

地元に伝わる伝承では史蹟近世念種関《ねずがせき》址の説明板にあるように義経一行は越後の馬下(村上市)まで馬で来るが、ここからは船で海路を辿り鼠ヶ関の浜辺に船を着け難なく関所を通過した。そして、関所の役人の世話をする五十嵐治兵衛に宿を求め、長旅の疲れを癒し、再び旅たって行ったという。

近世念珠関址の案内板によると鼠ヶ関字関に慶長年間(1596年～1614年)から1872年(明治5年)まで設置されていた近世の関所址と、ここから南方1㎞の県境にある古代関所址の二箇所に関所址があり、古代の関所鼠ヶ関は、勿来関、白河関と並んで奥羽三大関所の一つとされていたとのこと。

次頁以降に、鶴岡市教育委員会のご許可を頂戴し案内板の文面を掲載させていただいたので、詳細はそちらをご覧いただきたい。案内板は、考古学的にも大変分かり易く、近世念珠関址と古代鼠ヶ関址の相違がよく理解出来る。史蹟を大切に保存された近隣の皆様や鶴岡市の文化財保護関係の皆様に唯々感謝するのみ。

不思議なことに、縄文方位測量の視点で見ると、勿来関、

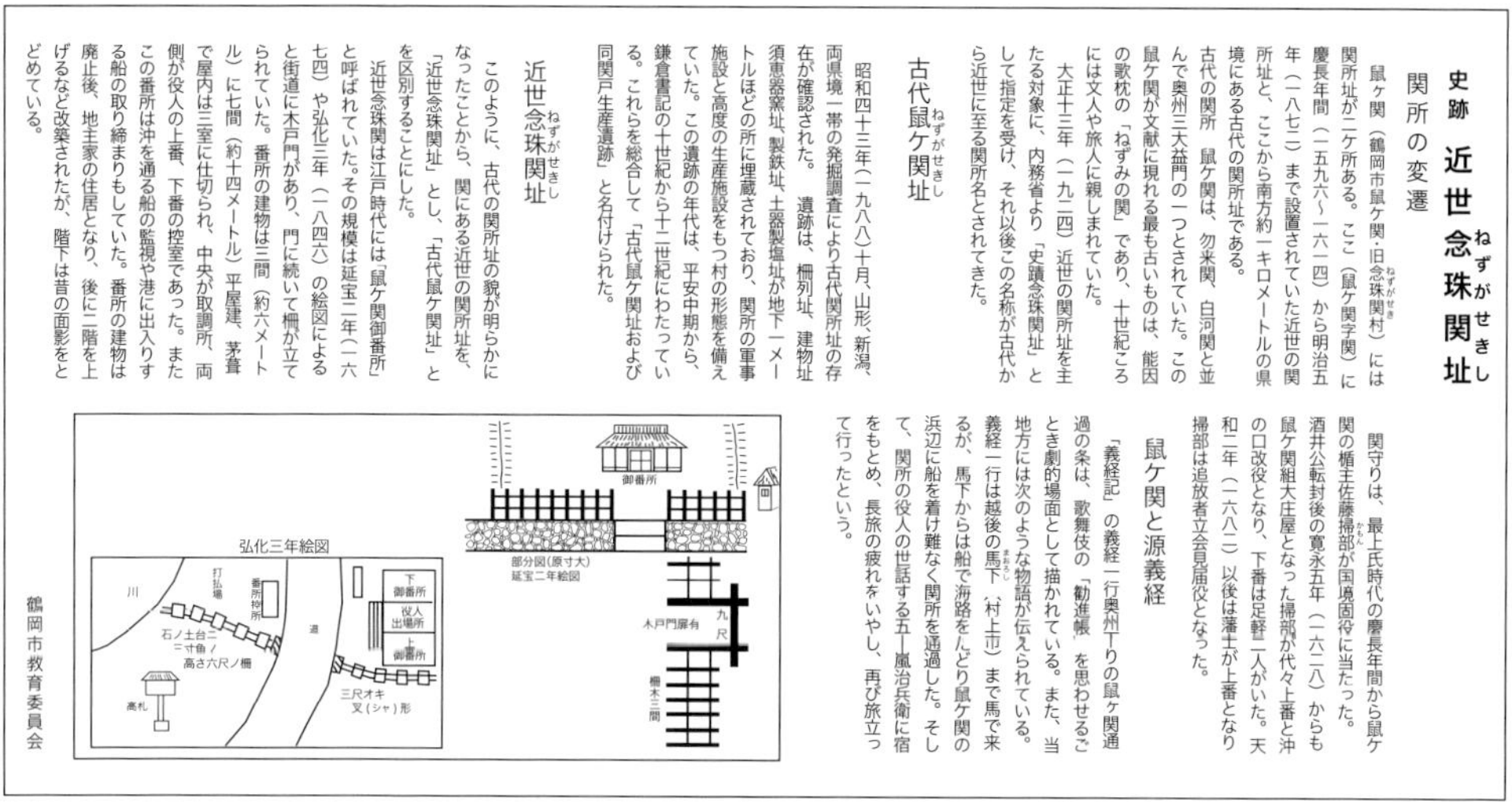

史跡 近世念珠関址《ねずがせきし》

関所の変遷

鼠ヶ関（鶴岡市鼠ケ関・旧念珠関《ねずがせき》村）には関所址が二ケ所ある。ここ（鼠ケ関字関）に慶長年間（一五九六～一六一四）から明治五年（一八七二）まで設置されていた近世の関所址と、ここから南方約一キロメートルの県境にある古代の関所址である。

古代の関所　鼠ケ関は、勿来関、白河関と並んで奥州三大益門の一つとされていた。この鼠ケ関が文献に現れる最も古いものは、能因の歌枕の「ねずみの関」であり、十世紀ころには文人や旅人に親しまれていた。

大正十三年（一九二四）近世の関所址を主たる対象に、内務省より「史蹟念珠関址」として指定を受け、それ以後この名称が古代から近世に至る関所名とされてきた。

古代鼠ケ関址《ねずがせきし》

昭和四十三年（一九八八）十月、山形、新潟、両県境一帯の発掘調査により古代関所址の存在が確認された。遺跡は、柵列址、建物址須恵器窯址、製鉄址、土器製塩址が地下一メートルほどの所に埋蔵されており、関所の軍事施設と高度の生産施設をもつ村の形態を備えていた。この遺跡の年代は、平安中期から、鎌倉書記の十世紀から十二世紀にわたっている。これらを総合して「古代鼠ケ関址および同関戸生産遺跡」と名付けられた。

近世念珠関址《ねずがせきし》

このように、古代の関所址の貌が明らかになったことから、関にある近世の関所址を、「近世念珠関址」とし、「古代鼠ケ関址」とを区別することにした。

近世念珠関は江戸時代には「鼠ケ関御番所」と呼ばれていた。その規模は延宝二年（一六七四）や弘化三年（一八四六）の絵図によると街道に木戸門があり、門に続いて柵が立てられていた。番所の建物は三間（約六メートル）に七間（約十四メートル）平屋建、茅葺で屋内は三室に仕切られ、中央が取調所、両側が役人の上番、下番の控室であった。またこの番所は沖を通る船の監視や港に出入りする船の取り締まりもしていた。番所の建物は廃止後、地主家の住居となり、後に二階を上げるなど改築されたが、階下は昔の面影をとどめている。

関守りは、最上氏時代の慶長年間から鼠ケ関の楯主佐藤掃部《かもん》が国境固役に当たった。酒井公転封後の寛永五年（一六二八）からも鼠ケ関組大庄屋となった掃部が代々上番と沖の口改役となり、下番は足軽二人がいた。天和二年（一六八二）以後は藩士が上番となり掃部は追放者立会見届役となった。

鼠ケ関と源義経

「義経記」の義経一行奥州下りの鼠ヶ関通過の条は、歌舞伎の「勧進帳」を思わせるごとき劇的場面として描かれている。また、当地方には次のような物語が伝えられている。義経一行は越後の馬下《まおろし》（村上市）まで馬で来るが、馬下からは船で海路をたどり鼠ケ関の浜辺に船を着け難なく関所を通過した。そして、関所の役人の世話する五十嵐治兵衛に宿をもとめ、長旅の疲れをいやし、再び旅立って行ったという。



鶴岡市教育委員会

238　史蹟近世念種関址の説明板(鶴岡市教育委員会)　筆者スケッチ

史跡 近世念珠関址《ねずがせきし》

関所の変遷

鼠ヶ関（鶴岡市鼠ケ関・旧念珠関《ねずがせき》村）には関所址が二ケ所ある。ここ（鼠ケ関字関）に慶長年間（一五九六～一六一四）から明治五年（一八七二）まで設置されていた近世の関所址と、ここから南方約一キロメートルの県境にある古代の関所址である。

古代の関所　鼠ケ関は、勿来関、白河関と並んで奥州三大益門の一つとされていた。この鼠ケ関が文献に現れる最も古いものは、能因の歌枕の「ねずみの関」であり、十世紀ころには文人や旅人に親しまれていた。

大正十三年（一九二四）近世の関所址を主たる対象に、内務省より「史蹟念珠関址」として指定を受け、それ以後この名称が古代から近世に至る関所名とされてきた。

239　史蹟近世念珠関址説明板文面１

白河関は共に一つの星地名の近くに存在していた。

鼠ヶ関では、近世念珠関址も古代鼠ヶ関址もともに星地名の交点に位置している。これは、一体何を意味しているのであろうか。

近世念珠関址も古代鼠ヶ関址も交点の検索には鳥居を結ぶ直線と標高標示のない灯台が役に立った。

両者が星地名であることを支持する他の星地名との連携は確認された。

古代鼠ケ関址《ねずがせきし》

昭和四十三年(一九六八)十月、山形、新潟、両県境一帯の発掘調査により古代関所址の存在が確認された。遺跡は、柵列址、建物址須恵器窯址、製鉄址、土器製塩址が地下一メートルほどの所に埋蔵されており、関所の軍事施設と高度の生産施設をもつ村の形態を備えていた。この遺跡の年代は、平安中期から、鎌倉書記の十世紀から十二世紀にわたっている。これらを総合して「古代鼠ケ関址および同関戸生産遺跡」と名付けられた。

240　史蹟近世念珠関址説明板文面 2

近世念珠関址《ねずがせきし》

このように、古代の関所址の貌が明らかになったことから、関にある近世の関所址を、「近世念珠関址」とし、「古代鼠ケ関址」とを区別することにした。

近世念珠関は江戸時代には「鼠ケ関御番所」と呼ばれていた。その規模は延宝二年(一六七四)や弘化三年(一八四六)の絵図によると街道に木戸門があり、門に続いて柵が立てられていた。番所の建物は三間(約六メートル)に七間(約十四メートル)平屋建、茅葺で屋内は三室に仕切られ、中央が取調所、両側が役人の上番、下番の控室であった。またこの番所は沖を通る船の監視や港に出入りする船の取り締まりもしていた。番所の建物は廃止後、地主家の住居となり、後に二階を上げるなど改築されたが、階下は昔の面影をとどめている。

241　史蹟近世念珠関址説明板文面 3

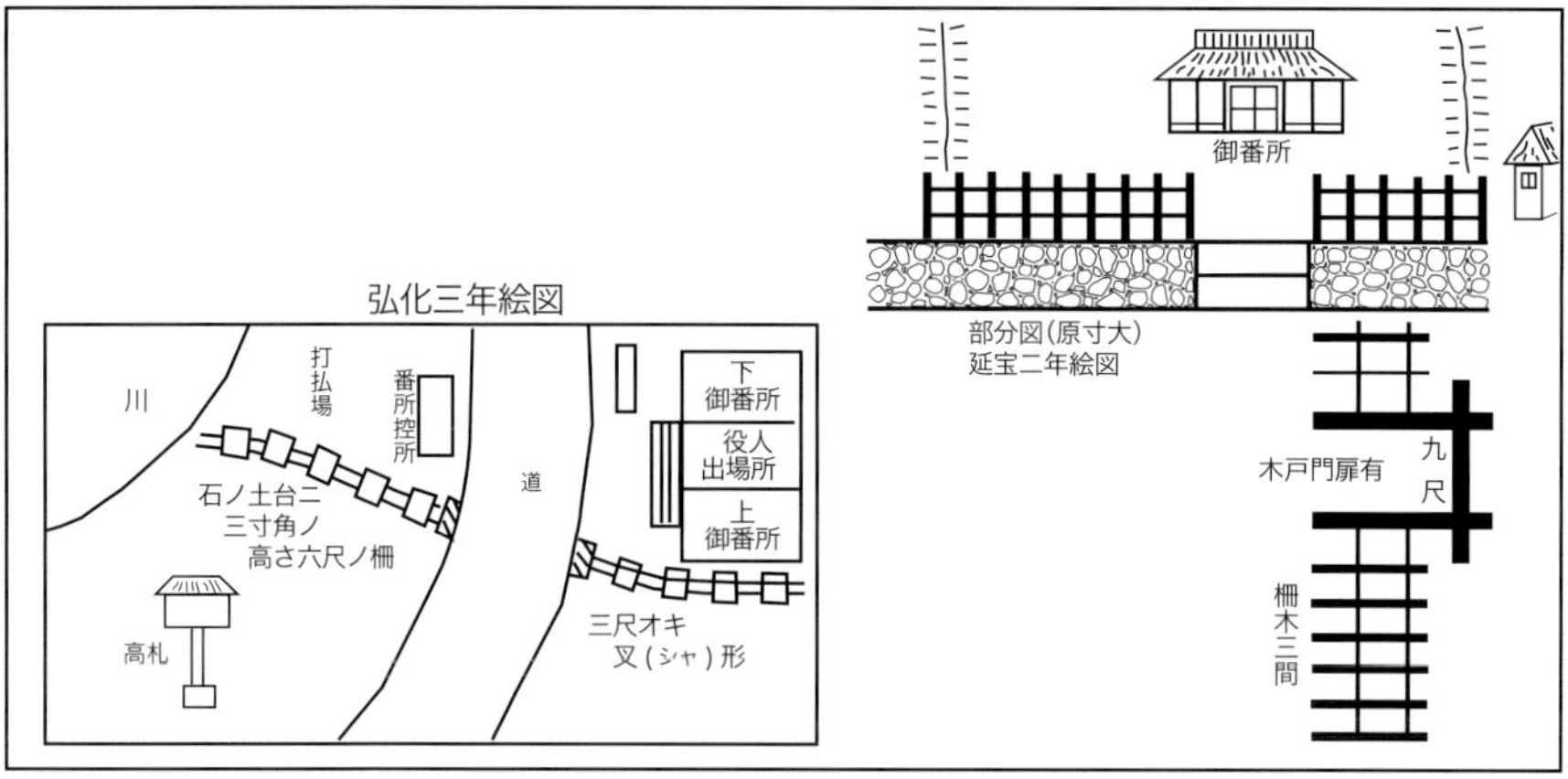


242 近世念珠関の配置図

鶴岡市指定 史 跡

## 古代鼠ケ関址および同関戸生産遺跡

指定年月日 昭和四十七年十月五日
所 在 地 鶴岡市鼠ヶ関字原海四五の一

本遺跡は、山形県の鼠ケ関と新潟県の県境にまたがつて存在する。

古代の関所「鼠ケ関」は、陸奥国の菊多関(勿来関)、白河関と並んで、奥州の三大関の一つである。

鼠ケ関は能因の歌枕(十一世紀)に「ねずみの関」とあつて、十世紀頃はすでに旅人に親しまれていた。また「吾妻鏡」文治五年(一一八九)奥州征討の条に、「越後の国より出羽念種関に出て合戦を遂ぐべし。」とあり、室町期の「義経記」に、義経、弁慶一行の関所通過が劇的に描かれている。

歴史上ほぼ確かな「鼠ケ関」の存在は、平安中期からその末期ないし鎌倉初期までの十世紀から十二世紀頃までということになる。昭和四十三年の発掘調査の結果も、それに対応するものであることが確認された。

古代鼠ケ関の遺跡は、「千鳥走行型柵列址並建物址」(D地区)のほか、「製鉄址」(A地区)「土器製塩址」(B地区)「須恵器平窯址」(C地区)からなっている。つまり軍事警察的な防御を目的とする関所としての施設と、その内にそれをささえる高度の生産施設をもつた、「関《せき》戸《こ》集落」によって「関」が成立していた。

平安中期の、出羽国の開拓もずつと北にのびた段階で、南を検問し防備する関門の関所としての性格を物語つているのである。

平成十年十一月 鶴岡市教育委員会

243 古代鼠ヶ関址の案内板(鶴岡市教育委員会) 筆者スケッチ

図244に示す近世念珠関所址も古代鼠ヶ関址も星地名に一致している。鼠ヶ関港の灯台付近には室戸岬の突端のように目標にする山や丘が見つからない。

このような地形のところではやはり鳥居が目標となり道案内の役割をはたしている。筆者らは八乙女浜から国道7号を海岸寄りに南下し、鼠ヶ関港に来て近世念珠関所址のそばにある民宿・御番所《ごばんしょ》地主《じぬし》に辿りついたが、国道が整備される以前は鳥居が建ち並ぶ丘の上の山道を通っていたと考えられる。

244 近世念珠関址と古代鼠ヶ関址と星地名地点

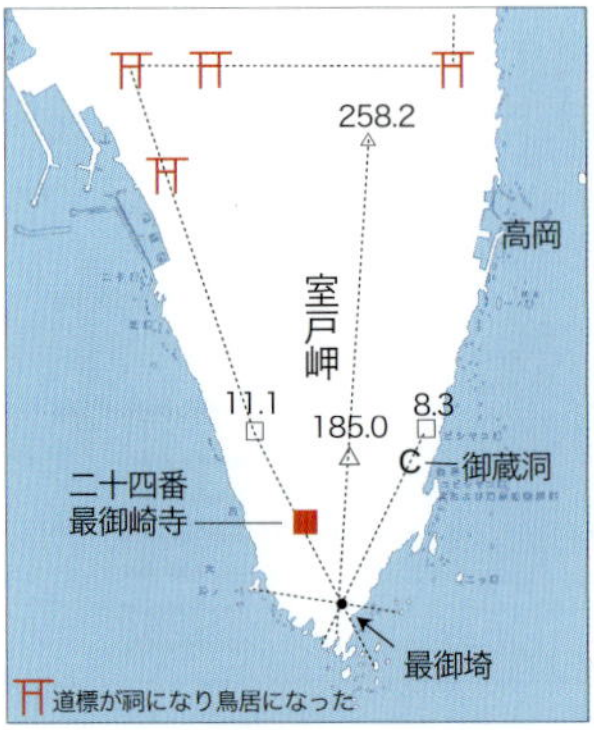


245 室戸岬の鳥居と最御崎

鳥居は鼠ヶ関港の灯台の方位を指し示すすように一直線に並んでいる。これは「第10章」のなかの「空海の最御埼」のところで述べた道案内の目標が祠になり鳥居になったと考えられるという現象と符合する。

図246をみると羽州浜街道筋には鼠ヶ関港近傍の二地点に星地名地点があったことを示しており、国道よりも山よりに星地名の連絡網が張り巡らされている。◆で示した脇道は山形県の鶴岡と新潟県の村上を結ぶように走っている。

奥州三古関の地点は勿来の関、白河の関、鼠ヶ関のいずれにも星地名が存在し、しかも関所の存在する街道の奥には極めて多くの脇道が通っている。江戸時代はともかく平安時代～鎌倉時代の頃には比較的自由に往来できたと思われる。義経も歌舞伎の勧進帳のようなことはなく鼠ヶ関では長旅の疲れを癒している。岩手県西磐井郡平泉町では毎年5月1日から5日までの5日間「藤原まつり」が開催されるが、祭りでは義経主従が源頼朝の追討を逃れ平泉に辿り着いた際に藤原秀衡や地元民に歓迎された故事による源義経公東下り行列が執り行われる。

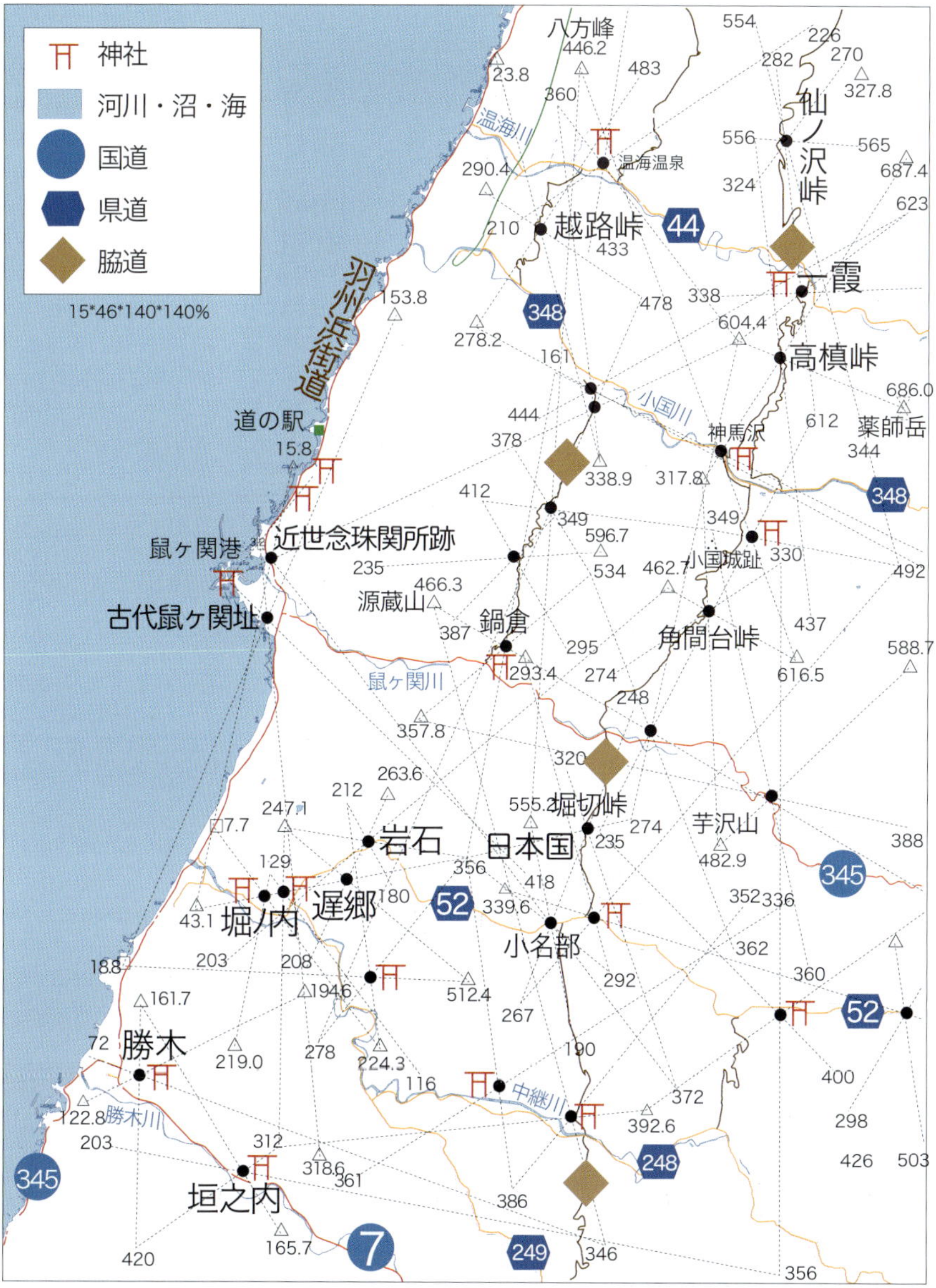


246　鼠ヶ関・日本国・周辺の縄文方位測量と星地名

茶色の◆で脇道と標示した小道にそって星地名地点が県道や国道よりも多く存在している。つまり、この脇道が縄文人の通り道であった可能性が高い。大和朝廷が蝦夷の南下を阻止しようとして関所を設けても効果はあまりなかったのではなかろうか。

# 第14章　羽黒山への道と星地名

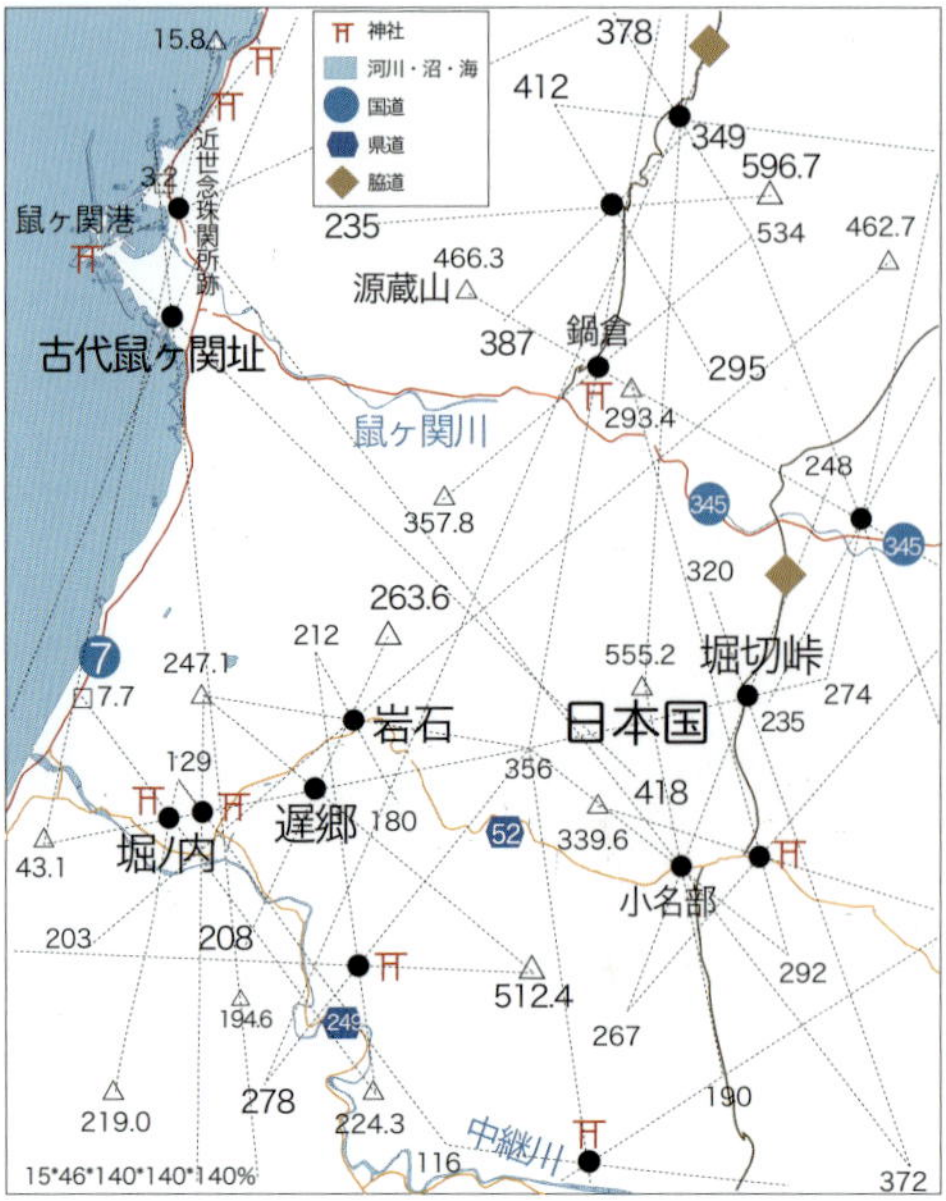


247　近世念珠関址と日本国と星地名

## 日本国という山

筆者は、「日本国」という山を知らなかった。山岳関係者ならともかく、一般にはあまり知られていない山名であろう。実は鼠ヶ関周辺の縄文方位測量を検証していて図246の中央部に国土地理院数値地図25000で三角点をもつ標高555・2mの日本国と記された山に遭遇。何かの間違いかと調べると、『角川日本地名大辞典(15)新潟県』(角川日本地名大辞典編纂委員会編)と『山形百山』(著者・坂本俊亮文・菅原富喜 写真)に日本国という山の記載がみられた。

日本国という山名については諸説ある山名由来の中に、蘇我馬子《そがのうまこ》と対立した崇峻天皇《すしゅんてんのう》の第三皇子、蜂子皇子《はちこのおうじ》がこの国に来て出羽三山を開き、皇子は晩年にこの山に登って日本国と命名したとの説がみられた。

## 蜂子皇子の羽黒山への道

図247の日本国という山の周辺には海沿いの国道7号線から県道52号線にはいり山間部の堀ノ内・遅郷・岩石・小名部などの星地名地点を通り脇道の堀切峠を越え、道は羽黒山へと続く。鼠ヶ関から海岸よりの国道7号・羽州浜街道を北上すると蜂子皇子が上陸したと言い伝えられる八乙女浦にいたる。白砂と遠浅に恵まれた由良海岸からは朱塗りの橋で結ばれた白山島がすぐ近くに見える。

筆者らは蜂子皇子が上陸したと伝わる鶴岡市由良のホテル八乙女に宿泊。玄関先の修験者姿がいわくありげに出迎えてくれる。まさしく伝説のホテルだ。ホテル八乙女のしおりに貴重な【八乙女伝説】が記されている。

「崇峻天皇5年（592年）11月3日に、蜂子皇子《はちこのおうじ》の父である崇峻天皇が蘇我馬子により暗殺されたため、蜂子皇子

248　八乙女浦のホテル八乙女　　掲載許可 ホテル八乙女 筆者撮影

窓から眺める日本の渚 100 選・日本の水浴場 88 選に選ばれた美しい景観。聖徳太子の時代にさかのぼる八乙女伝説のロマン息づく由良海岸。日本海に沈む夕陽と黄金色の海に浮かぶ白山島が織り成すコントラストはまさに絶景。

249　ホテル八乙女の玄関前　　掲載許可 ホテル八乙女 筆者撮影

蜂子皇子・羽黒山　はるかな時代へとさそう市松模様の羽黒修験者

は馬子から逃れ、丹後国由良(現在の京都府宮津市由良)から

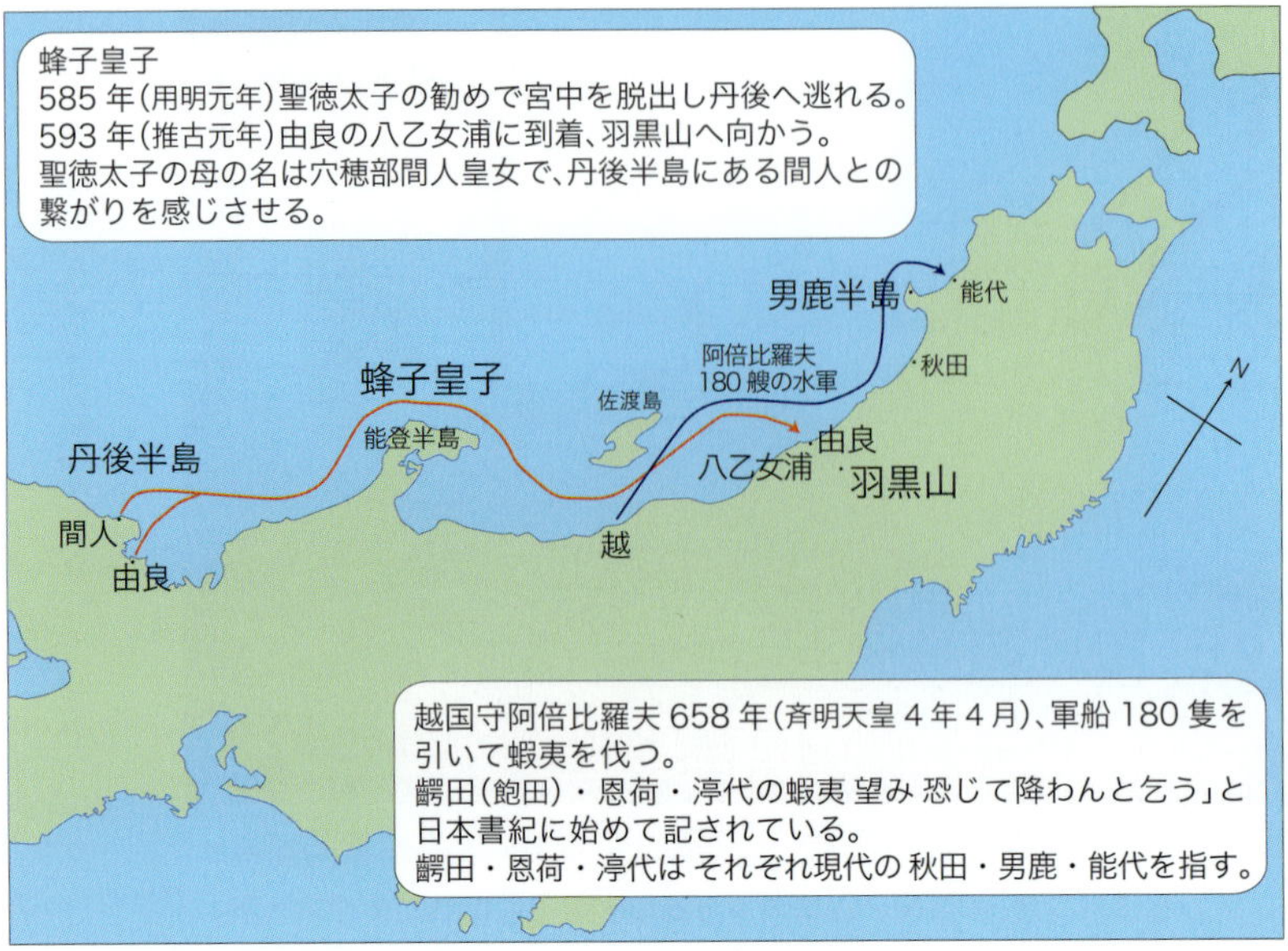

蜂子皇子
585年(用明元年)聖徳太子の勧めで宮中を脱出し丹後へ逃れる。
593年(推古元年)由良の八乙女浦に到着、羽黒山へ向かう。
聖徳太子の母の名は穴穂部間人皇女で、丹後半島にある間人との繋がりを感じさせる。
男鹿半島
能代
阿倍比羅夫
180艘の水軍
秋田
蜂子皇子
佐渡島
N
能登半島
由良
丹後半島
八乙女浦
羽黒山
間人
越
由良
越国守阿倍比羅夫658年(斉明天皇4年4月)、軍船180隻を引いて蝦夷を伐つ。
齶田(飽田)・恩荷・渟代の蝦夷 望み 恐じて降わんと乞う」と日本書紀に始めて記されている。
齶田・恩荷・渟代は それぞれ現代の 秋田・男鹿・能代を指す。

250　丹後半島と八乙女浦

船で北へと向い、山形県鶴岡市由良にたどり着いた時、八乙女浦の舞台岩と呼ばれる岩の上で、八人の乙女が笛の音に合わせて踊っているのを見て、皇子はその美しさにひかれて、近くの海岸に上陸した。八乙女浦という地名は、八人の乙女に由来する。蜂子皇子はこの後、海岸から三本足の烏(ヤタガラスか?)に導かれて、羽黒山に登り羽黒権現を感得し、出羽三山を開いたと言われている。」

蜂子皇子と八乙女伝説も全くの伝説ではないようだ。信憑性を裏づける事象は、崇峻天皇の第三皇子・蜂子皇子は聖徳太子の勧めにより585年(用明元年)宮中を脱出し丹後へ逃れたとされている。聖徳太子が母ゆかりの地・丹後半島を逃亡先に選んだことや、航海術に長じた船のある貿易港を選んだことは誠に当を得ている。

聖徳太子の母君は穴穂部間人皇女《あなほべのはしひとのひめみこ》であり丹後半島には間人《たいざ》という当時の高句麗との貿易港がある。『聖徳太子と鉄の王朝』の著者・上垣外憲一氏によると間人「たいざ」は高句麗語であろうと思われるとのこと。この間人の近くの弥栄町《やさかちょう》で大規模な製鉄遺跡が発見されていることから穴穂部の穴穂が鉄穴を意味し穴穂部は製鉄集団を窺《うかが》わせる。用明天皇のお后が、貿易・製鉄という当時の大企業を背景にした係累から嫁がれたことが想像される。592年(崇峻天皇5年)崇峻天皇は蘇我馬子により暗殺された。聖徳太子が蜂子皇子に逃亡を勧めてから7年後のことになる。聖徳

太子の予知能力が窺われる。それにしても丹後半島の奥丹後半島は旧称は由良半島ともいわれ鶴岡市由良に八乙女浦があるということには不思議さを感じる。

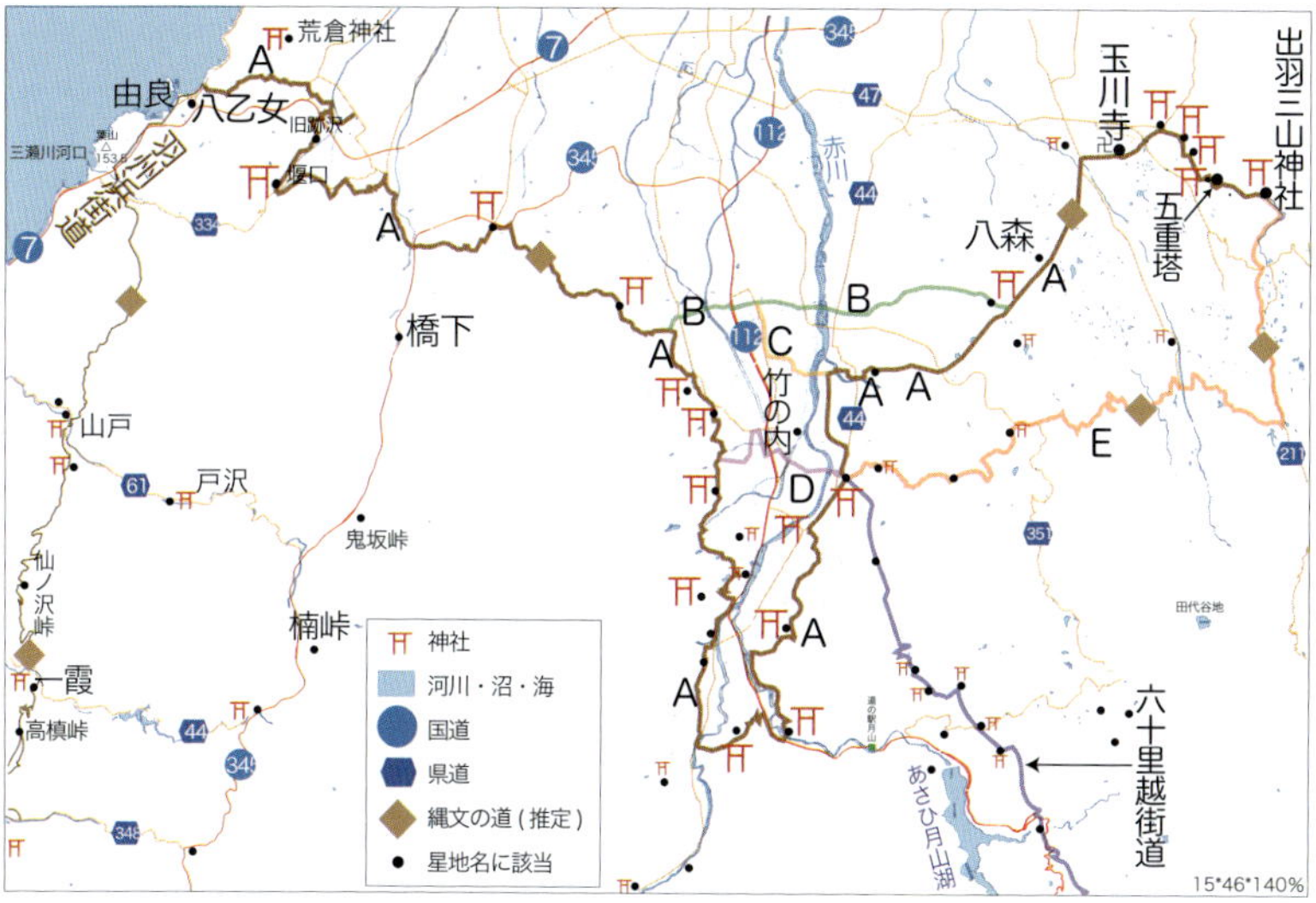


251　蜂子皇子の道Ａ～Ｄコース

図250に日本海における歴史的航海を示したが、蜂子皇子が八乙女浦に到着したのが５９３年とすれば、その６５年後の６５８年に阿倍比羅夫が軍船１８０隻を引いて能代まで航海している。このような大航海は一発勝負では行われない。この航海は恐らくは何度か実践をしてから行われたに違いなかろう。もちろん糸魚川から三内丸山にヒスイを運んだ縄文人のことを考えると日本人の航海術の歴史がいかに古いかは想定も困難だ。

## 八乙女浦から羽黒山へ

図251に八乙女浦と羽黒山を結ぶ縄文方位測量図を示したが、蜂子皇子が辿った羽黒山への道は縄文人の通り道であった可能性が高く、縄文の星地名を辿るとＡ～Ｄのコースが考えられるが、大きな川は交通の妨げとなるので、迂回してかなり上流の川幅の小さい地点を通らなければならないことは理解されよう。つまり図254のコースＡが蜂子王子の道と考えられる。

八乙女を出発して赤川の上流で川を渡り、一部は六十里越街道を通り、星地名「八森」を通過、玉川寺に立ち寄り、さらに平将門が建立したといわれる国宝五重塔の地点を通り、出羽三山神社の拝殿の位置に至るコースが縄文の道であったと考えられる。次頁の図252と図253に両面にわたって

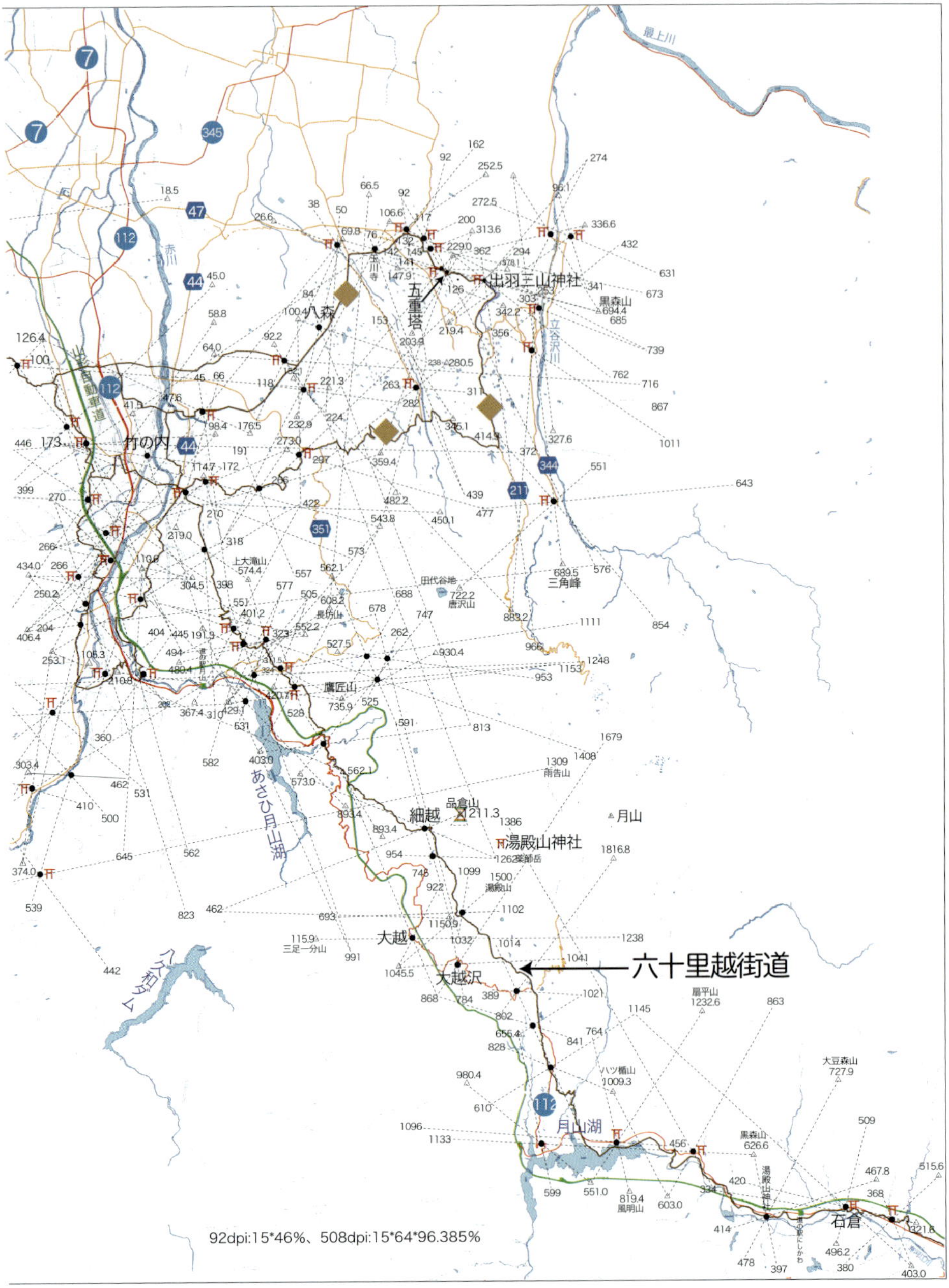


252　六十里越街道沿いの星地名と出羽三山への道

253　鼠ヶ関周辺の縄文方位測量と星地名

羽州浜街道と六十里越街道の二つの街道筋にみられる星地名を示したが、これらの連絡網は出羽三山神社の方向をむいているような気がしてならない。これはなぜだろうか。

　出羽三山神社の位置が南東北の中央部と日本海側を結ぶ重要な地点を占めているとすれば、八乙女浜から出羽三山に辿りつく道はどのようになっているのであろうか。

## 玉川寺の庭園

出羽三山神社に向かう途中、鶴岡市の曹洞宗國見山玉川寺によく立ち寄らせていただくが、国指定名勝の庭園を眺めながらいただくお抹茶はまた格別。

　玉川寺の由来には、「出羽三山のふもとにある玉川寺は、凡そ七百有余年前の鎌倉時代(1251年)に曹洞宗の開祖道元禅師の高弟だった了然法明《りょうねんほうみょう》禅師によって開山されたと伝えられています。了然法明禅師は朝鮮高麗の生まれで、中国の径山寺で修行され、日本に渡来し羽黒山に参詣しての帰途、観音堂を拡めて禅刹の基礎を築かれました。」とある。

　庭にみとれていると聖徳太子の母君の穴穂部間人皇女・高句麗との貿易港丹後半島の間人、高句麗生まれの了然法明禅師、聖徳太子と蜂子皇子、時代は異なるが高句麗とこの地域との縁を空想してしまう。


　驚きは山門の傍にある「玉川遺跡資料館」で、そこには縄文の土器が展示されている。玉川寺の近くから出土したものとのこと。玉川遺跡は玉川A〜Gの遺跡からなり、縄文時代中期から晩期の遺跡で、鶴岡市内の致道博物館による

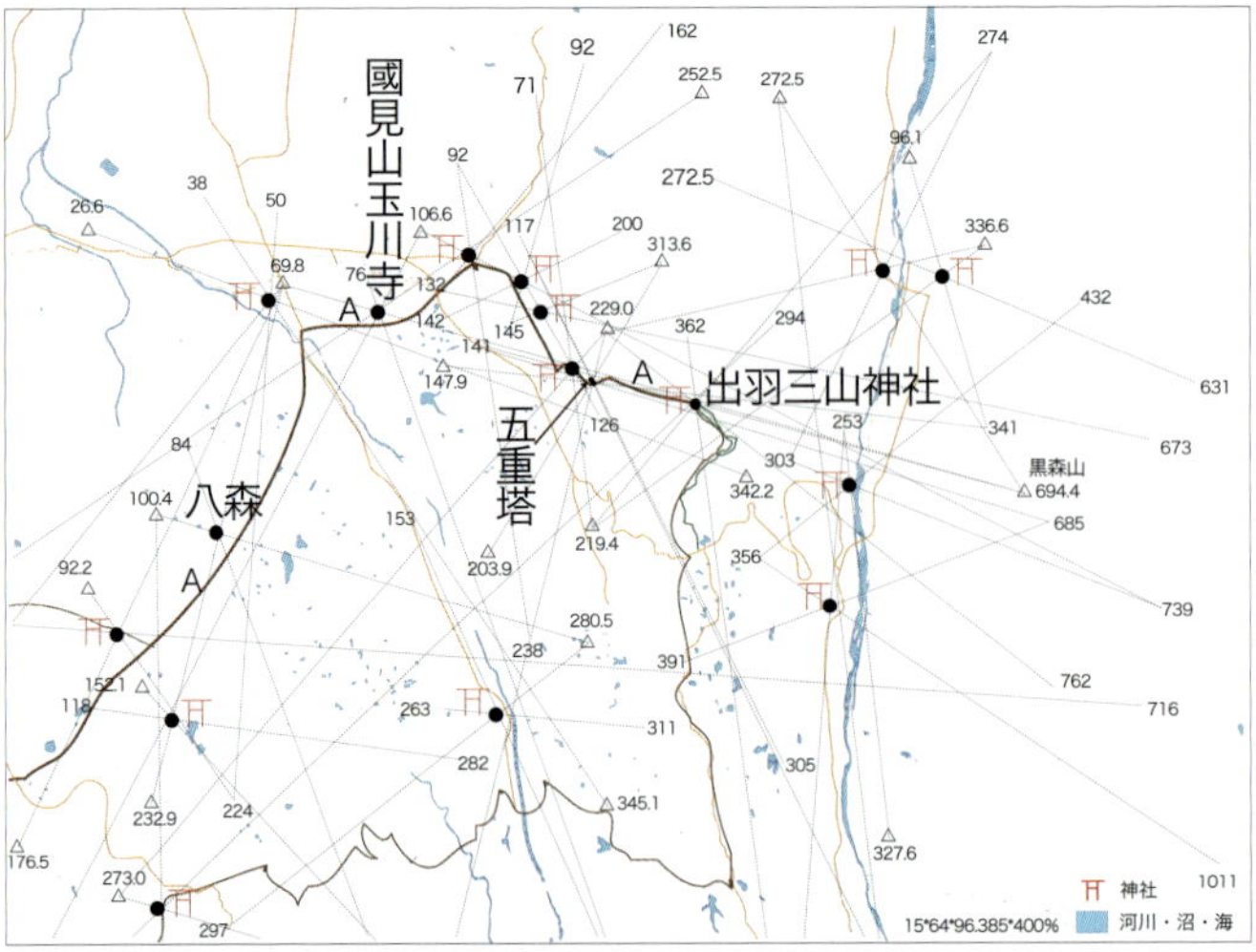

254　八森・玉川寺・五重塔・出羽三山神社の方位

255　国指定名勝　國見山玉川寺の山門　掲載許可 玉川寺　筆者撮影

256　国指定名勝　國見山玉川寺の庭園　掲載許可 玉川寺　筆者撮影

257　国指定名勝　國見山玉川寺の庭園　掲載許可 玉川寺　筆者撮影

と、「江戸時代から多量の玉類が出土する地として知られていました。この玉類は晩期の遺跡から出土し、不老長寿などの霊力をもつものとして首や胸飾りにもちいたと考えられます。勾玉、丸玉、小玉などの形で、翠緑色をしたヒスイ製のものは、その原産地が新潟県糸魚川周辺に求められます。」とのこと。

縄文方位測量からみると玉川寺は星地名地点に一致するが、これは玉川遺跡が縄文時代中期から晩期の遺跡であることと符合する。玉川寺によると「玉川寺庭園は１４５０年代に作庭され、１６５０年代の改修を経て今に伝えられています。自然の山から流れ落ちる滝を配し、大きな池を中心とした池泉《ちせん》廻遊《かいゆう》式《しき》蓬莱《ほうらい》庭園《ていえん》は石組も鋭く、地方稀に見る名園であります。１９８７年に国の文化財名勝に指定されました。」と記されている。緋毛氈《ひもうせん》が敷かれた茶室からの眺めは時を忘れさせてくれる。玉川寺で一息休憩させていただき、いよいよ羽黒山へ向かう。

## 国宝羽黒山五重塔

いでは文化記念館の前の随神門をくぐるともはや神域で杉林の急な坂道を下ると、川のせせらぎが聞こえてくる。祓川《はらいがわ》と呼ばれるこの川は、その名のとおり羽黒山へ登るために身を清めた川で、その川を渡る朱塗りの祓川神橋は、向かいの懸崖から落ちる須賀《すが》の滝と相対し、その景観はまことに清々しく美しい。川のせせらぎかと思ったのは、実はこの滝の音だった。

高く聳える杉並木をゆくと、まるで別世界のような開けた閑静な空間があり、国宝羽黒山五重塔に至る。塔の佇まいは、なんとも美しく、坂道のきつさを忘れ、やはり来てよかった、生きていてよかったと、いつも元気づけられる。

258　国宝 羽黒山五重塔　　載許可 出羽三山神社　筆者撮影

つぎに、表参道の長い石段を登り、二の坂の茶店に立ち寄り、三の坂を過ぎ、やや急な坂道を登りきると、目の前に羽黒山三神合祭殿が迫ってくる。拝殿の位置は縄文方位測量の三本線の交点に一致している。

## 出羽三山神社

出羽三山神社の社伝では推古元年(539年)、崇峻天皇の第三皇子・蜂子皇子(能除太子)が政変から逃れ、日本海の由良の八乙女浜に上陸し、三本足の霊烏に導かれて羽黒山に入り、

259　出羽三山神社　三神合祭殿　　出羽三山神社　提供

羽黒神を羽黒山に祀り、修験道場を開いたと伝えられている。

その奥ふかさ厳かさ、全てに迫力があり、特に厚さ2・1メートルの萱葺《かやぶき》の屋根に圧倒される。

三神(月山大神、羽黒山大神、湯殿山大神)は内陣《ないじん》中央の金色の扉の奥に鎮座されている。また拝殿の前の鏡池は年間を通しほとんど水位が変らない神秘な池として信仰をあつめ、羽黒信仰の中心であったといわれている。

縄文方位測量の視点でみると、図260に示したように玉川寺・羽黒山五重塔・羽黒山三神合拝殿の位置が、三者ともに縄文方位測量の三本線の交点に一致していることは極めて重要と考えられる。さらに、図260の八森は△69・8mを介して玉川寺と連携を示し、玉川寺は△106・6mを介して鳥居1と連携し、鳥居1は鳥居2と739mを結ぶ線上で直結し、鳥居2は145mを介して鳥居3と、鳥居3は126mを結ぶ線上に鳥居4と直結し、鳥居4は△229・0mを介して五重塔と出羽三山神社に連携している。

つまり八森という星地名と出羽三山神社の位置との間には、縄文時代から、これでもかこれでもかと思うほどに極めて正確な道筋が設定されている。そ

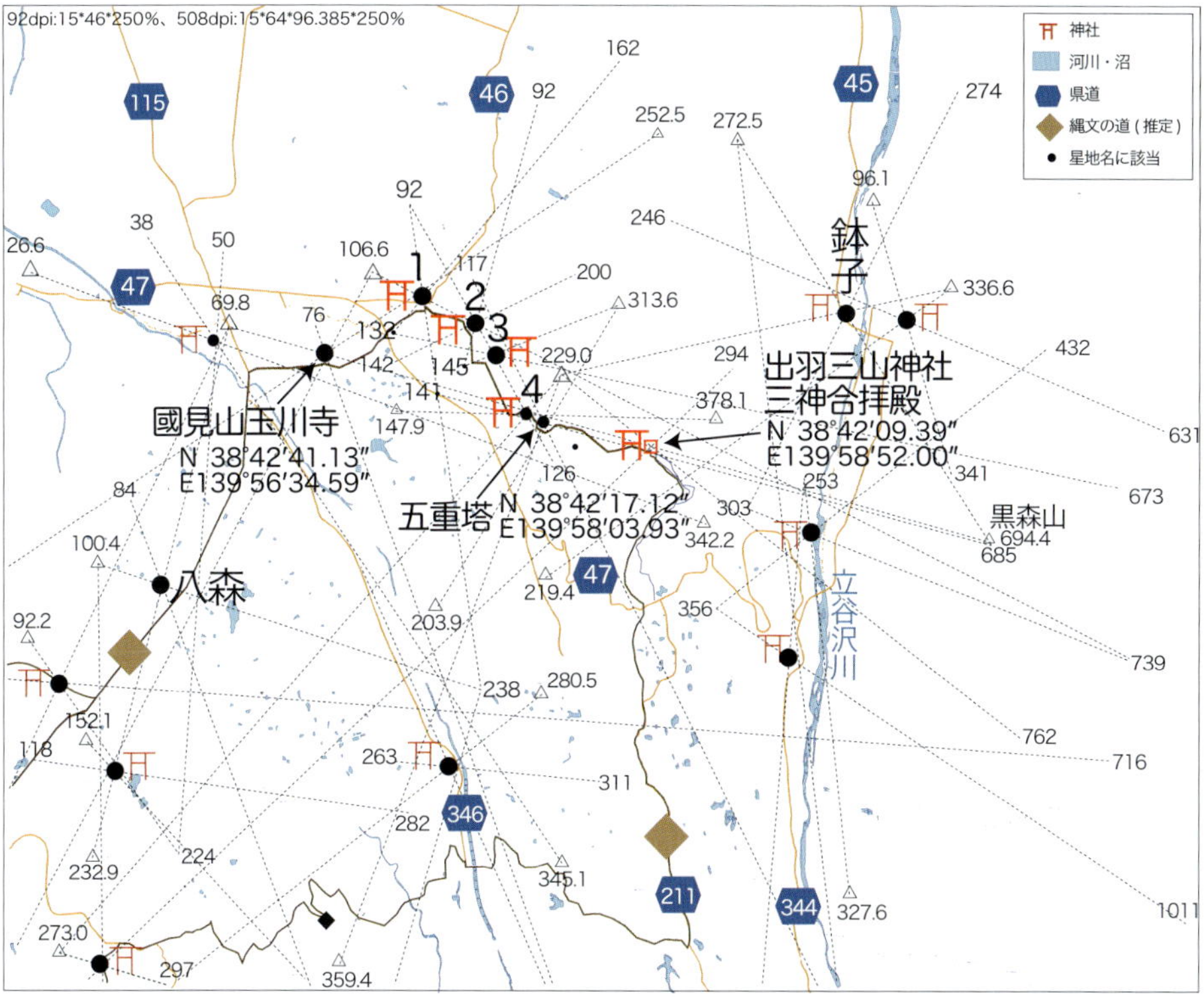


260　八森・玉川寺・五重塔・出羽三神社の連携

して、この美事な道筋を伝承により熟知していた人物は誰か。それは縄文の子孫に他ならない。

世界遺産の厳島・日光二荒山神社・平泉毛越寺はやはり三本線の交点に位置するが、これほどの規模で、縄文時代からの重要地点を美事に残している信仰の山はこれまでに経験したことがない。平将門は千葉氏と同じ桓武平氏の一門で妙見信仰とも繋がり、塔が縄文の要所に建立されたことと適合する。まさに世界遺産にふさわしいと言えるのではなかろうか。

羽黒山三神合拝殿にお参りし清々しい心もちになったところで、メンバーの会計係(森下正子)が「ここまで来たからには、芭蕉にあやかって新潟の出雲崎あたりまで行ってみたい。」と提案。一同は新潟県長岡市をめざすことになった。羽州浜街道を南下し温海温泉・鼠ヶ関に着く。この地点で、芭蕉の通った旧出羽街道に入るか、海岸沿いの北国街道をゆくかを決めなければならない。ドライバー(筆者)も迷うところだが、海岸よりに国の名勝「笹川流《ささがわなが》れ」とよばれる景勝地もあり、結局は北国街道を行くことになった。

# 第15章　芭蕉の道と星地名

## 芭蕉の足跡を求めて出雲崎へ

松尾芭蕉は1689年(元禄2年)6月27日に鼠ヶ関を通り、村上市北中(中村)に宿泊。28日葡萄峠を越え村上に宿泊。翌29日瀬波の海岸を眺め7月1日築地に宿泊、2日新潟、3日弥彦《やひこ》に宿泊している。

261　北国街道と旧出羽街道

越の国について『日本大百科全書(ニッポニカ)』には「古代北陸地方の国名。のち北陸道の越前《えちぜん》(福井県)から越後《えちご》(新潟県)に至る地帯の汎称《はんしょう》で、古志、高志とも書かれた。「越す」を語源とすれば、近畿から北方に渡るという地勢に由来するであろう。」と記されているが、縄文方位測量の視点からすれば、「越す」の解釈が異なる。越し〈kosi〉～串〈kusi〉は縄文語の通る・渡るに該当し星の運行を表す言葉と解釈される。縄文の道案内の様式が浸透している地域を〈kosi〉～〈kusi〉と読んでいたものを、後に漢字で越と表すようになり、この地域を越の国と呼ぶようになったと解釈されよう。なお〈kusi〉は串本や櫛引などが該当する。

図262に北国街道周辺の縄文方位測量図と星地名該当地点を示したが、江戸時代になっても、人々は縄文人の通り道に殆ど近い道を歩いていたことが理解されよう。街道筋には伏部《ふせべ》、寶光院《ほうこういん》、彌彦《やひこ》神社、赤坂と星地名地点が連なっている。また卍で示した長福寺や五ヶ峠《ごかとうげ》のルートを通ると五ヶ浜《ごかはま》に至る。五ヶ峠は展望

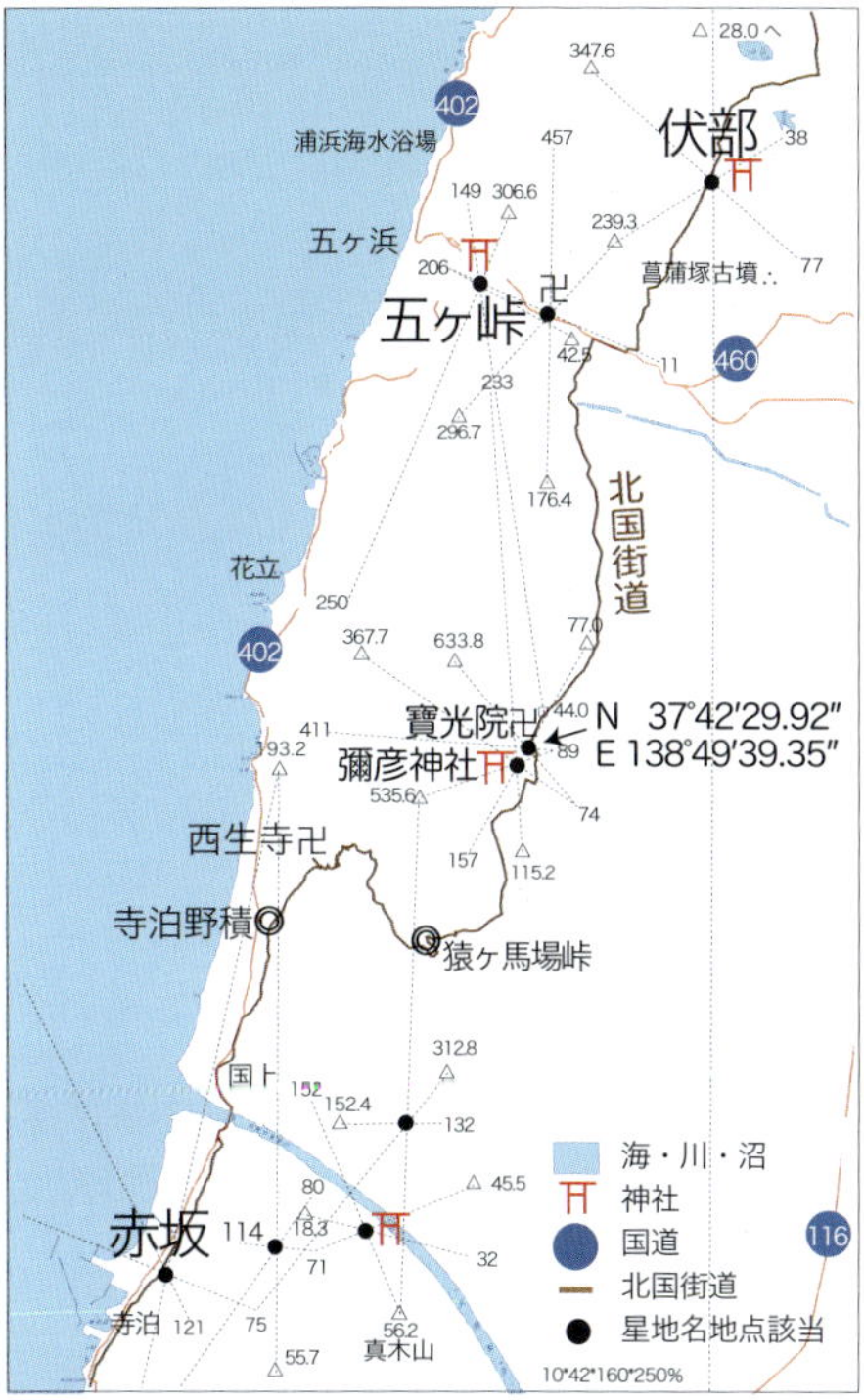


262　彌彦神社と寶光院

263 寶光院境内の芭蕉句碑
掲載許可 寶光院　筆者撮影

は少ないが、所々で日本海を望め佐渡島の見える地点もある。芭蕉は7月3日に弥彦村に宿泊し彌彦神社《いやひこじんじゃ》を参拝したことが曽良随行日記に記されている。同4日には弥彦を発って旧猿ヶ馬場峠を越え真言宗智山派西生寺《さいしょうじ》へ。広い境内の一角に建つ弘智堂には１３６３年(貞治2年)に入定(即身仏になる)した日本最古の即身仏弘智法印《こうちほういん》が安置されている。また境内の展望台からは晴れていれば佐渡島が望める。もちろん寺泊野積からは佐渡島はまぢかに見える。

弥彦村では筆者は寶光院へ、他のメンバーは彌彦神社へと別行動をとることになった。筆者には寶光院に建てられている芭蕉の句碑をひと目みたいという願望があった。わずかな石段を登ると、両側に美しい苔庭がひろがり、正面に本堂、参道の左手に句碑が建てられていた。近づいてよくみると、句を刻んだ岩と、わずかに苔生した台座、まわりの緑、そこに記された文字、その調和にしばし時を忘れる。句碑の裏には次のように記されていた。

元禄二年(一六八九)七月三日　俳聖芭蕉この地に泊る
昭和四十九年七月三日建之
弥彦村長渡邉義雄

264　荒海と佐渡島と満天の星　　イメージ作成：筆者

## 「荒海や……」に何を託したか

芭蕉46歳「芭蕉庵」を売り払い元禄2年3月27日みちのくの旅へと出立。

8月21日6百里(約2400㎞)、5ヶ月間の旅を終え大垣に着く。

5年の歳月をかけて元禄7年春『おくのほそ道』を完成。

同年9月10日体調を崩し夜発熱。

29日激しい下痢、10月8日「旅に病んで夢は枯れ野をかけめぐる」を詠む。

12日申の刻(午前4時頃)息をひきとる。享年51歳。

『おくのほそ道』は芭蕉の死後8年目の元禄15年に発刊された。

まさに荒海のような人生ではなかったか。命がけの俳諧の旅、怒濤に足をとめると、かなたにかすむ佐渡島、浮き沈みの多い人の世、見あげると満天の星、はてしないひろがり、奥ふかさ、どんな苦しみも、どんな喜びも、吸いとってしまうに違いない。

## 北原白秋のすな山

『日本童謡ものがたり』(北原白秋著)に「すな山」という歌が載せられている。新潟のこどもたちの願いでつくられた詩だという。大人でもこの歌が好きだという人は多い。

詩のこころは人のなかで成長するのかも知れない。スズメ。さよなら。海よ。さよなら。さよなら。あした。……子どもらは〝あしたまた〟と目を輝かせ、筆者のような歳になれば、もしかすると、あしたはもう来ないのかもしれない。そんな気がしないでもない。これに合わせたかのように中山晋平と山田耕筰の二つの作曲がある。

265　新潟市寄居浜　西海岸公園に建つ北原白秋の詩碑

新潟市建設課 提供

海はあらうみ、
むこうは佐渡よ。
スズメなけなけ。もう日はくれた。
みんなよべよべ。お星さまでたぞ。

くれりゃすな山、
しおなりばかり。
スズメちりぢり。また風あれる。
みんなちりぢり。もうだれもみえぬ。

かえろかえろよ、
グミ原わけて。
スズメ。さよなら。さよなら。あした。
海よ。さよなら。さよなら。あした。

266　『日本童謡ものがたり』北原白秋著より「すな山」

引用許可：北原白秋生家財団

# 佐渡島と出雲崎にみる縄文人の連絡網

図267に佐渡島と出雲崎周辺の星地名を示したが、縄文人は佐渡島とも綿密な連絡網を設定していたことが読みとれよう。大きな地図を圧縮しているために文字が小さくて申し訳ないが、出雲崎の勝見という星地名は青線で示した方位線上に位置し、佐渡島の大隈山６１０ｍを指し示し、大隈山を介して久知河内《くぢかわち》という星地名と連携している。

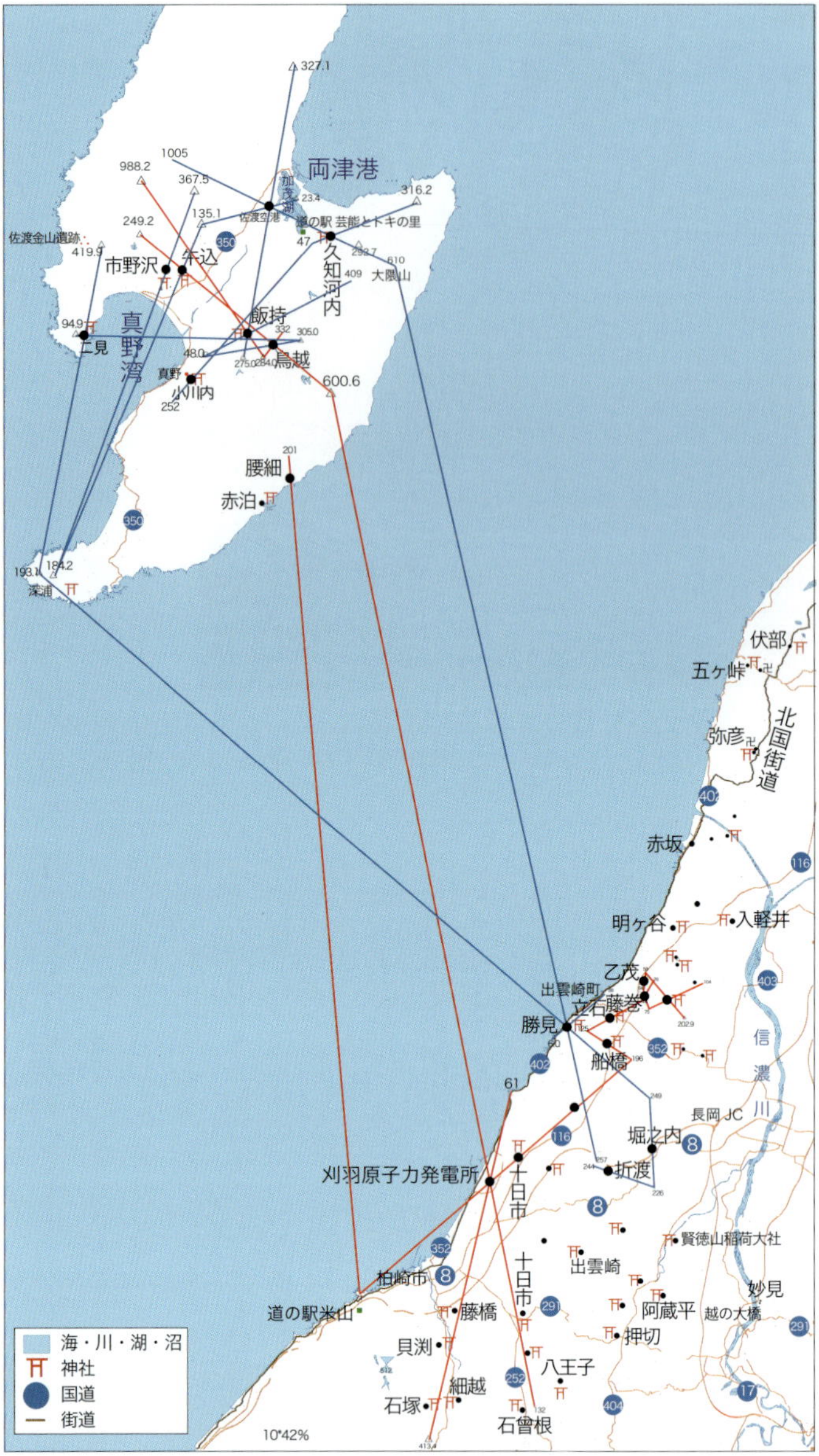


267　佐渡島と出雲崎周辺の星地名
佐渡との連携と柏崎刈羽原発

さらに久知河内は佐渡空港に見られる星地名と直線で繋がり、１３５・１m三角点を介して、牛込に繋がり、牛込は鳥越と赤線で結ばれ、柏崎刈羽原発の地点に連携している。つまり青線は赤線と繋がりを持っていて、往来の道案内の役割を果たしている。

越の国と言われただけあって、出雲崎周辺だけを見ても星地名の密度が高い。新潟県全体にはどれほどの星地名が存在するのか計り知れない。

右下に妙見という交点が見られるが、妙見は折渡《おりわたり》という星地名に連携し星地名の条件を備えている。妙見と言えば２００４年(平成１６年)１０月２３日１７時５６分に発生した新潟県中越地震が思い出される。

妙見で大規模な土砂崩れがあり、自然の猛威を見せつけられた。

268　柏崎刈羽原子力発電所全景
東京電力ホールディングス株式会社 提供

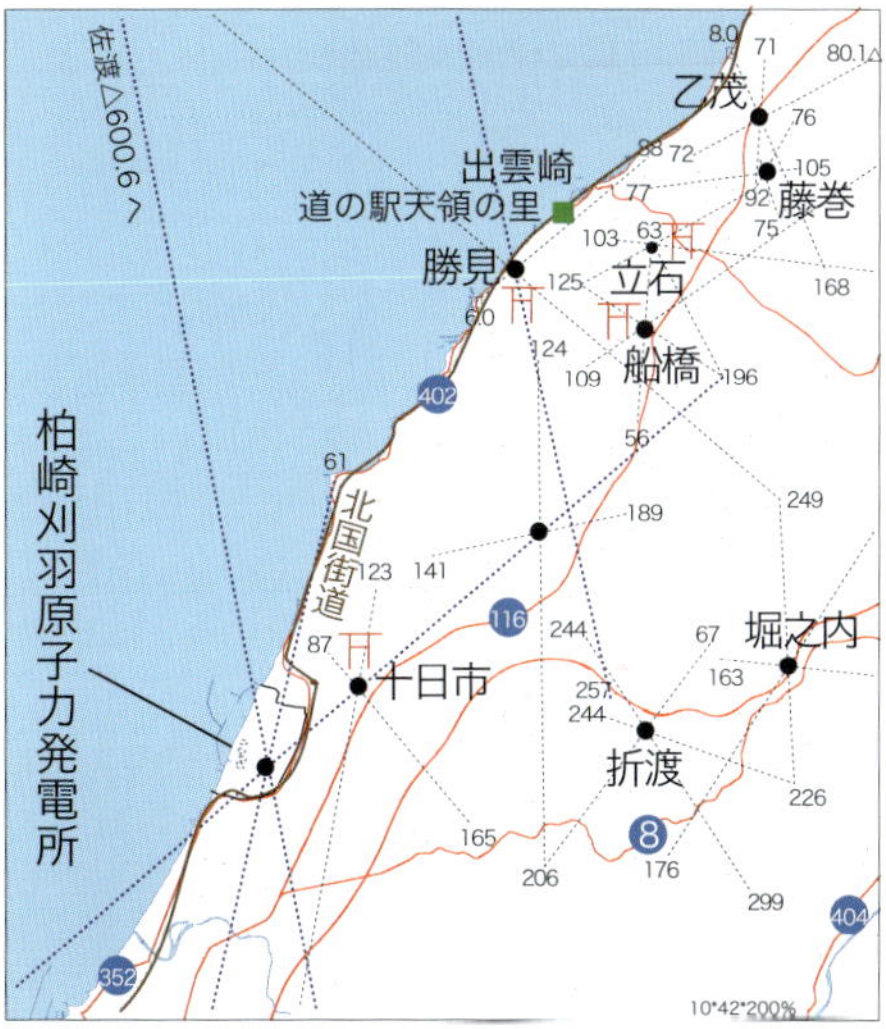

269 柏崎刈羽原子力発電所周辺の星地名

妙見の地点は縄文時代より存続し比較的安全と思われるが、道路工事などで地形を変えると安全性は損なわれる。

近年の大洪水については川の上流の開発との関連性を深く考慮する必要があろう。

柏崎刈羽原子力発電所は女川原子力発電所と同じように敷地内に星地名が存在している。

# 越後米沢街道十三峠

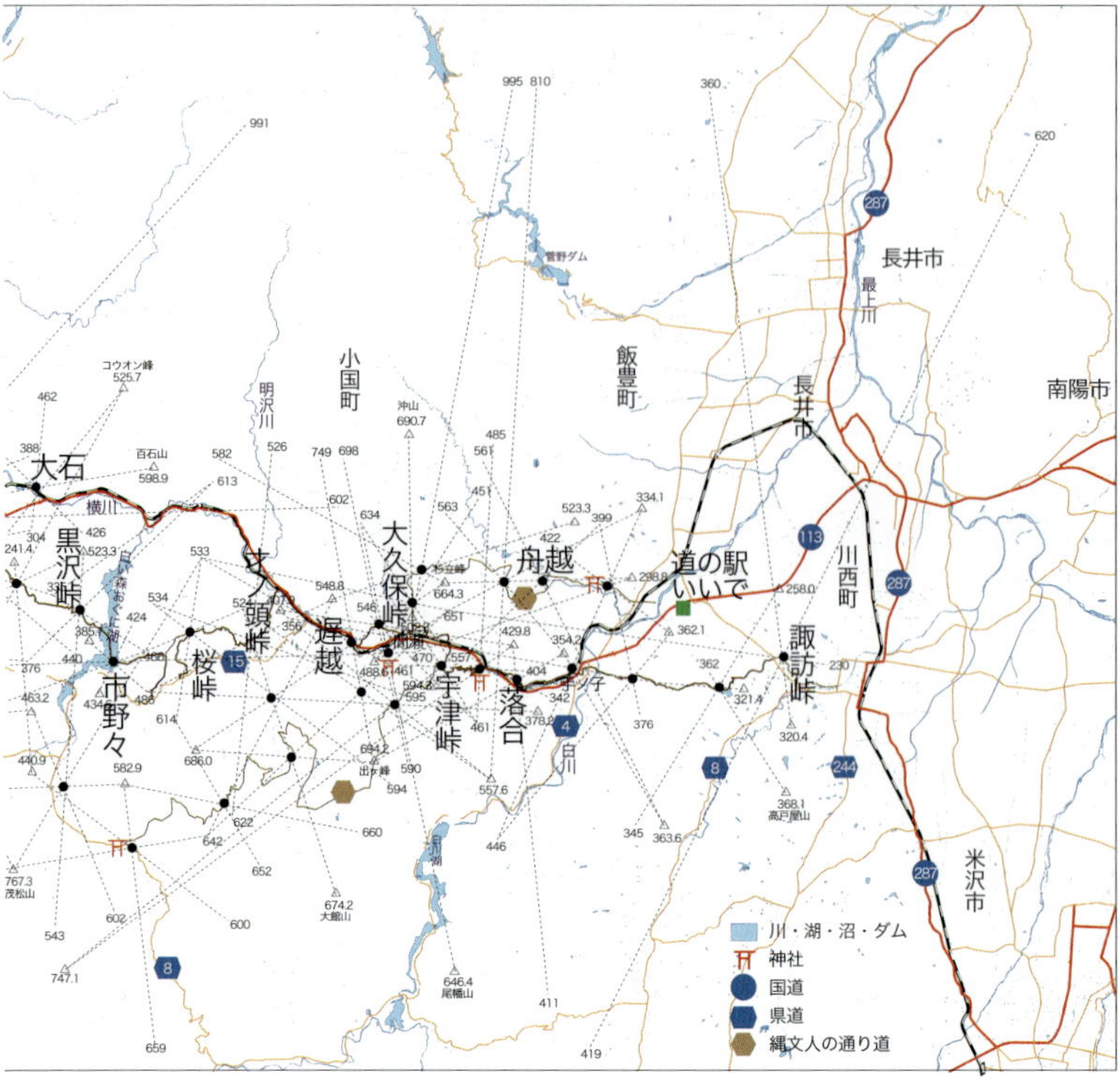


270　越後米沢街道十三峠の星地名(東)

新潟県下越地方から山形県置賜地方に通じる越後米沢街道には１３の峠があり「十三峠」と呼ばれている。

「第９章」で述べたイザベラ・バードは、この街道を新潟から米沢へと越えており、筆者らはそれにあやかって村上から国道１１３号線を通ることになった。

街道は国道とほぼ平行して荒川《あら》沿いに通じている。

『日本奥地紀行』でイザベラ・バードは「荒《あらい》川の上流で、車(人力車)の通れぬひどい馬道では、一度に二、三マイルも歩かされた。」、「大きな峠を躓《つまず》きながら登り、辷《すべ》りながら下りることで大半の時間が過ぎた。」と峠の難儀さを記している。明治１１年のことなので現代の国道ではイザベラ・バードの苦難を感じることはできない。街道筋には羽州街道と同じように多数の星地名が連なっていて、この道が縄文人の通い道であったことを物語っている。

大内淵・市野沢・高畠峠・貝淵峠・市野々・遅越・宇津峠・舟越などの星地名は、全国各地でみられ、ここでも内陸地域と日本海側の地域との交流が窺われる。

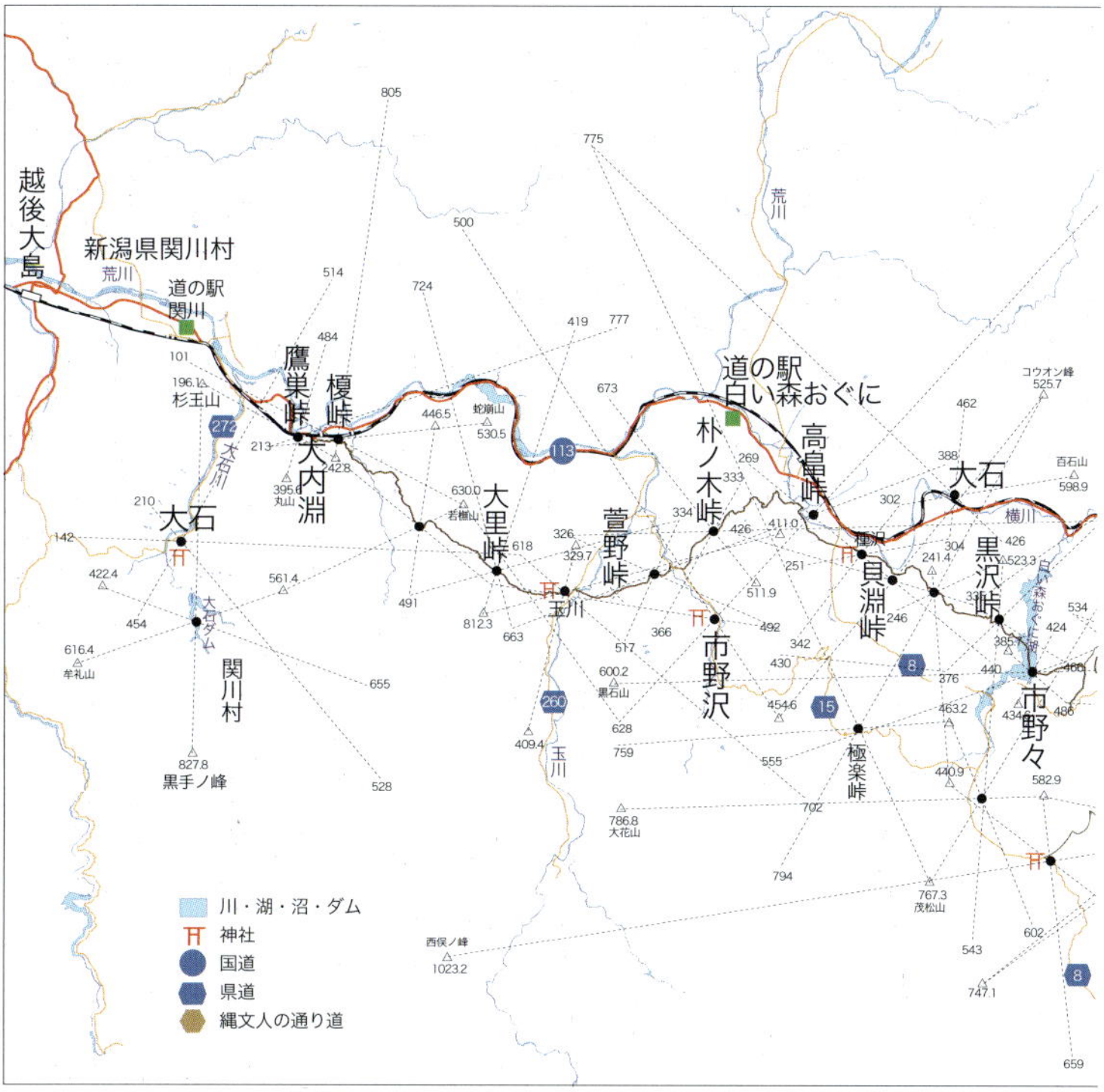


271　越後米沢街道十三峠の星地名（西）

## 熊汁が鮎の塩焼きに

「道の駅白い森おぐに」で休息時間をとり、話には熊汁などマタギ料理の出店もあると聞いてはいたが、それは真冬のことで、今は季節はずれとのこと。熊汁が鮎の塩焼きに変わってしまった。越後米沢街道筋には今も縄文の香が色濃く残されているようで、この新潟・山形の道筋の奥深さには多いに魅力を感じさせられた。

　筆者らは米沢や寒河江や長井をよく訪れる。この地域にも縄文の連絡網が張り巡らされているに違いない。本稿ではこれらの地域に触れることが出来ず誠に残念の極みだが、仮に筆者が実行できなくとも、後に誰かが必ず実現してくださるであろう。

　これまで概ね北日本の日本海側の街道筋の星地名について述べたが、次章からは奥州街道筋に沿って青森から順次南下してゆくことになろう。奥州街道筋にも多くの遺跡があり、それぞれに深い歴史が刻まれている。一体それらは星地名とどのように関わっているのであろうか。

# 第16章　奥州の街道と星地名

## 街道の名称と道筋

『東北の街道　道の文化史いまむかし』(1)（東北大学名誉教授渡辺信夫監修・1998年7月15日初版発行）に〈古代の道—城柵を結ぶ道と蝦夷の道〉と題して「道の歴史は人類の歴史とともに歩んで来た。そしていつの時代もそれぞれの時代の国土思想なりを反映しつつ道は開かれ利用されてきた。東北にかかわりのある古い道として東山道と東海道がある。六世紀頃から東国に至る道として開かれてきた道である。

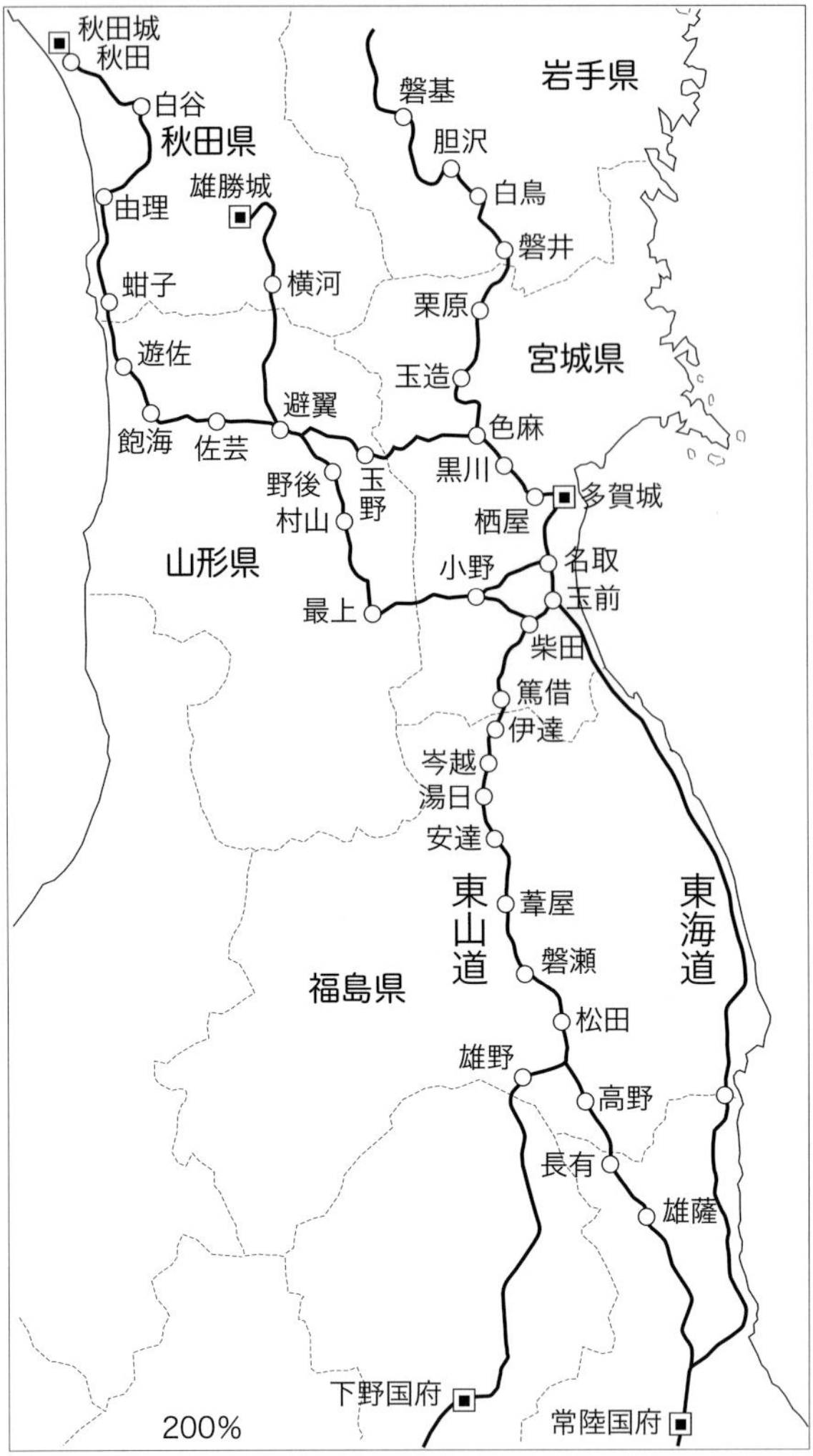


272　東山道と東海道

『みちのく街道史』（渡辺信夫著）より引用

山間を通り東国に達しさらに蝦夷に至らんとする東山道と、海岸部を通り東国に至る東海道である。(2)やがて律令国家の官道として整備された。官道は今の国道に相当するといえようが、大路の山陽道、中路の東海道、東山道、小路の北陸道、山陰道、南海道。西海道の七海道である。山陽道は太宰府に達するいわば外交の道で重要視されたのは当然であるが、東山道は東国を経て陸奥国の国府多賀城に達する官道で蝦夷に備える道として重視されたのである。」と記されている。

しかしながら、これは中央の立場、つまり律令国家側からみた道のありようであり、蝦夷の側からすると、これらの道は元々は名称などない自分たちの先祖からの通い道にすぎないという見方も否定はできない。

したがって、北東北における街道は蝦夷平定が完結していなかった中世の時点では、律令国家側からみたると、未だ混沌としていた。

縄文方位測量の視点からすると、縄文時代、少なくとも

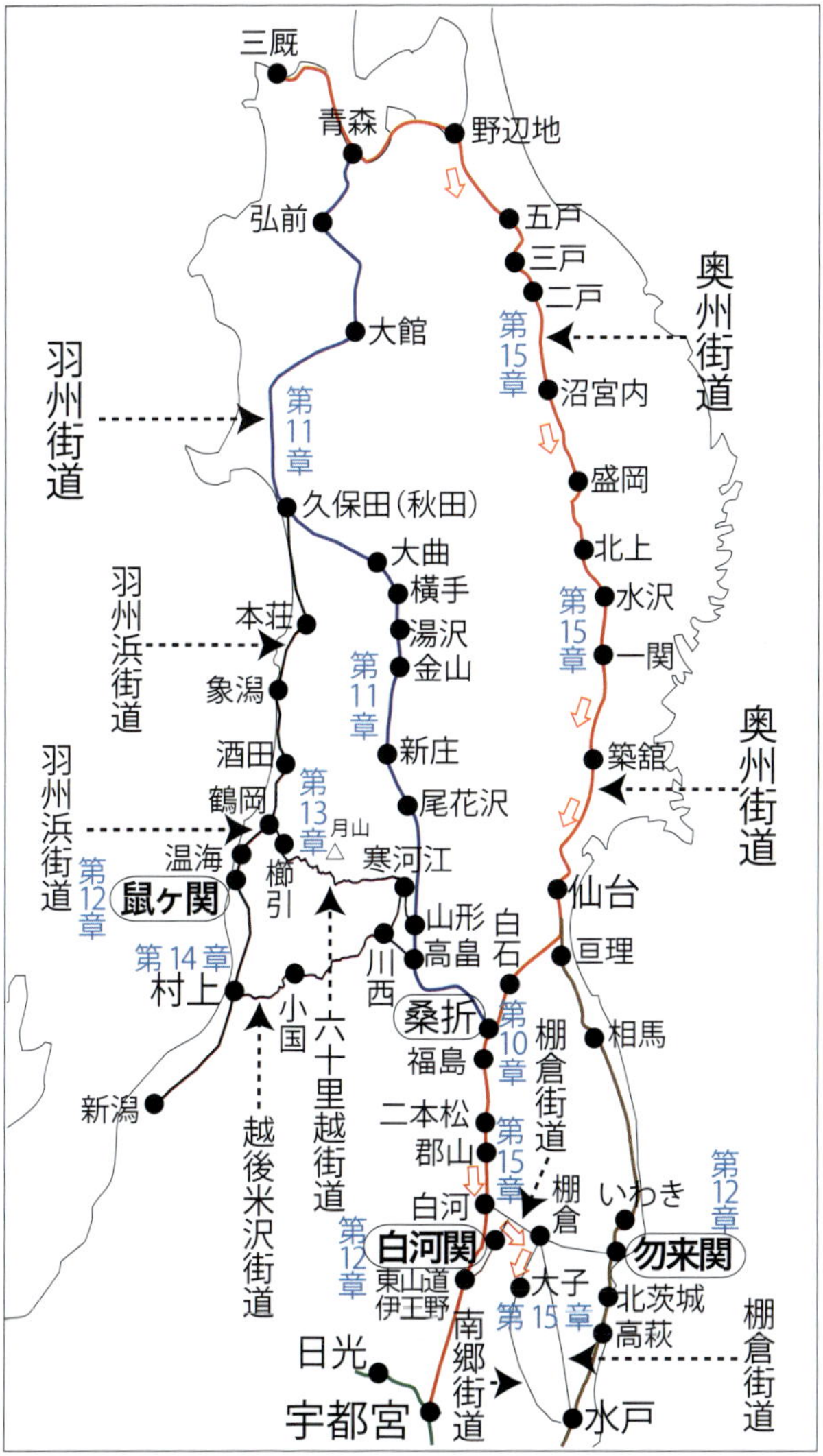


『日本の街道ハンドブック』竹内誠監修
『東北の街道　道の文化史いまむかし』渡辺信夫監修　を参照
『六十里越街道』伊藤孝博著

273　東北の主な街道
街道についてふれた章を青字で示した。

縄文後期には日本列島にはくまなく道路網が形成されていたと考えられる。

このことを暗に示しているのが、神話に登場する八咫烏《やたがらす》であろう。八咫烏は、日本神話において、神武天皇を大和の橿原まで案内したとされており、導きの神として信仰されている。

熊野三山においてカラスはミサキ神（死霊が鎮められたもの。神使）とされており、八咫烏は熊野大神（素盞嗚尊）に仕える存在として信仰され、熊野のシンボルともされる。

なお、八咫烏は『日本書紀』や『古事記』に登場するが、『日本書紀』では、同じ神武東征の場面で、金鵄《きんし》（金色のトビ）が長髄彦《ながすねひこ》との戦いで神武天皇を助けたともされるため、八咫烏と金鵄がしばしば同一視ないし混同される。

ところが、『古事記』や『日本書紀』には八咫烏が三本足であるとは記述されておらず、八咫烏を三本足とする最古の文献は、平安時代中期（930年頃）の「倭名類聚抄」であり、この頃に八咫烏が中国や朝鮮の伝承の鳥「三足烏《さんそくう》」と同一視され、三本足になったとされる。

この神話を科学的に冷静に考察すると、その土地にやって来た外来者を道案内出来た人物はというと、それは道案内のモデルを熟知した、つまり縄文方位測量と星地名を伝承されてきた人物以外には道案内は不可能であったと考えられ、つまり八咫烏の正体は縄文人の伝承を受け継いできた縄文人の子孫であったと考えられる。

その証が街道に沿って存在する星地名である。三本足の一本は真っ直ぐな杖で方位を見定めるのに用いたと考えられる。

図273に東北の主な街道の道筋を記したが、それぞれの街道筋には、縄文時代からの流通路であったと考えられる脇道が沢山存在する。

弥生時代になったばかりの頃から平安時代初期の頃にはこの縄文時代から使用されていた流通路が、東北だけではなく、日本列島全てにわたって人々の通う道であったと考えても決して単なる憶測ではない。

つまり奥州街道や羽州街道という、東北を縦断する二大街道は縄文人の道を基に近世になってから整備されたと考えられよう。

奥州街道は奥州白河を起点に三厩《みんまや》に至る街道である。本書ではこの街道を起点とは逆の青森県側から白河方向に南下し、途中に街道筋の脇道にも足を踏み入れてみよう。

註(1)『東北の街道　道の文化史いまむかし』（東北大学名誉教授渡辺信夫監修）
註(2)『みちのく街道史』（東北大学名誉教授渡辺信夫著）

## 十和田市の奥州街道碑と牛鍵

青森県野辺地から五戸に向かう途中の十和田市の国道4号線には奥州街道という美事な石碑がたてられているが、その前方の道路標識をよくみると、5km牛鍵➡というのが見える。牛鍵は星地名に該当し、この石碑から5kmの処に所在することがわかる。街道から星地名地点まで5kmしか離れていない近さだ。図274をみると倉越、赤平、才市田、牛鍵、法身塚、八斗沢、二ッ森などの星地名が連なっている。

274　牛鍵と小川原湖

275　十和田市国道4号線沿いに建つ奥州街道の碑
筆者撮影

牛鍵は、街道から小川原湖へと続く脇道のほぼ中央に位置する。小川原湖は当時は海だったと考えられ、海の食べ物や塩の入手には欠かせない生活の道だったのではなかろうか。それに小川原湖から、二ッ森貝塚のある二ッ森を経て太平洋に出て八戸の是川遺跡にも繋がることが出来る。

図276の奥州街道を北上すると、十和田市から七戸町へそして東北町を通り野辺地町へいたる。

## 二ツ森貝塚とつぼのいしぶみ

史跡二ツ森貝塚は、小川原湖西岸の標高約３０ｍの台地に形成された、今から約５、５００年前から４、０００年前までの１、５００年間にわたって営まれた大規模な貝塚を伴う集落遺跡で、遺跡は現在確認されている範囲のみで

276 野辺地～十和田市 奥州街道周辺の星地名と小川原湖

277 ニッ森貝塚 所在地：青森県七戸
5,500 年～ 4,000 年前の縄文前期～中期の貝塚 筆者撮影

３５万平方メートルに及び、この時期の遺跡としては三内丸山遺跡に並び、青森県最大の規模を誇っている。

この地域には、遙かな時をこえて、縄文時代の風景を目に浮かべることができる多くの痕跡がある。

それは縄文時代の物流路であろう。糸魚川のヒスイと是川風張の漆器との物々交換のための流通路は陸奥湾から野辺地川を遡り清水目川へ、そこからおよそ７００ｍの距離で赤川の上流に到達できる。

278　日本中央の碑発見地点　　筆者撮影

279　日本中央の碑　　筆者撮影
東北町日本中央の碑保存館展示

赤川の中央部に石文という星地名があり、その中心点を示す目標として建てられていたと考えられる石碑が、のちに「つぼのいしぶみ」といわれ和歌などに詠まれるようになった可能性が高い。

この石の発見地点の間近に急な登り坂がある。この斜面を登りきった処が星地名地点と一致する。つまり、この石碑は地震で下の赤川の岸辺に転落したものと考えられる。

日の沈む世界(糸魚川地域)と日の昇る世界(八戸市是川地域)の物流路の真ん中に位置することなどから、この石は縄文時代の「みちしるべ」であったと考えられる。

壺の石文みについては、平安時代末期から鎌倉時代初期にかけての著名な歌学者・藤原顕昭《ふじわらけんしょう》が、平安時代の末頃（1185年〜1190年）に編纂した『袖中抄《しゅうちゅうしょう》』という書物の中に《みちのくに、つものいしぶみというものがあり、そこは日本の果《はて》だという。田村麻呂将軍が蝦夷征伐の時、弓の筈（弓の端）で、石の面《おもて》に「日本中央」と書きつけたので石文《いしぶみ》といった。長さ四、五丈ばかりで文字が彫られており、そこを壺《つぼ》という。またつもともいう。》と記されている。

この話は多くの歌人たちの評判になり「つぼ」や「いしぶみ」は歌枕として使われるようになったとのことである。『文選　つぼのいしぶみ』（永峰文男編集）から数首引用させていただく。

おもひこそ　千島の奥をへだてねど
えぞ通はさぬ　つぼのいしぶみ
袖中抄藤原顕昭

みちのくの　奥ゆかしくぞおもほゆる
つぼのいしぶみ　外の浜風
西行法師歌集　西行法師

みちのくの　いはでしのぶは
えぞ知らぬ　かきつくしてよ
つぼのいしぶみ
源　頼朝

みちのくの　野をも山をもわけ過ぎて
昔をしのぶ　つぼの石文
岩倉具視

「日本中央の碑」（つぼのいしぶみ）発見地

本蹟は、十一世紀から十二世紀にかけて和泉式部、壊円、西行、寂蓮、慈円、阿仏尼、源頼朝など多くの人に好まれた歌枕のひとつ、「つぼのいしぶみ」ではないかと話題を呼んだ、「日本中央の碑」の発見地です。

十二世紀末、藤原顕昭の『袖中抄』（注1）によって、初めて解説が加えられた「つぼのいしぶみ」は、その後多くの人々の関心を呼び、これを探し求める者が後を断ちませんでした（注2）。

明治十四年、明治天皇奥州巡幸の折の探索・発掘でも見つからなかった碑でしたが、昭和二十四年六月二十一日、馬頭観音の石を求める千曳の川村種吉氏により姿を現しました。

280　日本中央の碑発見地の案内板より（右）

読み方「日本中央」＝ひのもとのまなか
平安京建設に並ぶ二大国策のひとつ「征夷」の歩みが北へ進む中、「日の本」と呼ばれていた蝦夷の国もまた、北へと押し上げられた。
都母（つも）＝つぼの国は当時その中心にいちしていた。

（注1）『袖中抄』＝しょうちゅうしょう
「いしぶみとは陸奥の奥につぼのいしぶみ有り。日本の東のはてと云へり。田村の将軍征夷の時、弓のはずにて石の面に日本の中央のよし書付けたれば、石文と云うと云へり。信家の侍従の申ししは、石の面ながさ四、五丈計なるに文えりつきたり。其所をばつぼと云うなり」

（注2）碑発見に至る経緯
一七七八、平沢元愷 北海道へ向かう途中野辺地に宿泊、「つぼのいしぶみ」を探索。
一七八八、菅江真澄、石文村で「つぼのいしふみ」について尋ねるも不明。
「遊覧記―いわてのやま」（七月五日の条）
一八七六、七月木戸孝允、「壺の碑」を求め千曳神社の発掘を先導するが見つからず。
一九三四、東京の江口少将が発起人となり「日本中央の碑」を求め捜査するも未発見。
一九四九、六月二十一日、千曳の川村種吉、本蹟で「日本中央の碑」を発見。

十七世紀中頃、仙台藩二代伊達忠宗より四代綱村の時代にかけて、古典の研究から歌枕を領内に結びつけていく動きが高まります。その過程で、少なくとも寛文年間以前に多賀城跡の一角で発見された古碑に注目が集まりました。殊に水戸光圀は『大日本史』編纂の為に碑の調査を行うなど、大きな関心を示し、水戸藩では以降も碑の研究が進みます。その後、十七世紀後半に松尾芭蕉がこれを訪ね『奥のほそ道』を刊行してからは広く、「多賀城碑＝つぼのいしぶみ」として一般化します。

しかし、十八世紀中頃には南部藩でも同様の動きが高まり、先の「袖中抄」を手がかりに、南部藩内に本物の「つぼのいしぶみ」が存在すると言われるようになりなります。江戸中期以降、古川古松軒が『東遊雑記』で、さらには水戸の地理学者長久保赤水が『東奥紀行』で南部坪村に日本中央と題した石碑があると記してから後は、むしろ南部藩壺碑に注目が集まりました。

281　日本中央の碑発見地の案内板より（左）

他にも和泉式部や藤原慈円、寂蓮法師、源頼朝、南部重信、大町桂月らの和歌が『文選・つぼのいしぶみ』に掲載されている。

実は、２０１１年（平成２４年）６月３日、筆者は取材のため角館の安藤醸造本店を訪れていた。幸いにも取締役の安藤恭子様にお会いすることができ、安藤家の歴史を記した貴重な資料を頂戴することができた。資料のなかに後日私を驚かせる記載があった。

１８５５年（安政２年）に出版された『東講商人鑑』（大城屋良助編著）という広告集で、これはいわば東国の豪商が加盟した組合鑑札手帳のようなものらしく、加盟者にはこの手帳と鑑札が配布されていたようである。手帳には東国の商店や旅館の広告が記されており、そのなかに安藤家の記載があった。この数少ない貴重な資料を『復刻東講商人鑑《あずまこうあきんどかがみ》』として出版された秋田市の無明舎出版には深い感銘を受けた。

この書物の「はじめ」の項に、〈今風にいえば「東日本・旅のガイドブック」なのだろうが、当時の街道筋を旅する庶民のための、

282 日本中央の碑の版画
『復刻東講商人鑑』無明舎出版より引用

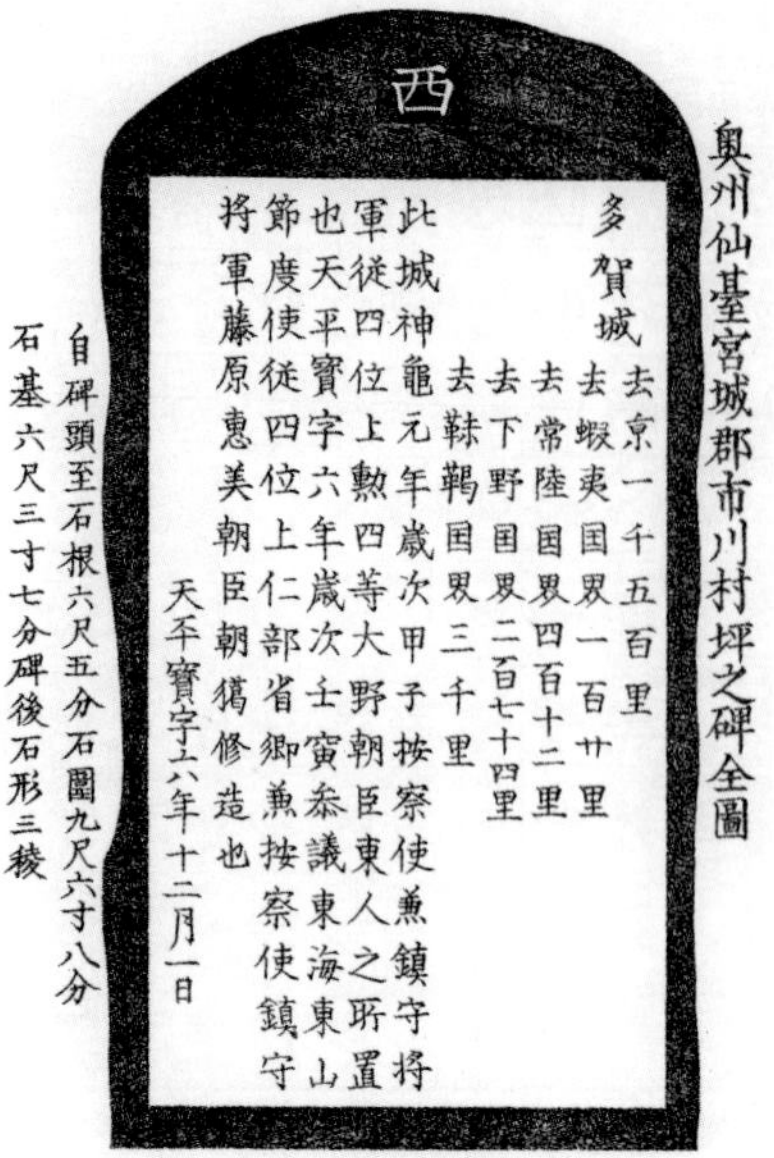


283 多賀城碑の版画
『復刻東講商人鑑』より引用

絵入りの「街道筋の指定加盟店図鑑」といったほうが近いかも知れない〉と記されている。

筆者が驚いたのはこの中に「日本中央の碑」と「多賀城碑」の版画が全く別の碑として掲載されていたことであった。

芭蕉が『おくのほそ道』を出版したのが1702年(元禄15年)であり、『東講商人鑑』は、それより153年後の発刊となる。

「多賀城碑」は江戸時代初期の万治～寛文年間(1658～1672年)の発見とされており、土の中から掘り出されたとか、草むらに埋もれていたなどの説がある。

俳人松尾芭蕉が1689年(元禄2年)に多賀城跡を訪れ『おくの細道』で紹介、歌枕の一つ壺の碑(つぼのいしぶみ)であるとされ有名になった。

さすがに「多賀城碑」の碑文は正確で、実物を写している。しかし多賀城碑には日本中央の文字はない。

芭蕉が多賀城碑を「つぼのいしぶみ」とみなしたことが、東北町の「日本中央」の碑が真偽を問われることになったといえよう。

しかしながら『東講商人鑑』には明らかに異なる碑として旅の版画に載せられている。

この書物の目録には「日本三碑之図并中央之碑」と記され、石文の地名を示す明神祠図や坪村も併記されている。

『おくのほそ道』の時代も『東講商人鑑』が出版された時代

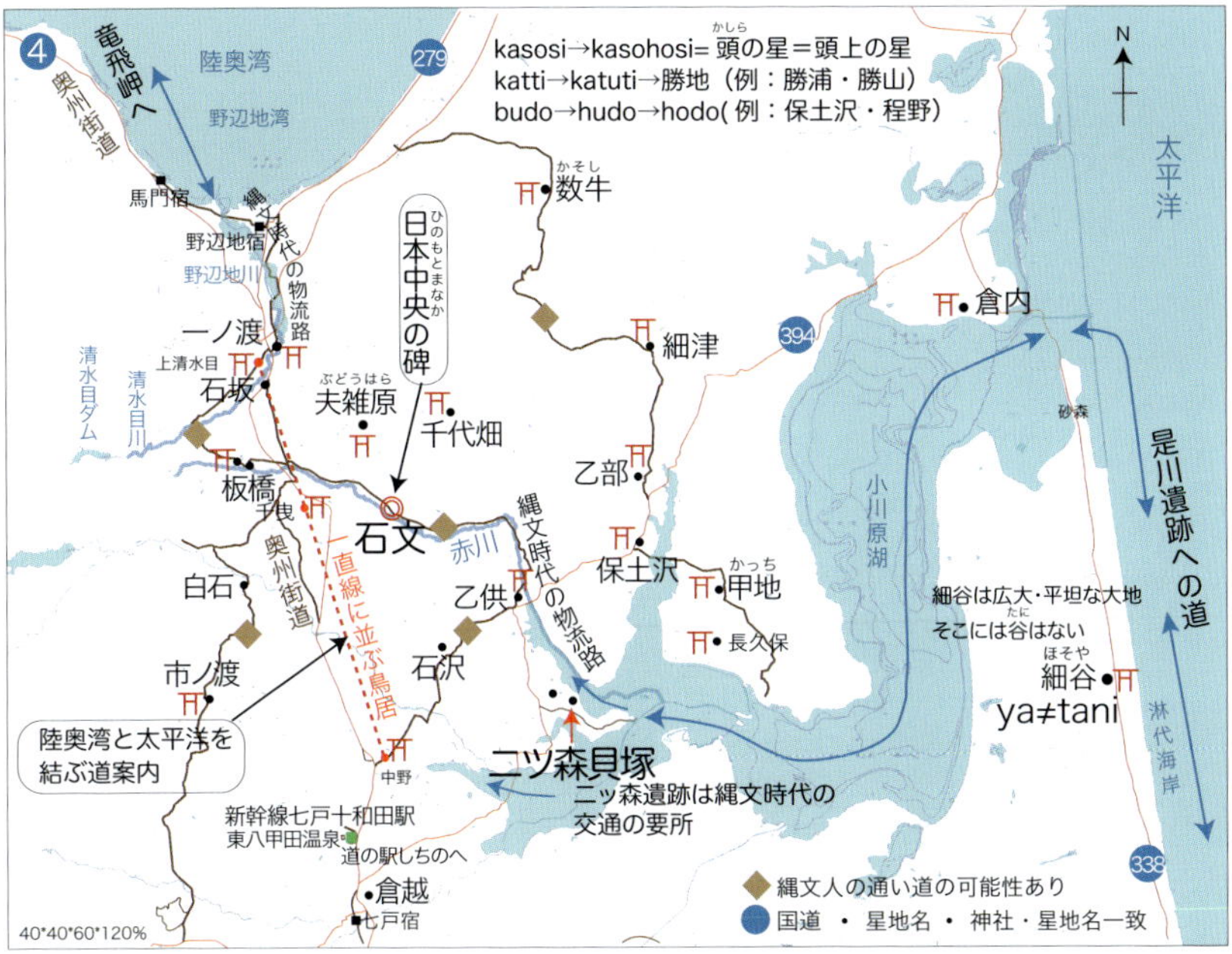


284　日本中央の碑と野辺地湾〜淋代海岸を結ぶ交通路の関係

も「日本中央」の碑は所在不明であったが、１９４９年(昭和２４年)６月、東北町石文の赤川上流湿地帯から川村種吉氏により発見された。

この石は縄文人が道標として赤川の岸辺の小高い丘の上に置かれていたと推察される。なぜならば、このあたりにはこのような自然石はなく、後に述べる荒谷遺跡や御所野遺跡にみられる環状列石の石によく似ており、しかも、なんと言っても、縄文人の道案内の星地名地点に一致して立てられていたと考えられるからである。

筆者は「日本中央」は発見地の案内板左にあるように「ひのもとのまなか」と読むのが妥当と考えている。

日の沈む世界と日の昇る世界の境に建っていたからだ。しかも石文〈ｉｓｉ・ｈｕｍｉ〉という星地名の名称から、石文〈ｉｓｉ・ｈｕｍｉ〉→石見〈ｉｓｉ・ｍｉ〉→市見〈ｉｔｉ・ｍｉ〉→星見と音声変化の痕跡を辿ることができる。

例として伊勢の二見〈ｈｕｔａｍｉ〉を上げよう。〈ｈｕｔａｍｉ〉の〈ｈｕｔｕ〉が星を表していることは既に述べた。つまり二見も星見となる。

従って、「つぼのいしぶみ」は多賀城碑ではなく、東北町の「つぼのいしぶみ」であると言わなければなるまい。

# 三戸町から二戸市周辺の星地名

この地域には図285に示すように極めて多くの星地名が連絡網を形成している。

図285の右上の星地名市野沢には筆者らが高速を利用する際の出発地点「道の駅なんごう」がある。近くには鳩田・金田一・石和・晴山・猿越峠などの星地名が連なっている。

高速に乗らず、国道4号を少し南下すると、この道筋にも金堀・金田一・段ノ越・金田一・晴山・鳥越・大川鉢・小又・水堀という星地名が列をなしている。

この地域には金田一が3ヶ所みられるが、3ヶ所全て星地名に該当している。金田一は青森県五所川原市金木町喜良市の喜良市〈kiraiti〉と音声が極めてよく似ていてどちらも綺羅星という意味と解釈されることはすでに述べた。

十和田市から国道4号を南下すると五戸町、南部町、三戸町、二戸市の順に歴史的に魅力的な街並みを行くことになる。南部町は青森県南東部に位置し、町の南側には縄文方位測量にとって欠かせない標高615・2mの名久井岳があり、町の中心部を馬淵川が東西を横断するように流れている。町のレストラン「めぐ」はメニューが豊富で美味しく心休まる憩いの場所なので、サークルでは帰路の夕食をここでいただくことが多い。

南部町にある青森県三戸郡南部町小向二又の二又〈hutamata〉は星地名に該当し、三戸郡三戸町袴田を通して同じ三戸町同心町金堀の金堀〈kanehori〉と連携している。

二戸市の国道沿いには縄文時代の遺跡「荒谷遺跡」や「御所野遺跡」がみられ、国道を西にそれると天台寺、東にそれると星野・横打・打田内・四日市・今待など星地名が並ぶ葛巻《くずまき》に至る。

葛巻〈kuzumaki〉とは〈kuzu〉は楠《くす》・串《くし》〈kusu・kusi〉や越〈kosi〉＝星が通るを意味し、葛巻の〈maki〉は繋がりや仲間を意味するので、葛巻は〈kuzu〉のなかまを意味する。つまり星が通るという地名が集まっているところと解釈されよう。例として石巻《いしのまき》・芦《あし》ノ牧《まき》・腰巻《こしまき》などがあげられよう。

腰巻は各地にみられる星地名で、〈kosimaki〉を漢字で腰巻と記すと〝星の通る地名の仲間〟のことは誰も考えない。

青森県三戸郡三戸町斗内武士沢の「武士沢」は岩手県盛岡市芋田下武道の「武道」と漢字のイメージでは似ているように思われるが武士沢〈busisawa〉の〈busi〉は福島県伊達市伏黒《ふしぐろ》、岩手県奥州市の石淵《いしぶち》ダム（現在の石淵湖）、宮城県仙台市泉区福岡藤沢などの星地名・伏黒〈husi〉、石淵〈buti〉、藤沢〈huji〉に含まれる

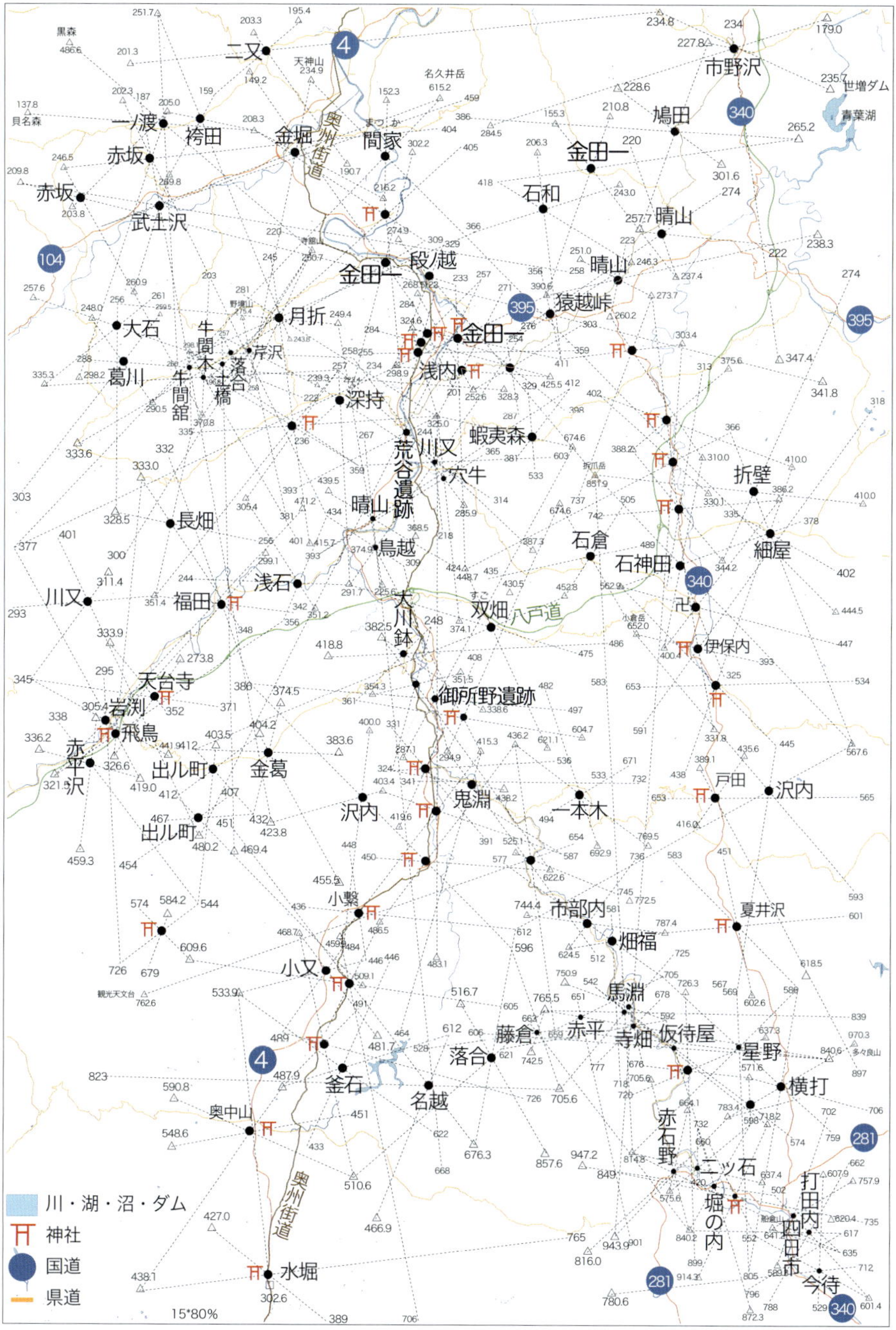


285　二戸市周辺の星地名

〈husi〉・〈buti〉・〈huji〉の音声変化と考えられ〈busi〉は〈butu〉＝ブツブツ＝夜空のブツブツ＝星を表している。

盛岡市の武道《ぶどう》〈budou〉は、岩手県奥州市江刺区梁川字武道坂、岩手県久慈市夏井町葡萄《ぶどう》峯、青森県上北郡東北町夫雑《ふぞう》原など・武道坂〈budou〉、葡萄峯〈budou〉、夫雑原〈huzou〉で星地名に該当する。それに近い音声をもつ星地名としてやはり東北町の保戸沢〈hodo〉や岩手県久慈市侍浜町保土沢の保土沢〈hodo〉で、また全国的に各地にみられる程野〈hodono〉などがあげられよう。

段《だん》ノ越《こし》という星地名は福島県東白川郡棚倉町大梅段河内の段河内《だんごうち》が類似し、岩手県二戸郡一戸町月舘字金葛《かなくず》は秋田県大仙市神宮寺金葛《かなくず》と同様に星地名に該当している。

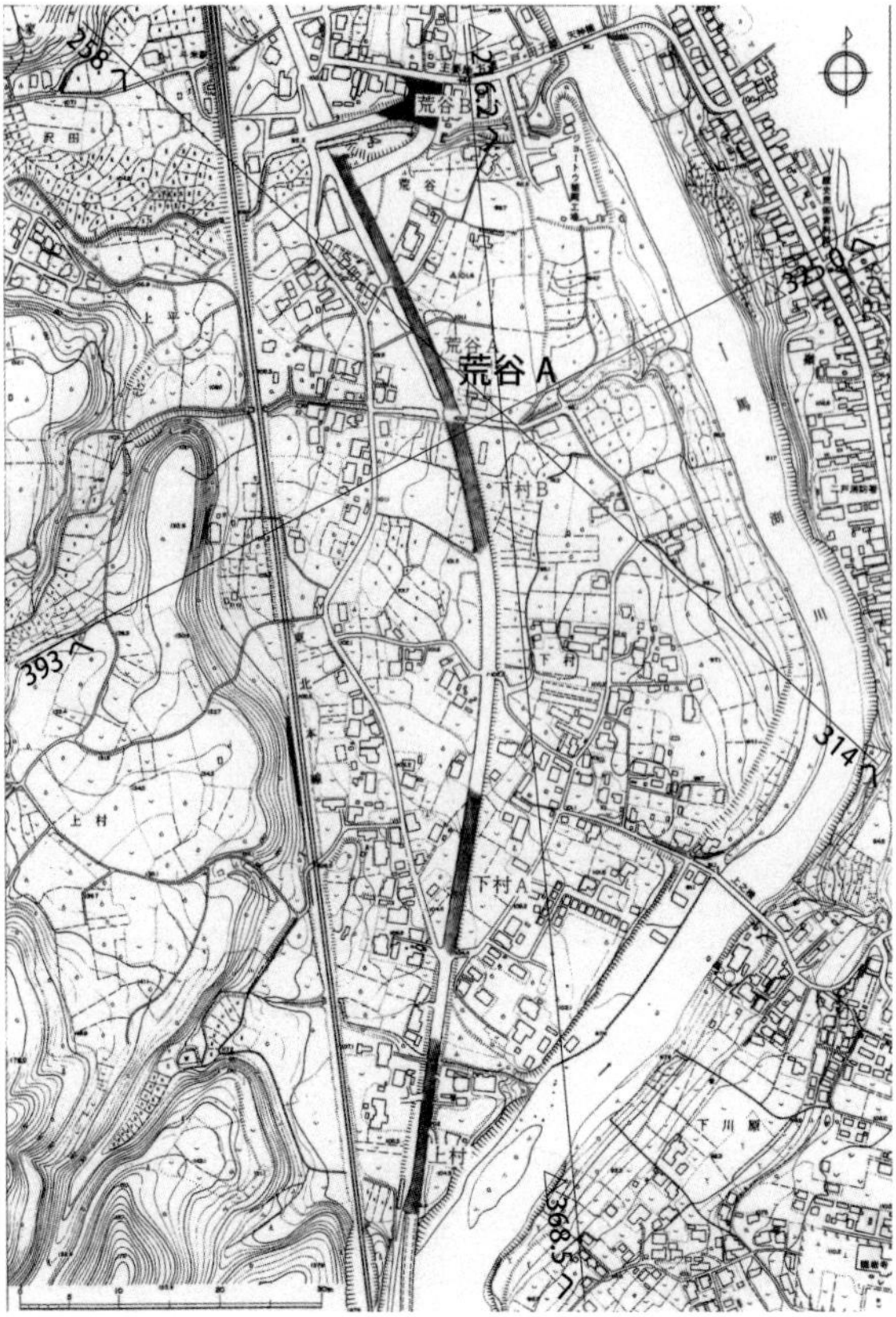


286　荒谷Ａ遺跡と星地名地点

『荒谷Ａ遺跡発掘調査報告書 二戸バイパス関連発掘調査』岩手県教育委員会・㈶岩手県埋蔵文化センター・建設省岩手工事事務所 著から図版４「遺跡周辺の地形図」を引用。
筆者加筆

## 荒谷遺跡

国道4号線の二戸バイパスをゆくと、マーケットの駐車場の脇に立石遺構を目にする。こんな処にと一瞬驚くが、しかし、これは注意していないと見落とすことになろう。

図286に示すように荒谷A遺跡の地点は星地名に一致している。『岩手県埋文センター文化財調査報告書第57集 荒

谷A遺跡発掘調査報告書―二戸バイパス関連遺跡発掘調査（1983年）（岩手県埋文センター文化財調査報告書〈第57集〉）』（岩手県埋蔵文化財センター著）によると荒谷遺跡は青森県三内丸山遺跡や大湯遺跡、一戸町の御所野遺跡に匹敵する縄文時代中期期末、後期初頭（今から4000年前）の大集落跡、荒谷遺跡の中心部で、ショッピングセンター工事に先立って実施された埋没調査でこの立石遺跡を含めほぼ同じ大きさの環状列石が3基、さらにそれを2重に囲む直径50m以上の大規模な配石が確認されている。

287　市街地に残された荒谷遺跡立石遺構　吉田福男氏所蔵　筆者撮影

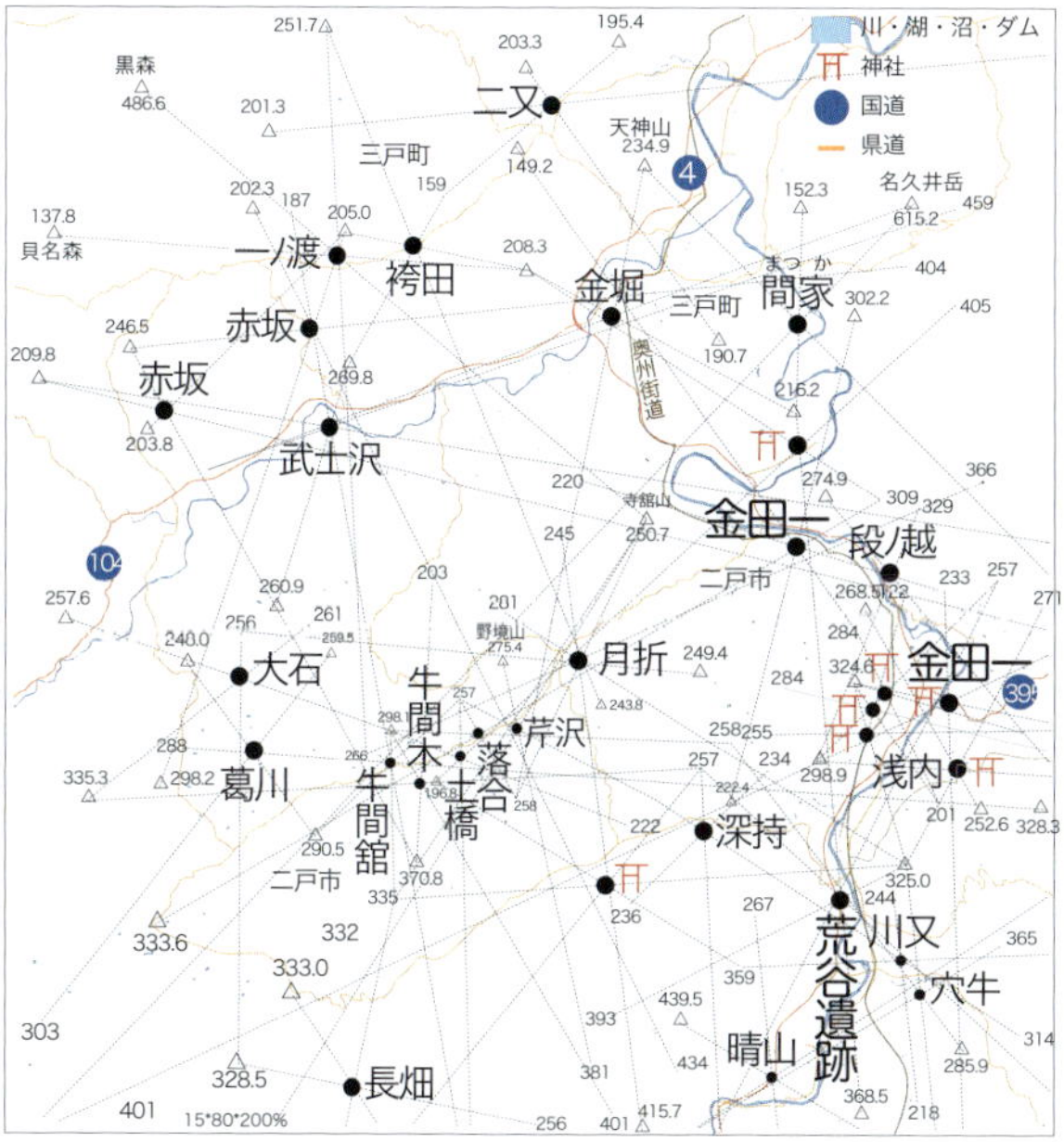


288　三戸町・二戸市周辺の星地名

# 御所野遺跡

岩手県二戸郡一戸町岩舘字御所野2に縄文時代の集落跡を主とする国史跡の御所野遺跡《ごしょのいせき》がある。

国道4号線の一戸インターの出入り口を約3キロメートルほど南下すると左手に案内塔があり左折すると御所野縄文公園に至る。広い駐車場から、アプローチの「ききのつりはし」を渡る。

この吊り橋には遠い昔に吸い込まれるような不思議さが秘められている。渡りつくと、そこはもう御所野縄文博物

289　荒谷・御所野の連携

290　御所野遺跡　　御所野遺跡博物館　提供

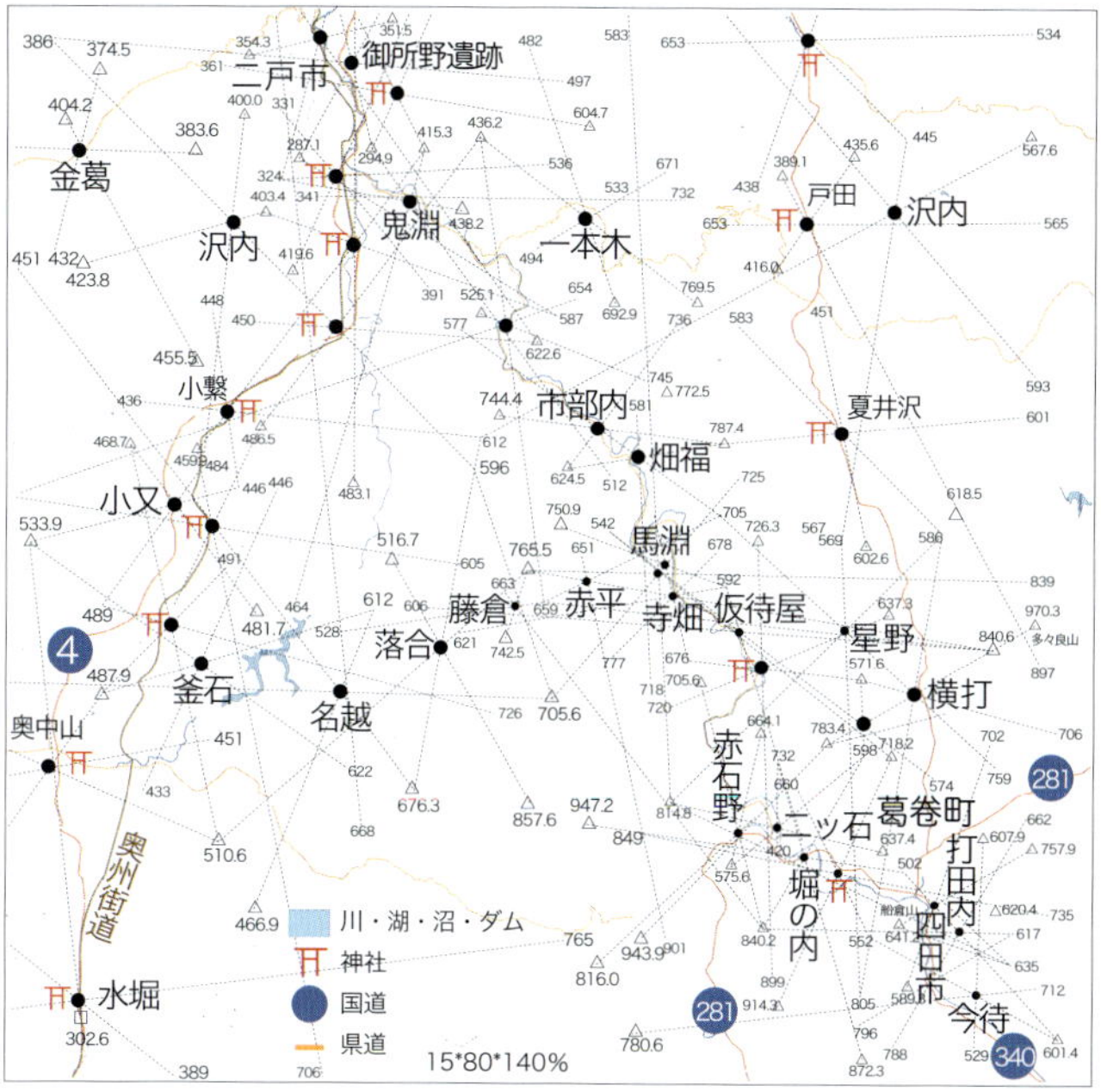

291　二戸市から葛巻町へと続く星地名

館・御所野縄文公園の入口だ。館内の展示にも工夫が凝らされている。なかでも御所野縄文ワールドの音響と映像には縄文ムラの様子が手に取るように再現されていて時を忘れる。御所野遺跡も荒谷遺跡と同じように星地名に一致していて図289のように両者には蝦夷森《えぞもり》を介して連携がみられる。『縄文のイエとムラの風景　御所野遺跡』(高田和徳著)によると「御所野遺跡は、岩手県一戸町にある縄文時代中期後半の集落遺跡で、6万5000平方メートルにもおよぶ広大な台地のほぼ全面に600棟以上の竪穴住居跡が見つかっている。」と記されている。

　一戸町の農工団地造成計画にともない1989年(平成元年)から町教育委員会によって事前調査が開始され、その結果、遺跡の重要性が認められ、翌1990年(平成2年)度から1992年(平成4年)度まで、遺跡保存も考慮に入れて遺跡範囲やその内容を確認するための発掘調査が実施された。調査の結果、配石遺構を中心として掘立柱建物群、さらにその外環に住居群が配置された大規模な集落跡であることが明らかになり、町では開発か保存かの論議に二分されたが、1992年に遺跡を保存し史跡公園として活用することを決断した。貴重な遺跡が保存されることになった。

## 葛巻町の星地名

　御所野遺跡を過ぎると、岩手県二戸郡一戸町小鳥谷の御小性《おこしょう》神社あたりで道は盛岡方面と岩手県岩手郡葛巻町方面へと二つに分かれる。

　葛巻へ向かうには県道15号線に入ると鬼淵・市部内・畑福・馬淵と星地名が連なっている。かつては縄文人の通り道であった可能性が高い。

ただし県道は道路が少し狭いので初めて訪れるドライバーには岩手町から国道２８１の利用をお勧めしたい。

葛巻町は、東北の幹線道路・国道四号沿いの岩手町(旧沼宮内《ぬまくない》)から国道２８１に入り約４０キロメートルほど太平洋側の久慈方向、つまり北上高地へと入り込んだ、まさに山深い林農と酪農の町である。くずまき高原ミルク、くずまき高原牛、くずまきワインなど美味しいものが誇張されずにそっと旅人を待っている。

特にノンホモと記された牛乳は濃厚で、ここでしか味わうことが出来ない逸品と言えよう。

くずまきワイン(葛巻高原食品加工株式会社)は是非訪れたいところだ。岩手の自然や風土から産まれた「山ぶどうワイン」は星地名の王様「葛巻」にふさわしい産物と言えよう。ひときわ目を引くのは限定醸造の白ワイン「星」で、よくもこんな名称をつけてくださったと嬉しくなる。

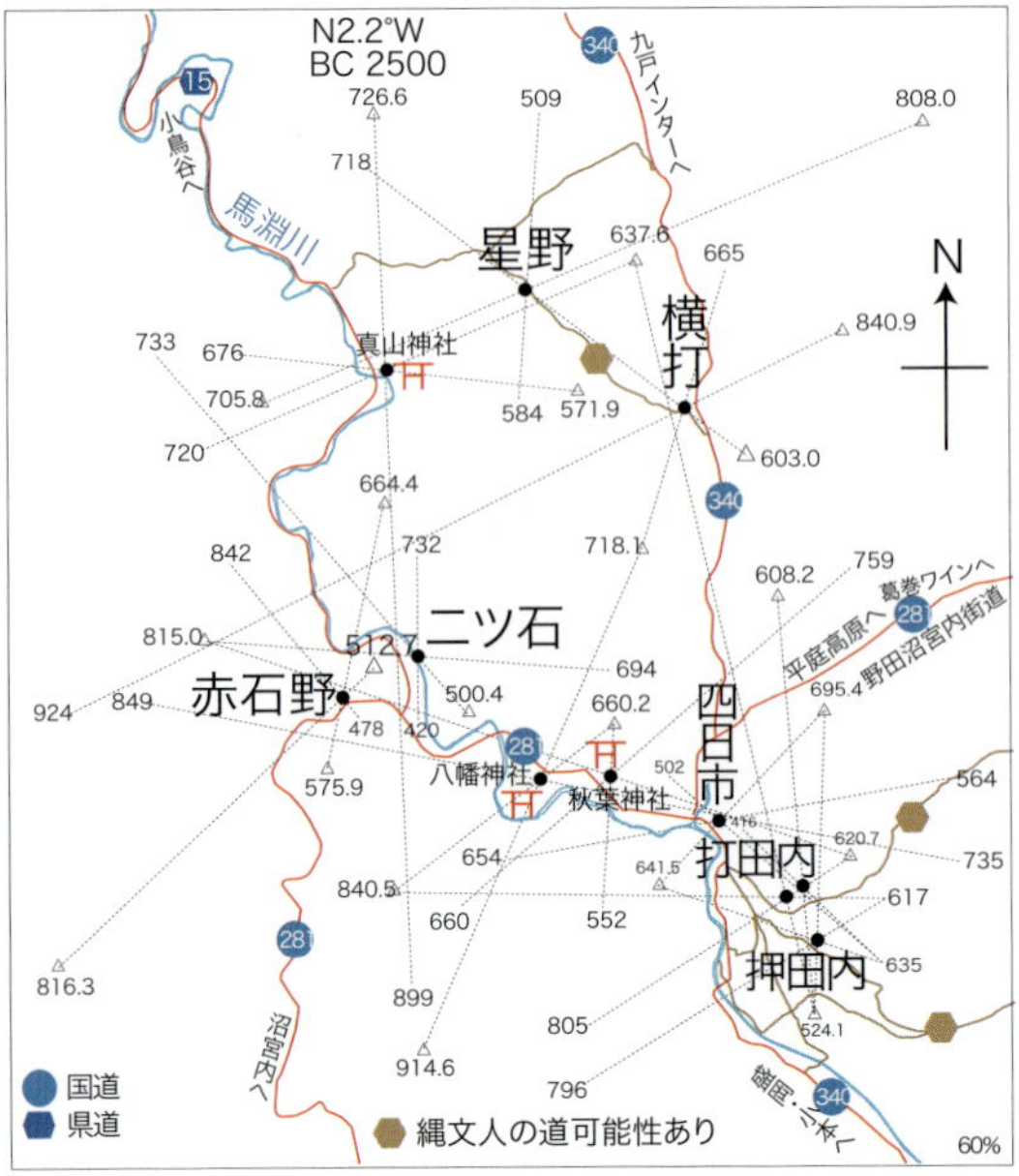

292　葛巻町周辺の星地名

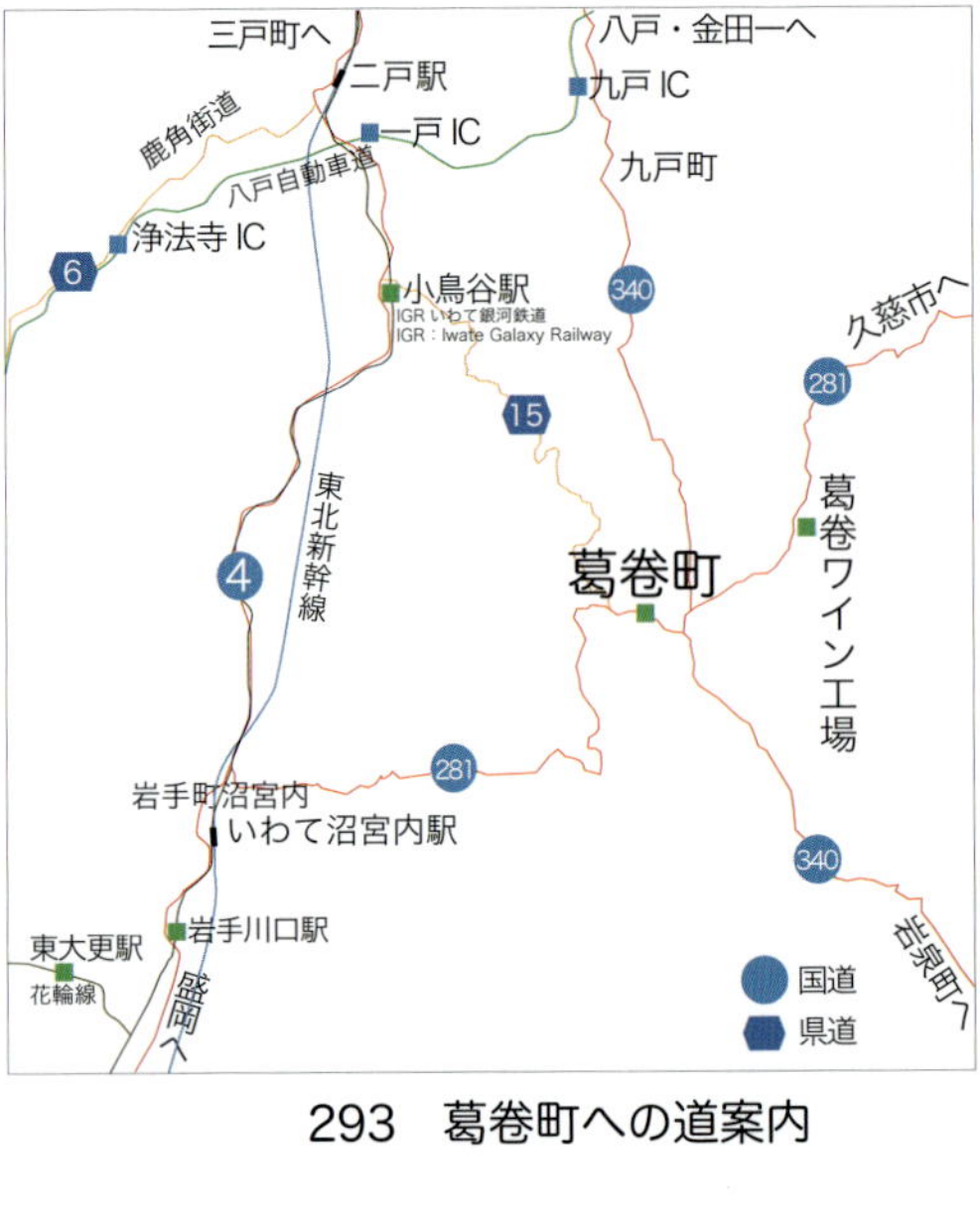

293　葛巻町への道案内

町の中心部から国道281を久慈市へ向かうと「くずまきワイン」の生産地葛巻高原食品加工株式会の地点あたりから、これまた北海道でもなかなかみられない美事な白樺林が続き、久慈市山形町（旧山形村）から久慈渓流を経て、やはり〈kuzu～kuji〉のなかま久慈市にいたる。久慈

294　葛巻高原食品加工株式会社　　写真提供：葛巻町

葛巻ワイン工場として知られている。売店や食道も併設されている。久慈市から久慈渓流沿いの道を通っても、岩手町から久慈市へ向かってもその中間地点にあり、星地名の素晴らしさを満喫できる観光コースといえよう。

295　ワイン工場近くの白樺　　写真提供：葛巻町

296　葛巻から国道 281 沿いの白樺林　写真提供：葛巻町

市周辺にも多くの星地名がみられるが、方位図は巻末資料5をご参照ください。

一方、国道4号に沿って奥州街道をゆくと図291の小又、奥中山、水堀を経て盛岡方面にむかう。

## 盛岡市周辺の星地名

岩手町の次は、岩手県盛岡市巻堀上桑畑で、図297に示すように桑畑・巻堀・武道・館石・畑井沢と星地名が続く。この地域には畑〈hata〉と言う星地名が多い傾向が見られる。西根IC周辺には星地名のみられない空白が存在するが、これは岩手山の火山活動の影響によるものかと考えられる。滝沢市の鬼越蒼前神社《おにこしそうぜんじんじゃ》は星地名に該当する。鬼越が星地名。

1978年(昭和53年)国の選択無形民俗文化財に指定されている有名なお祭り「ちゃぐちゃぐ馬こ」は鬼越蒼前神社に参拝に行くことが、本来の行事の習わしとされている。鬼越蒼前神社の東部に位置する四十四田《しじゅうしだ》ダムの東側には赤坂、櫃石《からといし》、畑井野、白石、畑などの星地名が連なっている。星地名は奥州街道に沿って多く見られ、そしてこの傾向は盛岡市内の櫻山神社へと続いている。ここでも街道が元々は縄文人の通り道だったことの証が方位図から見てとれよう。

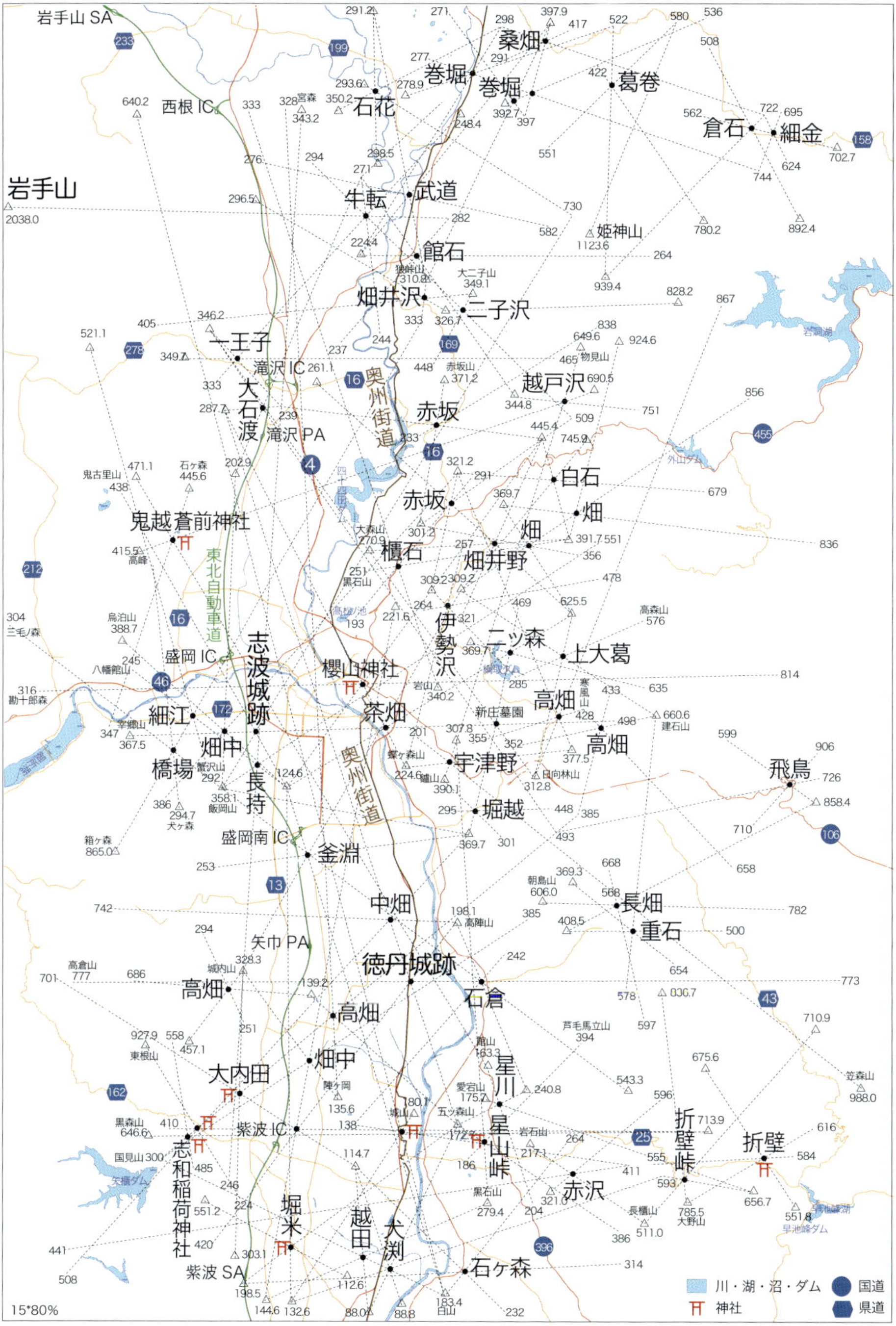


297　盛岡周辺の奥州街道と星地名

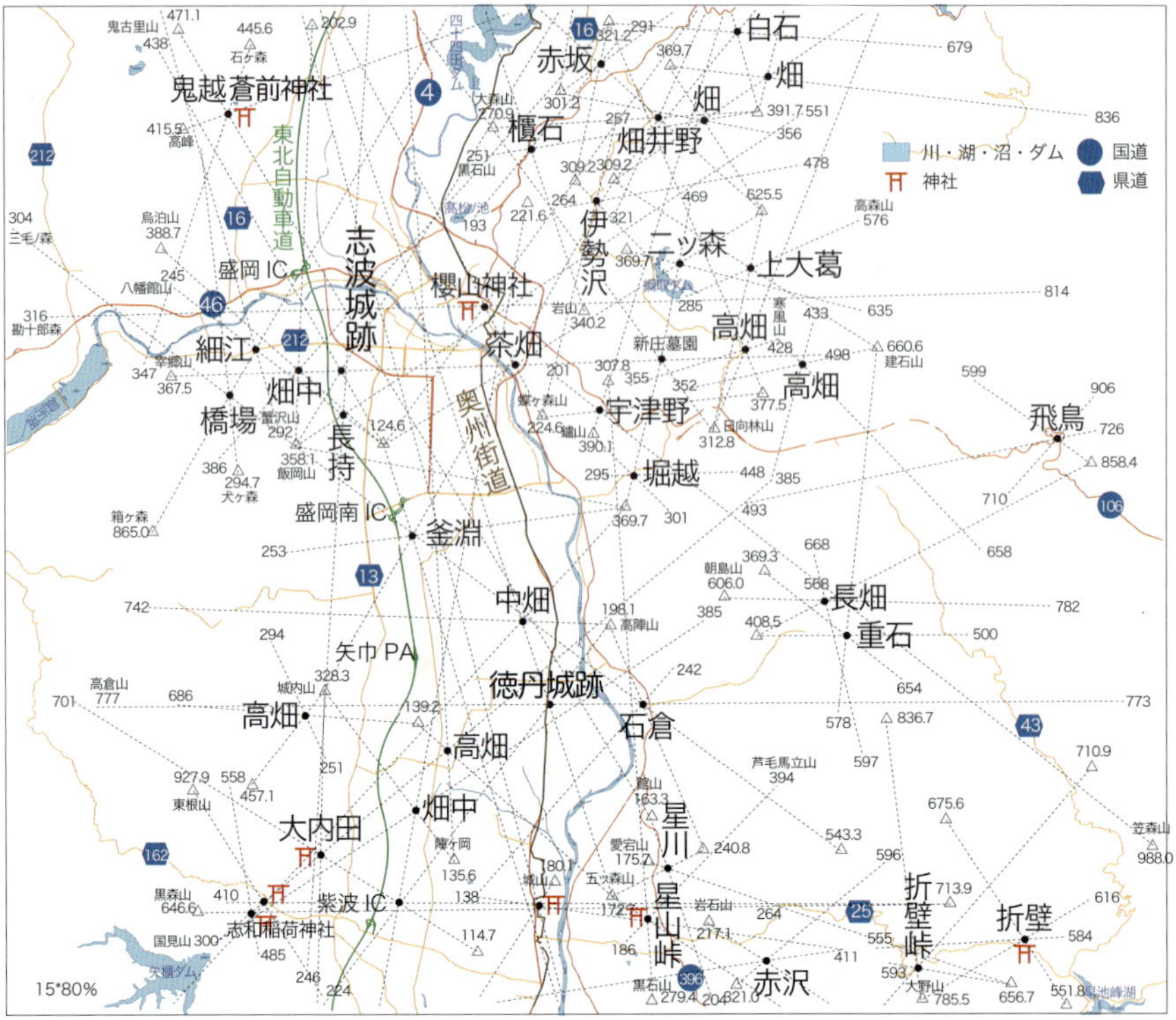


298　盛岡市周辺の星地名

## 紫波城跡と徳丹城跡

『岩手の古代文化史探訪』(司東真雄著)によると「803年(延暦22年)坂上将軍が郡も建てられていないこの地に勅命により志和城を造り、10年後に斯波郡《しわぐん》が置かれた」とある。

『志波城・徳丹城跡 古代陸奥国北端の二城柵』(西野修著)によると、志波城《しわじょう》は陸奥国の最北端につくられ、この場所は、雫石川下流として出羽国へ通じる要衝であったばかりでなく、鹿角方面や馬淵川流域あるいは久慈方面や閉伊川流域にも通じる水系を集めた水運上の要衝だったと記されている。

志波城には雫石川から用水路で城内に水をとりこんでいたが、811年(弘仁2年)に本流の雫石川が氾濫し志波城も水害になった。

812年(弘仁3年)征夷将軍文室綿麻呂《ふんやのわたまろ》によって、志波城の代替として徳丹城《とくたんじょう》が造営された。

『岩手の歴史 なぜ?どうして?』(岩手日報社出版部編集)の中に高橋富雄先生のご執筆された「どうして志波城が北限の城となったか」という項目があり、その中に「北の寒冷、なかんずく冬の厳寒を、この南国の雪を知らない政治と生活とは、耐え抜くことができない」と記されている。

## 星地名の志波城はなぜ水害に

災害に対して安全というイメージの強い星地名に位置する志波城がなぜ水害により機能停止したか。もう一度、星地名の条件のところを思い出していただきたい。

星地名の条件の「補足」に「川の流れを変えたり新たな水路を造ると星地名の安全性は損なわれる」とあるが、まさにこれに相当する。

近年に生じた洪水や土砂崩の多くは川の上流の開発による地形の変動や森林の伐採や道路工事が少なからず誘因になっていると考えられる。

洪水で川岸の舗装路面が浸水すると、路面は抵抗が少ないので流速が早くなる。

流体力学的に考えると、流速が早くなると圧力が低くなり、流速が遅く圧力の高い流域から水が道路に押し寄せ、ものすごいエネルギーとなって建物や橋や道路の下の土をえぐりとってしまう。

２０１６年(平成２８年）台風１０号による岩手県岩泉町の水害ではこのような光景が多く見られた。

299　史跡志波城跡・志波城古代公園 復元外郭南門・築地塀・櫓

写真提供　ⓒ盛岡市教育委員会

300　徳丹城跡　写真提供 矢巾町教育委員会

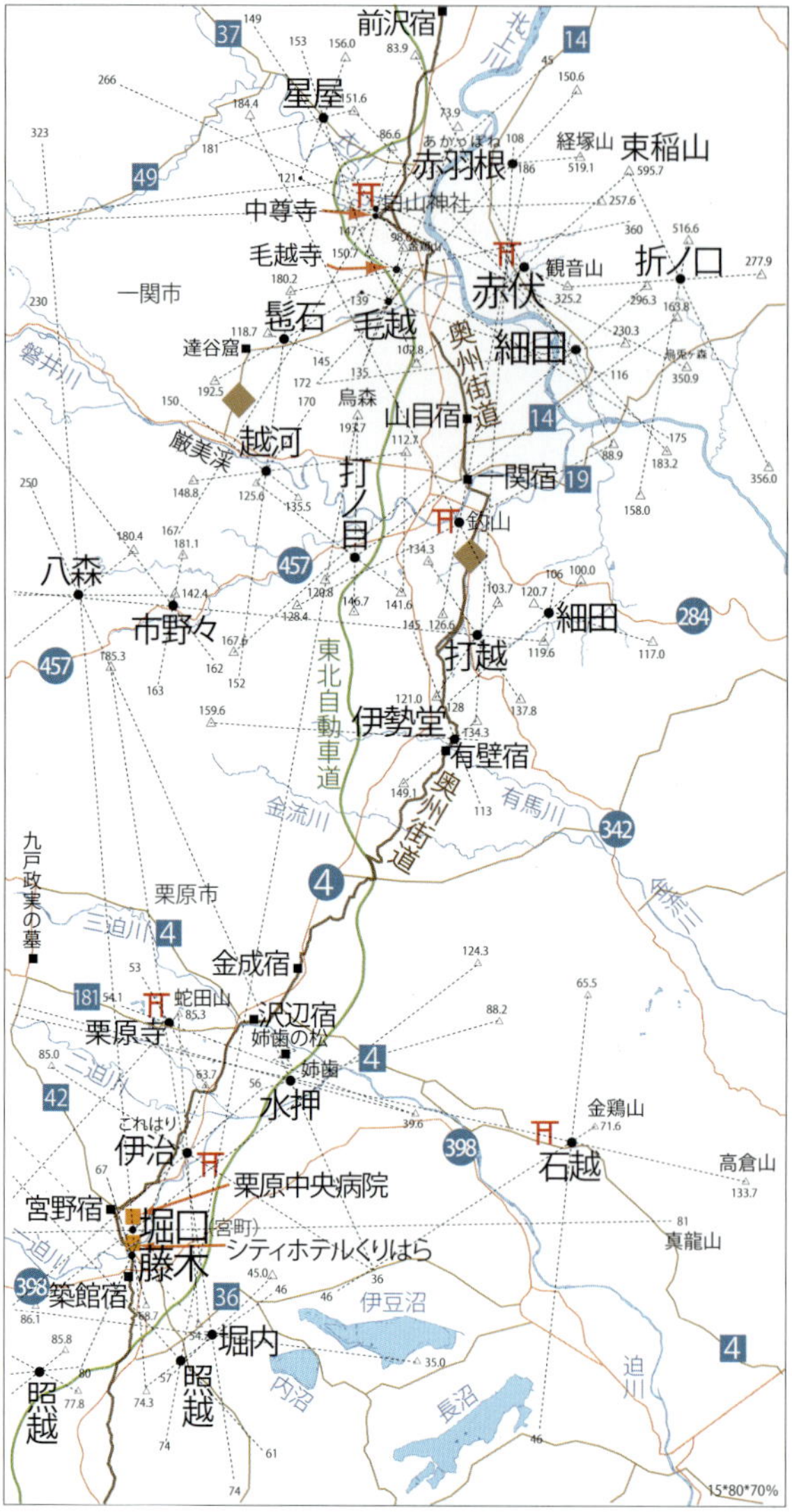


301　奥州街道　平泉から栗原へ

## 伊治城跡

奥州街道沿いの胆沢城趾については「第6章　眼は心の窓・三本線の謎を解く」で述べたが、そこから奥州街道を南下し前沢宿を通ると平泉毛越寺を経て栗原市に至る。金成宿の次は沢辺宿でこの近くに「姉歯松碑《あねはのまつのひ》」があり、

在原業平《ありわらのなりひら》が伊勢物語に〝栗原の姉歯の松の人ならば都のつとにいざといはましを〟と歌ったと伝えられる。平安時代初期からここは通り道であった証であろう。

伊治城跡《いじじょうあと》もまた現在の栗原市を通る奥州街道に隣接して存在している。伊治城は続日本紀に767年(神護景雲元年)に造営されたとある。

栗原市《くりはら》(旧金成村・旧築館町)は金売吉次の両親(父は炭焼藤太)のお墓や、義経ゆかりの栗原寺《りつげんじ》などで知られるが、さらに時代を遡ると何と言っても目を引くのは伊治城跡であろう。現在そこには「伊治城跡」と記された案内板がひっそりと設置されているが、かってここで生じた伊治公呰麻呂《これはりのきみあざまろ》の事件は「伊治」という名を歴史に留めることになった。『古

302 伊治城趾説明板　栗原市教育委員会所有資料 筆者撮影

## 伊治城跡

奈良時代後半の宮城県北部は、中央政府が積極的に進めていた征夷政策（蝦夷を治める政策）に対し蝦夷の抵抗が高まり非常に不安定な地域であった。伊治城は、このような情勢の中で、栗原郡を中心とした宮城県北部における征夷政策の拠点にするため神護景雲元年（七六七）に設置されたものである。続日本紀や日本後紀には、延暦一五年（七九六）までの伊治城に係わる記事が見られ、なかでも「伊治公呰麻呂の乱」は当時の政府を震撼させる事件として著名である。これは、この地域の大領であった伊治公呰麻呂が宝亀一一年（七八〇）に按察使紀広純と牡鹿郡の大領道嶋大楯を伊治城で殺害し、さらに多賀城を攻撃し放火するというもので、このことはそれ以降の律令政府と蝦夷の長期にわたる戦争の発端となった。

伊治城跡の発掘調査は昭和五二年度から断続的に行われ、城生野大堀の大地北端では外郭北辺の区画施設である大溝と土塁が、唐崎・地蔵堂地区では伊治城の中枢である「政庁」や官衙ブロック（役所の実務を行なう場所）が検出されている。政庁は、東西約五五m、南北約六〇mの広がりをもち、築地塀に囲まれた内部には、正殿・脇殿・後殿・前殿・南門などの建物が配されている。また、調査では呰麻呂の乱によると考えられる火災の跡も確認されている。

栗原市教育委員会

303 伊治城趾説明板文面　栗原市教育委員会所有資料

304　伊治城跡と栗原寺

代蝦夷を考える』(高橋富雄著)や『新古代東北史』(新野直吉著)には「伊治公呰麻呂の乱」として、その歴史的意義について詳細に述べられている。

ここで「伊治」の読みが「いじ」なのか「これはる」なのかが問題となったが、宮城県多賀城跡調査研究所の昭和45年度の調査で発見された漆紙文書《うるしがみもんじょ》に「上治」と記された文字があり、『新古代東北史』には「その解読で昭和53年になって、漆紙文書に記載された【上】の文字は【此】の略体か誤字で、【伊・い】ではなく【伊・此・これ】であると判明したのです」と記されている。

栗原市周辺における縄文方位測量によると、図304のように伊治の近くには大堀という星地名がみられるが、伊治城跡および真言宗智山派白馬山栗原寺の境内に隣接している久須志神社の地点も星地名に一致していた。

ポータブルGPSで「伊治城跡の案内板」の位置を測ると、世界測地系(WGS84)で北緯38度45分52秒5、東経141度2分18秒3(精度40㍍)となり、国土地理院の地図(2万5千分1)が示す星地名の交点の位置と正確に一致していた。

伊治城跡周辺の縄文方位測量によると△(54・7)→●(伊治)→△(蛇田山)の方位は北3・8度西で、この方位測量が行われたのはBC2300年頃と推定され、つまりこの地点は縄文時代から星地名で呼ばれていたことになる。

筆者らは何度か真言宗白馬山栗原寺《りつげんじ》を訪れ、ご住職の高橋俊英様より「栗原寺について」詳しいお話しを拝聴させていただいたが、何と言っても「義経ゆかりの寺」の印象が強く栗原寺というと義経を思い浮かべてしまう。

縄文方位測量からみると栗原寺や伊治城の所在地は古くから東は石巻・松島方面の太平洋側へ、西は横手・由利本荘を経て日本海側へ、北は平泉から盛

## 栗原寺の由来

安永の御書上である。「栗原風土記」は、栗原寺は用明天皇二年（五八七年）の開山で、白馬山栗原寺と称し、天台宗奥州総本山であり、金堂（本堂）を中心に三十六坊に分かれ、七堂伽藍を備え、僧数一千を配していた。その後、たび重なる戦乱で消失し、平泉の藤原氏滅亡後廃寺となったが、元禄二年（一六八九年）仙台の恵沢山 竜宝寺 宥日和上が再興し、宗派を真言宗に改め醫作山上品寺となる」と記す。

栗原寺の名を古くは鎌倉期の正史「吾妻鏡」や「義経記」に識ることができる。

特に「義経記」には、源義経が源頼朝に追われ、金売吉次に伴われ藤原秀衡を頼っての「東下り」の際は栗原寺に一泊し、藤原泰衡の迎えと共に、栗原寺僧兵五十人の護衛を従え平泉の中尊寺入りをしたものと記される由緒ある寺であった。

これまで栗原寺を実証する資料がなく「幻の寺」として解明は謎に包まれていたが、昭和三十七年十二月に開始された東北大学 高橋富雄教授を中心としたグループの発掘調査により、この境内地に栗原寺金堂跡が確認され、にわかに脚光を浴びた。

また、栗原寺脇仏と推定される平安後期の一木彫、観世音菩薩立像や如来座像等も安置され、往時の栗原寺の壮大な伽藍配置を彷彿とさせる。

昭和五十九年三月三十一日

栗駒町教育委員会

305　栗原寺説明板　　筆者スケッチ

306　栗原寺　　写真提供：(宗)栗原寺

岡を経て津軽海峡へ、南は白河・水戸方面へ繋がる重要な地点であったことを物語っており、平泉藤原氏の時代になっても変わることはなかったといえよう。

## 栗原寺と義経のみち

伊治、姉歯、栗原寺、水押、八森、市野々、越河《こすご》、鬘石《かつらいし》、毛越《けごし》、中尊寺と続く道は伊治と平泉を繋ぐ道であり、後に義経もこの道を通ることになったに違いない。

伊治〈ｋｏｒｅｈａｒｉ〉は図72に示した八戸市の是川《これかわ》遺跡の〈ｋｏｒｅ〉、風張《かざはり》遺跡の〈ｈａｒｉ〉と同じ音声を含んでいて、三本線の交点にあり、星地名の条件に該当している。

307　平泉～栗原の義経のみち

また、奥羽山脈の栗駒山よりに見られる五串《いつくし》、市野々原（第20章図403参照）の道を通ると羽州街道で述べた真人《まと》公園のある横手市増田町へと繋がる。いわゆる金売吉次と言われた人物が源義経と共に奥州へ向かったとすれば、金売吉次は縄文の連絡網を熟知していて、仮に関所が通れなくとも、脇道を自由に通行したと考えなければならない。

図307のように、義経が通った栗原寺から平泉までの道筋は奥州街道ではなく●印の栗原寺→水押→八森→市野々→越河→鬘石→毛越と星地名地点であったと考えられる。

栗原と平泉の間には正確な連絡網が存在するが、これらの連絡網は奥州街道筋からずれて、山よりの道を通っている。

何度も述べるが、川幅が広いと通行の妨げとなるので川幅の小さい山よりの道を選択しているからと考えられる。

## 富谷市周辺の奥州街道

富谷市《とみやし》は、宮城県中部にある人口約5万人の市で仙台市の北側郊外のベッドタウンとして発展している。この地域は広大で、Ｂ４の大きさの方位図を紙面に合わせえ圧縮しているので、文字も小さく、

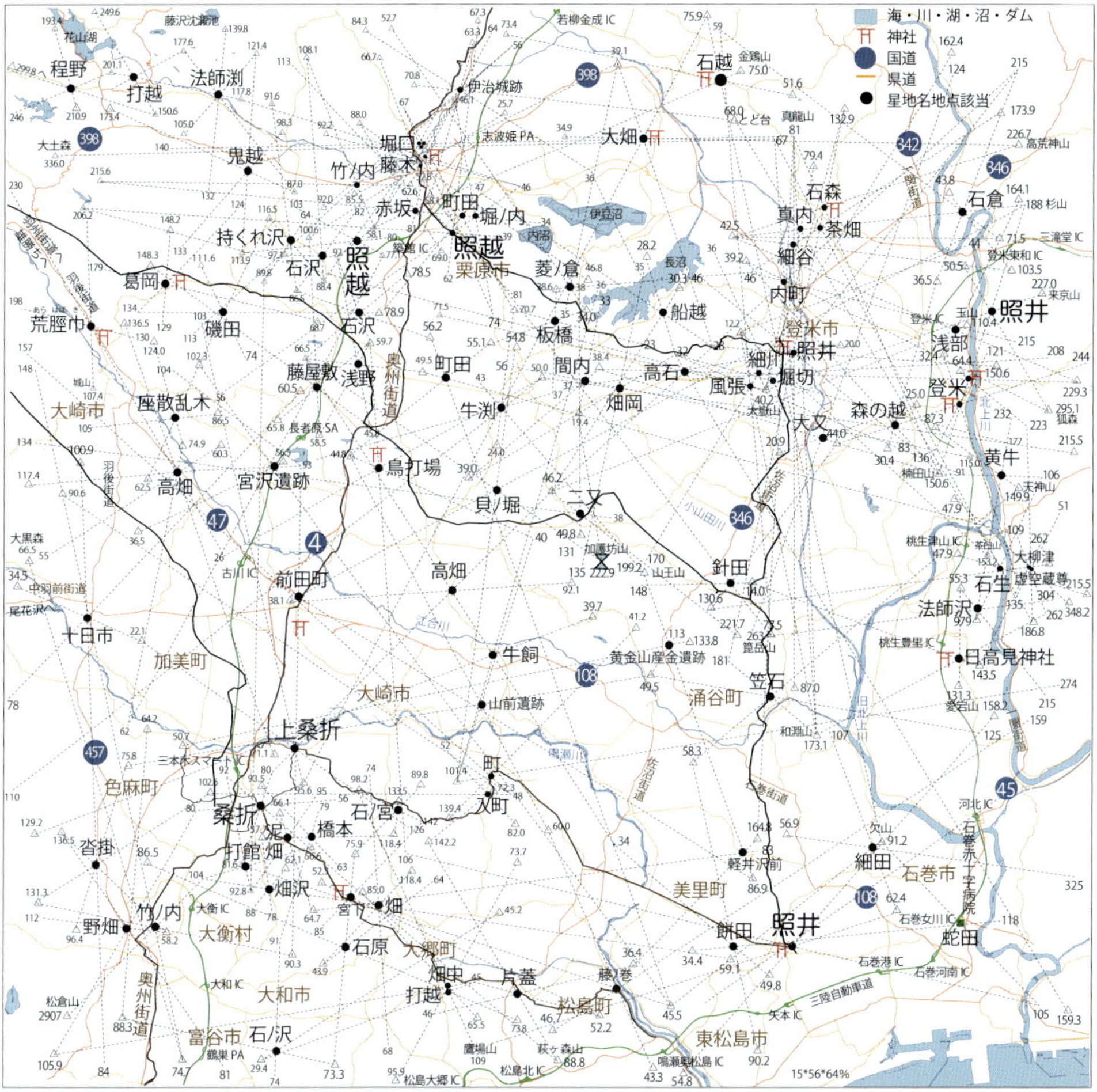


308　栗原市から富谷市の奥州街道と星地名

視線も重なって、大変わかりづらいのをお許しいただきたい。

図308をみると、伊治城跡から宮城県大衡村竹ノ内まで奥州街道筋には堀口、藤木、照越〜桑折、泥畑、竹ノ内と星地名が連なっている。また、奥州街道からそれると、東は石巻方面へ、西は羽州街道の雄勝方面へと道は続く。驚いたことに、奥州街道・羽州街道の分岐点、福島県桑折追分にみられた桑折《こおり》が、ここでは上桑折《かみこおり》・桑折《こおり》という星地名で姿を表した。

宮城県大崎市三本木桑折の館山公園には築城年代は定かではないが桑折城跡があり、城主は大崎氏の家臣渋谷相模守と伝えられる。(※福島県桑折町には桑折西山城跡が残されている。)桑折〈koori〉は「ここが大事な星」を意味している。つまり分かれ道の分岐点ですよと教えている。

はしがきの万葉仮名のところで

述べた「海ゆかば」の発祥地・黄金山産金遺跡の地点は星地名に一致し、近くに金畑という星地名や縄文時代早期～中期と、古墳時代～平安時代の集落跡が複合している山前遺跡も星地名に一致してみられる。奥州街道の西寄りには奈良時代～平安時代の城柵跡・宮沢遺跡があり、これも星地名に該当する。

筆者らは図308の右上にみられる若柳金成インターから出て、石越《いしこし》という星地名を通り、さらにマンガ家・石ノ森章太郎の生家のある石森《いしのもり》という星地名を経て登米《とよま》に至るコースをよく利用する。知らないと登米を〈toyoma〉とは読めない。筆者はもしかすると〈toyoma〉は富山や青森市の戸山〈toyama〉に通じる〝ずっと平坦地の続く岸辺〟を意味する縄文語由来の言葉ではなかったかと考えている。実際に登米は川幅の広い北上川の岸辺にある。

## 大和町～仙台市泉区周辺の星地名

八乙女が星地名であることは羽州浜街道の八乙女浜で述べたが、図309には三つの八乙女という星地名が見られる。なかでも仙台市宮城野区にみられる八乙女は奥州街道に最も近く神社も存在している。

また県道沿いやその他の脇道にも石のつく星地名が多く存在し、花輪や沓掛が目を引く。花輪については大湯環状列石のある鹿角市は元々は鹿角郡花輪町で国指定重要無形民俗文化財「花輪祭の屋台行事」の「花輪ばやし」で知られる。

沓掛は長野県の軽井沢、奈良市、長浜市でも星地名として存在する。「沓掛」の語源は、旅人が草鞋《わらじ》や馬沓《うまぐつ》をささげて神に旅の平穏を祈ったことに由来するものといわれているが、漢字の意味で解釈してはいけない。漢字のなかった時代の音声を基に意味を解釈しなければならない。

図309の沓掛は宮城県黒川郡大衡村大瓜沓掛《おおひらむらおおうりくずかけ》として地名は残されていて地図では国道257の東側に標示されている。しかし、縄文人が名づけた沓掛〈kuzukake〉↓〈kusukage〉(越える星影か?)の地点は国道よりやや西側に位置し、現在と縄文時代で位置のズレが若干見られる。

星地名の研究においてはこの現象を認識しておかなければならない。筆者は星地名の流用と呼んでいる。縄文人の星地名地点が少しずつ大きな集落となり、やがて村や町になり、花輪町のように大きな範囲へと用いられるようになって行く。

星地名が区や市の名称や県の名称に用いられることは、地域の人々が星地名を大切してきた証でもある。

例として横浜市保土ヶ谷区の保土ヶ谷がそれで、保土ヶ谷区を流れる帷子川《かたびらがわ》右岸の台地には縄文時代、弥生～古墳時代、平安時代、近世と長期にわたる仏向貝塚・仏向遺跡があり、縄文時代早期から後期中頃の土器や石器が出土している。〈hodogaya〉の〈hodo〉が星に該当することは「第7章」で既述。

２０１２年(平成２４年)１１月、市谷加賀町二丁目遺跡で約４千～５千年前の縄文人骨が発見された。市谷〈itigaya〉も星地名に該当するが、しかし、保土ヶ谷区や市谷がすべて星地名かというと、それはあり得ない。半径５０～１００ｍの範囲が星地名地点であることは星地名の条件で述べている。奥州街道を南下すると宮城県白石市から福島県桑折町へと至る。さらに南下すると白河関のある白河市へと続く。

309　大和町～仙台市泉区・宮城野区の奥州街道と星地名

## 白河～棚倉にみられる街道と星地名

白河市から棚倉町を結ぶ国道280から右下に向かって三つの街道、奥州街道・旧陸羽街道・関街道が南下している。なかでも、白河の関から那須町を通り、黒羽町に向かう古代東山道は義経街道、関街道とも呼ばれていた。

310　白河市鬼越遺跡　白河市教育委員会 提供

## 遺跡に一致した鬼越

旧陸羽街道と関街道が国道280と交わる地点の中頃に鬼越《おにごえ》という星地名がみられる。

例によって誠に不躾なお願いを白河市教育長様宛にお出ししたところ、同市建設部都市政策室文化財課の内野豊大様から鬼越遺跡の写真を転送いただいた。厚かましくも「遺跡についての文献はないでしょうか」と問合わせたところ、ご親切にもいろいろお調べ下さって、『白河市史第四巻』(平成十三年刊行)のなかから鬼越遺跡の文献をお送りくださった。研究者にとってこんなにありがたいことはない。

早速、縄文方位測量の交点の位置と比較すると、鬼越にある八幡神社の隣に見られる北緯37度06分29・83秒・東経140度12分43・97秒の交点が鬼越遺跡に一致した。次頁に文献を引用掲載させて戴いた。

お送りいただいた写真でその地点を拝見すると、まさに緩やかな丘陵地で、出土した遺物が土師器《はじき》、坏《つき》、甕《かめ》の破片で古墳時代の集落跡が考えられるとのこと。後述する虎塚古墳や上・下侍塚古墳や芝山古墳が星地名に一致するが、縄文ではなくなぜ古墳なのかという問題を提起している。

## 鬼《おに》越《ごえ》遺跡　遺跡番号 26

所在地　字鬼越

**立地**　市街地より南二キロメートルに国史跡・名称南湖公園がある。南湖公園は享和元年（一八〇一）、時の城主松平定信により築かれた人造湖である。

遺跡は南湖の南岸に東西に伸びる丘陵裾部に存在する。南湖南岸より南約一〇〇メートル付近に東西に細長く畑地、宅地があり、丘陵の斜面が穏やかに北に向かって傾斜し、裾部付近に数段の畑地が開かれ、畑地部分に遺物の散布が見られる。近年、遺跡周辺は宅地かが進んでいる。

**発見の経緯**　昭和四十一年刊行の「全国遺跡地図（福島県）」に遺跡番号二五二二として登録され、昭和四十九年刊行遺跡地図では遺跡番号37－80に登録され、この地図刊行以前に既に周知された遺跡であることがわかる。確認者については調査カードがなく不明である。

**遺物**　畑地を中心として遺物の散布が見られる。土師器が出土している。小片が多いが坏、甕の破片が見られる。ロクロ未使用である。未調査のため遺跡の規模、性格など不明の部分が多いが古墳時代頃の集落跡の存在が考えられる。

（根本）

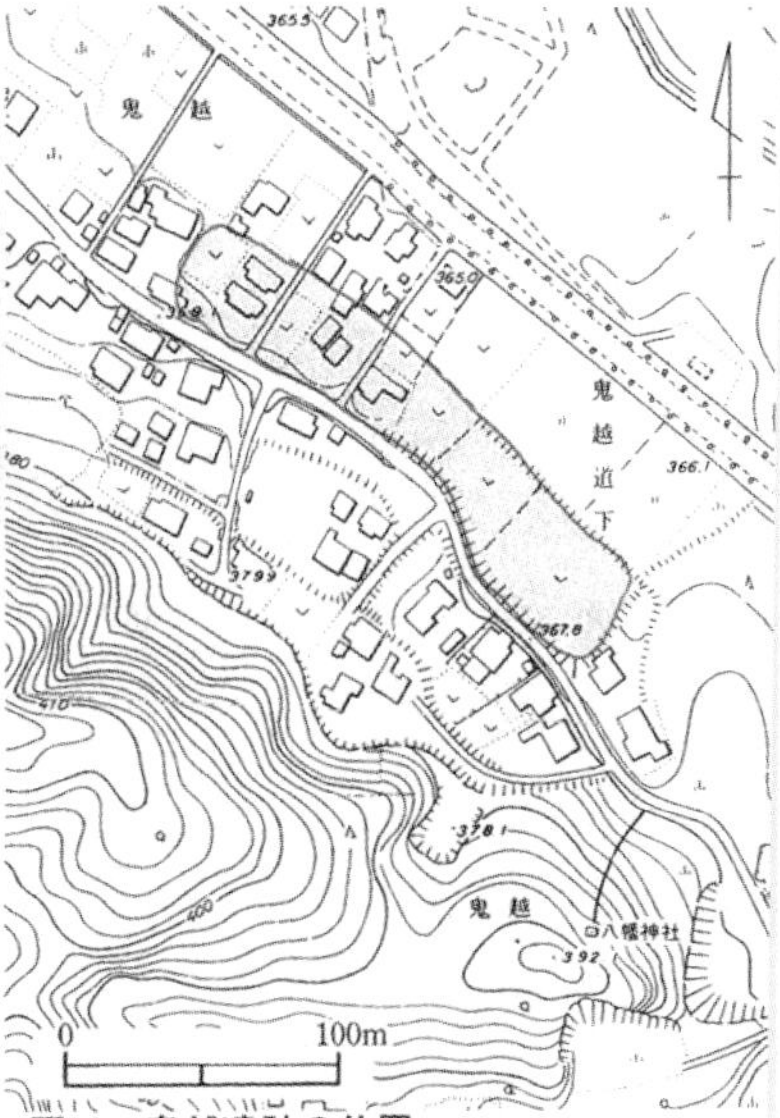


図11　鬼越遺跡の位置

図12　鬼越遺跡　全景と採集の遺物

311　白河市教育委員会提供『白河市史第四巻第三章遺跡と遺物(白河)』より引用

なお、鬼越という星地名は他にもみられる。例をあげるとすれば宮城県栗原市 一迫真坂清水鬼越、福島県相馬市赤木鬼越、島県いわき市四倉町上仁井田鬼越など多くの鬼越が星地名地点に一致している。

また、越は〈ｋｏｓｕ〉〈ｋｕｓｕ〉で星が通る・越えるの意味であることは夜間の星の運行で述べたが、鬼については未だ明解な解釈が見当たらない。鬼という漢字のイメージから多くの逸話が語られているが、ほとんどは創り話であると考えられる。

一つ考えられることは、〈ａｎｉ〉や〈ａｎｅ〉でこれは阿仁川や姉川として用いられているが、〈ａｎｉ〉〈ａｎｅ〉は「おおきい」の意味と考えられる。兄貴、姉貴もそれに相当する言葉であろうが、〈ｏｎｉ〉も大きい～偉大～恐ろしいなどを表す言葉ではなかろうか。

図313「白河周辺の街道と星地名（左）」に示すように、白河で街道は奥州街道・旧陸羽街道・関街道・棚倉街道のおよそ4筋に別れる。

筆者らはその中心部に位置するホテルルートイン新白河駅東に宿泊することが多い。このホテルは、なぜか我が家に帰って来たように落ち着く。地理的にも鬼越や南湖公園にちかく、さらに白河関へ向かうにも、棚倉に行くにも便利で、また、お土産を買うにも白河菓匠 大黒屋が近く、白河中央スマートインターにも近い。

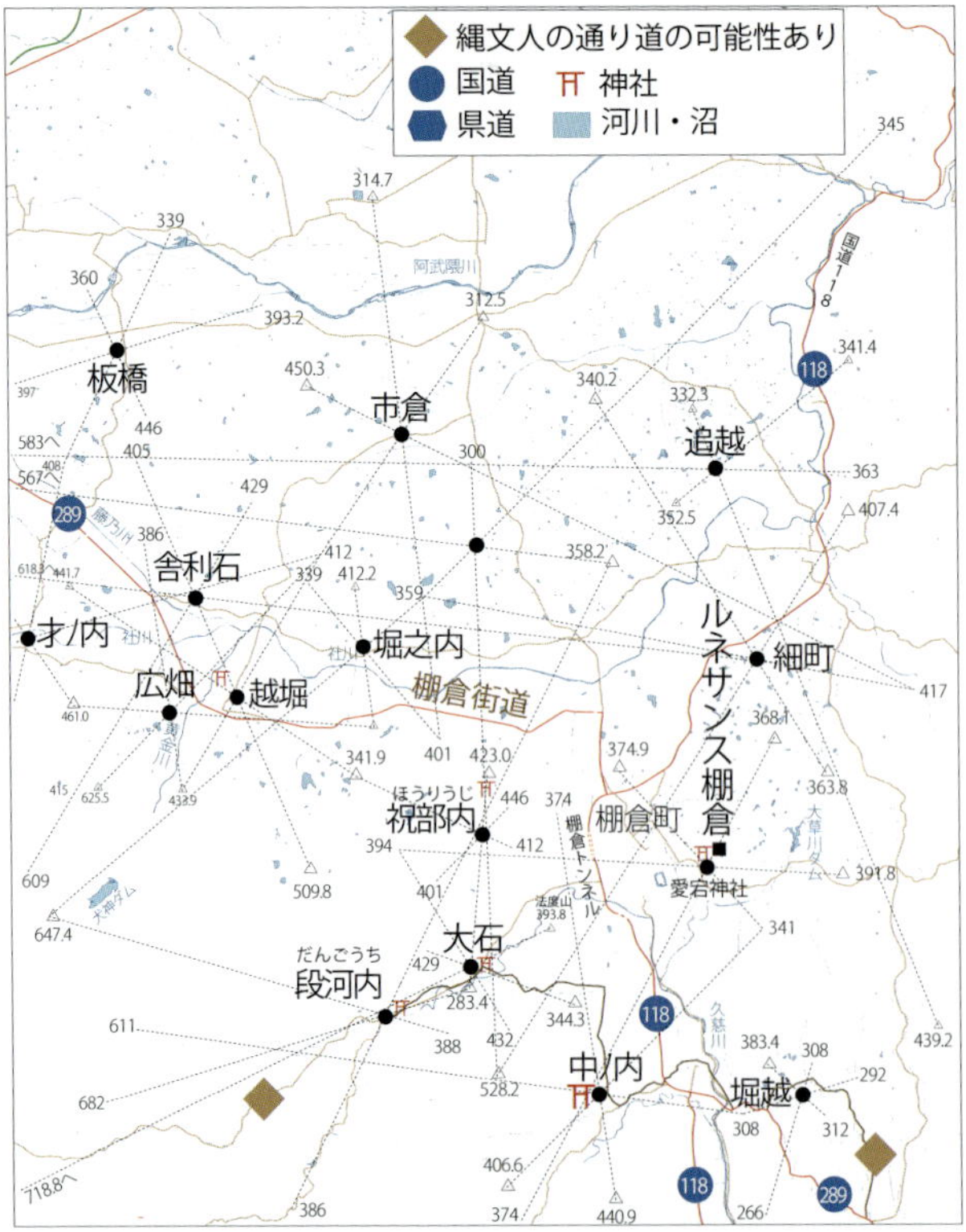


312　白河周辺の街道と星地名(右)

## 棚倉街道

さて本来の棚倉街道はというと、この道は白河から棚倉を経て水戸まで、奥州街道と水戸街道を結ぶ主要な脇街道であった。白河から棚倉へは現在の国道２８９号の北側の脇道が棚倉街道であったと考えられる。

図313の白河宿から旭町→合戦坂《こうせんさか》へと脇道を東に進み、引目橋あたりで藤野川をわたり棚倉へ至る。

旭町の南西寄りに南湖公園があり鬼越という星地名が目につく。

また合戦坂から南下すると関街道に入り前述の白河関に至る。この関街道筋にも金堀・旗宿・追分・沓石などの多くの星地名が連なっている。

さらに本町を南下すると旧陸羽街道(現在の国道２９４号）に入る。この街道筋にも明神・板屋(星地名の名称は失われているが交点に一致)が見られる。奥州街道にも交点が四ヶ所あり、針生・大石は星地名である。

つまり白河宿は棚倉街道・関街道・旧陸羽街道の分岐点に位置していることが分かる。白河は東北内陸部の極めて重要な交通の要所であったことが星地名の道筋からも理解されよう。

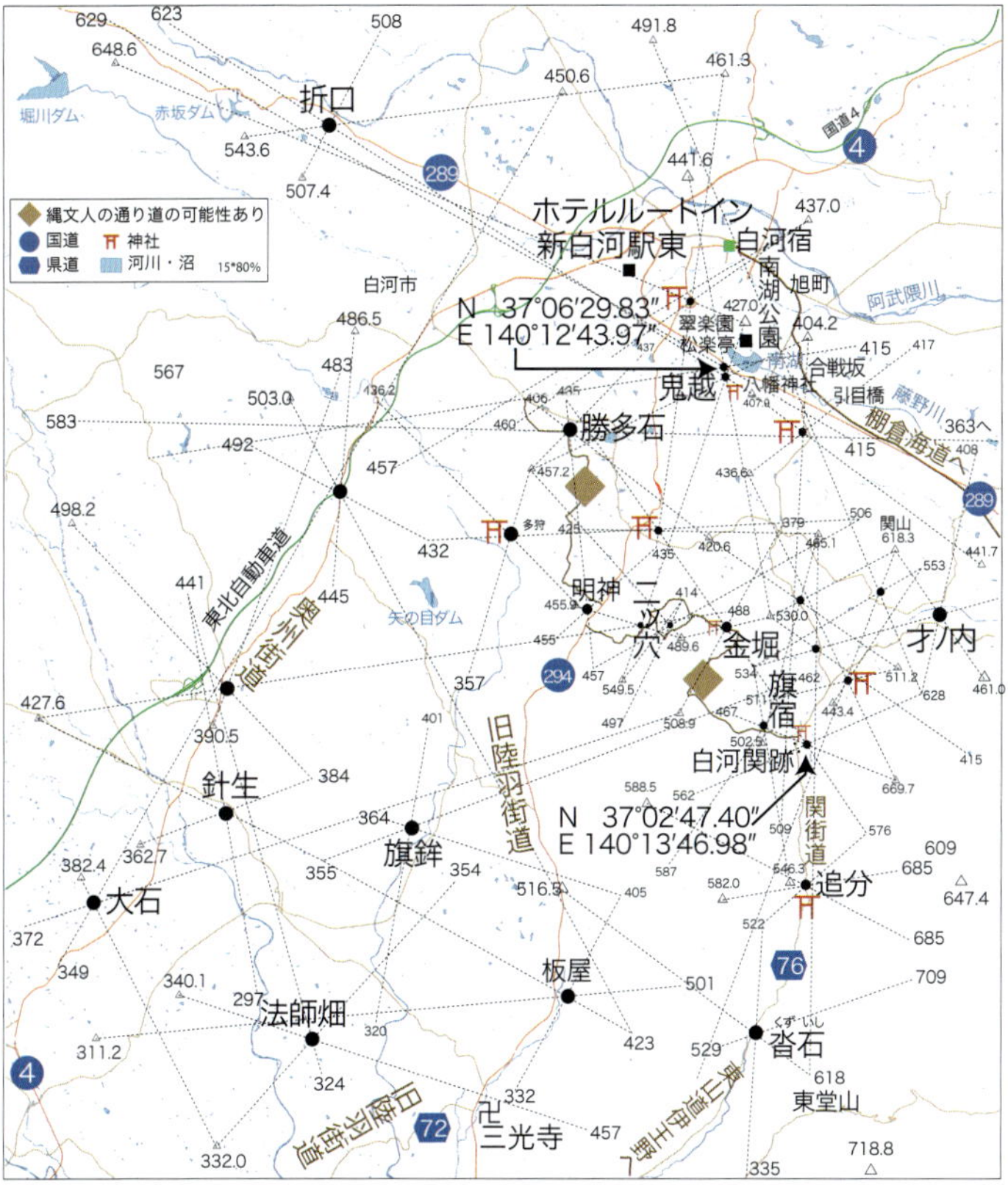

313　白河周辺の街道と星地名(左)

314　白河市　南湖公園の翠楽亭　　　筆者撮影

この縄文の星地名ゆかりの鬼越を松平定信公がその風光に注目され、庭園を築造する場所として、選ばれたことはもっともなことと合点がいこうか。後述する世界遺産平泉毛越寺庭園も星地名に存在しているからだ。

サークルの一員である妻の正子がどうしても南湖公園に行きたいと提案し、筆者はあまり乗り気でなかったが、訪れてみると、南湖公園は予想を超えてすばらしかった。それ以来、白河を通るたびに立ち寄り湖水と庭園風景を眺めながら翠楽苑でいただくお抹茶はこれまた格別。

## 東山道伊王野・那須神社・那須与一の郷

図315「那須神社周辺の街道と星地名」に示したように白河から南へ向かうと道は大きく分けると四つに分かれる。

筆者らは白河の関か、もしくは東山道伊王野を通るかのどちらかを通ることが多い。白河の関は奥州古三関のところで述べたので、栃木の東山道・伊王野、那須神社への道沿いの星地名について散策しよう。

那須町ではこの東山道を義経街道とも呼んでいる

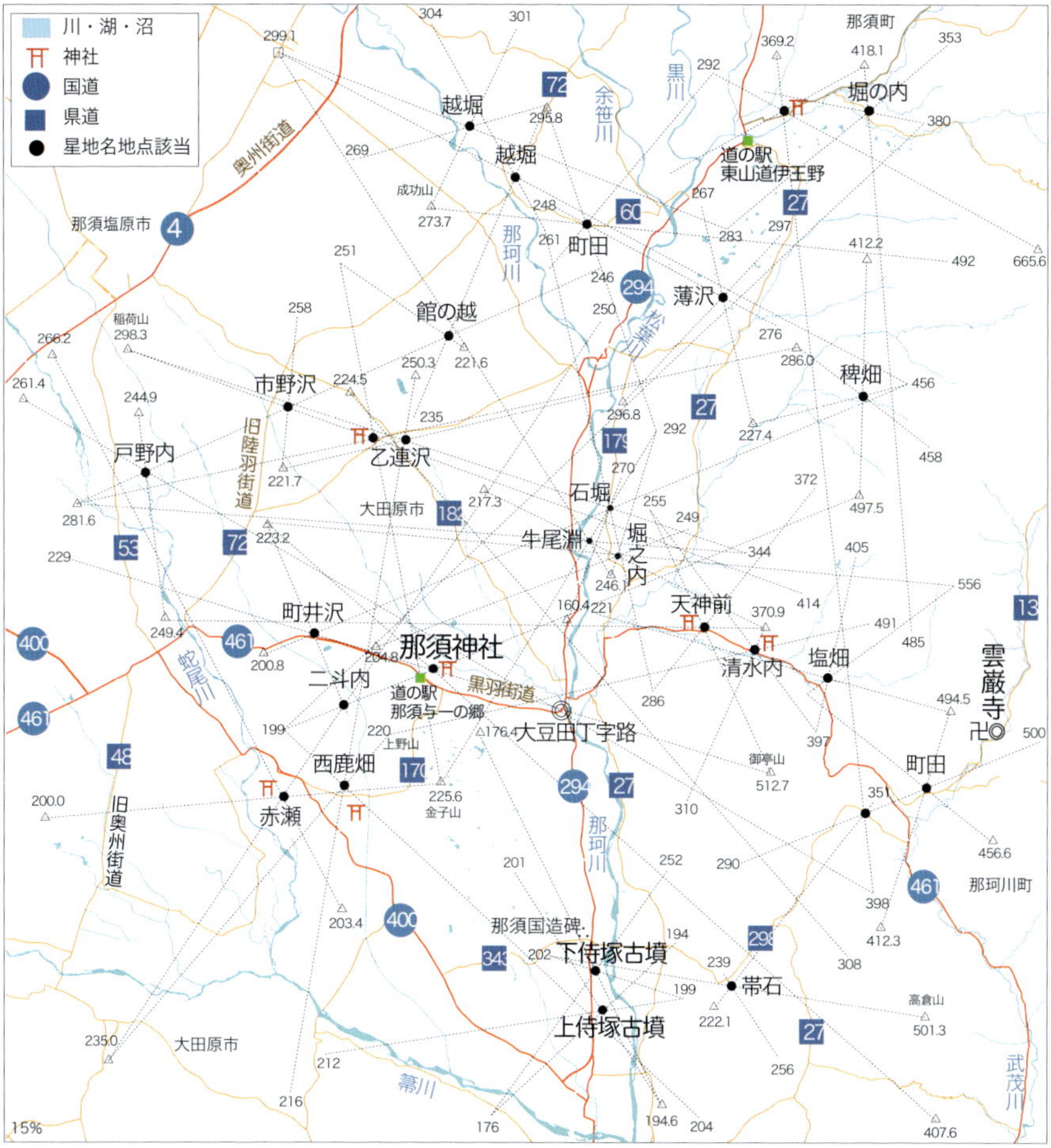


315　那須神社周辺の街道と星地名

ようだが、多くの義経伝説が残されているからであろう。また松尾芭蕉も日光二荒山神社に詣で「那須の黒ばね」を目指し、黒羽では八幡宮(那須神社)に詣で、さらに雲岸寺(雲巌寺)に立ち寄り、一句を残している。

木啄《きつつき》も庵《いほ》はやぶらず夏木立《なつこだち》

道の駅東山道伊王野はこの街道にはなくてはならない要所に設置されている素晴らしい観光地点である。筆者らはよくこの道の駅を利用し那須や水戸や袋田方面に向かう。ここから国道294号線を南下すると道筋には薄沢・石堀・牛尾淵などの星地名が連なり、そのまま直進すると飛鳥時代の古碑として知られる那須国造碑《なすのくにのみやつこのひ》の地点に至る。

さらに進むと、やがて下侍塚古墳・上侍塚古墳に至る。この下侍塚古墳・上侍塚古墳の地点は星地名に該当しているが、詳細は次章で述べる。

316　那須神社　掲載許可：那須神社　撮影 川村健一郎

また、国道２９４を大豆田丁字路の地点で黒羽街道に入ると那須神社はもう近い。ここも星地名に該当する。隣接する道の駅那須与一《なすのよいち》の郷《さと》から北側に見える杉並木が那須神社の参道に当たる。先ずは神社にお参りし、帰りに道の駅で休憩することになろう。

杉並木の中に建つ荘厳な神社が那須神社で、社伝によれば、その歴史は古く、仁徳天皇(３１３〜３００年)時代の創建で、さらに延暦年中(７８２〜８０６年)に征夷大将軍坂上田村麻呂が応神天皇を祀って八幡宮にしたと伝えられる。その後、那須氏の氏神となり、那須氏没落の後は黒羽《くろばね》城主大関氏の氏神としてあがめられ、１５７７年(天正５年)に大関氏によって本殿・拝殿・楼門が再興されたと伝わる。社宝には、那須与一が奉納したといわれる太刀や１６４２年(寛永１９年)の建立と推測される楼門などがあり、２０１４年(平成２６年)３月１８日、本殿と楼門は国重要文化財に指定され、また八幡宮(那須神社境内)は名勝「おくのほそ道の風景地」にも指定された。

春と秋の例大祭では弓の名手那須与一にちなんだ流鏑馬《やぶさめ》や市指定無形民俗文化財の那須神社獅子舞が奉納される。

道の駅那須与一の郷は、星地名地点に該当する那須神社に接していて、広々としてゆとりがあり、なんと言っても那須与一の銅像が目を引く。与一の郷とは素晴らしい駅名を授けたものだ。つい引きよせられてしまう。

栃木県のお土産や地元生産者が朝採りした新鮮な野菜をはじめ大田原市の観光物産品が豊富にそろっている。

那須家伝来の宝物をはじめとする貴重な資料を展示する那須与一伝承館も魅力の一つ。那須神社と道の駅はこの街道の素晴らしい観光ポイントと言えよう。

317　道の駅　那須与一の郷 那須与一銅像
写真提供　大田原市観光協会

与一というと星地名ではないかと考えてしまう。〈ｉｔｉ〉が星地名に該当し、与一と余市が重なる。小樽市の余市町には縄文時代の早期以降から各年代の遺跡が発見されている。

318 道の駅　那須与一の郷全景　　写真提供　大田原市観光協会

筆者らは、近くに星地名に該当する愛宕神社のあるルネッサンス棚倉に宿泊させていただいたことがある。辺りは閑静でこれまた素晴らしい環境に建てられている。

驚いたのは、インドアテニスコートや、室内プール、屋内乗馬、アーチェリー場、エアロビクススタジオなど多彩なスポーツ施設を備えていて、スポーツクラブの合宿や社員研修なども行われているらしく食堂では「おはようございます」と元気に挨拶する大勢の若者らに遭遇した。ルネッサンス棚倉周辺には追越・細町・堀越・中ノ内星地名がみられ、宿泊施設のすぐ近くにある愛宕神社が星地名地点に一致した。

翌日は、この地点から棚倉街道を南下し、矢祭町から久慈川沿いに南郷街道に入り大子町へと向かった。

久慈川というと岩手にも葛巻と久慈市を結ぶ国道２８１号線ぞいに久慈渓流があり、二つの久慈川が重なってどうしても縄文のイメージに繋がり、こだわりを感じないではおれない。久慈〈ｋｕｊｉ〉→〈ｋｕｓｉ〉で、星地名関連用語に該当するからだ。

図319に示したが、街道筋には上野内・石原・戸ノ内・内久根・頃藤・新畑・大野内などの星地名が連なっている。その街道の中頃に位置する内久根を過ぎて、大子町で街道から少し脇道に入ると日本三名瀑の一つ袋田の滝に至る。

南郷街道をさらに南下すると星地名の頃藤・新畑・大内野を経て水戸に至る。

一方、南郷街道から国道４５１に分かれ星地名・細崎の手前の馬次から県道３３を行くと竜神川沿いの竜神峡に至る。

竜神峡に架かる全長３７５ｍの竜神大吊橋は紅葉の名所として知られており、５月の連休や紅葉シーズンなどには橋の上からの展望を求める多くの利用者で賑わう。

棚倉街道・南郷街道の街道筋には多くの星地名が連なり、豊かな自然が残されている。この素晴らしい環境を１９５３年(昭和２８年)３月２０日、福島・茨城両県で「奥久慈県立自然公園」に指定、水清い自然の流れと四季おりの景観を温存されたことに深い感銘を受けるのは筆者だけではあるまい。

図319の向かって左よりには標高３９０・３ｍの三角点をもつ妙見山と初原という星地名がみられる。

この辺りには美事な茶畑が連なっており、「奥久慈茶の里公園」でお茶の香りを楽しみながら、ひと休憩するのも歴史探報の一コマか。

そしてなんと言っても、この旅の圧巻は久慈川の支流滝川に架かる日本三名瀑に数えられる袋田の滝であろう。

花紅葉よこたてにして山姫の錦織りなす袋田の滝

西行法師

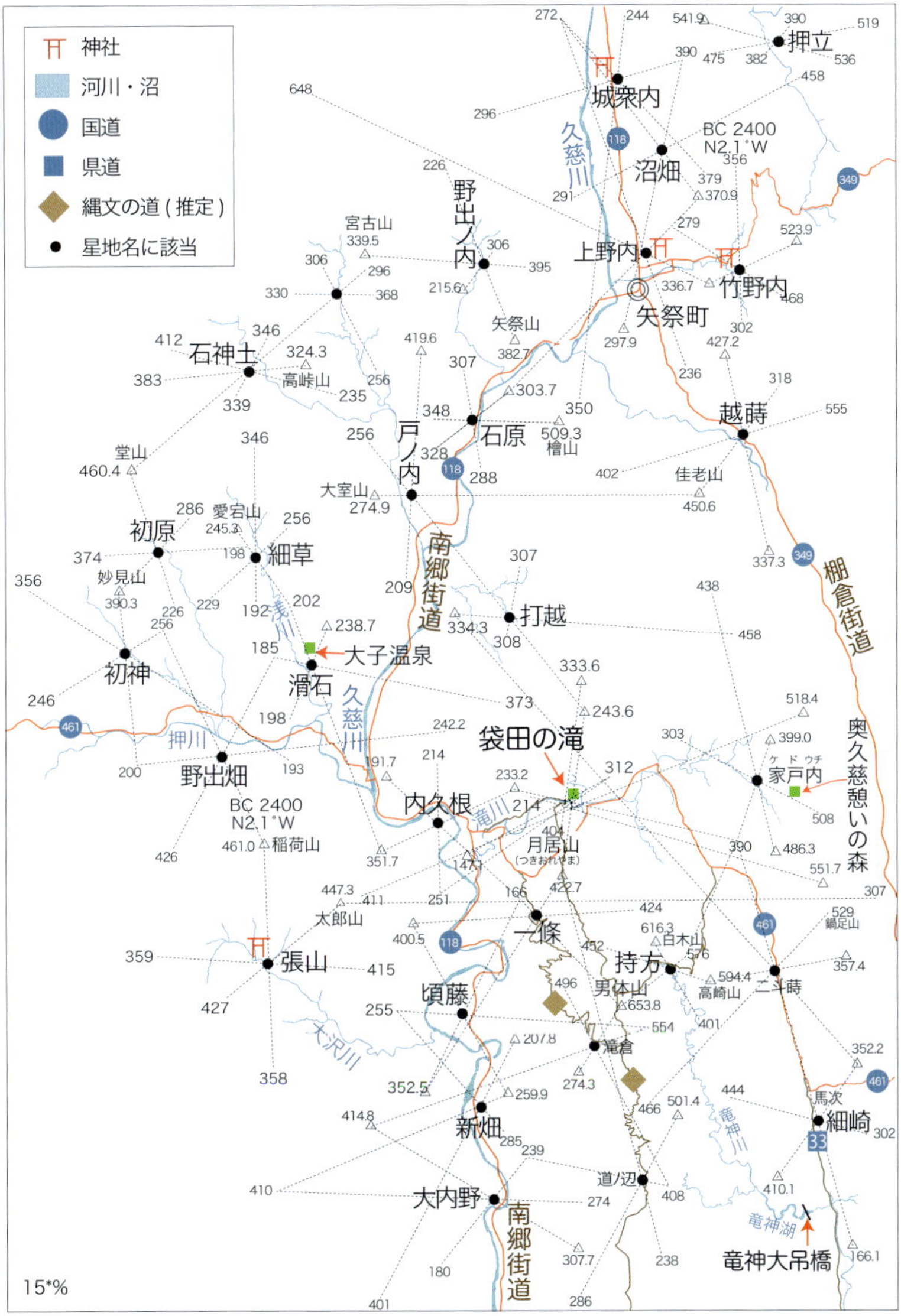


319　棚倉街道と南郷街道

## 袋田の滝

私たちサークルは袋田温泉・滝味の宿・豊年万作をよく利用させていただく。家庭的でくつろげるまさに滝味の宿で、滝までゆっくりと歩いても10分はかからない。四季の滝と呼ばれるように何度訪れても見ごたえを感じる。

もう一つ感心させられたのは、観光事業への取り組み姿勢であろう。町は観光客の安全の確保と利便を図り、観光客の誘致を促進するため、長さ276メートルの滝を見るためのトンネルを掘削した。まるで夜空の星のようにトンネルの天井に美しく輝くイルミネーションを眺めながら奥に近づくと滝の音が聞こえてきて、突然光がさしこみ、真っ

320　袋田温泉 滝味の宿 豊年万作
掲載許可：株式会社 滝川館　筆者撮影

321　袋田の滝　　筆者撮影

正面に滝の轟音が響きわたり、水しぶきを感じながら観賞できるこの演出のうまさに驚かされる。

　これが第1観瀑台だ。次に大きなエレベータに乗ると第2観瀑台に辿りつく、そこには展望台が設置されていて、滝の全貌を観賞できる。本来なら険しい山を登りようやく眺められたであろうこの美事な滝を、そう易々とは登山に行けない高齢者やお子様方にも味わうことが叶う。誠にありがたいことだ。もう一つ大事なことは、山肌を削って道路をつくったりせず、できるだけ自然の景観を損なわないためにもトンネルとはよくも考えたものだと感心させられる。

　また帰りは吊り橋を渡り久慈川支流の滝川上流に沿ってのハイキングコースを利用、途中のお店でいただく鮎の塩焼きも格別。この観光への取り組みには熱意を感じる。

　吊り橋から第1観瀑台が見えるが、吊り橋を渡り少し下流寄りに大きな岩石が沢山見られるが、縄文方位測量からこの辺りが縄文時代の滝の位置と考えられる。当時の滝の位置を示す目標の山が月居山である。

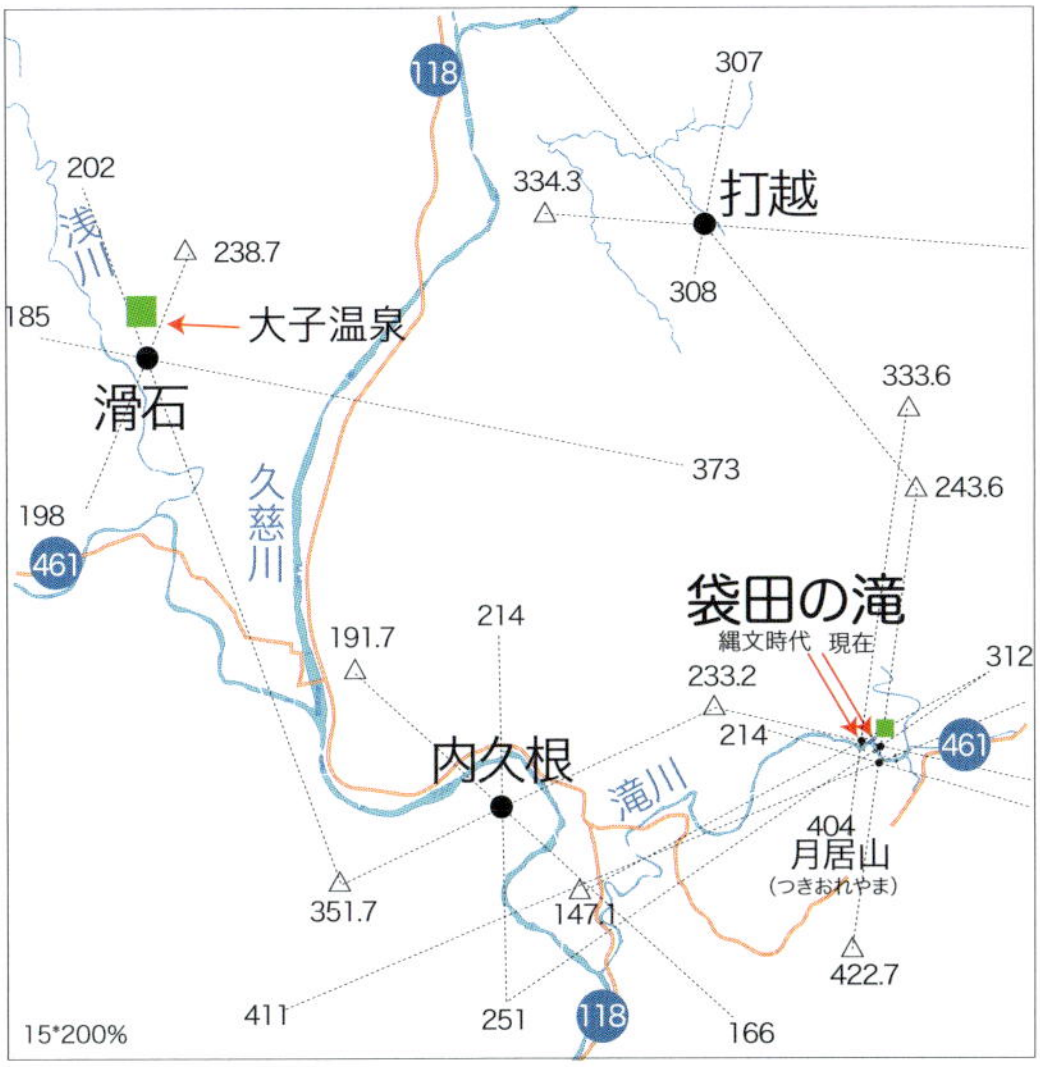


322　現在の滝と縄文時代の滝の位置

323　吊り橋の下流　　筆者撮影

つまり約4000年の間に178メートル後退したことになる。平均すると1年に約4・5センチメートル後退したことになるが、これは平均するとの話であり、ときには数十メートルとか、ときにはほとんど後退しないとか、そのようにして、現在の位置に至ったと考えられる。このことは、那智大滝、華厳滝についても、流水量や凍結や高さ石質による差は考えられようが、およそ5・4〜7・1センチメートルとなっている。

那智・華厳・袋田の滝がいずれも縄文人が大切にし、心を清める場所となっていたと考えられる点で共通しているのではなかろうか。袋田の滝の前に立っていると、そんな気がしてならない。吊り橋からの帰り道も素晴らしく、途中に月居山《つきおれ》・男体山登山口と刻まれた石碑を目にするが、この碑にも深い意味がこめられている。

324　月居山・男体山登山口碑

筆者撮影

月居山〈tuki・ore〉は縄文語では〈ituki〉霊を呼びよせるの意味で〈i〉は霊や神秘なもや畏れ多いものを表し、省略されることがしばしば見られる。このことは『日本語とアイヌ語』（片山龍峯著）にも記されている。

〈ore〉は多くの星地名に見られる〈ori〉で〈hoti〉↓〈oti〉↓〈ori〉↓〈ore〉と関連性が認められる。

岩手県一関市舞川折ノ口・岩手県下閉伊郡山田町織笠・宮城県柴田郡村田町菅生折越・福島県西白河郡西郷村大字真船折口・福島県双葉郡広野町折木・茨城県日立市折笠にみられる折・織〈ori〉は全て縄文方位測量の交点に一致し、星地名と考えられる。

月居山は月山（山形県）、月の浦（宮城県）や竹生島《ちくぶじま》（滋賀県）と共通している。月山《がっさん》神社は〈つきやまじんじゃ〉とも呼ばれている。月の浦は縄文方位測量の視点から『日本書紀』に記された「竹水門《たけのみなと》」に該当すると考えられる。本来縄文語由来の言葉で〈tuku〉と発音されていたものが〈tiku〉と変化し、それに日本書紀では竹という文字をあてたが、竹（たけ）と詠まれるようになったのであろう。

竹生島《ちくぶしま》は〈ｔｉｋｕ〉という音声をとどめている。月山《つきやま》は月山《がっさん》と呼ばれるようになったと考えられる。いずれも、霊を呼ぶ山、霊港、霊の島となったが、元々は縄文人が大切にしていた場所と考えられる。

この月居山こそ縄文時代の滝を指し示す貴重な山であろう。したがって今でこそ袋田の滝と呼ばれて親しまれているが、縄文時代には〈ｔｕｋｉ・ｏｒｉ〉と呼ばれ心を清める所を意味する呼称ではなかったかと推測される。その滝を指し示しているのが月居山で、縄文時代には月居山の頂上から滝の流れが見えたに違いない。

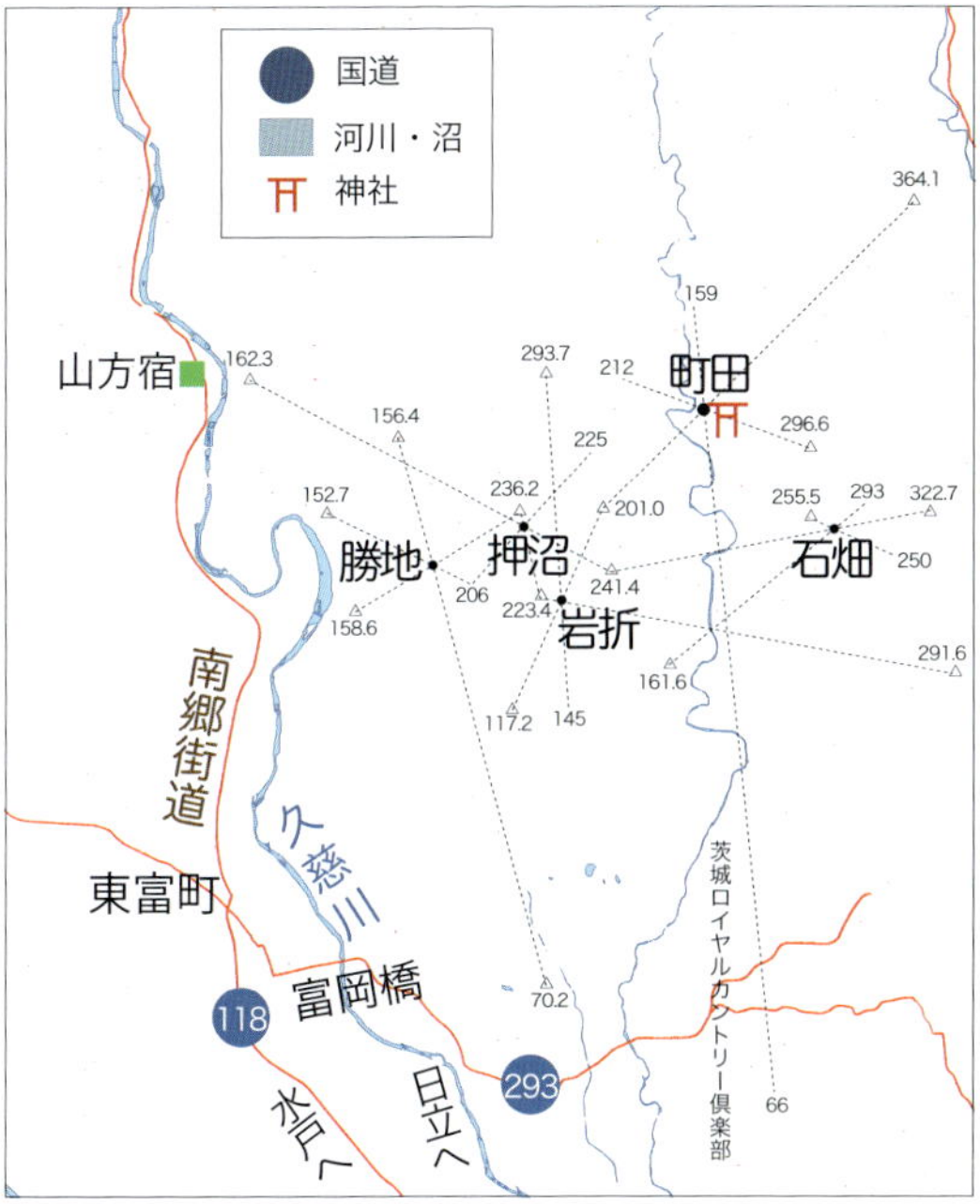


325　久慈川沿いの星地名

袋田の滝は、縄文時代からの地名や環境をむやみに変えることなく、大切に保存されている点で、那智や華厳など多くの世界遺産認定地域と似ている。

図325に示した南郷街道は茨城県常陸大宮市の富岡橋付近で久慈川と別れ、久慈川は日立港へ注ぎ、南郷街道は国道118に沿って水戸へと至る。図325の向かって右側には勝地・押沼・岩折・町田・石畑など星地名の音声変化を説明するための好材料となる地名が連なっている。

青森県東北町に甲地・岩手県下閉伊郡田野畑村にも甲地がありいずれも〈ｋａｔｔｉ〉と発音されている。月山に近い山形県最上郡戸沢村角川勝地や天満社のある大分市大字松岡字池ノ上勝地は〈ｋａｔｕｔｉ〉と発音され、またユネスコ世界遺産「紀伊山地の霊場と参詣道」の熊野エリアにある那智勝浦町には国内屈指のマグロやカツオの水揚げを誇る勝浦漁港やカツオの水揚げ関東一を誇る千葉勝浦の勝浦は〈ｋａｔｕ・ｕｒａ〉という星地名が流用された地名と言える。カツオは〈ｋａｔｔｉ・ｏ〉が源流か。〈ｏ〉が魚を意味することは尾駮〈ｏ・ｂｕｔｉ〉＝魚星のところで述べた。押沼については沖縄県大宜味村押川や高知県安芸郡東洋町押野など押川・押釜・押館という星地名は多く見られる〈ｈｏｓｉ〉→〈ｏｓｉ〉に変化した証であろう。町田は栃木県茂木町町田や大田原市、那須町にもみられるが、残念なことに道路地図では抹消されたものが多い。

# 第17章　古墳と星地名

## 虎塚古墳と星地名

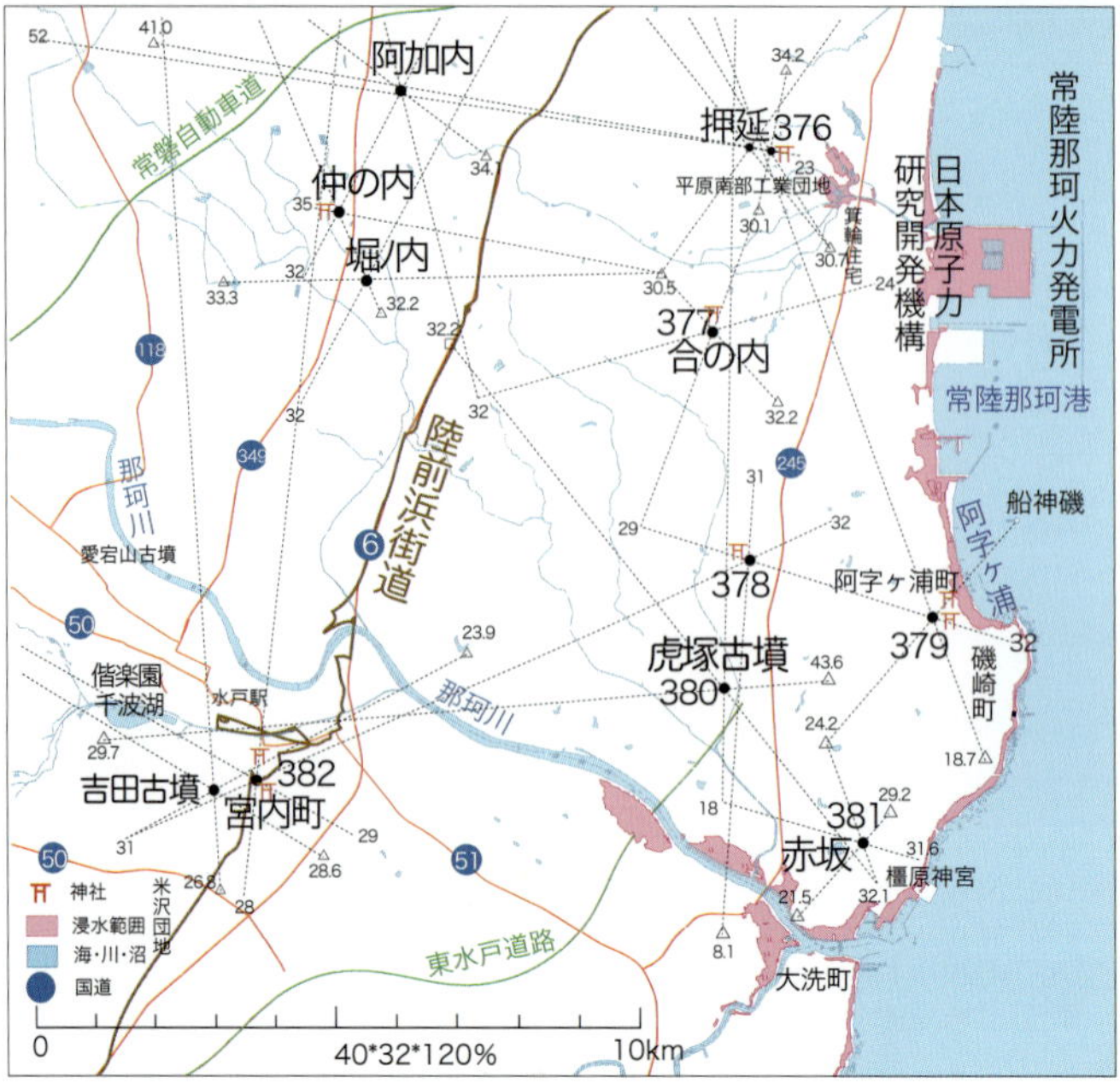


326　ひたちなか市　虎塚古墳周辺の星地名と津波浸水状況

茨城県ひたちなか市にある虎塚古墳は東日本大震災（2011・3・11）において津波による浸水を受けなかった。浸水範囲は国土地理院の浸水範囲概略地図を基に赤色で示した。

図326は虎塚古墳周辺の縄文方位測量図で、押延《おしのべ》376、合ノ内377、虎塚古墳380、赤坂381、宮内382と番号を記入しているのは、青森県の下北半島から茨城県大洗海岸までに存在する海岸線最寄りおよび、それに流れこむ津波遡上《そじょう》の可能性のある河川に最寄りの星地名382地点に番号を付したものである。これらの詳細図は巻末に掲載し、番号順に緯度経度表も掲載して、地図表示可能なPCやタブレット端末で位置を確認できるようにした。虎塚古墳は380番の星地名に相当する。

[1]虎塚古墳の築造は7世紀前半頃と推定されている。虎塚古墳群、笠谷古墳群が形成されている標高20メートルほどの台地上の山林に虎塚古墳が位置している。

1973年（昭和48年）9月12日に考古学者・大塚初重（明治大学名誉教授）による発掘調査が実施され、横穴式石室内部に装飾壁画が発見され、1974年（昭和49年）1月23日、国の史跡に指定された。

ひたちなか市埋蔵文化財調査センターによると、虎塚古墳は全長56・5m、後円部直径32・5m、高さ5・7m、前方部幅38・5m、高さ5・2mで前方部が発達した古墳時代後期古墳の特徴を持っており、特に後円部の凝灰岩製横穴式石室内の彩色壁画は保存状態が良好で美事な彩色壁画が発見されている。

壁画は凝灰岩の表面に白色粘土を塗り，ベンガラ(酸化第二鉄)で連続三角文や環状文などの幾何学文と，靭(ゆぎ)・槍・楯・大刀など当時の武器や武具等の豊富な文様が描かれている。

327　虎塚古墳外観画像　ひたちなか市教育委員会所蔵

328　虎塚古墳石室壁画画像　ひたちなか市教育委員会所蔵

石室の内部からは成人男子の遺骸の一部と，副葬品の小大刀，刀子(とうす)、鉄鏃(てつぞく)などが出土している。

水戸市内にある吉田古墳は7世紀中葉のものと推定されているがこれも星地名地点に該当した。

何故古墳が星地名に一致するのか。

# 上・下侍塚古墳と星地名

ひたちなか市と水戸市の間を流れる那珂川《なかがわ》に沿って国道123号線を北上すると、やがて国道は294号線に入りやはり那珂川に沿って北上を続けると太田原市に入る。

この街道筋に1676年(延宝4年)那須国造碑《なすのくにのみやつこのひ》(国宝)が発見された。

栃木県大田原市の那珂川地図上左岸には図329に示すように上侍塚古墳《かみさむらいづかこふん》と下侍塚古墳が存在する。(2)

二つとも前方後方墳で現地の栃木県教育委員会による案内板によると1692年(元禄5年)那須国造碑と古墳の関連を調べるために徳川光圀《みつくに》の命により日本で最初の学術的な発掘調査が実施された。この時の記録は大金重貞《おおがねしげさだ》によって『那須記』『湯津神村車塚御修理』にまとめられた(3)。1951年(昭和26年)、下侍塚古墳とともに「侍塚古墳」として国の史跡に指定された。

下侍塚古墳の位置は三本線の交点にあり帯石という星地名と202メートルの丘を通して連携しており、上侍塚古墳は199メートルの丘を通して下侍塚古墳と

329 那須神社・上下侍塚古墳周辺縄文方位測量図

330 上侍塚古墳 大田原市観光協会 提供

## 下《しも》侍《さむらい》塚《づか》古《こ》墳《ふん》

| | | | |
|---|---|---|---|
| 墳形 | 前方後方墳 | 全長 | 84 m |
| 後方部幅 | 48 m | 高さ | 9.4 m |
| 前方部幅 | 36 m | 高さ | 5 m |

下侍塚古墳は、那珂川右岸の段丘上に位置する前方後方墳で、那須地方の６基の前方後方墳のなかでは上侍塚古墳に次ぐ規模である。

本墳は、元禄５年 (1692)、徳川光圀の命により小口村 ( 馬頭町小口 ) の庄屋であった大金重貞らが上侍塚古墳とともに発掘調査を行っている。鏡・鎧片・鉄刀片・土師器壷・同高坏・太刀柄頭などが出土したが、これらは、絵図にとるなど調査結果を記録した上で松板の箱に収め、埋め戻している。さらに墳丘の崩落を防ぐために松を植えるなどの保存整備も行われた。この調査と調査後の遺跡の処置は、日本考古学史上特筆されるものである。

昭和 50 年には土地改良事業にともなう周濠調査が湯津上村教育委員会により行われた。その結果、古墳の規模、周濠の形状や葺石などが確認され、墳丘から崩落したと考えられる土師器壷などが出土している。

古墳の築造は、出土遺跡や墳形の特徴などから５世紀初めごろと考えられている。

( 国指定史跡　昭和 26 年６月９日 )

栃木県教育委員会

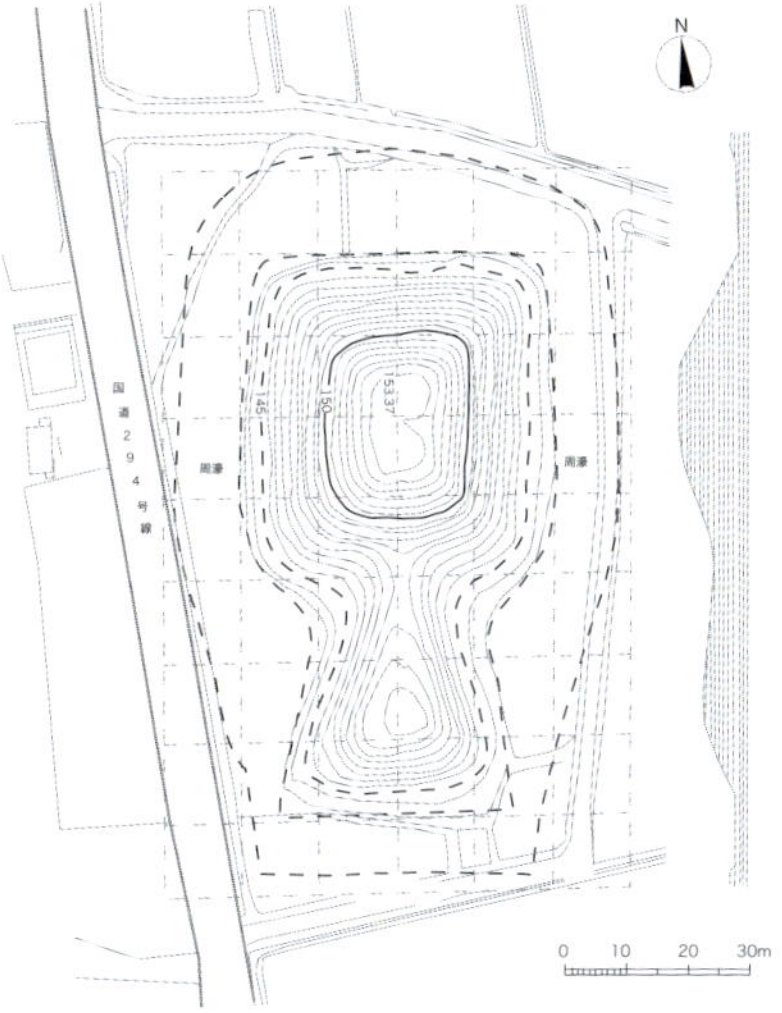


331　栃木県教育委員会による案内板文面　　筆者スケッチ

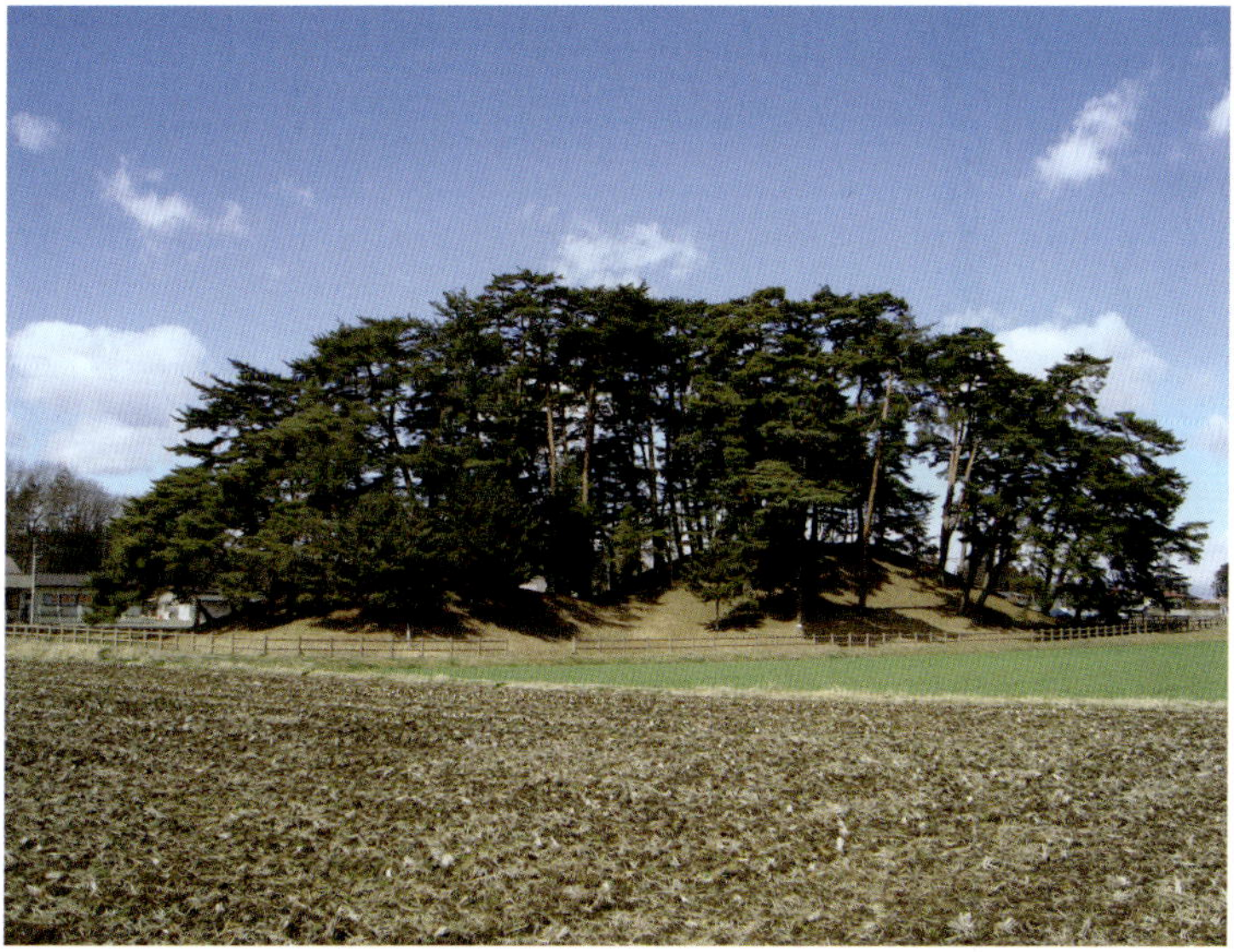

332　下侍塚古墳　大田原市観光協会　提供

連携していて星地名の条件を満たしている。虎塚古墳も上・下侍塚古墳も埋葬された人物か埋葬を執り行った人物が縄文と繋がりを持っていたことになろうか。

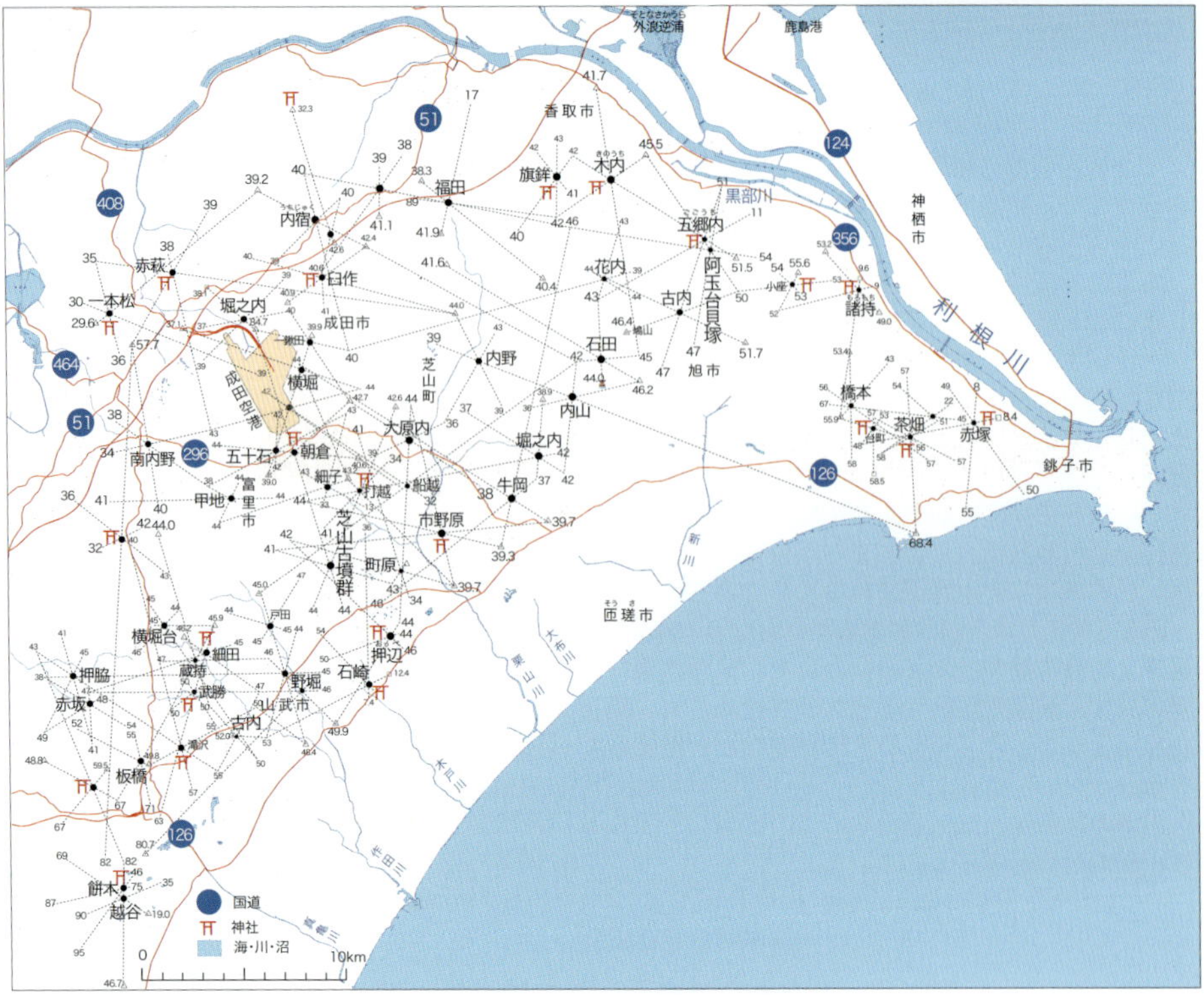


333　銚子市・成田市周辺の星地名

## 芝山古墳群と星地名

利根川河口ちかくの犬吠埼《いぬぼうさき》から東金市《とうがねし》に至る九十九里浜と利根川流域に囲まれた広大な大地には沢山の星地名がみられるが、図333が大きすぎて紙面に表示すると文字が見えにくいが、全体の連携をご覧いただきたくご了承を賜りたい。

「栗原市から富谷市の奥州街道と星地名」で見られた茶畑、打越、細田はここでも見られ、縄文時代中期の国指定史跡「阿玉台貝塚」や6世紀後半から7世紀初頭に造営されたとされる国指定史跡「芝山古墳群」が星地名に一致して見られた。

山古墳群《しばやまこふんぐん》は、千葉県山武《さんぶ》郡横芝光町《よこしばひかりまち》中台にある古墳群。九十九里海岸に面する山武郡の中央を流れる木戸川中流部の台地上に位置し、殿塚と姫塚の2基の前方後円墳を中心として15基の円墳が群在。

名称は芝山古墳群[1]であるが芝山町ではなく横芝光町にあり、中台古墳群とも呼ばれる。

1956年(昭和31年)に早稲田大学教育学部の故・滝口宏名誉教授の主導のもと殿塚および姫塚の発掘調査が行われ、姫塚で注目されるのは墳丘中段をめぐる埴輪列である。横穴式石室が開口する墳丘南側には朝顔形埴輪と円筒埴輪が並列され、墳丘北側では前方部の隅角から後円部背後まで50メートルにわたって、人物や馬の形象埴輪が行列のまま倒れているのが発見された。

埴輪列がほとんど原位置を保ったまま完存していた稀有な例であり学術上の価値が高く、また6世紀後半の埴輪表現最盛期の例としても貴重なものとされている。

「葬列はにわ」がほぼ完全な形で出土したのは全国的にも珍しい例とされている。国の史跡。

334　芝山古墳群　姫塚　　芝山町教育委員会　提供

335　芝山古墳群　殿塚　　芝山町教育委員会　提供

337　姫塚　二重の首飾りの女
芝山はにわ博物館所蔵

336　姫塚　馬形埴輪
芝山はにわ博物館所蔵

古墳は関西や九州に多いのではとの予想に反して、平成１３年３月末の文化庁調べや『兵庫県教育委員会兵庫県の遺跡・遺物数の全国的な位置』によると日本の古墳所在件数が最も多いのは兵庫県で１６、５７７基で次は千葉県の１３、１１２基となっている。

## 千葉県市原市周辺の星地名と古墳

芝山古墳群から国道１２６号線を南下し、東京湾方面に向かうと、市原市に至る。

市原〈ｉｔｉ・ｈａｒａ〉というと、もう皆様は星原を連想されるであろう。しかしこの地域は宅地造成が進み、縄文人が眺めたであろう丘や山は姿を消されてしまったことは容易に想像される。つまり星地名を検証するのが困難な地域に該当しよう。

にもかかわらず図338に示すように沢山の交点が見られた。ここでは第２章で述べた「直線上に並ぶ鳥居」が多いに役立った。鳥居を伴った交点が美事に並んでいる。東京湾寄りに市原という交点が見られ２３・１ｍの三角点を介して鳥居を伴った交点と連携している。

南方向には八幡山古墳や安須《あず》古墳群が交点の位置に存在しており、また東寄りには下野寺谷７—８号古墳がやはり交点に位置してみられる。

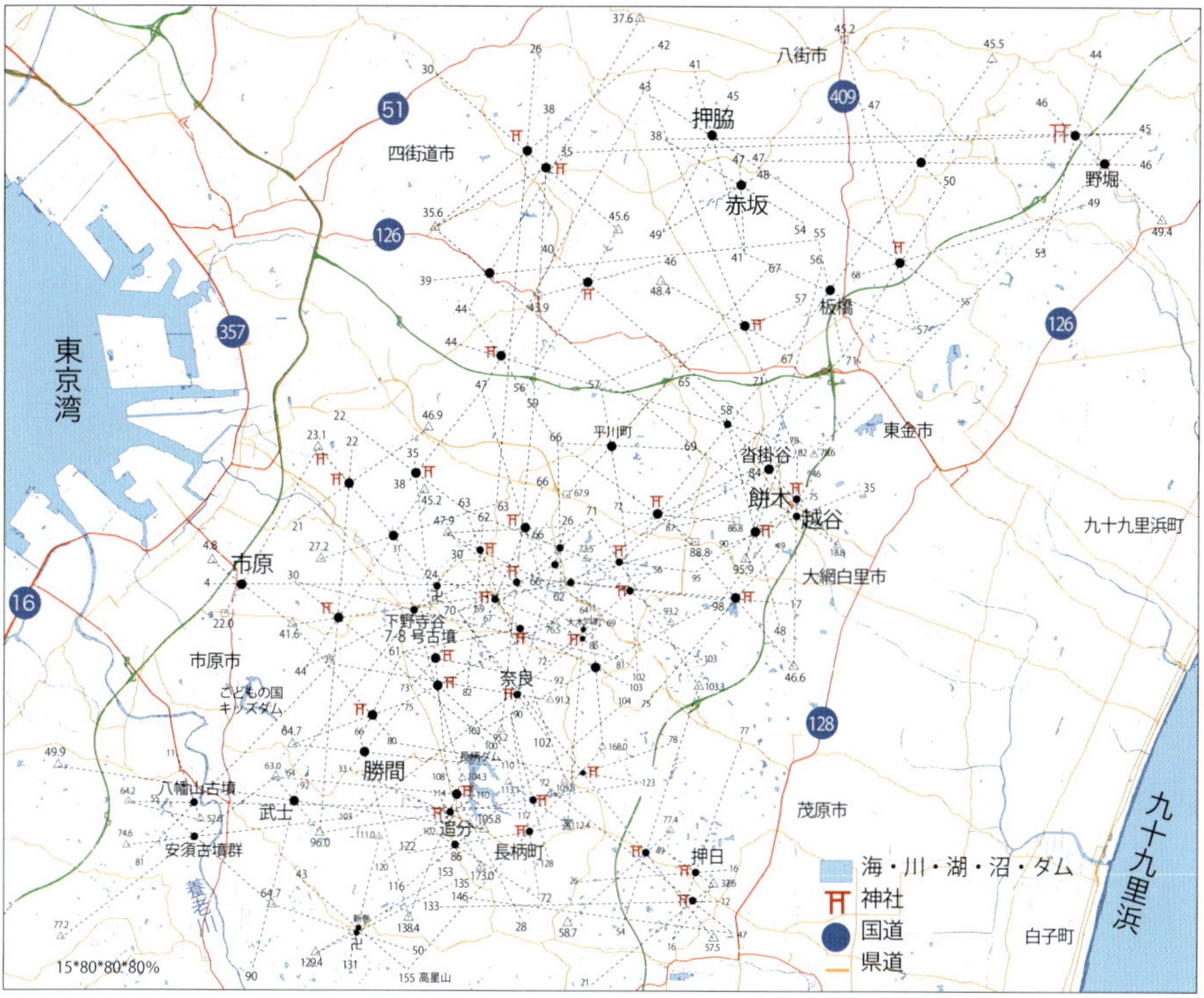


338　市原市周辺の星地名と古墳

明らかな星地名としては、市原の他に沓掛谷《くつかけやつ》、餅木、越谷、押日《おしび》、勝間《かつま》などがみられた。奈良、長柄、追分、武士などは、星地名との因果関係を考える際になんとなく不思議さを感じる地名であろう。

弥生時代末期には、発掘調査の結果から、北部九州を中心とする政治勢力と奈良盆地東南部を中心とする政治勢力が存在していたことが判っている。

一般的に、古墳時代は3世紀半ば過ぎから7世紀末頃までの約400年間を指すことが多い。中でも3世紀半ば過ぎから6世紀末までは、前方後円墳が北は東北地方から南は九州地方の南部まで造り続けられた時代であり、前方後円墳の時代と呼ばれることもある。

古墳とヤマト政権については約1700年前に近畿地方に現れた大和朝廷の土の墓は、独特の形の前方後円墳でした。前方後円墳は大和朝廷の勢力の拡大に伴って全国各地に作られるようになったと考えられている。

とすれば、千葉県は大和朝廷との結びつきが強かったと考えられるのではなかろうか。

註(1)『日本古代遺跡事典』(大塚初重・桜井清彦・鈴木公雄編)
註(2)『古墳時代の研究 地域の古墳II 東日本』
(編集 石野博信/岩崎拓也/河上邦彦/白石太一郎)
註(3)『探訪日本の古墳東日本編』(大塚初重編)

# 第18章　世界遺産と星地名

## 日光二荒山神社と星の宮磐裂神社

日本は太平洋戦争で国中が戦野と化したが、1945年(昭和20年)8月15日正午の昭和天皇による玉音放送をもってポツダム宣言を受諾し降伏した。「国破れて山河あり」というが、荒廃のなかにも、今日世界遺産に認定されるような文化遺産や自然遺産が残されていたことは、世界大戦を知る者にとっては感無量という他はない。

1999年(平成11年)12月、日光の社寺が世界文化遺産に認定されたが、日光で最古の下野国《しもつけのくに》一之宮日光二荒《ふたら》山《さん》神社が認定されたことは筆者にとっては誠に感慨深い。なぜならば図341に示したように二荒山神社と星の宮磐裂神社は連携する星地名に存在しているからである。

社伝によると「下野国の僧 勝道上人《しょうどうしょうにん》(735年~817年)が大谷川北岸に766年(天平神護2年)に現在の四本 龍 寺《しほんりゅうじ》の前身の紫雲 立 寺《しうんりゅうじ》を建て、翌年(神護景雲元年)、二荒山(男体山)の神を祭る祠を建てたのが二荒山神社の始まりと伝えられている。」

二荒山神社の神域は中宮祠がある中禅寺湖畔から奥宮のある男体山一帯までと広大で伊勢神宮に次ぐ広さといわれている。なぜ二荒山と呼ばれるのかについては、多くの説があるが、なかにはアイヌ語源説やマタギ地名説もみられる。図339や図342にみるように二荒山神社の地点は二荒山(男体山)と縄文時代の華厳の滝と細尾という星地名を通し

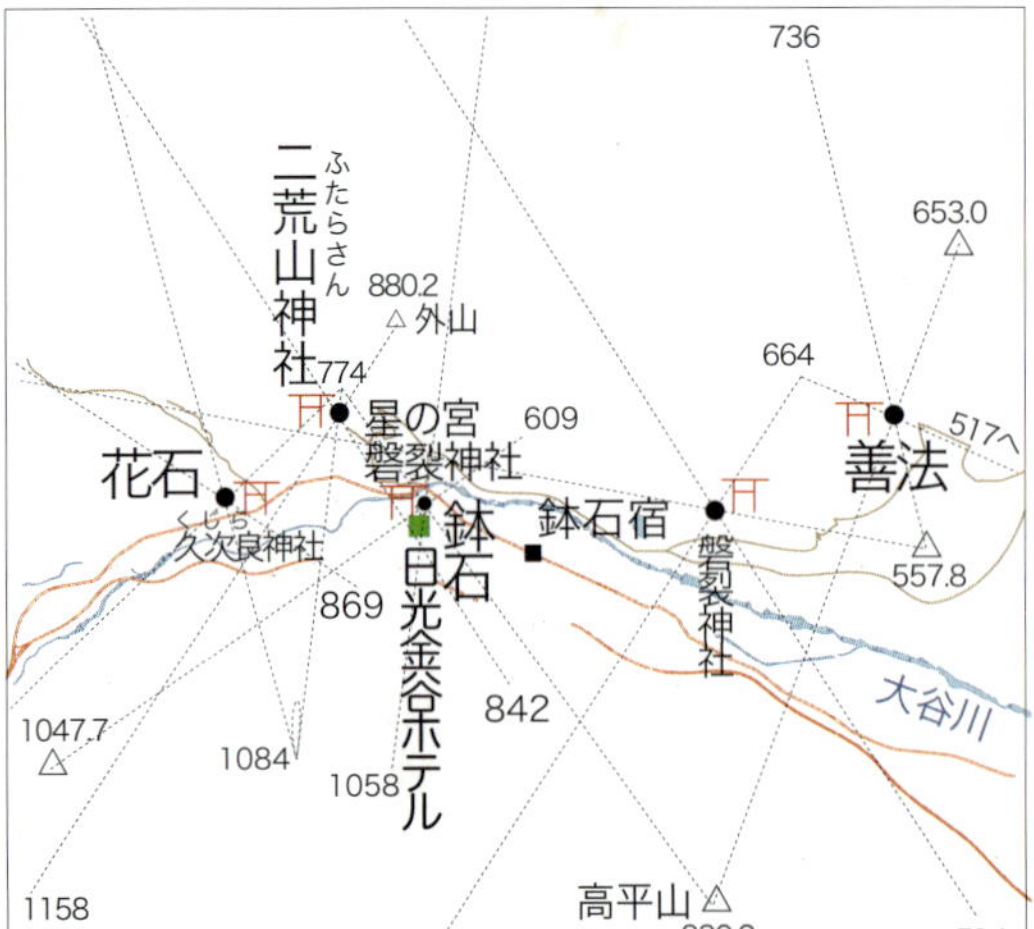


339　日光二荒山神社と星の宮磐裂神社

340　日光二荒山神社拝殿　　日光二荒山神社　提供

341　日光二荒山神社本殿　　日光二荒山神社　提供

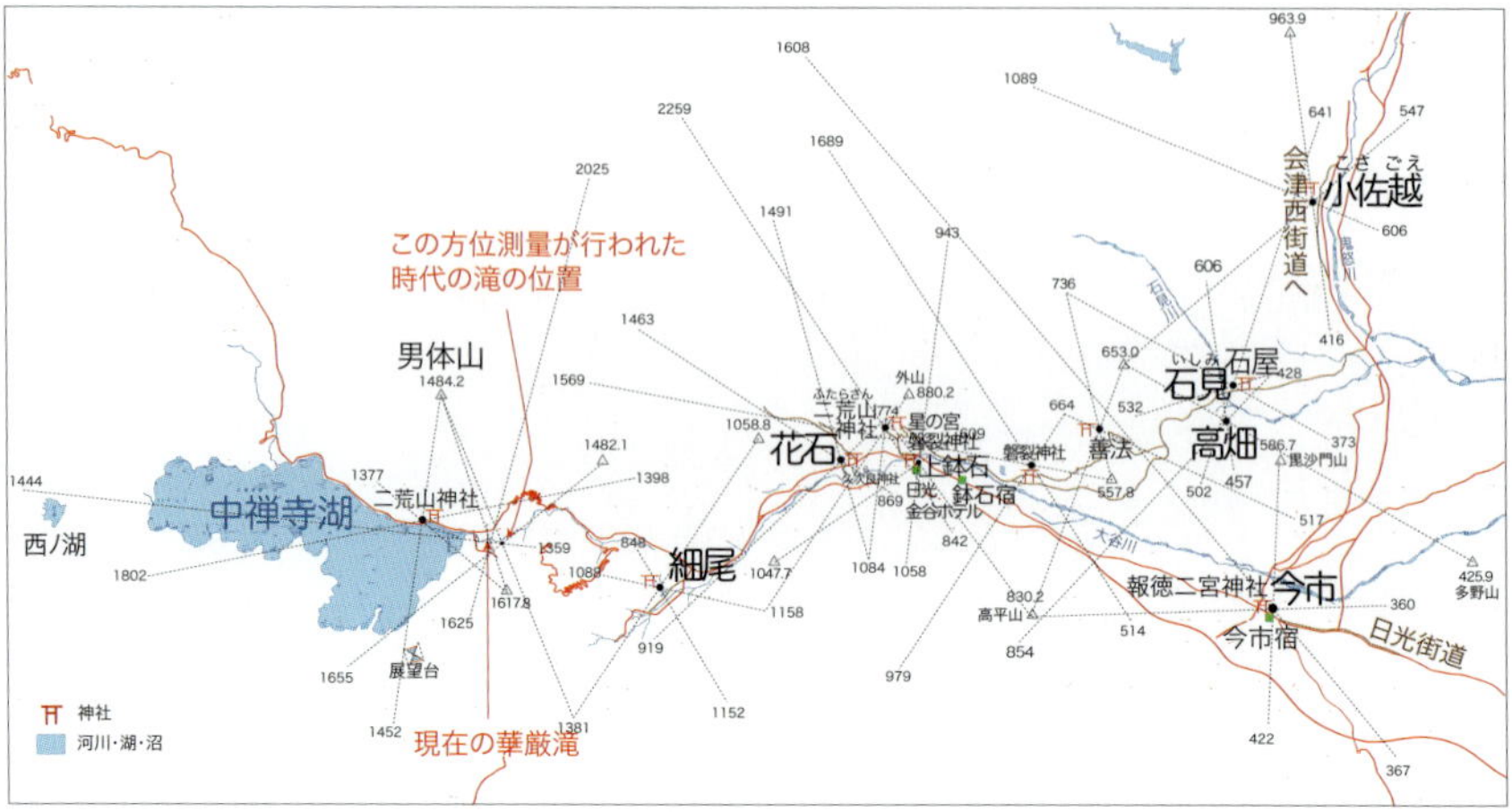


342　日光周辺の星地名

て見事な連携を保っている星地名で、二〈ｈｕｔａ〉は星を表しており、二見浦(伊勢)や二ツ森貝塚(青森県東北町)も同様に星地名の条件を備えていることは図92や図93の「星地名用語の推移」で既に述べた。

つまり、縄文方位測量によって誕生した縄文語由来の地名と考えられ、「ら〈ｒａ〉」は複数・多いを意味するので二荒山は「星が沢山みえる山」と言う意味で、縄文時代から今日に至るまで、神社の皆様や日光および周辺の人々から大切に護られてきたことが世界遺産に繋がったと言えよう。森に囲まれた素晴らしい拝殿、その奥に鎮座する歴史重みを感じさせる本殿、二荒山を御神体と仰ぐ二荒山大神とともに、大己貴命《おほなむちのみこと》と田心姫命《たごりひめのみこと》の夫婦神と、その御子である味耜高彦根命《あじすきたかひこねのみこと》をお祀りしており、大己貴命は縁結びの神さまとして知られる。

大谷川を挟んで北には二荒山神社、南には「第9章」で述べた星の宮磐裂神社があり、その脇の坂道を行くとアルベルト・アインシュタインやヘレン・ケラーなど世界の著名人が宿泊した由緒ある日光金谷ホテルに行きつく。

古より二荒山神社に詣でるために多くの人々が渡った1200年以上の歴史を誇る「神橋《しんきょう》」は星の宮磐裂神社と二荒山神社を結ぶ神の橋でもある。

二荒山神社から花石、細尾の方向に向かうと華厳の滝に至る。

## 華厳滝

華厳滝《けごんのたき》（高さ９７メートル）は那智滝《なちのたき》（高さ１３３メートル）、袋田の滝（高さ１２０メートル）とともに日本三大名瀑に数えられている。滝の発見者は勝道上人と伝えられ、仏教経典の一つ華厳経から名づけられたといわれる。

一説によれば太古の華厳滝は８００メートルほど下流にあったといわれているが、縄文人は大きな滝もランドマークにしてて、図344の星地点がその位置を指し示している。縄文人の目標の滝から、現在の滝は約２８２メートル後退したことになり、縄文方位測量の年代を４７５０年前とすると後退速度は年平均５・９センチメートルとなる。

343　華厳滝　　筆者撮影

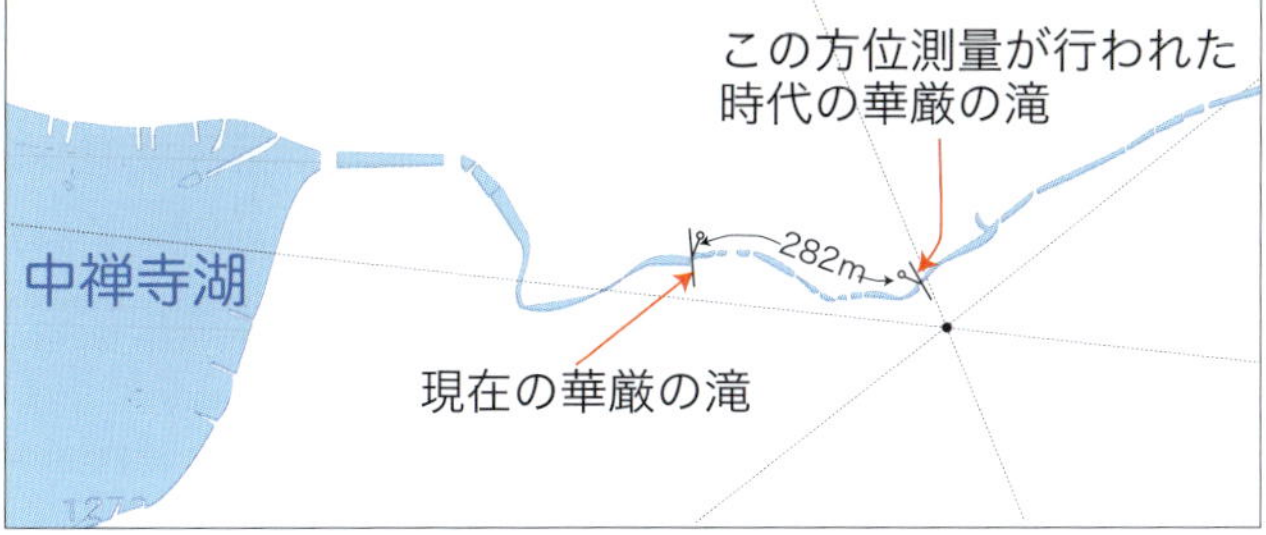


344　華厳滝の後退

# 那智大滝周辺の星地名

図345に示すように、串本という星地名を起点に北上すると、伊串・岩淵・市屋・獺越《おぞこし》・橋ノ川・勝浦・市野々・那智大滝細野・蜂伏・出張《でばり》と多彩な星地名が連なっている。

那智大滝は、熊野古道の中辺路《なかへち》にあたる和歌山県東牟《ひがしむ》婁郡那智《ろぐんなち》勝浦町の那智川にかかる滝で、滝の落差は華厳滝のところで述べたが、133メートルあり、一段の滝としては落差日本一位を誇る。2004年(平成16年)7月、ユネスコの世界遺産「紀伊山地の霊場と参詣道」の一部として登録された。

那智滝の写真は歌人としてご活躍のかたわら「身近な歴史を訪ねるプチサークル」のメンバーともよくご一緒してくださる青森県野辺地町在住の野坂弘子様が熊野古道を散策された折に撮られた貴重な一枚である。

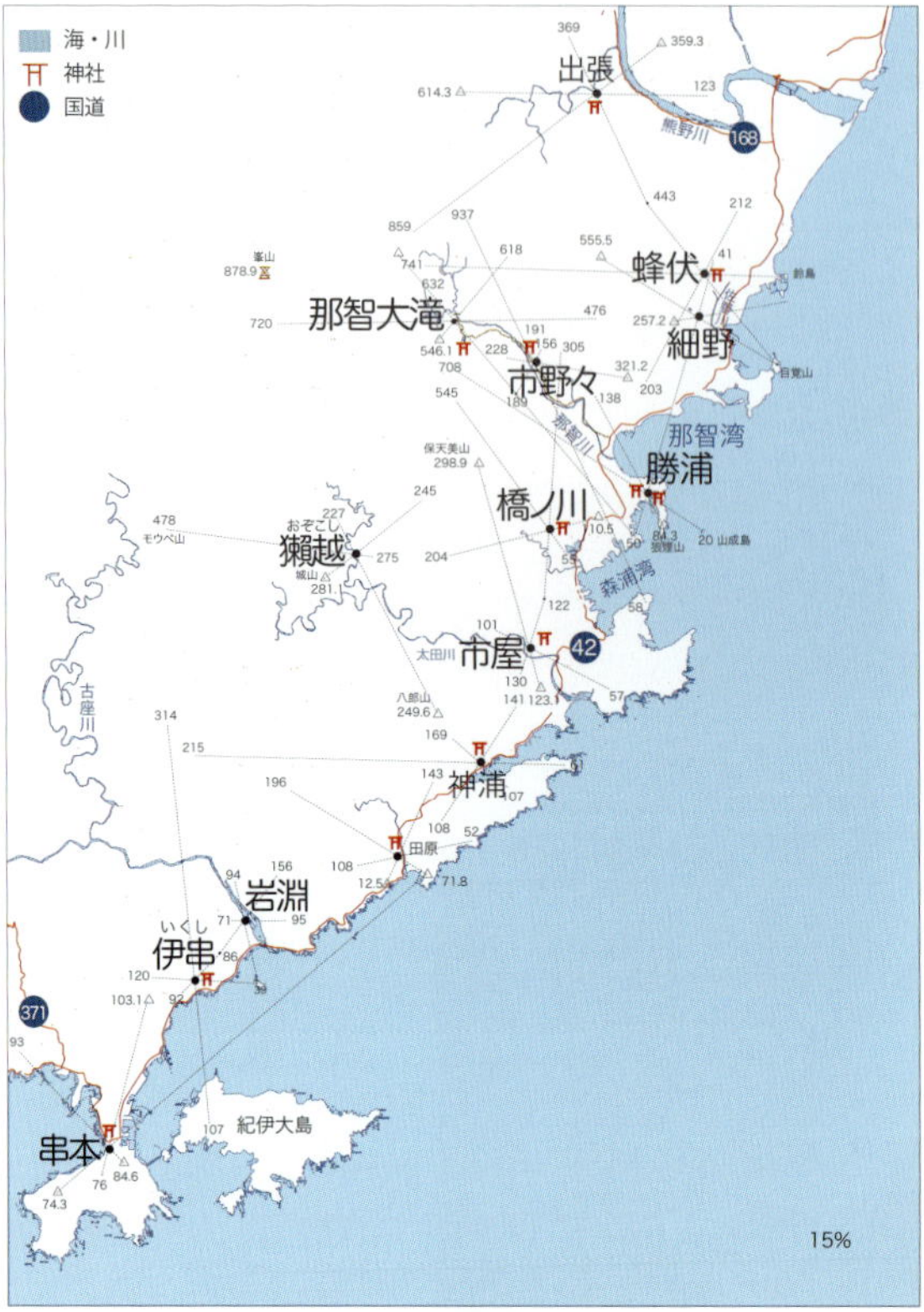


345　那智大滝周辺の星地名

346　那智大滝の後退

この滝は縄文時代には219mほど手前にあったと考えられる。

熊野那智大社の社伝には、神武天皇が熊野灘から那智の海岸「にしきうら」(那智湾)に上陸されたとき、那智の山に光が輝くのを見て、この那智の滝をさぐり当てられ、神としてお祀りになった、とあるが、滝は星地名に該当し、縄文時代つまり神武東征以前から熊野の原住民が神としてまつっていたと考えられる。那智大滝は海上からも見えた目標で周辺には他にも多くの星地名があり、このちは縄文時代から大切な要所であったといえる。

那智大滝の後退速度を計算すると後退速度は年平均約4・6センチメートルとなる。

347　那智滝
かりん野辺地会(短歌会)・野辺地短歌会
会長　野坂弘子 撮影

立山連峰を源流とし四段構成落差350メートルの称名滝《しょうみょうだき》は今から約7万年前頃は、現在よりも約7キロメートル下流の立山町千寿ヶ原(立山駅)付近にかかっていたと推測されてる。

その後、強大な水の力により平均すると1年間に約10センチメートル程の速度で岩盤を侵食しつつ後退し、現在の位置に至ったといわれている。

那智〈nati〉の意味については「縄文語の天文学的時代考証」で、また串本も勝浦も星地名であることは「星地名用語と地名例」で述べた。

黒潮の流れる漁業の町・勝浦漁港は日本有数のマグロ漁業の基地であり、延縄《はえなわ》漁法による生鮮マグロの水揚げは日本一とのこと。

伊串という星地名から「栗原寺から平泉」にみる五串を思い浮かべる。ここには市野々原もみられ、市野々と同じ音声が含まれている。厳美渓の厳は「いつくし」とも読める。

# 平泉毛越寺庭園と星地名

私たち「身近な歴史を訪ねるプチ・サークル」では、星地名の浸水状況調査のため、被災地を何度も訪れたが、目を覆うばかりの悲惨さに言葉もなく、津波の恐ろしさと、人間の無力さにただ茫然とするのみであった。

悲しみの東日本大震災発生から約三ヶ月たった2012年(平成23年)6月、平泉がユネスコ世界文化遺産に登録された。このニュースは、物心ともに打ちのめされた東北にとって、明るく勇気づけられるまたとない贈り物となった。世界遺産登録に向けて長年にわたり苦難の日々を送られ、ご尽力された多くの方々に感謝と敬意を捧げたい。

348 毛越寺周辺の星地名

図348に中尊寺・毛越寺《もうつうじ》周辺の星地名を示したが、毛越《けごし》という星地名が目を引く。25000分1数値地図を見ながら方位図を作成していて、毛越という星地名が見つかった時の驚きは今も忘れない。なんと毛越寺の寺名と合致しているではないか。驚きはこれだけではなかった。毛越寺の寺伝に歴史のものすごさが記されていた。

これまで「毛越」という星地名の解釈について筆者は明確な答えを出せなかった。意味がつかみとれなかったのだ。ところがその答えは寺伝にあった。

毛越寺によると、850年(嘉祥3年)慈覚大師円仁《じかくだいしえんにん》が「毛越《けごし》」というこの地に来たり、嘉祥寺《かしょうじ》を建立したことが毛越寺の始まりであると理解される。

ところが寺伝を拝見して、一瞬にして毛越の意味が理解出来た。「目から鱗 が落ちる」とは、まさにこのことであろうか。

滋覚大師が深い霧で一歩も進めなくなった時にふと足元に見えたものは白鹿の毛であった。毛を辿ってゆくと、前方に白鹿がうずくまり、近づくとその姿は消え、一人の白髪の老人が現れ、「この地は霊地である」と告げた。これこそ星地名毛越の意味であろう。

『菅江真澄遊覧記2』(菅江真澄著・内田武志-宮本常一編訳)

349　ユネスコ世界文化遺産に登録された毛越寺庭園　　毛越寺　提供

の「かすむ駒形」にも殆ど同じ内容の白鹿と老翁の話が記されている。

寺伝と菅江真澄の話から毛越という星地名のイメージが浮かんでくる。毛越の毛は白鹿の毛で、老翁は縄文時代から伝わる「毛越の奥に鹿の好む草木や清水のわき出る開けたところがあり、昔から大切にされてきた。」という星地名の伝承をおぼろげながら知っていたに違いなかろう。縄文方位測量と星地名の研究にとって極めて貴重な示唆を授けてくださるのが毛越寺といえよう。

寺の案内によると「毛越寺庭園は、典型的浄土庭園の遺構を現代にまで伝えたものとしては、全国的にみても唯一の庭園とされています。今なお訪れる人々の目を和ませているこの庭園は、国の特別史跡、特別名勝に二重指定されています。」とある。

四季を通して味わい深く「大泉が池」をひとめぐりすると、心が和み、悩みごとや苦しみや焦りを忘れさせてくれる庭である。

青森県恐山の円通寺も星地名にあり円仁が開祖と言われている。

# 第19章 ヤマトとは何か マホロバとは何か

## 記紀にみる日本武尊の東征

縄文時代に出来るだけ近い時代の文献で、しかも東北に関わりをもつ記述があるとすればそれは「記紀」における「日本武尊《やまとたけるのみこと》の東征」であろう。このなかには、東国の地名が多く記されており、もしかすると縄文時代の言葉の音声が残されてはいないか。また『萬葉集』など古い時代の歌などにも縄文時代とのかかわりを示す言葉があれば、星地名を検証することが出来るかもしれない。

350　日本武尊東征の道のり

さて日本武尊は西暦三四〇年頃に大和を発って、途中伊勢に立ち寄り、蝦夷の境《ほとり》へ向かうことになった。倭建命《やまとたけるのみこと》（古事記）または日本武尊《やまとたけるのみこと》（日本書紀）と東国との関わりは、この物語が実話なのか神話なのか確然としないという見解がある。

縄文時代に誕生したと考えられる星地名が、果たして弥生時代以降にも用いられていたのであろうか。『日本書紀』より東征の概略を記す。

《景行天皇《けいこうてんのう》四十年秋七月、天皇は、北九州や出雲地方を平定して、大和に帰り着いた皇子(日本武尊)に今度は東国を平定するよう命じられた。吉備武彦《きびのたけひこ》、大伴武日連《おおとものたけひのむらじ》を従え、七掬脛《ななつかはぎ》を案内役として冬十月に大和を出発した日本武尊は、途中伊勢神宮に参拝し伯母の倭姫命《やまとひめのみこと》に出発のご挨拶をするが、その際、倭姫命から草薙剣《くさなぎのつるぎ》とお守り袋(紀には記述なし)を授けられた。

伊勢より熱田を経て駿河の国(静岡県。記では「相模国」)にさしかかると、国造《くにのみやつこ》(地方の首長。紀では「其処の賊」)に騙され、鹿狩りに誘われ、野原で火攻めに遭うが、草薙剣で草を刈り、お守り袋から取り出した火打ち石で逆に火をつけて向かい火を燃やし、難を逃れたが、やがてそこは焼津《やきつ》と呼ばれるようになった。ちなみに静岡市に草薙《くさなぎ》や焼津《やいづ》という地名がある。次に上総《かみつふさ》(千葉)に行こうとして一行は乗船するが、突風に遭って船が沈みそうになった。危険を察したお后の弟橘媛命《おとたちばなひめのみこと》(穂積氏忍山宿禰の娘)は身代わりとして海に入り、ようやく海は静まり岸に着くことが出来たが、海は馳水《はしるみず》と名づけられたのであった。一行はその後海路で葦浦《あしのうら》に廻り、横に玉浦《たまのうら》を渡って蝦夷《えみし》の境《ほとり》に至るが、蝦夷の首長や島津神、国津神たちが竹水門《たかのみなと》で待ちかまえていた。しかしながら、大きな鏡をつけ、迫ってくる巨船の勢いを見て、戦わずに服従、波をかき分け着船を手伝ったのであった。蝦夷たちが悉《ことごと》く従順の意を示したので、一行は日高見国《ひたかみのくに》より帰途につき、常陸の国、新治《にひばり》、筑波《つくは》、武蔵《むさし》、上野《かみつけの》を経て、その後西方の碓氷峠《うすいとうげ》にさしかかったが、いつも弟橘媛命を偲んでやまなかった日本武尊は、碓氷の嶺に登って東南の方を望み、「吾妻はや」と三度嘆かれたのであった。軽井沢から甲斐国《かひのくに》を目指し、酒折宮《さかをりのみや》(甲府市)に宿泊。一行は酒折より北へ向かわれ、途中、吉備武彦を越国《こしのくに》へ遣わし、ご自分は信濃に入り、神坂峠を越えて美濃へ、そして尾張へ還られたのであった。

ところが伊吹山に荒ぶる神ありと聞き、尾張の宮簀姫《みやすひめ》に草薙の剣を預け、自信満々伊吹山へ向かったが、山の神の怪しげな毒気に当てられ、身も心も疲れはて意識朦朧《もうろう》となったが、伊吹山の麓で湧き水を飲んでようやく目が覚めたのであった。滋賀県米原の近くに醒井《さめい》という地名がる。

ようやく立ち上がった日本武尊は尾張にたどり着いたが、なぜか宮簀姫の家に立ち寄らず、伊勢に向かう途中、能褒野《のぼの》で力尽きてお亡くなりになられたのであった。

古事記には「吾が足は三重の勾のごとくして、いとつかれたり」と記されてい

倭―伊勢―駿河―相模走水《はしりみず》―上総《かみつふさ》―陸奥《みちのく》―日高見《ひたかみ》―常陸新治《にいばり》―筑波―甲斐―武蔵―上野《かみつけの》―碓日坂《うすいさか》―信濃―美濃―尾張―近江伊吹山―伊勢能煩野《のぼの》

日本書紀の東征ルート(新しい教科書)

倭―伊勢―駿河―相模走水 ―上総―葦浦《あしのうら》―玉浦―竹水門《たかのみなと》―日高見―常陸新治―筑波―武蔵―上野―碓日坂―甲斐―信濃―美濃―尾張―近江伊吹山―伊勢能煩野

日本書紀の東征ルート(筆者推理)

351　日本書紀における日本武尊東征の道程

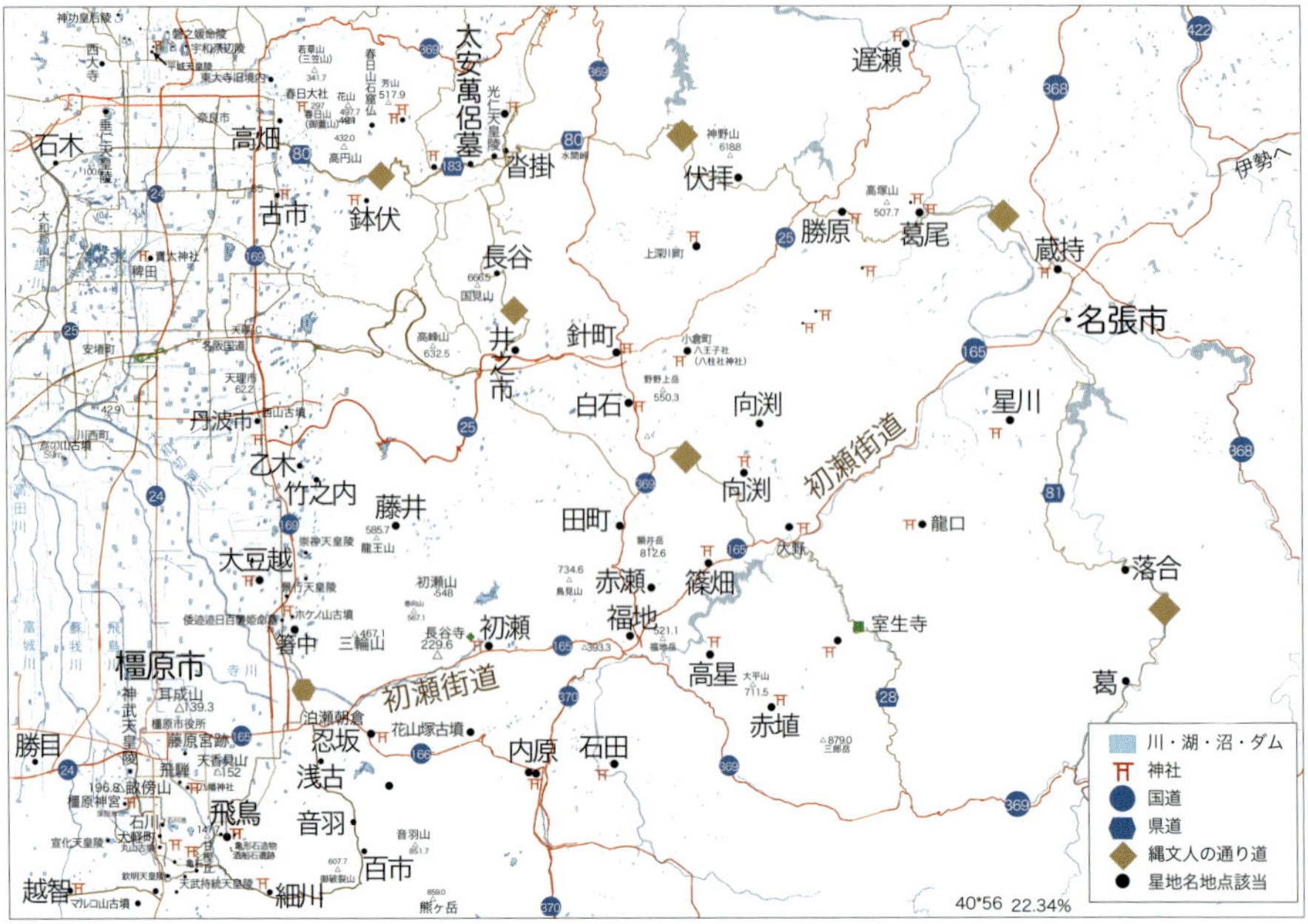


352　初瀬街道「大和から名張へ」(視線・山を消去)

る。つまり、足が勾玉《まがたま》が三つ重なったようになり、このうえなく疲れはてたと嘆かれたとある。やがてそこは三重と呼ばれるようになった。》『古事記』によれば、死の直前に大和を懐かしんで「倭は国のまほろば……」と「思国歌《くにしのびうた》」を詠まれたとされている。

## 初瀬街道と名張

図352に大和から名張《なばり》までの初瀬街道《はせかいどう》周辺の星地名を示したが、大和周辺の星地名は緻密で視線は複雑で目標の山も多く、しかも大きな地図を縮小しているため、限られた紙面に表示するのが困難で、視線や山を消去し星地名のみを●印で示している。

街道筋には飛鳥・忍坂《おっさか》・初瀬などの星地名がみられ名張に至る。忍坂は古くは押坂と描かれ、初瀬《はせ》は古くは泊瀬《はつせ》で〈osi〉・〈hatu〉は星の音声と繋がる。

名張〈nabari〉の〈na〉は魚、〈bari〉↓〈hari〉は星で「魚・星」という意味の地名となる。名張は高山市周辺においても星地名として存在する。

「交点の呼び名は?」で述べたが尾駮・魚淵の〈o〉も魚を意味するので、尾張=名張と考えられる。どちらかというと〈na〉は淡水魚で〈o〉は海の魚が考えられる。奈良〈nara〉は淡水魚の多いところ、尾道〈onomiti〉

は海の魚の通り道と考えられる。「二つのおいらせ川」のところで述べた〈ｏ〉は海の魚であり、川にいるとすれば「鮭」を意味しているのであろう。

福島県南相馬市の尾張沢は同市の真野川に近く真野川鮭増殖組合海の鮭の増殖事業や〝サケまつり〟など鮭とのきずなが強く感じられる。

奈良〈ｎａｒａ〉や難波〈ｎａｎｉｗａ〉も魚と関係があるのだろうか。〈ｎｉ〉や〈ｗａ〉は何を意味するのであろうか。大和川を下ると難波《なにわ》に至る。花輪〈ｈａｎａｗａ〉の〈ｈａｎａ〉は端、先を意味する。秋田県鹿角市花輪は米代川の上流で八幡平と稲庭岳に挟まれた、現在は花輪盆地と呼ばれる平地の尖端に位置する。

〈ｎｉ〉は新潟や新津、日本武尊東征にもでてくる新治などでも分かるように低地である。

「新山〈ｎｉｉｙａｍａ〉など呼ばれる高いところもあるではないか？」とお叱りを受けるかも知れないが、岩手県紫波郡紫波町にある新山は確かに標高２５０ｍの山ではあるが、そこから眺める黒森山標高８３６・７ｍや早池峰山１９１３・４ｍや岩手山２０３８・０ｍに比べると全く低い山である。

同様に福島県大沼郡会津美里町氷玉の新山は標高３８０ｍで近くの高畑山５４２・１ｍや大高森山６４１・５ｍや千沢岳９５６・６ｍに比べると低いのである。

353　尾鷲市周辺の方位測量と日出ヶ岳

## 魚の命那智と魚の走る尾鷲

図353の尾鷲市《おわせし》周辺の方位測量図をみると尾鷲と伊勢を結ぶように縄文人の連絡網が張り巡らされている。

尾鷲の〈ｏ〉が縄文語由来の魚だとすれば、アイヌ語の〈ｐａｓ〉(走る)に対応する日本語は〈ｈａｓｕ〉馳《は》すで、〈ｈａｓｅ〉→〈ｗａｓｅ〉と考えられ、尾鷲は〝魚の走り回る処〟という縄文語由来の素晴らしい日本語地名といえよう。

　この地域では、海岸線まで迫る豊かな森林は魚付保安林として保護され、沿岸地域に豊かな漁場を育み、地域住民は古くから海の恵みを享受してきた。

　これは「はしがき」で述べた那智〈ｎａｔｉ〉の〈ｎａ〉は魚を〈ｔｉ〉は命を意味するから那智は魚の命、つまりこの滝の水が〝魚の命〟であればこそ、〝魚が走る〟尾鷲が存在する。縄文人の自然観察のものすごさを目のあたりにみるような地名といえよう。

　尾鷲地方は、東紀州地域のなかでもとりわけ早くから沿岸の黒潮を利用して漁業を行い、すでに縄文時代早期(紀元前７０００年頃)には東海地方からの文化を、縄文時代中期・後期(紀元前３０００〜２０００年頃)には近畿のみならず関東・瀬戸内の文化までも取り入れていたことが向井・曽根遺跡の出土遺物から明らかとなっているとされている。

　熊野古道伊勢路の一部を緑線で示したが、伊勢のみならず富士山周辺とも関係が深かったことを示している。

　地球の温暖化や、若者の人口減小のなかで、尾鷲市の水産業への綿密な取り組みは学べきものが多いと考えられる。

## 日出ヶ岳から富士は見えるか

　奈良県と三重県の県境にある標高１６９５・１ｍの日出ヶ岳《ひでがだけ》から天候条件がよければ富士山が見られるという。日出ヶ岳と富士山の直線距離は２７３・２㎞、マサイ族のような視力があれば、富士山を克明に見極めることができたに違いない。

　図355の写真「大台ヶ原から富士山」は奈良県橿原市の仲建次氏が大変な努力を重ね日出ヶ岳付近の展望台から夜明前に撮影されたもので、日出ヶ岳と富士山を結ぶ視線の存在を示す貴重な資料と言えよう。伊勢の内宮が日出ヶ岳と富士山を結ぶ直線上に位置することはまさに驚きで、尾鷲・伊勢・三河・駿河の連携を示している。図356には二見の他に押野・葛原・朝熊《あさま》などの星地名がみられ、内宮は鼓ヶ岳を通して法田・朝熊と連携し、倭姫宮は押野と連携するほか１７１ｍの山と二つの鳥居が一直線に並ぶ地点に位置

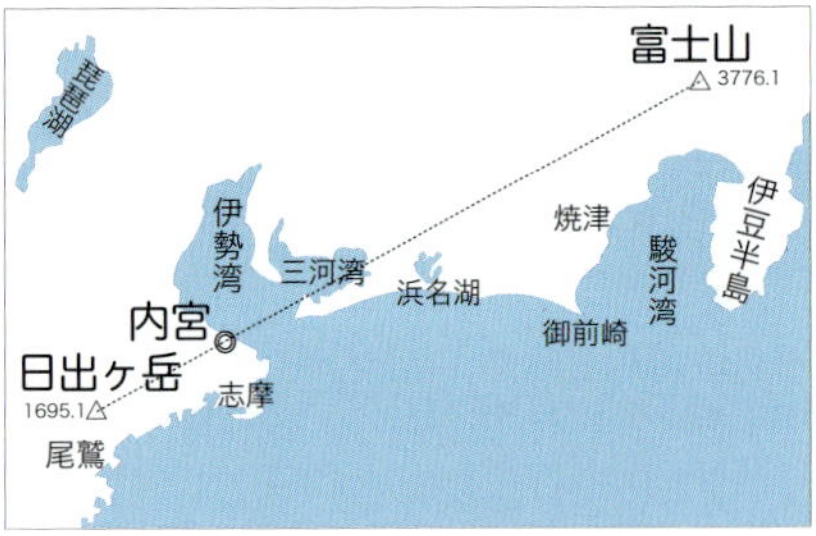

354　日出ヶ岳・内宮・富士

355　大台ヶ原からの富士山
日出ヶ岳近くの展望台より　撮影 仲 建次

356　伊勢周辺の方位測量と日出ヶ岳

している。このことは倭姫宮が縄文時代から大切にされていた地点であることを意味し、そのことを伝承により熟知していた誰かが倭姫命に、神宮の創建地はここがよろしかろうと推奨したに違いない。

## 鎌倉から走水へ

日本武尊は伊勢から駿河を経て相模の走水より上総・陸奥・竹水門・日高見へと蝦夷の境に入りこまれたとある。駿河から走水へ向かう途中に鎌倉がある。

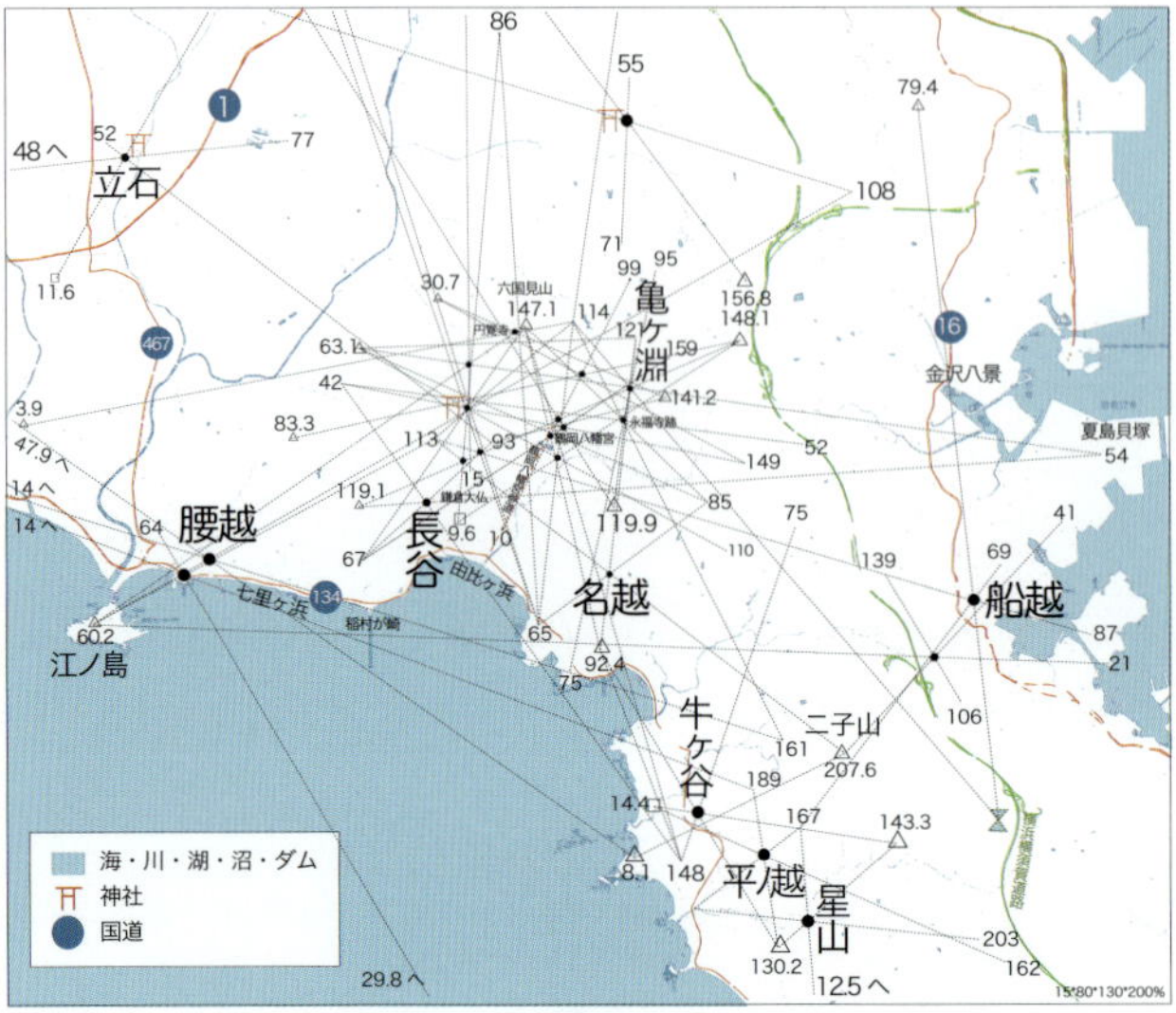


357　焼津から走水へ向かう途中の鎌倉

## 鶴岡八幡宮の参道と縄文人の視線

図357に示すように鎌倉周辺にも縄文の連絡網が張り巡らされている。図358に示すように縄文人の視線は９９ｍの地点から由比ヶ浜近くの現在は１０ｍ（縄文時代にはもっと高かったのかもしれない）の地点を結ぶ点線で表される。

この視線上に鶴岡八幡宮は位置している。赤点線で示したのは現在の参道である。いささかのずれはあるもののほぼ同じ方向を示している。

鶴岡八幡宮も長谷寺も円覚寺も星地名地点に位置している。鎌倉の意味については、筆者の仮説であるが、縄文人は影のことを「クラ〈ｋｕｒａ〉」と呼んでいたのでは

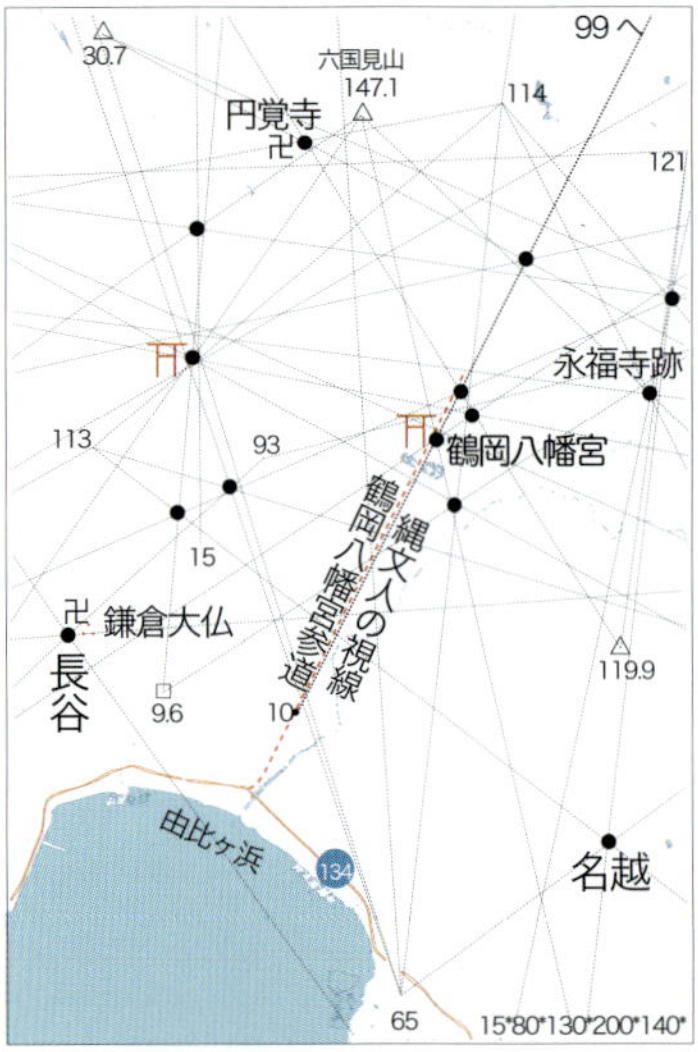


358　鶴岡八幡宮の参道と
縄文人の視線

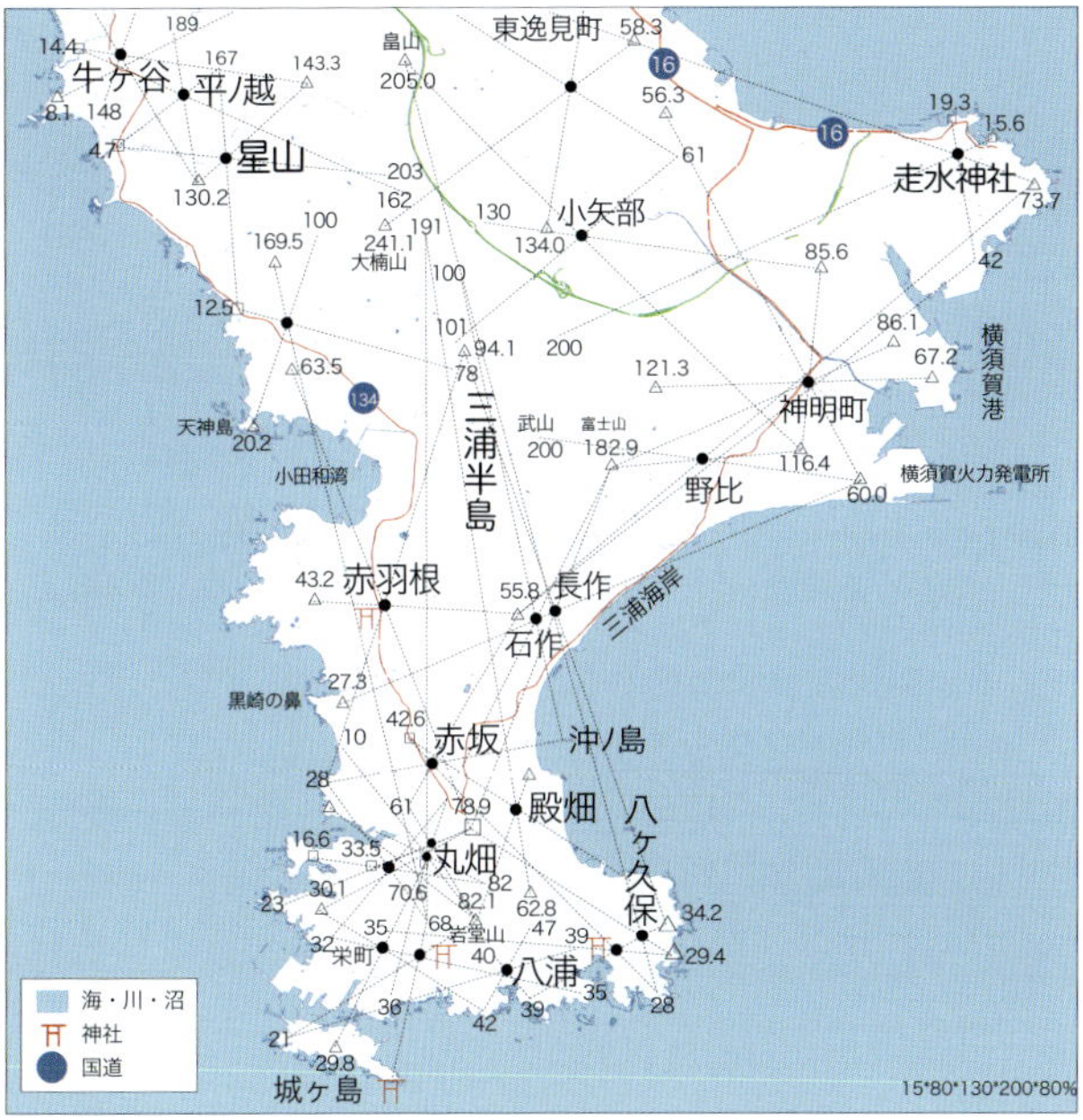


359　鎌倉から走水へ

なかろうか。縄文語で「カム」は被《おお》う、冠《かむ》るの意で、「カマ」〈ｋａｍａ〉は被われたの意となり、「カマクラ」は被われた影を意味するのではなかろうか。雪の〝かまくら〟を想い浮かべてほしい。

この地域には縄文海進の頃には海蝕洞《かいしょくどう》（波浪侵食で形成された洞窟）が沢山あったのではなかろうか。

竪穴住居がまだ浸透していなかった頃には、自然の岩陰や洞窟を利用して住んでいたとされており、それ以来、数千年後の鎌倉時代になっても洞窟を利用するという風習がこの地域に伝承されていたと考えられる。そんな洞窟が沢山みられる処、まさに〝鎌倉〟と呼ばれるにふさわしい地形ではなかろうか。

鎌倉を北上すると横浜の打越や保土ヶ谷に連絡網が連なっている。図359に示すように三浦半島にも星地名は沢山みられる。鎌倉から南東方向に行くと牛ヶ谷・星山・赤羽根などの星地名を経て三浦海岸沿いに走水神社のある走水へと行き着く。

この地は中世には源頼朝の挙兵に従事した三浦氏の領国であった。三浦氏は北条時頼の時代に宝治合戦で宗家が滅ぼされ一族は東北など各地に離散した。

図360に示すように越谷・餅木から北上すると成田空港周辺には多くの星地名がみられる。

## 成田空港周辺の星地名

浦賀水道を渡ると房総半島に至る。半島の東側を海岸に沿って北上すると、国指定遺跡・芝山古墳群や、やはり国指定史跡の阿玉台貝塚を通り銚子市の犬吠埼《いぬぼうさき》を廻り陸奥国へと向かうことになる。芝山古墳群も阿玉台貝塚《あたまだいかいづか》も星地名に位置していて、特に阿玉台貝塚は縄文時代の貝塚で、利根川水系の黒部川流域は縄文時代各時期に貝塚群が展開する地域として知られる。

図360には木内《きのうち》という星地名がみられるが、おそらくは木内〈kiuti〉であった可能性が高い。なぜならば「金田一とは？」のところで述べた綺羅星に該当しており木内の木〈ki〉は美しい光・内〈uti〉が星を表している。この

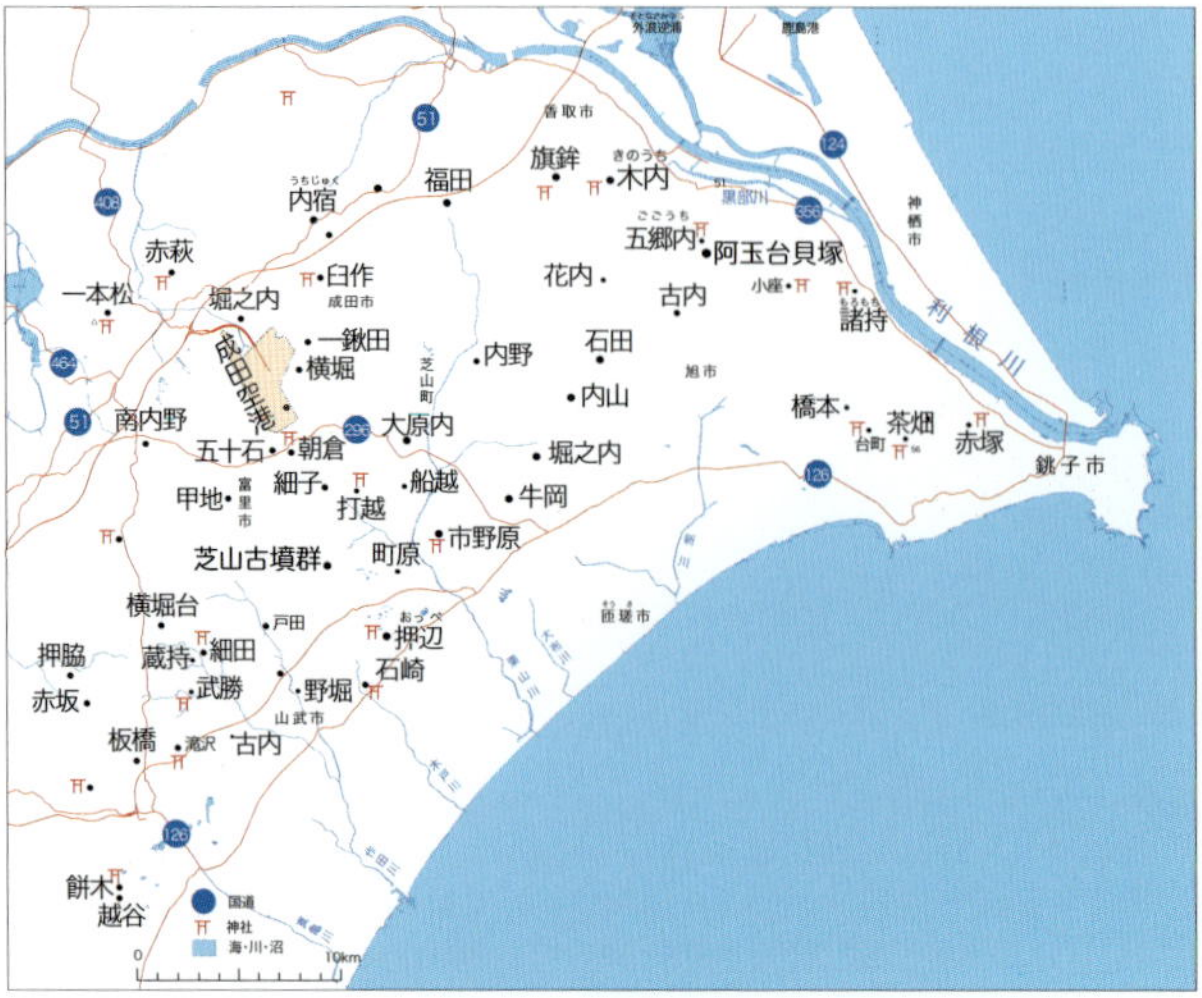


360　成田空港周辺の星地名（視線消去）

地（下総国香取郡木内）に千葉六党の一つである東胤頼《とうたねより》の二男胤朝《たねとも》が木内庄《きうちのしょう》を領して木内を称した。

木内氏の家紋は月星紋で新渡戸氏と同じ桓武平氏千葉氏の係累で、縄文の星との繋がりを示している。芝山古墳群については「古墳と星地名」で既に述べた。

日本武尊を乗せた王船は犬吠埼を回り北上して陸奥国に入り蝦夷の境へと向かったとされているが、『日本書紀』の記述を要約すると、「一行はその後海路で葦浦《あしのうら》に廻り、横に玉浦《たまのうら》を渡って蝦夷《えみし》の境《ほとり》に至るが、蝦夷の首長や島津神、国津神たちが竹水門《たかのみなと》で待ちかまえていた。しかしながら、大きな鏡をつけ、迫ってくる巨船の勢いを見て、戦わずに服従、波をかき分け着船を手伝ったのであった。蝦夷たちが悉《ことごと》く従順の意を示したので、一行は日高見国《ひたかみのくに》より帰途につき、常陸の国、新治《にひばり》、筑波《つくは》を経て甲斐国《かひのくに》に至り、酒折宮《さかをりのみや》（甲府市）に宿泊。」とある。

〝葦浦〟は図361に示した阿字ヶ浦の辺りかと思われる。周辺には星地名に該当する赤坂や虎塚古墳などのほかに橿原神宮も存在する。

## 玉浦とは何か・竹水門とはどこか

日本武尊の玉浦から竹水門に至る航路を推理すると図362のようなルートとなろうか。

361　阿字ヶ浦周辺の星地名

362　玉浦と竹水門

この図をよくみると大きな川が広範囲に水域を伸ばしている。橋のなかった時代には大きな川は進路を妨げるので、川の上流まで上り、山岳地帯の川幅の狭いところで川を渡るような道を選ばなければならなかった。つまり川の多さから、陸路は無理ではなかったかと考えられる。

さらに玉浦については、太田川・新田川・島田・藤田・角田・坂津田・柴田・村田・増田・飯田・岡田・福田・多賀・新田と「タ」〈ｔａ〉のつく地名がひしめいている。また真野〈ｍａｎｏ〉が二つと阿武隈〈ａｂｕｋｕｍａ〉がみられる。このなかに重大なヒントが隠されていた。

「タ」〈ｔａ〉と呼ばれる地名と「マ」〈ｍａ〉と呼ばれる川、つまり縄文人は海を含めこの水域を「タマ」〈ｔａｍａ〉と呼んでいたと考えられる。

まるで空から眺めたように地形を正確に表す縄文人の習性からすると、〈ｔａｍａ〉は極めて平坦な台地に囲まれた岸辺を意味することになる。

地元の道案内人がタマ〈ｔａｍａ〉と説明したものを、「そうか、玉か」と受けとめ、玉浦と名づけると、元々の地形を表す意味が失われてしまう。玉浦と記した時点でタマの意味の伝承は断ち切られた。しかし音声だけは正確に伝えられていることから、この描写は創り話ではない。

## 〈ｍａ〉とはなにか

大間・風間・登米・阿武隈・千曲・多摩・須磨・播磨・熊・薩摩・球磨などの〈ｍａ〉とはなにか。語尾に「ま」という音声のつく地名や川に共通してみられれる「ま〈ｍａ〉」とはなにか。図363に記した〈ｍａ〉のつく地名を、図364以下にその略地図を示す。大間・風間・戸山・富山の共通点は海に接した地形で、実際にその地点に立つと大きな湾のような感じがする。宮城県登米《とめ》市登米《とよま》町は〈ｔｏｙｏｍａ〉という音声を残し今に伝えている。

うなぎの専門店・東海亭では二階の窓から北上川の絶景を望みながら食べるうなぎは絶妙で、また水量があふれるばかりで、いかにも水辺に居るという感じがするが、これが〈ｍａ〉なのであろうか。

下総国《しもつふさのくに》の相馬郡といわれた地域は恐らくは縄文時代には〈ｓｏｏｍａ〉と呼ばれていていてその音声が伝わっていて相馬という漢字が宛てられたのであろう。

大間〈ooma〉
風間〈kazama〉
戸山〈toyama〉
富山〈toyama〉
登米〈toyoma〉
相馬〈sooma〉
多摩〈tama〉
須磨〈suma〉
播磨〈harima〉
志摩〈sima〉
薩摩〈satuma〉
串間〈kusima〉

363〈ma〉地名

364 大間・風間

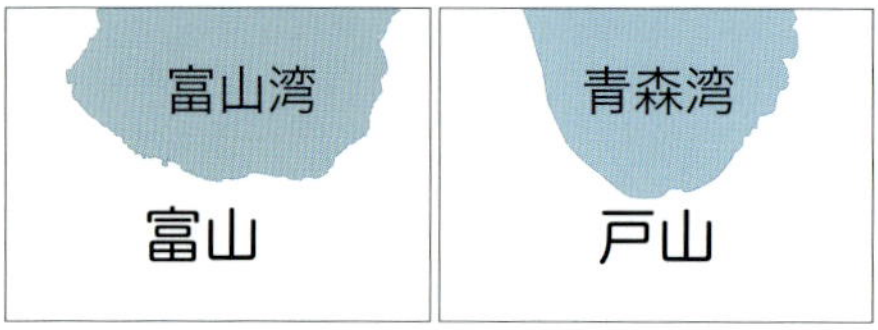


365　富山・戸山

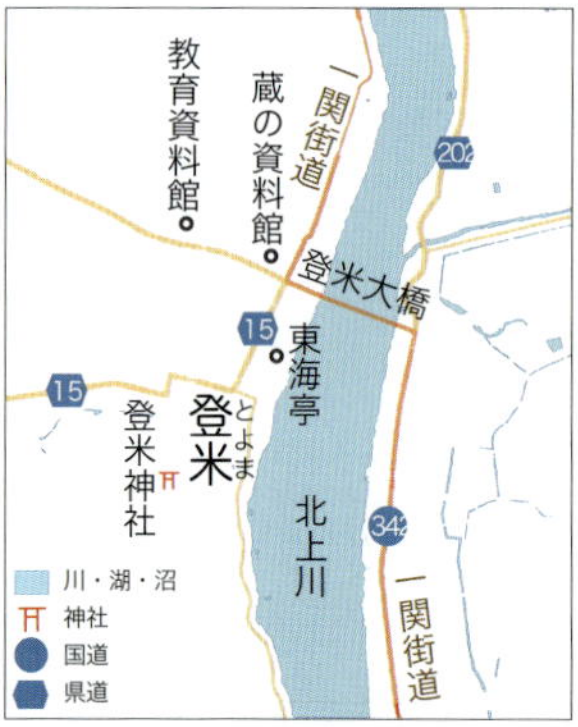


366　宮城県の登米

『アイヌ語沙流方言辞典』(田村しず子著)によると「ｓｏは平で広がりのある場所を表す」とある。またアイヌ語の湾〈ｍｏｙ〉は〈ｍａ〉と類似していると考えられる。

多摩・須磨・播磨・志摩・薩摩・串間も共通点は水辺であり、〈ｍａ〉は岸辺～湾を意味する縄文語由来の日本語と考えられる。多摩川の近くに大田区という田〈ｔａ〉のつく地名や玉川も玉浦を解明するヒントにはなろうか。

大田区の地形は平坦な台地と低くて平坦な谷底低地が特徴とされている。大田区という名称は昭和２２年３月１５日、戦禍からの復興を願って都心区の配置分合が進み、大森区と蒲田区が合併して大田区となった経緯があり、旧蒲田区には羽田や蒲田など田〈ｔａ〉のつく地名がみられる。つまり〈ｔａ〉は平坦な地形をあらわしているのではないか。あらためて図362を見なおしてみると玉浦《たまのうら》の意味が解明されよう。平〈ｔａ・ｉ・ｒａ〉とは田〈ｔａ〉が〈ｉ〉(いる～ある)、〈ｒａ〉は多いで、〝田〈ｔａ〉が沢山あるので〟平とはよくも言い表したものだ。玉〈ｔａｍａ〉は〈ｔａ〉平坦な〈ｍａ〉水辺～岸辺を意味することになろう。漢字で玉と表すと意味を失う。

〈ｋｕｍａ〉とはなにか。千曲はその意味を残している。〈ｋｕ〉は「くねる」の意で千曲の〈ｋｕ〉は曲りくねっている形を表しているのではなかろうか。

〈ｋｕｍａ〉はくねった水辺・岸辺を意味していると考えられる。漢字で球磨・熊などと表すとやはり真意を理解出来なくなるばかりか熊が多い処かと誤解が生じる。

整理しておこう。

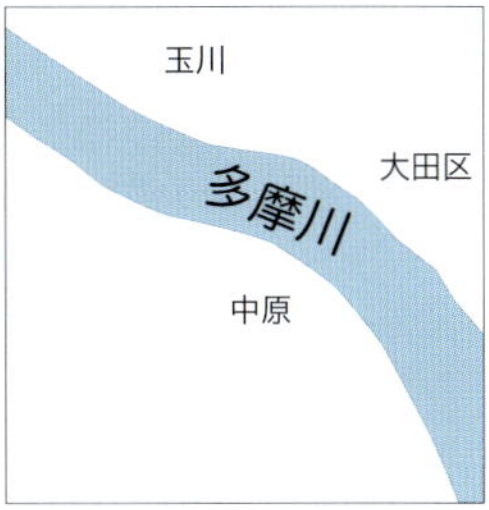

367　東京の多摩

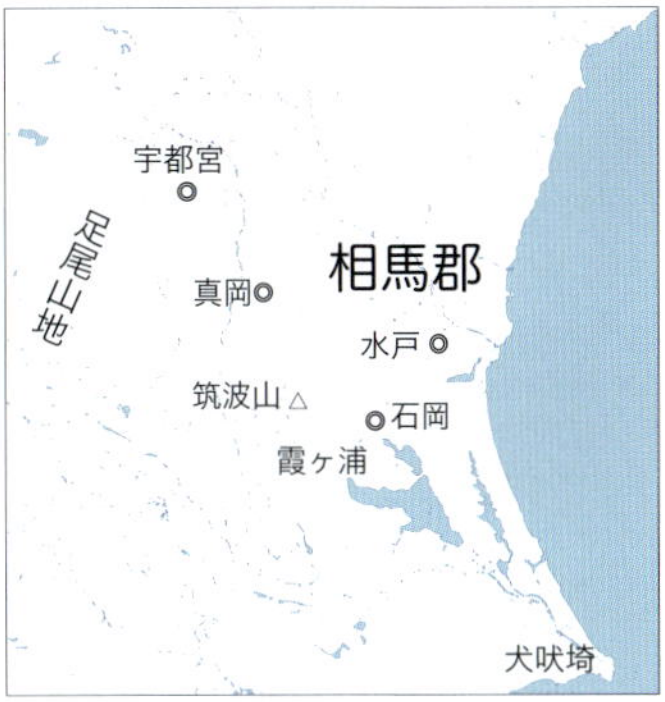

368　相馬郡

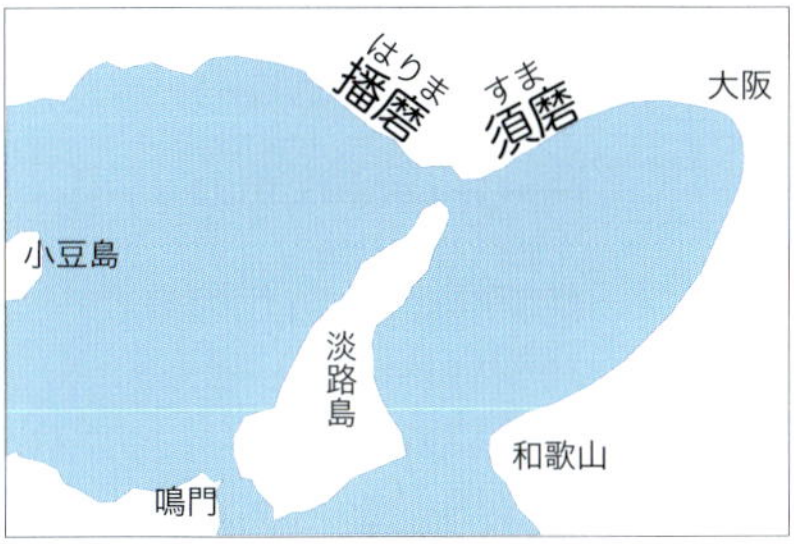

369　須磨・播磨

370　志摩

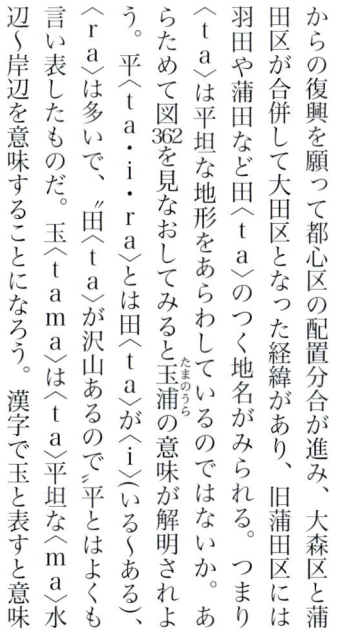

372　阿武隈

371　薩摩・串間

阿武隈〈abukuma〉
千曲〈tikuma〉
熊野〈kumano〉
詫間〈takuma〉
球磨〈kuma〉

373　〈kuma〉

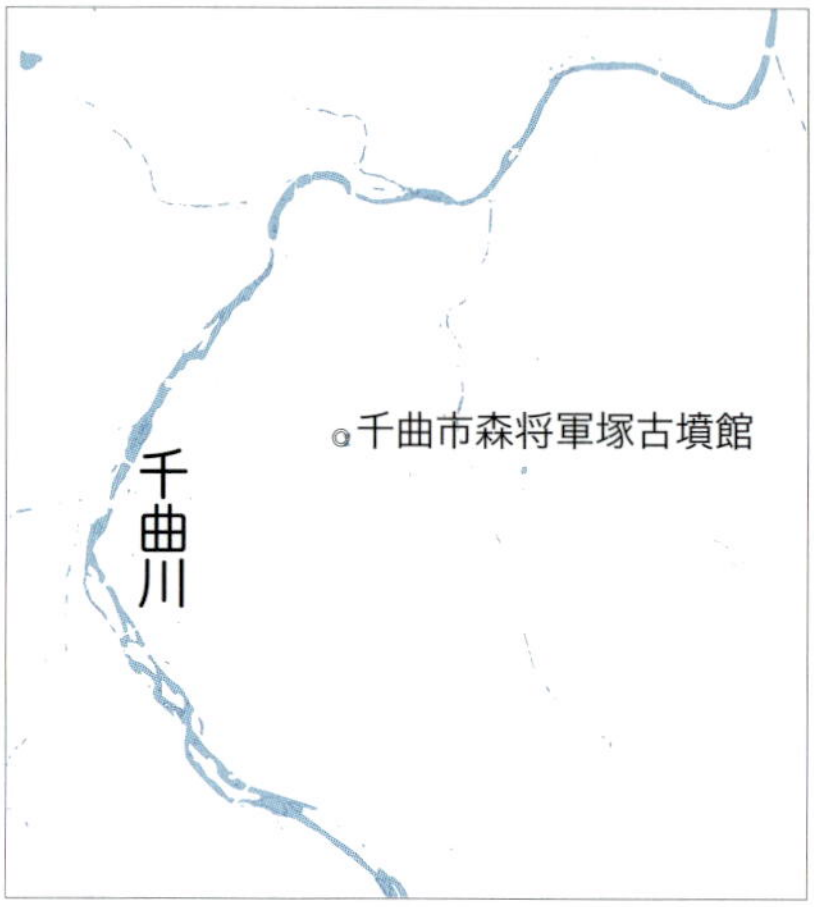


374　千曲

## ヌマ・クマ・タマ・ヤマの意味

〈nu〉は野原
〈ku〉は曲くねった形
〈ta〉は極めて平坦
〈ya〉はなだらかな大地となる。

詫間〈takuma〉は両方の形を持ち合わせている湾となろう。

日本武尊の道案内人が「今船が渡っているところが〝タマ〟と呼ばれる海です。」と言ったのを『日本書紀』が編纂される際にタマには玉という字が当てられ、湾のような地形だから玉浦となり、後に『日本書紀』を学んだ学識経験者が宮城県の岩沼に玉浦という地名を誕生させたのが真相であろう。

つまり、『日本書紀』の記述が現地の地形の音声まで表しているとすれば、これは神話ではなく、史実と考えらのではないか。

横に玉浦《たまのうら》を渡って蝦夷《えみし》の境《ほとり》に至るが、蝦夷の首長や島津神、

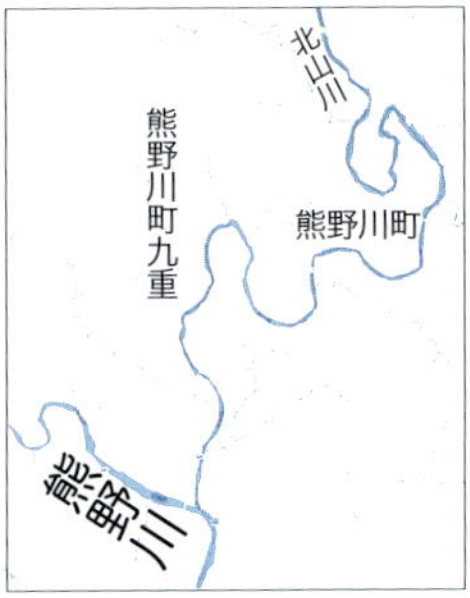


375　熊野

376　球磨

377　佐渡の真野

378　詫間・善通寺・満濃池

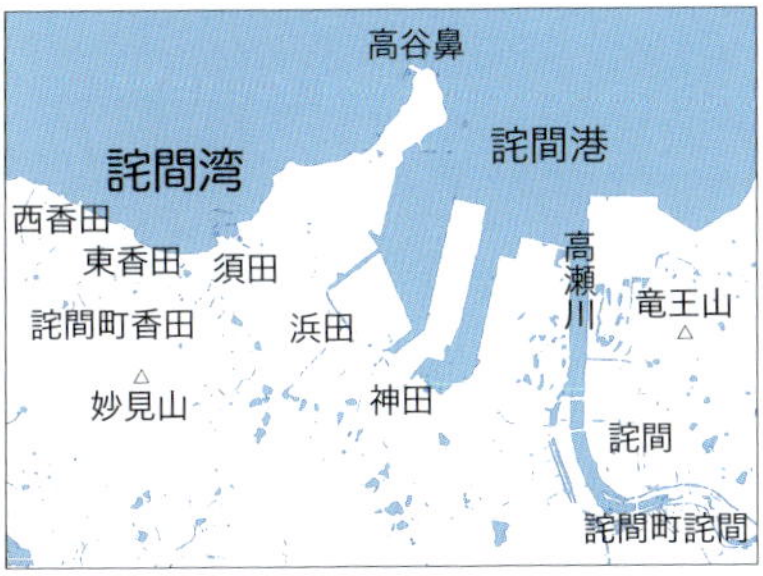


379　詫間・妙見山

ぬま〈numa〉
　野の水溜まり＝沼

くま〈kuma〉
　曲がりくねった岸辺＝川や海

たま〈tama〉
　平坦な大地の岸辺＝湾や川

やま〈yama〉
　大地の岸辺＝湖や海

380　ぬま・くま・たま・やま

国津神たちが竹水門《たかのみなと》で待ちかまえていた。

この記述には信憑性がある。ほとんど誰もが忘れかかっていた〈ｔａｍａ〉という言葉の音声を素直に言い表しているからだ。

ま〈ｍａ〉のつく多くの地形を略地図で表した結果、簡単な分類を表示した。

## 蝦夷の境とは何か・日高見国とはどこか

竹水門とはどこか。図381に示した小竹浜・竹浜という半島状の門が、その所在を暗示している。竹のつく二つの岬の中央部に小鯛島(小出島)があり、外海からは見えないが島陰に潜んでいるのが竹水門なのだ。今では月の浦と呼ばれるが、竹〈tiku〉→〈tuku〉→〈tuki〉で何度も述べている〈i・tuki〉に該当し、縄文の霊港と言えよう。蝦夷の船団は、この隠された港に集結し、王船の様子を窺っていたことになる。

図382にみるように月の浦を出て旧北上川を遡ると日高見神社のある地点に至る。ここは旧北上川と北上川に囲まれた自然の要塞のような地形を呈している。

境「ほとり」とは「川のほとり」のように水辺を指し示す言

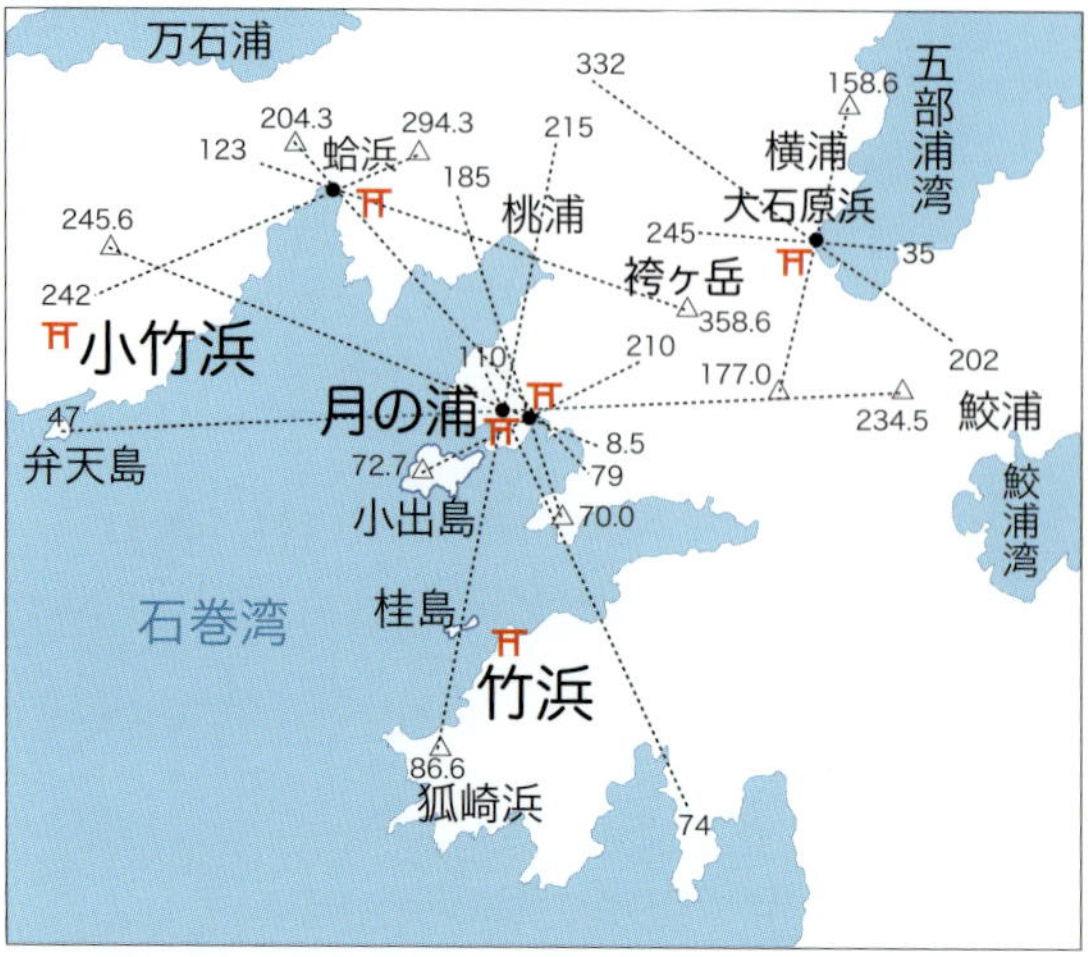


381　小竹浜・竹浜が語る「竹水門は月の浦」

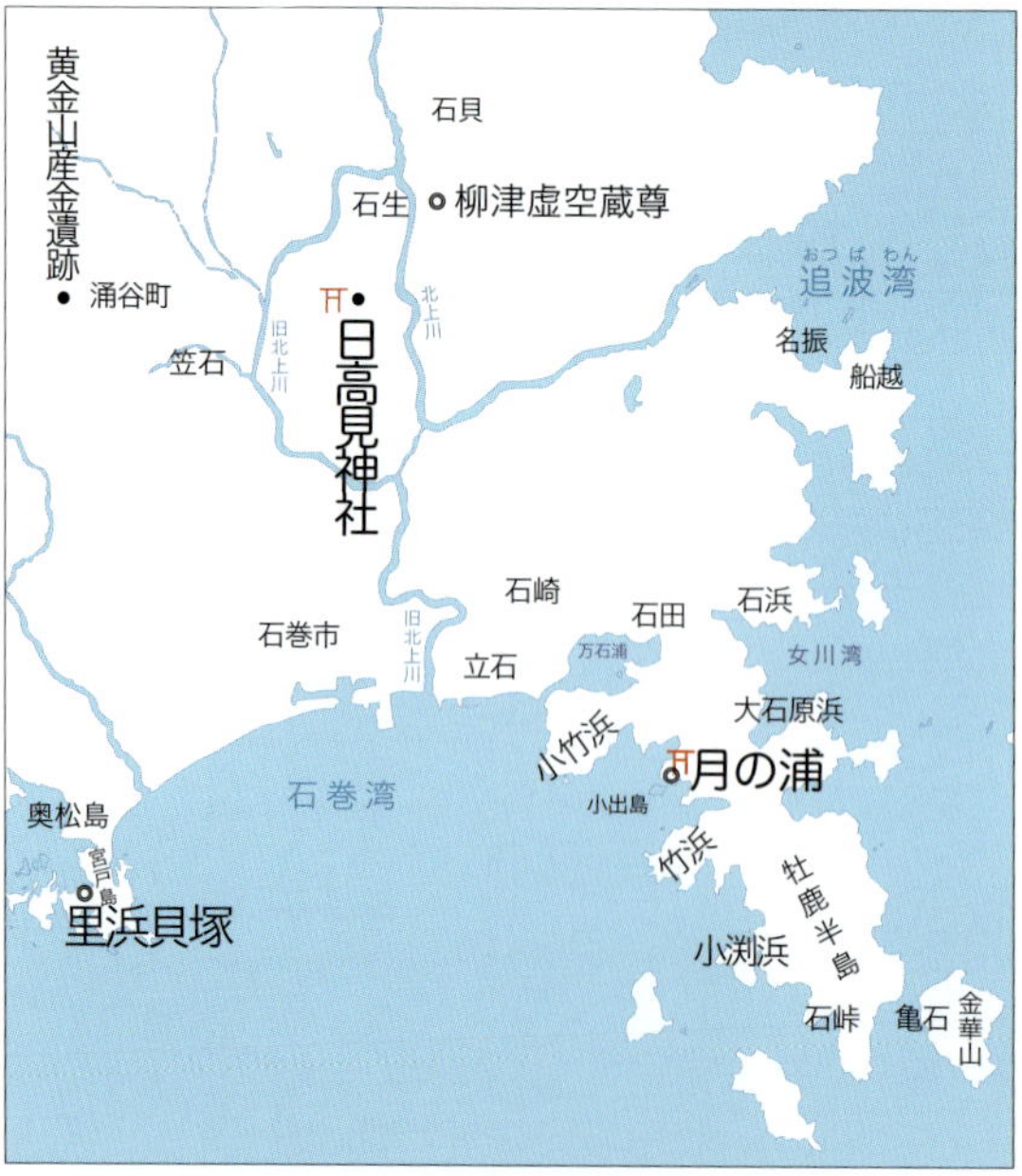


382　蝦夷の境と日高見神社

383　竹生島周辺と伊吹山山麓の星地名

葉で、蝦夷の境とはこの川に囲まれた地域で、そこが日高・見であろう。石のつく星地名が沢山みられ、まさに石のま・き(仲間)と云うにふさわしい。

そして、そう遠くはない後に、奈良の大仏の鍍金にのために金が献納されたという黄金山産金遺跡はすぐ近くにある。

## 竹生島・竹水門・月山

図383に竹生島《ちくぶじま》周辺と伊吹山麓の星地名を示したが、竹生島は古来より信仰の対象となった島で神の棲む島とも言われ、奈良時代に行基上人が四天王像を安置したのが竹生島信仰の始まりと伝わっている。

一方、縄文方位測量の視点で見れば竹生島は図386の向かって左に見える箱館山(標高５４６・８ｍ)を介して石田と連携し、海津大崎の４８３ｍの山を介して追坂《おっさか》峠(〈ｏｔｕ〉は星)と連携をもつ星地名に該当し、音声も〈ｔｉｋｕ〉を留めている。山形県の中央部に位置する標高１９８４ｍの月山《がっさん》は山岳信仰の山として知られる。月山は音読みで、元々は〈ｔｕｋｉ〉山であった可能性がある。

つまり、縄文語の〈ｉ・ｔｕｋｉ〉の〈ｔｕｋｉ〉が漢字で表されるときに竹や月になったと考えられ、星地名が、信仰の対象に変化した例と言えようか。

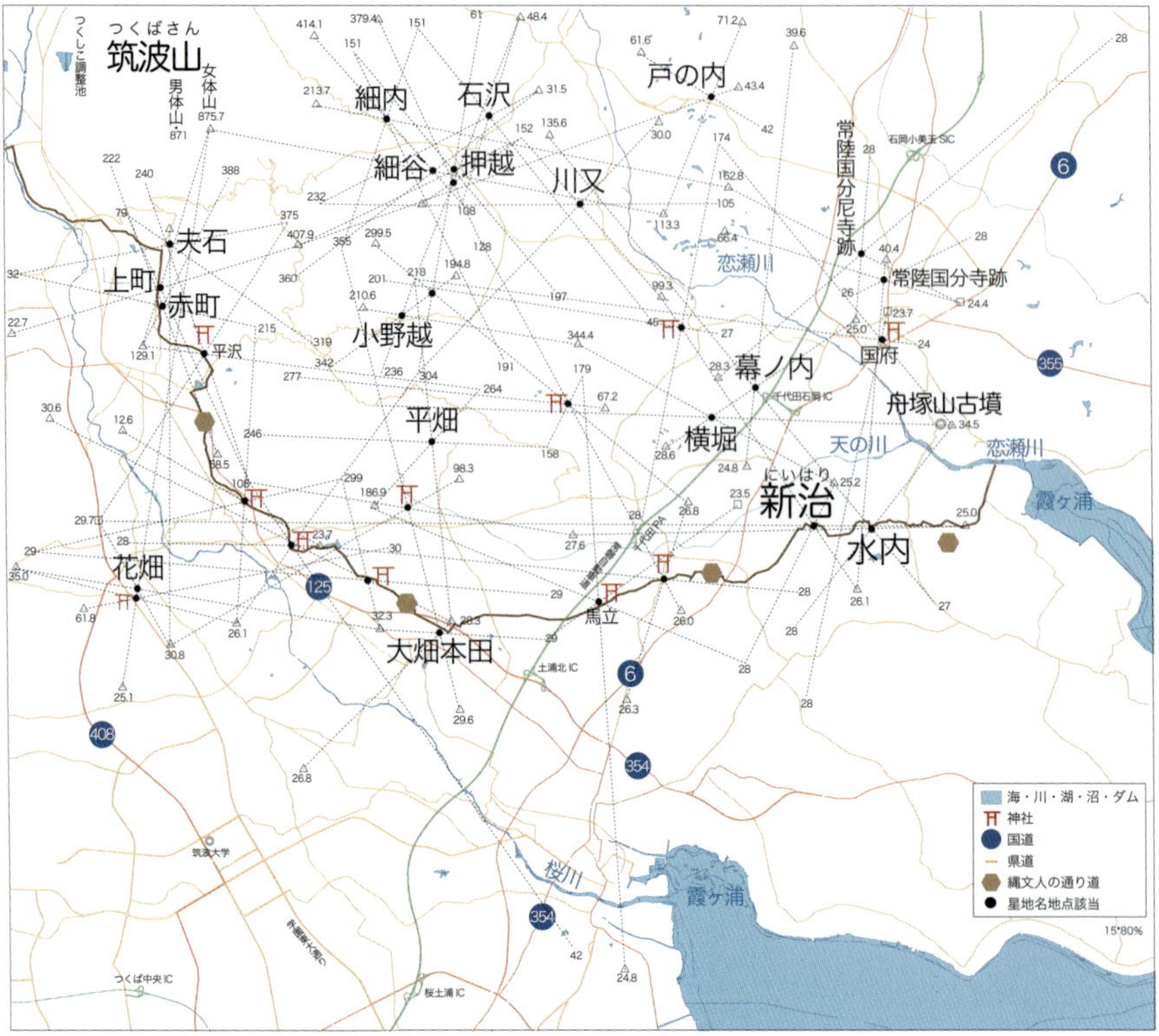


384　霞ヶ浦・新治・筑波と星地名

## 新治・筑波

帰路は海路を利用したとすれば、蝦夷の境より同じルートを戻り、霞ヶ浦を通り新治《にいはり》に至ったと考えられよう。この頃は霞ヶ浦は海に繋がっていた。現在霞ヶ浦周辺で多く見られる貝塚はこの時期に形成されたと考えられている。したがって比較的容易に新治に辿り着けたと思われる。

図384をみれば、舟塚山古墳のある辺りが上陸地点であろうか。新治も愛媛県の今治《いまばり》も星地名で、新〈ｎｉｉ〉は低いで〈ｈａｒｉ・ｂａｒｉ〉は星を意味する。これは空の星が低いのではなく、この地点の標高が低いことを意味している。岩手県紫波郡紫波町にある新山《にいやま》(標高２５２ｍ)は、そこから見える岩手山(標高２０３８ｍ)、早池峰山(標高１９１７ｍ)、和賀岳(標高１４３９ｍ)、東根山(標高９２８・４ｍ)、黒森山(標高８３７・３ｍ)に比べると大変低い山である。また新潟や新津は信濃川や阿賀野川の河口に近い湿地帯の多い低いところで、治〈ｈａｒｉ・ｂａｒｉ〉は八戸市の縄文遺跡風張〈ｋａｚａ・ｈａｒｉ〉や栗原市の

伊治城跡の伊治〈ｋｏｒｅ・ｈａｒｉ〉や今治、名張、尾張などがそれに該当する。今治の今〈ｉｍａ〉は第１０章で述べた忌み〈ｉｍｉ〉の変化で潮流が早く岩礁の多い海の難所を示すと考えられよう。

さて、可能な限り上流で川を渡ろうとすれば茶線で示した道程を通り、武蔵、上野から碓日坂《うすひのさか》を越え軽井沢に向かったと考えられる。

385　軽井沢周辺の星地名

## 軽井沢とはなにか

軽井〈ｋａｒｕ・ｉ〉の〈ｉ〉については「いる・ある」を意味する。内〈ｎａ・ｉ〉は〈ｎａ〉は魚であることは既に述べた。内は魚のいるところで後に川となった。問題は軽で、前著では軽井沢と金属地域との関係をとりあげたが軽の意味が分からなかった。図385の軽井沢は星地名に該当するので、縄文との関わりが濃厚と考えられよう。

図385には発地《ほっち》〈ｈｏｔｔｉ〉が２ヶ所、他に沓掛《くつかけ》、風越、借宿《かりやど》、茂沢、追分、草越、大星神社などの地点が星地名地点にみられた。沓掛は太安萬侶墓の近くの奈良市沓掛町、滋賀県長浜市西浅井町沓掛、宮城県黒川郡大衡村大瓜沓掛はやはり星地名地点に一致し沓掛の沓〈ｋｕｔｕ〉は越〈ｋｏｓｉ〉→串〈ｋｕｓｉ〉→楠〈ｋｕｓｕ〉などからの音声変化で星が越える、渡るを意味し、掛〈ｋａｋｅ〉は影〈ｋａｇｅ〉→〈ｋａｋｅ〉の音声変化と思われる。

## 軽井沢型地名の分布

軽井沢は各地にみられる。平成２１年6月２３日発行の拙著には図386のような分布図を記したが、平成２５年１０月２０日発行の論文『軽井沢地名の成立』(江川良武著)によると軽井沢型地名についてより詳細な調査が行われているので引用させていただいた。この論文には軽井沢型地名立地条件が克明に記されている。

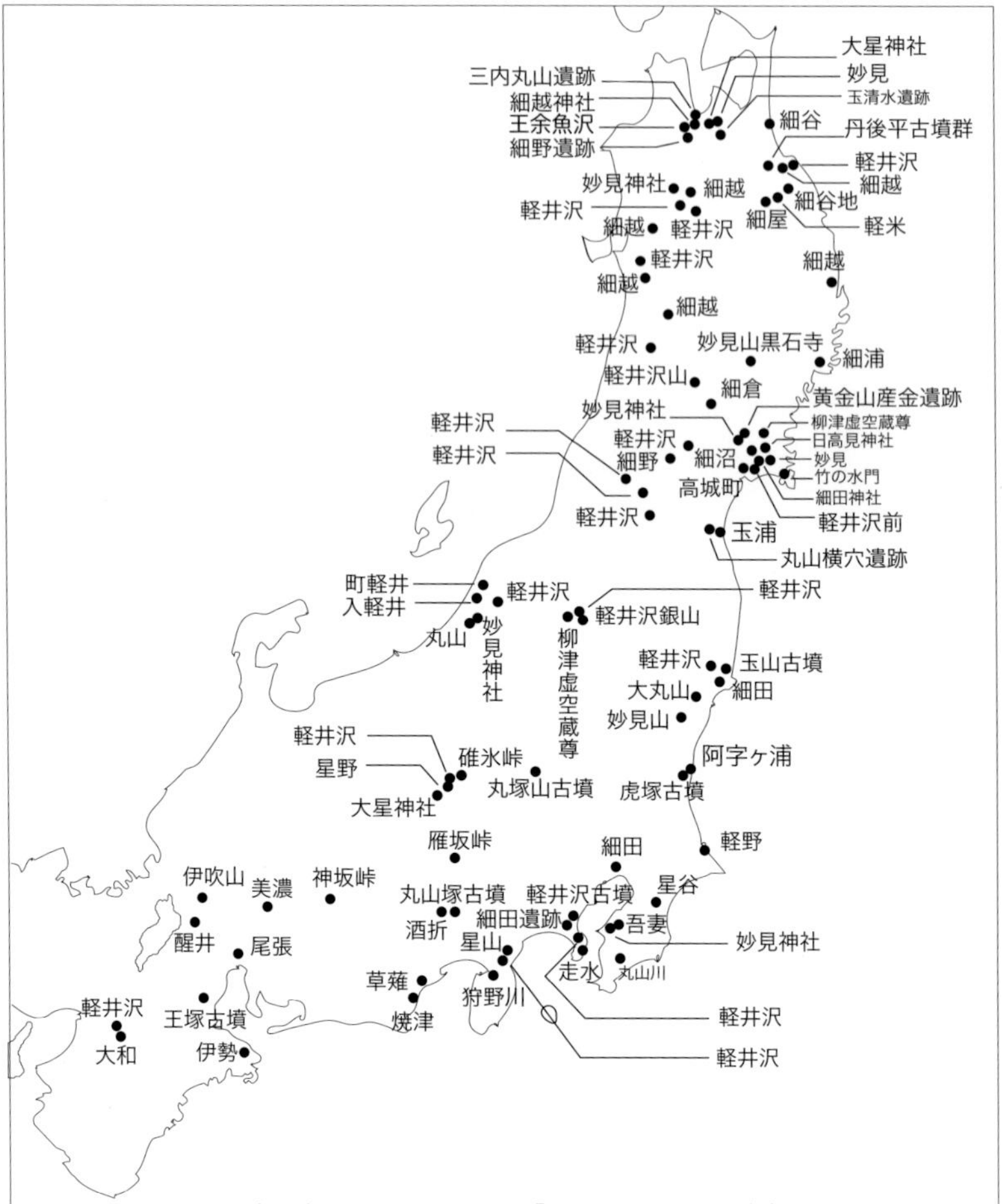


平成21年6月23日発行の拙著『星の巫―縄文のナビゲーター』より

386　軽井沢型地名の分布　拙著『星の巫』より引用

それによると軽井沢型地名の多くは水田や草地に位置している。

縄文人は衣食住をなによりも大切にしていたようで、魚〈na〉〈o〉やヒエ〈hi〉〈hie〉などは既に述べた。

軽とは何か。住・衣に関係はないか。さらに水田は湿地帯や草原を開拓してつくられたことを考えると縄文時代に大切なものとは何か。軽は「カルカヤ」ではなかったか。

屋根を葺《ふ》くために刈り取った茅をとくに刈茅（かるかや）と呼び、これを用いて葺いた屋根を茅葺《かやぶき》屋根と呼ぶ。縄文時代には茅を用いた屋根だけの住居が作られていたと考えられている。

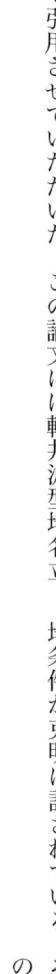

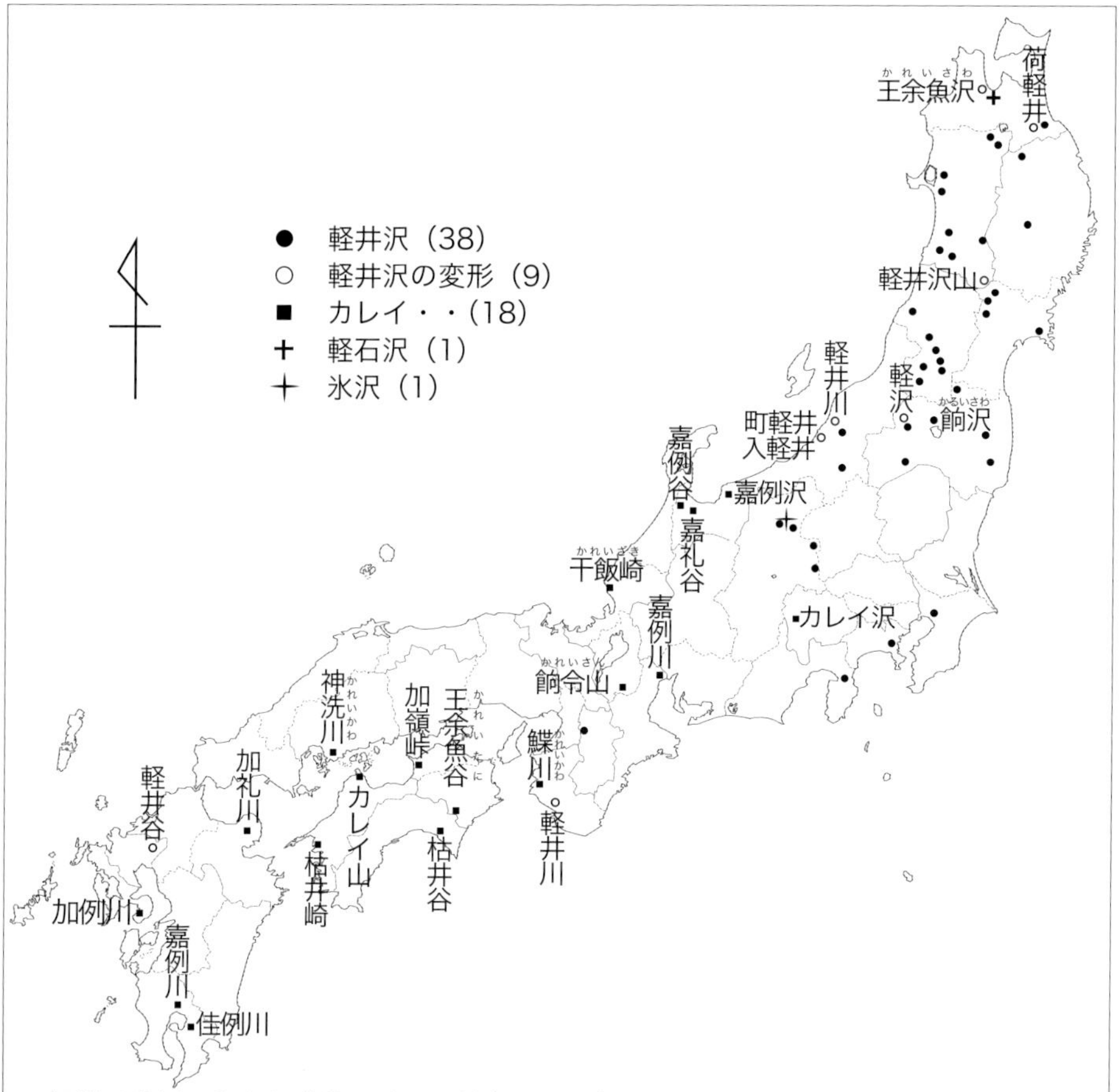


軽井沢型地名 (● および ○) とカレイ地名、ならびに軽石沢と氷沢の分布 ( 括弧内は地名の数 )
雑誌『信濃』第 65 巻第 10 号通巻第 765 号平成 25 年 10 月 20 日発行所載別刷
論文『軽井沢地名の成立』江川良武著より引用

387　軽井沢型地名の分布　論文『軽井沢地名の成立』江川良武著より引用

とすれば軽井沢は「かるかや」のある沢となろうか。縄文語は先ず大事なものを述べ(主語や形容詞)、次に動詞や名詞を置いた。名張、尾張、尾駮《おぶち》、魚渕、尾道、奥入瀬《おいらせ》、追良瀬《おいらせ》、鳴瀬、内《ない》、軽井などで、語順は日本語やアイヌ語と同じで、日本語とアイヌ語の共通の祖語は縄文語と考えられる一つの根拠とされている。沢や川は後世に地名を考える際に加えられたのであろう。注意しなければならないのはいわゆる常識は通用しない点だ。

例は十和田市の月日山で、山頂近くに位置する日月神社が、元々はこの山が日月であったことを物語っている。

〈ｉｔｕｋｉ〉→〈ｈｉｔｕｋｉ〉→〈ｈｉｄｕｋｉ〉で、この場合〈ｉ〉は恐ろしいものや霊を表し、〈ｔｕｋｉ〉が付く・抱くで動詞である。

今も月日山はイタコ誕生の地、すなわち霊を呼ぶ山とされているので、これは、地図や郷土史の作成にあたった学識経験者が〝日月はおかしい。「月日《つきひ》は百代《はくだい》の過客《くわかく》にして」と芭蕉が記しているではないか。『浦島太郎』も「月日のたつのも夢のうち」と歌っているではないか。「日月を月日になおしなさい」〟と言ったかも知れない。

日も月も漢字の意味やイメージで考えると真意を読みとれなくなる。細谷も全く同じで細《ほそ》い谷《たに》をイメージすると真意を間違う。なにしろ四〜五千年前の言葉を考える時、昨・・・・・・・・今の常識は通用しないといえようか。

平成２８年２月半ば過ぎだったと記憶している。ようやく春の兆しを感じはじめた頃に、図388の長浜市野瀬町にお住まいの腹話術師・三代目 竹の屋善右衛門様(岩田竹善様)から温かい励ましのお言葉を頂戴した。

拙著『星地名 縄文の知恵と東北大震災』をお読み下さって、未だ交通網も完全に復旧していない最中、滋賀県からもう青森県にもほど近い岩手県下閉伊《しもへい》郡普代《ふだい》村までわざわざお出かけくださり、現状をお確かめくださったとのこと。

しかも、『星地名』の書評はかんばしくなく、その上に次に発刊予定の膨大な資料に振り回され、いささか意気消沈ぎみの筆者にとっては、このお手紙は「捨てる神あれば拾う神あり」のことわざのようにありがたかった。

方位図の作成が、まさに近江の伊吹山のところにさしかかっていた折だったので、竹の屋善衛門様の腹話術は、こんなところ(青森県十和田市)まで励ましの声を届けることができるのかと感銘ぶかかった。

## 伊吹山麓の星地名

伊吹山は『古事記』や『日本書紀』のヤマトタケル東征に記載されている。しかし方位図388では伊吹山は目標の山にすらなっていない。星地名の位置にあるのは伊吹町の膽吹山《いぶきさん》専休寺《せんきゅうじ》であって近くには伊夫岐《いふき》神社もみられる。

吹のつく星地名は青森県上北郡横浜町字吹越《ふっこし》や秋田県能代市吹越《ふっこし》、秋田県湯沢市吹張《ふっぱり》、岩手県花巻市吹張《ふっぱり》町、青森県八戸市櫛引吹張平《ふきはりたい》がみられる。吹越の音声は〈ｈｕｔｕ〉〈ｋｏｓｉ〉であり、〈ｈｕｔｕ〉は星〈ｋｏｓｉ〉は越なので星越となり星地名であることが明瞭。

伊吹〈ｉ・ｈｕｋｉ〉の〈ｉ〉は恐ろしいものや霊などを意味するが、伊吹山は活火山ではないので毒ガスは出ないが、濃霧が発生しやすい地形だと言われている。

伊吹山の神は「伊吹大明神」とも呼ばれヤマトタケルの命は『古事記』では「牛のような大きな白猪」に苦しめられた

とあるが、それはやはり濃霧であろうか。星地名の伊吹は250mの山を介して石田や内保《うちぼ》という星地名と連携している。

石田や内保は〈isi〉・〈uti〉という星〈buti〉由来の音声を残しているが、伊吹の〈buki〉はもしかすると〈buti〉から変化した音声なのかもしれない。

さていよいよ能褒野《のぼの》へ向かう。考古学で能褒野の地点は未だ不明確と云われているが、『古事記』に倭建命が『吾足如三重勾而甚疲』(わがあしは　みえのまがりのごとくしてははなはだつかれたり)と嘆かれた地点が三重と呼ばれるようになり、そこから少し行かれた地点・能褒野でお亡くなりになられたと記されている。能褒野王塚古墳《のぼのおうつかこふん》は宮内庁により「能褒野墓《のぼののはか》」として第12代景行天皇皇子の日本武尊の墓に治定されている。

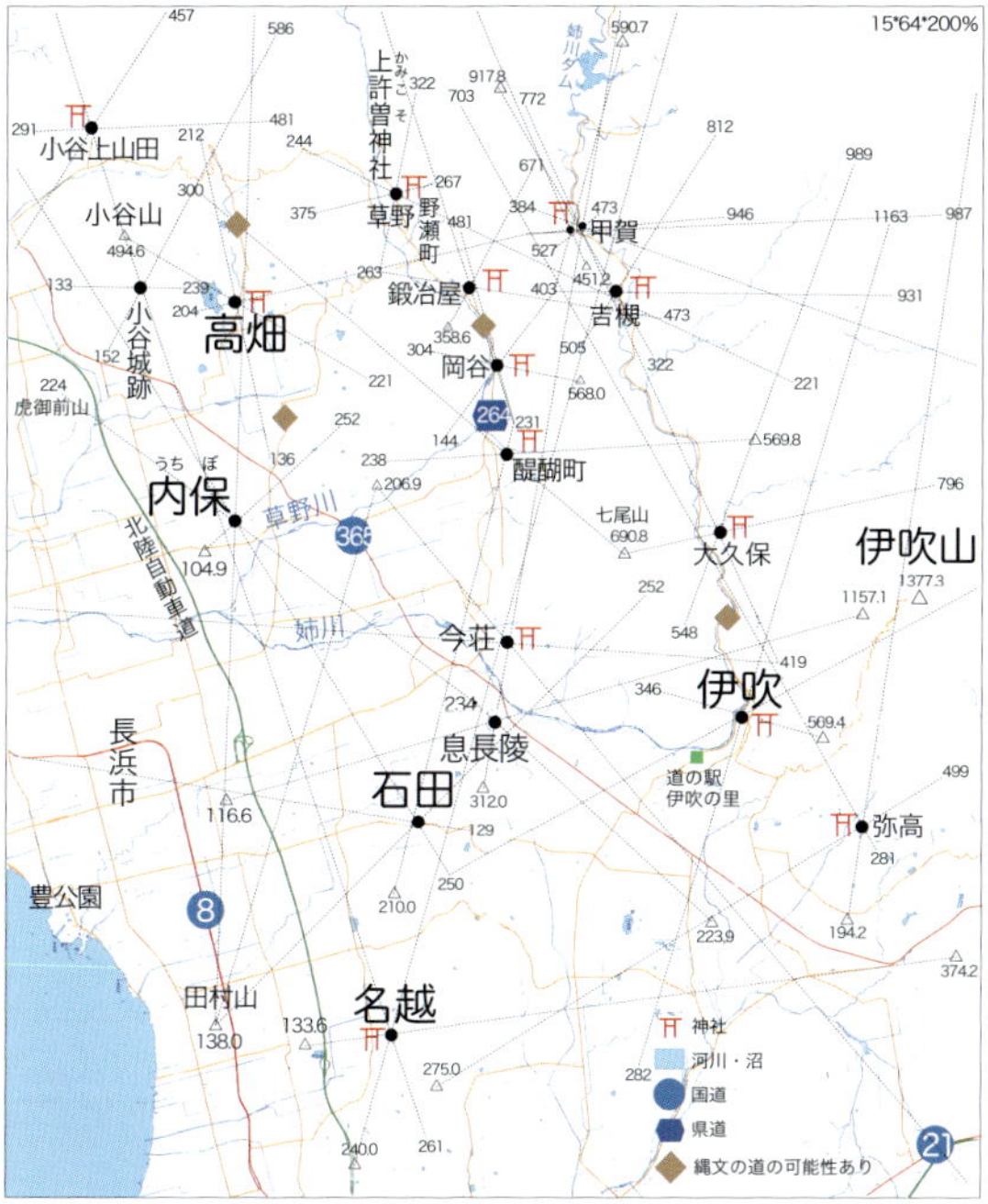


388　伊吹山麓長浜市周辺の星地名

## ヤマトの星地名・この空白はなに

日本武尊が帰りたくても辿り着けなかったヤマトとはどこか。「まほろば」とはどんなところか。図389をご覧になって、果たして読者の皆様は「これはおかしい」と疑問をいだかれるだろうか。

この図を完成したときに筆者は、はじめは何も気づかなかったが、何度も眺めているうちに、「これは変だ。中央部に目標の山も星地名もない空白がある。これは一体どうしてか。」と異常に気づいた。

小学生時に奈良県吉野郡大淀町で過ごした日々を思い浮かべてみた。お寺参りの好きだった祖母に連れられ、よく當麻寺《たいまでら》や壺阪寺《つぼさかでら》などにお参りした。その當麻寺も星地名地点に建立されていた。

記憶では、盆地を走る近鉄の線路の周辺には田園

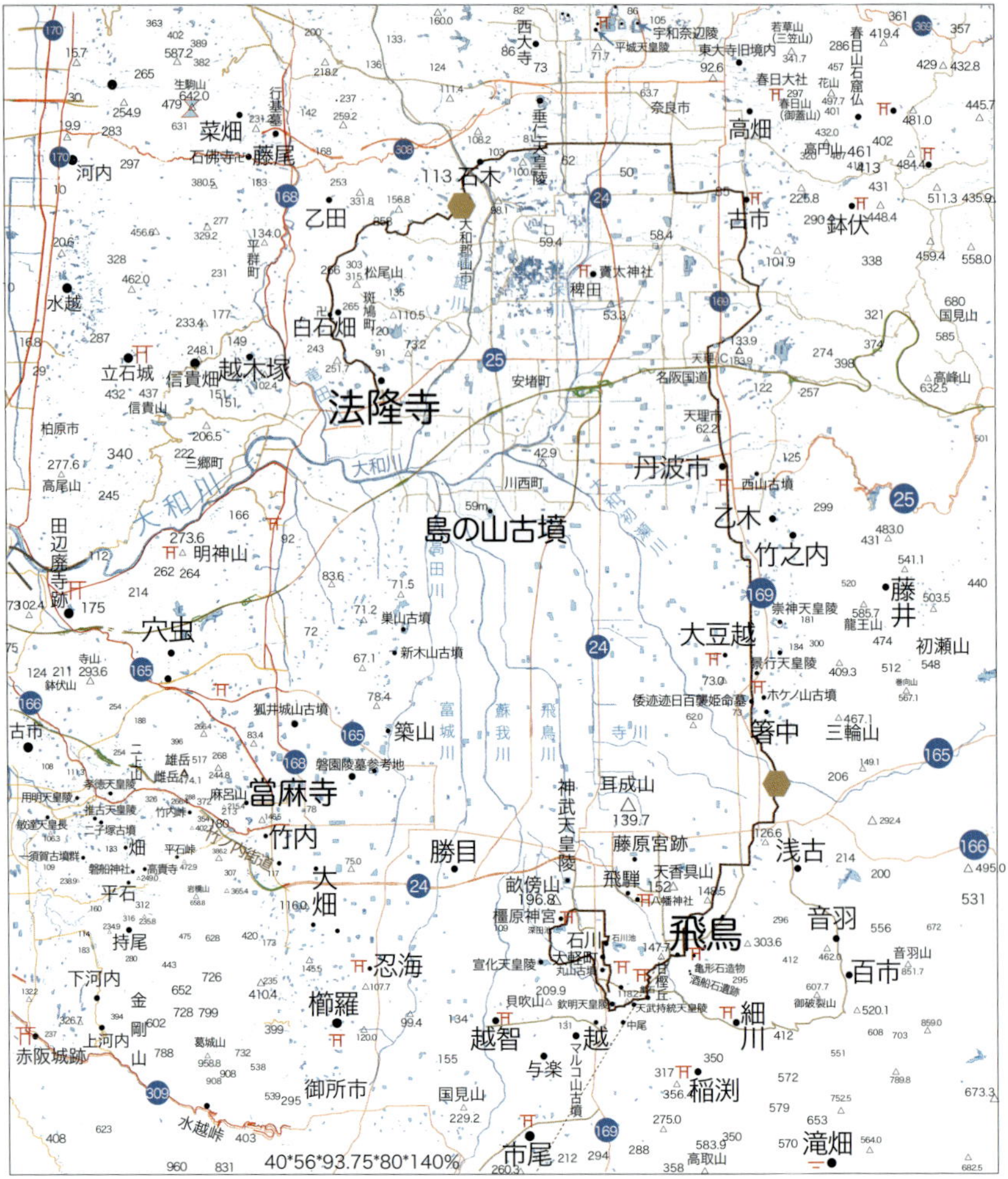


389　飛鳥と斑鳩周辺の縄文方位測量１

風景が連なっていたはずだ。この空白地帯は何だったのだろうか。空白のなかに「島の山古墳」というのがみられるが、島というからにはここは海だったのか。まさか海ではないだろう。

## 奈良盆地に湖が

『古代「おおやまと」を探る』（伊達宗泰編）に六御県《むつのみあがた》・遺跡相関概念図が掲載されいるが、この図にさらに弥生遺跡および銅製品・鉄製品出土地を加え「なら盆地には、盆地湖または氾濫平野があった」と記された地図が『古代物部氏と『先代旧事本紀』の謎』（安本美典著）に掲載されていて、それには盆地湖または湿地帯が示されている。

しかしこれでは縄文時代の地形がまだはっきりしない。

『国土地理院時報　2000　No.94』に掲載された論文『近畿地方の

『古代「おおやまと」を探る』伊達宗泰編の六御県《むつのみあがた》・遺跡相関概念図及び
『古代物部氏と『先代旧事本紀』の謎』安本美典著より引用

390　盆地湖または氾濫平野

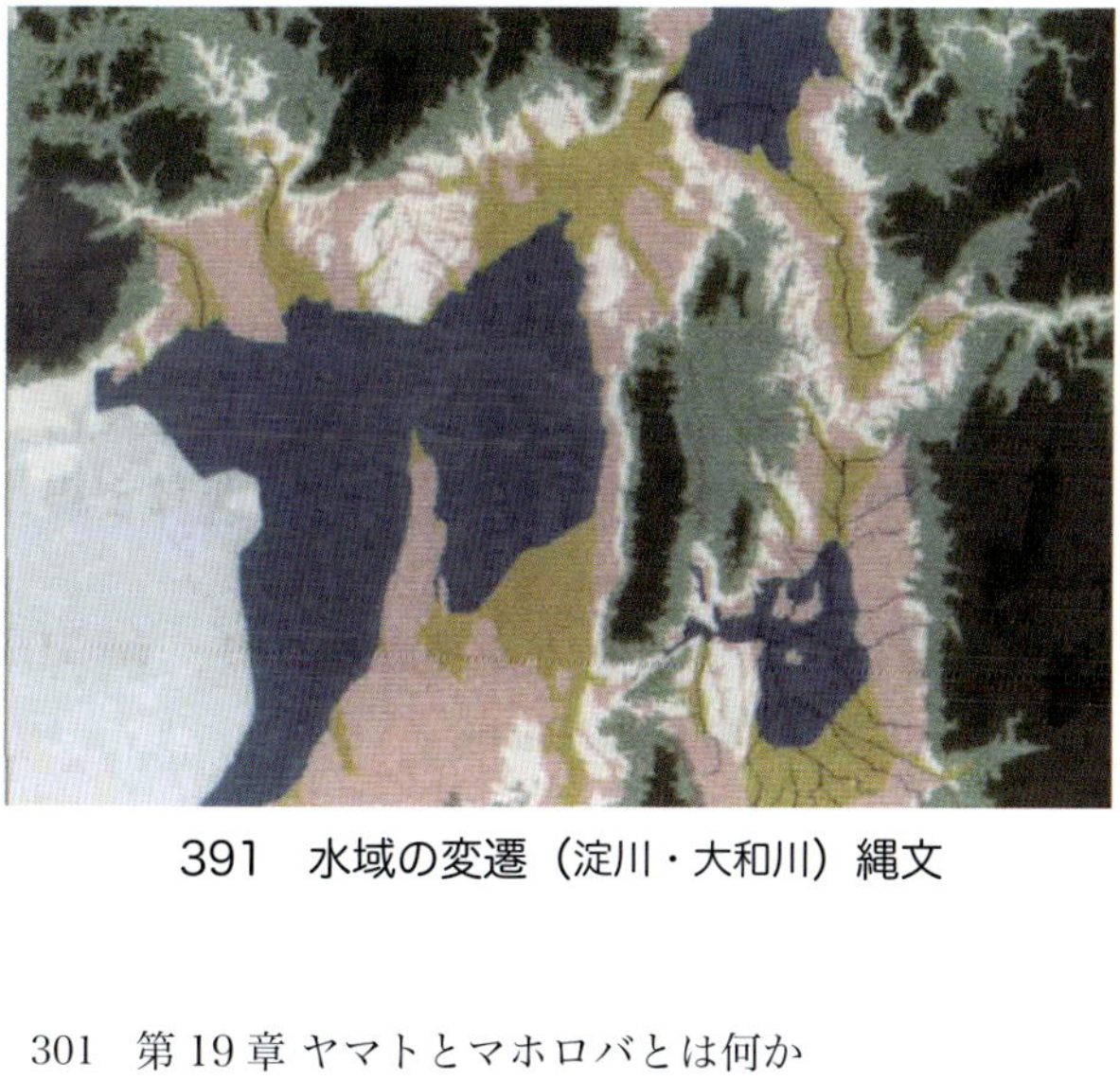

391　水域の変遷（淀川・大和川）縄文

古地理に関する調査』(地理調査部 諏訪部順中田外司 木村幸一 松元佳織著)には「淀川・大和川・紀の川、九津竜川の詳細な古地理の分析を行った」と記され、図「水域の変遷(淀川・大和川)」に縄文時代の奈良盆地に青色で示された「水面、後背湿地、天井川」があったことが記されていた。

図391の「水域の変遷(淀川・大和川)縄文」からの奈良盆地に該当する青色の部分を引用させていただき図389に加筆したのが図392で、島の山古墳が盆地湖のおよそ中央部の標高59mの丘に位置していた。

茶線で示したのは筆者が縄文方位測量から推理した縄文人の通り道で、ほぼ「山辺の道」に一致、後に聖徳太が飛鳥から斑鳩へ移り住む時もこの道を利用したと考えられる。なぜ聖徳太子はこの道を通らなければならなかったのか。

さて長々と縄文語の天文学的時代考証を繰り広げてきましたが、皆様にはもう「ヤマト」とは何かがお分かりいただけたでしょうか。

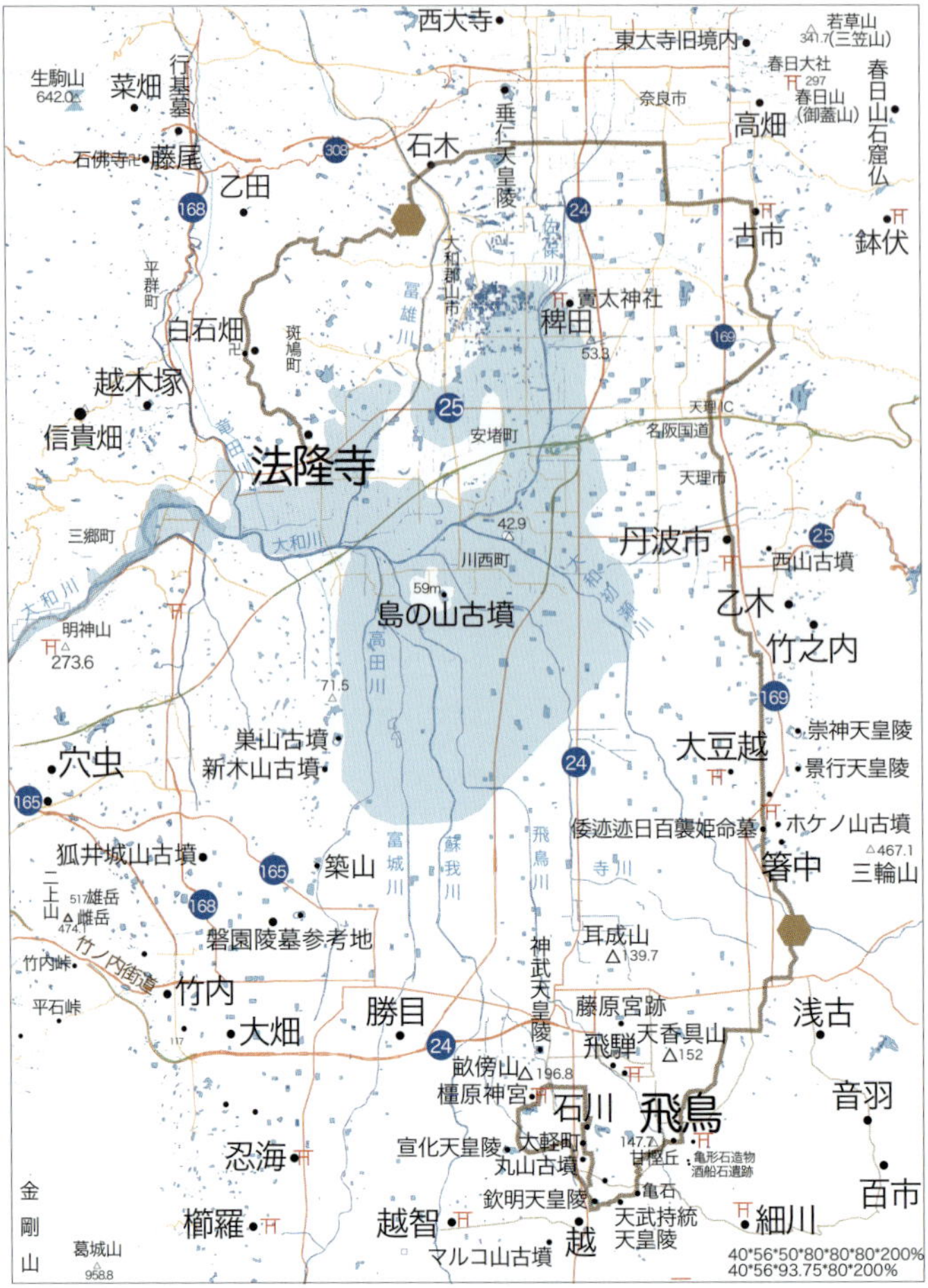


392 飛鳥と斑鳩周辺の縄文方位測量２（図392部分拡大筆者加筆）

聖徳太子が山辺の道を通ったのは目前の道に横たわる湖〈yama〉を迂回しなければならなかったからだ。聖徳太子の時代に水をたたえる湖があったとすれば、縄文時代にはもっと大きな湖だったと考えられよう。

## ヤマト〈yamato〉とはなに

〈ma〉のつく水辺の地形について要約すると次のようになる。

（1）沼〈numa〉とは野原のなかの水たまり。

（2）熊・球磨〈kuma〉は曲がりくねった川・水辺。

（3）玉浦《たまのうら》〈tama〉は平坦な土地で囲まれた湾・水辺。

（4）〈yama〉なだらかな陸地で囲まれた水辺・湖

（5）〈yamato〉の〈to〉は鳴門・室戸の〈to〉で先や突端を表す。

つまり〈yamato〉とは「なだらかな陸地で囲まれた水辺（湖）の先」を意味することになろう。

図392を見れば大和湖の先・蘇我川や飛鳥川の上流が「やまと」（湖の先）に該当し、縄文語由来の日本語であることが明確となる。

## マホロバ〈mahoroba〉とはなに

結局は〝ヤマト＝湖の端〟を意味する言葉と考えられる。それならば〈mahoroba〉とは何か。〈ma〉が水辺をさすことは先刻ご承知ですね。

天皇登香具山望國之時御製歌
山常庭　村山有等　取與呂布
天乃香具山　騰立　國見乎為
國原波　煙立龍
海原波　加萬目立多都
怜𪫧國曽　蜻嶋　八間跡能國

393 大和には群山あれど
万葉集巻一
第二歌原文

天皇の、香具山に登りて望国したまひし時の御製歌
大和には　群山《むらやま》あれど
とりよろふ　天の香具山
登り立ち　国見《くにみ》をすれば
国原《くにはら》は　煙《けぶり》立ち立つ
海原《うなはら》は　鷗《かまめ》立ち立つ
うまし国ぞ　蜻蛉島《あきづしま》　大和の国は
舒明天皇御製歌

394　大和には群山あれど

〈horo〉は広いの意味。アイヌ語の〈poro〉大きいに対応している。大阪の住吉大社の『住吉大社神代記』に「杣《そま》山の南に広大き野有り。意保呂野《おぼろの》と号く。」と記されている。岐阜県大野郡白川村御母衣《みぼろ》、愛知県岡崎市才栗町保呂谷《ほろや》、青森県下北郡東通村袰部《ほろべ》、青森県むつ市田名部袰《ほろ》部、岩手県八幡平市袰部《ほろべ》、岩手県下閉伊郡岩泉町袰野《ほろの》など保呂《ほろ》や袰《ほろ》のつく地名は各地に残されている。

〈ba〉は「処」でアイヌ語の〈pa〉・〈wa〉「ふち・端・岸」に対応している。

結局「まほろば」とは「素晴らしいところ」「住みやすいところ」というような漠然とした言葉ではなく「水辺の広場」という極めて具体的に地形を表す言葉であったと言えよう。

それは図393・図394の万葉集巻一第二歌「天皇の香具山に登りて望国したまひし時の御製歌」（万葉集巻一の二番目に収録の舒明《じょめい》天皇の国見の歌）に歌われている。

香具山から眺めた大和湖《やまとこ》にかもめが飛び交う光景が目に浮かぶ。鷗《かまめ》は〈kamame〉「彼の水辺の鳥」と〈ma〉が残されている。恐らくは今も京都の鴨川でよく見かけるユリカモメのことであったろう。

縄文語は合理的かつ具象的で地形を的確に表しており、この歌は万葉集に縄文語由来の日本語が残されている証と言えよう。

倭は 國のまほろば
たたなづく 青垣 山隠れる
倭しうるはし
倭建命『古事記』景行記

395　国偲び歌

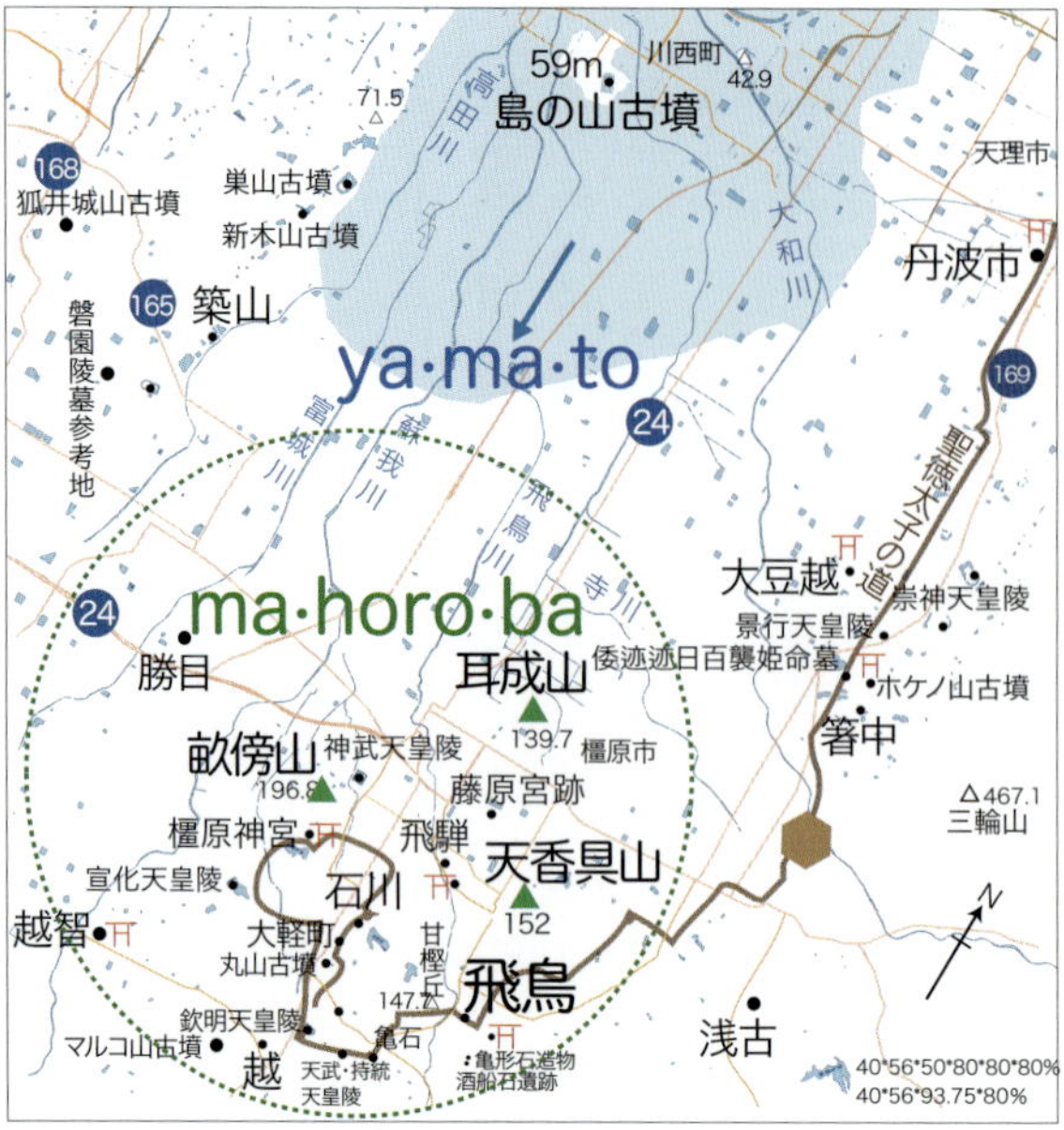


396　ya・ma・to と ma・horo・ba

## 国〈ｋｕｎｉ〉とは何か

倭建命の国偲び歌も縄文語由来の日本語からすると、従来の解釈より少し異なるのではなかろうか。

「倭は國の」の國〈ｋｕｎｉ〉も、現代使われている「日本という国」ではなく、山肌のゆるやかにくねる道をおりると、垣根に包まれた低いところに自分の生まれた住まいがある(山から眺めた縄文人の集落の景観を思い浮かべていただきたい)。〈ｋｕ〉はくねる・〈ｎｉ〉は低い処。〈ｋｕｎｉ〉はこの場合は古巣、つまり〝ふるさと〟と考えたい。

「山隠れる」の山は耳成山・畝傍山・天香具山であろう。

脚気という病名は、中国の歴史上では晋の時代(２６５年〜４２０年)に始めて使われたとされている。

日本でも脚気はあったと考えられる。つまり、日本武尊は長びく旅に心身ともに疲れ果て、脚気を患い(日本では脚気は皇族や貴族の病と考えられていた。脚気が明白な記録として顕れてくるのは、平安時代のこととされているが、稲作という文化を受け入れた古代以来、脚気は存在しただろうと考えられる)浮腫がひどくなり、ついに死を悟った命《みこと》は皇子としてではなく、ひとりの人として、「湖の先にふるさとの水辺のひろばがある。緑の垣根が幾重にも続き、山々に懐かれるところ、この岸辺こそ(思い浮かべると)目頭《めがしら》がうるむ」と歌われた。

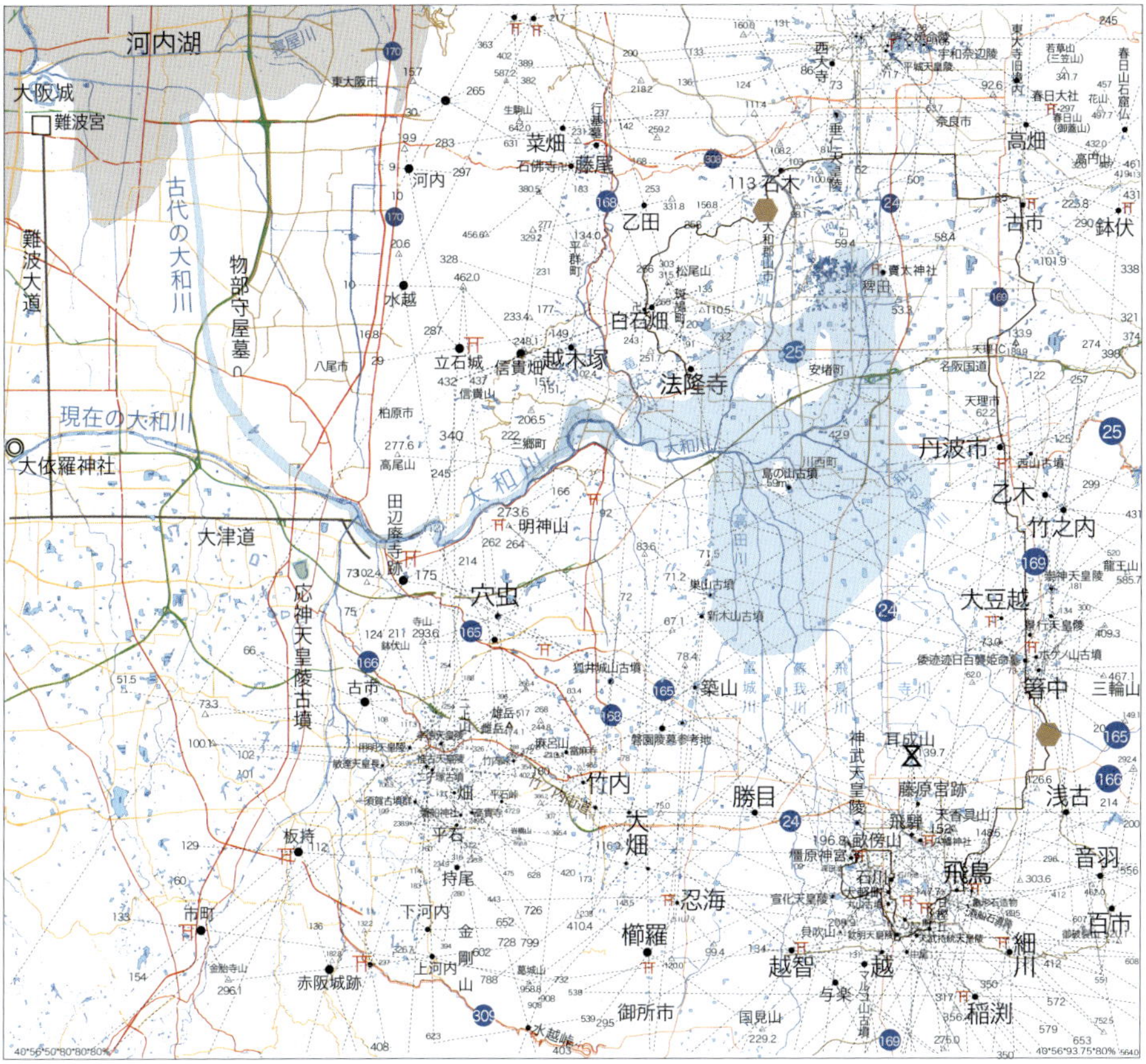


397　河内湖・古代大和川・大和湖・聖徳太子の道

〈ｕｒｅｉ〉は隠された水。うるむは目に隠された水(涙)がにじむこと。うるはし・嘆かはし・喜ばし・香ぐはしなどは情感を表す言葉。

図397から聖徳太子の思惑が見えてくる。『日本書紀』には、斑鳩宮は６０１年(推古9年)に着工、同１３年、ここに移住されたとある。

聖徳太子が飛鳥から１８ｋｍも離れた遠方の地に新しい宮を造営したが、この遷宮の意味がよく分からないとされている。一体どうしてなのか。

聖徳太子は大和湖の水位が下がり船の往来が困難になることを見透し、飛鳥から河内湖に近い斑鳩に移ることを決心されたのであろう。斑鳩からならば大和川を使用し河内湖・大阪湾に船で行ける。製鉄と貿易に携わる母の生家が太子に大きな影響を与えていたのではなかろうか。水路・海路の重要性を認識されていたことは太子が蜂子皇子《はちこのおうじ》を丹後国由良《ゆら》から船で越後国出羽(鶴岡由良)へと逃亡させた(既述)ことからも充分理解されよう。

## 奈良〈ｎａｒａ〉とは何か・難波〈ｎａｎｉｗａ〉とは何か

図398の大阪湾・河内湖・古代大和川・大和湖の地理的関係はA3サイズの大きな地図を紙面に合わせて圧縮しているので、詳細は読みとることが難しいが、位置関係をイメージとして把握して頂ければありがたい。

この地理関係から〈ｎａｒａ〉と〈ｎａｎｉｗａ〉の地名を解明しょうとすると、どうしても司馬遼太郎先生が『街道をゆく三』の「鮫の宿」に描かれた「石田家」で夕食をとる情景が思い出されたならない。

「第9章」で述べた幻の詩人・村次郎のドグマで「イザナギ・イザナミノミコトのナは魚《な》のナです。いいですか、日本語はみな魚の名前が起源なんです。魚の名前をカギにすれば日本語起源などすぐ解ける」とまくしたてる激しい論説ぶりは、もちろん村次郎の感性の鋭さもさることながら、もしかすると、村次郎の言葉を記述に残された著者の偉大さを表しているような気がする。

つまり〈ｎａ〉は魚・〈ｒａ〉は多いを意味すると考えると、大和湖をみればよく理解できる。奈良というのは湖があり魚の多い処であったと考えられる。もしかすると海の魚もいたかもしれない。

大和川をくだると難波に至る。難波〈ｎａｎｉｗａ〉はどのように解釈されるのであろうか。

これも村次郎の言葉どおり〈ｎａ〉は魚・〈ｎｉ〉は何度も述べたが低い処・〈ｗａ〉は〝辺り〟や〝ぐるり〟と解釈され、アイヌ語の〈ｗａ〉「ふち・端・岸」に対応している。

つまり難波は魚のいる処で、大和湖よりは低く、やや広い範囲を言い表している。現代は陸地になっているが、当時は海であった地域を指し示していると考えられる。

詳細に描かれた縄文方位測量により縄文人の視線を蘇らせてみると、記紀における『日本武尊東征』の物語や『国偲び歌』、舒明天皇御製歌『大和には群山あれど』や、さらに聖徳太子の飛鳥から斑鳩への遷都などの古代の出来事が一段と現実味を帯びてくるのが感じられよう。

現代においてすら、司馬遼太郎先生が青森県の三内丸山をご覧になり、いみじくも「ここは、まさしく北のまほろば」と言い表されたその感性のものすごさが分かる。三内丸山は富山県の富山と同じ戸山と呼ばれていた。

〈ｔｏｙａｍａ〉の〈ｍａ〉は大和〈ｙａｍａｔｏ〉の〈ｍａ〉と同様に湾・水辺を意味するので、三内丸山は〈ｍａ〉に接した広々としたところ〈ｍａｈｏｒｏｂａ〉に全く地理条件が一致していることが明確となろう。

縄文方位測量が古代史解明にとって有用な手段であることを物語っている。

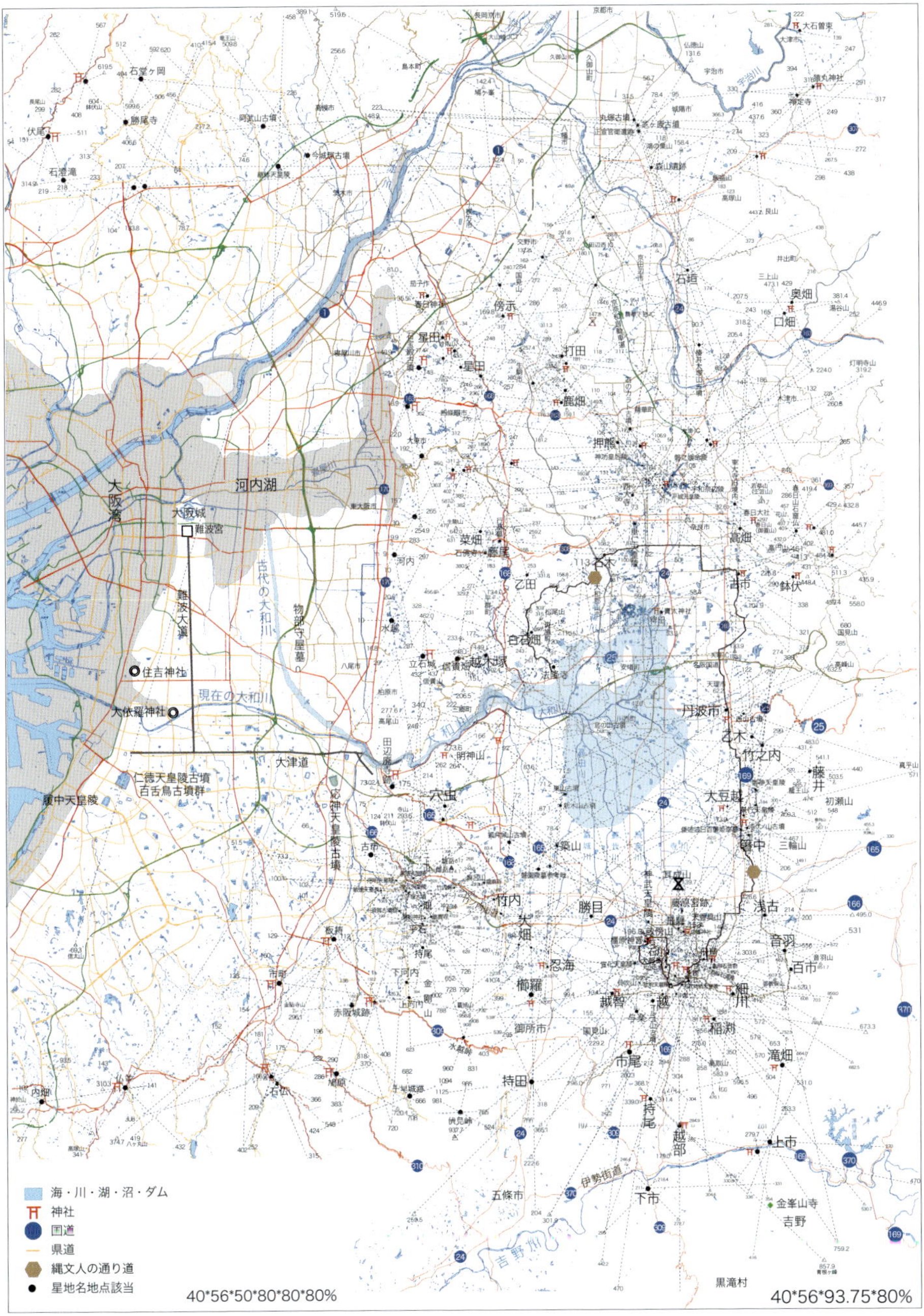


398　河内湖・古代大和川・大和湖と大阪湾の関係

# 第20章　震災と星地名

日本武尊にあやかってマホロバを訪ねる旅はいかがでしたか。のぼり坂あればくだり坂あり。星地名をめぐる旅も終わりに近い。本章では、東北大震災の被災地に思いを馳せ、巫の精神を貫《つらぬ》いた人びとや地域を紹介しながら、そろそろ幕にしよう。

## 岩手・宮城内陸地震と星地名

399　祭畤大橋　　筆者撮影

２００８年（平成２０年）６月１４日、マグニチュード7.2最大震度６強の大地震が岩手県一関市〜奥州市〜宮城県栗原市を直撃。震源地は岩手県内陸南部（北緯３９度０１・７分、東経１４０度５２・８分）、震源の深さ８km と浅く、気象庁は地下のごく浅いところで断層がもう一方の断層に乗り上げた逆断層型の直下型地震で、前年の新潟県中越沖地震や２００４年（平成１６年）の中越地震、１９９５年（平成７年）の阪神淡路大震災などと同じタイプの発生メカニズムによるとの見解を述べた。

土石流２９ヶ所、地すべり４ヶ所、がけ崩れ１５ヶ所、国道３２４号線にかかる祭畤《まつるべ》大橋（落橋）、国道４９号線の餅転《もちころび》橋（橋台傾斜）、国道３９８号の白糸の滝吊橋（落橋）などの恐ろしい映像は今も目に焼きついている。

この大地震の特徴として「大規模な自然破壊の割には人的被害や家屋被害は比較的少なかった」ことが挙げられた。しかし死者１７名、行方不明者６名の犠牲者があり、自然の猛威を決して忘れてはならない。

震源地に近い栗駒山の山麓・東南に位置する平泉町、一関市、栗原市には図400に示すように星地名（●で示す）が数多くみられる。

筆者は星地名地点の被害状況が気がかりで、地震後まもなく、一関市と栗原市に被害状況を教えて下さるようお願いしたところ、災害復興の極めてお忙しいなか、ご丁寧な資料をお送りいただいた。

一関市、栗原市の資料や、気象庁・国土地理院の公表結果や、身近な歴史を訪ねるプチ・サークルの実地調査からも星地名の地域には殆ど被害がなかったことが判明した。

震源地に最も近い星地名・市野々原については、ネット上に国土地理院・国土交通省から地震前後の空撮写真と二万五千分1地形図が公表され、川を挟んで市野々原の反対側の山の斜面が地すべりを起こした様子が読み取れた。図401で山崩れと市野々原の関係をみると、神社の存在する市野々原には変動はなかったことが判明した。

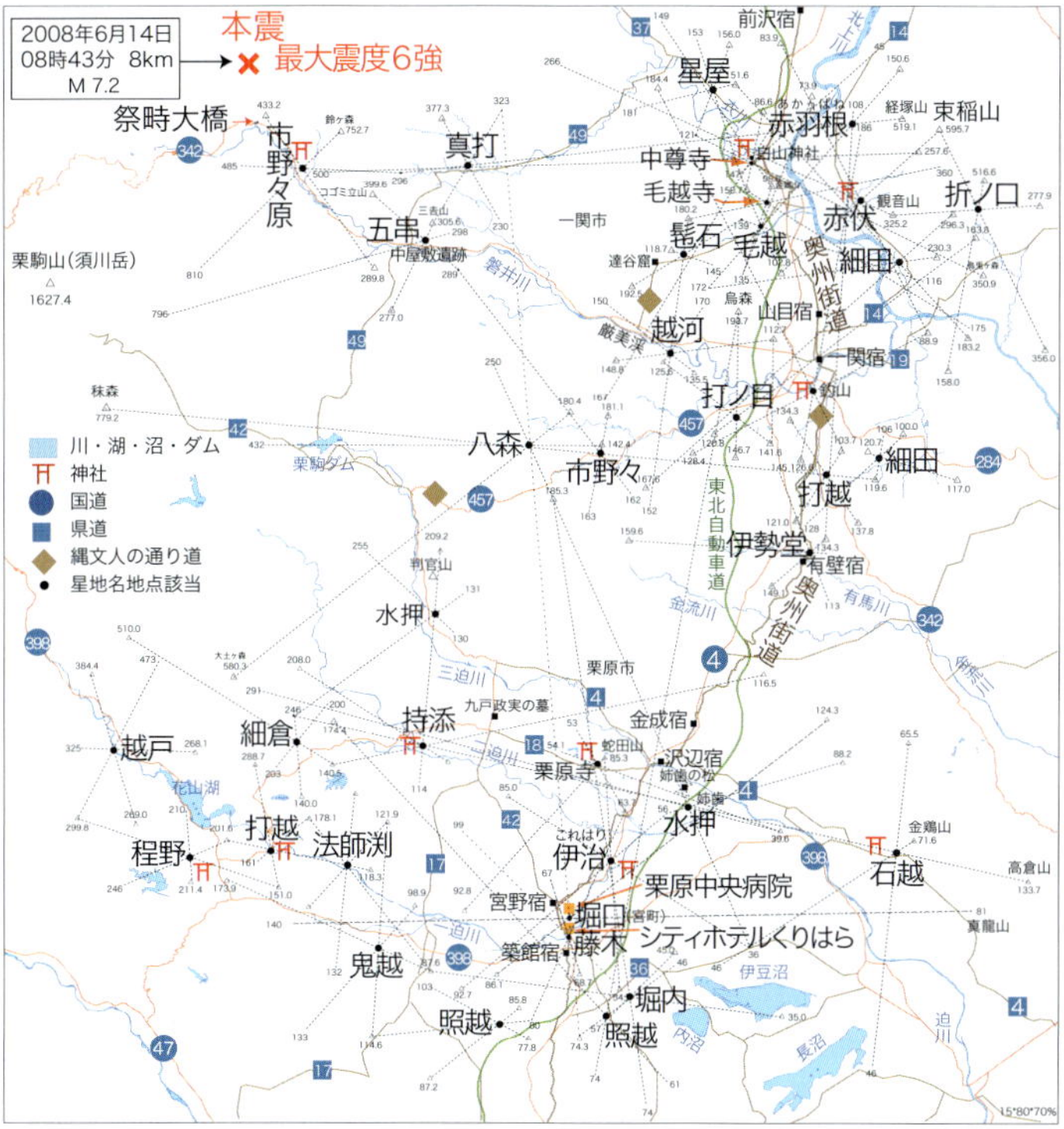


400　震源地に近い平泉町・一関市・栗原市周辺の星地名

　市野々原から少し下ると五串《いつくし》という星地名がみられるが、残念なことに、この地名は道路地図から消されようとしている。五串〈itukusi〉というと厳島《いつくしま》が連想され、厳美渓《げんびけい》へと繋がる。五串を大切にしてほしい。

　栗原市では早くから都市計画を行い、現在、築館宮野地区には栗原圏域中核医療施設である栗原市立栗原中央病院や、栗原市消防本部、築館警察署、宮城県築館高等学校、大型商業施設などが集中している。

　この地域には、図404に示すように比較的近接して堀口、藤木という二つの星地名が存在し、ここに市の重要施設を設置したことは結果的にみても優れた都市計画であったといえよう。

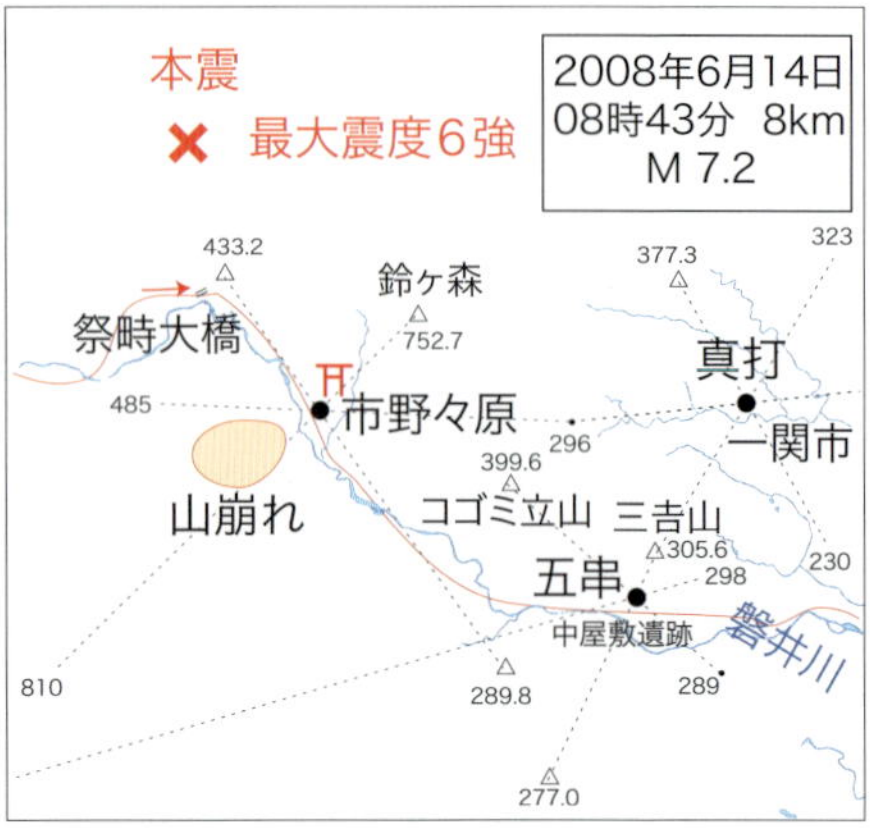


401　震源地と市野々原近くの山崩れ

402 震度７に耐えたシティホテルくりはら
掲載許可 シティホテルくりはら　筆者撮影

403　シティホテルくりはらのベランダから
筆者撮影

つまり星地名の堀口（現在宮町や桜町）・藤木の近くに存在する「栗原市立栗原中央病院」（免震構造）、「シティホテルくりはら」（耐震構造）、「中華料理店・旬菜厨房富貴菜」では後述のマグニチュード9.0、震度七の東北地方太平洋沖地震でも備品や食器などに被害はあったものの建物自体には被害がなかったとのこと。

　偶然かも知れないが、この星地名を中核病院の建設地に設定し、病院を中心にして周辺に住宅や商工業店舗やホテルを配置するという新しい町づくりを企画された栗原市の関係者各位の御賢察には驚嘆と深い感銘を受けた。都市計画の成功例であろう。今は宮町や桜町となっているが、恐らくは縄文時代には〈horinokuti〉に近い音声で呼ばれていたと思われる。

　近くにある伊治城跡の〈korehari〉の〈hari〉と〈hori〉には極めて高い類似性がみられ、東稲山の近くの折ノ口〈orinokuti〉もhが省略されたものと考えられよう。

　「シティホテルくりはら」は私たち「身近な歴史を訪ねるプチ・サークル」のいわば基地ともいえるホテルで、ホテルの皆様は誠に親切で、ゆったりとくつろげ、心休まるホテルである。

　ホテルの窓から見える上海料理の中華料理店「旬菜厨《しゅんさいちゅう》房《ぼう》富貴菜《ふきさい》」は、メニューも豊富で大変美味しく、夕食には最適のお店である。ビール好きの会員などは「とても美味しい。ここで造られたビールですか？」と尋ねたほどで、恐らくはお店の雰囲気も関与しているのであろう。

　栗原市は2005年(平成17年)4月1日、宮城県栗原郡全町村(築館町、若柳町、栗駒町、高清水町、一迫町、瀬峰町、鶯沢町、金成町、志波姫町、花山村)の10町村が合併し誕生、宮城県最大の面積を持つ地方自治体となった。

　歴史は古く「山王囲遺跡」(縄文晩期～弥生中期)に遡り、767年(神護景雲元年)に大和朝廷が造営した「伊治城」と、780年(宝亀11年)蝦夷出身の伊治公呰麻呂《これはりのきみあざまろ》の乱で知られる。図404に伊治《これはり》と示した地点が星地名であることは「第16章 奥州の街道と星名」で既に述べた。

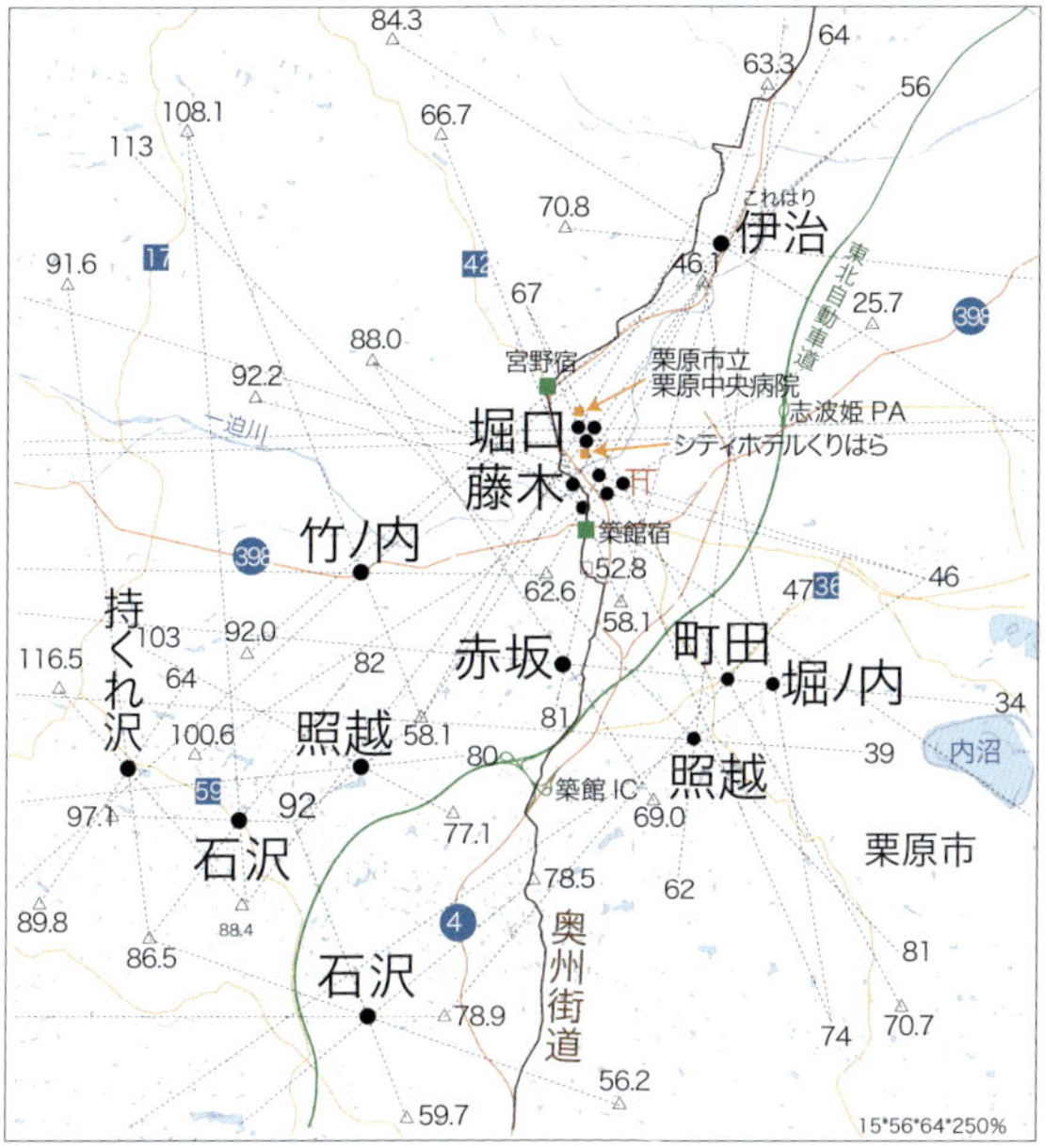

404　シティホテルくりはら周辺の星地名

# 東日本大震災における星地名の浸水状況

405　防波堤を越える津波 八戸市築港街第一埠頭

撮影 梶原昌之

2011年(平成23年)3月11日14時46分頃、大きな地震があり、その直後に停電になった。地震に停電はつきもので、すぐ回復するだろうと、のんびり構えていたのがいけなかった。夜になっても復旧せず、我が家は真っ暗闇。手探りでローソクを探し火を灯した。妻が用意していた手回しの発電機つきラジオがあったことに気づき、それでニュースを聞いた。暖房はなく、とても寒かった。

横浜の娘から「テレビでみたが大変なことになっている。仙台のお姉ちゃんのところも家具や食器が壊れて部屋の中は動きがとれなくなっている」との電話があり、はじめて地震の大きさと津波のことを知った。その直後から電話も通じなくなった。そうだ車にテレビがある。もしかすると状況がわかるかもしれない。エンジンを回すと、そこにはとんでもない光景が映っていた。この停電は3月13日朝まで続いた。

夜が明けると真っ先に八戸市の被害状況の知らせが届いた。この目で確かめたいと思ったが、通り慣れた海岸線寄りの県道19号線は津波の被害で通行止めとのことで、火力発電所、製紙業、非鉄金属工業などの建ち並ぶ八戸臨海工業地帯には行けず、隣の六戸町から高台よりの県道20号を経て八戸市街地に入り、県道1号線から陸奥湊・蕪島方向へと向かった。

築港街第一埠頭の近くの高台からはすぐ目の前に大きな

船が陸に打ち上げられ横転しているのが見えた。

図405は身の危険をも顧みずシャッターを切った梶原昌之氏の貴重な写真で、津波の高さとその上を飛び交うカモメが不気味さを象徴しているようだ。

406　陸に乗り上げ横たわる船舶　撮影 梶浦昌之

梶原氏は八戸市内でピアノの講師をされているが、出かけるときはいつもカメラを携帯していて、命がけで撮影したとのこと。津波の状況をつぶさに映した写真の入手は極めて困難で梶原氏に感謝している。

八戸市築港街第一埠頭では防波堤を越える大津波が港を襲い、漁船は勿論、魚市場や水産物加工場に大きな被害をもたらしたことは周知のとおりである。人的被害は他に比べて少なく死亡者1名、行方不明者1名であった。

館鼻漁港では船舶が岸壁に乗り上げ横転するという甚大な被害があった。また馬淵川を遡る大津波が川岸の地区を襲ったが、星地名の売市《うるいち》は高台にあり浸水されなかった。

港の防波堤が殆ど壊滅状態になり、臨海工業地帯や水産加工地帯の被害は甚大であったが、震災後の八戸市の復興はめざましい。

小林眞《まこと》八戸市長自ら陣頭指揮に当たり、その豊かな経験と人脈を生かし、スピード感にあふれた復興政策を実行されたからに違いなかろう。これこそ技術優先の「えんぶり」の精神が発揮されたことを如実に物語っている。

※八戸えんぶりは1979年(昭和54年)2月3日国指定重要無形民俗文化財に指定されている。従来豊作祈念の祭りとされているが、筆者は『星の巫』(平成12年発行)で、

407　風張1遺跡出土 国宝・合掌土偶
八戸市埋蔵文化財センター是川縄文館所蔵

金属技術者南部氏の〝たたら製鉄の祭り〟であると異説を述べた。

平泉藤原氏が滅亡した後、青森県は殆ど全てが北条氏の所領となった。1191年(建久二年)、この地域に忽然《こつぜん》として新《しん》羅《ら》三郎義満《さぶろうよしみつ》を祖とする甲斐国《かいのくに》の武士・南部光行公が由比ヶ浜を出航し一路八戸港に到着したといわれている。淋代《さびしろ》海岸の砂鉄が南部氏をこの地に引きよせたのであろう。〝えんぶり〟の語源が農具の杁《えぶり》から来ているといわれているが、たたら製鉄の用具に10種類もの杁(えぶり)が用いられている。詳細は『星の巫』参照。

1997年(平成9年)6月30日、八戸市風張《かざはり》1遺跡から出土した縄文時代後期後半の遺物666点が、縄文時代晩期の是川遺跡に代表される亀ヶ岡文化の形成を考える上で、極めて貴重な学術資料として、国の重要文化財に指定され、2009年(平成21年)3月19日、重要文化財のうち「合掌土偶」一点が国宝に指定された。

八戸市の是川・風張遺跡は青森市の三内丸山遺跡に並ぶ重要な縄文遺跡と高く評価されており、折しも2011年(平成23年)7月10日八戸市に是川縄文館が新しく開館されたことは誠に喜ばしく、八戸市のみならず青森県にとっても文化史の一頁を飾るにふさわしい事象といえよう。

縄文遺跡是川の〈kore〉も風張《かざはり》遺跡の〈hari〉も星地名に該当する(表30・27ページ参照)。風はカゼ=ウニで、秋田県鹿角市十和田大湯風張《かざはり》のカゼ=クリで、いずれもイガイガしたものを指す言葉であろう。

八戸港の始まりは、1664年(寛文4年)、八戸藩が誕生した頃で、「鮫浦《さめのうら》」と呼ばれ、主に漁港としての機能を持ち、三陸沿岸の避難港としても重要な役割を果たしてきたとされている。鎌倉時代のはじめに、この地に着目したのは金属技術者南部氏で、その技術尊重の精神は今も市民に深く根づいており、それがこの町を東北有数の臨海工業都市へと発展させる原動力になったと言えよう。

その精神を伝承する行事が「えんぶり」であると筆者は考えている。2013年(平成25年)5月24日、八戸市の蕪島や種差海岸は、次に述べる葦毛展望台を含め三陸復興国立公園に指定され、海岸の景観は美事に整備された。

### ホロンバイル
名前の由来

ホロンバイルとは、中国東北部（昔、満州といった時がありました。）と、モンゴルとの国境で、ハルハ河の流域にある地名です。モンゴル語で、広大な、ひろびろとした、という意味です。

広い広い大草原が続き、行っても行っても地平線が伸びています。冬はきびしい寒さの淋しい国境地帯でも、夏が来れば大草原に花が咲き乱れ、満州に沢山やって来た日本人達は馬の上から眺める物悲しい夕陽の地平線に、凍てつく冴えた夜空の星に望郷の想いをつのらせたと云います。

青い海のある鮫の岬とは全く違ったところではありますが、大海原と野の花、馬、星、何かを想わせる、共通するロマンがあるような気がして名付けました。

今でも、ホロンバイルの名が懐かしいと立寄って下さるお客様もいらっしゃいます。

そのようなホロンバイルのやさしい自然の中で、どうぞゆったりおくつろぎ下さい。

408　お店の名前の由来　企画　青木昭雄　作成　鴨澤孝之

## 葦毛崎のホロンバイル

燕島から少し北に突出した岬を廻ると種差海岸を一望できる葦毛展望台に至る。ここは1825年（文政8年）の異国船打払令に基づいて築かれたと考えられる鮫浦台場《さめうらだいば》（異国船監視のための砲台場）があったところで、その立地を利用して第2次大戦中には旧日本海軍のレーダー基地が設置され、現代は葦毛展望台になっている。

葦毛崎《あしげざき》にあるお店「ホロンバイル」で津波の様子について伺ったが、お店の代表者の奥様・青木和子様から「はじめ潮がどんどん引いて、普段は見たことのない岸辺や海底の岩が沢山見えたかと思ったら、今度はお風呂のお湯が急に増してくるように潮が上がってきたが、葦毛崎に向かって押し寄せるような大津波は来なかった」と貴重なお話しを頂戴した。葦毛〈ａｓｉ・ｇｅ〉は星地名である。

平成29年5月31日、妻と葦毛崎を訪れ、運よくお店の代表者・青木昭雄様にお会いできた。「ホロンバイルの由来」についてお話しをお聞きし掲載のご許可をいただいた。幅広く奥の深い観察に基づいた津波・自然環境・植物などのお話をお聞かせいただき時のたつのを忘れていた。

特に印象に残ったのは、モン

ゴルのホロンバイルの広大な草原のイメージが葦毛のはてしない海原と重なるというお話しと、津波の大きさは移動

409　種差海岸を一望できる葦毛展望台　筆者撮影

種差海岸階上岳県立公園及び八戸市鮫町は 2013 年（平成 25 年）5 月 24 日、被害の伝承を目的として三陸復興国立公園に指定された。

する波(海水)の質量と移動速度が問題だという物理学者のようなお話しなど、感銘深かった。

美しい額に納められたホロンバイルというお店の名前の由来のなかに「ホロンバイルトは、……モンゴル語で、広大な、ひろびろとした、と言う意味です。」・「凍てつく冴えた夜空の星に望郷の想いをつのらせたと云います。」などの言葉が葦毛という星地名にかさなって、筆者の脳裡に焼きついてしまった。

筆者は草原が地の果てまで広がる光景を眺めたことはない。目を閉じて、もしこの海原が草原だったならと想像すると、ホロンバイルの広さをなんとなく分かりそうな気がする。

以前に、親友の小泉國明先生ご夫妻を案内してお店に立ち寄ったことがあったが、彼はこのホロンバイルを目にすると、興奮した声で「森下先生、これ中国の地名よ」「呼倫貝爾と書いてフルンブイルと読むんです。」と中国語で何度か発音して下さった。確かに、小泉先生はもう３０数年にわたって十和田市で産婦人科医院を開業されて来られたが、ご出身は中国であった。きっと懐かしく思われたのであろう。聞くところによると、ホロンバイルは世界一広い草原で、中国・ロシア・モンゴルの交差する地帯で、そこには漢族・ロシア族・モンゴル族・ウイグル族など３０を越える多くの民族が生活していて、中国の史書によれば呼

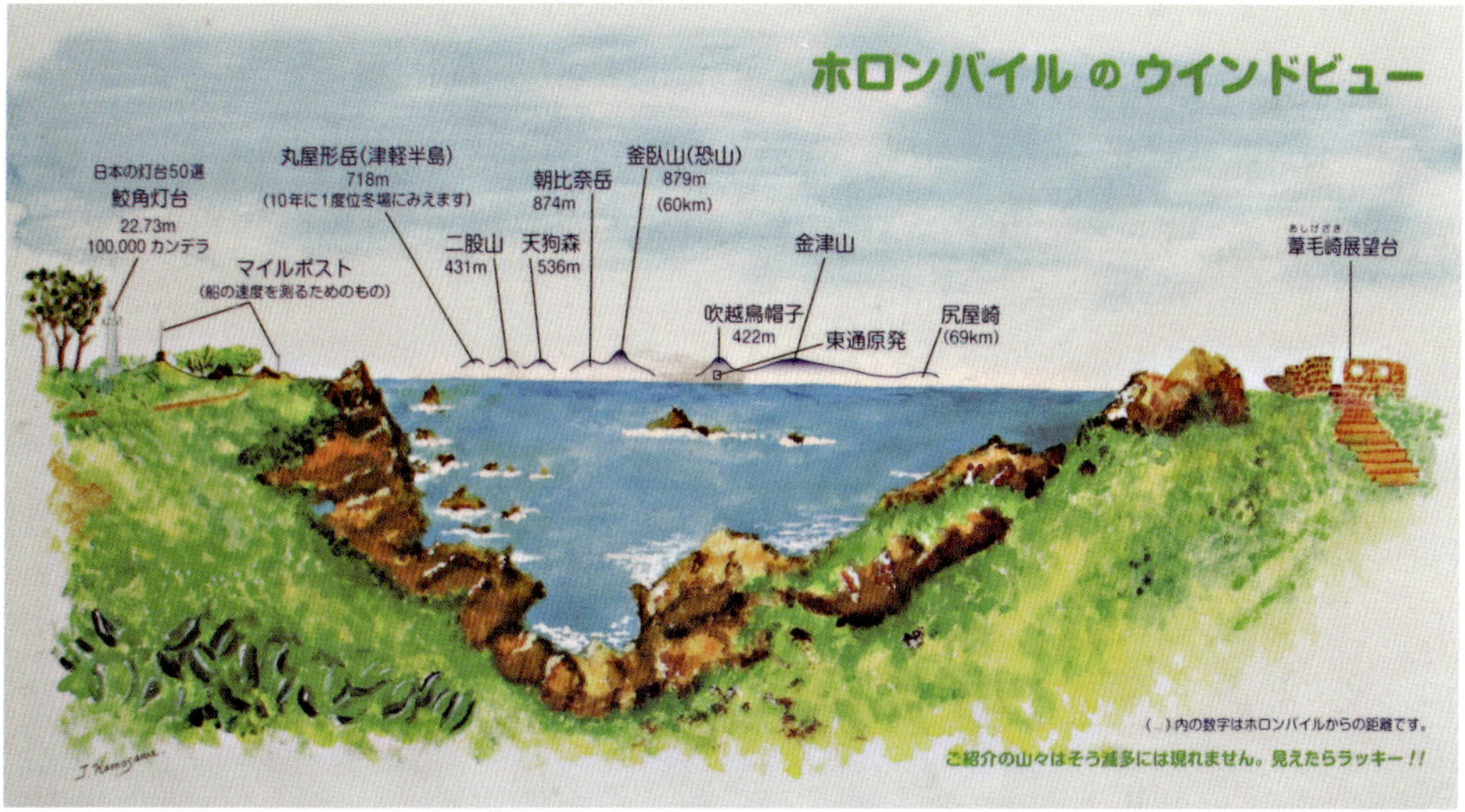


410　ホロンバイルのウインドウビュー
企画　青木昭雄　作成　株式会社アドプリンター営業部長鴨澤孝之

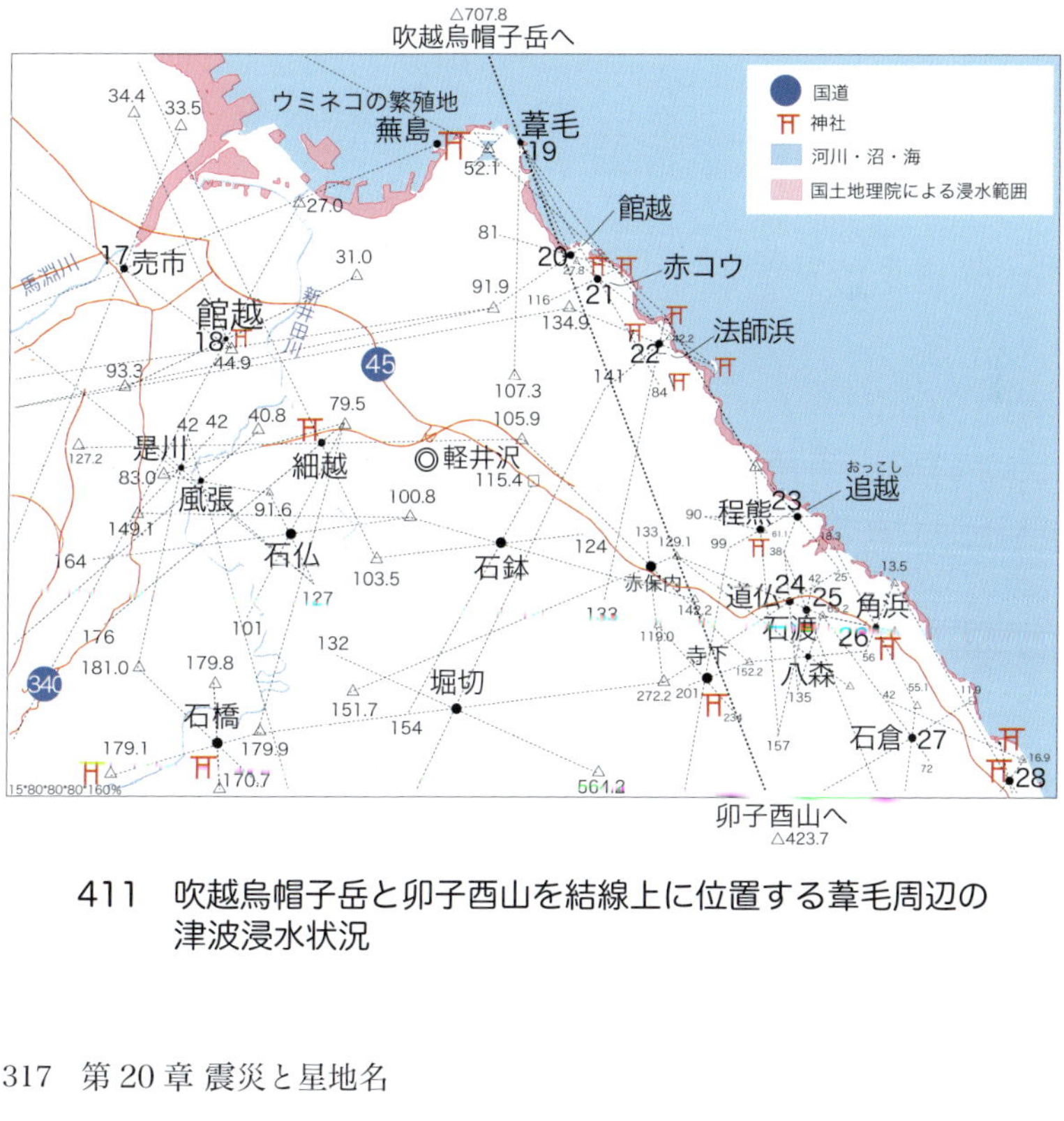


411　吹越烏帽子岳と卯子酉山を結線上に位置する葦毛周辺の津波浸水状況

倫貝爾はモンゴル人の発祥地でもあるといわれている。

多民族が交差する地域なのでモンゴル語は単純ではないらしい。呼倫貝爾という地名の由来は、呼倫湖（フルン・ノール)と貝爾湖(ボイル・ノール)という二つの湖にちなんで名づけられたといわれている。

八戸市在住の八代弘忠様・妙子様からはモンゴルにも古墳や環状列石によく似た遺跡が存在するという情報提供や『モンゴルの歴史　遊牧民の誕生からモンゴル国まで』(宮脇淳子著)と『興亡の世界史02　スキタイと匈奴　遊牧の文明』(林俊雄著)の2冊を拝借、参考にした。

モンゴル語「өргөн」(フロン〜ホロン)は「広い」という意味で呼倫湖は広い湖、貝爾「Буйр」(ボイル)はオスのカワウソという意味で貝爾湖はカワウソの生息する湖を意味すると言われている。

モンゴル語の「ホロン」が日本語の「ホロ」(広い)に対応し

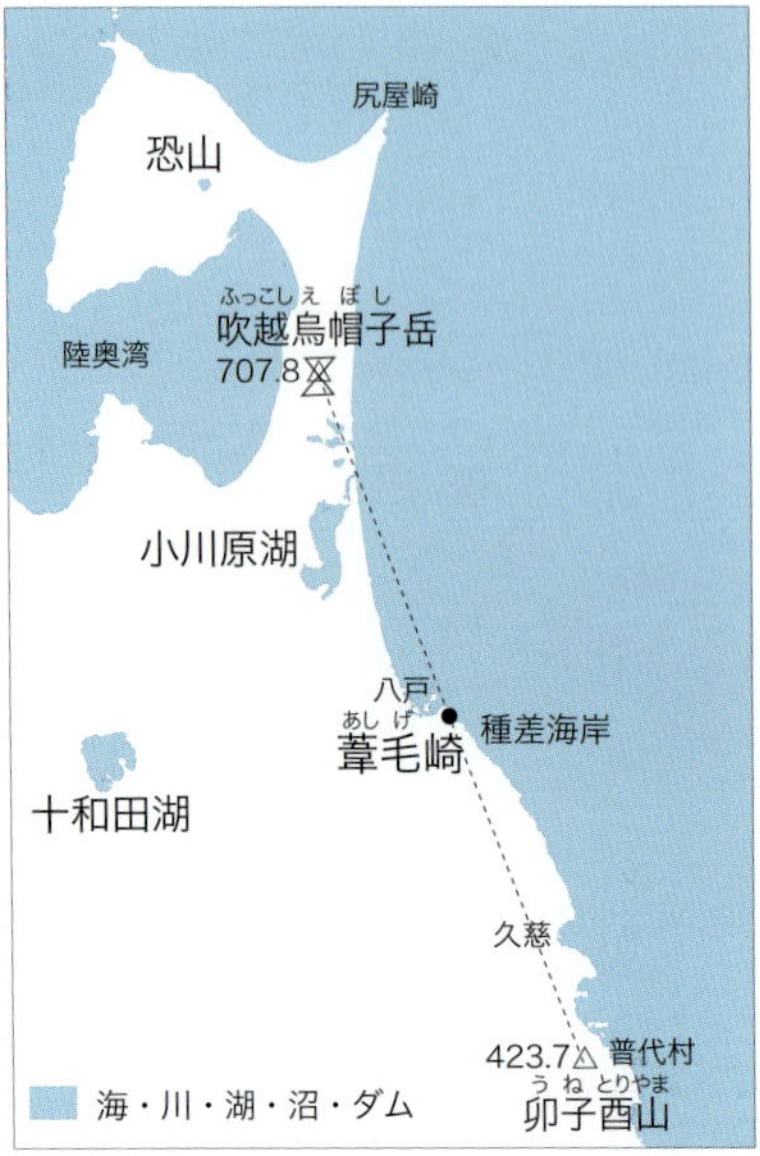


412　葦毛と吹越烏帽子岳

ているとは意外な発見かも知れない。

この頃すっかり有名になったホロンバイルのソフトクリームをいただきながら、海を眺めていると、もうひとつの発見があった。さりげなくおかれたテーブルの上のイーゼルの絵に驚かされた。

「ホロンバイルのウインドウビュー」をよくみると、そこには縄文方位測量の神髄をみるごとく、窓から見える下北半島の山々や何と津軽半島の丸屋形岳の姿が描かれていた。丸屋形岳にいたっては、10年に一度位冬季に見えますとある。これはなんとも根気のいることではないか。

図412に吹越烏帽子岳と卯子酉山を結ぶ直線上に位置する葦毛を示したが、まさにホロンバイルのウインドウビューには吹越烏帽子岳が描かれている。

図411には軽井沢という地名が見られる。軽井沢という地名の発見は必ずしも容易ではない。国土地理院の2万5千分1数値地図に記載されていないことがある。

「第19章」で軽井沢について述べたが、八戸工業大学の裏地に当たる軽井沢は、八戸市にある税理士法人MSAパートナーズ(淡路会計事務所)の西塚誠氏と宮守洋子嬢が登記簿謄本「青森県三戸郡階上町大字角柄折字軽井沢」によって発見して下さったという誠に得難い奇遇によるもので、その発見に深く感謝している。葦毛砲台を経て南下すると、道は階上町にある潮山神社に続く。

## 階上町の潮山神社(寺下観音)と縄文遺跡

八戸市の南側に隣接する階上《はしかみ》町には白座遺跡(道仏字白座窪)、山館前遺跡(赤保内字山館前)など縄文遺跡が多く縄文時代後期前半~弥生時代初頭(約4000年~2300年前)の遺跡・寺下遺跡から出土した鹿角製腰飾《ろっかくせいこしかざり》は美しく精細な彫刻が施されていて、優美なデザインには驚かされる。道《どう》仏《ぶつ》・赤保《あかほ》は星地名に該当。寺下には通称寺下観音と呼ばれている神社があり潮山《うしおやま》神社という。神社の歴史は古く、最近出版された『全国神社味詣《あじもうで》』(神社新報社・松本滋著)によると「潮山神社は奈良時代・聖武天皇の725年(神亀2年)行基大僧正《ぎょうきだいそうじょう》が寺下の地に海潮山応物寺《かいちょうざんおうもつじ》を創建し、ここに観音菩薩を祀ったことに始まる」とある。

歴代宮司を務められた桑原家の歴史も古く、桑原の姓は大和国(やまとのくにの)葛上郡(かつらぎのかみのこおり)桑原郷に由来するという誠に畏れ多い家系である。「参拝者に寛《くつろ》げる場を」と桑原一夫宮司様が開設された茶屋「東門《とうもん》」は寺下観音が奥州南部糠部《ぬかのぶ》三十三所巡札

413　寺下遺跡出土鹿角製腰飾り
階上町教育委員会所蔵

414　潮山神社参道　撮影　鈴木 顯善

所の一番札所で最も東に位置することによって名づけられたとのこと。札所の所在地には第七番岩淵、第一三番坂牛、

415　潮山神社　　撮影 鈴木 顯善

416　素晴らしい音響装置の並ぶ東門の空間　　撮影　鈴木顯善

東門の室内は静かでオーディオ装置が醸し出す繊細な音場に時を忘れる。ホタルの飛び交う季節はまた格別の趣が漂うという。

第二七番七日市、第二八番落久保、第二九番鳥越など星地名が多く、古代の道であったと考えられ寺下遺跡出土の「鹿角製腰飾り」などからも縄文との深い関連性が窺える。身近な歴史を探訪するプチサークルでは、よくこの東門で休憩させていただき、名物の手打ちそばや抹茶をいただいたりするが、味もよし、木造の建物もよし、ホタルの里でもある静かな環境もよし、そして最も心打たれるのは何といってもオーディオ装置から流れる音場（音の空間）の素晴らしさであろう。こんな処なら一日中居て考えに耽ふけるのもよいと思うが、さぞかし茶屋にとっては迷惑な話であろうか。

宮司様から戴いた「確かにここは地震に強いところですよ」との一言は、筆者にとってはなによりも温かさを感じる励ましの言葉であった。

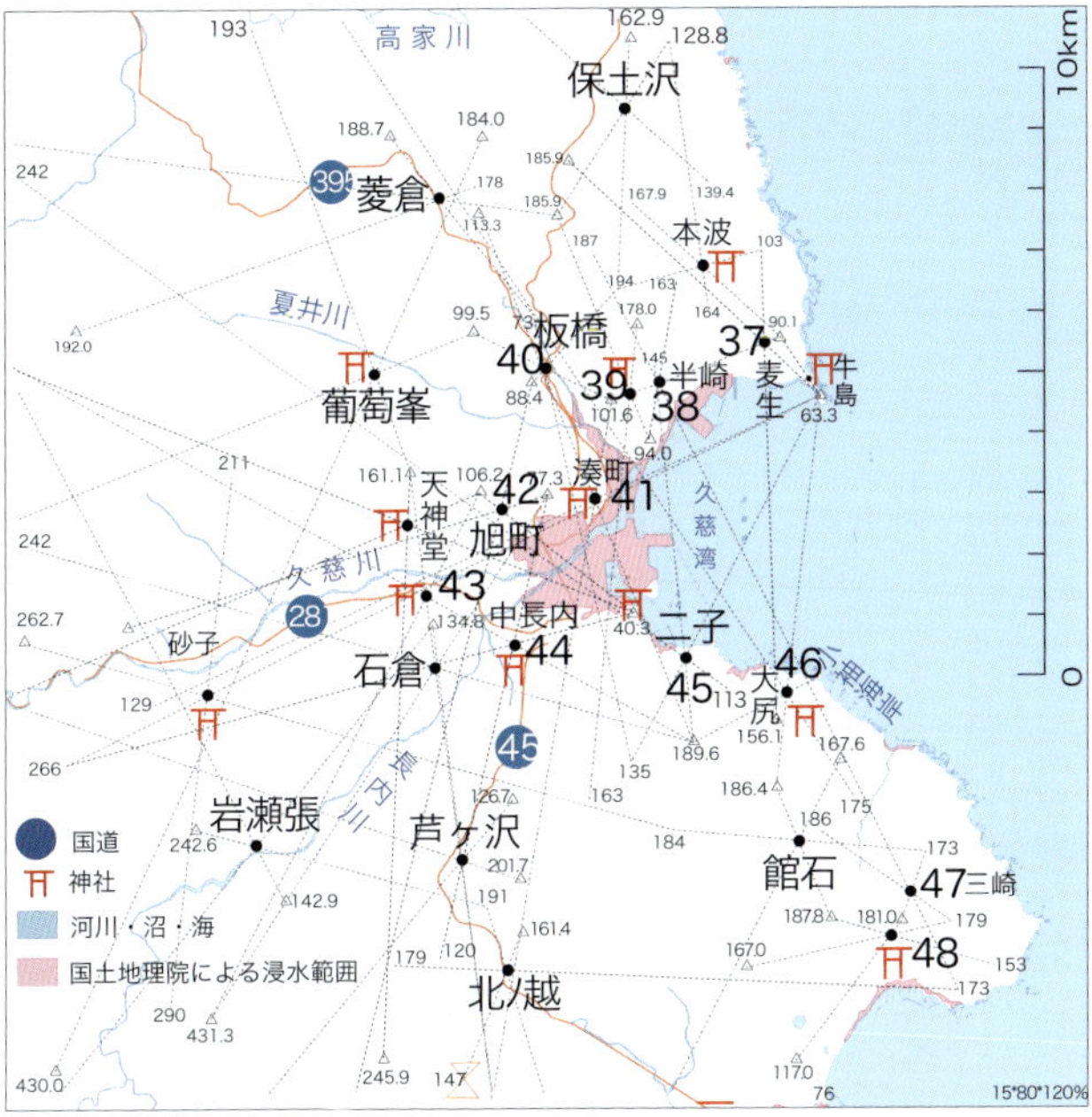

417　久慈市周辺の星地名と浸水状況

## 久慈市周辺の星地名と浸水状況

図417に久慈市周辺の星地名を示したが、太字の数字（37〜38……47〜48）は青森県の尻屋崎〜北茨城の阿字ケ浦までに存在する海岸線最寄りの星地名に北から順に標した番号であり、1から382を数える星地名が存在した。久慈市周辺の海岸線最寄りの星地名37番から48番まで全て津波による浸水を免れたことが図から読みとることが出来よう。板橋・湊町・旭町・中長内・二子はきわどいながらも浸水を免れたことが分かる。

この久慈市から野田→田野畑→宮古方面へ南下すると既にご承知のように被害は甚大となる。そんな中でひときわ注目すべき地域が存在した。普代村《ふだいむら》である。

## 防潮堤が守った岩手県普代村

岩手県下閉伊郡《しもへいぐん》普代村の高さ15・5メートルの普代水門(宇留部水門)や太田名部《おおたなべ》防潮堤、また同県九戸郡洋野《ひろの》町の高さ12メートルの防潮堤は、巨大津波にも決壊せずに津波を大幅に減衰させ、集落への人的・物的被害を最小限に抑えることができたことは、深い悲しみの中に一点の光明を灯した。

普代村は1896年(明治29年)と1933年(昭和8年)の大津波で計439名の犠牲者を出した。図418のように村の津波ハザードマップによると、村には太田名部防潮堤①と普代水門(宇留部水門)②と村の中心地に近い普代水門③の三つの防潮堤や水門が設置されている。太田名部防潮堤は1967年(昭和42年)に完成。普代漁港が前にあり、防潮堤の内側には一般住宅が軒を連ねる。

1982年(昭和57年)に完成した宇留部水門は、普代川の河口より300メートル上流に位置し水門のゲートは遠隔操作できる。さらにもう一つの普代水門は宇留部水門から約800メートル上流にあり村の中心地への入り口に位置する。

『普代村郷土史』(普代村郷土史編纂委員会編)によると1947年(昭和22年)4月5日、新憲法下における村長選挙で和村幸得《わむらこうとく》氏が初当選し、以来、1987年(昭和62年)まで40年間という永きにわたって村長を務められたとのこと。

防潮堤建造については「なんで15・5メートルの高さが必要なんだ」「津波なんか本当に来るのか」と、反対意見もあったらしいが「必ず同じ規模の津波は来る。それには高さ15・5メートルは絶対に必要だ」と断言し、生涯をかけ

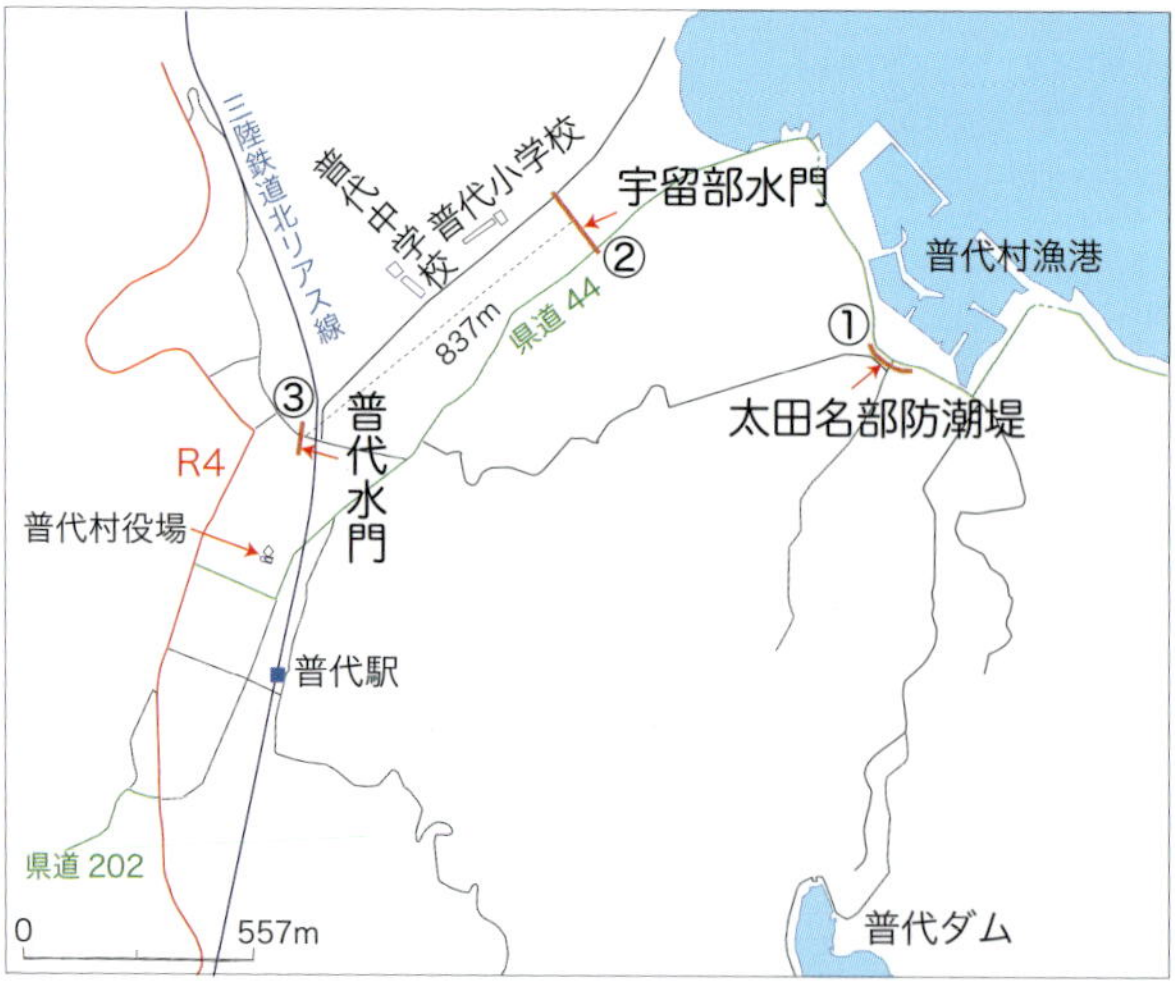


418　防潮堤・水門の位置
(名称は普代村津波ハザードマップによる)

て明治の教訓を貫いた村長の使命感と、結果的には村長の意志を受け入れた村民の理解が防潮堤と水門を完成させたと言えよう。

日本経済新聞、読売新聞、日刊ゲンダイ、産経新聞などは、被害を最小限にくい止めた普代村の防潮堤について強靭な意志でその建造を推進した和村幸得村長(故人)の功績を讃えている。

419　宇留部水門↓は壊された裏側のブリッジ　筆者撮影

420　津波から集落を守った太田名部防潮堤
普代村　提供

1987年(昭和62年)4月30日、村長退任の挨拶で、和村氏は「村民のためと確信をもって始めた仕事は反対があっても説得をしてやり遂げてください。最後には理解してもらえる。これが私の置き土産です」と語ったといわれている。

今日のわが国の政治の現状を思うに、長たるべき者はこのようにありたいものだという貴重な範を示した事例といえよう。さらにつけ加えるならば、普代村が防潮堤や水門に先行投資をしてあったことが、被害を最小限にくい止めたわけで、他の被災地の救済はもちろん必要ではあるが、普代村のような例こそ、国の交付金を増額し、早急に漁港を整備し一層の発展を期すことが、地方の活力となり、やがては日本の力になるに違いない。「地方・地域が元気になれば国は必ず元気になる」とよく言われるが、今こそプラス思考に切り替え早急に実行に移さなければ、この国は萎縮し衰退の一途を辿る他はない。

図421に普代村・田野畑村の星地名と浸水範囲を示すが、力持という星地名については「第11章」で述べた。普代村第17地割の力持には縄文時代の力持遺跡が存在し、星地名と縄文遺跡の関連性を示している。

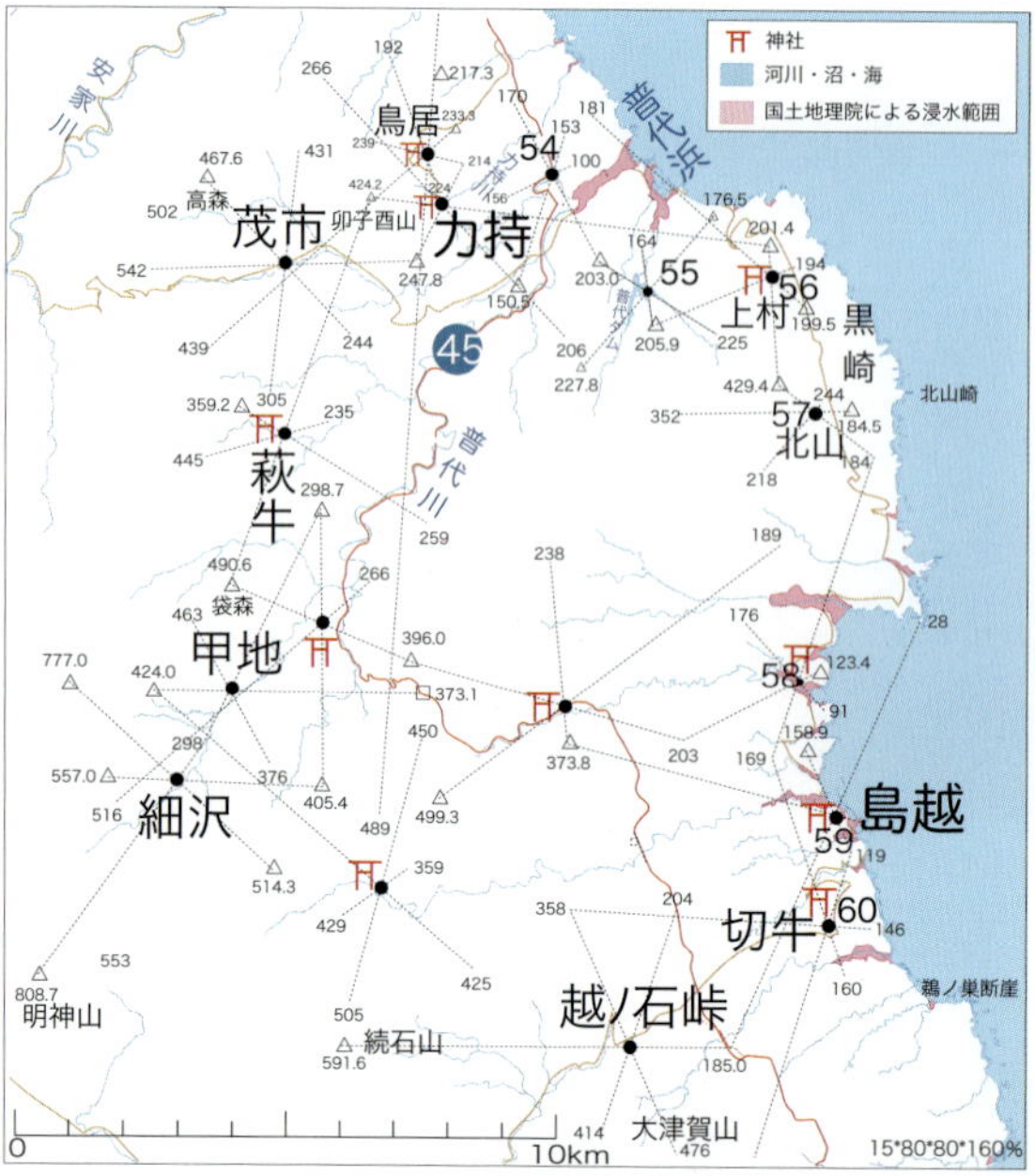


421　普代村・田野畑村周辺の星地名と浸水範囲

青森県東北町にみられた甲地《かっち》は岩手県下閉伊郡田野畑村にも同じ音声の甲地が星地名として存在している。

茂市は普代川の支流茂市川のほとりに位置する星地名で茂〈mo〉は岸辺、市〈iti〉は星で「岸辺の星」という意味の星地名で、この星地名が流用されて傍を流れる川が茂市川と呼ばれるようになったと解釈される。

島越《しまのこし》という星地名は島越漁港を見おろせる高台の島越大神宮の位置に該当する。この地点は津波を免れている。島越という星地名が流用され漁港や駅の名称になっているが、3・11の津波では駅舎は跡形もなく流失、漁港も壊滅的被害を受けたことは周知の通りである。

## 移転により津波を免れた石巻赤十字病院

津波による被害を奇しくも免れた石巻赤十字病院は星地名地点に移転していた。移転前の地点は、石巻市立病院とともに浸水をうけた。

石巻市の人的被害は地域別被災状況によると最も多く、死亡者3、182名、行方不明者595名の犠牲者が出た。同市出身のNHK仙台放送局アナウンサー・津田喜章氏の『被災地の声』という番組には視聴するたびに心を打たれる。報道者の広く深い視野と見識から、被災者の立場に立って被災者自身が言えない本当の気持ち・真実を伝えている。

津田アナウンサーの素直な心が被災地を、そして日本を振るい立たせ、打ちのめされ萎縮してしまった日本人に、あの世界大戦後の壊滅状態から立ちあがった精神を呼び戻してくれるに違いない。

図423に示すように奇跡的にも星地名に移築されてあった石巻赤十字病院は、その周囲を津波に囲まれながらも浸水を受けなかった。

422 津波を免れ奮闘した石巻赤十字病院
掲載許可 石巻赤十字病院
撮影 元腎臓内科部長 佐藤和人

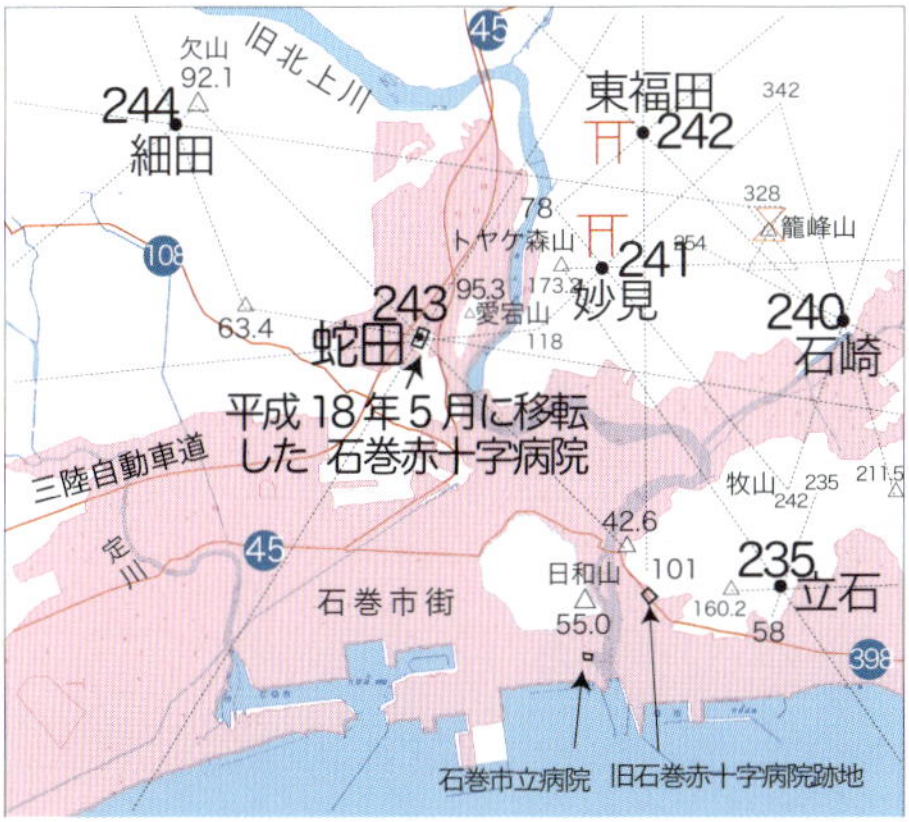


423 星地名に移転した石巻赤十字病院

広範囲にわたる被災地のなかで、極限を超える悪条件に耐えて災害医療活動を全う出来た最大の功績は病院を星地名に移築してあったことであろう。移築前の場所では、津波に襲われたことは疑う余地はない。

このことは病院や被災者を収容する施設など、災害時になくてはならない重要な建造物の設置場所を選択する際の貴重な教訓となろう。

東日本大震災における女川原子力発電所の被災状況については地震で1メートルの地盤沈下があったものの直接の津波到達は無く、海岸線に最も近い2号機の原子炉建屋の地下3階が約2.5メートル・約1500立方メートルまで浸水、また3号機の冷却系に海水が侵入するにとどまった敷地内の体育館等を開放して最大約360名を収容し、食事等の提供がなされたと報道されている。

# 深刻な事故を免れた女川原発

宮城県の女川原発は図424に示すように敷地内北寄りに神社を伴った星地名●がみられ、その地点は浸水を免れている。筆者は『星地名　縄文の知恵と東北大震災』（2012年8月30日発行）で〝福島第一原発が多くの住民を故郷から引き離したのに対して、女川原発には壊滅的被害を受けた女川町民が避難所として身を寄せているという、この相違について詳細に分析して、今後に生かさなければならないとし、図425に示すように第一原発は星地名細谷の中心地までの直線距離は約一・七キロメートル、第二原発は約一・九キロメートルあり、海水を循環させるダクトが必要であるが、このダクトにいかほどの経費を掛けたとしても、この度の事故の被害額とは比較にならないのではなかろうか。〟と記したが、およそ1年半後に出版された『電力と震災　東北「復興」電力物語』（著）には東京電力と東北電力はなぜ明暗を分けたのかについて考察が極めて詳細に記されている。そのプロローグ「DNAに刻まれた白州と内ヶ崎の思想」のなかに東北振興電力（東北電力の前身）の初代会長をつとめた白州次郎と、東北出身の「和」の電力マン初代会長内ヶ崎贇五郎《うんごろう》の二人が中心になって育《はぐく》んだDNAは「地域振興の礎《いしずえ》」になるという理念とある。

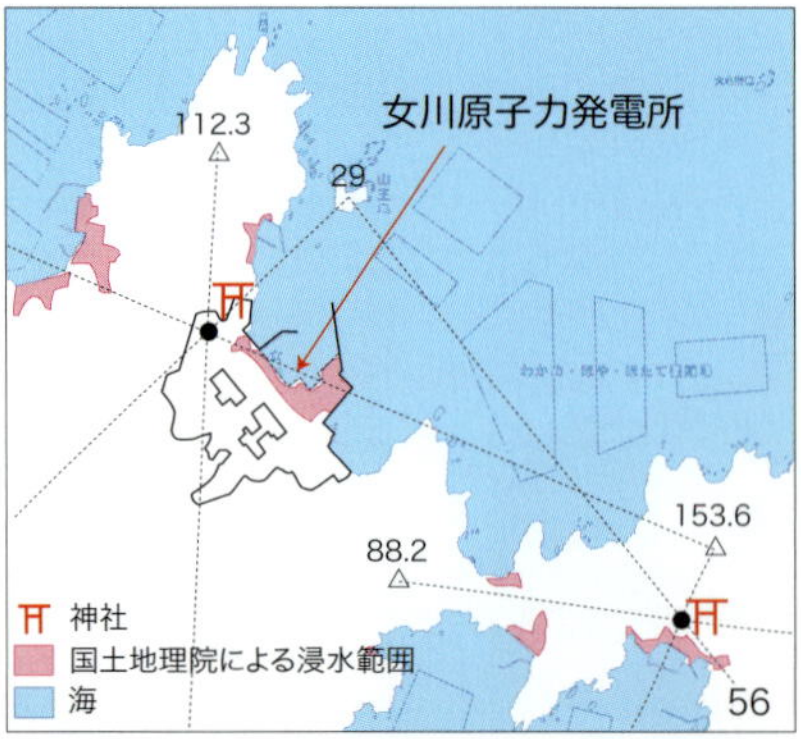


424　敷地内に星地名のある女川原

筆者が最も惹かれたのは〝「法律さえ守っていれば十分。義務ははたしたことになり、何かあっても責任は免れる」という風潮が日本中にはびこる中で、東北電力の技術者は「それだけでは足りない。結果として事故が起きることもいけない」というプライドを保ってきた。（事故防止の精神）、これは東北電力のもうひとつのDNAといえる。しかし、このDNAを、専門家は誰ひとり評価しようとしなかった。〟という町田徹氏の見解で、この言葉に深い感銘を受けた。（余談・お気づきでしょうが内ヶ崎の内は星地名関連用語）

もうひとつの驚きは、「防潮堤が守った岩手県普代村」で述べた和村幸得村長が15・5メートルの高さの防潮堤に固執したのと同じように、女川原発の防潮堤は15メートルの高さでなければならないと固執した人物がいたことであった。平井弥之助《ひらいやのすけ》である。この書物には「平井弥之助の先見性」として述べられている。

８６９年（貞観１１年）の貞観《じょうがん》大津波を詳しく調べていた平井氏は、女川原発の設計段階で防波堤の高さは「１２メートルで充分」とする多数の意見に対して、たった１人で「１４・８メートル」を主張し続けていたとのこと。最終的には平井氏の執念が勝り１４・８ メートルの防波堤が採用されることとなったが、４０年後に高さ１３メートルの津波が襲来することになるとは、おそらくは誰もが予見できなかったことであろう。

また、平井氏は原発を海抜１５メートルの高台に設置するよう主張していたことも記されている。

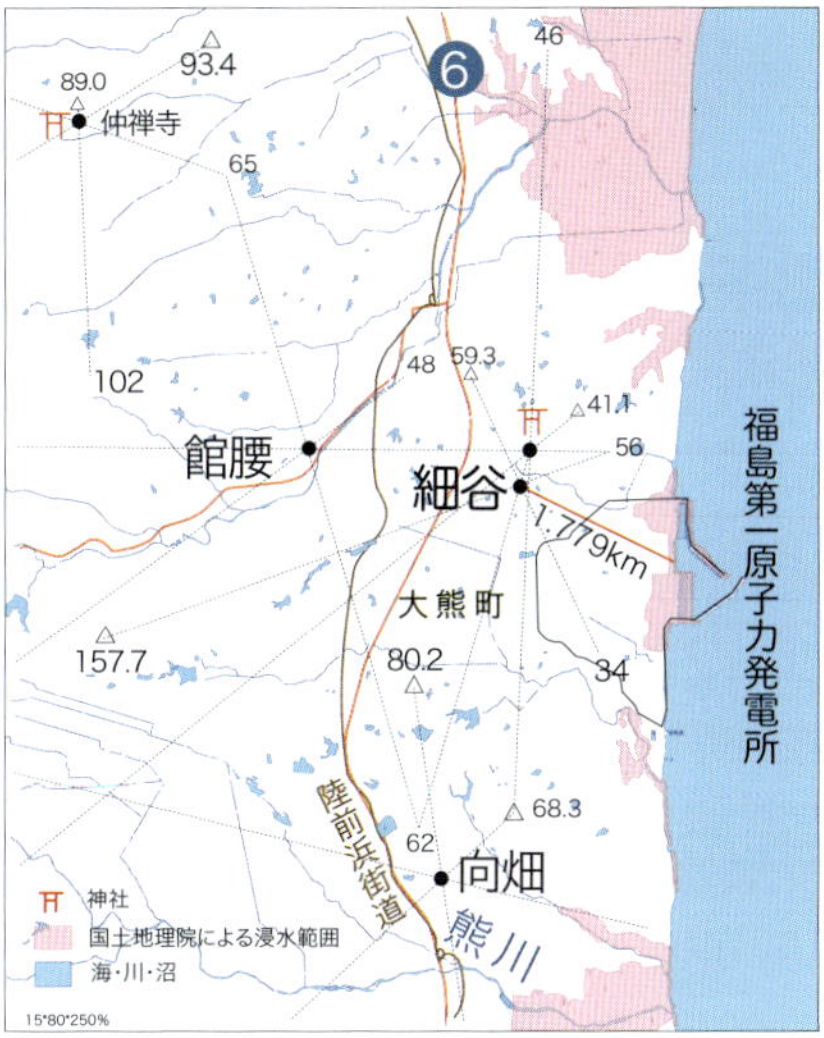

425　福島第一原発と星地名細谷の位置

『電力と震災 東北「復興」電力物語』や産経など多くのメディアによれば、同じ東北の太平洋沿岸に立地する東京電力福島第一原発と東北電力女川原発が明暗を分けたのは、福島では想定された津波の高さが約五・六メートルだったのに対して女川は九・一メートルに設定されていたという立地条件のわずかな違いであったといわれている。しかし星地名の存在も無視はできないだろう。

また朝日新聞などの多くのメディアによれば、女川原発の安全審査で想定した津波の高さは最大９・１メートル。想定を大きく上回ったのは、福島第一原発と同じだ。それにもかかわらず、被害が小さかった理由について、東北電力は「詳しい経緯は今後の調査を待たなければならないが、余裕を持った造りが大きかったと考えられる」と指摘した。「余裕」が最も表れているのは、原子炉建屋の海面からの高さだ。同原発の主要施設の標高は１４．８メートルあり、１０メートル前後だった福島第一より高い。女川原発は２号機の熱交換器室が浸水の影響で使えなくなった１系統を除き、非常用電源が正常に稼働した。施設の位置の高さが津波の被害を防いだ可能性があると述べられている。

著者が強調したいのは何度も何度も会議を開いても自説を曲げなかった普代村の和村氏と東北電力の平井氏の固執である。これこそ巫の精神といえようか。

# 東松島市宮戸島の浸水状況

東松島市は２００５年(平成１７年)４月1日桃生郡矢本町と鳴瀬町の合併により発足した。

図426に示すように東日本大震災では浸水範囲は広範に及び、市内全住宅の3分の2を超える約1万1０００棟が全半壊し、死亡者数１０４７名、行方不明者数６６名の犠牲者がでた。同市矢本に所在する航空自衛隊の基地は曲技飛行を行うブルーインパルスの本拠地としても知られる。

地震発生から約1時間１０分後、基地は高さ２m以上の津波に襲われ、激しい余震が予期される中、天候悪化で視界不良だったこともあり、救難ヘリコプターなど一機も発進させることができないまま、駐機場および格納庫に駐機していた航空機２８機全てが水没し、冠水のため基地機能も完全に喪失した。

基地で勤務していた隊員約９００名は屋上に避難し全員無事だったが、休暇中の隊員1名が死亡したとのこと。

それに対して松島町は多くの島々が自然の防潮堤のような働きをしたためか、死亡者数２名、行方不明者数０と他の三陸沿岸の地域に比べて人的被害は少なかった。住民は「島が津波から守ってくれた」と感謝、美しい景観を取り戻そうと、流れ着いたがれきの撤去に取り組んだとのこと。水工学の専門家によると、湾内に点在する島々が緩衝材となり、津波の一部は島にあたって反射し、はね返った分、陸に押し寄せる波のエネルギーは弱まり、津波による被害を減らしたと考えられると分析している。

松島町に隣接する塩釜市の有名な鹽竈神社はじめ石田、石保田などの星地名は浸水を免れている。

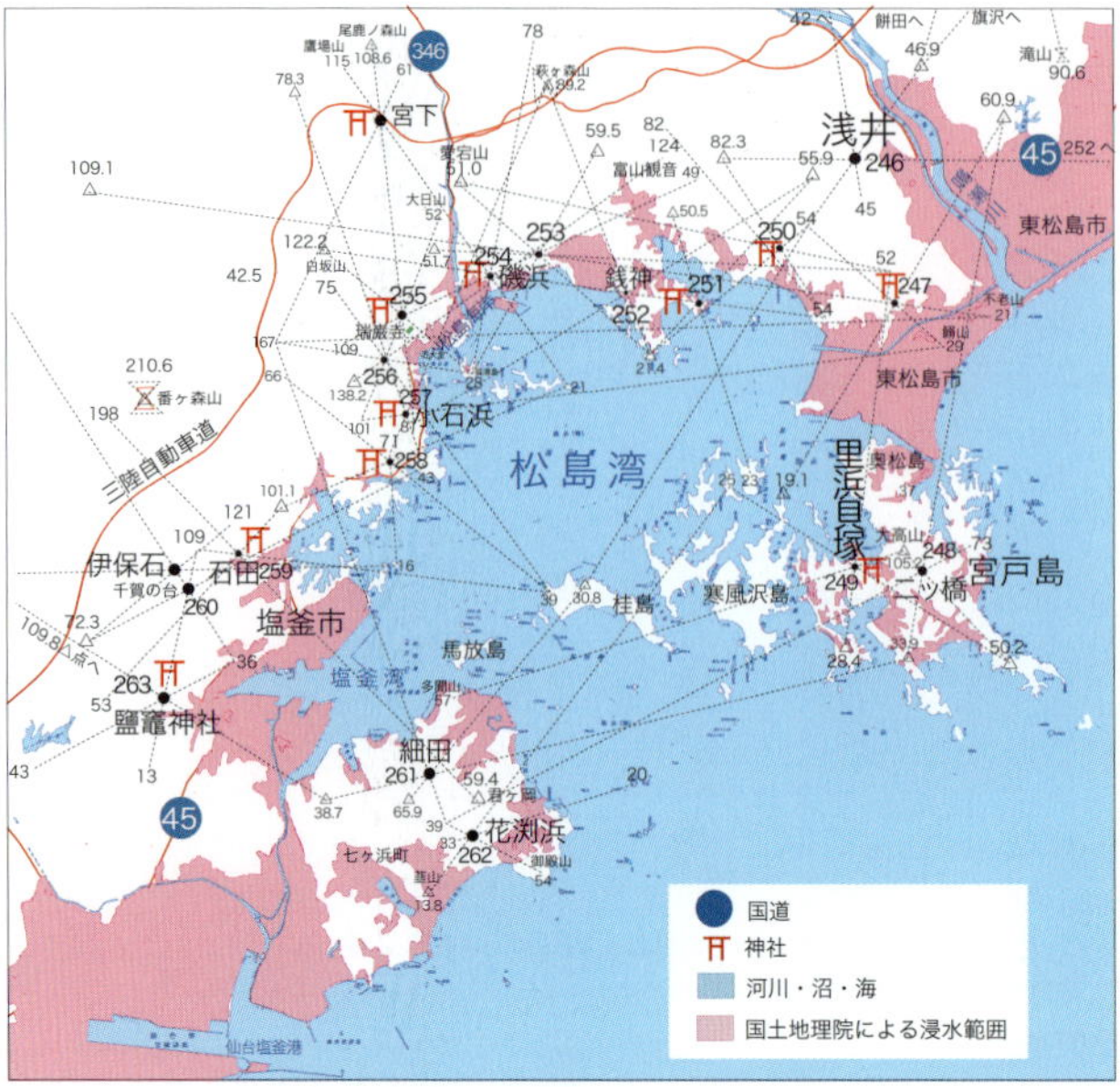


426　松島湾周辺の星地名と津波浸水状況

# 奥松島縄文村歴史資料館に学ぶ

被害が甚大だった東松島市にあって、宮戸島の里浜貝塚は浸水を免れていた。

この地域には1992年(平成4年)10月に設立された奥松島縄文村歴史資料館がある。

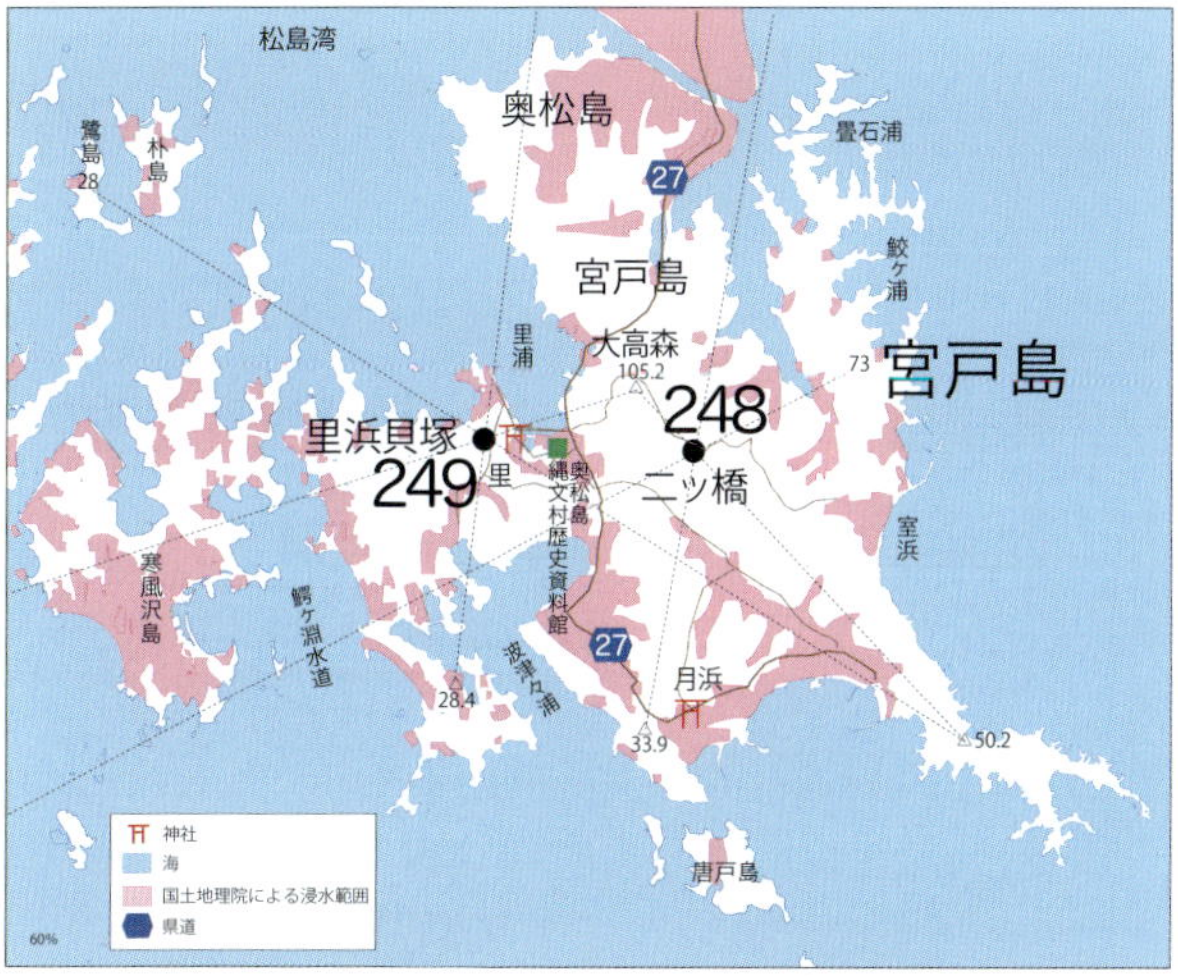


427 宮戸島の星地名と津波浸水を免れた里浜貝塚
248・249は巻末資料の津波浸水を受けなかった星地名の番号

428 里浜貝塚津波痕跡　奥松島縄文村歴史資料館 出展

429　里浜貝塚津波堆積層（縄文中・後期）　奥松島縄文村歴史資料館　出展

本書出版のため平成27年1月7日に奥松島縄文村歴史資料館館長の菅原弘樹様に里浜貝塚の写真提供をお願いしたところ、筆者を驚嘆させる写真が送られてきた。

図429に里浜貝塚津波痕跡・里浜貝塚津波堆積層（縄文中・後期）・貝層断面を示したが、貝層断面は、これは貝塚だから、当然として、津波痕跡と津波堆積層は、これは一般にはお目にかかることはできない貴重な資料と考えられ、こんな美事な研究をなさっておられることに深く感動させられた。

東日本大震災（3・11）のまさに3年後に発行された『奥松島物語第2号』（監修赤坂憲雄・編集西脇千瀬）に奥松島縄文村歴史資料館名誉館長岡村道雄と学習院大学教授赤坂憲雄の対談「暮らしつづけるためのランドスケープ―縄文から考える土地デザインの思想」が掲載されいる。

同時に『いま縄文に学ぶ　貝塚が語る春夏秋冬』（奥松島縄文村歴史資料館館長菅原弘樹著）が掲載されていて、そのなかに「縄文時代の津波の跡―里浜貝塚の調査―」という項目があり、平成14年秋の里浜貝塚西畑地点で、縄文時代中期～後期の津波の痕跡が見つかったと記されている。里浜貝塚津波痕跡の写真にはこの調査地点は3・11の津波では浸水を受けなかったことが記されている。

2003年（平成15年）6月14日発行の『素晴らしい日本文化の起原　岡村道雄が案内する縄文の世界』宝島社には

430　奥松島西畑地点 貝層断面　奥松島縄文村歴史資料館 出展

「縄文が息づく島・宮戸島で縄文人の姿と食を語る」の項目で里浜貝塚のことが詳しく紹介されている。

図427と図428を見くらべてみると寺院の屋根が見える西側の地点が筆者が指摘した星地名地点であり、この地点は貞観津波でも東日本大震災の津波でも浸水を受けていないことが確認された。地点の名称は現在は里と呼ばれているが、直ぐ近くの〝二つ橋〟という星の音声を含む地名と大高山△105・2mおよび△50・2mを介して二重の連携が見られ、また標高25mを介して七ヶ浜町のやはり星の音声を含む〝花渕浜〟と連携し、星地名の条件を備えている。

2015年(平成27年)9月22日、筆者は館長にお礼を申し上げたく、身近な歴史を訪ねるプチサークルのメンバーとともに奥松島縄文村歴史資料館を訪ねた。

東松島市の被災地には津波の痕跡がどこまでも続き、復興の難しさが今も残されていた。

宮戸島の資料館に着くと、震災の痕跡は全く見当たらないほどに、周囲の環境もよく整備されていて、館内の展示もすばらしく、特に縄文時代の津波の痕跡には驚かされた。お蔭様で一同は有意義な時間を過ごすことができた。

# 第21章　復興の足音

## 想い出の高田松原

高田松原の林の道を歩いた。「松の緑がすてきですね。」「林の道もどことなくロマンチックですね。」と同行者は口々に喜んでくれた。星地名を訪ねての旅には、いつもサークルの誰かをさそっていく。そんな旅をもう幾歳つづけたであろうか。

3・11の津波で、この松原も姿を消した。奇しくも一本の松だけが残された。この木に人々は被災者の冥福を祈り復興を誓った。

陸前高田市企画部まちづくり戦略室から送られてきた画像「想い出の籠もった高田松原」をながめていると、どうしても目頭がうるむ。

松原を背に海水浴でにぎわう砂浜、喜んではしゃぐ子どもたち、それを見守るようにたたずむ日よけ傘のお母さんたち……みんないきいきと輝いていた。この人たちは、はたして無事だったのだろうか。

「キャピタルホテル1000」は、三陸海岸の景勝地・高田松原に隣接して建ち、近くに道の駅高田松原もあって、三陸海岸の旅の拠点であった。

431　想い出の籠もった高田松原　　陸前高田市企画部まちづくり戦略室　提供

## 高田松原周辺の星地名と浸水状況

432　津波に襲われたキャピタルホテル 1000　筆者撮影
「北国の春」などのヒット曲で知られる陸前高田市出身の歌手千昌夫ゆかのホテル。2011 年の東日本大震災により被災、犠牲者こそ出なかったものの営業停止を余儀なくされた。

筆者らは何度かキャピタルホテル１０００に宿泊しているが、ホテルの窓からは海は見えず、見えるのは松原だった。海岸に来たのに、ホテルの窓から海がみえないなんて……、と嘆いたこともあったが、震災後に訪ねてみるとホテルの敷地は海に接していた。自然の力のもの凄さをみる想いがした。

青森県の下北半島から茨城県ひたちなか市阿字ヶ浦までの海岸線や河口に最も近い星地名に1から３８２の番号を割り振ると、図433のように陸前高田市周辺には海岸線や河川最寄りの星地名は１４３～１５８番までみられ、これらは浸水を免れている。１～３８２番までの星地名の浸水状況は巻末に掲載。また、それぞれの位置を示す緯度・経度表も巻末に掲載したので、地図でみたい場合は御利用下さい。

陸前高田市の浸水状況をみると、只越、越田、福伏、二日市、川内、小渕、鳴石など多くの星地名がみられるが、星地名の地点は浸水を免れていた。

広田湾の一番奥に位置する高田松原は、津波を真っ正面から受けた。松原は流されたが、いくらかでも津波の衝撃力を柔げる役割を果たしたのではなかろうか。

気仙川に沿っての津波の河川遡上も明確に表れているが、越戸内、打越、赤畑などの星地名地点は浸水を免れているのが読みとれよう。

津波で大きな被害を受けた「キャピタルホテル１０００」は営業を再開することなく、建物は解体された。

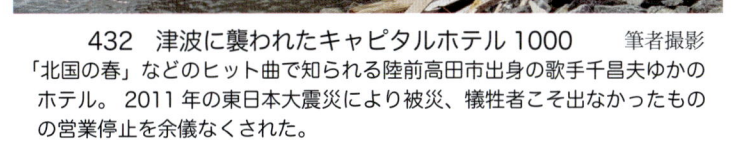

## 復興の足音は聞こえるか

キャピタルホテル1000の復活を望む多くの市民の声と経営陣の熱意で、ホテルを再建するために新会社が設立された。折しも三菱商事株式会社は2012年3月に「三菱商事復興支援財団」を設立し、同年5月に公益財団法人

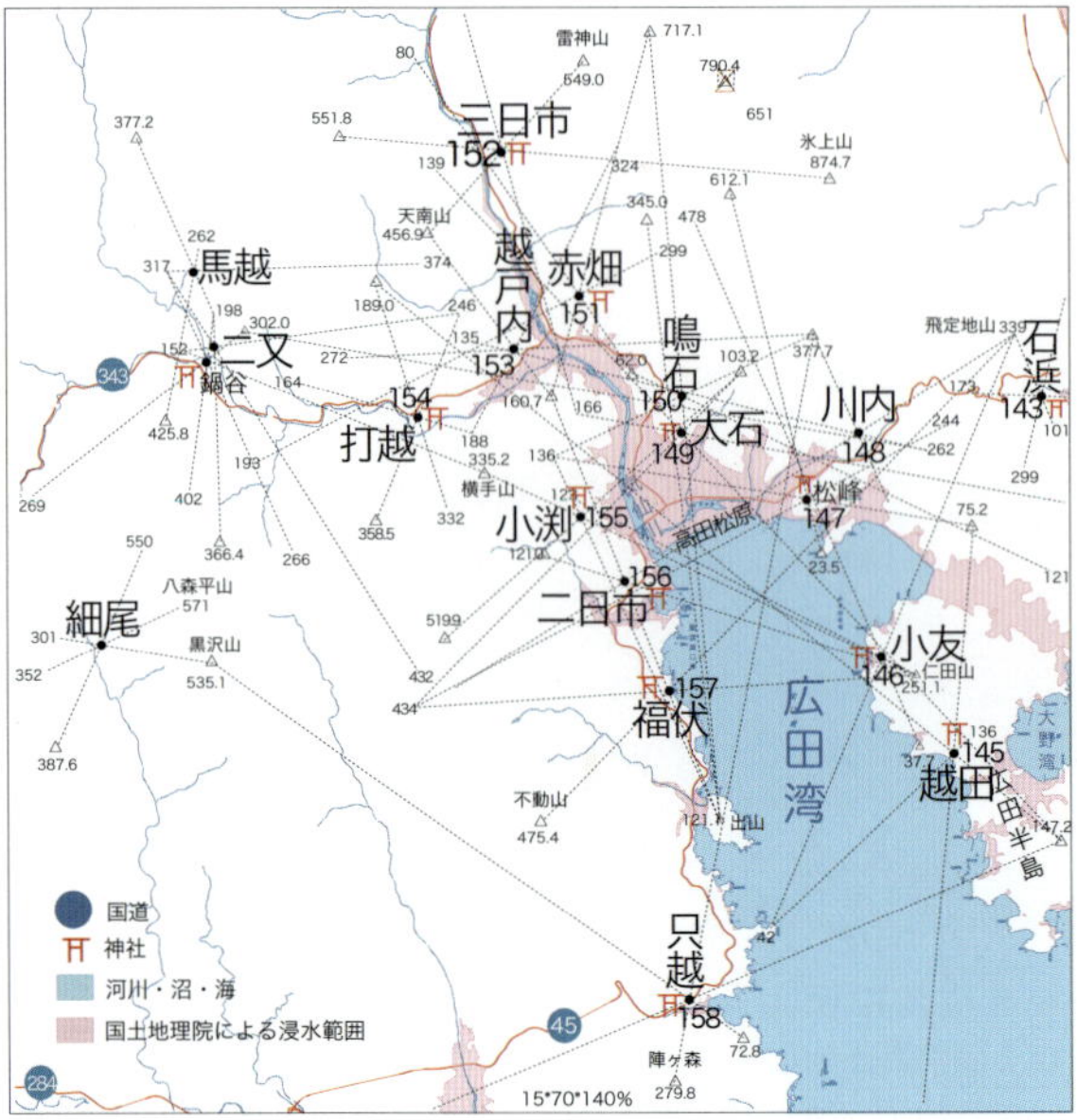


433　陸前高田市周辺の星地名と津波浸水状況

に認定され、その産業復興支援第1号案件として、震災前に陸前高田市の唯一のホテルとしてシンボル的存在だったキャピタルホテル1000の再建事業支援策を提案した。

新しく設立されたキャピタルホテル1000株式会社と三菱商事復興支援財団の産業復興支援第1号案件は陸前高田市を一望する高台に新ホテルを作ることで基本合意に達し、その調印式は2012年(平成24年)8月16日報道関係者の前で公表された。

2013年(平成25年)11月1日、新しい「キャピタルホテル1000」が岩手県南三陸の玄関口として、陸前高田を一望する高台に新生した。このホテルのポリシー(基本理念)は、陸前高田の町と一緒に明日へ向かうことを誓い、地元の冠婚葬祭や宴会を始め県外からのツアー客をターゲットとし、また、津波で家を失った方々の親族がお盆やお正月に帰省するさいの実家代わりとしても使ってもらうことも想定し、人を想う気持ちを大切にして、お互いに助け合いながら復興に貢献し、ともに成長していこうという、感銘深いものであった。

こうして復興への明かりがともされたことは、まさに復興の足音を聞く想いがする。明かりをともし続けることはたやすいことではなかろう。前途にはさまざまな困難があるかもしれない。かりにともしびが消えたとしても、また灯せばよい。きっと一本松も見ているに違いない。

434　新しいキャピタルホテル1000
陸前高田市企画部まちづくり戦略室　提供

## 高田松原の再生

津波で流失した想い出の高田松原を復活させたいと願う心の動きは市民のなかから生まれた。

平成26年6月に岩手県と陸前高田市は「高田松原津波復興祈念公園」の構想を策定し一歩を踏み出した。

2015年(平成27年)2月21日、このキャピタルホテル1000において高田松原を守る会、一般財団法人ベターリビング、一般財団法人日本緑化センターの共催で第一回高田松原再生講座が開催されたのは、まさしくホテルの理念のごとく、復興へのひとつの灯りがともされたことになろう。

植林された苗が、あの2kmにわたって広がっていた7万本のクロマツ林の高田松原に育つには、一体どのくらいの年月がかかるのだろうか。

もういちど松原を歩いてみたいと願ってもそれは叶えられない。この思いは次世代のひとびとに託するしかない。1667年(寛文7年)江戸時代に、この高田松原に着手した偉人・菅野杢之助もおそらくは世代から世代へと植林が受け継がれていくことを心に描いていたに違いなかろう。

# 第22章　座標でみる星地名と安全性

## 青森県尻屋崎〜茨城県阿字の浦・浸水を免れた海岸線最寄りの３８２地点

海岸線最寄りの星地名３８２地点の座標(巻末に掲載)をエクセルでグラフ化すると図435のように海岸線の地図ができるくらい高密度に点々がならんでいる。縄文人はこの道案内を用いて迷わずにどこまでも移動が可能であった証でもある。しかもこれらの地点がすべて浸水を免れたということは一体どのように解釈すればよいのだろうか。

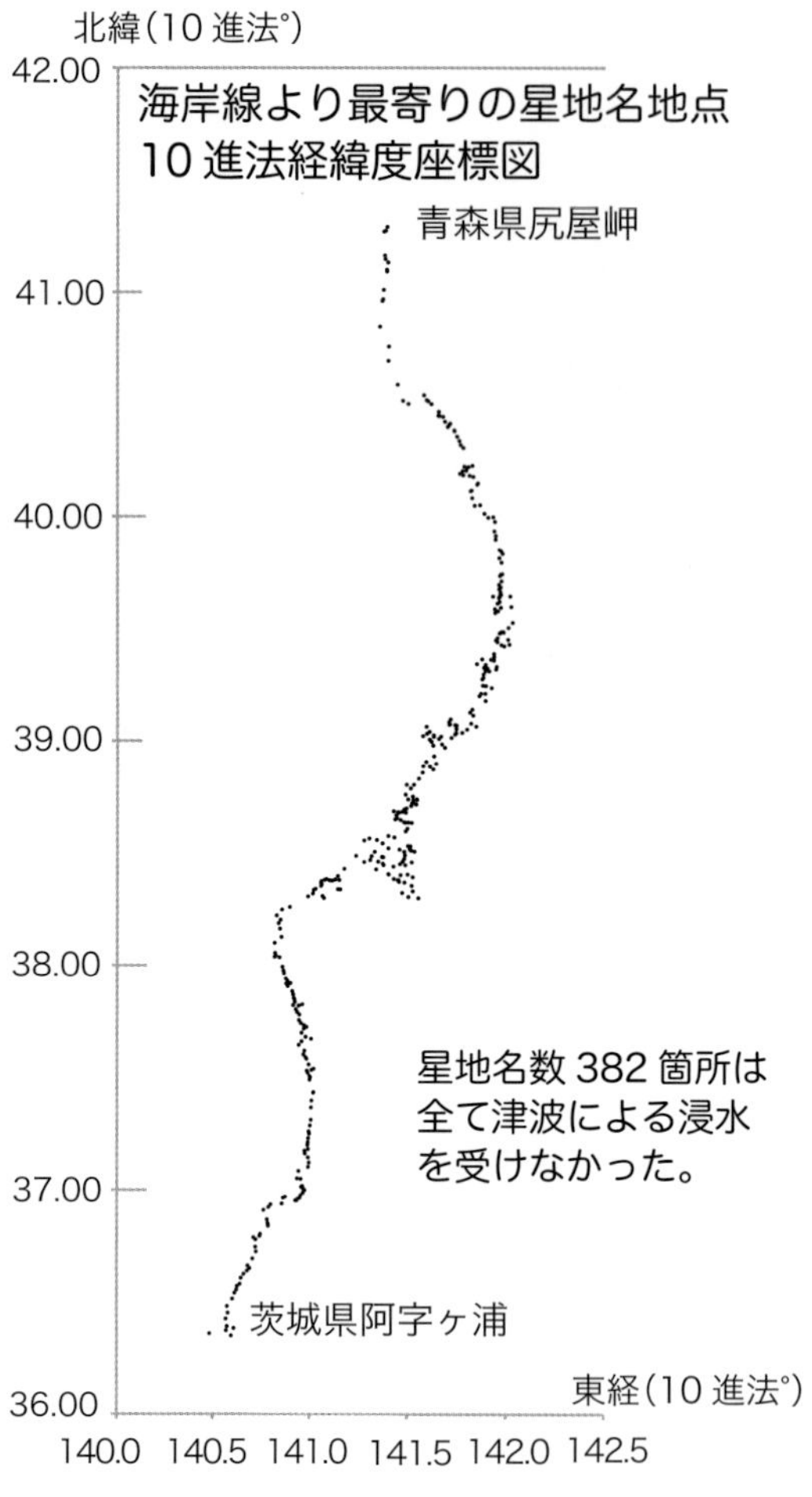


435　青森県尻屋岬から茨城県阿字ヶ浦までの海岸線最寄りの星地名地点 382 ヶ所の位置を 10 進法経緯度表しグラフで標示

# 二項分布・ポアソン分布およびベイズの定理による津波浸水に対する安全確立の考察

　星地名地点の安全性について考える場合に最も参考になる資料は『奥松島物語第2号』(奥松島物語プロジェクト発行)に掲載された奥松島縄文村歴史資料館館長菅原弘樹氏の論文『いま縄文に学ぶ　貝塚が語る春夏秋冬』であろう。

　この論文には「縄文時代の津波の痕跡—里浜貝塚の調査—」として里浜貝塚西畑地点で発掘調査により縄文時代中期と縄文時代後期のものと推定される津波の痕跡が発見されたことが掲載されている。つまり「里浜の縄文人たちの住まいは標高10～20m程の高台にあり、津波による流失はなかったはずである。」と述べられている。

　さらに『奥松島物語第2号』の「暮らしつづけるためのランドスケープ—縄文から考える土地デザインの思想」(奥松島縄文村歴史資料博物館名誉館長岡村道雄と学習院大学教授赤坂憲雄の対談)では、岡村道雄先生は「今回の津波で人的被害が出たのが青森県の三沢から福島県のいわき海岸くらいまで、その間四〇〇キロの沿岸があるんですが、そこに四八〇ヶ所の貝塚集落があります。震災直後、それがどうなったのか情報収集しました。すると、どれ一つにも津波は及んでいない。やはり縄文人は津波のことを知っていて、バッティングしない形で調和的に生きていたと思い至りました。」と述べられている。また『1896明治三陸地震津波』によると「三陸津波では大きな津波は46年に1回の割合で生じる」と述べられている。

**星地名の安全性　二項分布、ポアソン分布による浸水確率**
**4600年前から存続してきた382ヶの星地名の今後100年間の浸水確率**

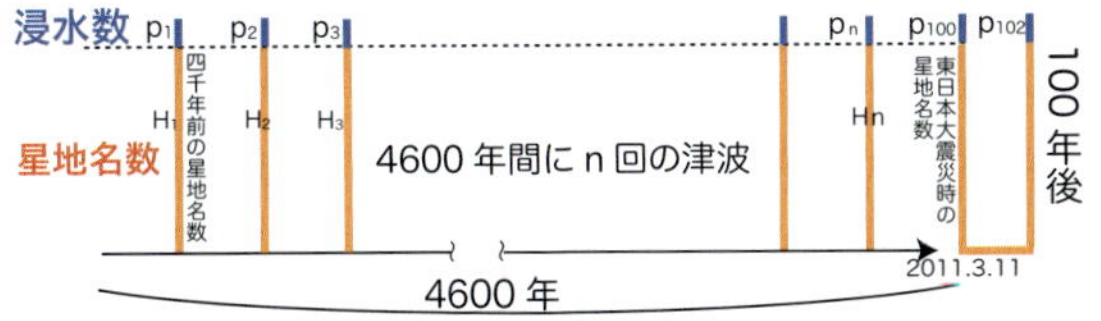


この場合H1=382とし、大きな津波は約46年に1回の割合で生じるという統計を用いると、4600年の間には100回の大津波があったと考えられる。今後100年間を考えると2回の大津波が襲うことになる。n回の津波で星地名に浸水が起きる確率をp［A］とし。起きない確率をp［Ā］とすると

$$p［A］= np \quad n=100$$

2011.3.11の東日本大震災では382ヶの星地名の浸水は0であった。したがってnpは 極めて0に近いと考えられ?、今後100年間に星地名に浸水の起きる確率は0に近く?安全と考えられる。

参考文献：『災害教訓の継承に関する専門調査会報告書・1896明治三陸地震津波』
平成17年3月内閣府政策統括官(防災担当)作成

436　二項分布、ポアソン分布による浸水確立の考察

浸水確立の考察として、はじめに二項分布、ポアソン分布による考察を記したが、結果が「〇に近い？」とやや曖昧なので何か良い方法がないかと思案の結果、品質管理に用いられているベイズの定理を用いてみようと考えた。

参考文献『改訂版　予測のはなし』(大村平著)、『改訂版統計解析のはなし』(大村平著)、『異端の統計学ベイズ』(シャロン・バーチュ・マグレイン著　冨永星訳)、『統計学が最強の学問である』(西内啓著)、『場合の数と確率』(清史弘著)を

### 試算（1）

**N=4584、n=3820 とすると 382 の中に不良品が含まれない確率**

N 個の製品があり不良品が k 個だけ含まれている。
N 個から n 個を取り出し n 個の中に不良品が r 個だけふくまれている確率は

$$P(r)=\frac{{}_kC_r \cdot {}_{N-k}C_{n-r}}{{}_NC_n} \qquad {}_NC_n = \frac{N!}{n!(N-n)!}$$

で表されます。


ここで N=4584、n=3820 です。

まず、このロットに不良品が 1 個もないとしましょう。つまり k=0 です。

この場合、、もともと不良品がないのですから、n 個を検査しても不良品はなく不良品がゼロの確率は p(0)=1 で合格です。

つぎに、このロットに不良品が 1 個含まれているとします。不良率は 0.000218 であるといってもいいでしょう。この場合 k=1 ですから、n 個中に不良品 0 の確率は

$$\frac{{}_1C_0\times{}_{4584-1}C_{3820-0}}{{}_{4584}C_{3820}} = \frac{\dfrac{4583\times4582\times4581\cdots\times3\times2\times1}{3820\times3819\times3818\times\cdots3\times2\times1(381\times380\times\cdots\times3\times2\times1)}}{\dfrac{4584\times4583\times4582\cdots\times3\times2\times1}{3820\times3819\times3818\times\cdots3\times2\times1\times(382\times381\times\cdots\times3\times2\times1)}}$$

$$=\frac{382}{4584}=0.08333$$

同様に、2 個含まれているとすれば、不良率は 0.0004363 で、k=2 となり、n 個中に不良品 0 の確率は

$$\frac{{}_2C_0\times{}_{4584-2}C_{3820-0}}{{}_{4584}C_{3820}} = \frac{\dfrac{4582\times4581\times4580\cdots\times3\times2\times1}{3820\times3819\times3818\times\cdots3\times2\times1(380\times379\times\cdots\times3\times2\times1)}}{\dfrac{4584\times4583\times4582\times\cdots3\times2\times1}{3820\times3819\times3818\times\cdots3\times2\times1\times(382\times381\times\cdots\times3\times2\times1)}}$$

$$=\frac{382\times381}{4584\times4583}=\frac{145542}{21008472}=0.00692778$$

となります。
N－n＝382 ですから残りの 382 製品について不良品がゼロである確率は

ベイズの定理により

$$\frac{1}{1+0.09090+0.02082448}=\frac{1}{1.090258}=0.9172$$

不良品 0 の確率は 91.72%と言えるでしょう。

| |
|---|
| 0!(0 の階乗 ) は 0 ではなく、1 と定義されているので、0!=1、${}_1C_0$＝1<br>${}_2C_0=2!\div(0!\times2!)=\dfrac{2\times1}{0!\times2!}=\dfrac{2}{2}=1$ |

437　ベイズの定理による浸水確立の試算（1）

参考に浸水される確率を計算し、試算(１)と試算(２)を試みた。３８２個入りのパッケージを１０２個あったとし、１００個のパッケージに１個も不良品がなかったとして、残りの２ヶのパッケージに不良品が０の確率を計算した。試算(１)では不良品０の確率、つまり１地点も浸水されない確率は９１・１７％で、試算(２)では９９・０１％であった。二項分布・ポアソン分布から得られた浸水される確率は０に近い？という結果とさほど隔たりはなく、結局、星地名地点は津波の浸水を受けにくいと判断される。

試算（2）

N=102、n=100 とすると 2 の中に不良品が含まれない確率

N 個の製品があり不良品が k 個だけ含まれている。
N 個から n 個を取り出し n 個の中に不良品が r 個だけふくまれている確率は

$$P(r)=\frac{{}_kC_r \cdot {}_{N-k}C_{n-r}}{{}_NC_n} \qquad {}_NC_n=\frac{N!}{n!(N-n)!}$$ で表されます。

ここで N＝102、n＝100 です。

まず、このロットに不良品が 1 個もないとしましょう。つまり k=0 です。

この場合、、もともと不良品がないのですから、n 個を検査しても不良品はなく不良品がゼロの確率は p(0)＝1 で合格です。

つぎに、このロットに不良品が 1 個含まれているとします。不良率は 0.009804 であるといってもいいでしょう。この場合 k＝1 ですから、n 個中に不良品 0 の確率は

$$\frac{{}_1C_0 \times {}_{102-1}C_{100-0}}{{}_{102}C_{100}}=\frac{\dfrac{1\times101\times100\times99\cdots\times3\times2\times1}{100\times99\times98\times\cdots3\times2\times1(2\times1)}}{\dfrac{102\times101\times100\cdots\times3\times2\times1}{100\times99\times98\times\cdots3\times2\times1\times(2\times1)}}$$

$$=\frac{1}{102}=0.00980$$

同様に、2 個含まれているとすれば、不良率は 0.01960 で、k＝2 となり、n 個中に不良品 0 の確率は

$$\frac{{}_2C_0 \times {}_{102-2}C_{100-0}}{{}_{102}C_{100}}=\frac{\dfrac{1\times100\times99\times98\cdots\times3\times2\times1}{100\times99\times98\times\cdots3\times2\times1(\times1)}}{\dfrac{102\times101\times100\times\cdots3\times2\times1}{100\times99\times98\times\cdots3\times2\times1\times(2\times1)}}$$

$$=\frac{2}{102\times101}=\frac{2}{10302}=0.000194$$

となります。
N－n＝2 ですから残りの 2 製品について不良品がゼロである確率は
ベイズの定理により

$$\frac{1}{1+0.00980+0.000194}=\frac{1}{1.0099994}=0.9901$$

残りの 2 製品に含まれる不良品が 0 の確率は 99.01％と言えるでしょう。

0!(0 の階乗) は 0 ではなく、1 と定義されているので、0!=1、${}_1C_0=1$

$${}_2C_0=2!\div(0!\times2!)=\frac{2\times1}{0!\times2!}=\frac{2}{2}=1$$

438　ベイズの定理による浸水確立の試算（2）

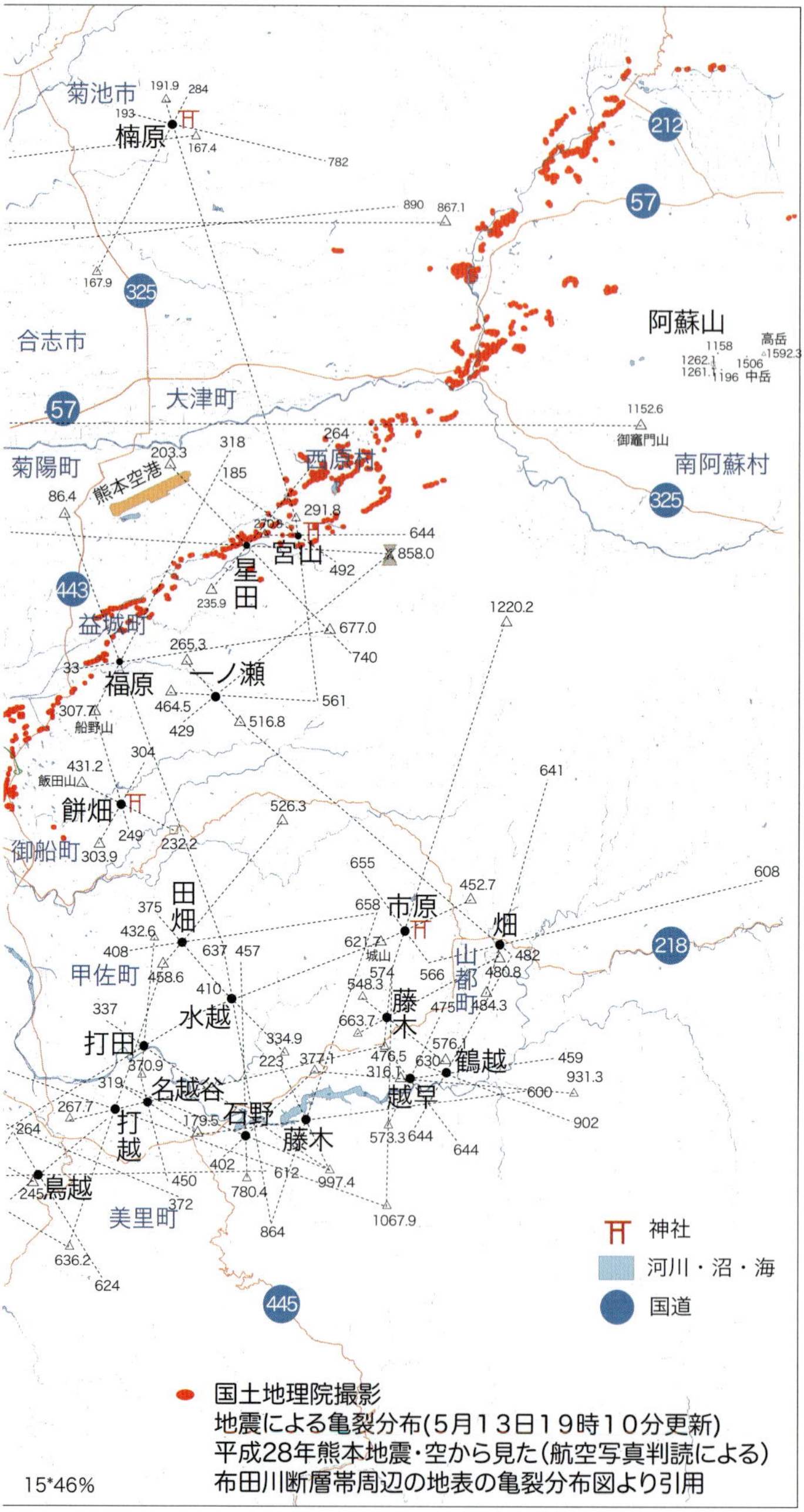


439　熊本地震における地割れと星地名（東）

## 熊本地震と星地名

地震そのものに対しての安全性は個々の星地名の被害状況の詳細を把握することが困難で確率計算は出来ていない。岩手・宮城内陸地震、東北地方太平洋沖地で知り得たことは比較的安全と思われたに留めたい。熊本地震でも多くの星地名は地割れの外がわに分布していた。中央の宮山、星田、福原は東西星地名群の連絡地点と考えられる。

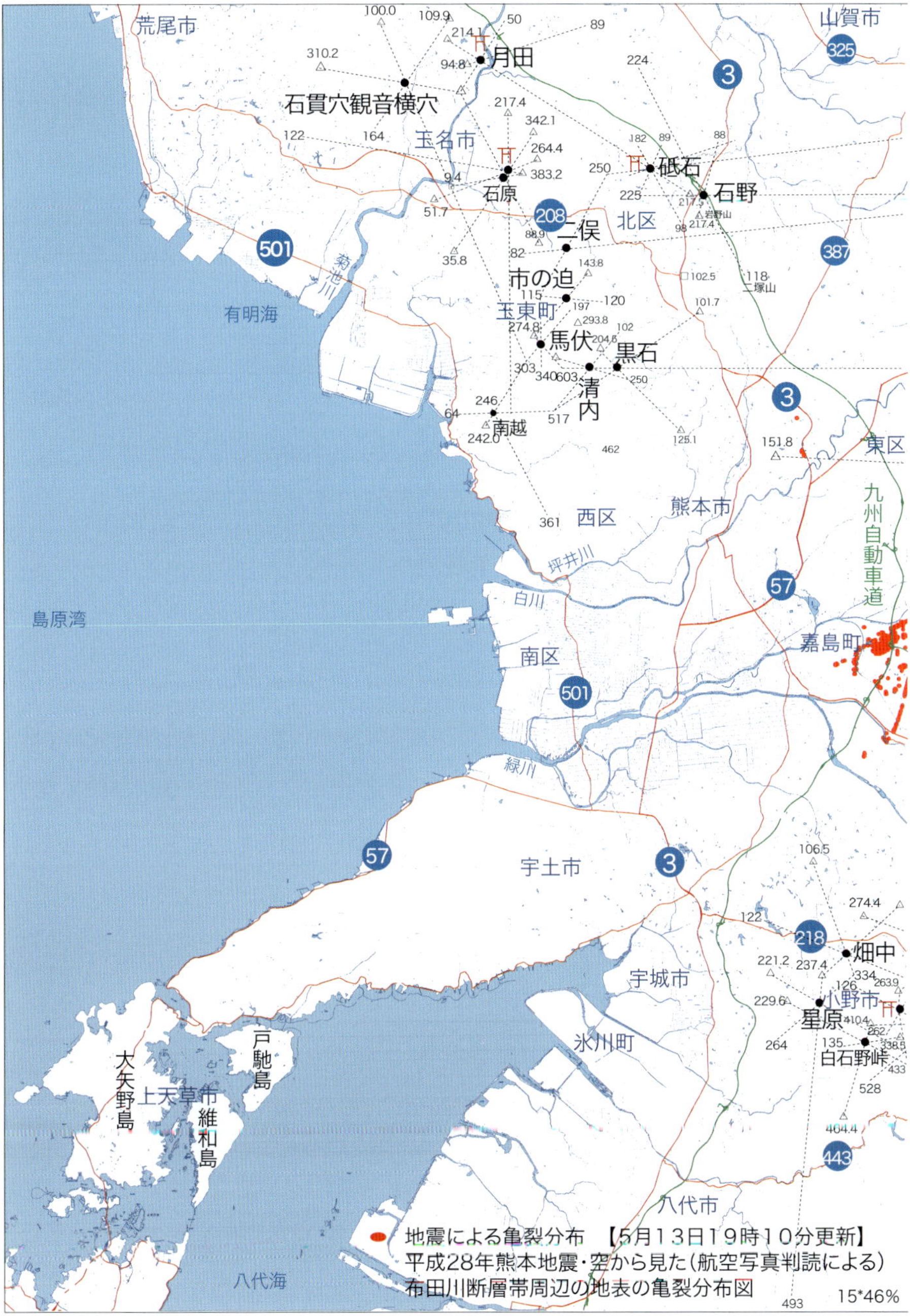


440　熊本地震における地割れと星地名（西）

# 第23章　原発と星地名

## 大間原発

筆者が調査した原子力発電所と星地名の関係を北から順に示すと、青森県下北郡東通村大間町に建設中の大間原発は敷地内のやや東寄りにかろうじて星地名が存在する。

## 東通原発

青森県下北郡東通村に所在の東通原発は敷地内に星地名はなく、最寄りの神社を伴った星地名まで2・89キロ離れている。

## 女川原発

宮城県の女川原発については既に述べたが、神社を伴った星地名が敷地内にあり、3・11で津波の浸水を免れた。

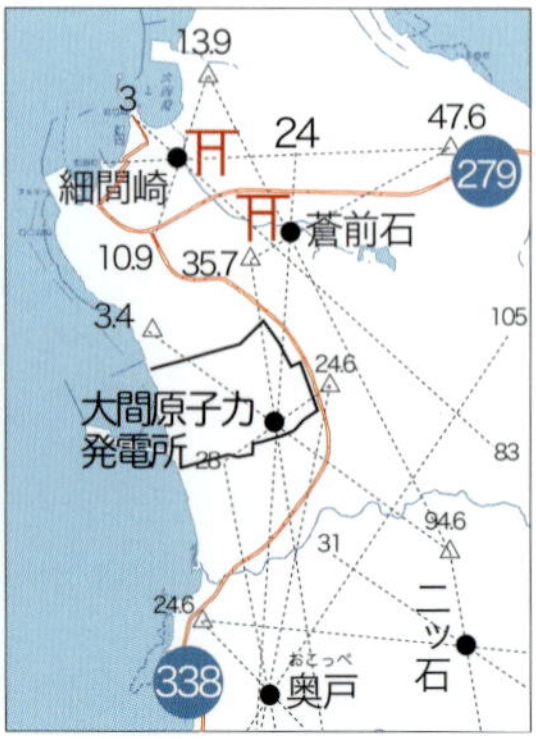

441 大間原発周辺の星地名

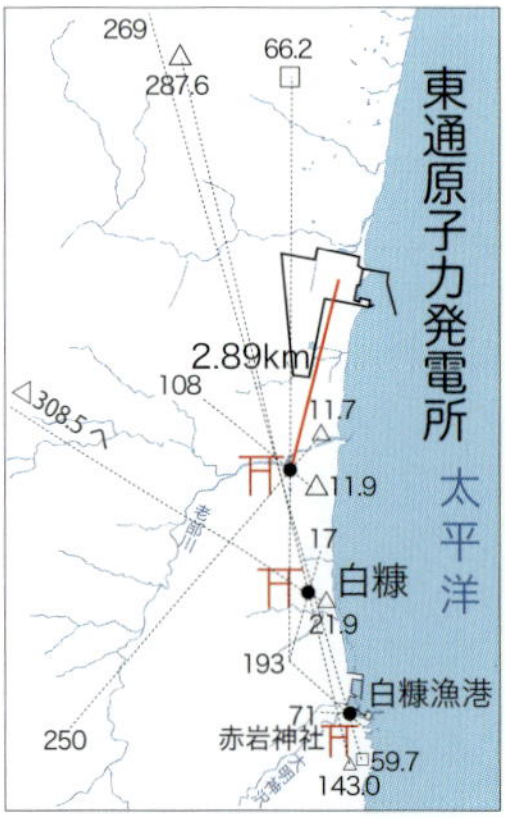

442 東通原発周辺の星地名

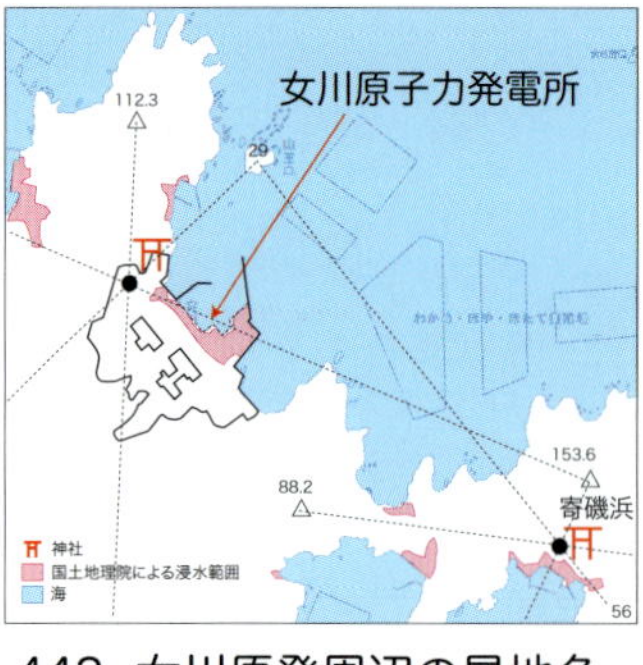

443 女川原発周辺の星地名

## 福島第一原発

福島県双葉郡大熊町・双葉町に立地する福島第一原発についても既に述べたが、敷地内には星地名はなく近くの星地名細谷の地点まで1・79キロ離れている。

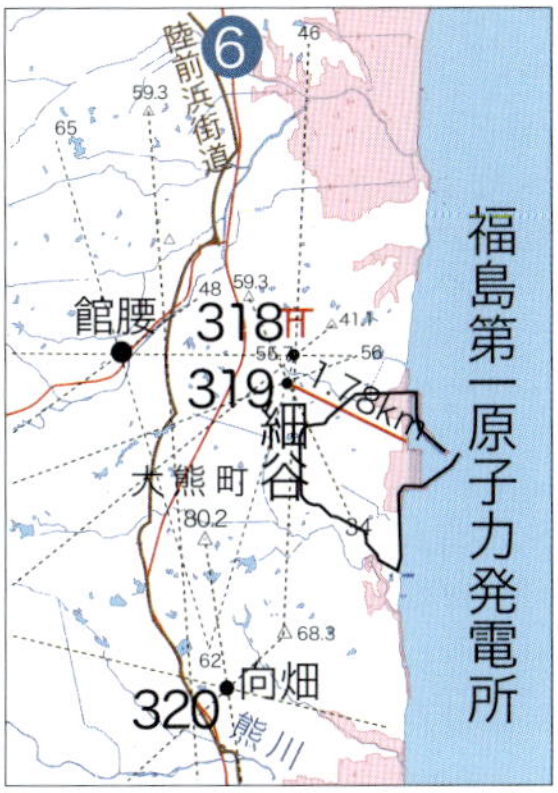


444 福島第一原発周辺の星地名

445 浜岡原発周辺の星地名

## 浜岡原発

静岡県御前崎市に立地の浜岡原発は敷地内には星地名は見られない。近くの星地名・宮内までは2・53キロ離れている。黒曜石の加工地「市指定史跡星の糞遺跡」は「第6章」で述べた。

## 柏崎刈羽原発

新潟県柏崎市と同県刈羽《かりわ》郡刈羽村にまたがる柏崎刈羽原発には敷地内に星地名が存在することは「縄文人の連絡網・佐渡島と出雲崎」で述べた。この地点は元々は北国街道の道筋でもあり、佐渡との連絡網も見られる。

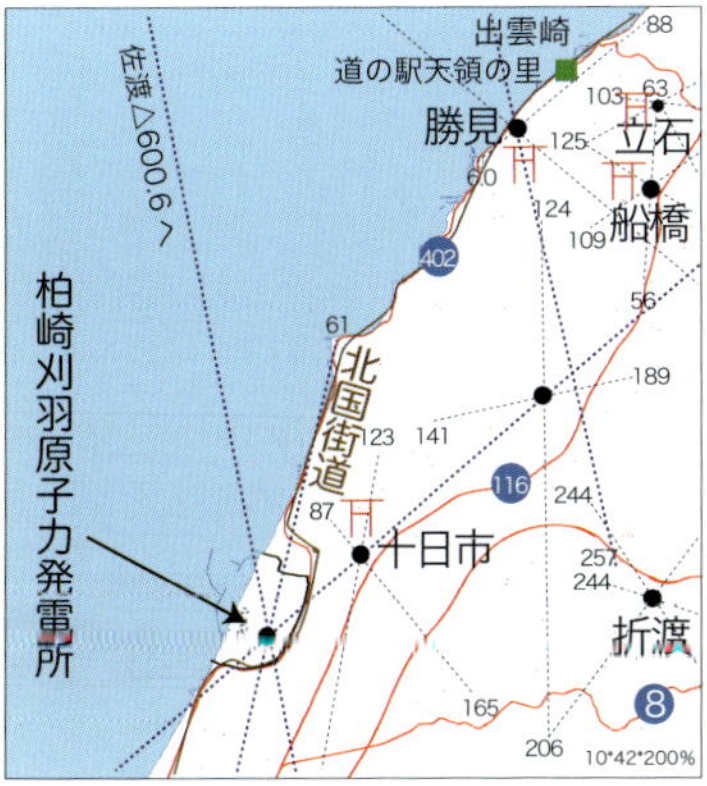


446 柏崎刈羽原発周辺の星地名

## 敦賀原発と大飯原発

福井県敦賀市明神町に立地の敦賀原発は建屋が星地名の真上にあり、原発としては珍しい。またごく近くに立石という星地名も存在する。つまり、縄文時代からこの地点が存続してきたことの証でもある。しかし敷地内には浦底断層という活断層が存在し、安全性に問題を投じている。

千葉市稲毛区の牛尾桝遺跡について千葉市の教育委員会が「遺跡調査」を行ったところ縄文中期の竪穴式住居跡に地割れの跡が確認された。牛尾は星地名によくみられる地名であるが、直下型の地震にはかなわない。大飯原発も建屋に接して星地名が存在する。星地名の視点からは立地条件のよい地点を選定されていると考えざるを得ない。

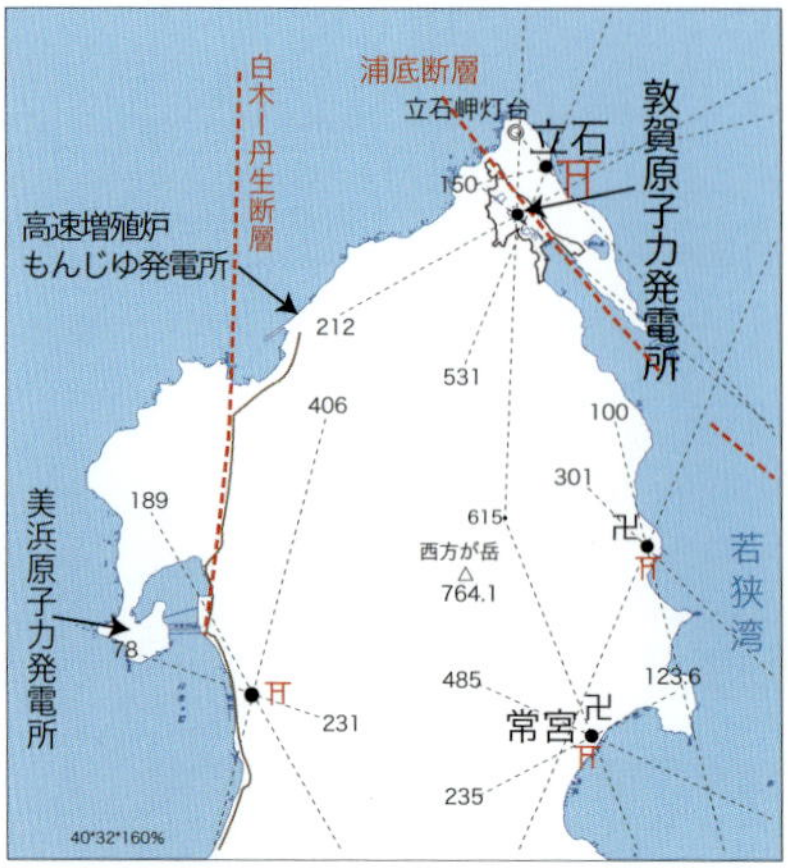


447　敦賀原発周辺の星地名

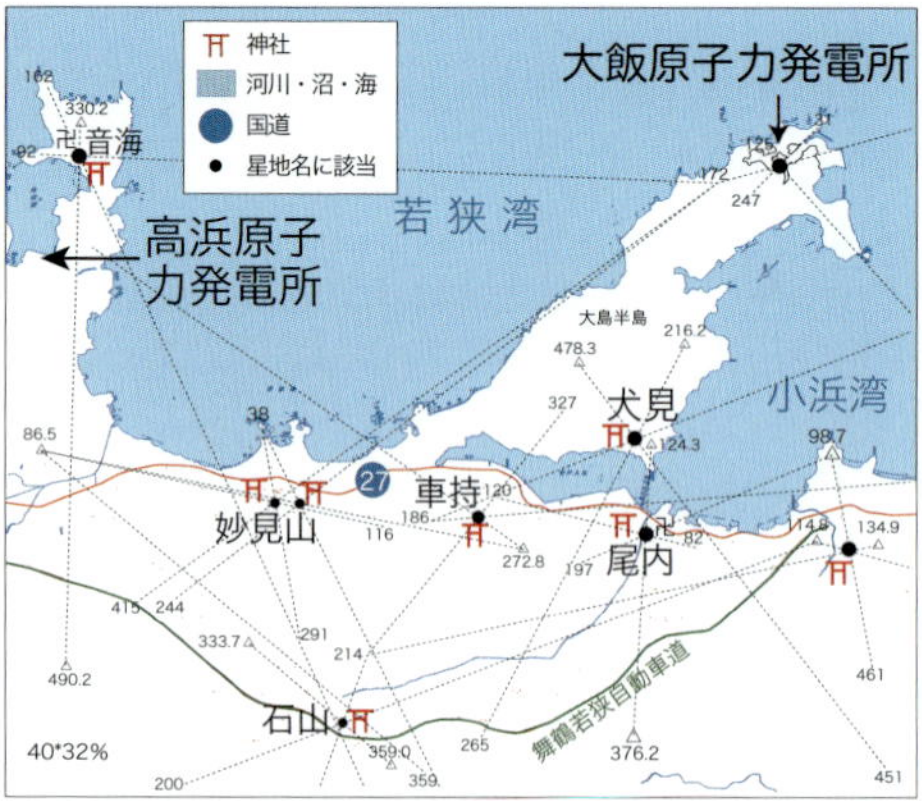


448　大飯原発周辺の星地名

## 志賀原発

石川県羽咋《はくい》郡《ぐん》志賀町に立地の志賀原発では敷地内に星地名が見られるほか、極めて近くにもう一つ星地名が見られる。これらの星地名は町屋や牛ヶ首連携しており、明らかに縄文の道案内であることが分かる。

449 志賀原発周辺の星地名

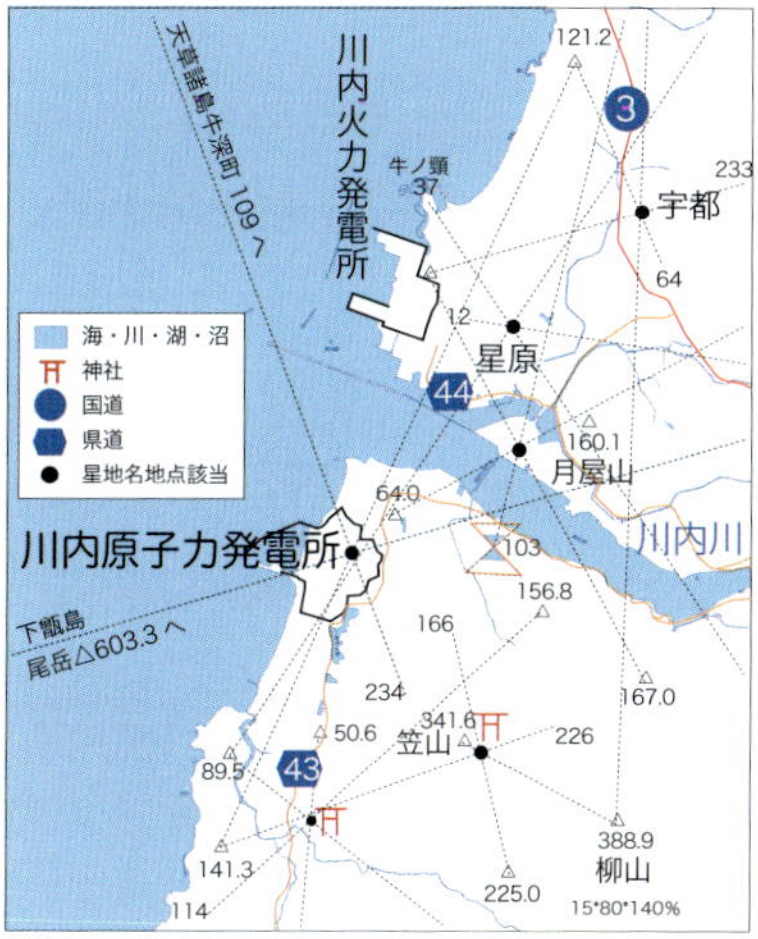


450 川内原発周辺の星地名

## 川内原発

鹿児島県薩摩川内《せんだい》市久見崎《ぐみざき》町に立地の川内原発は新潟の出雲先と同じように目標の山々が遠くの島にあるため、地図が大きくなり方位図の作成に時間を要した。また出版に際しては、元々の地図は数メートル×数メートルの大きさなので、頁の大きさに縮小すると、全体像を標示することが困難となる。拡大図を見ると敷地内中央部に星地名が存在し、宇都《うと》や神社を伴った星地名と連携がみられる。

451 目標が遠く困難だった川内原発周辺の方位測量

# あとがき

英文で『武士道』を著した世界の文化人新渡戸稲造の祖父・新渡戸傳(安野屋素六)と父・新渡戸十次郎の全身全霊を込めた青森県十和田市の稲生川は、およそ158年を経た今も二つの隧道をくぐり、清らかな水流となって台地を潤し太平洋へと注いでいる。この人工の流れをみるとき、「過去とは何か」「時の流れとは何か」「未来とは何か」、そんなことを思わずにはおれない。

新渡戸氏の妙見信仰(星信仰)を起点として、歴史を遡ると、縄文の星地名に行きつくことができる。星地名の多くは道案内のための極めて正確な方位測量によって配置され、北極星の方位による年代推計から測量が行なわれたのは縄文時代であると推定された。「縄文方位測量」の仮説の誕生である。

忘れもしない、東奥日報社の『きょうを読む・あすを考える』欄に畏友・竹内修司氏が「縄文方位測量」の発見を掲載して下さったのは、2007年(平成19年)12月9日のこと。およそ10年後のいま、お蔭様で「縄文方位測量」を追求の結果『星地名 縄文紀行』を出版することがかないました。

縄文人が道案内として眺めていた3対の目標《めじるし》の山や丘などを結ぶ視線を再現すると、三本の視線は極めて正確に一点に交わる。視線の交点の多くは星ゆかりの地名で呼ばれ、星地名と名づけた。

星地名は互いに連携をもち、広範囲にわたる連絡網を形成、連絡網は陸上だけではなく川や海などの水上にも巡らされており、縄文人はこれにより生活圏内を自由に往き来し、さらにはより遠く広い交易をも行なうことが可能であったと考えられる。

青森県の三内丸山遺跡から出土した黒曜石の一つは霧ヶ峰産であり、その原産地は長野県長門町鷹山地区の星糞峠であった。黒曜石が三内丸山遺跡と長野県の霧ヶ峰を結ぶ考古学的物証だとすれば、縄文方位測量は星糞峠と三内丸山を結びつけるもう一つの証と言えよう。

縄文方位測量の発見によって新しい知見が生まれようとしている。

これまで漠然としていた「ヤマト」と「マホロバ」の意味を、極めて明確かつ具体的に示すことが可能となった。

縄文人の星地名地点を巡るたびに、ある共通した風景が浮彫になってくる。

そこにはきまって、美しい山や清らかな流れがあり、寒さ暑さもしのぎやすく、災害にも配慮された、素晴らしい、優れた環境が備わっているという印象があった。

２００８年(平成二十年)６月１４日の岩手・宮城内陸地震では星地名地点の被害は殆どなく、２０１１年(平成２３年)３月１１日に発生した東日本大震災では、青森県の尻屋岬から茨城県の阿字ヶ浦までに存在する海岸線最寄りの星地名３８２地点が全て浸水を受けなかったことは驚きである。集団移転や新たな土地利用はこのような地域を考慮して行われるべきであろう。

縄文人がこのような安全な場所を選択できたのは、恐らくは、周到な自然観察によって得られた、彼らの叡智による他

毎週日曜日付に掲載します

きょうを読む

えんぶりから森下説思う

# 「縄文方位測量」の発見

竹内　修司

たけうち・しゅうじ　元編集者。１９３６年生まれ。八戸高校、東京外国語大学を卒業し文芸春秋に入社。「諸君！」編集長、出版局長、編集局長、常務取締役を経て２０００年退社。今春まで文教大学情報学部教授。

東北新幹線が八戸まで延びてから、この十二月で五周年を迎えた。予定では三年後には青森がターミナルになるとか。五周年を記念して東京・上野駅のガレリアでも、この一、二日の両日、えんぶりと津軽三味線の合奏が交互に披露される、と聞いて出かけてみた。えんぶりを見るのは何年ぶりだろう。演ずるのは遠来の八戸・妙朳（えんぶり）組の皆さん。どうさいえんぶりの軽快なテンポの囃子（はやし）に乗った太夫たちの動きに、遠い記憶がよみがえってくる。しかしこの勇ましい所作は、どう見ても、言われているような農作業の形象化とは思えない。高校同期の畏友（いゆう）・森下年晃君がいま準備中の二冊目の著作の一節が思い出される。

森下君は鈴木卓夫著『たたら製鉄と日本刀の科学』を援用しつつ、「えんぶり」の呼称の起源となった「柄ぶり」は農作業の道具ではなくたたら製鉄の用具ではないか、とする。もともと甲斐からやってきた八戸・南部氏の遠祖は鉱山開発技術集団の一員だった、というのである。なるほどこの動きは原始的な鉄の製造工程にこそふさわしい。それにえんぶりの行われる二月は、豊年祈願の時期としては早すぎはしないか。

森下君はいわゆる郷土史の研究家とは趣を異にしている。十和田市で長く開業医を務める傍ら、ユニークな角度から日本古代史について綿密な実証的研究を重ねている篤学の士で、すでに『星の巫《かんなぎ》』という自費出版の著書がある。

三内丸山から糸魚川産の翡翠（ひすい）が発掘されたことでも知られるように、稲作渡来以前の縄文人たちの行動半径は極めて広範囲であったとされているが、それでは彼らはいったい何を道しるべとして長い距離を往来していたのか。森下君は東北ばかりでなく全国各地に星野、細野、細木、星越、細越、程野といった同地名が多いことに着目する。それらの名を持つ地点は、必ず平地から目視できる二対ないし三対の山岳か高地を直線で結んだ交点になっている。また、こういった交点には、今も神社が置かれているか、遺跡が存在している例が多い。これらの〝聖地〟を結ぶ直線の延長が、縄文の時代の北極星の方位を正確に指しているというケースも頻発する。

こんな例もある。下北半島と津軽半島の先端には陸奥湾の入り口をはさんで「袴（はかま）腰」の名をもつ山が三つあり、函館半島の先にも「袴腰」とよばれる岳が四カ所ある。陸奥湾から津軽海峡を経て日本海を往来した縄文人たちは、これらの山を前後左右に目視しつつ方位を測ったのではないか。これは三内丸山を訪れた司馬遼太郎が、復元された高楼を見て灯台にこれをなぞらえた発想とも一致する。「袴腰」という名をもつ山・岳も、実は全国各地に存在するのだという。森下君は先に挙げた星野をはじめとする地名はすべて「星」の縁語であり、袴はアイヌ語のパカマ（測る）の転化、腰は「越し」の意だろうと推定する。国土地理院製の二万五千分の一地図を参照しつつ全国を精査し、彼はこの星の地名と高地と神社などの関連が、各地で見事に成立することを立証している。

長年の研究を短く総括するのは難しいが、あえて筆者がそれを試みれば、森下説は、かつて日本列島に広く分布していた縄文人たちは高地を目視しつつ、二対のそれの交点を探って道しるべとし、あるいは北極星の指す方位にたよって遠方まで行き来していた。それが今日残る地名に痕跡をとどめている、ということであろう。筆者は寡聞にしてこのような指摘がこれまでになされたことを知らない。森下君のいうこの「縄文方位測量」は学問的な一つの発見ではあるまいか。

彼はこれに限らず、地名に関するさまざまな仮説を述べていて、冒頭のえんぶり考もこれに関連するのだが、残念ながらここに紹介する余地はもうない。日本古代史が大幅に見直されつつある昨今、森下説はそこに貴重な一石を投ずるものではなかろうか、と筆者はひそかに思っている。

あすを考える

452　東奥日報社『きょうを読む　あすを考える』
竹内修司 著の記事より引用

はなかろう。

おもうに、弥生人は縄文人からもっと多くを学ぶべきであったと悔やまれてならないが、戻れないのが歴史の流れである。冒頭でも述べたが、〈ｋａｎｎａ〉は日本の「ものづくり」の原動力を表している言葉ではなかろうか。世界に誇れる日本の漆器や陶芸や織物から鍛刀、さらには電子器機や精密製作機器の原型造りまで、これらは縄文時代から受け継がれてきた何度も何度も繰り返し研鑽を重ねる努力を惜しまない「精神の遺伝子」（司馬遼太郎の言葉）のなせる業であり、これが日本をものづくりの国たらしめていると私は信じている。〈ｋａｎｎａ〉は何度もなんどもなを意味し〈ｇｉ〉は人を表すとすれば、工作に携わる人が複数いて、しかもカンナギという縄文語由来の言葉に、日本人は極めて巧みに「巫」という漢字を当てはめている。「何度も何度も工作する人」を表すのになんとも好都合な文字ではなかろうか。

東日本大震災で、この巫の精神をつらぬいた典型は岩手県普代村の元村長・和村幸得《わむらこうとく》氏と東北電力（株）常務取締役建設局長兼土木部長を経て女川原子力発電所の建設に際して「海岸施設研究委員会」に参画した平井弥之助氏であろう。和村氏は防潮堤の高さは１５・５ｍ、平井氏は１４・８ｍに固執した。

〝もう少し低くしてもよいのでは？〟と何度会議を開こうとも決してゆずらなかった。普代村と女川原発はこうして災害をまぬかれた。二人は故人で、もはや彼らに感謝の言葉を伝えることはできない。後世の人々がこれを教訓とする以外に報いるすべはない。

千葉氏や新渡戸氏のように星に夢を託して北上した人々のなかには、地方に深く根ざすものもみられた。上杉氏の米沢や伊達氏の仙台など、地方の時代に向かって活発な展開を繰り広げている地域も実在している。

上杉鷹山の付加価値の教えが市民に染みこんでいる米沢市は、二次産業の割合が仙台市、郡山市についで東北で三位を占めている。「米沢牛とビジネスホテル」など、絶妙の組合せに感心させられる。

「地方の時代」が、突然空から降ってくるようなものではなく、長い研鑽と辛苦の歴史の上にかろうじて育つことを知っているからに違いない。

今、それぞれの地域で、人々は独自の構想を凝らし、奇想天外なアイディアを集めて、地方再生を図ろうと試行錯誤を繰り広げているが、そう容易に短期間に結果が出ないことも確かであろう。

アジアや、世界の中の日本の未来も定かではない。静かで、豊で、争いのなかった縄文やインカや、さらには浄土を願った平泉藤原氏の辿った歴史を顧みると、日本の選択が極めて容易ではないこともまた確かであろう。

ＥＶ(Electric Vehicle)・電気自動車と電力供給の問題も難しい。ＥＶ車が限りなく普及すると、充電に大量の電力を消費し、供給する発電量がそれを下回ると突然大停電を来す。高層ビルの建ち並ぶ大都会の大停電、困るよね。

しかし物理学的には当然の理論でも、ビジネスでは通用しない。おびただしい山の樹木を伐採、一体なにが出来るのかと思ったら、やがてソーラーが立ち並んでいる。近年こんな光景を山間地でしばしば目にする。樹木を失った広範囲の山々、大雨でも降ったら、この先の谷間や川の下流域はどうなるのだろうか。はたして洪水にならないのだろうか。本当にこれで良いのだろうか。

巨大な資本主義勢力と巨大な一党独裁制勢力、聳え立つ二つの巨峰の狭間で諦めの心境に浸るしかないか……。

またしても第9章の滅び行く輪廻《りんね》(流転〜転生)の歯車を思い浮かべてしまう。だからこそ夢や希望が必要だ。

同好の友らと歴史探訪の小旅行を重ねてきて思うことは、田舎では新鮮で美味しい野菜や魚や、豊かな自然の恵みがいつも旅人を迎えてくれるが、それにもましてありがたいのは、のどかで温かな心のふれあいが、そこにはまだ温存されているからである。

安らぎを味わい、歴史を感じ、人生を想う、そんなささやかな旅がもう少し続くよう祈ろう。

本書作成にあたり、多くの皆様からご指導ご助言ご協力を賜りましたことに心から厚く御礼申し上げます。とりわけ畏友・竹内修司氏御夫妻には本書作成に欠くことのできない貴重なご教示、ご助言を賜りました。深く感謝申し上げます。

また、７４ヶ所余におよぶ資料提供や引用・掲載を快くご了承くださりかつご声援を賜りました関係各位に深謝申し上げます。

本書作成には現地見分が大切であり、再三にわたって実地踏査にご協力いただきました「身近な歴史を訪ねるプチ・サークル」の柴田久子会長・杉本洋子幹事・森下正子会計ならびにメンバーの皆様に心より御礼申し上げます。

本書の書名は当初は『縄文方位測量の発見』と考えていましたが、無明舎出版の社長安倍甲様の深い経験と洞察力によるご提案で『星地名　縄文紀行』になりました。書名はまさに筆者が本書で言い表したいことをずばり言い当てていて驚きです。安倍様のご賢察に深謝申し上げます。

また写真・資料等の掲載許可を賜りました関係者の皆様にはこの経緯をご理解賜りますよう謹んでお願い申し上げます。

# 引用・参考文献


『日本人になった祖先たち』篠田謙一著
『DNAから見た日本人』斎藤成也著
『日本列島人の歴史』斎藤成也著万
『萬葉集』巻十八
『黄金山産金遺跡関係資料集』宮城県涌谷町編
『森はすべて魚つき林』柳沼武彦
『平成28年における山岳遭難の概況』警察庁生活安全局地域課調査作成
『街道をゆく三』司馬遼太郎著の鮫の宿を参照
『日本語とアイヌ語』片山龍峯著
『方丈記』鴨長明著
『バガバッド・ギータの世界』上村勝彦著
『人間としての成功』松下幸之助著
『図解プレートテクトニクス入門』木村学・大木勇人著
『消された星信仰』榎本出雲・近江雅和共著
『関東の妙見菩薩』及び『中国・四国・九州の妙見菩薩』諸井政昭著
『市貝町史 第1巻』市貝町史編さん委員会編
『森と湖の宿―日光金谷ホテルの百二十年』常盤新平著
『ホテルと共に七拾五年』金谷眞一著
『日光山志』植田孟縉著
『星の宮「磐裂神社」について(日光市上鉢石町鎮座)』篠田英夫著
『日本奥地紀行・Unbeaten Tracks in Japan』イザベラ・ルーシー・バード著／高梨謙吉訳
『歴史を刻む「銀山と関所」の町院内』院内銀山史跡環境整備実行委員会監修
『日光山志』植田孟縉著
『ソ連原子力開発の全て』A・M・ペトロシャン著／伊藤弘・篠原慶邦訳
『湯川秀樹とアインシュタイン』田中正著
『幻の終戦工作ピース・フィラーズ 1945夏』竹内修司著
『創られた「東京裁判」』竹内修司著
『マッカーサーの目玉焼き・進駐軍がやって来た！』高橋直史著
『ゲーテ格言集』高橋健二編訳
『戦後の日本経済』橋本寿朗著
『東西南北2007 和光大学総合文化研究所年報「ララ物資のはなし」』奥須磨子著
『高純度シリコンのマーケットとその製造法』前田正史著

『鉱物資源マテリアルフロー　２０１４』独立行政法人石油天然ガス・金属鉱物資源機構作成
『北海道釧路町岩保木及び釧路市武佐の沖積層貝化石について(予報)』山代淳一著(『釧路市立博物館紀要第１２樹１９８７』釧路市立博物館発行に掲載)
『考古学雑誌』第６第４号「太古の大和民族と土蜘蛛」(ニール・ゴールドマン・マンロー著／津田敬武訳　１９１５)
『黒耀石の原産地を探る　鷹山遺跡群』黒耀石体験ミュージアム著
『眼は心の窓―何時までもよい視力を保つために―』東北大学名誉教授玉井信著
『高くゆっくりと真っすぐに翔べ　太平洋無着陸横断飛行の記録』伊藤功一著
『日本語とアイヌ語』片山龍峯著
『十和田市・三本木原開拓と新渡戸三代の歴史ガイドブック』新渡戸憲之・新渡戸明著
『武士道』新渡戸稲造著／高橋健二編訳
『三本木原開拓誌考』新渡戸憲之著
『三本木開拓誌復刻版』「三本木開拓誌」復刻刊行会発行・昭和５４年１２月９日発行
『図説　上杉謙信と上杉鷹山』花ヶ前盛明・横山照男著
『稲生川周辺環境整備にかかわる住民からの提言』稲生川周辺環境整備検討委員協議会編
『星の信仰』佐野賢治編
『星空のはなし―天文学への招待』河原郁夫著
『史百科・第５号・日本地名辞典』の『1回　県庁所在地(北海道・東北編)』裏辺金好著
『三内丸山遺跡の「ライフ・ヒストリー」遺跡の機能・定住度・文化景観の変遷』羽生淳子著
『西行』高橋英夫著
『黄金と百足　鉱山民俗学への道』若尾五尾著
『縄文語の発見』小泉保著
『縄文語の発掘』鈴木健著
『青森県遺跡地図』青森県教育委員会作成
『萬葉集』巻一二八
『青森県人事典』東奥日報社発行
『みちのく歴史再発見』上野昭夫著
『南部一之宮櫛引八幡宮』山田賢一他編
『古今和歌集』佐伯梅友著
『空海の風景上巻』司馬遼太郎著
『鹿児島県資料集(55)通昭録㈣』鹿児島県資料集刊行委員会編・鹿児島県立図書館発行
『藤村詩抄 島崎藤村自選』岩波書店
『旧伊達郡神社名鑑　古里の神々』に掲載の『諏訪《すわ》神社《しんじゃ》』菅野博輝著
『宮城県文化財調査報告書第１１７集』の『七ヶ宿ダム関連

遺跡発掘調査報告書Ⅰ』宮城県教育委員会・建設省七ヶ宿ダム工事事務所作成
『七ヶ宿ダム関連遺跡発掘調査報告書Ⅱ』宮城県教育委員会・建設省七ヶ宿ダム工事事務所作成
『宮畑遺跡 南東北の縄文大集落』斎藤義弘著
『じょうもぴあ宮畑だより第6号』事務局・福島市教育委員会文化課編
『羽州街道をゆく』藤原優太郎著
『復刻東講商人鑑《あずまこうあきんどかがみ》』大城屋良助編著／無明舎出版
『秋田ふるさと紀行ガイドブック史跡・考古編』秋田県教育委員会編
『1983年日本海中部地震における能代市周辺の地盤災害』伊藤驍・福岡政弘著
『しおばらの化石』木の葉化石園出版
『アイヌ語辞典』田村すず子著
『角川日本地名大辞典(15) 新潟県』角川日本地名大辞典編纂委員会編
『山形百山』著者・坂本俊亮 文・菅原富喜 写真
『聖徳太子と鉄の王朝』上垣外憲一著
『おくのほそ道』萩原恭男校注／岩波書店
『日本童謡ものがたり』北原白秋著
『東北の街道 道の文化史いまむかし』東北大学名誉教授渡辺信夫監修
『みちのく街道史』東北大学名誉教授渡辺信夫著
『文選 つぼのいしぶみ』永峰文男編集
『岩手県埋文センター文化財調査報告書第57集・荒谷A遺跡発掘調査報告書―二戸バイパス関連遺跡発掘調査(1983年)(岩手県埋文センター文化財調査報告書〈第57集〉)』岩手県埋蔵文化財センター著
『岩手の古代文化史探訪』司東真雄著
『志波城・徳丹城跡 古代陸奥国北端の二城柵』西野修著
『岩手の歴史 なぜ?・どうして?』岩手日報社出版部編集
『古代蝦夷を考える』高橋富雄著
『やさしい謎解き古代東北史』新野直吉著
『新古代東北史』新野直吉著
『白河市史第四巻』白河市編
『日本古代遺跡事典』大塚初重・桜井清彦・鈴木公雄編
『古墳時代の研究 地域の古墳Ⅱ 東日本』編集 石野博信・岩崎拓也・河上邦彦・白石太一郎
『探訪日本の古墳東日本編』大塚初重編
『兵庫県の遺跡・遺物数の全国的な位置』兵庫県教育委員会作成
『菅江真澄遊覧記2』菅江真澄著・内田武志・宮本常一編訳
『軽井沢地名の成立』江川良武著
『古代「おおやまと」を探る』伊達宗泰編
『古代物部氏と『先代旧事本紀』の謎』安本美典著

『場合の数と確率』清史弘著

『近畿地方の古地理に関する調査』地理調査部　諏訪部順・中田外司・木村幸一・松元佳織著

『たたら製鉄と日本刀の科学』鈴木卓夫著

『モンゴルの歴史　遊牧民の誕生からモンゴル国まで』宮脇淳子著

『興亡の世界史０２ スキタイと匈奴 遊牧の文明』林俊雄著

『普代村郷土史』普代村郷土史編纂委員会編

『電力と震災 東北「復興」電力物語』町田徹著

『奥松島物語第2号』監修赤坂憲雄・編集西脇千瀬の「暮らしつづけるためのランドスケープ―縄文から考える土地デザインの思想」奥松島縄文村歴史資料博物館名誉館長岡村道雄と学習院大学教授赤坂憲雄の対談

『いま縄文に学ぶ 貝塚が語る春夏秋冬』奥松島縄文村歴史資料館館長菅原弘樹著

『災害教訓の継承に関する専門調査会報告書・１８９６ 明治三陸地震津波』内閣府政策統括官(防災担当)作成

『デタラメにひそむ確立法則 地震発生確率８９％の意味するもの』小林道正著

『改訂版　予測のはなし』大村平著

『改訂版　統計解析のはなし』大村平著

『異端の統計学ベイズ』シャロン・バーチュ・マグレイン著冨永星訳

『統計学が最強の学問である』西内啓著

## 国土地理院地図等の出典と掲載ページ

| 出典 | 掲載ページ |
|---|---|
| 電子国土 web「ウォッ ちず」 | 140、142、▲296、▲298、▲299 |
| 数値地図 200000 | |
| 日本 - I | 026、▲296 |
| 日本 - II | 026、286、290、▲295、▲297 |
| 日本 - III | ▲297 |
| 電子地形図 25000（定形図郭版）DVD 都道府県別 | |
| 北海道 | ▲036、038 |
| 青　森 | 028、029, ▲032、042、047、▲052、053, 056、068、070、071、087、097、126、129、130、131、142、144、190、191、229、230、▲325、326、▲350、▲374、▲375 |
| 秋　田 | ▲091、●125、180、181、182、184、185、●187、▲188、▲189、229、230 |
| 岩　手 | ▲032、▲067、068、▲075、135、136、142、●237、239、240、241、▲242、●245、▲246、▲248、284、▲317、318、329、332、342、▲375、●376、●377、●378 |
| 宮　城 | 083、133、▲145、146、▲154、▲248、250、252、●253、▲255、▲296、▲300、▲317、319、333、334、336、337、▲350、●379、●380、●381 |
| 山　形 | 175、176、204、●205、206, ●211、209、●210、212、▲217 |
| 福　島 | 069、082、162, 163、▲167、▲168、▲169、170、171、▲172、▲174、192、194、195、▲197、198、▲258、▲259、●261、264、335、351、●382、●383、●384 |
| 新　潟 | 218、219、●222、223、▲224、▲225、351 |
| 長　野 | 57、96、303 |
| 栃　木 | 31、272, 278、280、281 |
| 茨　城 | ●265、267、269、270、▲295、▲302、●385 |
| 千　葉 | ▲274、277、294、 |
| 神奈川 | ●86、▲292、293 |
| 静　岡 | 58、351 |

## 国土地理院地図等の出典と掲載ページ

出典　　　　　　　　　　　　　　掲載ページ

電子地形図 25000（定形図郭版）DVD

都道府県別

| | |
|---|---|
| 三　重 | 33、▲127、289、291 |
| 滋　賀 | ▲301、307 |
| 奈　良 | 132、▲150、▲151、▲288、●308、●310、312、●313、315 |
| 大　阪 | 30、●315 |
| 和歌山 | 143、▲282 |
| 岐　阜 | ▲148、▲149 |
| 石　川 | ▲353 |
| 福　井 | ▲352 |
| 広　島 | ▲127 |
| 島　根 | ▲128 |
| 香　川 | ▲128 |
| 高　知 | 139、204 |
| 福　岡 | 31 |
| 熊　本 | ●348、●349 |
| 鹿児島 | ●46、48、▲50、155、▲353 |
| 沖　縄 | 40、▲42、▲43 |

国土地理院利用規程に基づき掲載地図等の大きさを調整
1 ページの大きさに対し掲載地図等の大きさとページ数
　圏点なし：1/4 以下 → ページ数制限なし
　圏点 ▲ ：1/4 を越え 1/2 以下 → 64 ページ
　圏点 ● ：1/2 を越える → 28 ページ

巻末資料「星地名の浸水状況」は拙著『星地名 縄文の知恵と東北大震災』より引用

巻末資料「経緯度」は「ウォッ ちず」電子国土 web を参照

国土地理院地図等の利用規程（出典の明示により利用可能）
A：1 ページの大きさに対し 1/4 以下の大きさで地図等の一部を掲載する場合
　→ページ数の制限なし
B：1 ページの大きさに対し 1/2 以下の大きさで地図等の一部を掲載する場合
　→総ページ数の 30%以内
C：1 ページの大きさに対し 1/2 を越える大きさで地図等の一部を掲載する場合
　→総ページ数の 10%以内

## 写真提供・掲載許可（敬称略・順不同）

高山市商工観光部観光課
函館国際観光コンベンション協会
安芸市観光協会
金谷ホテル株式会社
山形県金山町
磐裂神社
日光二荒山神社
広島平和記念資料館
長崎原爆資料館
釧路町教育委員会
釧路市埋蔵文化財調査センター
蘭越町
名護市教育委員会文化課
霧島市観光協会
鹿児島市教育委員会
青森県平川市石郷町会
猿賀神社
黒耀石体験ミュージアム
御前崎市教育委員会
イーハトーブ宇宙実践センター理事長 大江昌嗣
下郷町教育委員会
青森県立三沢航空記念館
奥州市文化振興財団・奥州市埋蔵文化財調査センター
青森県教育庁文化財保護課
榴岡天満宮
公益財団法人司馬遼太郎記念財団
有珠火山防災会議協議会・伊達市総務部総務課危機管理室
桑折町
諏訪神社
株式会社　安藤醸造
大仙市教育委員会
木の葉化石園
一般財団法人いわき市公園緑地観光公社
いわき市勿来関文学歴史館
出羽三山神社
鼠ヶ関民宿「御番所・地主」
鶴岡市教育委員会

## 写真提供・掲載許可(敬称略・順不同)

由良温泉　ホテル八乙女
國見山玉川寺
寶光院
新潟市建設課
北原白秋生家記念財団館
柏崎刈羽原子力発電所
東北町日本中央の碑保存館
二戸市　吉田福男
御所野遺跡博物館
葛巻町
盛岡市教育委員会
矢巾町教育委員会
栗原市教育委員会
栗原寺
白河市教育委員会
那須神社
ホテルルートインジャパン株式会社
株式会社ルネッサンス棚倉
滝味の宿 豊年万作
ひたちなか市教育委員会
大田原市観光協会
芝山町教育委員会
芝山はにわ博物館
かりん野辺地会・野辺地短歌会長 野坂弘子
毛越寺
株式会社シティホテルくりはら
八戸市埋蔵文化財センター　是川縄文館
有限会社ホロンバイル 青木昭雄・青木和子
株式会社アドプリンター営業部長 鴨澤 孝之
陸前高田市企画部まちづくり戦略室
潮山神社
階上町教育委員会
普代村
石巻赤十字病院桑
奥松島縄文村歴史資料館
陸前高田市企画部まちづくり戦略室
東奥日報社

## 助言・情報提供(敬称略・順不同)

東 京 都 元文藝春秋社常務取締役・元文教大学情報工学部教授 竹内 修司
奥 州 市 イーハトーブ宇宙実践センター理事長・国立天文台名誉教授 大江 昌嗣
仙 台 市 東北大学名誉教授 玉井 信
日 光 市 日光二荒山神社宮司 吉田 健彦
日 光 市 星の宮磐裂神社宮司 篠田 英
日 光 市 金谷ホテル株式会社・執行役員・日光金谷ホテル支配人 平野 政樹
飯 能 市 真言宗智山派梅松山円泉寺住職 諸井政昭
東 京 都 元衆議院議員・木村太郎事務所
柳 川 市 北原白秋記念館 館長 大橋 鉄雄
長 浜 市 三代目竹の屋善右衛門(岩田 竹善)
太田原市 那須神社宮司 津田 武兵衛
桑 折 町 諏訪神社宮司 菅野 博輝
仙 台 市 榴岡天満宮宮司 菅野 棟之
平 川 市 猿賀神社宮司 山谷 敬
階 上 町 潮山神社宮司 桑原 一夫
鶴 岡 市 鼠ヶ関民宿・御番所地主 地主 敦子
橿 原 市 市長 森下 豊
橿 原 市 多田 博一
奈 良 市 仲 建次・千秋
青 森 市 出町 忠衛
青 森 市 海老川 亨
八 戸 市 淡路 栄一
八 戸 市 鈴木 顯義
八 戸 市 八代 弘忠・妙子
葛 巻 町 觸澤 義美
十和田市 北里大学名誉教授 小林 裕志
十和田市 十和田商工会議所会頭 石川 正徳
東 北 町 田中 正徳
野辺地町 野坂 弘子
柏 市 湯田 清枝(イラスト原画提供)
三 沢 市 寺山修司記念館名誉館長 寺山孝四郎・幸子
八 戸 市 岡田 重幸・久子
三 沢 市 川村 健一郎・光代
三 沢 市 中本武利・けい子
仙 台 市 佐藤 和人・理美
横 浜 市 宮川 直通・由美

# 謝辞

本書出版にあたりましては、北海道から沖縄まで、極めて多くの皆様のお力添えを賜りました。誠にありがとうございました。

地域の歴史や地理に関わることや、大震災とその復興に関わる点で、神社仏閣はじめ資料館ならびに市町村教育委員会・観光協会・ホテル・道の駅・醸造元など多くの関係各位の皆様から写真提供・掲載許可を賜ることができたものと理解し深謝申し上げます。

イーハトーブ宇宙実践センター理事長・国立天文台名誉教授大江昌嗣様はじめ、多くの皆様から貴重な資料や情報提供を賜りました。竹内修司様御夫妻には本書の構成にとって貴重なご指導を賜り誠にありがとうございました。

「身近な歴史を訪ねるプチ・サークル」の会員の皆様には調査に同行いただき、また川村健一郎・光代様ご夫妻には金沢・新潟・水戸・白河にたびたび同行、主材・写真撮影にご協力いただき、原稿の校正もお手伝いくださいました。ありがとうございました。

写真提供・掲載許可ならびにご助言・情報ご提供を賜りました皆様、また本書作成にあたりご協力くださいました皆様に感謝の意を籠め、ご芳名を記し厚く御礼申し上げます。

読書離れが課題の昨今、決して薄くて短かくはない本書を、快く温かいお心で発刊くださいました無明舎出版の安倍甲様、印刷を担当くださいましたシナノ様に心より感謝申し上げます。

森下年晃

「身近な歴史を訪ねるプチ・サークル」会員紹介

| | | | | |
|---|---|---|---|---|
| 会長 | 柴田 | 久子 | （十和田市） | 人権擁護委員　元校長　法務大臣表彰受賞 |
| 幹事 | 杉本 | 洋子 | （十和田市） | 裏千家茶道師範 |
| 会計 | 森下 | 正子 | （十和田市） | 寺山修司従妹 |
| | 岡田 | 重幸 | （八戸市） | 元公務員 |
| | | 久子 | | 寺山修司従妹 |
| | 橋本庄一 | 郎 | （八戸市） | 元公務員 |
| | | 早苗 | | |
| | 中本 | 武利 | （三沢市） | 著者従弟 |
| | | けい子 | | |
| | 川村健一 | 郎 | （三沢市） | 元教師 |
| | | 光代 | | |
| | 寺山孝四 | 郎 | （三沢市） | 三沢市寺山修司記念館名誉館長（寺山修司従兄） |
| | | 幸子 | | |
| | 森下 | 年晃 | （十和田市） | 診療所院長 |

本書で使用の参考地図

国土地理院 電子国土 Web「ウォッちず」
数値地図 200000（地図画像）「日本-Ⅰ」「日本-Ⅱ」「日本-Ⅲ」
電子地形図 25000（定形図郭版）

本書作成に使用の主なソフト

Adobe InDesign（アドビ インデザイン）
画像やイラストを配置できる書籍作成・出版用ソフト

Adobe Photoshop（アドビ フォトショップ）
地図や画像を取り扱い、パスを用いて直線や曲線を描ける。

Adobe Illustrator（アドビ イラストレーター）
地図や画像からイラストを作成できる。

Microsoft Excel（マイクロソフト・エクセル）
表やグラフを作成

ステラナビゲータ（天文シミュレーションソフト）
紀元前 10 万年から西暦 10 万年まで、任意の日時をシミュレーション可能

# 巻末資料

## 巻末資料　ブチブチ・ブツブツからの音声変化の様式

### ブチブチ・ボツボツからの変化

発地〈hotti〉…buti→huti→hatti→hotti→hosi…星
堀田・払田〈hotta〉…buti→huti→hotu→hotu・ta…星田
八田・初田〈hatu・ta〉…butu→hutu→hatu・ta…星田
内田・打田〈uti・ta〉…buti→uti…uti・ta…星田
石田〈isi・da〉…buti→uti→iti→isi→isi・da…星田
市川〈iti・kawa〉…buti→uti→iti→iti・kawa…星川
牛越〈usi・kosi〉…buti→uti→usi→usi・kosi…星越
乙越〈otu・kosi〉…botu→hotu→otu→otu・kosi…星越

### h→k の変化例

勝地・甲地〈katti〉…buti→hutti→hatti→katti…星
是川〈kore・kawa〉…botu→hottu→horru→hore→kore…星川

### h→m の変化例

持田・餅田〈moti・ta〉…botu→hotu→hoti→moti…moti・ta…星田
町田・町原〈mati・ta ／ hara〉→botu→otu→motu→mati…星田・星原
浅虫〈asa・musi〉…buti→busi→husi→musi…越星
(kusu→usu→asu→asa…越)

### t→r の変化

折越〈ori・kosi〉…botu→otu→oti→ori→ori・kosi…星越
折田〈ori・ta〉…botu→otu→ottu→orri→ori・ta…星田
月居山〈tuki・ore・yama〉…botu→otu→ore→tuki・ore…霊がつく星の山
張・針・治・晴〈hari・bari・hare〉…buti→huti→hatti →harri→星
hari・bari・hare…張野・針山・晴山・今治
星野・星山・星山・今星

### クス・クシからの変化

古志・越〈kosi〉…kusu→kusi→kosi…渡る（星が）
内越〈uti・kosi〉…星越…星が渡る
石越〈isi・kosi〉…星越…星が渡る
打越・乙越〈utu・kosi ／ otu・kosi〉…星越…星が渡る
飛鳥〈asuka〉…kusu→usu→asu…asu・ka…星の渡る処
安家〈akka〉…kusu→usu→asu→asu・ka→akka…星の渡る処
赤石〈akaisi〉…kusu→usu→asu→asu・ka→akka→aka…渡る星

# 巻末資料　ブチブチ・ブツブツからの音声変化の実例

| 縄文時代 | buti(ブチ)・butu(ブツ)・potu(ポツ)から星への変化 |
|---|---|
| buti(ブチ) | 芦渕、今渕、稲渕、尾駮、押淵、魚淵、貝渕、櫛渕、熊渕、高渕、小渕、花渕浜、細淵、円渕、柳淵 |
| husi(フシ) | 伏越、伏拝、伏山、赤伏、馬伏、鬼伏、鉢伏、室伏、藤木、藤倉、藤畑、藤原 |
| uti(ウチ) | 打石、内越、打越、内宿、内田、打田、打当、大原内、内野、金打坊、内山、大内、川内、河内、木内、倉内、尻内、竹内、浪打、真打、打ノ目、古内、火打谷、五郷内、内真部、 |
| usi(ウシ) | 牛奥、牛飼、牛鍵、牛来、牛句、牛久保、牛越、牛込、牛滝、牛妻、牛沼、牛巻、野牛 |
| iti(イチ) | 一合、一王子、市尾、市川、一色、一の坂、市ノ渡、一ノ渡、今市、売市、金田一、喜良市 |
| isi(イシ) | 石居、石生、石神、石塚、石野、石文、石沢、石坂、石崎、石峠、石畑、石橋、石渡、石仏、石持、石見、石山、猪石、大石、髭石、黒石、鏡石、亀石、白石、立石、宅石、続石、船石、保知石、横石、箱石、鳴石、両石、轆轤石 |
| oti(オチ)otu(オツ)oto(オト)<br>osi(オシ)oso(オソ) | 越智、乙市、乙越、乙茂、乙供、乙部、八乙女、沢乙、落合乙、音部、押切、忍草、押館、押田内、押茂、押釜、押切、押野、押垣外、押越、押館、水押、遅沢 |
| butu(ブツ)hutu(フツ)<br>huta(フタ)hata(ハタ)<br>hati(ハチ)hatu(ハツ)<br>hasi(ハシ)<br>hotti(ホッチ)hotu(ホツ) | 道仏、布津、二日町、吹越、吹越、福田、二見、二ッ石、二ッ森、二荒山、二子、二ッ橋、二渡、双葉台、二又、旗沢、旗鉾、大畑、桑畑、田端、向畑、田尻畑、発地、鉢伏、蜂伏、初瀬、長谷、初神、初田、初原、八田、鳩原、大初平、箒畑、平畑、、八斗沢、八森、石鉢、八王子、鉢石、、橋方、箸中、橋ノ川、橋間、市橋、板橋、船橋、八木橋 |
| katti(カッチ)katu(カツ) | 甲地、甲子、勝浦、勝地、勝見、勝山 |
| potu(ポツ)hotu(ホツ)<br>hodo(ホド)hudo(フド) | 岩保木《いわぼっき》、堀田、保津、払田、法田、法領、程熊、保土沢、程野、保戸野、夫雑原(ぶどうはら)、武道坂、葡萄峯、古戸野、大堂原(う・ふどう) |
| hari(ハリ)hare(ハレ)<br>bari(バリ)hori(ホリ) | 張野、針町、針山、張山、晴山、荒張、今治、岩瀬張、、風張、新治、安張、尾張沢、出張、名張、名振、堀切、堀口、堀越、堀野 |
| kore(コレ)ore(オレ)<br>ori(オリ) | 是川、是清、伊治、月居《つきおれ》山、桑折《こおり》、折笠、織笠、折壁、折木、折越、折立、折戸、折渡、折浜、岩折、酒折、肘折 |
| mati(マチ)moti(モチ)<br>musi(ムシ) | 町田、町原、町村、町屋、虫内、浅虫、穴虫、唐虫、持尾、餅木、持田、餅田、持方、持領、飯持、蔵持、力持、長持、尾持沢、諸持 |
| hosi(ホシ)hoso(ホソ) | 星野、細野、星谷、細谷、星川、細川、星越、細越、星山、細山 |

巻末資料

浸水を免れた星地名No.1～No.382地点

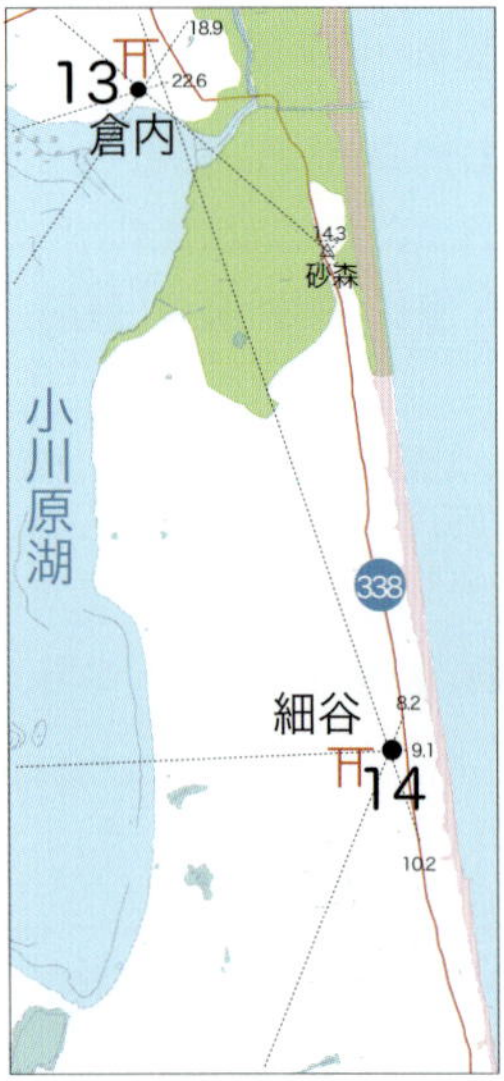


巻末資料 2
No.13 ～ 14

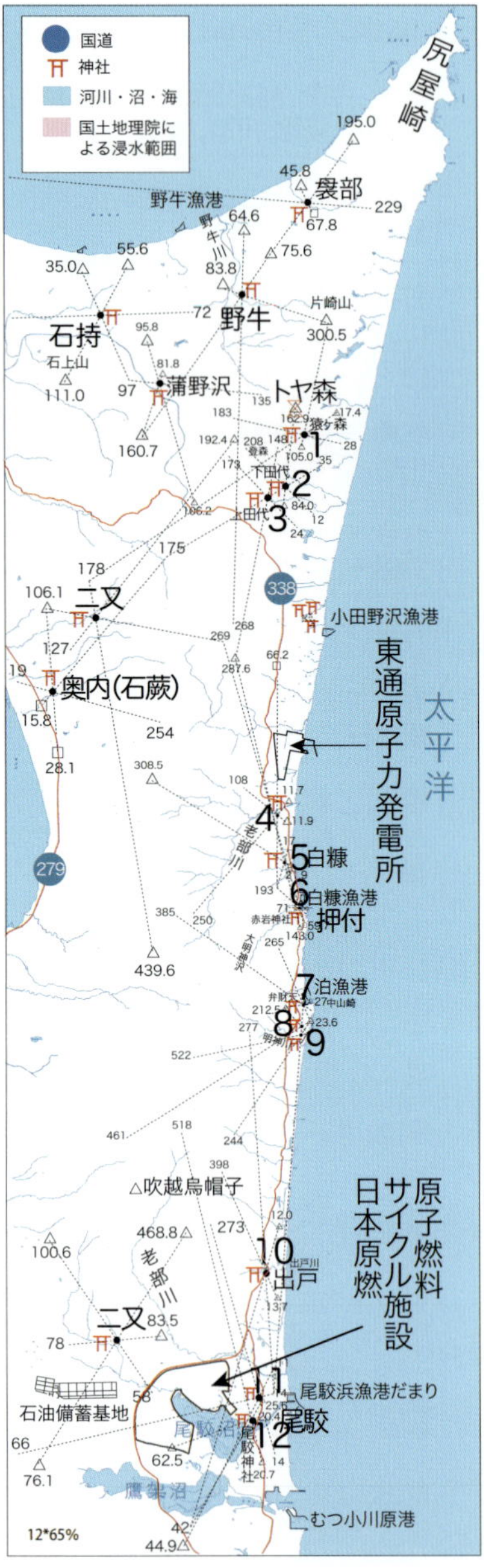


巻末資料 1　No.1 ～ 12

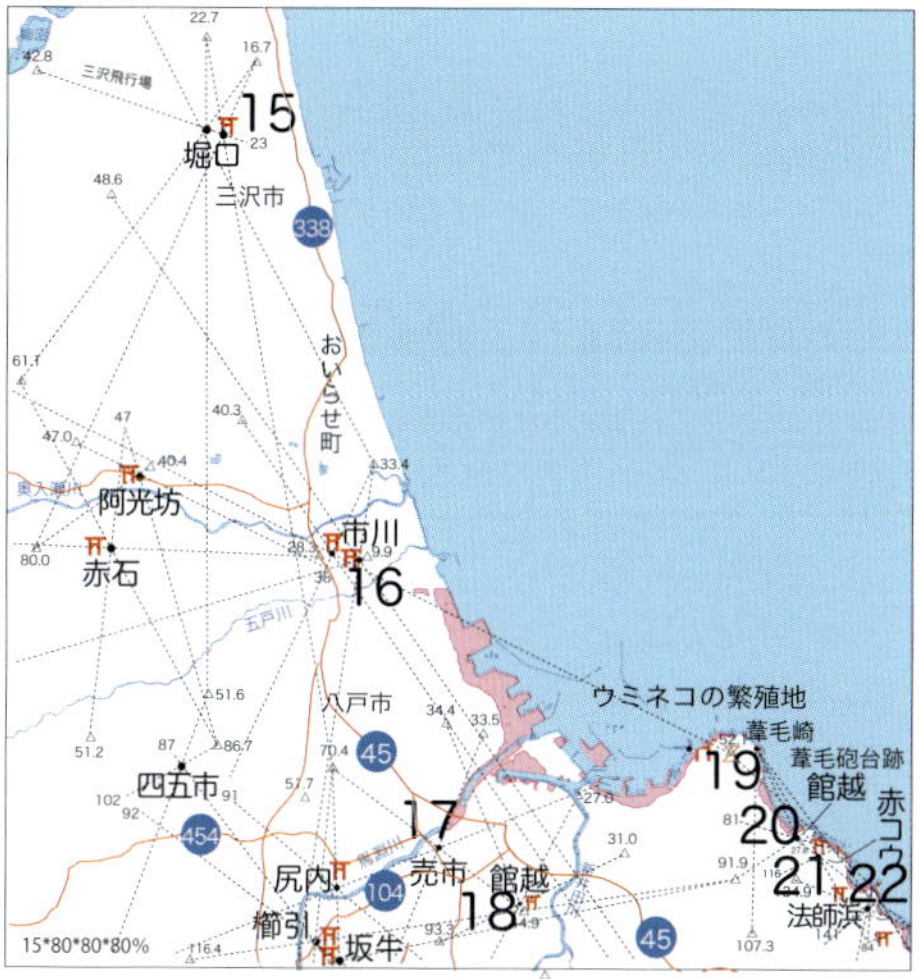


巻末資料 3　No.15 ～ 22

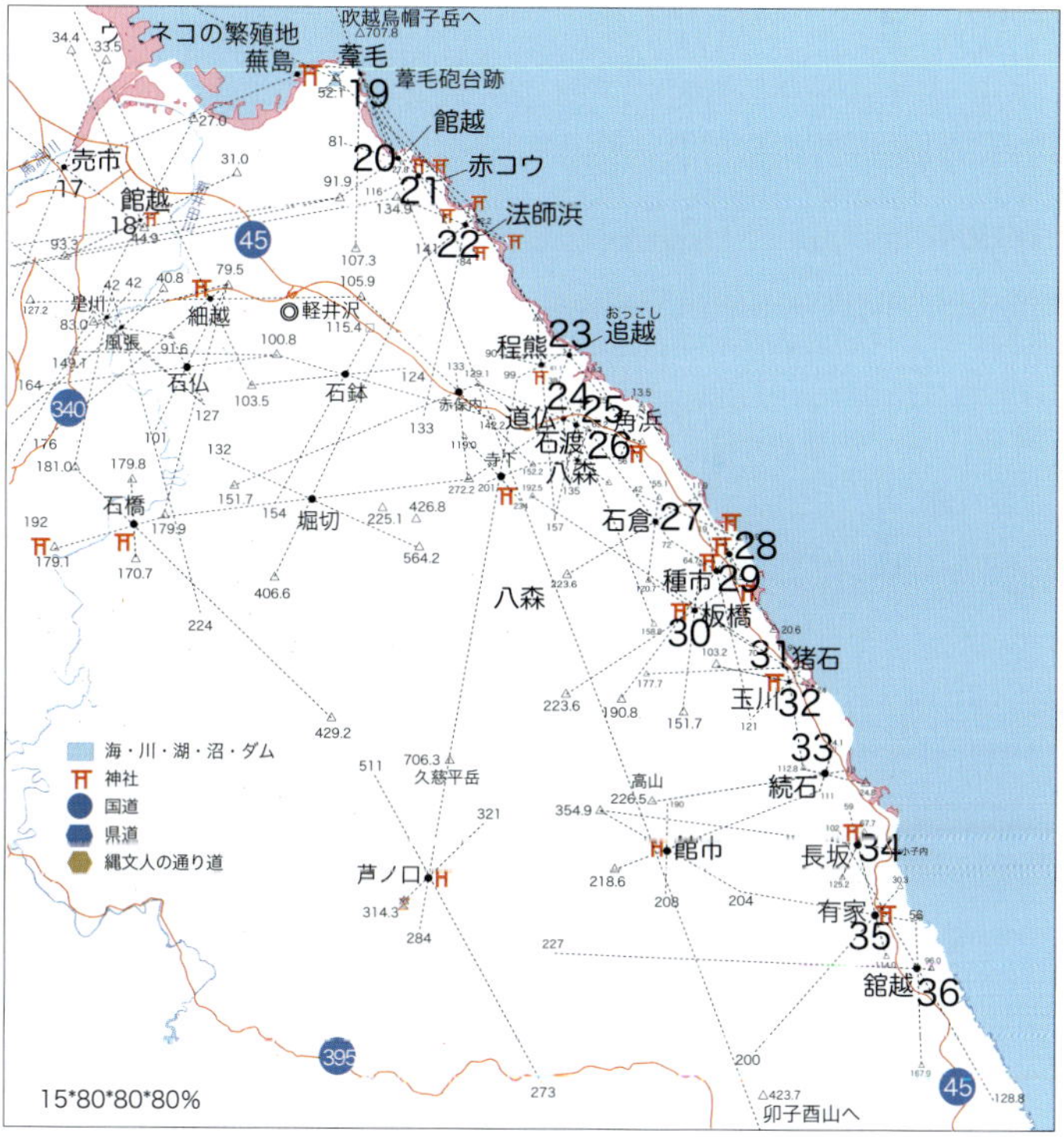


巻末資料 4　No.20 ～ 36

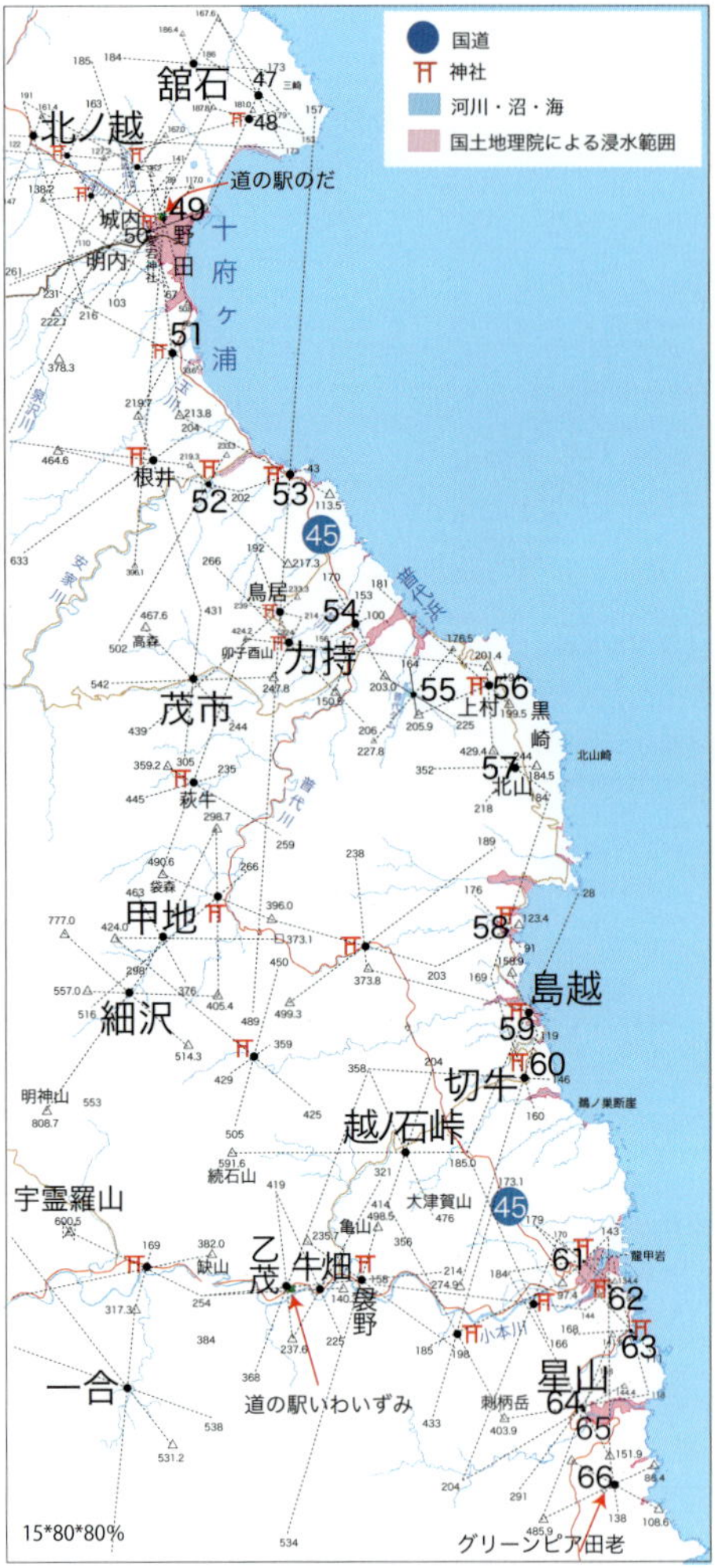


巻末資料 6　No.47 ～ 66

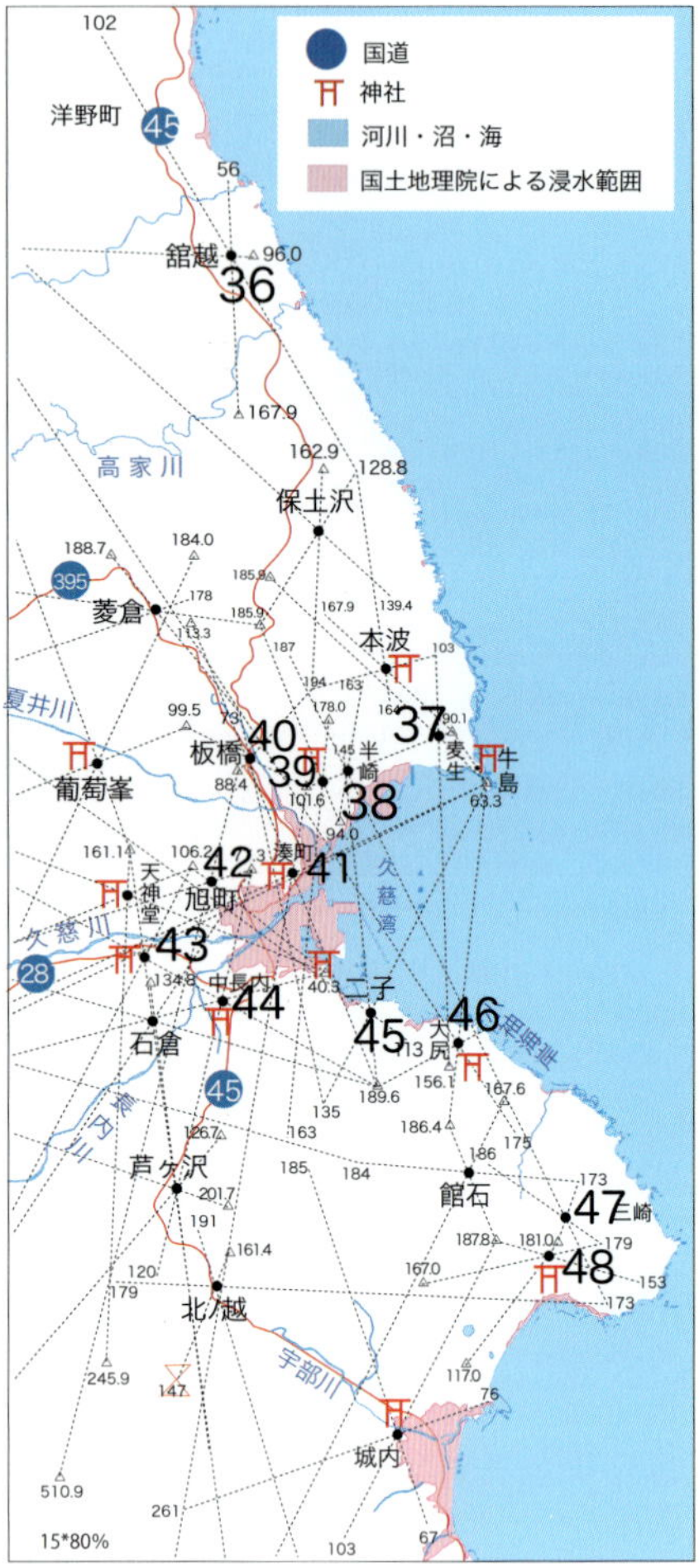


巻末資料 5　No.36 ～ 48

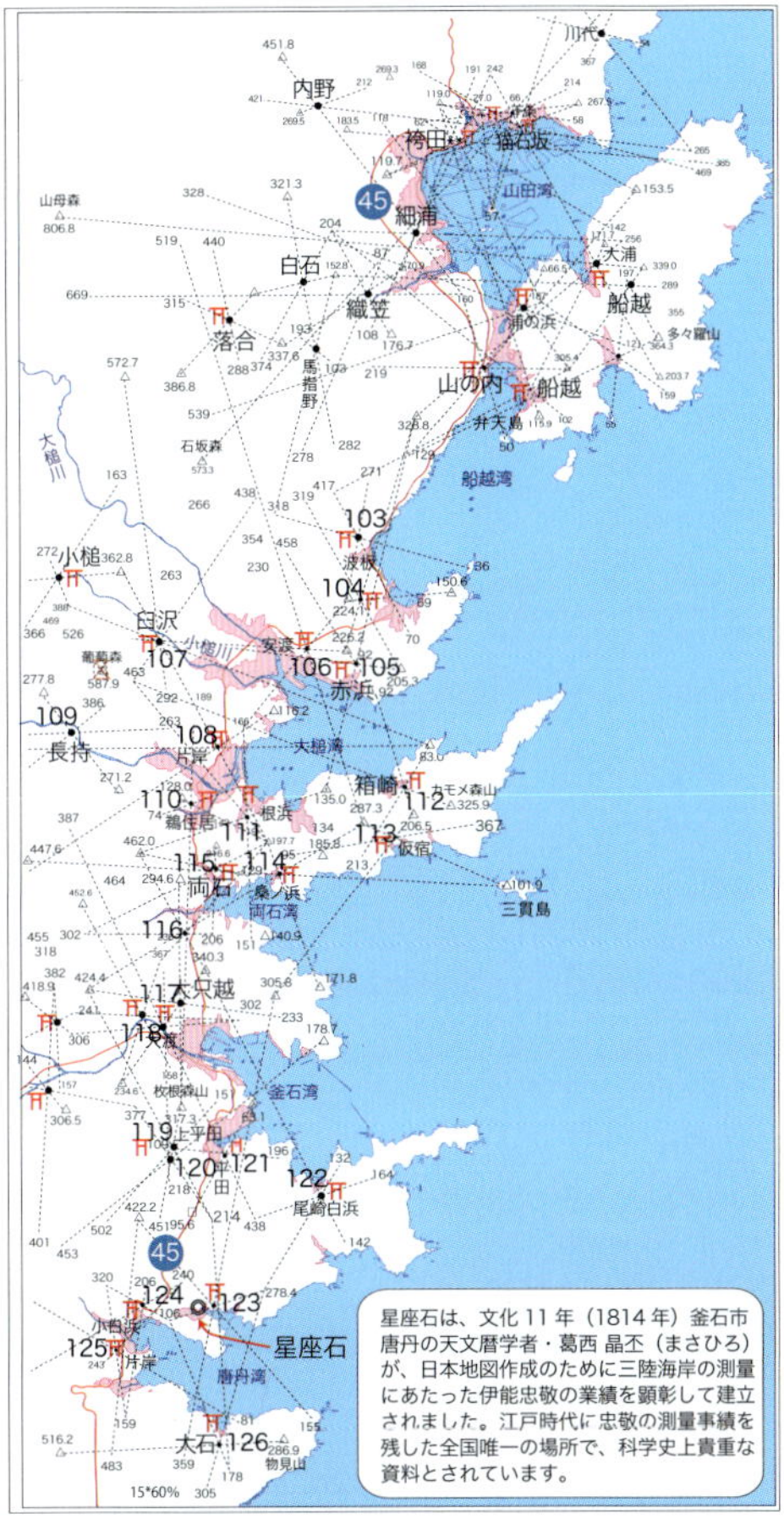


巻末資料 8　No.103 ～ 126

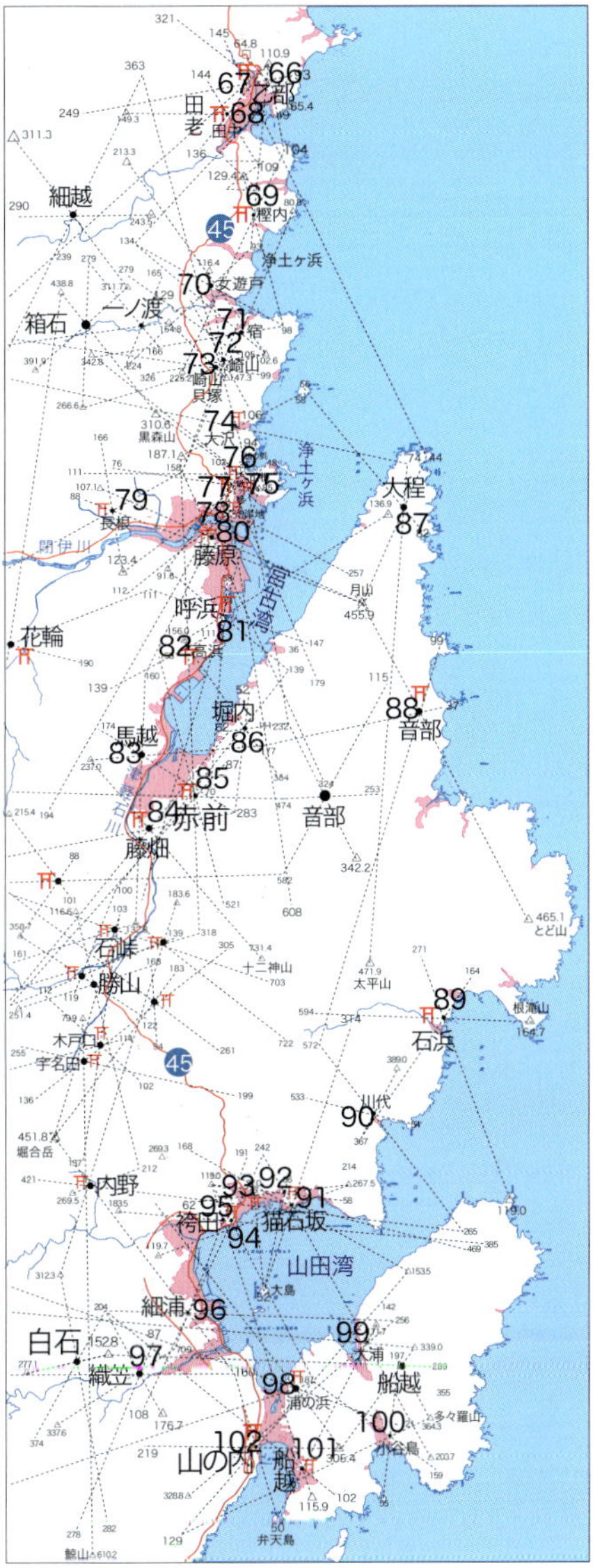


巻末資料 7　No.66 ～ 102

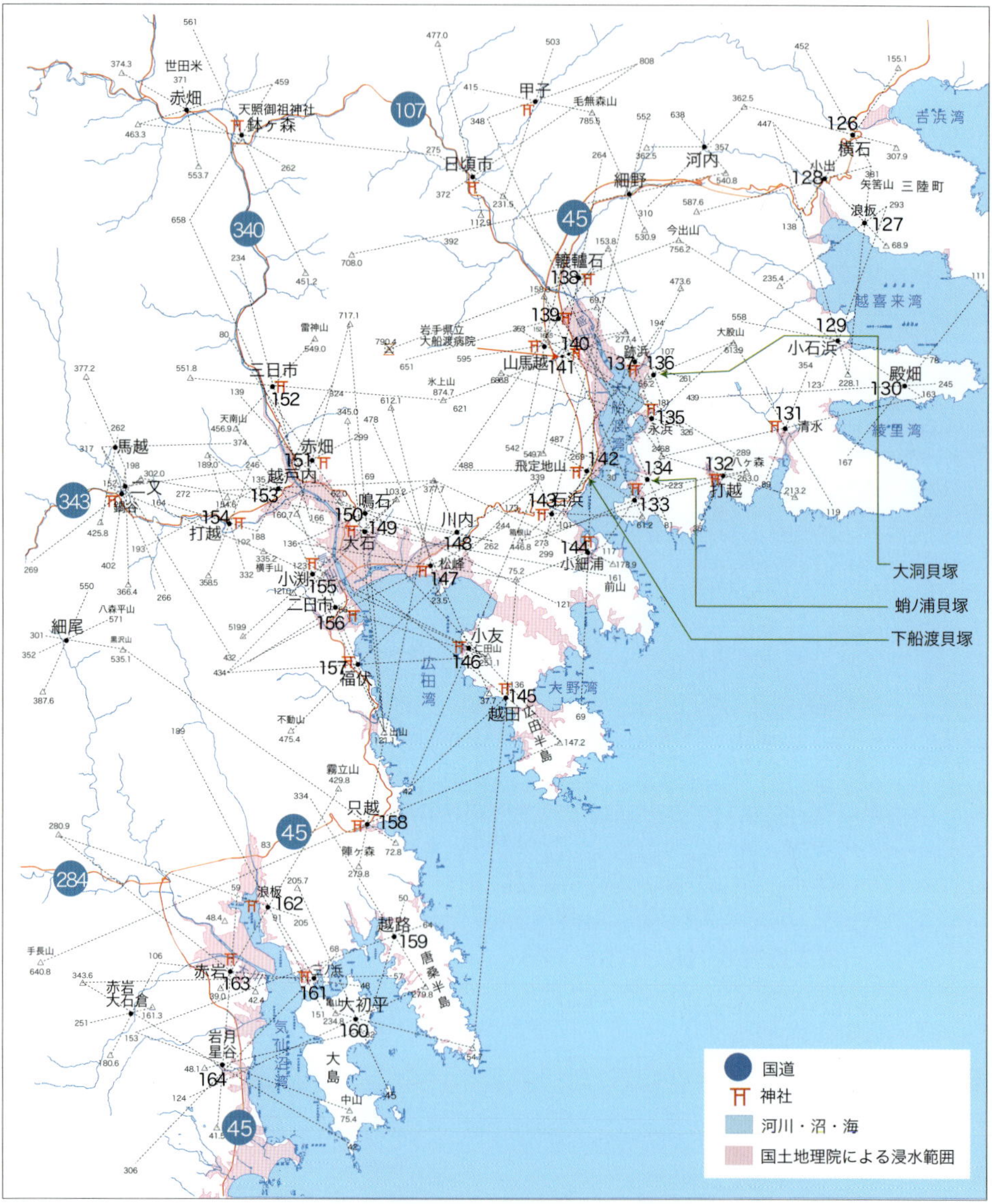


巻末資料9　No.126～164

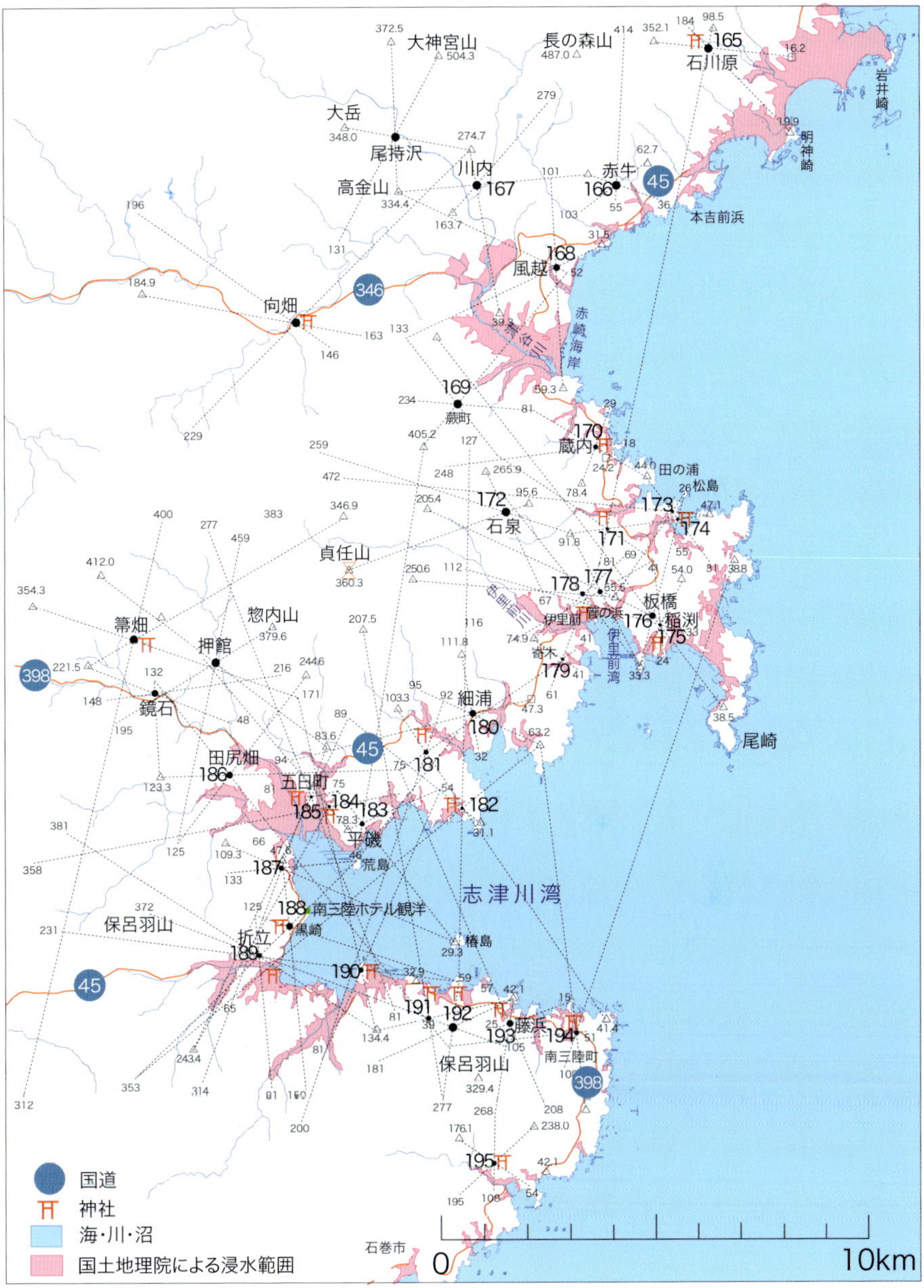


巻末資料 10　No.165～195

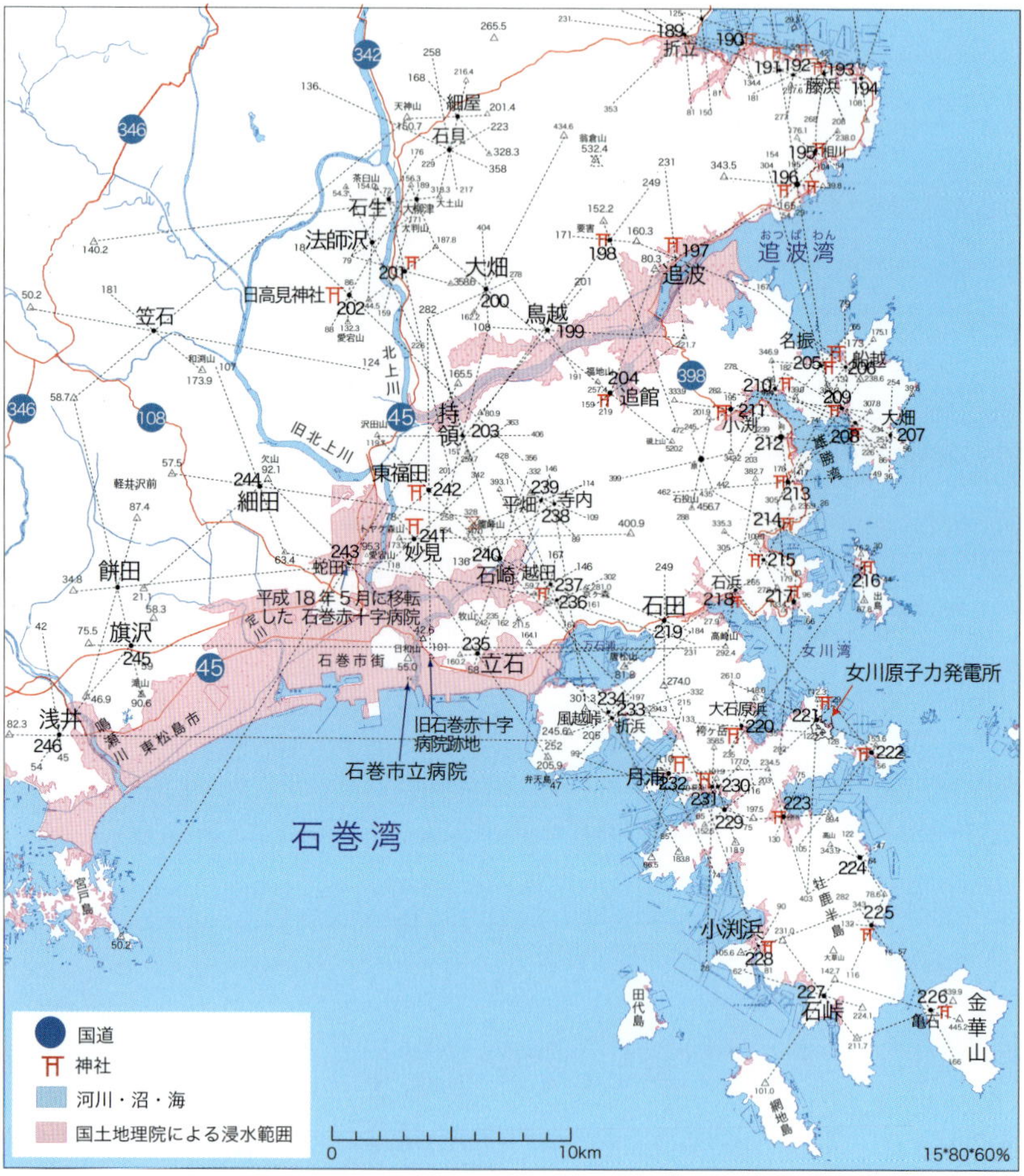


巻末資料 11 No.189～246

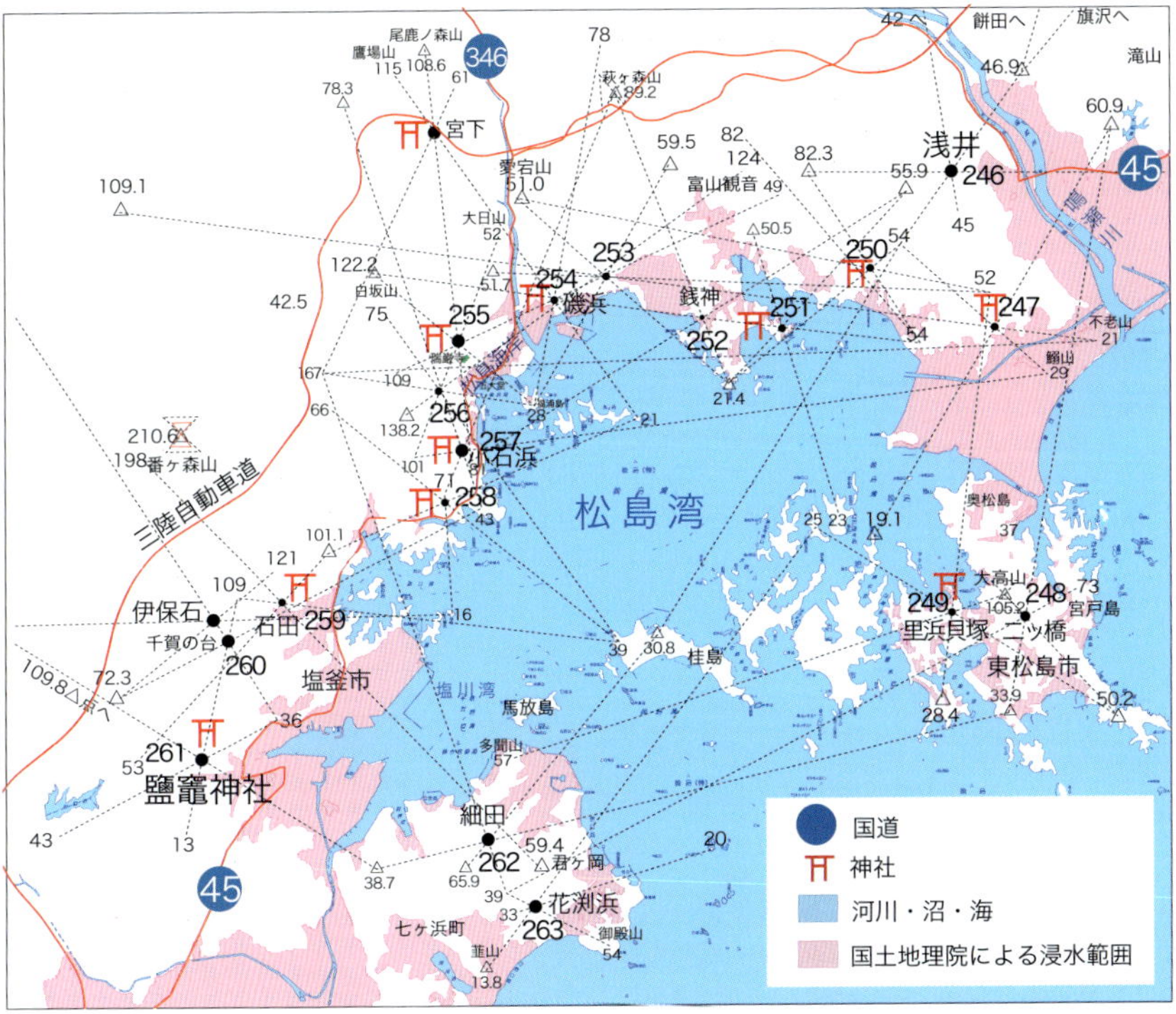


巻末資料 12　No.246 ～ 262

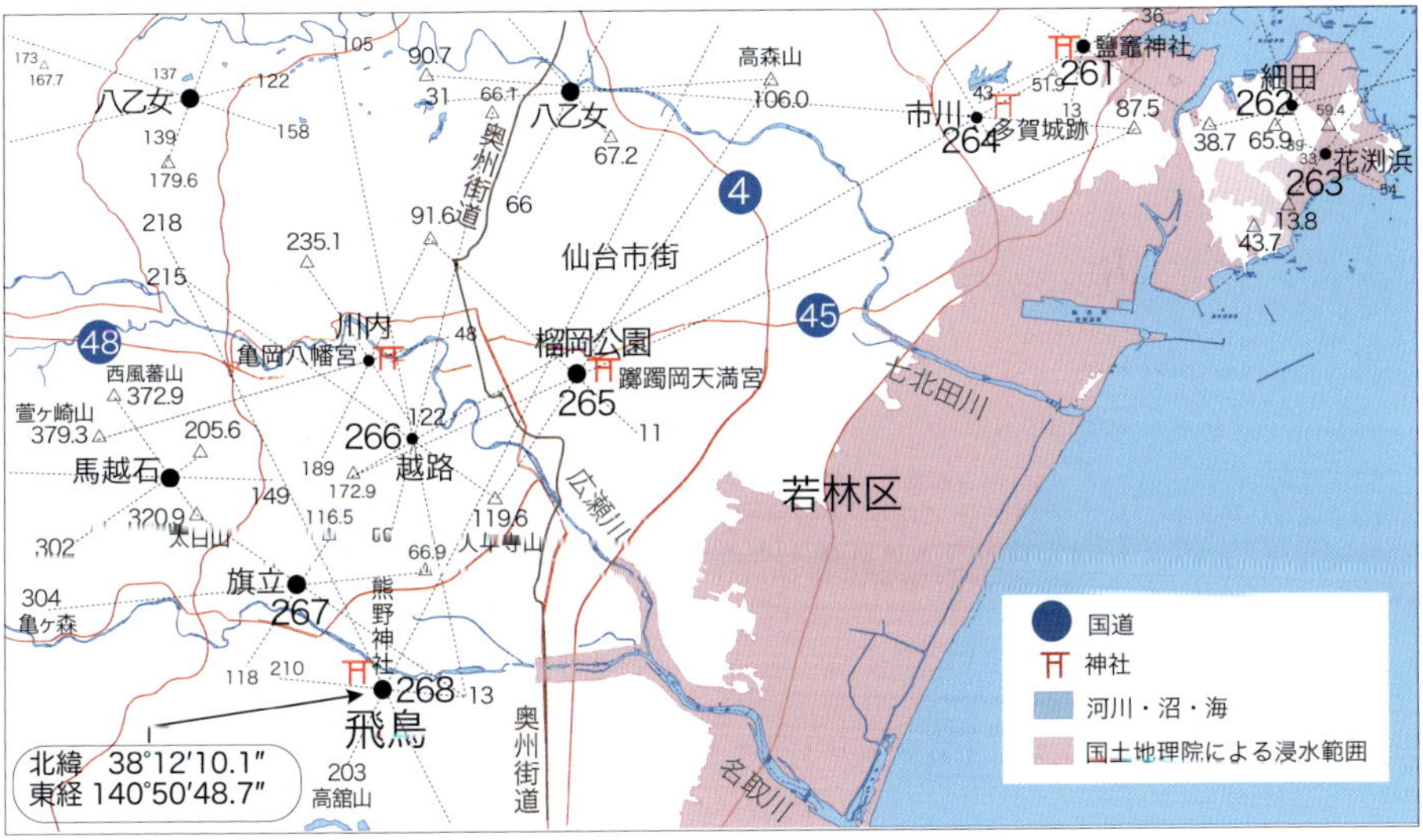


巻末資料 13　No.259 ～ 268

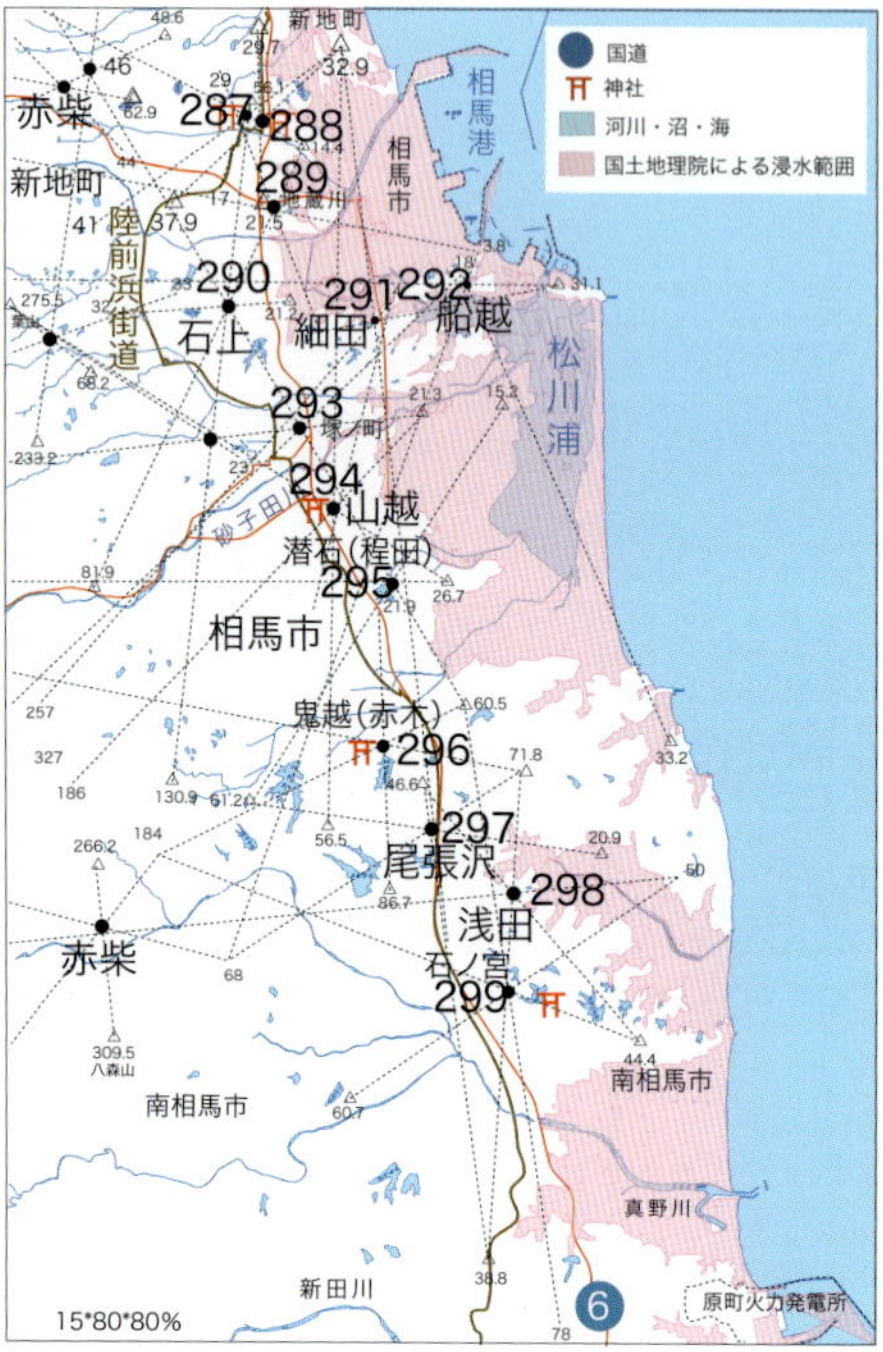

巻末資料 15　No.277 ～ 299

巻末資料 14　No.268 ～ 288

巻末資料 17　No.318～330

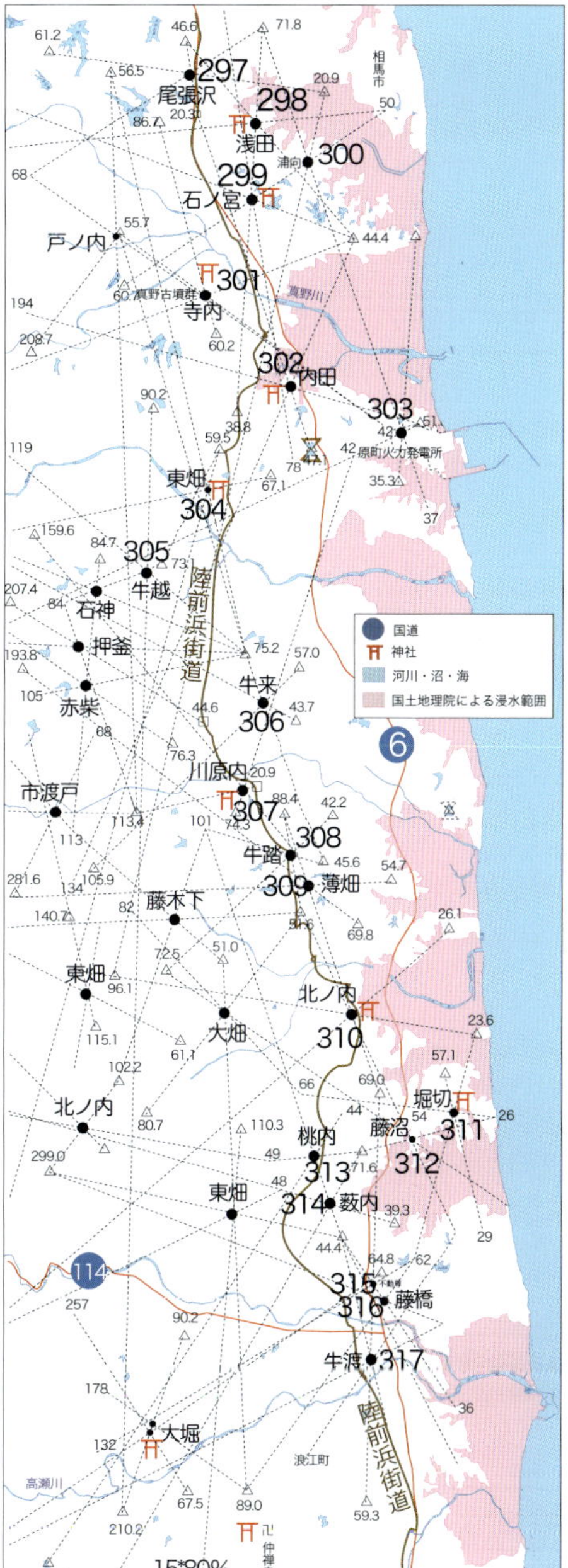


巻末資料 16　No.297～317

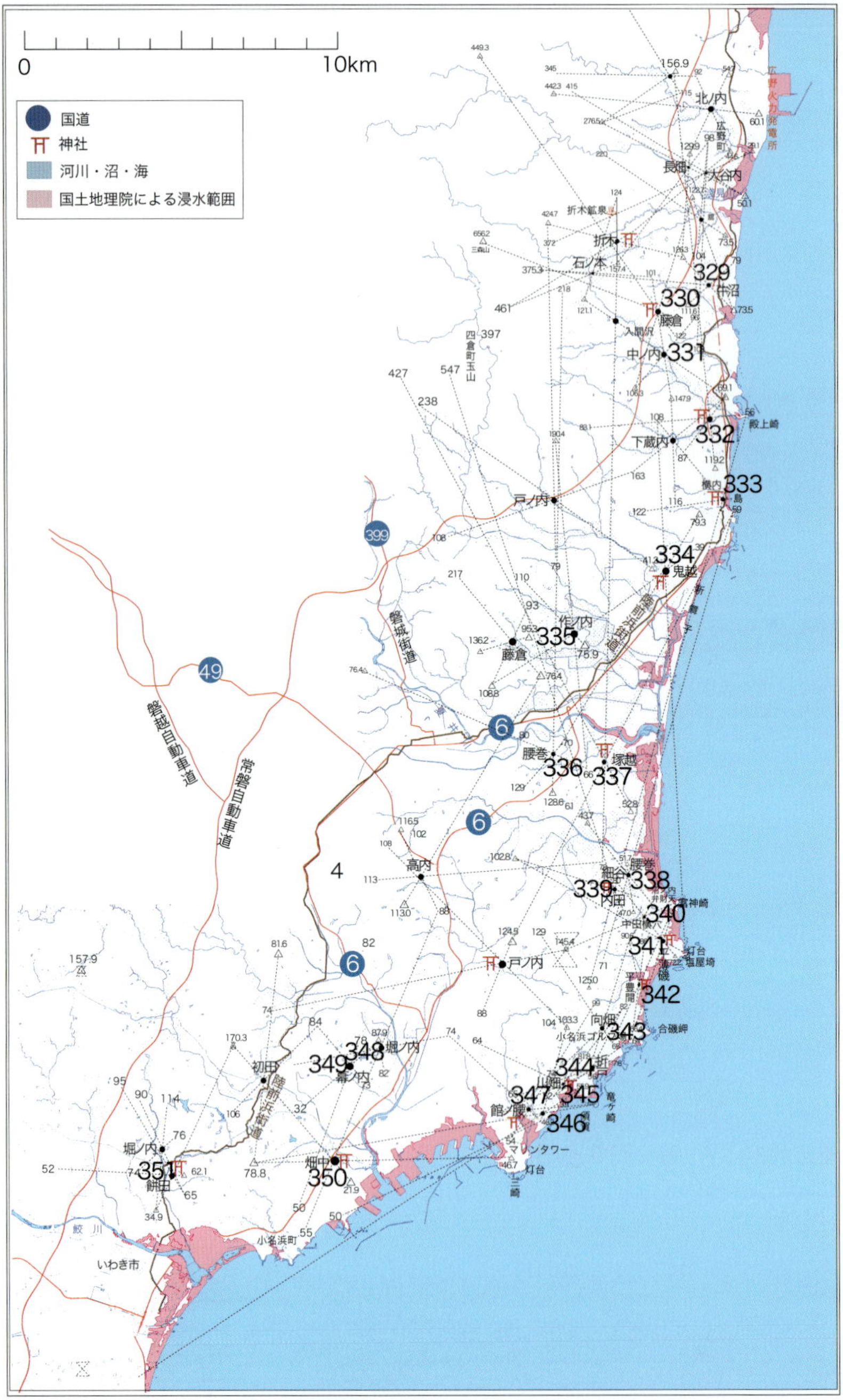


巻末資料 18　No.329～351

巻末資料 19　No.352 ～ 366

巻末資料 20　No.367 ～ 382

| 県名 | 番号 | 地名 | 星地名 | 連携 | 連携星地名 | 神社 | 60 進法北緯 | 60 進法東経 | 10 進法北緯 | 10 進法東経 |
|---|---|---|---|---|---|---|---|---|---|---|
| 青森県 | 1 | 猿ヶ森 | | ○ | 二又 | ○ | 41°17′24.1″ | 141°23′40.7″ | 41.2900 | 141.3946 |
| | 2 | 下田代 | | ○ | | ○ | 41°16′22,0″ | 141°23′10.4″ | 41.2728 | 141.3862 |
| | 3 | 上田代 | | ○ | | ○ | 41°16′09.2″ | 141°22′41.1″ | 41.2692 | 141.3781 |
| | 4 | 老部 | | ○ | | ○ | 41°09′46.8″ | 141°22′55.4″ | 41.1630 | 141.3821 |
| | 5 | 白糠 | | ○ | 二又・押付 | ○ | 41°08′51.1″ | 141°23′04.2″ | 41.1475 | 141.3845 |
| | 6 | 白糠 | 押付 | ○ | | ○ | 41°08′51.3″ | 141°23′04.8″ | 41.1476 | 141.3847 |
| | 7 | 泊 | | ○ | | ○ | 41°07′55.4″ | 141°23′55.4″ | 41.1321 | 141.3987 |
| | 8 | 泊 | | ○ | | ○ | 41°05′58.5″ | 141°23′31.5″ | 41.0996 | 141.3921 |
| | 9 | 泊 | | ○ | | ○ | 41°05′32.3″ | 141°23′33.9″ | 41.0923 | 141.3928 |
| | 10 | 出戸 | | ○ | 尾駮 | ○ | 41°00′36.6″ | 141°22′34.0″ | 41.0102 | 141.3761 |
| | 11 | 尾駮 | | ○ | | ○ | 40°58′05.9″ | 141°22″22.8″ | 40.9683 | 141.3730 |
| | 12 | 尾駮 | 尾駮 | ○ | | ○ | 40°57′39.2″ | 141°22′10.7″ | 40.9609 | 141.3696 |
| | 13 | 倉内 | 倉内 | ○ | 乙部 | ○ | 40°50′48.2″ | 141°21′27.0″ | 40.8467 | 141.3575 |
| | 14 | 細谷 | 細谷 | ○ | 市ノ渡 | ○ | 40°45′20.8″ | 141°24′13.7″ | 40.7558 | 141.4038 |
| | 15 | | 堀口 | ○ | 阿光坊・葦毛 | ○ | 40°41′30.3″ | 141°24′05.2″ | 40.6918 | 141.4014 |
| | 16 | | 市川 | ○ | 赤石・森越 | ○ | 40°35′09.5″ | 141°26′51.4″ | 40.5860 | 141.4476 |
| | 17 | 売市 | 売市 | ○ | 尻内 | ○ | 40°30′50.2″ | 141°28′30.3″ | 40.5139 | 141.4751 |
| | 18 | 館越 | 館越 | ○ | 市野沢 | ○ | 40°30′00.3″ | 141°30′08.8″ | 40.5001 | 141.5024 |
| | 19 | 葦毛崎 | 葦毛 | ○ | 赤コウ | ○ | 40°32′20.7″ | 141°34′49.2″ | 40.5391 | 141.5803 |
| | 20 | 館越 | 館越 | ○ | 櫛引 | | 40°31′00.5″ | 141°35′38.8″ | 40.5168 | 141.5941 |
| | 21 | | 赤コウ | ○ | 葦毛 | ○ | 40°30′44.2″ | 141°36′04.7″ | 40.5123 | 141.6013 |
| | 22 | | 法師浜 | ○ | 坂牛・堀切 | | 40°29′58.0″ | 141°37′02.8″ | 40.4994 | 141.6174 |
| | 23 | | 追越 | ○ | 程熊・石渡 | | 40°27′55.5″ | 141°39′14.8″ | 40.4654 | 141.6541 |
| | 24 | | 道仏 | ○ | 堀切・八森 | | 40°26′53.3″ | 141°39′06.7″ | 40.4481 | 141.6519 |
| | 25 | | 石渡 | ○ | 道仏・追越・八森・石倉 | | 40°26′48.0″ | 141°39′25.0″ | 40.4467 | 141.6569 |

| | | | | | | | | | | |
|---|---|---|---|---|---|---|---|---|---|---|
| 岩手県 | 26 | 角浜 | | ○ | 八森・石倉 | ○ | 40°26′36.0″ | 141°40′30.6″ | 40.4433 | 141.6752 |
| | 27 | | 石倉 | ○ | 八森・種市 | | 40°25′17.3″ | 141°41′05.1″ | 40.4215 | 141.6848 |
| | 28 | 種市 | | ○ | 種市 | ○ | 40°24′47.4″ | 141°42′39.6″ | 40.4132 | 141.7110 |
| | 29 | | 種市 | ○ | 石倉・板橋 | ○ | 40°24′30.4″ | 141°42′23.3″ | 40.4084 | 141.7065 |
| | 30 | | 板橋 | ○ | 種市 | ○ | 40°23′53.1″ | 141°41′55.6″ | 40.3981 | 141.6988 |
| | 31 | 玉川 | 猪石 | ○ | 種市 | | 40°22′59.0″ | 141°43′52.8″ | 40.3831 | 141.7313 |
| | 32 | 玉川 | | ○ | 続石 | ○ | 40°22′45.5″ | 141°43′57.5″ | 40.3793 | 141.7326 |
| | 33 | | 続石 | ○ | 館市 | | 40°21′18.1″ | 141°44′44.2″ | 40.3550 | 141.7456 |
| | 34 | 長坂 | | ○ | 館市 | ○ | 40°20′09.9″ | 141°45′26.2″ | 40.3361 | 141.7573 |
| | 35 | 有家 | | ○ | 舘越 | ○ | 40°19′03.5″ | 141°45′49.3″ | 40.3176 | 141.7637 |
| | 36 | 中野 | 舘越 | ○ | | | 40°18′17.0″ | 141°46′39.4″ | 40.3047 | 141.7776 |
| | 37 | 麦生 | | ○ | 板橋 | | 40°13′32.9″ | 141°49′25.1″ | 40.2258 | 141.8236 |
| | 38 | 半崎 | | ○ | 板橋・北ノ越 | | 40°13′13.0″ | 141°48′13.5″ | 40.2203 | 141.8038 |
| | 39 | | | ○ | 板橋 | ○ | 40°13′07.5″ | 141°47′54.8″ | 40.2188 | 141.7986 |
| | 40 | 板橋 | 板橋 | ○ | 旭町 | | 40°13′20.5″ | 141°46′57.3″ | 40.2224 | 141.7826 |
| | 41 | 湊町 | | ○ | 二子・石倉 | ○ | 40°12′13.7″ | 141°47′30.1″ | 40.2038 | 141.7917 |
| | 42 | 旭町 | 旭 | ○ | 板橋・石倉 | | 40°12′08.2″ | 141°46′26.0″ | 40.2023 | 141.7739 |
| | 43 | | | ○ | 石倉 | ○ | 40°11′24.2″ | 141°45′35.5″ | 40.1901 | 141.7599 |
| | 44 | 中長内 | | ○ | 石倉・芦ヶ沢 | ○ | 40°10′59.6″ | 141°46′35.4″ | 40.1832 | 141.7765 |
| | 45 | | 二子 | ○ | 石倉・板橋 | | 40°10′52.2″ | 141°48′31.1″ | 40.1812 | 141.8086 |
| | 46 | 大尻 | | ○ | 二子・石倉 | ○ | 40°10′34.0″ | 141°49′40.3″ | 40.1761 | 141.8279 |
| | 47 | 三崎 | | ○ | 館石・保土沢 | | 40°08′51.7″ | 141°51′05.7″ | 40.1477 | 141.8516 |
| | 48 | 三崎 | | ○ | 館石 | ○ | 40°08′30.4″ | 141°50′516″ | 40.1418 | 141.8477 |
| | 49 | 道の駅野田 | | ○ | 北ノ越 | | 40°06′56.0″ | 141°49′09.9″ | 40.1156 | 141.8194 |
| | 50 | 城内 | | ○ | 館石 | ○ | 40°06′46.5″ | 141°48′52.2″ | 40.1129 | 141.8145 |

| | | | | | | | | | | |
|---|---|---|---|---|---|---|---|---|---|---|
| 岩手県 | 51 | 玉川 | | ○ | | ○ | 40°04′54.7″ | 141°49′19.9″ | 40.0819 | 141.8222 |
| | 52 | | 内川 | ○ | 馬越・堀内 | ○ | 40°02′53.7″ | 141°50′04.9″ | 40.0483 | 141.8347 |
| | 53 | | 堀内 | ○ | | ○ | 40°03′02.8″ | 141°51′45.1″ | 40.0508 | 141.8625 |
| | 54 | 堤 | | ○ | | ○ | 40°00′45.0″ | 141°53′04.6″ | 40.0125 | 141.8846 |
| | 55 | 普代ダム | | ○ | | | 39°59′41.7″ | 141°54′15.0″ | 39.9949 | 141.9042 |
| | 56 | 上村 | | ○ | 力持 | ○ | 39°59′49.4″ | 141°55′47.6″ | 39.9971 | 141.9299 |
| | 57 | 北山 | | ○ | | | 39°58′34.6″ | 141°56′19.8″ | 39.9763 | 141.9388 |
| | 58 | 平井賀 | | ○ | | ○ | 39°56′03.8″ | 141°56′09.0″ | 39.9344 | 141.9358 |
| | 59 | | 島越 | ○ | 越ノ石峠 | ○ | 39°54′49.8″ | 141°56′35.9″ | 39.9138 | 141.9433 |
| | 60 | | 切牛 | ○ | 越ノ石峠 | ○ | 39°53′48.0″ | 141°56′31.3″ | 39.8967 | 141.9420 |
| | 61 | 中野 | | ○ | | ○ | 39°51′00.4″ | 141°57′44.9″ | 39.8501 | 141.9625 |
| | 62 | 小本 | | ○ | 星山 | ○ | 39°50′36.4″ | 141°58′16.2″ | 39.8434 | 141.9712 |
| | 63 | 茂師 | | ○ | 星山 | ○ | 39°49′56.4″ | 141°58′43.1″ | 39.8323 | 141.9786 |
| | 64 | | 星山 | ○ | | | 39°48′46.5″ | 141°57′41.9″ | 39.8129 | 141.9616 |
| | 65 | グリーンピア | | ○ | 星山 | | 39°47′34.0″ | 141°58′21.8″ | 39.7928 | 141.9727 |
| | 66 | | 乙部 | ○ | | | 39°44′28.6″ | 141°58′35.1″ | 39.7413 | 141.9764 |
| | 67 | 荒谷 | | ○ | 乙部 | ○ | 39°44′25.7″ | 141°58′12.2″ | 39.7404 | 141.9701 |
| | 68 | 田中 | | ○ | 乙部 | ○ | 39°44′00.5″ | 141°57′52.4″ | 39.7335 | 141.9646 |
| | 69 | 樫内 | | ○ | 乙部 | ○ | 39°42′36.3″ | 141°58′21.0″ | 39.7101 | 141.9725 |
| | 70 | 女遊戸 | | ○ | 市ノ渡 | ○ | 39°41′38.0″ | 141°57′34.7″ | 39.6939 | 141.9596 |
| | 71 | 宿 | | ○ | 乙部 | | 39°40′59.4″ | 141°58′06.5″ | 39.6832 | 141.9685 |
| | 72 | 崎山 | | ○ | 藤原 | ○ | 39°40′36.1″ | 141°57′47.8″ | 39.6767 | 141.9633 |
| | 73 | 崎山貝塚 | | ○ | 箱石・花原市 | | 39°40′30.0″ | 141°57′39.6″ | 39.6750 | 141.9610 |
| | 74 | 大沢 | | ○ | 細越・大程 | ○ | 39°39′41.0″ | 141°58′01.6″ | 39.6614 | 141.9671 |
| | 75 | 山根 | | ○ | 音部 | ○ | 39°38′57.3″ | 141°58′13.0″ | 39.6493 | 141.9703 |

| | | | | | | | | | | |
|---|---|---|---|---|---|---|---|---|---|---|
| 岩手県 | 76 | 蛸の浜 | | ○ | | ○ | 39°39′02.0″ | 141°58′06.2″ | 39.6506 | 141.9684 |
| | 77 | 鍬ヶ崎 | | ○ | | ○ | 39°38′53.4″ | 141°57′56.3″ | 39.6482 | 141.9656 |
| | 78 | 光岸地 | | ○ | 藤原 | ○ | 39°38′31.1″ | 141°57′52.2″ | 39.6420 | 141.9645 |
| | 79 | 長根 | | ○ | 牛伏・藤原 | ○ | 39°38′32.7″ | 141°55′45.3″ | 39.6424 | 141.9293 |
| | 80 | | 藤原 | ○ | 馬越・音部 | ○ | 39°38′09.0″ | 141°57′34.8″ | 39.6358 | 141.9597 |
| | 81 | 呼浜 | | ○ | 堀内 | | 39°37′04.3″ | 141°57′46.4″ | 39.6179 | 141.9629 |
| | 82 | 高浜 | | ○ | 堀内 | ○ | 39°36′38.8″ | 141°57′08.5″ | 39.6108 | 141.9524 |
| | 83 | | 馬越 | ○ | 折壁藤原 | | 39°35′08.7″ | 141°56′18.1″ | 39.5858 | 141.9384 |
| | 84 | | 藤畑 | ○ | 赤前・堀内 | ○ | 39°34′08.3″ | 141°56′25.8″ | 39.5690 | 141.9405 |
| | 85 | | 赤前 | ○ | 藤畑・音部 | ○ | 39°34′34.6″ | 141°57′16.6″ | 39.5763 | 141.9546 |
| | 86 | | 堀内 | ○ | 馬越・藤畑 | | 39°35′31.1″ | 141°58′10.3″ | 39.5920 | 141.9695 |
| | 87 | | 大程 | ○ | 藤原・音部 | | 39°38′33.5″ | 142°01′13.6″ | 39.6426 | 142.0178 |
| | 88 | | 音部 | ○ | 大程・馬越 | ○ | 39°35′44.5″ | 142°01′21.9″ | 39.5957 | 142.0228 |
| | 89 | | 石浜 | ○ | | ○ | 39°31′30.3″ | 142°01′47.9″ | 39.5251 | 142.0300 |
| | 90 | 川代 | | ○ | 音部・石浜 | | 39°30′10.1″ | 142°00′30.6″ | 39.5028 | 142.0085 |
| | 91 | | 猫石坂 | ○ | | ○ | 39°28′53.9″ | 141°59′00.7″ | 39.4816 | 141.9835 |
| | 92 | | | ○ | 猫石坂 | | 39°29′04.9″ | 141°58′52.7″ | 39.4847 | 141.9813 |
| | 93 | | | ○ | 猫石坂 | ○ | 39°29′03.4″ | 141°58′19.8″ | 39.4843 | 141.9722 |
| | 94 | 袴田 | | ○ | 猫石坂・細浦 | ○ | 39°28′42.0″ | 141°57′55.0″ | 39.4783 | 141.9653 |
| | 95 | 袴田 | | ○ | 船越 | | 39°28′42.5″ | 141°57′45.8″ | 39.4785 | 141.9627 |
| | 96 | | 細浦 | ○ | 織笠・山の内 | | 39°27′25.2″ | 141°57′07.5″ | 39.4570 | 141.9521 |
| | 97 | | 織笠 | ○ | 細浦・山の内 | | 39°26′49.3″ | 141°56′39.2″ | 39.4470 | 141.9442 |
| | 98 | 浦の浜 | | ○ | 山の内・船越 | ○ | 39°26′22.7″ | 141°57′04.7″ | 39.4396 | 141.9513 |
| | 99 | 大浦 | | ○ | 猫石坂・細浦 | | 39°27′00.1″ | 142°00′23.8″ | 39.4500 | 142.0066 |
| | 100 | 小谷鳥 | | ○ | 船越・山の内 | | 39°25′42.6″ | 142°00′48.1″ | 39.4285 | 142.0134 |

| | | | | | | | | | | |
|---|---|---|---|---|---|---|---|---|---|---|
| 岩手県 | 101 | | 船越 | ○ | 山の内・細浦 | ○ | 39°25′15.9″ | 141°59′12.1″ | 39.4211 | 141.9867 |
| | 102 | | 山の内 | ○ | 細浦・織笠 | ○ | 39°25′33.7″ | 141°58′21.6″ | 39.4260 | 141.9727 |
| | 103 | 浪板 | | ○ | 船越 | ○ | 39°23′13.7″ | 141°56′04.3″ | 39.3871 | 141.9345 |
| | 104 | | | ○ | 山の内・臼沢 | ○ | 39°22′22.1″ | 141°56′06.7″ | 39.3728 | 141.9352 |
| | 105 | | 赤浜 | ○ | 梁内・臼沢 | ○ | 39°21′28.4″ | 141°56′01.8″ | 39.3579 | 141.9338 |
| | 106 | 安渡 | | ○ | 両石 | ○ | 39°21′41.6″ | 141°55′08.6″ | 39.3616 | 141.9191 |
| | 107 | | 臼沢 | ○ | 赤浜・箱崎 | ○ | 39°21′48.3″ | 141°52′25.9″ | 39.3634 | 141.8739 |
| | 108 | 片岸 | | ○ | 臼沢・両石 | ○ | 39°20′19.8″ | 141°53′28.9″ | 39.3388 | 141.8914 |
| | 109 | | 長持 | ○ | | | 39°20′32.6″ | 141°50′47.4″ | 39.3424 | 141.8465 |
| | 110 | 鵜住居 | | ○ | 臼沢・両石 | ○ | 39°19′33.0″ | 141°52′59.5″ | 39.3258 | 141.8832 |
| | 111 | 根浜 | | ○ | 臼沢・両石 | ○ | 39°19′22.2″ | 141°54′01.1″ | 39.3228 | 141.9003 |
| | 112 | | 箱崎 | ○ | 臼沢・赤浜 | ○ | 39°19′45.9″ | 141°56′53.8″ | 39.3294 | 141.9483 |
| | 113 | 仮宿 | | ○ | 箱崎・両石 | ○ | 39°19′04.7″ | 141°56′43.2″ | 39.3180 | 141.9453 |
| | 114 | 桑ノ浜 | | ○ | 両石・臼沢 | ○ | 39°18′34.8″ | 141°54′36.0″ | 39.3097 | 141.9100 |
| | 115 | | 両石 | ○ | | ○ | 39°18′40.0″ | 141°53′26.4″ | 39.3111 | 141.8907 |
| | 116 | | | ○ | 大只越・両石 | | 39°17′44.2″ | 141°52′52.1″ | 39.2956 | 141.8811 |
| | 117 | | 大只越 | ○ | | | 39°16′48.0″ | 141°52′47.4″ | 39.2800 | 141.8798 |
| | 118 | 大渡 | | ○ | 大只越 | ○ | 39°16′28.6″ | 141°52′28.3″ | 39.2746 | 141.8745 |
| | 119 | 上平田 | | ○ | 大只越 | ○ | 39°14′47.1″ | 141°52′39.4″ | 39.2464 | 141.8776 |
| | 120 | 平田 | | ○ | 大只越 | ○ | 39°14′41.1″ | 141°53′36.2″ | 39.2448 | 141.8934 |
| | 121 | 尾崎白浜 | | ○ | 大只越 | ○ | 39°14′07.2″ | 141°55′22.5″ | 39.2353 | 141.9229 |
| | 122 | | | ○ | 大石 | ○ | 39°12′35.9″ | 141°53′23.7″ | 39.2100 | 141.8899 |
| | 123 | | | ○ | | ○ | 39°12′36.7″ | 141°52′04.4″ | 39.2102 | 141.8679 |
| | 124 | 片岸 | | ○ | 大石 | ○ | 39°11′59.2″ | 141°51′35.0″ | 39.1998 | 141.8597 |
| | 125 | | 大石 | ○ | | ○ | 39°10′40.8″ | 141°53′29.2″ | 39.1780 | 141.8914 |

| | | | | | | | | | | |
|---|---|---|---|---|---|---|---|---|---|---|
| 岩手県 | 126 | | 横石 | ○ | 河内 | | 39°08′22.5″ | 141°49′24.5″ | 39.1396 | 141.8235 |
| | 127 | 浪板 | | ○ | 横石・小石浜 | | 39°06′47.3″ | 141°49′40.3″ | 39.1131 | 141.8279 |
| | 128 | 小出 | | ○ | 横石小石浜 | | 39°07′34.9″ | 141°48′42.7″ | 39.1264 | 141.8119 |
| | 129 | | 小石浜 | ○ | 殿畑 | | 39°04′38.2″ | 141°49′02.6″ | 39.0773 | 141.8174 |
| | 130 | | 殿畑 | ○ | 小石浜 | | 39°03′50.0″ | 141°50′37.2″ | 39.0639 | 141.8437 |
| | 131 | 清水 | | ○ | 石浜 | ○ | 39°03′03.0″ | 141°47′48.1″ | 39.0508 | 141.7967 |
| | 132 | | 打越 | ○ | 石浜・馬越 | ○ | 39°02′11.3″ | 141°46′20.2″ | 39.0365 | 141.7723 |
| | 133 | | | ○ | 打越 | ○ | 39°01′44.2″ | 141°44′10.9″ | 39.0289 | 141.7364 |
| | 134 | 蛸ノ浦貝塚 | | ○ | 甲子・小細浦 | | 39°02′07.5″ | 141°44′30.9″ | 39.0354 | 141.7419 |
| | 135 | 永浜 | | ○ | 馬越 | ○ | 39°03′13.2″ | 141°44′36.1″ | 39.0537 | 141.7434 |
| | 136 | 大洞貝塚 | | ○ | 下船渡貝塚 | | 39°04′09.0″ | 141°44′39.3″ | 39.0692 | 141.7443 |
| | 137 | 跡浜 | | ○ | 轆轤石・山馬越 | ○ | 39°04′15.2″ | 141°44′12.6″ | 39.0709 | 141.7368 |
| | 138 | | 轆轤石 | ○ | 山馬越・日頃市 | ○ | 39°05′46.1″ | 141°42′50.3″ | 39.0961 | 141.7140 |
| | 139 | 舘 | | ○ | 山馬越・小細浦 | ○ | 39°05′02.7″ | 141°42′22.8″ | 39.0841 | 141.7063 |
| | 140 | 富沢 | 山馬越 | ○ | 轆轤石・打越 | ○ | 39°04′23.9″ | 141°42′37.7″ | 39.0733 | 141.7105 |
| | 141 | 大船渡病院 | 山馬越 | ○ | 轆轤石・三日市 | | 39°04′21.6″ | 141°42′28.3″ | 39.0727 | 141.7079 |
| | 142 | 下船渡貝塚 | | ○ | 石浜・蛸ノ浦貝塚 | ○ | 39°02′07.5″ | 141°44′30.9″ | 39.0354 | 141.7419 |
| | 143 | | 石浜 | ○ | 川内・福伏 | ○ | 39°01′44.2″ | 141°44′10.9″ | 39.0289 | 141.7364 |
| | 144 | | 小細浦 | ○ | 川内・鳴石.只越 | ○ | 39°00′47.6″ | 141°43′04.1″ | 39.0132 | 141.7178 |
| | 145 | | 越田 | ○ | 小友・小細浦・只越 | ○ | 38°58′09.5″ | 141°41′07.0″ | 38.9693 | 141.6853 |
| | 146 | 駒形神社 | 小友 | ○ | 越田・石浜・福伏 | ○ | 38°59′03.6″ | 141°40′13.6″ | 38.9843 | 141.6704 |
| | 147 | 松峰 | | ○ | 小細浦・越田・鳴石 | ○ | 39°00′32.6″ | 141°39′19.0″ | 39.0091 | 141.6553 |
| | 148 | | 川内 | ○ | 越戸内・只越・鳴石 | | 39°01′09.2″ | 141°39′56.7″ | 39.0192 | 141.6658 |
| | 149 | | 大石 | ○ | 福伏・三日市 | ○ | 39°01′09.4″ | 141°37′46.0″ | 39.0193 | 141.6294 |
| | 150 | | 鳴石 | ○ | 赤畑・小細浦・川内 | | 39°01′30.4″ | 141°37′46.2″ | 39.0251 | 141.6295 |

| | | | | | | | | | | |
|---|---|---|---|---|---|---|---|---|---|---|
| 岩手県 | 151 | | 赤畑 | ○ | 鳴石・福伏 | ○ | 39°02′27.7″ | 141°36′30.0″ | 39.0410 | 141.6083 |
| | 152 | | 三日市 | ○ | 大石・山馬越 | ○ | 39°03′48.1″ | 141°35′35.0″ | 39.0634 | 141.5931 |
| | 153 | | 越戸内 | ○ | 打越・川内・赤畑 | | 39°01′56.9″ | 141°35′43.4″ | 39.0325 | 141.5954 |
| | 154 | | 打越 | ○ | 越戸内・二又 | ○ | 39°01′18.6″ | 141°34′31.9″ | 39.0218 | 141.5755 |
| | 155 | | 小渕 | ○ | 大石・鳴石 | ○ | 39°00′22.4″ | 141°36′31.0″ | 39.0062 | 141.6086 |
| | 156 | | 二日市 | ○ | 赤畑・福伏・鳴石 | ○ | 38°59′46,5″ | 141°37′03.7″ | 38.9963 | 141.6177 |
| | 157 | | 福伏 | ○ | 鳴石・赤畑・二日市 | ○ | 38°58′44.3″ | 141°37′35.2″ | 38.9790 | 141.6264 |
| 宮城県 | 158 | | 只越 | ○ | 越田・細尾・川内 | ○ | 38°55′51.4″ | 141°37′50.0″ | 38.9309 | 141.6306 |
| | 159 | | 越路 | ○ | 星谷・大初平 | | 38°53′48.8″ | 141°38′28.4″ | 38.8969 | 141.6412 |
| | 160 | | 大初平 | ○ | 越田・越路 | | 38°52′18.3″ | 141°37′34.6″ | 38.8718 | 141.6263 |
| | 161 | 三ノ浜 | | ○ | 大初平・大石倉 | ○ | 38°53′03.8″ | 141°36′33.4″ | 38.8844 | 141.6093 |
| | 162 | 浪板 | | ○ | 赤岩 | ○ | 38°54′20.8″ | 141°35′29.2″ | 38.9058 | 141.5914 |
| | 163 | | 赤岩 | ○ | 大石倉・星谷 | ○ | 38°53′09.7″ | 141°34′35.0″ | 38.8860 | 141.5764 |
| | 164 | | 星谷 | ○ | 赤岩・越路 | | 38°51′28.1″ | 141°34′23.0″ | 38.8578 | 141.5731 |
| | 165 | | 石川原 | ○ | | ○ | 38°49′51.3″ | 141°33′17.4″ | 38.8309 | 141.5548 |
| | 166 | | 赤牛 | ○ | 川内 | | 38°48′12.8″ | 141°31′49.5″ | 38.8036 | 141.5304 |
| | 167 | | 川内 | ○ | 赤牛・尾持沢・風越 | | 38°48′12.6″ | 141°29′37.8″ | 38.8035 | 141.4938 |
| | 168 | | 風越 | ○ | 尾持沢 | | 38°47′13.5″ | 141°30′52.0″ | 38.7871 | 141.5144 |
| | 169 | 蕨町 | | ○ | 風越 | | 38°45′34.3″ | 141°29′19.5″ | 38.7595 | 141.4888 |
| | 170 | | 蔵内 | ○ | | ○ | 38°45′03.4″ | 141°31′29.1° | 38.7509 | 141.5248 |
| | 171 | 港 | | ○ | 稲渕 | ○ | 38°44′04.4″ | 141°31′40.1″ | 38.7346 | 141.5278 |
| | 172 | | 石泉 | ○ | | | 38°44′16.5″ | 141°30′03.9″ | 38.7379 | 141.5011 |
| | 173 | | | ○ | 蔵内・板橋 | | 38°44′16.6″ | 141°32′41.9″ | 38.7379 | 141.5450 |
| | 174 | | | ○ | 蔵内・板橋 | ○ | 38°44′10.9″ | 141°32′46.7″ | 38.7364 | 141.5463 |
| | 175 | | 稲渕 | ○ | 板橋 | ○ | 38°42′54.6″ | 141°32′30.2″ | 38.7152 | 141.5417 |

| | | | | | | | | | | |
|---|---|---|---|---|---|---|---|---|---|---|
| 宮城県 | 176 | | 板橋 | ○ | 稲渕 | | 38°43′01.0″ | 141°32′23.1″ | 38.7169 | 141.5398 |
| | 177 | 管の浜 | | ○ | 稲渕・板橋・石泉 | | 38°43′19.8″ | 141°31′33.4″ | 38.7222 | 141.5259 |
| | 178 | 伊里前 | | ○ | 板橋 | | 38°43′16.9″ | 141°31′16.7″ | 38.7214 | 141.5213 |
| | 179 | 寄木 | | ○ | 石川原 | | 38°42′30.1″ | 141°30′57.5″ | 38.7084 | 141.5160 |
| | 180 | | 細浦 | ○ | | | 38°41′50.7″ | 141°29′33.1″ | 38.6974 | 141.4925 |
| | 181 | | | ○ | 田尻畑・藤浜 | ○ | 38°41′33.1″ | 141°28′54.0″ | 38.6925 | 141.4817 |
| | 182 | | | ○ | 細浦・折立 | ○ | 38°40′42.8″ | 141°29′23.2″ | 38.6786 | 141.4898 |
| | 183 | | 平磯 | ○ | 五日町 | | 38°40′56.1″ | 141°28′15.5″ | 38.6823 | 141.4710 |
| | 184 | 大森 | | ○ | 平磯・五日町 | ○ | 38°40′44.1″ | 141°27′17.3″ | 38.6789 | 141.4548 |
| | 185 | | 五日町 | ○ | 平磯 | ○ | 38°40′51.4″ | 141°27′00.9″ | 38.6809 | 141.4503 |
| | 186 | | 田尻畑 | ○ | 鏡石・押館 | | 38°41′07.0″ | 141°25′43.5″ | 38.6853 | 141.4288 |
| | 187 | 林 | | ○ | 平磯・折立 | | 38°40′00.2″ | 141°26′32.2″ | 38.6667 | 141.4423 |
| | 188 | 黒崎 | | ○ | 折立 | ○ | 38°39′17.4″ | 141°26′39.8″ | 38.6548 | 141.4444 |
| | 189 | | 折立 | ○ | | | 38°38′56.2″ | 141°26′11.0″ | 38.6489 | 141.4364 |
| | 190 | | | ○ | 箒畑・折立 | ○ | 38°38′46.4″ | 141°27′48.0″ | 38.6462 | 141.4633 |
| | 191 | 津の宮 | | ○ | 折立・藤浜 | ○ | 38°38′11.3″ | 141°28′51.4″ | 38.6365 | 141.4809 |
| | 192 | 津の宮 | | ○ | 折立・藤浜 | ○ | 38°38′04.6″ | 141°29′13.7″ | 38.6346 | 141.4871 |
| | 193 | | 藤浜 | ○ | 田尻畑 | ○ | 38°38′07.5″ | 141°30′06.9″ | 38.6354 | 141.5019 |
| | 194 | | | ○ | 折立・田尻畑 | ○ | 38°38′00.7″ | 141°31′09.4″ | 38.6335 | 141.5193 |
| | 195 | 相川 | | ○ | 藤浜 | ○ | 38°36′26.4″ | 141°29′52.3″ | 38.6073 | 141.4979 |
| | 196 | 小室 | | ○ | 船越・追波 | ○ | 38°35′43.9″ | 141°29′21.6″ | 38.5955 | 141.4893 |
| | 197 | | 追波 | ○ | 船越・追館 | ○ | 38°34′08.5″ | 141°25′56.5″ | 38.5690 | 141.4324 |
| | 198 | 要害 | | ○ | 追波 | ○ | 38°34′31.9″ | 141°24′07.3″ | 38.5755 | 141.4020 |
| | 199 | | 鳥越 | ○ | 追波・大畑 | | 38°32′34.5″ | 141°22′23.1″ | 38.5429 | 141.3731 |
| | 200 | | 大畑 | ○ | 鳥越・持領 | | 38°33′27.5″ | 141°20′38.8″ | 38.5576 | 141.3441 |

| | | | | | | | | | | |
|---|---|---|---|---|---|---|---|---|---|---|
| 宮城県 | 201 | 山田 | | ○ | 石生・大畑 | ○ | 38°33′50.3″ | 141°18′21.6″ | 38.5640 | 141.3060 |
| | 202 | 日高見神社 | | ○ | 大柳津 | ○ | 38°33′19.5″ | 141°16′47.0″ | 38.5554 | 141.2797 |
| | 203 | | 持領 | ○ | 鳥越・大畑 | | 38°30′17.5″ | 141°19′59.9″ | 38.5049 | 141.3333 |
| | 204 | | 追館 | ○ | 追波 | | 38°31′13.6″ | 141°24′08.5″ | 38.5204 | 141.4024 |
| | 205 | 名振 | | ○ | 船越 | ○ | 38°31′50.2″ | 141°30′02.7″ | 38.5306 | 141.5008 |
| | 206 | | 船越 | ○ | | ○ | 38°31′48.0″ | 141°30′43.9″ | 38.5300 | 141.5122 |
| | 207 | | 大畑 | ○ | | | 38°30′20.5″ | 141°31′59.8″ | 38.5057 | 141.5333 |
| | 208 | 天神 | | ○ | 船越・名振 | ○ | 38°30′35.5″ | 141°31′00.5″ | 38.5099 | 141.5168 |
| | 209 | 大浜 | | ○ | 船越 | ○ | 38°30′55.2″ | 141°30′37.2″ | 38.5153 | 141.5103 |
| | 210 | 明神 | | ○ | 船越・大畑 | ○ | 38°31′19.5″ | 141°30′37.0″ | 38.5221 | 141.5103 |
| | 211 | | 小渕 | ○ | | ○ | 38°30′53.0″ | 141°27′30.4″ | 38.5147 | 141.4584 |
| | 212 | 小浜 | | ○ | 船越 | | 38°30′17.2″ | 141°28′55.0″ | 38.5048 | 141.4819 |
| | 213 | 波板 | | ○ | | ○ | 38°29′20.2″ | 141°29′07.0″ | 38.4889 | 141.4853 |
| | 214 | 指ヶ浜 | | ○ | 石田 | ○ | 38°28′21.8″ | 141°28′52.9″ | 38.4727 | 141.4814 |
| | 215 | 御前浜 | | ○ | 石浜・石田 | ○ | 38°27′39.0″ | 141°28′25.8″ | 38.4608 | 141.4738 |
| | 216 | 出島 | | ○ | 大石原浜 | ○ | 38°27′28.1″ | 141°31′11.0″ | 38.4578 | 141.5197 |
| | 217 | 竹浦 | | ○ | | ○ | 38°26′43.3″ | 141°29′15.6″ | 38.4454 | 141.4877 |
| | 218 | | 石浜 | ○ | 石田 | ○ | 38°26′59.1″ | 141°27′38.3″ | 38.4498 | 141.4606 |
| | 219 | | 石ノ田 | ○ | 石浜・風越峠 | | 38′26″19.8″ | 141°25′39.2″ | 38.4388 | 141.4276 |
| | 220 | | 大石原浜 | ○ | | ○ | 38°24′03.2″ | 141°27′48.3″ | 38.4009 | 141.4634 |
| | 221 | 女川原発 | | ○ | 大石原浜・石浜 | | 38°24′11.8″ | 141°29′55.6″ | 38.4033 | 141.4988 |
| | 222 | | 寄磯浜 | ○ | | ○ | 38°23′29.7″ | 141°31′28.0″ | 38.3916 | 141.5244 |
| | 223 | 谷川 | | ○ | | ○ | 38°22′05.6″ | 141°29′00.0″ | 38.3682 | 141.4833 |
| | 224 | 泊浜 | | ○ | | | 38°21′13.2″ | 141°31′09.1″ | 38.3537 | 141.5192 |
| | 225 | 新山浜 | | ○ | 小渕浜 | ○ | 38°19′45.6″ | 141°31′29.0″ | 38.3293 | 141.5247 |

| | | | | | | | | | | |
|---|---|---|---|---|---|---|---|---|---|---|
| 宮城県 | 226 | 金華山 | 亀石 | ○ | 石峠 | ○ | 38°17′55.5″ | 141°33′09.4″ | 38.2988 | 141.5526 |
| | 227 | | 石峠 | ○ | 亀石・小渕浜 | | 38°18′14.8″ | 141°30′09.6″ | 38.3041 | 141.5027 |
| | 228 | | 小渕浜 | ○ | 石峠・石田 | ○ | 38°19′19.0″ | 141°28′18.1″ | 38.3219 | 141.4717 |
| | 229 | 小積浜 | | ○ | 大石原浜 | | 38°22′15.2″ | 141°27′21.4″ | 38.3709 | 141.4559 |
| | 230 | | | ○ | | | 38°22′44.5″ | 141°27′09.7″ | 38.3790 | 141.4527 |
| | 231 | | | ○ | | | 38°22′44.1″ | 141°27′00.1″ | 38.3789 | 141.4500 |
| | 232 | 月浦 | | ○ | 折浜 | ○ | 38°23′02.0″ | 141°25′45.7″ | 38.3839 | 141.4294 |
| | 233 | | 折浜 | ○ | | | 38°24′13.1″ | 141°24′12.1″ | 38.4036 | 141.4034 |
| | 234 | | 風越峠 | ○ | 石田 | | 38°24′21.0″ | 141°24′07.5″ | 38.4058 | 141.4021 |
| | 235 | | 立石 | ○ | 石浜 | | 38°25′35.3″ | 141°20′26.1″ | 38.4265 | 141.3406 |
| | 236 | 沼津貝塚 | | ○ | 越田・石崎 | | 38°26′44.9″ | 141°22′39.8″ | 38.4458 | 141.3777 |
| | 237 | | 越田 | ○ | 石崎 | | 38°27′06.3″ | 141°22′28.0″ | 38.4518 | 141.3744 |
| | 238 | | 寺内 | ○ | 平畑・風越峠 | ○ | 38°28′50.7″ | 141°22′34.4″ | 38.4808 | 141.3762 |
| | 239 | | 平畑 | ○ | 寺内・沼津貝塚 | | 38°28′54.6″ | 141°22′12.8″ | 38.4818 | 141.3702 |
| | 240 | | 石崎 | ○ | 越田 | | 38°27′40.1″ | 141°21′03.3″ | 38.4611 | 141.3509 |
| | 241 | 妙見 | | ○ | 立石 | ○ | 38°28′05.0″ | 141°18′38.4″ | 38.4681 | 141.3107 |
| | 242 | 東福田 | | ○ | 持領 | ○ | 38°29′07.4″ | 141°19′02.7″ | 38.4854 | 141.3174 |
| | 243 | 蛇田 | | ○ | 細田・越田 | | 38°27′33.2″ | 141°16′47.1″ | 38.4592 | 141.2798 |
| | 244 | | 細田 | ○ | | | 38°29′11.9″ | 141°14′16.7″ | 38.4866 | 141.2380 |
| | 245 | | 旗沢 | ○ | 餅田・浅井 | | 38°25′45.4″ | 141°10′37.1″ | 38.4293 | 141.1770 |
| | 246 | | 浅井 | ○ | 旗沢・持田 | | 38°23′49.1″ | 141°08′36.3″ | 38.3970 | 141.1434 |
| | 247 | 亀岡 | | ○ | 二ッ橋 | ○ | 38°22′34.6″ | 141°09′03.3″ | 38.3791 | 141.1509 |
| | 248 | | 二ッ橋 | ○ | 細田・花渕浜 | | 38°20′15.8″ | 141°09′21.8″ | 38.3377 | 141.1561 |
| | 249 | 里浜貝塚 | | ○ | 花渕浜・二ッ橋 | ○ | 38°20′18.3″ | 141°08′36.1″ | 38.3384 | 141.1434 |
| | 250 | 大塚 | | ○ | 里浜貝塚・細田 | ○ | 38°22′53.8″ | 141°07′47.3″ | 38.3816 | 141.1298 |

| | | | | | | | | | | |
|---|---|---|---|---|---|---|---|---|---|---|
| 宮城県 | 251 | 名籠 | | ○ | | ○ | 38°22′35.5″ | 141°06′50.2″ | 38.3765 | 141.1139 |
| | 252 | 銭神 | | ○ | | | 38°22′39.9″ | 141°06′01.5″ | 38.3778 | 141.1004 |
| | 253 | 西の浜貝塚 | | ○ | | | 38°22′59.8″ | 141°05′01.0″ | 38.3833 | 141.0836 |
| | 254 | | 磯浜 | ○ | | ○ | 38°22′49.1″ | 141°04′29.0″ | 38.3803 | 141.0747 |
| | 255 | 松島海岸 | | ○ | 磯浜 | ○ | 38°22′28.5″ | 141°03′29.3″ | 38.3746 | 141.0581 |
| | 256 | 三十刈 | | ○ | 細田・磯浜 | | 38°22′05.8″ | 141°03′17.6″ | 38.3683 | 141.0549 |
| | 257 | 小石浜 | | ○ | | ○ | 38°21′36.9″ | 141°03′31.8″ | 38.3603 | 141.0588 |
| | 258 | 扇谷山 | | ○ | 石田 | ○ | 38°21′12.5″ | 141°03′20.7″ | 38.3535 | 141.0558 |
| | 259 | | 石田 | ○ | 細田 | ○ | 38°20′24.2″ | 141°01′38.4″ | 38.3401 | 141.0273 |
| | 260 | 千賀の台 | | ○ | 石田・伊保石 | | 38°20′09.4″ | 141°01′03.4″ | 38.3359 | 141.0176 |
| | 261 | 鹽竈神社 | | ○ | 石田・細田 | ○ | 38°19′09.7″ | 141°00′47.8″ | 38.3194 | 141.0133 |
| | 262 | | 細田 | ○ | 花渕浜・二ッ橋 | | 38°18′29.3″ | 141°03′46.6″ | 38.3081 | 141.0629 |
| | 263 | | 花渕浜 | ○ | 細田・里浜貝塚 | | 38°17′58.1″ | 141°04′15.1″ | 38.2995 | 141.0709 |
| | 264 | 多賀城跡 | 市川 | ○ | 越路 | ○ | 38°18′23.6″ | 140°59′16.6″ | 38.3066 | 140.9879 |
| | 265 | 榴岡公園 | | ○ | 越路・八乙女・沢乙 | ○ | 38°15′35.4″ | 140°53′38.4″ | 38.2598 | 140.8940 |
| | 266 | | 越路 | ○ | 飛鳥・越路・旗立 | ○ | 38°14′53.9″ | 140°51′14.2″ | 38.2483 | 140.8539 |
| | 267 | | 旗立 | ○ | 飛鳥・馬越石 | | 38°13′19.4″ | 140°49′35.8″ | 38.2221 | 140.8266 |
| | 268 | | 飛鳥 | ○ | 越路・旗立・沢乙 | ○ | 38°12′10.1″ | 140°50′48.7″ | 38.2028 | 140.8469 |
| | 269 | | | ○ | 飛鳥・針山・板橋 | ○ | 38°11′15.4″ | 140°50′12.7″ | 38.1876 | 140.8369 |
| | 270 | 仮宿 | | ○ | 二ッ森 | ○ | 38°09′47.9″ | 140°50′38.2″ | 38.1633 | 140.8439 |
| | 271 | | 塚腰 | ○ | 飛鳥 | ○ | 38°07′35.5″ | 140°51′05.8″ | 38.1265 | 140.8516 |
| | 272 | | 押茂 | ○ | 内越 | | 38°06′00.6″ | 140°49′00.8″ | 38.1002 | 140.8169 |
| | 273 | | 鳩原 | ○ | 石名畑・細谷 | ○ | 38°03′20.3″ | 140°49′07.9″ | 38.0556 | 140.8189 |
| | 274 | | 石原 | ○ | 石名畑・細谷・鳩原 | | 38°02′43.5″ | 140°49′20.5″ | 38.0445 | 140.8224 |
| | 275 | | 石名畑 | ○ | 石原・細谷・鳩原 | | 38°02′18.6″ | 140°49′00.0″ | 38.0385 | 140.8167 |

| | | | | | | | | | |
|---|---|---|---|---|---|---|---|---|---|
| 宮城県 | 276 | 愛宕前 | | ○ | 鳩原・鷲足沢 | ○ | 38°02′09.3″ | 140°50′29.5″ | 38.0359 | 140.8415 |
| | 277 | 吉田 | | ○ | 鷲足沢 | ○ | 37°59′37.9″ | 140°51′25.4″ | 37.9939 | 140.8571 |
| | 278 | | 鷲足沢 | ○ | 内町 | ○ | 37°58′35.6″ | 140°51′44.3″ | 37.9766 | 140.8623 |
| | 279 | 山下 | | ○ | 鷲足沢 | ○ | 37°57′57.0″ | 140°51′53.2′ | 37.9658 | 140.8648 |
| | 280 | 高瀬 | | ○ | | ○ | 37°56′30.2″ | 140°52′29.3″ | 37.9417 | 140.8748 |
| | 281 | 真庭 | | ○ | | ○ | 37°55′51.8″ | 140°52′57.0″ | 37.9311 | 140.8825 |
| | 282 | 下郷 | | ○ | | ○ | 37°55′08.7″ | 140°53′54.2″ | 37.9191 | 140.8984 |
| | 283 | 久保間 | | ○ | | ○ | 37°55′00.5″ | 140°52′37.1″ | 37.9168 | 140.8770 |
| | 284 | | | ○ | | ○ | 37°54′23.5″ | 140°53′03.2″ | 37.9065 | 140.8842 |
| 福島県 | 285 | 舘前 | | ○ | | ○ | 37°52′59.5″ | 140°54′29.2″ | 37.8832 | 140.9081 |
| | 286 | 二羽前 | | ○ | | ○ | 37°52′07.9″ | 140°54′46.5″ | 37.8689 | 140.9129 |
| | 287 | 上ノ町 | | ○ | | ○ | 37°51′08.0″ | 140°54′57.0″ | 37.8522 | 140.9158 |
| | 288 | | | ○ | | ○ | 37°50′56.3″ | 140°55′07.0″ | 37.8490 | 140.9186 |
| | 289 | 渋民 | | ○ | | ○ | 37°50′08.3″ | 140°55′17.1″ | 37.8356 | 140.9214 |
| | 290 | | 石上 | ○ | 潜石 | | 37°49′15.8″ | 140°54′44.4″ | 37.8211 | 140.9123 |
| | 291 | | 細田 | ○ | 船越 | | 37°49′07.8″ | 140°56′28.7″ | 37.8188 | 140.9413 |
| | 292 | | 船越 | ○ | 細田 | | 37°49′28.4″ | 140°57′35.4″ | 37.8246 | 140.9598 |
| | 293 | 塚ノ町 | | ○ | 潜石・山越 | | 37°48′08.8″ | 140°55′36.4″ | 37.8024 | 140.9268 |
| | 294 | | 山越 | ○ | 潜石 | ○ | 37°47′24.6″ | 140°55′59.8″ | 37.7902 | 140.9333 |
| | 295 | | 潜石 | ○ | 山越・鬼越 | | 37°46′45.0″ | 140°56′41.5″ | 37.7792 | 140.9449 |
| | 296 | | 鬼越 | ○ | 潜石・石ノ宮・円渕 | ○ | 37°45′15.7″ | 140°56′35.8″ | 37.7544 | 140.9433 |
| | 297 | | 尾張沢 | ○ | 潜石・浅田 | | 37°44′29.1″ | 140°57′08.8″ | 37.7414 | 140.9524 |
| | 298 | | 浅田 | ○ | 鬼越・石ノ宮 | | 37°43′54.5″ | 140°58′07.4″ | 37.7318 | 140.9687 |
| | 299 | | 石ノ宮 | ○ | 鬼越・浅田・尾張沢 | ○ | 37°43′01.0″ | 140°58′05.3″ | 37.7169 | 140.9681 |
| | 300 | 浦向 | | ○ | 浅田・石ノ宮・尾張沢 | ○ | 37°43′27.0″ | 140°58′55.8″ | 37.7242 | 140.9822 |

| | | | | | | | | | | |
|---|---|---|---|---|---|---|---|---|---|---|
| 福島県 | 301 | | 寺内 | ○ | 浅田・石ノ宮・内田 | ○ | 37°41′52.8″ | 140°57′22.4″ | 37.6980 | 140.9562 |
| | 302 | | 内田 | ○ | 浅田・石ノ宮・寺内 | ○ | 37°40′48.6″ | 140°58′38.6″ | 37.6802 | 140.9774 |
| | 303 | 火力発電所 | | ○ | 尾張沢・浅田・内田 | | 37°40′17.1″ | 141°00′21.6″ | 37.6714 | 141.0060 |
| | 304 | | 東畑 | ○ | 戸ノ内・杉内・石田 | ○ | 37°39′36.7″ | 140°57′24.6″ | 37.6602 | 140.9568 |
| | 305 | | 牛越 | ○ | 石神・押釜・杉内・赤柴 | | 37°38′39.3″ | 140°56′30.4″ | 37.6443 | 140.9418 |
| | 306 | | 牛来 | ○ | 東畑･牛越・石神・押釜・赤柴 | | 37°37′06.8″ | 140°58′15.9″ | 37.6186 | 140.9711 |
| | 307 | | 川原内 | ○ | 戸ノ内・押釜・市渡戸 | ○ | 37°36′06.0″ | 140°57′58.1″ | 37.6017 | 140.9661 |
| | 308 | | 牛踏 | ○ | 牛来・藤木下・桃内・藪内 | | 37°35′19.8″ | 140°58′41.0″ | 37.5888 | 140.9781 |
| | 309 | | 薄畑 | ○ | 牛踏･市渡戸 | | 37°34′58.6″ | 140°58′56.3″ | 37.5829 | 140.9823 |
| | 310 | | 北ノ内 | ○ | 牛踏・藤木下・大畑・・牛渡 | ○ | 37°33′27.7″ | 140°59′36.7″ | 37.5577 | 140.9935 |
| | 311 | | 堀切 | ○ | 北ノ内・藤沼 | ○ | 37°32′18.5″ | 141°01′10.3″ | 37.5385 | 141.0195 |
| | 312 | | 藤沼 | ○ | 堀切・桃内・薮内 | | 37°31′59.9″ | 141°00′30.4″ | 37.5333 | 141.0084 |
| | 313 | | 桃内 | ○ | 藤沼・薮内・北ノ内 | | 37°31′47.5″ | 140°59′02.6″ | 37.5299 | 140.9841 |
| | 314 | | 薮内 | ○ | 桃内・藤沼・北ノ内・藤橋 | | 37°31′13.6″ | 140°59′17.4″ | 37.5204 | 140.9882 |
| | 315 | 不動尊 | | ○ | 薄畑・堀切・藤橋 | | 37°30′17.6″ | 140°59′56.1″ | 37.5049 | 140.9989 |
| | 316 | | 藤橋 | ○ | 堀切・薮内・桃内・東畑 | | 37°30′06.4″ | 141°00′06.1″ | 37.5018 | 141.0017 |
| | 317 | | 牛渡 | ○ | 薮内・桃内・藤橋・藤沼 | | 37°29′24.1″ | 140°59′55.0″ | 37.4900 | 140.9986 |
| | 318 | | | ○ | 館腰・向畑 | ○ | 37°26′04.2″ | 141°01′06.9″ | 37.4345 | 141.0186 |
| | 319 | | 細谷 | ○ | 館腰 | | 37°25′53.7″ | 141°01′02.6″ | 37.4316 | 141.0174 |
| | 320 | | 向畑 | ○ | 杉内 | | 37°23′48.5″ | 141°00′31.1″ | 37.3968 | 141.0086 |
| | 321 | | 市の沢 | ○ | 杉内・細谷 | | 37°21′58.5″ | 141°00′22.4″ | 37.3663 | 141.0062 |
| | 322 | | 細谷 | ○ | 市の沢・黒石・向ノ内 | | 37°18′41.5″ | 141°00′19.9″ | 37.3115 | 141.0055 |
| | 323 | | 向ノ内 | ○ | 細谷・市の沢 | ○ | 37°17′10.0″ | 141°00′03.8″ | 37.2861 | 141.0011 |
| | 324 | 大倉平 | | ○ | 黒石・長畑 | ○ | 37°15′37.1″ | 140°59′38.6″ | 37.2603 | 140.9941 |
| | 325 | 道の駅ならは | | ○ | 北ﾉ内 | ○ | 37°15′02.0″ | 140°59′49.1″ | 37.2506 | 140.9970 |

| | | | | | | | | | | |
|---|---|---|---|---|---|---|---|---|---|---|
| 福島県 | 326 | | 北ノ内 | ○ | 長畑・大谷内・折木 | | 37°13′49.7″ | 140°59′31.0″ | 37.2305 | 140.9919 |
| | 327 | | 大谷内 | ○ | 北ノ内・長畑・折木・藤倉 | | 37°12′42.8″ | 140°59′23.3″ | 37.2119 | 140.9898 |
| | 328 | 舘 | | ○ | 長畑・大谷内・牛沼 | | 37°11′59.3″ | 140°59′17.1″ | 37.1998 | 140.9881 |
| | 329 | | 牛沼 | ○ | 折木・藤倉 | ○ | 37°10′53.5″ | 140°59′27.9″ | 37.1815 | 140.9911 |
| | 330 | | 藤倉 | ○ | 折木・大谷内・牛沼 | ○ | 37°10′27.1″ | 140°58′21.9″ | 37.1742 | 140.9728 |
| | 331 | | 中ノ内 | ○ | 石ノ本・下蔵内 | | 37°09′44.0″ | 140°58′29.8″ | 37.1622 | 140.9749 |
| | 332 | | 南畑田 | ○ | 中ノ内・横内 | ○ | 37°08′40.5″ | 140°59′28.4″ | 37.1446 | 140.9912 |
| | 333 | | 横内 | ○ | 下蔵内・鬼越・内田 | ○ | 37°07′17.9″ | 140°59′44.6″ | 37.1216 | 140.9957 |
| | 334 | | 鬼越 | ○ | 下蔵内・作ノ内・腰巻 | ○ | 37°06′06.8″ | 140°58′30.3″ | 37.1019 | 140.9918 |
| | 335 | | 作ノ内 | ○ | 鬼越・腰巻・藤倉 | | 37°05′03.8″ | 140°56′32.5″ | 37.0844 | 140.9424 |
| | 336 | | 腰巻 | ○ | 作ノ内 | | 37°03′03.4″ | 140°56′05.2″ | 37.0509 | 140.9348 |
| | 337 | | 塚越 | ○ | 戸ノ内・高内 | ○ | 37°02′55.7″ | 140°57′11.9″ | 37.0488 | 140.9533 |
| | 338 | | 細谷 | ○ | 横内 | | 37°01′02.3″ | 140°57′41.7″ | 37.0173 | 140.9616 |
| | 339 | | 内田 | ○ | 横内・平薄磯 | ○ | 37°00′46.9″ | 140°57′23.7″ | 37.0130 | 140.9566 |
| | 340 | 中田横穴 | | ○ | 細谷・平薄磯・向畑 | | 37°00′19.8″ | 140°58′01.8″ | 37.0055 | 140.9672 |
| | 341 | | 平薄磯 | ○ | 鬼越 | ○ | 36°59′55.3″ | 140°58′26.2″ | 36.9987 | 140.9739 |
| | 342 | 平豊間 | | ○ | 平薄磯・向畑 | ○ | 36°59′11.4″ | 140°57′54.8″ | 36.9865 | 140.9652 |
| | 343 | | 向畑 | ○ | 折戸・川畑 | | 36°58′28.1″ | 140°57′07.7″ | 36.9745 | 140.9521 |
| | 344 | | 折戸 | ○ | 向畑・川畑 | | 36°57′48.0″ | 140°56′55.4″ | 36.9633 | 140.9487 |
| | 345 | | 川畑 | ○ | 向畑・館ノ腰 | ○ | 36°57′31.7″ | 140°56′17.7″ | 36.9588 | 140.9383 |
| | 346 | | 町田 | ○ | 川畑・戸ノ内・館ノ腰 | | 36°57′02.4″ | 140°55′51.6″ | 36.9507 | 140.9310 |
| | 347 | | 館ノ腰 | ○ | 町田・川畑 | ○ | 36°57′06.1″ | 140°55′33.2″ | 36.9517 | 140.9259 |
| | 348 | | 堀ノ内 | ○ | 畑中・高内 | | 36°58′07.7″ | 140°52′24.1″ | 36.9688 | 140.8734 |
| | 349 | | 幕ノ内 | ○ | 初田 | | 36°57′50.8″ | 140°51′46.2″ | 36.9641 | 140.8628 |
| | 350 | | 畑中 | ○ | 堀ノ内・餅田・高内 | ○ | 36°56′14.7″ | 140°51′23.6″ | 36.9374 | 140.8566 |

| | | | | | | | | | | |
|---|---|---|---|---|---|---|---|---|---|---|
| 福島県 | 351 | | 餅田 | ○ | 初田・畑中・堀ノ内 | ○ | 36°56′00.9″ | 140°47′55.0″ | 36.9336 | 140.7986 |
| | 352 | | 堀ノ内 | ○ | 堀ノ内 | ○ | 36°55′18.7″ | 140°47′16.9″ | 36.9219 | 140.7880 |
| | 353 | | 石畑 | ○ | 法田 | ○ | 36°54′33.7″ | 140°45′45.4″ | 36.9094 | 140.7626 |
| | 354 | 勿来関 | | ○ | 法田・藤の腰 | | 36°52′01.3″ | 140°46′49.1″ | 36.8670 | 140.7803 |
| 茨城県 | 355 | | 藤の腰 | ○ | 石倉 | ○ | 36°51′01.2″ | 140°47′04.1″ | 36.8503 | 140.7845 |
| | 356 | 高井 | | ○ | 藤の腰 | ○ | 36°50′45.2″ | 140°47′06.9″ | 36.8459 | 140.7853 |
| | 357 | | 東細田 | ○ | 藤の腰・内ノ畑 | | 36°50′17.5″ | 140°47′09.5″ | 36.8382 | 140.7860 |
| | 358 | | 磯原 | ○ | 藤の巻・石畑 | | 36°48′08.2″ | 140°44′43.9″ | 36.8023 | 140.7455 |
| | 359 | | | ○ | 磯原・中ノ内 | ○ | 36°47′36.5″ | 140°44′32.6″ | 36.7935 | 140.7424 |
| | 360 | | 田端 | ○ | 重内・内畑 | ○ | 36°47′14.1″ | 140°42′36.9″ | 36.7873 | 140.7103 |
| | 361 | | 中ノ内 | ○ | 金内・塚越・重内・田端 | | 36°46′41.7″ | 140°43′17.4″ | 36.7783 | 140.7215 |
| | 362 | | 赤浜 | ○ | 石橋・石畑 | | 36°44′43.3″ | 140°43′13.9″ | 36.7454 | 140.7205 |
| | 363 | | 石畑 | ○ | 赤浜・石橋 | | 36°43′26.0″ | 140°43′27.0″ | 36.7239 | 140.7242 |
| | 364 | | 石滝 | ○ | 石畑・赤坂・折笠 | | 36°41′33.8″ | 140°42′22.5″ | 36.6927 | 140.7063 |
| | 365 | | 赤坂 | ○ | 石滝・折笠・梶内 | | 36°39′43.6″ | 140°40′50.2″ | 36.6621 | 140.6806 |
| | 366 | | 折笠 | ○ | 赤坂・石滝・梶内 | | 36°39′01.6″ | 140°41′28.6″ | 36.6504 | 140.6913 |
| | 367 | 日高 | | ○ | 折笠・赤坂 | ○ | 36°38′21.4″ | 140°40′41.4″ | 36.6393 | 140.6782 |
| | 368 | 滑川 | | ○ | 赤坂 | ○ | 36°37′29.6″ | 140°39′35.6″ | 36.6249 | 140.6599 |
| | 369 | 高鈴 | | ○ | | ○ | 36°36′26.0″ | 140°38′44.2″ | 36.6072 | 140.6456 |
| | 370 | 中成沢 | | ○ | | ○ | 36°34′48.6″ | 140°38′25.0″ | 36.5802 | 140.6403 |
| | 371 | 諏訪 | | ○ | | ○ | 36°34′15.8″ | 140°37′33.6″ | 36.5711 | 140.6260 |
| | 372 | 大久保 | | ○ | | ○ | 36°33′17.9″ | 140°37′21.6″ | 36.5550 | 140.6227 |
| | 373 | 金沢 | | ○ | 石名坂 | ○ | 36°32′26.9″ | 140°36′48.4″ | 36.5408 | 140.6134 |
| | 374 | | 石名坂 | ○ | 石神・押延 | ○ | 36°30′52.8″ | 140°36′06.3″ | 36.5147 | 140.6018 |
| | 375 | | 石神 | ○ | 石名坂・押延 | | 36°28′54.1″ | 140°34′29.1″ | 36.4817 | 140.5748 |

| | | | | | | | | | | |
|---|---|---|---|---|---|---|---|---|---|---|
| 茨城県 | 376 | | 押延 | ○ | 石名坂・合の内・仲の内・堀ノ内 | ○ | 36°27′08.1″ | 140°34′42.8″ | 36.4523 | 140.5786 |
| | 377 | | 合の内 | ○ | 押延・堀ノ内・仲の内 | ○ | 36°25′33.5″ | 140°34′04.3″ | 36.4260 | 140.5679 |
| | 378 | | | ○ | 合ノ内 | ○ | 36°23′33.8″ | 140°34′27.4″ | 36.3927 | 140.5743 |
| | 379 | 阿字ヶ浦 | 磯崎 | ○ | 合の内 | ○ | 36°23′02.7″ | 140°36′31.3″ | 36.3841 | 140.6087 |
| | 380 | 虎塚古墳 | 磯崎 | ○ | 岡ノ内 | | 36°22′25.7″ | 140°34′11.1″ | 36.3738 | 140.5698 |
| | 381 | | 赤坂 | ○ | 磯崎・岡ノ内 | | 36°21′04.8″ | 140°35′43.4″ | 36.3513 | 140.5954 |
| | 382 | | 宮内 | ○ | 赤坂 | ○ | 36°21′35.6″ | 140°28′52.9″ | 36.3599 | 140.4814 |

森下年晃（もりした　としあき）

1937年 生まれ
1955年 青森県立八戸高等学校卒業
1961年 東北大学医学部卒業。医博、内科医。
1992～94年 十和田市で行われた第一次「稲生川フォーラム」（実行委員長：北里大学名誉教授小林裕志氏）の実行委員として「稲生川の歴史と科学」部門担当。同フォーラムは第三次「稲生川フォーラム」に引き継がれ、日本ユネスコ協会の「プロジェクト未来遺産」に青森県で初登録。
1994年 産業考古学会全国大会で「三本木原開拓における安野屋素六と吉助」発表。
著書『星の巫―縄文測量の視点で歴史をみる』文藝春秋企画出版部、2000年２月10日発行
『星の巫―縄文のナビゲータ』リベルタ出版、2009年６月23日発行
『星地名―縄文の知恵と東北大震災』無明舎出版、2012年８月30日発行

「星地名」縄文紀行
定価〔本体二五〇〇円＋税〕
二〇一八年七月十日　初版発行
著　者　森下年晃
発行者　安倍　甲
発行所　㈲無明舎出版
秋田市広面字川崎一一二―一
電　話／（〇一八）八三二―五六八〇
ＦＡＸ／（〇一八）八三二―五一三七
印刷・製本　シナノ


ISBN978-4-89544-646-4